河北农村统计年鉴

2021

河北省人民政府
河北省统计局 编

图书在版编目（CIP）数据

河北农村统计年鉴. 2021 / 河北省人民政府，河北省统计局编. -- 北京 : 中国统计出版社，2021.12
ISBN 978-7-5037-9768-2

Ⅰ. ①河… Ⅱ. ①河… ②河… Ⅲ. ①农业统计－统计资料－河北－2021－年鉴 Ⅳ. ①F327.22-66

中国版本图书馆 CIP 数据核字(2021)第 262121 号

河北农村统计年鉴—2021

作　　者/ 河北省人民政府　河北省统计局
责任编辑/ 钟钰
装帧设计/ 田英法
出版发行/ 中国统计出版社有限公司
地　　址/ 北京市丰台区西三环南路甲 6 号
邮政编码/ 100073
电　　话/ 邮购（010）63376909　书店（010）68783171
网　　址/ http://www.zgtjcbs.com
印　　刷/ 石家庄天荣印刷有限公司
经　　销/ 新华书店
开　　本/ 880mm×1230mm　1/16
字　　数/ 805 千字
印　　张/ 31.75
版　　别/ 2021 年 12 月第 1 版
版　　次/ 2021 年 12 月第 1 次印刷
定　　价/ 260.00 元

如有印装差错，由本社发行部调换。

《河北农村统计年鉴—2021》编辑委员会名单

编 辑 说 明

2020年是贯彻党的十九大精神、决胜全面建成小康社会、实施“十三五”规划承上启下的关键一年，是实施乡村振兴战略开局之年。在省委、省政府正确领导下，全省各地以习近平新时代中国特色社会主义思想为指导，认真贯彻中央、省委一号文件，落实中央、省农村工作会议精神，主动适应经济发展新常态，坚持为高质量发展服务，为领导决策服务，为社会公众服务。为了全面反映2020年河北省农村社会经济在加快新时代经济强省美丽河北建设中取得的新成效以及农业生产、农村发展和农民生活发生的新变化，更好地服务于经济建设、领导决策和公众需要，我们编辑了《河北农村统计年鉴—2021》。

《河北农村统计年鉴—2021》在保持历年《河北农村统计年鉴》基本框架的基础上，结合年度特点对部分内容、表式作了适当调整。本年鉴统计资料中符号说明：“…”表示数据不足本项最小单位，“空格”表示该项统计数据不详或无该项统计资料，“#”表示其中的主要项。同时，为反映石家庄市包含辛集、保定市包含定州和雄安新区的情况以及两个省直管县发展情况，在“统计资料•各市情况”中，分列了石家庄市含省管县辛集市数据、保定市含省管县定州市、雄安新区数据，石家庄市不含省管县辛集市数据、保定市不含省管县定州市、雄安新区数据，并单列了定州市、辛集市两市数据。由于部门工作职能整合造成部分数据缺失的，在明年的年鉴中体现。

为保证本年鉴按时、保质出版，省委、省政府有关领导高度重视，省直有关部门及各市、县给予了大力支持，全体编办人员为此付出了辛苦的努力，在此一并表示感谢！

在编辑过程中，我们力图精益求精，但仍难免有不妥之处，敬请广大读者提出宝贵意见。

《河北农村统计年鉴》编辑部

2021年12月

目　　录

Ⅰ　特　载

Ⅱ　领导讲话

Ⅲ　社会经济发展报告

Ⅳ　农业法规　文件选载

Ⅴ　统计图

Ⅵ　统计资料

全省情况

Ⅶ 2020年河北农村工作大事记

Ⅷ 附　录

Ⅰ 特 载

中共中央 国务院
关于全面推进乡村振兴加快农业农村现代化的意见

（2021年1月4日）

党的十九届五中全会审议通过的《中共中央关于制定国民经济和社会发展第十四个五年规划和二〇三五年远景目标的建议》，对新发展阶段优先发展农业农村、全面推进乡村振兴作出总体部署，为做好当前和今后一个时期“三农”工作指明了方向。

“十三五”时期，现代农业建设取得重大进展，乡村振兴实现良好开局。粮食年产量连续保持在1.3万亿斤以上，农民人均收入较2010年翻一番多。新时代脱贫攻坚目标任务如期完成，现行标准下农村贫困人口全部脱贫，贫困县全部摘帽，易地扶贫搬迁任务全面完成，消除了绝对贫困和区域性整体贫困，创造了人类减贫史上的奇迹。农村人居环境明显改善，农村改革向纵深推进，农村社会保持和谐稳定，农村即将同步实现全面建成小康社会目标。农业农村发展取得新的历史性成就，为党和国家战胜各种艰难险阻、稳定经济社会发展大局，发挥了“压舱石”作用。实践证明，以习近平同志为核心的党中央驰而不息重农强农的战略决策完全正确，党的“三农”政策得到亿万农民衷心拥护。

“十四五”时期，是乘势而上开启全面建设社会主义现代化国家新征程、向第二个百年奋斗目标进军的第一个五年。民族要复兴，乡村必振兴。全面建设社会主义现代化国家，实现中华民族伟大复兴，最艰巨最繁重的任务依然在农村，最广泛最深厚的基础依然在农村。解决好发展不平衡不充分问题，重点难点在“三农”，迫切需要补齐农业农村短板弱项，推动城乡协调发展；构建新发展格局，潜力后劲在“三农”，迫切需要扩大农村需求，畅通城乡经济循环；应对国内外各种风险挑战，基础支撑在“三农”，迫切需要稳住农业基本盘，守好“三农”基础。党中央认为，新发展阶段“三农”工作依然极端重要，须臾不可放松，务必抓紧抓实。要坚持把解决好“三农”问题作为全党工作重中之重，把全面推进乡村振兴作为实现中华民族伟大复兴的一项重大任务，举全党全社会之力加快农业农村现代化，让广大农民过上更加美好的生活。

一、总体要求

（一）指导思想。以习近平新时代中国特色社会主义思想为指导，全面贯彻党的十九大和十九届二中、三中、四中、五中全会精神，贯彻落实中央经济工作会议精神，统筹推进“五位一体”总体布局，协调推进“四个全面”战略布局，坚定不移贯彻新发展理念，坚持稳中求进工作总基调，坚持加强党对“三农”工作的全面领导，坚持农业农村优先发展，坚持农业现代化与农村现代化一体设计、一并推进，坚持创新驱动发展，以推动高质量发展为主题，统筹发展和安全，落实加快构建新发展格局要求，巩固和完善农村基本经营制度，深入推进农业供给侧结构性改革，把乡村建设摆在社会主义现代化建设的重要位置，全面推进乡村产业、人才、文化、生态、组织振兴，充分发挥农业产品供给、生态屏障、文化传承等功能，走中国特色社会主义乡村振兴道路，加快农业农村现代化，加快形成工农互促、城乡互补、协调发展、共同繁荣的新型工农城乡关系，促进农业高质高效、乡村宜居宜业、农民富裕富足，为全面建设社会主义现代化国家开好局、起好步提供有力支撑。

（二）目标任务。2021年，农业供给侧结构性改革深入推进，粮食播种面积保持稳定、产量达到1.3万亿斤以上，生猪产业平稳发展，农产品质量和食品安全水平进一步提高，农民收入增长继续快于城镇居民，脱贫攻坚成果持续巩固。农业农村现代化规划启动实施，脱贫攻坚政策体系和工作机制同乡村振兴有效衔接、平稳过渡，乡村建设行动全面启动，农村人居环境整治提升，农村改革重点任务深入推进，农村社会保持和谐稳定。

到2025年，农业农村现代化取得重要进展，农业基础设施现代化迈上新台阶，农村生活设施便利化初步实现，城乡基本公共服务均等化水平明显提高。农业基础更加稳固，粮食和重要农产品供应保障更加有力，农业生产结构和区域布局明显优化，农业质量效益和竞争力明显提升，现代乡村产业体系基本形成，有条件的地区率先基本实现农业现代化。脱贫攻坚成果巩固拓展，城乡居民收入差距持续缩小。农村生产生活方式绿色转型取得积极进展，化肥农药使用量持续减少，农村生态环境得到明显改善。乡村建设行动取得明显成效，乡村面貌发生显著变化，乡村发展活力充分激发，乡村文明程度得到新提升，农村发展安全保障更加有力，农民获得感、幸福感、安全感明显提高。

二、实现巩固拓展脱贫攻坚成果同乡村振兴有效衔接

（三）设立衔接过渡期。脱贫攻坚目标任务完成后，对摆脱贫困的县，从脱贫之日起设立5年过渡期，做到扶上马送一程。过渡期内保持现有主要帮扶政策总体稳定，并逐项分类优化调整，合理把握节奏、力度和时限，逐步实现由集中资源支持脱贫攻坚向全面推进乡村振兴平稳过渡，推动“三农”工作重心历史性转移。抓紧出台各项政策完善优化的具体实施办法，确保工作不留空档、政策不留空白。

（四）持续巩固拓展脱贫攻坚成果。健全防止返贫动态监测和帮扶机制，对易返贫致贫人口及时发现、及时帮扶，守住防止规模性返贫底线。以大中型集中安置区为重点，扎实做好易地搬迁后续帮扶工作，持续加大就业和产业扶持力度，继续完善安置区配套基础设施、产业园区配套设施、公共服务设施，切实提升社区治理能力。加强扶贫项目资产管理和监督。

（五）接续推进脱贫地区乡村振兴。实施脱贫地区特色种养业提升行动，广泛开展农产品产销对接活动，深化拓展消费帮扶。持续做好有组织劳务输出工作。统筹用好公益岗位，对符合条件的就业困难人员进行就业援助。在农业农村基础设施建设领域推广以工代赈方式，吸纳更多脱贫人口和低收入人口就地就近就业。在脱贫地区重点建设一批区域性和跨区域重大基础设施工程。加大对脱贫县乡村振兴支持力度。在西部地区脱贫县中确定一批国家乡村振兴重点帮扶县集中支持。支持各地自主选择部分脱贫县作为乡村振兴重点帮扶县。坚持和完善东西部协作和对口支援、社会力量参与帮扶等机制。

（六）加强农村低收入人口常态化帮扶。开展农村低收入人口动态监测，实行分层分类帮扶。对有劳动能力的农村低收入人口，坚持开发式帮扶，帮助其提高内生发展能力，发展产业、参与就业，依靠双手勤劳致富。对脱贫人口中丧失劳动能力且无法通过产业就业获得稳定收入的人口，以现有社会保障体系为基础，按规定纳入农村低保或特困人员救助供养范围，并按困难类型及时给予专项救助、临时救助。

三、加快推进农业现代化

（七）提升粮食和重要农产品供给保障能力。地方各级党委和政府要切实扛起粮食安全政治责任，实行粮食安全党政同责。深入实施重要农产品保障战略，完善粮食安全省长责任制和“菜篮子”市长负责制，确保粮、棉、油、糖、肉等供给安全。“十四五”时期各省（自治区、直辖市）要稳定粮食播种面积、提高单产水平。加强粮食生产功能区和重要农产品生产保护区建设。建设国家粮食安全产业带。稳定种粮农民补贴，让种粮有合理收益。坚持并完善稻谷、小麦最低收购价政策，完善玉米、大豆生产者补贴政策。深入推进农业结构调整，推动品种培优、品质提升、品牌打造和标准化生产。鼓励发展青贮玉米等优质饲草饲料，稳定大豆生产，多措并举发展油菜、花生等油料作物。健全产粮大县支持政策体系。扩大稻谷、小麦、玉米三大粮食作物完全成本保险和收入保险试点范围，支持有条件的省份降低产粮大县三大粮食作物农业保险保费县级补贴比例。深入推进优质粮食工程。加快构建现代养殖体系，保护生猪基础产能，健全生猪产业平稳有序发展长效机制，积极发展牛羊产业，继续实施奶业振兴行动，推进水产绿色健康养殖。推进渔港建设和管理改革。促进木本粮油和林下经济发展。优化农产品贸易布局，实施农产品进口多元化战略，支持企业融入全球农产品供应链。保持打击重点农产品走私高压态势。加强口岸检疫和外来入侵物种防控。开展粮食节约行动，减少生产、流通、加工、存储、消费环节粮食损耗浪费。

（八）打好种业翻身仗。农业现代化，种子是基础。加强农业种质资源保护开发利用，加快第三次农作物种质资源、畜禽种质资源调查收集，加强国家作物、畜禽和海洋渔业生物种质资源库建设。对育种基础性研究以及重点育种项目给予长期稳定支持。加快实施农业生物育种重大科技项目。深入实施农作物和畜禽良种联合攻关。实施新一轮畜禽遗传改良计划和现代种业提升工程。尊重科学、严格监管，有序推进生物育种产业化应用。加强育种领域知识产权保护。支持种业龙头企业建立健全商业化育种体系，加快建设南繁硅谷，加强制种基地和良种繁育体系建设，研究重大品种研发与推广后补助政策，促进育繁推一体化发展。

（九）坚决守住18亿亩耕地红线。统筹布局生态、农业、城镇等功能空间，科学划定各类空间管控边界，严格实行土地用途管制。采取“长牙齿”的措施，落实最严格的耕地保护制度。严禁违规占用耕地和违背自然规律绿化造林、挖湖造景，严格控制非农建设占用耕地，深入推进农村乱占耕地建房专项整治行动，坚决遏制耕地“非农化”、防止“非粮化”。明确耕地利用优先序，永久基本农田重点用于粮食特别是口粮生产，一般耕地主要用于粮食和棉、油、糖、蔬菜等农产品及饲草饲料生产。明确耕地和永久基本农田不同的管制目标和管制强度，严格控制耕地转为林地、园地等其他类型农用地，强化土地流转用途监管，确保耕地数量不减少、质量有提高。实施新一轮高标准农田建设规划，提高建设标准和质量，健全管护机制，多渠道筹集建设资金，中央和地方共同加大粮食主产区高标准农田建设投入，2021年建设1亿亩旱涝保收、高产稳产高标准农田。在高标准农田建设中增加的耕地作为占补平衡补充耕地指标在省域内调剂，所得收益用于高标准农田建设。加强和改进建设占用耕地占补平衡管理，严格新增耕地核实认定和监管。健全耕地数量和质量监测监管机制，加强耕地保护督察和执法监督，开展“十三五”时期省级政府耕地保护责任目标考核。

（十）强化现代农业科技和物质装备支撑。实施大中型灌区续建配套和现代化改造。到2025年全部完成现有病险水库除险加固。坚持农业科技自立自强，完善农业科技领域基础研究稳定支持机制，深化体制改革，布局建设一批创新基地平台。深入开展乡村振兴科技支撑行动。支持高校为乡村振兴提供智力服务。加强农业科技社会化服务体系建设，深入推行科技特派员制度。打造国家热带农业科学中心。提高农机装备自主研制能力，支持高端智能、丘陵山区农机装备研发制造，加大购置补贴力度，开展农机作业补贴。强化动物防疫和农作物病虫害防治体系建设，提升防控能力。

（十一）构建现代乡村产业体系。依托乡村特色优势资源，打造农业全产业链，把产业链主体留在县城，让农民更多分享产业增值收益。加快健全现代农业全产业链标准体系，推动新型农业经营主体按标生产，培育农业龙头企业标准“领跑者”。立足县域布局特色农产品产地初加工和精深加工，建设现代农业产业园、农业产业强镇、优势特色产业集群。推进公益性农产品市场和农产品流通骨干网络建设。开发休闲农业和乡村旅游精品线路，完善配套设施。推进农村一二三产业融合发展示范园和科技示范园区建设。把农业现代化示范区作为推进农业现代化的重要抓手，围绕提高农业产业体系、生产体系、经营体系现代化水平，建立指标体系，加强资源整合、政策集成，以县（市、区）为单位开展创建，到2025年创建500个左右示范区，形成梯次推进农业现代化的格局。创建现代林业产业示范区。组织开展“万企兴万村”行动。稳步推进反映全产业链价值的农业及相关产业统计核算。

（十二）推进农业绿色发展。实施国家黑土地保护工程，推广保护性耕作模式。健全耕地休耕轮作制度。持续推进化肥农药减量增效，推广农作物病虫害绿色防控产品和技术。加强畜禽粪污资源化利用。全面实施秸秆综合利用和农膜、农药包装物回收行动，加强可降解农膜研发推广。在长江经济带、黄河流域建设一批农业面源污染综合治理示范县。支持国家农业绿色发展先行区建设。加强农产品质量和食品安全监管，发展绿色农产品、有机农产品和地理标志农产品，试行食用农产品达标合格证制度，推进国家农产品质量安全县创建。加强水生生物资源养护，推进以长江为重点的渔政执法能力建设，确保十年禁渔令有效落实，做好退捕渔民安置保障工作。发展节水农业和旱作农业。推进荒漠化、石漠化、坡耕地水土流失综合治理和土壤污染防治、重点区域地下水保护与超采治理。实施水系连通及农村水系综合整治，强化河湖长制。巩固退耕还林还草成果，完善政策、有序推进。实行林长制。科学开展大规模国土绿化行动。完善草原生态保护补助奖励政策，全面推进草原禁牧轮牧休牧，加强草原鼠害防治，稳步恢复草原生态环境。

（十三）推进现代农业经营体系建设。突出抓好家庭农场和农民合作社两类经营主体，鼓励发展多种形式适度规模经营。实施家庭农场培育计划，把农业规模经营户培育成有活力的家庭农场。推进农民合作社质量提升，加大对运行规范的农民合作社扶持力度。发展壮大农业专业化社会化服务组织，将先进适用的品种、投入品、技术、装备导入小农户。支持市场主体建设区域性农业全产业链综合服务中心。支持农业产业化龙头企业创新发展、做大做强。深化供销合作社综合改革，开展生产、供销、信用“三位一体”综合合作试点，健全服务农民生产生活综合平台。培育高素质农民，组织参加技能评价、学历教育，设立专门面向农民的技能大赛。吸引城市各方面人才到农村创业创新，参与乡村振兴和现代农业建设。

四、大力实施乡村建设行动

(十四)加快推进村庄规划工作。2021年基本完成县级国土空间规划编制，明确村庄布局分类。积极有序推进“多规合一”实用性村庄规划编制，对有条件、有需求的村庄尽快实现村庄规划全覆盖。对暂时没有编制规划的村庄，严格按照县乡两级国土空间规划中确定的用途管制和建设管理要求进行建设。编制村庄规划要立足现有基础，保留乡村特色风貌，不搞大拆大建。按照规划有序开展各项建设，严肃查处违规乱建行为。健全农房建设质量安全法律法规和监管体制，3年内完成安全隐患排查整治。完善建设标准和规范，提高农房设计水平和建设质量。继续实施农村危房改造和地震高烈度设防地区农房抗震改造。加强村庄风貌引导，保护传统村落、传统民居和历史文化名村名镇。加大农村地区文化遗产遗迹保护力度。乡村建设是为农民而建，要因地制宜、稳扎稳打，不刮风搞运动。严格规范村庄撤并，不得违背农民意愿、强迫农民上楼，把好事办好、把实事办实。

(十五)加强乡村公共基础设施建设。继续把公共基础设施建设的重点放在农村，着力推进往村覆盖、往户延伸。实施农村道路畅通工程。有序实施较大人口规模自然村(组)通硬化路。加强农村资源路、产业路、旅游路和村内主干道建设。推进农村公路建设项目更多向进村入户倾斜。继续通过中央车购税补助地方资金、成品油税费改革转移支付、地方政府债券等渠道，按规定支持农村道路发展。继续开展“四好农村路”示范创建。全面实施路长制。开展城乡交通一体化示范创建工作。加强农村道路桥梁安全隐患排查，落实管养主体责任。强化农村道路交通安全监管。实施农村供水保障工程。加强中小型水库等稳定水源工程建设和水源保护，实施规模化供水工程建设和小型工程标准化改造，有条件的地区推进城乡供水一体化，到2025年农村自来水普及率达到88%。完善农村水价水费形成机制和工程长效运营机制。实施乡村清洁能源建设工程。加大农村电网建设力度，全面巩固提升农村电力保障水平。推进燃气下乡，支持建设安全可靠的乡村储气罐站和微管网供气系统。发展农村生物质能源。加强煤炭清洁化利用。实施数字乡村建设发展工程。推动农村千兆光网、第五代移动通信(5G)、移动物联网与城市同步规划建设。完善电信普遍服务补偿机制，支持农村及偏远地区信息通信基础设施建设。加快建设农业农村遥感卫星等天基设施。发展智慧农业，建立农业农村大数据体系，推动新一代信息技术与农业生产经营深度融合。完善农业气象综合监测网络，提升农业气象灾害防范能力。加强乡村公共服务、社会治理等数字化智能化建设。实施村级综合服务设施提升工程。加强村级客运站点、文化体育、公共照明等服务设施建设。

(十六)实施农村人居环境整治提升五年行动。分类有序推进农村厕所革命，加快研发干旱、寒冷地区卫生厕所适用技术和产品，加强中西部地区农村户用厕所改造。统筹农村改厕和污水、黑臭水体治理，因地制宜建设污水处理设施。健全农村生活垃圾收运处置体系，推进源头分类减量、资源化处理利用，建设一批有机废弃物综合处置利用设施。健全农村人居环境设施管护机制。有条件的地区推广城乡环卫一体化第三方治理。深入推进村庄清洁和绿化行动。开展美丽宜居村庄和美丽庭院示范创建活动。

(十七)提升农村基本公共服务水平。建立城乡公共资源均衡配置机制，强化农村基本公共服务供给县乡村统筹，逐步实现标准统一、制度并轨。提高农村教育质量，多渠道增加农村普惠性学前教育资源供给，继续改善乡镇寄宿制学校办学条件，保留并办好必要的乡村小规模学校，在县城和中心镇新建改扩建一批高中和中等职业学校。完善农村特殊教育保障机制。推进县域内义务教育学校校长教师交流轮岗，支持建设城乡学校共同体。面向农民就业创业需求，发展职业技术教育与技能培训，建设一批产教融合基地。开展耕读教育。加快发展面向乡村的网络教育。加大涉农高校、涉农职业院校、涉农学科专业建设力度。全面推进健康乡村建设，提升村卫生室标准化建设和健康管理水平，推动乡村医生向执业(助理)医师转变，采取派驻、巡诊等方式提高基层卫生服务水平。提升乡镇卫生院医疗服务能力，选建一批中心卫生院。加强县级医院建设，持续提升县级疾控机构应对重大疫情及突发公共卫生事件能力。加强县域紧密型医共体建设，实行医保总额预算管理。加强妇幼、老年人、残疾人等重点人群健康服务。健全统筹城乡的就业政策和服务体系，推动公共就业服务机构向乡村延伸。深入实施新生代农民工职业技能提升计划。完善统一的城乡居民基本医疗保险制度，合理提高政府补助标准和个人缴费标准，健全重大疾病医疗保险和救助制度。落实城乡居民基本养老保险待遇确定和正常调整机制。推进城乡低保制度统筹发展，逐步提高特困人员供养服务质量。加强对农村留守儿童和妇女、老年人以及困境儿童的关爱服务。健全县乡村衔接的三级养老服务网络，推动村级幸福院、日间照料中心等养老服务设施建设，发展农村普惠型养老服务和互助性养老。推进农村公益性殡葬设施建设。推进城乡公共文化服务体系一体建设，创新实施文化惠民工程。

（十八）全面促进农村消费。加快完善县乡村三级农村物流体系，改造提升农村寄递物流基础设施，深入推进电子商务进农村和农产品出村进城，推动城乡生产与消费有效对接。促进农村居民耐用消费品更新换代。加快实施农产品仓储保鲜冷链物流设施建设工程，推进田头小型仓储保鲜冷链设施、产地低温直销配送中心、国家骨干冷链物流基地建设。完善农村生活性服务业支持政策，发展线上线下相结合的服务网点，推动便利化、精细化、品质化发展，满足农村居民消费升级需要，吸引城市居民下乡消费。

（十九）加快县域内城乡融合发展。推进以人为核心的新型城镇化，促进大中小城市和小城镇协调发展。把县域作为城乡融合发展的重要切入点，强化统筹谋划和顶层设计，破除城乡分割的体制弊端，加快打通城乡要素平等交换、双向流动的制度性通道。统筹县域产业、基础设施、公共服务、基本农田、生态保护、城镇开发、村落分布等空间布局，强化县城综合服务能力，把乡镇建设成为服务农民的区域中心，实现县乡村功能衔接互补。壮大县域经济，承接适宜产业转移，培育支柱产业。加快小城镇发展，完善基础设施和公共服务，发挥小城镇连接城市、服务乡村作用。推进以县城为重要载体的城镇化建设，有条件的地区按照小城市标准建设县城。积极推进扩权强镇，规划建设一批重点镇。开展乡村全域土地综合整治试点。推动在县域就业的农民工就地市民化，增加适应进城农民刚性需求的住房供给。鼓励地方建设返乡入乡创业园和孵化实训基地。

（二十）强化农业农村优先发展投入保障。继续把农业农村作为一般公共预算优先保障领域。中央预算内投资进一步向农业农村倾斜。制定落实提高土地出让收益用于农业农村比例考核办法，确保按规定提高用于农业农村的比例。各地区各部门要进一步完善涉农资金统筹整合长效机制。支持地方政府发行一般债券和专项债券用于现代农业设施建设和乡村建设行动，制定出台操作指引，做好高质量项目储备工作。发挥财政投入引领作用，支持以市场化方式设立乡村振兴基金，撬动金融资本、社会力量参与，重点支持乡村产业发展。坚持为农服务宗旨，持续深化农村金融改革。运用支农支小再贷款、再贴现等政策工具，实施最优惠的存款准备金率，加大对机构法人在县域、业务在县域的金融机构的支持力度，推动农村金融机构回归本源。鼓励银行业金融机构建立服务乡村振兴的内设机构。明确地方政府监管和风险处置责任，稳妥规范开展农民合作社内部信用合作试点。保持农村信用合作社等县域农村金融机构法人地位和数量总体稳定，做好监督管理、风险化解、深化改革工作。完善涉农金融机构治理结构和内控机制，强化金融监管部门的监管责任。支持市县构建域内共享的涉农信用信息数据库，用3年时间基本建成比较完善的新型农业经营主体信用体系。发展农村数字普惠金融。大力开展农户小额信用贷款、保单质押贷款、农机具和大棚设施抵押贷款业务。鼓励开发专属金融产品支持新型农业经营主体和农村新产业新业态，增加首贷、信用贷。加大对农业农村基础设施投融资的中长期信贷支持。加强对农业信贷担保放大倍数的量化考核，提高农业信贷担保规模。将地方优势特色农产品保险以奖代补做法逐步扩大到全国。健全农业再保险制度。发挥“保险+期货”在服务乡村产业发展中的作用。

（二十一）深入推进农村改革。完善农村产权制度和要素市场化配置机制，充分激发农村发展内生动力。坚持农村土地农民集体所有制不动摇，坚持家庭承包经营基础性地位不动摇，有序开展第二轮土地承包到期后再延长30年试点，保持农村土地承包关系稳定并长久不变，健全土地经营权流转服务体系。积极探索实施农村集体经营性建设用地入市制度。完善盘活农村存量建设用地政策，实行负面清单管理，优先保障乡村产业发展、乡村建设用地。根据乡村休闲观光等产业分散布局的实际需要，探索灵活多样的供地新方式。加强宅基地管理，稳慎推进农村宅基地制度改革试点，探索宅基地所有权、资格权、使用权分置有效实现形式。规范开展房地一体宅基地日常登记颁证工作。规范开展城乡建设用地增减挂钩，完善审批实施程序、节余指标调剂及收益分配机制。2021年基本完成农村集体产权制度改革阶段性任务，发展壮大新型农村集体经济。保障进城落户农民土地承包权、宅基地使用权、集体收益分配权，研究制定依法自愿有偿转让的具体办法。加强农村产权流转交易和管理信息网络平台建设，提供综合性交易服务。加快农业综合行政执法信息化建设。深入推进农业水价综合改革。继续深化农村集体林权制度改革。

五、加强党对“三农”工作的全面领导

（二十二）强化五级书记抓乡村振兴的工作机制。全面推进乡村振兴的深度、广度、难度都不亚于脱贫攻坚，必须采取更有力的举措，汇聚更强大的力量。要深入贯彻落实《中国共产党农村工作条例》，健全中央统筹、省

负总责、市县乡抓落实的农村工作领导体制，将脱贫攻坚工作中形成的组织推动、要素保障、政策支持、协作帮扶、考核督导等工作机制，根据实际需要运用到推进乡村振兴，建立健全上下贯通、精准施策、一抓到底的乡村振兴工作体系。省、市、县级党委要定期研究乡村振兴工作。县委书记应当把主要精力放在“三农”工作上。建立乡村振兴联系点制度，省、市、县级党委和政府负责同志都要确定联系点。开展县乡村三级党组织书记乡村振兴轮训。加强党对乡村人才工作的领导，将乡村人才振兴纳入党委人才工作总体部署，健全适合乡村特点的人才培养机制，强化人才服务乡村激励约束。加快建设政治过硬、本领过硬、作风过硬的乡村振兴干部队伍，选派优秀干部到乡村振兴一线岗位，把乡村振兴作为培养锻炼干部的广阔舞台，对在艰苦地区、关键岗位工作表现突出的干部优先重用。

（二十三）加强党委农村工作领导小组和工作机构建设。充分发挥各级党委农村工作领导小组牵头抓总、统筹协调作用，成员单位出台重要涉农政策要征求党委农村工作领导小组意见并进行备案。各地要围绕“五大振兴”目标任务，设立由党委和政府负责同志领导的专项小组或工作专班，建立落实台账，压实工作责任。强化党委农村工作领导小组办公室决策参谋、统筹协调、政策指导、推动落实、督促检查等职能，每年分解“三农”工作重点任务，落实到各责任部门，定期调度工作进展。加强党委农村工作领导小组办公室机构设置和人员配置。

（二十四）加强党的农村基层组织建设和乡村治理。充分发挥农村基层党组织领导作用，持续抓党建促乡村振兴。有序开展乡镇、村集中换届，选优配强乡镇领导班子、村“两委”成员特别是村党组织书记。在有条件的地方积极推行村党组织书记通过法定程序担任村民委员会主任，因地制宜、不搞“一刀切”。与换届同步选优配强村务监督委员会成员，基层纪检监察组织加强与村务监督委员会的沟通协作、有效衔接。坚决惩治侵害农民利益的腐败行为。坚持和完善向重点乡村选派驻村第一书记和工作队制度。加大在优秀农村青年中发展党员力度，加强对农村基层干部激励关怀，提高工资补助待遇，改善工作生活条件，切实帮助解决实际困难。推进村委会规范化建设和村务公开“阳光工程”。开展乡村治理试点示范创建工作。创建民主法治示范村，培育农村学法用法示范户。加强乡村人民调解组织队伍建设，推动就地化解矛盾纠纷。深入推进平安乡村建设。建立健全农村地区扫黑除恶常态化机制。加强县乡村应急管理和消防安全体系建设，做好对自然灾害、公共卫生、安全隐患等重大事件的风险评估、监测预警、应急处置。

（二十五）加强新时代农村精神文明建设。弘扬和践行社会主义核心价值观，以农民群众喜闻乐见的方式，深入开展习近平新时代中国特色社会主义思想学习教育。拓展新时代文明实践中心建设，深化群众性精神文明创建活动。建强用好县级融媒体中心。在乡村深入开展“听党话、感党恩、跟党走”宣讲活动。深入挖掘、继承创新优秀传统乡土文化，把保护传承和开发利用结合起来，赋予中华农耕文明新的时代内涵。持续推进农村移风易俗，推广积分制、道德评议会、红白理事会等做法，加大高价彩礼、人情攀比、厚葬薄养、铺张浪费、封建迷信等不良风气治理，推动形成文明乡风、良好家风、淳朴民风。加大对农村非法宗教活动和境外渗透活动的打击力度，依法制止利用宗教干预农村公共事务。办好中国农民丰收节。

（二十六）健全乡村振兴考核落实机制。各省（自治区、直辖市）党委和政府每年向党中央、国务院报告实施乡村振兴战略进展情况。对市县党政领导班子和领导干部开展乡村振兴实绩考核，纳入党政领导班子和领导干部综合考核评价内容，加强考核结果应用，注重提拔使用乡村振兴实绩突出的市县党政领导干部。对考核排名落后、履职不力的市县党委和政府主要负责同志进行约谈，建立常态化约谈机制。将巩固拓展脱贫攻坚成果纳入乡村振兴考核。强化乡村振兴督查，创新完善督查方式，及时发现和解决存在的问题，推动政策举措落实落地。持续纠治形式主义、官僚主义，将减轻村级组织不合理负担纳入中央基层减负督查重点内容。坚持实事求是、依法行政，把握好农村各项工作的时度效。加强乡村振兴宣传工作，在全社会营造共同推进乡村振兴的浓厚氛围。

让我们紧密团结在以习近平同志为核心的党中央周围，开拓进取，真抓实干，全面推进乡村振兴，加快农业农村现代化，努力开创“三农”工作新局面，为全面建设社会主义现代化国家、实现第二个百年奋斗目标作出新的贡献！

（中发〔2021〕1号）

关于认真贯彻落实习近平总书记重要讲话精神全面推进乡村振兴加快农业农村现代化的实施意见

为认真贯彻落实习近平总书记在中央农村工作会议上的重要讲话精神，根据党中央、国务院《关于全面推进乡村振兴加快农业农村现代化的意见》，结合河北实际，提出如下实施意见。

一、深入学习贯彻习近平总书记重要讲话精神，准确把握新发展阶段“三农”工作总体要求

在我国开启全面建设社会主义现代化国家新征程的重要历史交汇点、农业农村发展进入新发展阶段之际，习近平总书记出席中央农村工作会议发表重要讲话，站在统筹中华民族伟大复兴战略全局和世界百年未有之大变局的高度，深刻总结了党的十八大以来农业农村发展成就与经验，精辟阐述了新发展阶段“三农”工作肩负的使命和任务，对巩固拓展脱贫攻坚成果、全面推进乡村振兴、加快农业农村现代化提出明确要求，向全党全社会发出“三农”工作极端重要、须臾不可放松、务必抓紧抓实的明确信号。习近平总书记的重要讲话具有很强的思想性、指导性和现实针对性，与党的十八大以来习近平总书记关于“三农”工作的重要论述既一脉相承又与时俱进，是我们党“三农”理论创新的最新成果，是习近平新时代中国特色社会主义思想的重要组成部分，是做好新发展阶段“三农”工作的行动纲领和根本遵循。全省各级各部门要把学习贯彻习近平总书记重要讲话精神作为一项重要政治任务，增强“四个意识”，坚定“四个自信”，做到“两个维护”，切实把思想和行动统一到习近平总书记重要讲话精神上来，以高度的政治自觉、思想自觉、行动自觉抓好贯彻落实，举全省之力推进乡村全面振兴，加快农业农村现代化，坚决当好首都政治“护城河”。

(一)指导思想。以习近平新时代中国特色社会主义思想为指导，全面贯彻党的十九大和十九届二中、三中、四中、五中全会及中央农村工作会议精神，按照省委九届十一次、十二次全会部署，统筹推进“五位一体”总体布局，协调推进“四个全面”战略布局，坚定不移贯彻新发展理念，坚持稳中求进工作总基调，坚持党对农村工作的全面领导，坚持农业农村优先发展，坚持农业现代化与农村现代化一体设计、一并推进，坚持创新驱动发展，以推动高质量发展为主题，统筹发展和安全，落实加快构建新发展格局要求，巩固和完善农村基本经营制度，深入推进农业供给侧结构性改革，把乡村建设摆在社会主义现代化建设的重要位置，全面推进乡村产业、人才、文化、生态、组织振兴，加快农业农村现代化，加快形成工农互促、城乡互补、协调发展、共同繁荣的新型工农城乡关系，促进农业高质高效、乡村宜居宜业、农民富裕富足，为新时代全面建设经济强省、美丽河北提供有力支撑。

(二)目标任务。2021年，农业综合生产能力稳步提升，全面完成国家下达我省的粮食生产任务目标，生猪产能恢复到正常年份水平；农业发展质量效益和竞争力进一步提高，农业结构和生产布局加快优化，现代都市型农业和特色高效农业加快发展，一产增加值同比增长2%；农民收入持续稳定增长，农村居民人均可支配收入增速继续快于城镇居民；农业农村现代化规划启动实施，脱贫攻坚成果持续巩固，脱贫攻坚政策体系和工作机制同乡村振兴有效衔接、平稳过渡；乡村建设行动全面启动，成线连片建设1500个美丽乡村，农村人居环境持续整治提升；农村重点领域改革深入推进，农村社会保持和谐稳定。

到2025年，乡村振兴取得显著进展，农业农村现代化水平明显提高。加快实现农业大省向农业强省转变，全省粮食播种总面积保持在9000万亩以上、产量保持在720亿斤以上，科技农业、绿色农业、品牌农业、质量农业取得突破性进展，蔬菜、畜牧、果品三大产业产值占农林牧渔业总产值比重提高到66%以上，农产品加工业产值与农林牧渔业总产值比值达到1.6∶1，现代乡村产业体系基本形成，有条件的地方率先基本实现农业现代化。加快实现传统农村向美丽宜居乡村转变，乡村面貌发生显著变化，农村生态环境明显改善，建成1万个以上美丽乡村。脱贫攻坚成果巩固拓展，农民持续增收机制基本健全，城乡居民收入差距持续缩小。城乡融合发展体制机制基本完善，乡村发展活力充分激发。现代乡村治理体系基本健全，乡村文明程度得到新提升，农村发展安全保障更加有力，农民获得感、幸福感、安全感明显提高。

二、建立健全防止返贫机制，实现巩固拓展脱贫攻坚成果同乡村振兴有效衔接

脱贫摘帽不是终点，而是新生活、新奋斗的起点。坚持把巩固拓展脱贫攻坚成果摆在突出位置，对摆脱贫困的县(市、区)，从脱贫之日起设立5年过渡期，保持主要帮

扶政策总体稳定，促进巩固拓展脱贫攻坚成果同乡村振兴有效衔接，工作不留空档，政策不留空白，持续推进脱贫地区发展和群众生活改善。

（三）全面落实衔接过渡期政策。过渡期内严格落实“四个不摘”要求，坚持摘帽不摘责任、摘帽不摘政策、摘帽不摘帮扶、摘帽不摘监管。在保持现有主要帮扶政策总体稳定基础上，逐项分类优化调整，合理把握调整节奏、力度和时限，逐步实现由集中资源支持脱贫攻坚向全面推进乡村振兴平稳过渡。抓紧出台各项政策完善优化的具体实施办法。保持财政支持政策总体稳定，优先保障巩固拓展脱贫攻坚成果同乡村振兴有效衔接需求，合理安排省级财政投入规模，确保达到国家投入政策要求，加强扶贫项目资产管理和监督，提高资金绩效水平。筛选确定一批脱贫县作为乡村振兴重点帮扶县，从财政、金融、土地、人才、基础设施建设、公共服务等方面，研究提出政策支持清单，进行集中帮扶支持。

（四）巩固拓展脱贫攻坚成果。健全防止返贫动态监测和帮扶机制，对脱贫县、脱贫村、脱贫人口开展监测，持续跟踪、定期检查收入支出状况、“两不愁三保障”及饮水安全状况，对脱贫不稳定户、边缘易致贫户，及时纳入帮扶政策范围，实行动态清零。加强农村低收入人口常态化帮扶，开展农村低收入人口动态监测，实行分层分类帮扶。对有劳动能力的低收入人口，坚持开发式帮扶，有针对性地落实产业、就业帮扶措施，提升内生发展能力，依靠双手勤劳致富。有劳动能力的农村低保对象在计算家庭收入时扣减必要的就业成本。对脱贫人口中丧失劳动能力且无法通过产业就业获得稳定收入的人口，以现有社会保障体系为基础，按规定纳入农村低保或特困人员救助供养范围，并按困难类型及时给予专项救助、临时救助，确保基本生活不出问题。

（五）接续推动脱贫地区乡村振兴。以实施乡村振兴战略规划为引领，统揽脱贫地区各项具体发展规划的编制和实施，带动建设项目和具体工作举措统筹部署推进。实施脱贫地区农业特色产业提升工程，持续打造“一村一品”“一乡一业”，支持脱贫县每县培强1～2个特色鲜明、要素聚集、产业融合、竞争力强的特色主导产业，着力提升技术、加工、储运、品牌、营销水平。发挥就业帮扶“三网合一”信息平台作用，做好有组织劳务输出工作，稳定脱贫劳动力外出就业。办好扶贫车间，统筹用好乡村公益岗位，在农业农村基础设施建设领域推广以工代赈方式，吸纳更多脱贫人口和低收入人口就地就近就业。加强脱贫人口职业技能培训，增强脱贫人口稳定就业能力。以大中型集中安置区为重点，扎实做好易地搬迁后续帮扶工作，持续加大搬迁人口产业就业扶持力度，继续完善安置区配套基础设施、产业园区配套设施、公共服务设施，依法办理安置住房产权登记，完善安置区社会管理机制，切实提升社区治理能力。支持脱贫地区优先布局交通、水利、能源、通信等重大基础设施建设项目，积极争取和谋划建设一批区域性和跨区域重大基础设施工程，持续改善义务教育办学条件和基层医疗服务条件，推进农村人居环境整治提升。完善对口帮扶、定点帮扶和社会帮扶机制，组织开展“万企帮万村”活动。把巩固拓展脱贫攻坚成果纳入市县党政领导班子和领导干部推进乡村振兴战略实绩考核范围。平稳有序做好各级扶贫办机构职能的调整优化，确保思想不乱、工作不断、队伍不散、干劲不减。

三、深入推进农业供给侧结构性改革，着力提升农业质量效益和竞争力

在确保粮食和重要农产品有效供给的基础上，瞄准京津冀高端市场需求，以现代都市型农业为方向，以特色优势产业为依托，大力发展科技农业、绿色农业、品牌农业、质量农业，着力提升农业规模化、产业化、市场化水平。

（六）落实最严格的耕地保护制度。统筹布局生态、农业、城镇等功能空间，科学划定各类空间管控边界，严格实行土地用途管制。采取“长牙齿”的措施，落实最严格的耕地保护制度，坚决遏制耕地“非农化”，严禁违规占用耕地和违背自然规律绿化造林、挖湖造景，严格控制非农建设占用耕地，深入开展农村乱占耕地建房专项整治行动。防止耕地“非粮化”，明确耕地利用优先序，永久基本农田重点用于粮食特别是口粮生产，一般耕地主要用于粮食和棉花、油料、蔬菜等农产品及饲草饲料生产。严格控制耕地转为林地、园地等其他类型农用地，全面开展耕地“非粮化”排查整治行动，摸清问题底数，分类妥善处置存量，坚决遏制增量。定期对粮食生产功能区内作物种植情况进行监测评价，实现信息化、精细化管理。强化土地流转用途监管、设施农业用地监管等工作，确保耕地数量不减少、质量有提高。实施新一轮高标准农田建设规划，提高建设标准和质量，健全管护机制，多渠道筹集建设资金，以粮食生产功能区和重要农产品保护区为重点，2021年新建390万亩旱涝保收、高产稳产高标准农田。在高标准农田建设中增加的耕地作为占补平衡补充耕地指标在省域内调剂，所得收益用于高标准农田建设。加强和改进建设占用耕地占补平衡管理，严格新增耕地核实认定和监管。健全耕地数量和质量监测监管机制，加强耕地保护督查和执法监督，开展各级政府耕地保护责任目标考核，对有令不行、有禁不止、失职渎职的严肃追究责任。

（七）实施现代种业提升工程。加强种质资源保护和利用，做好第三次农作物种质资源、畜禽种质资源调查收集工作，加强省级农作物种质资源库和畜禽种质资源保种场

建设。开展特色种业创新，组建12个产学研紧密结合的种业创新联盟，以强筋和节水小麦、鲜食玉米、“双高”大豆、薯类、谷子、十字花科蔬菜、食用菌等为重点，2021年培育40个高产优质、多抗广适的突破性新品种。加强良种繁育基地建设，提升南繁基地建设水平，全省标准化、规模化、集约化、数字化农作物良种繁育基地达到85个，繁种面积达到45万亩。支持种业龙头企业健全商业化育种体系，培育一批大型“育繁推一体化”种业企业，打造一批在全国有影响力、竞争力的种业品牌。尊重科学、严格监管，有序推进生物育种产业化应用。以生猪、蛋鸡、奶牛和肉牛为重点，加快推进畜禽遗传改良，提升畜禽育种创新能力。加强海参、对虾、贝类、河鲀、鲆鲽等优势土导品种育种创新。

(八)强化现代农业科技和物质装备支撑。实施大中型灌区续建配套和现代化改造。到2025年，全部完成现有病险水库除险加固。深入开展乡村振兴科技支撑行动，加快搭建京津冀农业协同创新平台，深化与京津优势科技资源合作，着力构建“京津研发、河北中试、就地转化、率先推广”协同创新机制。实施农业科技研发专项，建立19个省级创新团队横向协作机制，加大生物育种、农机装备、农产品精深加工等科技攻关力度，突破一批关键核心和“卡脖子”技术，提档升级农业科技园区、星创天地。实施农业创新驿站创建提升行动，以县域农业主导产业为重点，推进全产业链技术集成与转化，促进产学研用企深度融合，2021年新建创新驿站64个、累计达到224个。提升基层农技推广体系服务能力，加强农业科技社会化服务体系建设，深入推行科技特派员制度，实现科技服务到村到户到项目。落实新一轮农机购置补贴政策，对粮棉油耕种收薄弱环节、畜牧水产养殖、农产品初加工、丘陵山区农业生产所需的农机装备和大型智能农机加大补贴力度，推广“全程机械化+综合农事”等农机服务新模式。加快发展数字农业、智慧农业，建设20个网络化、智能化、精细化的现代“种养加”生态农业示范点和10个“互联网+”农产品出村进城工程试点。

(九)保障粮食和重要农产品有效供给。各级党委和政府要切实扛起粮食安全政治责任，完善粮食安全责任制，实行粮食安全党政同责，压实各级责任，稳定粮食播种面积、提高单产水平，确保完成国家下达任务。选定产粮大县集中、基础条件良好的区域，建设稳产高产、产业集聚、成龙配套、优质高效的国家粮食安全产业带。落实农业补贴、小麦最低收购价等惠农政策，提高种粮比较效益。健全产粮大县支持政策体系。积极争取国家小麦、玉米、稻谷三大粮食作物完全成本和收入保险试点，降低产粮大县三大粮食作物农业保险保费县级补贴比例。深入推进优质粮食工程，开展高质高效创建示范，扩大强筋麦等优质专用小麦面积。开展粮食节约行动，减少生产、流通、加工、存储、消费环节粮食损耗浪费。健全生猪产业平稳有序发展长效机制，引导生猪养殖向优势区域集中，生猪屠宰产能向养殖集中区域布局，深入推进养殖、屠宰标准化示范创建，2021年生猪存栏达到1950万头，产能恢复到正常年份水平。深入推进奶业振兴，重点建设9个奶牛规模养殖示范区，全省奶牛存栏达到130万头，生鲜乳、乳制品产量分别达到510万吨、380万吨。积极发展牛羊产业。在城市周边布局建设叶菜在田储备基地，全省新增设施蔬菜5万亩、蔬菜总产达到5250万吨。推进水产绿色健康养殖，水产品产量达到100万吨。

(十)做大做强特色优势产业。在确保粮食生产稳定的基础上，分区域优化产业结构和产品结构，集中力量打造优质专用小麦、优质谷子、精品蔬菜、道地中药材、优势食用菌、沙地梨、优质专用葡萄、山地苹果、高端乳品、优质生猪、优质蛋鸡、特色水产等12个特色优势产业集群和100个现代农业示范园区、100个高端精品，2021年12个特色优势产业集群产值增长3.5%以上，农产品加工业产值增长7.5%，“两品一标”农产品增加70个，高端精品农产品达到60个。开展农产品提标行动，加快健全现代农业全产业链标准体系，分产品完善生产标准和规程，2021年制修订省级农业地方标准30项以上，推动新型经营主体按标生产，培育农业龙头企业标准“领跑者”，全省农业标准化生产率达到72%。对标国际标准，支持创建200个精品农产品出口基地、600个冬奥会农产品供应备选基地。围绕特色优势产业集群，打造系列“河北品牌”，推进区域公用品牌创建，加强品牌管理和规范使用，着力打造高端精品品牌。支持河北品牌农产品巩固扩大京津市场份额，拓展长三角、珠三角市场。以县(市、区)为单位开展农业现代化示范区创建，加强资源整合、政策集成，每年创建一批，形成梯次推进农业现代化的格局。

(十一)推进一二三产业融合发展。继续开展农业大招商，全年签约亿元以上大项目100个以上，完成招商引资额800亿元以上。大力发展农产品产地初加工，提升主食加工业发展水平，在环京津地区建设主食加工(中央厨房)示范园区，在大中城市周边重点支持一批主食加工(中央厨房)示范企业发展壮大。推进农产品精深加工向集群(园区)集中，培育100家年产值10亿元以上的农产品加工产业集群。推进公益性农产品市场提档升级，构建农产品流通骨干网络。实施农产品仓储保鲜冷链物流设施建设工程，加大鲜活农产品仓储保鲜和产后商品化处理设施补贴力度，推进田头小型仓储保鲜冷链设施、产地低温直销配送中心、骨干冷链物流基地建设。实施休闲农业和乡村旅游提升工程，重点推出10条乡村休闲旅游精品线路，全年休闲农业和乡村旅游综合收入达到100亿元。推进农村一二三产业融合发展示范园和科技示范园区建设。稳步推进反映全产业链价值的农业及相关产业统计核算。

四、大力实施乡村建设行动，有效改善农村生产生活条件

坚持把农村作为扩内需、稳投资、搞建设的重点，按照城乡融合发展要求，科学规划、因地制宜、稳扎稳打、久久为功，大力实施乡村建设行动，着力改善乡村面貌，缩小城乡发展差距，加快实现农村现代化。

(十二)加强村庄规划。2021年完成县级国土空间规划编制，合理优化村庄布局，明确城郊融合、集聚提升、特色保护、保留改善、撤并搬迁等村庄类型。积极有序推进“多规合一”实用性村庄规划编制，对有条件、有需求的村庄实现村庄规划应编尽编。编制村庄规划要立足现有基础，尊重村庄自然地理格局，保留乡村特色风貌，不搞大拆大建。加强规划管理，严格按照规划有序开展各项建设，严肃查处违规乱建行为。对暂时没有编制规划的村庄，严格按照县乡两级国土空间规划进行用途管制和建设管控。依法依规推进“空心村”治理，在巩固空置率50%以上村庄治理成果的基础上，2021年完成631个空置率30%～50%的村庄治理任务。推广农村住房建筑导则，支持建设功能现代、风貌乡土、经济合理、结构安全、绿色环保的宜居型示范农房。健全农房建设质量安全地方性法规和规章，加强监管力度，3年内完成农房安全隐患排查整治。继续实施农村危房改造和地震高烈度设防地区农房抗震改造。乡村建设是为农民而建，要因地制宜、稳扎稳打，不刮风搞运动。不得超越发展阶段、违背农民意愿，搞大规模村庄撤并，强迫农民上楼，真正把好事办好、实事办实。

(十三)整治提升农村人居环境。整市整县推进农村改厕、生活垃圾处理和污水治理，2021年改造卫生厕所80万座；2021年完成2100个村庄生活污水治理，在生活垃圾城乡一体化处理体系基本实现全覆盖的基础上，积极推进源头分类减量、资源化处理利用，加快建设有机废弃物综合处置利用设施，开工建设22个垃圾焚烧处理项目，加快实现垃圾焚烧处理全覆盖。健全农村厕所和生活垃圾、污水处理设施设备运行维护机制。实施村庄清洁和绿化行动，支持建设村庄小微公园和公共绿地，重点建设150个省级森林乡村。深化美丽庭院示范创建。支持张家口市全域开展农村建设提升行动。

(十四)有序推进美丽乡村建设。突出环京津、环冬奥赛区、环雄安新区核心区、环设区市主城区等“15个环”，京石、京秦、京张等高铁高速沿线和太行山高速沿线、大运河文化带、长城文化带和太行红河谷文化旅游带等“10个带”，西柏坡、北戴河等重点旅游景区“20个片”，成线连片推进美丽乡村建设，2021年建成1500个宜居宜业宜游美丽乡村。优选发展基础较好的区域，统筹规划、连片打造，重点布局新创建18个省级乡村振兴示范区，协调推进生产、生活、生态建设，示范带动乡村全面振兴。支持雄安新区争创国家乡村振兴引领区。

(十五)加强乡村公共基础设施建设。抓住开展“三基”建设年活动和实施20项民生工程机遇，实施一批农村水电气路信网等建设项目，加快构建城乡快捷高效的交通网、市政网、信息网、服务网。加大“四好农村路”建设力度，实施农村道路畅通工程，加强农村资源路、产业路和旅游路建设，有序实施较大人口规模自然村(组)通硬化路，2021年建设改造农村公路4500公里，同步建设公路交通安全设施。推进农村公路建设项目更多向进村入户倾斜，行政村主街道硬化基本实现全覆盖，有条件的地方积极推进巷道硬化。继续通过中央车购税补助地方资金、成品油税费改革转移支付、地方政府债券等渠道，按规定支持农村道路发展。落实农村道路桥梁管养主体责任，开展安全隐患排查，健全农村交通安全综合治理机制，全面实施路长制。加大农村客运班线公交化改造力度，开展城乡交通一体化示范创建。实施规模化供水工程，有条件的地方推进城乡供水一体化，到2025年，农村自来水普及率达到95%以上。实施农村电网建设工程，2021年新建改造农村电网线路1.5万公里。提升数字乡村建设水平，推动农村千兆光网、第五代移动通讯(5G)、移动物联网与城市同步规划建设。完善电信普遍服务补偿机制，支持农村及偏远地区信息通信基础设施建设。建立农业农村大数据体系，推动新一代信息技术与农业生产经营深度融合。完善农业气象综合监测网络，加强人工影响天气作业，提升农业气象灾害防范能力。加强乡村公共服务、社会治理等数字化智能化建设。加强村级客运站点、文化体育、公共照明等服务设施建设。

(十六)提升农村基本公共服务水平。建立城乡公共资源均衡配置机制，强化农村基本公共服务供给县乡村统筹，逐步实现标准统一、制度并轨。提高农村教育质量，继续改善义务教育学校办学条件，在县城和中心镇新建改扩建一批高中和中等职业学校，多渠道增加农村普惠性学前教育资源供给。实行职称评聘向乡村教师倾斜政策，推进县域内义务教育学校校长教师交流轮岗，支持建设城乡学校共同体。面向农民就业创业需求，发展职业技术教育与技能培训。加大涉农高校、涉农职业院校、涉农学科专业建设力度。开展耕读教育。全面推进健康乡村建设，推动乡村医生向执业(助理)医师转变，提升乡(镇)卫生院、村卫生室一体化管理水平，标准化建设覆盖率达到70%以上。加强县级医院建设，持续提升县级疾控机构应对重大疫情及突发公共卫生事件能力。加快推进县域紧密型医共

体建设，不断提升服务能力，实行医保总额预算管理。健全统筹城乡的就业政策和服务体系，推动公共就业服务机构向乡村延伸。实施新生代农民工职业技能提升计划。完善统一的城乡居民基本医疗保险制度，合理提高政府补助标准和个人缴费标准，健全重大疾病医疗保险制度和救助制度。落实城乡居民基本养老保险待遇确定和正常调整机制。健全县乡村衔接的三级养老服务网络，依托养老机构或社区居家养老服务设施，每个县(市、区)建设1个具备养老服务行业管理、技术指导、应急支援、培训示范等功能的养老服务中心，乡(镇)建设具备全托、日托、上门服务等功能的综合服务养老机构，村级建设互助养老服务设施。加强对农村留守儿童和妇女、老年人及困境儿童的关爱服务，县级在既有养老服务设施基础上，加快建设完善失能、部分失能特困人员专业照护为主的供养服务设施。推进农村公益性殡葬设施建设。完善城乡公共文化服务体系，加强农村基层综合文化服务中心建设。

(十七)全面促进农村消费。加快完善县乡村三级物流体系，改造提升农村寄递物流基础设施，支持电商、物流企业和供销合作社向广大农村地区延伸，深入推进电子商务进农村和农产品出村进城，2021年培育一批农村电商示范企业、重点农产品物流配送中心，创建8个电子商务进农村综合示范县，全省农村网络零售额达到1150亿元。鼓励各地出台促进汽车及绿色、智能家电产品消费补贴政策，促进农村居民耐用消费品更新换代。完善农村生活服务业支持政策，发展线上线下相结合的服务网点，满足农村居民消费升级需要，吸引城市居民下乡消费。

(十八)加强农村生态文明建设。打好“节引调补蓄管”组合拳，加大地下水超采综合治理力度，集中力量治理华北“大漏斗”问题，2021年压减地下水超采量7.46亿立方米。在地表水有效覆盖的城乡区域有序关停自备井，最大限度用好引江水、引黄水，实施河湖生态补水回补地下水，完成818万农村居民生活水源江水置换。开展农村水系综合整治试点，全面开展河道清理，强化河湖长制，持续改善农村河湖面貌。大力实施农业节水行动，开展季节性休耕200万亩、旱作雨养100万亩，新增高效节水灌溉120万亩，全面推广小麦节水品种，在创新农业管理节水、机制节水上取得突破。巩固拓展农村散煤治理成果，健全完善农村清洁取暖长效机制，全面完成气代煤、电代煤工程扫尾，有效减少燃煤消耗，扩大新能源使用比重，统筹做好扬尘治理、秸秆禁烧、禁燃禁放、“散乱污”企业整治等工作。开展农业面源污染综合治理示范县创建，持续实施化肥农药减量增效行动，化肥农药使用量继续保持负增长。整市整县推进农业废弃物资源化利用，加大白洋淀流域等重点地区畜禽粪污治理力度，全省规模养殖场粪污处理设施装备配套率保持100%，畜禽养殖粪污综合利用率达到79%，秸秆综合利用率、农膜回收率分别保持在97%、85%以上。实行污染耕地分类管理，加强受污染耕地安全利用和风险管控。实行林长制，以山区、坝上等重点生态功能区为主，开展大规模国土绿化。创建现代林业产业示范区。在坝上地区推进禁牧轮牧休牧，加快恢复草原生态环境。抓好曲周县、平山县、围场满族蒙古族自治县国家级农业绿色发展先行区建设。

(十九)加强农村精神文明建设。弘扬和践行社会主义核心价值观，深入开展习近平新时代中国特色社会主义思想学习教育。拓展新时代文明实践中心建设，深化群众性精神文明创建活动。建强用好县级融媒体中心。在乡村开展“听党话、感党恩、跟党走”宣讲活动。深入挖掘、继承创新优秀传统乡土文化，开展多种形式的群众文化活动。持续推进农村移风易俗，健全“两会一约”，推广“道德银行”、文明积分制等做法，加大高价彩礼、人情攀比、厚葬薄养、铺张浪费、封建迷信等不良风气治理。开展文明村镇、文明家庭创建，到2025年县级以上文明村、文明镇比例分别达到60%、75%。办好中国农民丰收节。

(二十)加快县域内城乡融合发展。把县域作为城乡融合发展的重要切入点，坚持全域规划，统筹产业发展、基础设施、公共服务、生态建设等，加快打通城乡要素平等交换、双向流动的制度性通道。强化县城综合服务能力，把乡(镇)建设成为服务农民的区域中心，实施村级综合服务设施提升工程，加强村级综合服务站建设，实现县乡村功能衔接互补。实施县域特色产业振兴工程，壮大县域经济，到2025年新增主营业收入超100亿元的县域特色产业集群15个。实施县城扩容提质工程，城区人口超过20万的县城按照中等城市标准打造，不足20万的县城按小城市标准打造。实施小城镇培育壮大工程，积极推进扩权强镇，有序发展特色小城镇，到2025年培育200个具有较强影响力的经济发达镇、工业强镇、商贸重镇等特色小城镇。开展全域土地综合整治试点。推动在县域就业的农民工就地市民化，增加适应进城农民刚性需求的住房供给。鼓励建设返乡入乡创业园和孵化实训基地。

五、深入推进农村改革，激发农业农村发展活力

坚持把改革作为乡村振兴的重要法宝，以完善产权制度和要素市场化配置为重点，激活主体、激活要素、激活市场，加快培育农业农村发展新动能。

(二十一)深化农村土地制度改革。制定农村土地经营权流转管理办法，健全农村土地经营权流转服务体系，规范土地流转价格形成，引导发展多种形式适度规模经营。落实第二轮土地承包到期后再延长30年试点工作安排，开

展整县整乡试点工作。加快农村承包地确权登记颁证成果运用，推进承包土地经营权入股农业产业化经营。稳妥推进定州市、平泉市、邢台市信都区、邯郸市峰峰矿区等4个农村宅基地制度改革试点，因地制宜探索宅基地所有权、资格权、使用权分置实现形式，力争实现突破性进展。规范开展房地一体宅基地日常登记颁证工作。积极探索实施农村集体经营性建设用地入市制度。完善盘活农村存量建设用地政策，实行负面清单管理，优先保障乡村产业发展、乡村建设用地。根据乡村休闲观光等产业分散布局的实际需要，探索灵活多样的供地新方式。规范开展城乡建设用地增减挂钩，完善审批实施程序、节余指标调剂及收益分配机制。保障进城落户农民土地承包权、宅基地使用权、集体收益分配权，研究制定依法自愿有偿转让的具体办法。

(二十二)发展壮大新型农村集体经济。巩固农村集体产权制度改革成果，支持农村集体经济组织发展，通过开发利用集体土地资源、发展服务型经济、推进股份合作、规范承包租赁经营、领办入股新型农业经营主体等多种路径，发展壮大农村集体经济。建设全省农村集体产权制度改革综合管理平台，规范农村集体资产管理，引导农村集体产权进入农村产权交易中心公开交易。重点支持1500个村实施扶持村级集体经济发展项目,全省农村集体经济收入5万元以上的村达到70%以上。

(二十三)培育壮大新型农业经营主体。实施家庭农场培育计划，将专业大户、种养大户等规模经营户纳入家庭农场管理与服务体系，2021年全省家庭农场发展到5.5万家以上。深入开展农民合作社规范提升行动，重点建设1200家农民合作社省级示范社。加快农业生产托管服务扩面升级，全省农业生产托管服务组织达到3.1万家，服务面积2.2亿亩次以上。支持市场主体建设区域性农业全产业链综合服务中心。深入实施高素质农民培育计划，2021年培育高素质农民4.9万人。推广龙头企业+合作社+基地+农户“四位一体”生产经营模式，完善利益联结机制，重点建设800个农业产业化联合体，推动小农户与现代农业衔接。

(二十四)持续深化农村金融改革。推广“政银担”金融支农模式，发挥“裕农通(河北)”乡村振兴综合服务平台作用，引导金融机构开发专属金融产品，大力开展农户小额信用贷款、保单质押贷款、农机具和大棚设施抵押贷款业务，积极稳妥开展承包土地的经营权、农房所有权抵押贷款，加大对农业农村基础设施投融资的中长期信贷支持。保持农村信用合作社等县域农村金融机构法人地位和数量总体稳定，持续深化农信社改革。鼓励银行业金融机构建立服务乡村振兴的内设机构。深入开展“双基”共建农村信用工程，支持市县构建域内共享的涉农信用信息数据库，用3年时间基本建成比较完善的新型农业经营主体信用体系。加强对农业信贷担保放大倍数的量化考核，提高农业信用担保规模。引导保险机构开发针对性强、保障范围广的自然灾害险、特色产品险、农产品价格和收入险等险种，探索“保险+信贷”“保险+期货”模式，构建涵盖财政补贴基本险、商业险和附加险等农业保险产品体系。

(二十五)深化农村其他领域改革。持续推进农垦区域集团化、农场企业化改革，支持一批制度优、管理精、主业强、效益好的农垦企业集团率先做大做强。深化供销社综合改革，开展生产、供销、信用“三位一体”综合合作试点，积极提供农资供应、配方施肥等系列化服务，大力发展电子商务，建设农村综合服务社和社区服务中心，推动由流通服务向全程农业社会化服务延伸，向全方位城乡社区服务拓展。加快农业综合执法信息化建设。深入推进农业水价综合改革。继续深化农村集体林权制度改革。

六、加强党对农村工作全面领导，推进乡村全面振兴措施落地落实

巩固拓展脱贫攻坚成果，全面推进乡村振兴，加快农业农村现代化，必须健全党领导农村工作的组织体系、制度体系、工作机制，着力提高新时代党全面领导农村工作的能力和水平。

(二十六)强化五级书记抓乡村振兴工作机制。深入贯彻落实《中国共产党农村工作条例》，健全省负总责、市县乡抓落实的农村工作领导体制，将脱贫攻坚工作中形成的组织推动、要素保障、政策支持、协作帮扶、考核督导等工作机制，根据实际需要运用到推进乡村振兴，建立健全上下贯通、精准施策、一抓到底的乡村振兴工作体系。省市县三级党委要定期研究乡村振兴工作。建立县委书记主要精力抓“三农”的责任清单制度，充分发挥县委书记“一线总指挥”作用。建立乡村振兴联系点制度，省市县三级党委、政府负责同志都要确定联系点。开展县乡村三级党组织书记乡村振兴轮训。将乡村人才振兴纳入党委人才工作总体部署，健全适合乡村特点的人才培养机制，强化人才服务乡村激励约束。

(二十七)加强党委农村工作领导小组和工作机构建设。充分发挥各级党委农村工作领导小组牵头抓总、统筹协调作用，成员单位出台重要涉农文件要征求党委农村工作领导小组意见并进行备案。各地要围绕“五大振兴”目标任务，设立由党委、政府负责同志领导的专项小组或工作专班，建立落实台账，压实工作责任。强化党委农村工作领导小组办公室决策参谋、统筹协调、政策指导、推动落实、督促检查等职能，每年分解“三农”工作重点任务，

落实到各责任部门，定期调度工作进展。加强党委农村工作领导小组办公室机构设置和人员配置，充实力量、完善机制、改进工作。

(二十八)培养造就过硬的“三农”干部队伍。将学习贯彻习近平总书记重要讲话精神，作为各级党委(党组)理论学习中心组重要学习内容，开展学习研讨。组织专题培训班，分层次分类别对市县党委、政府分管负责同志和农业农村系统干部开展专题培训，切实做到学思践悟，提升推进乡村振兴战略的思想认识和素质能力。把农村一线工作锻炼作为培养干部的重要途径，积极选派优秀干部特别是年轻干部，通过驻村帮扶等形式到农村基层一线参与乡村振兴实践。拓宽县级“三农”工作部门和乡(镇)干部来源渠道，利用选调生招录等政策，有计划引进高学历和短缺专业人才进入“三农”工作队伍。把懂农业、爱农村、爱农民作为基本要求，切实推动各级“三农”干部队伍转变工作作风。

(二十九)夯实农村基层基础。组织开展“三基”建设年活动，加强农村基层党组织建设，抓好农村带头人队伍建设，有序开展乡(镇)、村集中换届，选优配强乡(镇)领导班子、村“两委”成员特别是党组织书记。积极推行村党组织书记通过法定程序担任村民委员会主任，因地制宜、不搞“一刀切”。与换届同步选优配强村务监督委员会成员。坚持和完善向重点乡村选派驻村第一书记和工作队制度。健全村党组织、村民委员会、村务监督委员会、村集体经济合作社、村综合服务站“五位一体”村级组织体系。完善以财政投入为主的稳定的村级组织运转经费保障制度，建立正常增长机制，改善农村基层干部工作生活条件。推进村委会规范化建设和村务公开“阳光工程”，创建民主法制示范村，培育农村学法用法示范户。加强乡村人民调解组织队伍建设，推动就地化解矛盾纠纷。扎实建设平安乡村，健全乡村矛盾纠纷化解机制，常态化推进农村扫黑除恶专项斗争，深化拓展网格化服务管理。加强农村宗教事务管理，落实农村基层党组织宗教工作具体责任，加大对农村非法宗教活动和境外渗透活动的打击力度，依法制止利用宗教干预农村公共事务。抓好国家级和省级乡村治理试点县、示范乡镇、示范村创建工作，总结推广一批思路新、举措实、可复制的乡村治理典型案例。加强县乡村应急管理和消防安全体系建设，做好对自然灾害、公共卫生、安全隐患等重大事件的风险评估、监测预警、应急处置。

(三十)完善农业农村优先发展政策体系。继续把农业农村作为一般公共预算重点保障领域，进一步完善涉农资金统筹整合长效机制，逐步提高土地出让收益用于农业农村比例，制定具体考核办法，确保到“十四五”期末用于农业农村比例提高到50%以上。调整土地出让收入使用范围、提高农业农村投入比例、优先支持乡村振兴情况，要纳入实施乡村振兴战略进展情况，专题报告上一级党委、政府。在防范政府债务风险的前提下，支持市县使用一般债券和专项债券，用于符合条件的现代农业设施建设和乡村建设行动，制定出台操作指引，做好高质量项目储备工作。发挥财政投入的引领作用，鼓励有条件的地方以市场化方式设立乡村振兴基金，撬动金融资本、社会力量参与，重点支持乡村产业发展。强化乡村振兴建设用地保障，省级土地利用年度计划安排至少5%新增建设用地指标保障乡村重点产业和项目用地。落实返乡创业各项支持政策，引导外出农民工、退伍军人、高校毕业生等各类人才返乡下乡创业创新、支持乡村振兴。

(三十一)健全乡村振兴督导考核制度。各市(定州、辛集市)党委、政府每年向省委、省政府报告实施乡村振兴战略进展情况。强化乡村振兴重点工作督办落实，完善省乡村振兴工作领导小组办公室对成员单位重点督办的工作体系，开展中央一号文件、省委一号文件贯彻落实情况专项督查，充分发挥省重点工作大督查作用，推动任务落实落地。对市县党政领导班子和领导干部开展乡村振兴实绩考核，纳入党政领导班子和领导干部考核评价内容，加强考核结果应用，注重提拔使用乡村振兴实绩突出的市县党政领导干部。对考核排名落后、履职不力的市县党委、政府主要负责同志进行约谈，建立常态化约谈机制。建立乡村振兴荣誉表彰制度，省委、省政府每5年对实施乡村振兴先进县(市、区)进行表彰。持续纠治形式主义、官僚主义，将减轻村级组织不合理负担纳入基层减负督查重点内容。坚持实事求是、依法行政，把握好农村各项工作的时度效。加强乡村振兴宣传工作，在全社会营造共同推进乡村振兴的浓厚氛围。

(冀发〔2021〕1号)

Ⅱ 领导讲话

许勤同志关于地下水超采综合治理进展情况和下步工作安排的通报

（2020年3月13日，根据记录整理）

这次全省地下水超采综合治理工作会议，是省委、省政府决定召开的一次重要会议，会议主要任务是深入学习贯彻习近平生态文明思想，全面落实习近平总书记关于地下水超采综合治理重要论述和党中央、国务院决策部署，按照王东峰书记和省委、省政府工作要求，认真总结工作、分析形势，研究部署下一阶段工作。

刚才，时清霜副省长通报了全省地下水超采综合治理工作情况，对下一步工作作出总体安排，各地各有关部门要认真抓好落实。省水利厅、省农业农村厅、省住房城乡建设厅按照职责分工提出了工作推进意见，很有针对性和可操作性。张北、高碑店、宁晋、魏县4个县（市）作了交流发言，大家既讲认识和体会，又谈思路和做法，任务完成好的地区要再接再厉、向更高目标迈进，任务完成有差距的地区要强力攻坚、狠抓落实，确保各项目标任务如期高质量完成。

一、坚持政治站位，认真学习贯彻习近平生态文明思想和习近平总书记关于地下水超采综合治理的一系列重要指示，不折不扣落实党中央、国务院决策部署，进一步增强推进地下水超采综合治理的思想自觉、政治自觉和行动自觉

开展地下水超采综合治理，是以习近平同志为核心的党中央作出的重大决策部署。习近平总书记高度重视河北地下水超采综合治理，多次发表重要讲话、作出重要指示，要求我们从实现长治久安的高度和对历史负责的态度做好地下水超采综合治理工作。2014年3月14日，习近平总书记在中央财经领导小组第5次会议上专门指出，要把华北地面沉降问题作为一个重大专项，提出可操作的实施方案，纳入京津冀协同发展的顶层设计中。2016年7月28日，习近平总书记在视察唐山时，要求河北深入开展地下水超采综合治理，努力实现采补平衡，使华北平原这一世界上最大的地下水漏斗区得到有效控制和改善。2019年9月18日，习近平总书记在黄河流域生态保护和高质量发展座谈会上强调，要坚持以水定城、以水定地、以水定人、以水定产，把水资源作为最大的刚性约束，合理规划人口、城市和产业发展。习近平总书记的重要指示，高屋建瓴、思想深邃、内涵丰富，具有极强的思想性、针对性和指导性，为我们做好地下水超采综合治理提供了根本遵循。

国务院对河北的地下水超采综合治理工作十分重视，胡春华副总理多次到我省调研指导，推动地下水超采综合治理，要求河北尽快实现地下水采补平衡。各地各有关部门要增强“四个意识”、坚定“四个自信”、做到“两个维护”，切实把思想和行动高度统一到习近平总书记重要指示精神上来，统一到党中央、国务院决策部署上来，站在全局和战略的高度，深刻认识地下水超采综合治理的极端重要性和紧迫性，以担当诠释初心、以实干践行使命，坚决打赢超采治理这场硬仗，当好京津冀生态环境支撑区和首都政治“护城河”。

二、坚定信心决心，攻坚克难，不折不扣完成地下水超采综合治理目标任务

省委、省政府坚决贯彻习近平总书记重要讲话精神，认真落实党中央、国务院决策部署，科学谋划、精心部署，强力推进地下水超采综合治理。省委常委会会议、省政府常务会议、省政府专题会议多次研究部署，出台了《关于地下水超采综合治理的实施意见》，并把地下水超采综合治理纳入“不忘初心、牢记使命”主题教育专项整治，今年又纳入全

省6个重点领域清理规范。赵一德、袁桐利、时清霜、葛海蛟等领导同志科学研究谋划，有力组织推动。省水利厅、省农业农村厅、省住房城乡建设厅等部门主动作为、攻坚克难，有关市、县认真落实省委、省政府工作部署，全力组织实施。到去年底，全省累计压减地下水超采量36.9亿立方米，浅层地下水相对回升0.88米，深层地下水相对回升3.32米，地下水超采综合治理取得阶段性成效。

同时也要清醒看到，我省地下水还没有实现采补平衡，超采综合治理工作还存在许多突出矛盾和问题。比如，有些地方、有些领导同志思想认识不到位，对习近平生态文明思想学得不深、领会不透，没有把地下水超采综合治理作为重要政治任务来认识，仍然把地下水看作取之不尽、用之不竭的资源，无序取用地下水问题还未得到根治，历史责任感和担当精神不够强。比如，有些地方、有些领导同志办法不多，工作抓得不严不实，成效不明显，任务落实不到位。各地进展也不平衡，超采区128个县中，20多个压采任务完成率不到40%，个别不足20%。比如，有的地方资金保障不够有力，过多依赖中央资金支持和省财政安排，市场机制运用不充分、办法不多，至今还有16个县没有缴2019年引江水费，省水利厅和相关市要予以通报。对这些问题，我们必须高度重视，采取切实管用措施加以纠正和解决。凡是没有完成任务的市、县，本级党委常委会会议、政府常务会议要专题研究，制定地下水超采综合治理工作方案，报省领导小组及办公室。省水利厅和有关部门要加强督导检查，推动问题有效解决。

到2022年地下水超采量全部压减，地下水位全面回升，是省委、省政府忠诚践行习近平总书记重要指示、落实中央部署确定的硬目标、硬任务，无论困难多大，都必须坚定不移完成。今天上午，省委常委会会议听取了包括地下水超采综合治理在内的6个重点领域清理规范汇报，王东峰书记提出明确要求。一是各市、县要切实做好关停自备井和农业机井工作，列出台账，逐个推进；要把关井数量和定量计算压采量纳入绩效考核，切实减少农业灌溉和生产生活用地下水。二是加快工程建设，用足用好引江黄水，减少地下水开采。三是加强河湖清理整治，做好汛期河道湖库蓄水工作。四是解决好高氟水地区群众安全饮水问题。王东峰书记强调，要压实各级责任，加快进度，确保取得实实在在的压采效果。近期，省领导将深入市、县调研，检查地下水超采综合治理进展情况，推进地下水压采工作。各级党委、政府要高度重视，坚定信心决心，加强协调调度，只为成功想办法，不为失败找理由，拿出攻城拔寨的劲头，坚决克服各种畏难情绪、穷尽一切办法完成任务，不达目的决不收兵。

三、坚持目标导向、问题导向、结果导向，突出工作重点，做好“节引蓄管”四篇文章

完成好地下水超采综合治理任务，必须贯彻新发展理念，把握高质量发展要求，强化系统治理，重点做好四篇文章。

一是做好节水文章。习近平总书记多次强调，要坚持节水优先。水是制约经济社会可持续发展的重要资源。如果不节约用水，继续粗放用水，水再多也不够用。比如，农业用水占全省用水总量的70%左右，必须坚持以水定地、以水定产，统筹做好地下水修复和粮食生产，加快农业种植结构调整，大力发展适水农业、高效农业，加快实现冬小麦节水种植技术和节水品种全覆盖，推广旱作雨养经济作物。比如，工业和城市生活节水潜力巨大，要大力推广节水新技术、新工艺、新产品，充分发挥阶梯水价的政策调节作用，积极推进国家节水型城市建设，今年所有设区的市达到节水型城市标准。

二是做好引水文章。引江引黄为我省压采地下水提供了宝贵水资源。胡春华副总理对河北非常关心，专门作出重要批示，财政部、水利部等国家部委对我省引江引黄工作给予了有力指导和支持。省、市、县各级各有关部门要算好政治账、民生账、生态账，切实引足用好。省水利厅要积极争取水利部及流域机构支持，今年力争引江水量达到29亿立方米、引黄水量10亿立方米以上，南水北调受水区城镇生活和工业引江水利用量要占到总用水量的85%以上，明年基本达到100%；到2022年，实现南水北调受水区农村生活江水置换全覆盖。这些都是硬任务，各市、县要按照省委、省政府工作安排和计划目标，全力以赴抓好落实，年底交好账。

三是做好补水文章。这方面，潜力同样巨大。今天上午省委常委会上，王东峰书记强调，省领导到市、县调研时要把河道补水情况作为检查重点。各地要高度重视做好补水工作，统筹防洪安全与雨洪利用、推进“以河代库”行动，增加雨洪调蓄能力，减少入海水量。各市、县要结合乡村振兴、人居环境整治，连通现有河道、湖泊、湿地、坑塘等水系，充分发挥其蓄水作用和生态效应。要突出北京周边、雄安新区、石家庄、正定等区域以及高铁高速沿线的主要河流河段，统筹引江水、引黄水和本地水库水，实施河湖生态补水，确保主要河流河段不断流。

四是做好管水文章。水是公共产品，政府管理不能缺位，政策措施不能缺位，经济杠杆调节不能缺位，管理执法不能缺位，该管的要从严管理到位。“水龙头”管不住，一切努力都白费，就是要拿出抓市长“菜篮子”的力度来抓县长“水龙头”责任制。水利部门要抓紧制定取水井管理办法，各地要进一步细化完善关停方案，列出总台账、分台账，落实到责任单位、责任人，明确时间点，坚决把好地下水开采这个“总阀门”。在南水北调受水区，城镇生活和工业取水井，

要按照江水消纳计划安排，2年内全部关停；农村生活取水井，与水源置换工程同步推进，2022年底前全部关停。

四、完善制度机制，加强考核问责，着力提高地下水超采综合治理效能

习近平总书记明确指出，水治理是政府的主要职责，首先要做好的是通过改革创新，建立健全一系列制度。实施地下水综合治理，是省、市、县各级责任，必须坚决贯彻习近平总书记重要指示和党的十九届四中全会精神，坚持改革创新，善于运用市场机制，强化法治思维，探索建立系统治理、依法治理、源头治理的制度体系，提高水治理体系和治理能力现代化水平。省水利厅要会同相关部门抓紧对全省水治理体系和治理能力现代化进行深入研究，提出相关方案和措施。各市、县要认真落实党的十九届四中全会精神，结合本地实际，拿出地下水超采综合治理方案和措施。

一是建立完善最大刚性约束机制。坚持以水定需、量水而行，重点把地下水可利用量作为最大刚性约束，进一步强化地下水取水许可审批制度，严格限制取用地下水。省水利厅要会同有关部门和各地全面开展取水许可审批排查清理工作，符合补办条件的抓紧补办，不符合条件的一律关停。对取用地下水总量已达到或超过可用水量的地区，停止审批建设项目新增取用地下水；对取用地下水总量接近可利用量的地区，限制审批新增取用地下水。2022年在实现采补平衡后，要进一步压缩地下水开采。

二是建立完善税费杠杆调节机制。推进水权交易制度改革，将用水总量逐级分解到市、县和用户，引导用户特别是农民将水权额度内节余水量进行交易。推进水价制度改革，完善城镇居民用水阶梯价格、工业用水差别价格政策，全面推行农业用水“定额管理、超用加价”措施，激励工农业和城乡居民节约用水。省发展改革委要会同省水利厅和相关部门，抓紧研究推进，上半年要完成。深化水资源税改革，完善差别化水资源税税额标准，适当降低地表水税额标准，对超过用水限额的农业生产用水征收水资源税，建立有利于地下水压采的税收政策。

三是建立完善考核评估机制。切实加强地下水生态修复规律研究，建立以地下水位为主要控制目标的考核评估体系，科学设置可量化、可追溯的具体考核指标，采取第三方评估和日常监测监控相结合的方式，严格对地下水超采治理效果进行考核。考核结果纳入党政领导班子和领导干部政绩考核体系，各级组织部门和纪委监委要加强政治监督和结果运用，发挥好考核“指挥棒”的作用，达到考建结合、以考促建的目的。

四是建立完善工程建设与管护机制。地下水超采综合治理项目点多、线长、面广，一定要确保工程建得起、管得好、保安全、长受益。要充分利用现有政策，对具有经营性和开发性的治理项目，允许社会资本通过特许经营等方式参与地下水超采治理。要深化农村供水工程管理体制改革，着力推行城乡供水一体化管护运行模式，实行统一管理、优质服务。

五、层层压实责任，形成上下贯通协调联动的强大工作合力

地下水超采综合治理既是紧迫任务，更是长远大计。各级党委、政府和各职能部门要坚持守土有责、守土尽责、守土有方，真正把责任扛起来，把使命担起来，统筹推进疫情防控和地下水超采治理等工作，齐心协力抓好各项目标任务落实。省领导小组办公室要发挥好综合协调、组织推动、督导检查、考核评估等职能作用。省水利会同农业农村、住房城乡建设等部门加强与市县沟通对接，及时协调解决工作中的困难和问题。市县要切实履行主体责任，党政主要负责同志亲自研究推动，定期听取进展情况汇报，盯办重点难点问题；分管负责同志要抓协调、抓督导、抓落实，确保各项目标任务如期高质量完成。各地要建立清晰的任务书和工作台账，作为下一步督导检查的重点，确保任务落到人、落到时限、落到具体单位、落到具体的工程措施。省水利厅要会同省政府督查室以完成年度压采计划任务为重点，强化专项督导，持续跟踪问效。各地要积极推进节水宣传教育进机关、进学校、进社区、进企业、进农村，广泛宣传地下水超采综合治理的重大意义、政策措施和取得成效，选树先进典型，曝光反面案例，增强全社会节水惜水、保护河湖的责任意识。

地下水超采综合治理功在当代、利在千秋。我们要深入学习贯彻习近平生态文明思想和习近平总书记关于地下水超采综合治理重要论述，坚守初心使命、狠抓工作落实，推动地下水超采综合治理工作不断取得新成效，为新时代全面建设经济强省、美丽河北作出新贡献。

许勤同志在全省安全生产、森林草原防火和防汛抗旱工作电视电话会议上的讲话

(2020年3月20日，根据记录整理)

这次全省安全生产、森林草原防火和防汛抗旱工作会议，是省委、省政府决定召开的一次重要会议。会前，王东峰书记专门作出重要指示，提出明确要求。会议的主要任务是坚持以习近平新时代中国特色社会主义思想为指导，认真学习贯彻习近平总书记重要指示精神，全面落实党中央、国务院决策部署，按照国务院安委会、国家森林草原防灭火指挥部、国家防汛抗旱总指挥部工作要求，深入分析当前形势，对下一步工作进行再研究、再部署、再调度。

刚才，刘凯副省长通报了2019年全省安全生产目标管理考核结果，排名靠前的要巩固成果，查找不足，再接再厉，争取今年更好成绩；排名靠后的要深入分析原因，对各类风险隐患开展地毯式排查，制定具体整改措施，坚决扭转落后局面。所有市县和省直部门，都要对前3个月工作进行“回头看”，查问题，补漏洞，切实把风险隐患排查到位、整治到位。只有平时把功夫下足了，才能从源头上避免重特大事故发生，确保人民群众生命财产安全。我代表省政府与市政府代表邓沛然同志、省直有关部门代表龚晓峰、康彦民同志，签订了2020年安全生产目标管理任书。责任书就是军令状，签了字就要兑现、落实到位，该奖的奖、该罚的罚。石家庄、保定、邢台3个市分别从安全生产、森林草原防火、防汛抗旱方面作了很好的表态发言，既讲了自身存在的问题，也谈了认识和举措，表达了整改决心，关键是要体现到行动上，以抓落实、保安全的实际成效检验责任担当。袁桐利常务副省长、时清霜副省长分别就全省安全生产、森林草原防火和防汛抗旱工作进行了安排部署，我都赞成。各市县要结合本地实际，组织动员相关部门，细化举措，抓好落实。下面，我再强调几点意见。

一、提高政治站位，深入学习贯彻习近平总书记重要讲话、重要指示精神，以对党和人民高度负责的态度抓好安全生产、森林草原防火、防汛抗旱各项工作

安全生产、森林草原防火和防汛抗旱工作，事关人民生命财产安全和生态资源安全，事关改革发展稳定大局，考验着各级领导干部的初心使命和责任担当。习近平总书记高度重视，多次发表重要讲话，作出一系列重要指示批示，强调要树立安全发展理念，弘扬生命至上、安全第一的思想，健全公共安全体系，提升防灾减灾救灾能力，要求各级党委、政府务必把安全生产摆到重要位置，坚持标本兼治、综合治理、系统建设，坚决防范和遏制重特大事故；立足防大汛、抗大洪、抢大险，做好抗击特大洪水准备，防止麻痹思想和侥幸心理；严密防范措施，加大救援力量，坚决遏制森林火灾多发势头。习近平总书记的重要指示批示，高屋建瓴、思想深刻、内涵丰富，充分体现了习近平总书记深沉的忧患意识、强烈的使命担当和真挚的为民情怀，为我们做好安全生产、森林草原防火、防汛抗旱工作指明了方向、提供了的根本遵循。

省委、省政府高度重视安全生产、森林草原防火和防汛抗旱工作，认真学习贯彻习近平总书记重要讲话精神和党中央、国务院决策部署，王东峰书记多次主持召开省委常委会、书记专题会等进行研究部署、提出明确要求。省政府多次召开常务会、党组会、专题会、电视电话会等，加强协调调度、推动工作落实，袁桐利、刘凯、夏延军、时清霜、葛海蛟等省领导狠抓分管领域相关工作，各部门严格履行管行业管安全的责任，市县主要负责同志靠前指挥、强化督导，做了大量扎实有效的工作，全省安全生产形势持续稳定向好，森林草原防火、防汛抗旱形势总体平稳。

但也要清醒看到，安全生产、森林草原防火、防汛抗旱工作都是底线任务，决不言胜。随着全面复工复产，安全风险因素交织叠加，今年1-2月全省发生各类生产安全事故60起、死亡35人，3月7日至10日又接连发生3起事故。对这些事故，一定要调查处理到位真正引以为戒，在全省起到警示教育作用。当前天干物燥、少雨多风，森林草原火险等级较高，加之清明临近野外用火显著增多，一些地方疏于管理，出现焚烧路边垃圾、边角料、废弃物、秸秆等问题，不仅破坏生态环境，而且极易引发森林草原火灾。3月份以来全省发生6起森林火灾，再次为我们敲响了警钟。一些领导干部不重视、不过问、不部署，有的部门抓工作态度不坚决、履职不到位，宣传引导、提醒教育、发动群众等不严不实。这些看似是小事，反映出对习近平生态文明思想贯彻落实不到位，是政治问题，也是各级纪委

监委监督的重点。日前我到省森林草原防火指挥中心调研，对相关工作进行调度，要求各市县党委、政府高度重视，对发生的火灾事故倒查属地责任、监管责任，从速处理，严肃追究问责，并通报全省。气象部门预测，今年汛期我省区域性暴雨和阶段性干旱可能多发，全省防汛抗旱工作面临新的挑战。

今年是全面建成小康社会和“十三五”规划收官之年，也是脱贫攻坚决战决胜之年。各地各部门各单位一定要增强“四个意识”，坚定“四个自信”，做到“两个维护”，切实把思想和行动统一到习近平总书记重要讲话精神和党中央、国务院决策部署上来，始终坚持总体国家安全观，按照省委、省政府工作安排。树牢底线思维，增强忧患意识，落实落细安全生产、森林草原防火、防汛抗旱等工作部署，有效遏制重特大事故发生，确保社会大局和谐稳定，坚决当好首都政治“护城河”。

二、坚持目标导向和问题导向，立即开展新一轮全面排查，针对风险隐患，强化薄弱环节，加快补齐短板，以更严标准更实举措推动工作落实落实再落实

今年我省安全生产、森林草原防火、防汛抗旱工作已经作了全面部署，目标是明确的，要求是具体的，任务是清晰的。各市县、各相关部门一定要高度重视、重心下沉，突出重点、精准发力，全力以赴抓好落实。

一要抓风险隐患排查。今天的风险隐患就是明天的事故。各地各部门各单位要在前段工作基础上、持续排查风险隐患，分级分类建立清单台账，制定防控的具体措施，逐级检查落实、签字背书，一级对一级负责，确保全覆盖、无死角。安全生产方面，所有复工复产企事业单位和人员密集场所，对所有重点部位、特别是危化等重点领域开展安全生产大检查，逐企业逐单位过筛子，切实把隐患消灭在萌芽状态。森林草原防火方面，各市县和部门党政一把手要亲自部署，主管负责同志一线指挥，立即行动起来，紧盯国有林区、自然保护区、风景旅游区、城乡结合部等关键部位，紧盯林下可燃物和地边秸秆等危险点，压实各级责任，落实各项排查防护措施，最大程度消除火灾隐患。防汛抗旱方面，各级气象部门要做好中长期天气预报预测，会同水利部门密切监测雨情、水情、汛情变化。各级水利部门要全面排查水库、尾矿库、堤防险工险段、河道内村庄、蓄滞洪区等，决不能有任何麻痹思想，以百分之百准备应对百分之一可能，以防范措施的到位坚决避免事故发生，确保各地防洪和供水安全。时清霜副省长要组织省水利厅，结合防汛抗旱工作实际倒排时间，进一步压实责任、强化举措，3月底前完成风险隐患排查，4月底前完成各项度汛准备工作，确保度汛安全。

二要抓专项整治。有隐患不排查是失职，排查出来不治理不整治是渎职。对排查出的每个隐患和问题，相关单位都要及时定目标、定标准、定措施、定时间、定责任人，坚决整改到位。安全生产方面，要坚持零容忍，边查边改、立行立改，拒不整改或整改达不到安全要求的，坚决依法依规关停整治，决不能以牺牲安全为代价换取经济发展和经济利益。森林草原防火方面，要严格落实封山禁火措施，严厉打击野外违法用火行为，严密开展巡逻巡护，从源头上防范和减少森林草原火灾发生。防汛抗旱方面，要加快病险水库除险加固、应急度汛工程建设进度，深入开展河湖清理行动，恢复河道行洪能力，加大河道内村庄搬迁力度，落实安全度汛措施，确保群众生命财产安全。雄安新区进入大规模建设时期，要切实抓好防汛工作，确保各项工程特别是地下工程防汛安全，做到万无一失。

三要抓关键环节。安全生产、森林草原防火、防汛抗旱工作点多面广，要突出重要区域防范、重要时段值守、重要环节把控，补短板、强弱项，牢牢把握工作主动权。安全生产方面，要突出矿山、危化品、建筑施工、交通运输、燃气、人员密集场所、特种设备等重点领域，突出环首都地区、事故多发区等重点区域，加强全链条全过程安全管控，坚决防范事故发生。森林草原防火方面，针对清明、全国“两会”、“五一”等重点时段，国有林区、自然保护区、风景名胜区、森林公园等关键部位，环京周边、雄安新区、冬奥赛区、塞罕坝林场等必保区域，采取超常规举措，坚决防范重特大火灾。防汛抗旱方面，要突出水库、山洪易发区、河道、蓄滞洪区、城市低洼易涝区等重点部位，统筹考虑防洪减灾和蓄水兴利，科学调度水利工程，确保北京、雄安新区等重点地区、重要城市和生态核心区防洪安全。这里要强调的是，各市县要坚决落实王东峰书记要求，全面开展河道疏浚，清理障碍物，确保汛期防洪安全。时清霜副省长要专门部署和督导，组织省水利厅和各市，确保河道内村庄汛期前群众全部搬出，并采取足够安全的措施，确保万无一失，凡是不能按时完成任务而导致发生问题的，要严肃追责问责。同时要在保障安全前提下，采取工程措施，像串糖葫芦一样连通河湖洼淀及坑塘，尽量多蓄水、多出水面，有效补充地下水资源，加快恢复河流生态，防止水资源浪费。

四要抓宣传教育。充分发挥广播电视、报刊等传统媒介和网络、短信、微信等现代媒体的作用，运用大喇叭、明白纸等群众喜闻乐见的形式，电视滚动字幕，网络大标题推送，广泛宣传安全生产、森林草原防火、防汛抗旱方面的法律法规、经验做法和典型事例，加强提醒提示，普及安全避险常识，提高公众安全防范意识，在全社会营造人人关注、群防群控群治的良好氛围。这项工作会后各市

县马上布置、抓紧落实，确保宣传到位。要提倡文明低碳祭扫，推广敬献鲜花、绿化植树、踏青遥祭，杜绝人为用火引发火灾。清明将至，这项工作要作为防控的重点。要深入开展警示教育，加大举报奖励力度，公开曝光和处理一批反面典型、形成震慑效应。

三、加强制度建设，健全长效机制，全面提升安全生产科学化水平，着力提高森林草原防火和防汛抗旱工作效能

制度是管长远、管根本的。一些事故频发多发的背后，往往是制度的不健全、机制的不完善。各地各部门各单位要认真学习贯彻党的十九届四中全会精神和省委九届九次全会、省“两会”部署，在深刻汲取事故教训基础上，举一反三，剖析根源，完善体制机制，确保解决一个问题、堵塞一方漏洞、健全一套制度，用实际行动推动治理体系和治理能力现代化。

一是完善预案预警机制。各市县、各部门各单位，要对安全生产、森林草原防火、防汛抗旱预案进行全面审视，根据新形势、新任务、新要求，及时修订完善，并结合实际细化责任分工和工作措施，加强预案推演，提高应急预案的科学性、针对性和可操作性。省市县各级安委会办公室、森林草原防灭火指挥部办公室、防汛抗旱指挥部办公室要完善多部门联合会商机制，全面提升综合协调能力、预警预测能力、风险早期识别和预报预警能力，及时发布预警信息，未雨绸缪，提早应对，真正做到早发现、早处置，最大限度减少灾害损失。这里强调一下，各领域防和救的责任都已明确，省市县和各部门既要按分工履行好职责、决不能推诿扯皮，又要协调配合、服从大局、形成合力。

二是完善应急救援机制。省市县各级安委会、森林草原防灭火指挥部、防汛抗旱指挥部要发挥牵头抓总作用，加强统筹协调，增强协同作战能力，横向连接各部门到位，纵向打通省市县乡村五级，形成相关部门支持、周边区域响应、上下左右互动、军警地方共享的工作格局。各地各部门各单位要定期开展森林草原防火、防汛抗旱、火灾山洪等应急救援演练，开展大练兵、大比武活动，让应急救援力量进一步熟悉预案、掌握程序、锻炼队伍，提升实战能力。

三是完善队伍建设机制。省应急管理厅、省消防救援总队、省林业和草原局等部门要会同省军区和驻冀部队，结合区域特点、灾情状况、现有装备、覆盖能力等，进一步加强全省应急救援队伍建设，确保关键时刻拉得出、冲得上、打得赢。要加强综合性救援力量建设，把中央和地方、专业和半专业应急力量整合起来，推动共训共练，开展救援合作，提高协同应急能力。要坚持群防群控，鼓励支持社会力量有序参与应急救援行动，筑牢防灾减灾救灾防线。

四是完善装备支撑机制。各级应急管理、科技、工业和信息化等部门，要组织有关企业、高校和科研院所等，推进应急防灾技术的研发，推广和强化卫星、大数据、人工智能等技术手段应用，把应急装备武装到牙齿，有效提高应急管理科学化、专业化水平。要以唐山市为重点，加快发展壮大应急产业，加强与应急管理部、国家地震局密切配合，推进全产业链扩容升级，打造集减隔震、应急救援、地震仪器研发生产于一体的国家应急装备制造产业基地。省应急管理厅、省林业和草原局、省水利厅、省粮食和物资储备局等部门，要指导各地超前做好人财物和机械配备，科学调整储备的品类、规模、结构，提升储备效能，确保关键时刻发挥作用。

四、加强组织领导，层层压实责任，切实做到守土有责、守土负责、守土尽责

做好安全生产、森林草原防火、防汛抗旱工作，关键在于知责担责、履职尽责。各地各部门各单位要坚持和加强党的全面领导，勇于担当、积极作为，真正把责任落实到每项工作、每个岗位、每个环节。

一要严格落实属地责任。各级党委、政府要认真落实《河北省党政领导干部安全生产责任制实施细则》，坚决把责任扛在肩上、抓在手上，促一方发展、保一方平安。党政一把手要全面抓、负总责，定期研究部署、加强督导检查，今天会后，各市县党委常委会、政府常务会以及3个指挥部，要进行专门部署，调度相关工作，落实工程建设、设备购置、应急措施等有关任务；分管负责同志要具体抓、抓具体，深入一线、加强调度，协调解决重点难点问题；其他领导同志要履行好“一岗双责”和包联责任，抓好分管领域的安全生产工作，凝聚形成强大工作合力。

二要严格落实监管责任。各级各有关部门要按照“管行业必须管安全，管业务必须管安全，管生产经营必须管安全”的要求，各负其职、履职尽责，扎实做好分管领域安全监管和事故灾害应急准备工作。各级林业和草原部门要深入开展防火巡护、火源管理、设施建设、队伍训练等工作，加强监督检查，督促各地及时排查消除火险隐患。各级水利部门要扎实完成防汛准备、风险排查、监测预警、工程调度、巡查值守等任务，坚决避免工作断档、责任缺失和职责边界不清。各级应急管理部门要健全完善省级各类预案，督促指导市县做好预案修订，及时开展应急演练，有效实施抢险救援，科学应对事故灾害。

三要严格落实主体责任。各类生产经营单位要健全以

法人代表为核心的安全生产责任制，层层签订责任书和承诺书，做到安全投入、安全培训、基础管理、应急救援“四个到位”，对重大危险源和高危部位严防死守，坚决杜绝责任盲区；积极开展技术革新和装备升级，充分利用网络黑体先进技术手段，建立信息化安全风险预警监控体系，落实复工复产要求，做到不具备安全条件不生产。各类涉林经营单位和个人要全面实施网格化管理，健全责任制、划定责任区、明确责任人、配备设施设备，形成全覆盖责任体系，做到山有人管、林有人护、火有人防、责有人担。

四要严格落实责任追究。各级安委会、森林草原防灭火指部、防汛抗旱指挥部及其办公室要切实履行职责，强化督查督办，加大执法监督力度，敢于沉下脸来追责问责，宁可现在听声，不要将来听哭声。对责任不落实、监管不到位、失职渎职的，对重大隐患应发现未发现、应查处未查处、应整改未整改导致事故发生的，对迟报、漏报甚至虚报事故的，对搞形式主义、官僚主义的，要倒查主体责任、监管责任、领导责任，依法依规依纪严肃处理。王东峰书记近日两次作出批示，要求对近期全省发生的火灾查明事故原因，进行责任追究，并通报全省。

这里，我再强调一下统筹推进疫情防控和经济社会发展工作。近一个时期以来，省委、省政府坚决贯彻习近平总书记重要讲话、重要指示批示精神，全面落实党中央、国务院决策部署，一手抓疫情防控，一手抓经济社会发展．作出一系列部署安排，各市县各部门狠抓任务落实、经过全省上下艰苦努力，疫情防控形势持续向好、生产生活秩序加快恢复的态势不断巩固和拓展，成绩值得充分肯定。同时也要清醒看到国内外疫情形势的复杂性和严峻性，疫情对我省经济发展的影响持续显现，1-2月工业、投资、消费等主要经济指标增速大幅回落，40个工业行业大类中32个下降，经济下行压力不断加大。有些市工作措施还不到位，经济指标回落较大。规模以上工业增加值，辛集市下降30.8%，保定市下降27.2%，廊坊市下降26.7%；固定资产投资，石家庄市下降43.8%，张家口市下降25.2%，保定市下降24.1%；一般公共预算收入，廊坊市下降32%，保定市下降26.8%，秦皇岛市下降19.6%；实际利用外资，衡水市下降86.9%，保定市下降83.2%，秦皇岛市下降43.9%；限额以上消费品零售额，邢台市下降34.1%，邯郸市下降32.5%，保定市下降32.1%。

3月18日，中共中央政治局常务委员会召开会议指出，要以省域为单元推动生产生活秩序恢复，所辖县(市、区)均为低风险的省份，要全面恢复正常生产生活秩序。省委、省政府认真学习贯彻习近平总书记在中共中央政治局常务委员会会议上的重要讲话精神，全面落实中央应对新冠肺炎疫情工作领导小组会要求，修订防控措施，全面恢复正常生产生活秩序和医疗秩序，统筹推进疫情防控和经济社会发展，努力把疫情造成的损失降到最低限度。

一要着力做好疫情防控。把防境外输入作为重中之重，周密完成首都机场和其他口岸接转任务，严格落实入境人员转运、隔离、留观、治疗、检测等措施，构建各环节闭环的防控机制。筑牢“三道防线”，强化与京津及周边省区联防联控，坚决当好首都政治“护城河”。继续坚持“三个关口前移”，突出社区和农村两个重点，严格落实复工复产防控措施，教育部门做实做细复学复课准备工作，做好口罩等物资储备工作，严防输入性、聚集性疫情。继续做好援鄂抗疫工作，为全国疫情防控大局作出河北贡献。

二要着力提高复工复产效率。虽然我省规模以上工业复工率已超过99%，但中小企业复工率仅62.1%，产业链协同复工不足，存在“复工易、达产难”等问题。各地各部门要简化复工复产程序，全面实行备案制或告知承诺制，大力推进线上服务，具备条件的即可复工复产。低风险地区之间的人员和货物流动，必要的健康证明要做到互认，不得再设置障碍，不对人员采取隔离措施。要尽快推动复产企业产能恢复，推动全产业链协同服务，建立原辅材料协调调度制度，促进上下游、产供销、大中小企业整体配套、协同复工，打通“堵点”、补上“断点”、解决“难点”。要强化复工复产服务保障，进一步健全省市县三级包联和特派员、联络员制度，一企一策解决用工、资金、原材料供应、防疫物资需求等困难。开展“暖企助企”行动，抓好对中小企业的针对性帮扶、出台餐饮、住宿、旅游等行业恢复运营平稳发展的政策措施奔促进生产性服务业线上交易和线下服务融合发展。

三要着力加快投资和项目建设。当前我省固定资产投资持续放缓，1-2月下降14.5%，有的市甚至下降40%以上。省发展改革委要会同有关部门，加强对各市县的督导指导，全面检查省市重点项目建设情况，建立工作台账，压实属地责任，定期协调解决重点问题，推动形成更多实物工作量。各市县要深入开展“重点项目建设年”活动，实施审批提效工程，保障项目建设资金需求和土地供应，对重大项目审批开设绿色通道，谋划一批、储备一批、开工一批、投产一批大项目好项目。要切实用好地方专项债券、中央和省预算内资金，月底前再集中开工一批重点项目。省政府适时召开全省项目观摩会、视频调度会，按季、按月通报项目投资进展情况，形成比学赶超、大抓项目的浓厚氛围。

四要着力稳外资稳外贸。1—2月，我省进出口总值和利用外资实现正增长，非常不易，但出口总值同比下降20.8%、比全国降幅多4.9个百分点。各市县要按照省商务厅要求，加强对国际经济形势的研判分析，深入开展外贸“保订单、保履约、保市场”专项行动，稳固我省在国际市场产业链和市场地位。要一企一策为外贸企业提供政策包，帮助企业解决接单难、国际物流不畅、贸易壁垒增多等实际问题，引导金融机构增加外贸信贷投放。要保障经贸活动正常开展，创新招商引资、展会服务模式，提前谋划数博会等重要活动，争取新签约一批重大外资项目，全力稳住外贸外资基本盘。

五要着力开源节流、做好财税工作。受疫情影响，今年1-2月全省一般公共预算收入同比下降12.3%，其中税收同比下降20.7%。各级财税部门要加大工作力度，全面排查税源、费源，在不折不扣落实减税降费政策前提下，加强收入征管，依法应收尽收，全方位多渠道挖潜增收。各级政府要树牢过紧日子思想，进一步压缩“三公”经费和一般性支出，保工资、保运转、保基本民生、保脱贫攻坚，切实提高财政资金使用效率。

同时，各地各部门各单位要统筹兼顾，全力办好三件大事，打好三大攻坚战，扎实开展“三创四建”活动，倾力保障改善民生，确保完成今年经济社会发展目标任务，确保实现决胜全面建成小康社会、决战脱贫攻坚目标任务。省扶贫办要指导有关市县，对脱贫攻坚国考指出的问题进行深入研究，逐项制定整改措施，压实各地各部门责任，全力以赴整改到位。各市县要对全面建成小康社会各项目标完成情况进行“回头看”，及时查漏补缺，确保如期完成。

安全责任重于泰山，人民利益高于一切。我们就是要在以习近平同志为核心的党中央坚强领导下，全面落实党中央、国务院决策部署，按照省委、省政府工作要求，不忘初心、牢记使命，开拓进取、担当作为，确保社会大局和谐稳定，为新时代全面建设经济强省、美丽河北提供坚实的安全保障，作出新的更大贡献。

袁桐利同志在全省安全生产、森林草原防火和防汛抗旱工作电视电话会议上的讲话

（2020年3月20日）

今天召开全省安全生产、森林草原防火和防汛抗旱工作电视电话会议，主要是坚持以习近平新时代中国特色社会主义思想为指导，认真学习贯彻习近平总书记关于安全生产重要论述，全面落实党中央、国务院各项决策部署，按照省委、省政府工作要求，总结工作、查找问题、分析形势，研究部署全省安全生产、森林草原防火、防汛抗旱等工作，推动全省安全生产形势持续好转，确保人民群众生命财产安全。

2019年，各地各部门坚持以习近平新时代中国特色社会主义思想为指导，认真落实党中央、国务院和省委、省政府安排部署，结合开展“不忘初心、牢记使命”主题教育，坚持以“防风险、保安全、迎大庆”为主线，主动担当、迎难而上，深入开展大排查大整治攻坚行动，扎实推进重点行业领域专项整治，采取了超常规防控措施，全省安全生产形势持续稳定向好，安全生产事故总量、较大事故、工矿商贸事故实现“三个双下降”，没有发生重大森林火灾、没有发生“进京火”。但也要认识到，我省当前的安全生产和森林草原防火形势依然复杂严峻。从安全生产看，一大批企业因疫情防控长时段停工停产后，近期集中复工复产，极易出现准备不充分、设备故障运行、安全管理不到位等问题，甚至部分企业为抢工期、赶进度，极易超能力、超强度组织生产，带来了极大的安全风险。据应急管理部统计，复工复产以来，全国发生各类事故531起、死亡429人，特别是3月7日福建泉州欣佳酒店坍塌事故，29人死亡、42人受伤，造成十分恶劣的影响。近期我省也发生了2起事故被国家通报，3月8日沧州孟村县晨光铸造厂高处坠落事故、造成3人死亡，3月10日石家庄正定县亮马化工厂发生火灾，安全生产形势十分严峻。从森林草原防火看，当前正值春季，全省大部分地区气温回升迅速，大风天气多，有效降水少，天干物燥，极易引发森林草原火灾，3月份以来，全省发生了6起森林火灾，仅3月18日一天就发生了4起(保定3起、石家庄1起)。特别是随着疫情得到有效控制，以及清明、五一等节日临近，群众进山游玩、郊游踏青可能呈爆发式增长，撩地边、烧茬子、野外吸烟、上坟烧纸等野外用火大幅增多，火灾防范难度远超平常年份。

2020年是“十三五”规划收官之年，是全面建成小康社会，脱贫攻坚决战决胜之年，办好“三件大事”，打赢“三大攻坚战”以及稳定经济增长、推动转型升级等任务十分繁重，新冠肺炎疫情爆发又给经济社会发展带来不利影响，在这个特殊节点、关键时期，如果再发生一些安全生产事故、森林草原火灾，极易干扰全省发展大局，影响省委、省政府各项决策部署落地落实。各地各部门要深刻认清做好安全生产、森林草原防火工作的极端重要性，进一步树牢“四个意识”、坚定“四个自信”、做到“两个维护”，按照党中央、国务院和省委、省政府的安排部署，

全力以赴抓好各项防控措施落实，思想上不能有丝毫麻痹，工作上不能有丝毫疏漏，行动上不能有丝毫懈怠，推动全省安全生产和森林草原防火形势持续稳定好转，以实际行动坚决当好首都政治“护城河”。

一、强化“三个保障”，全力抓好安全生产工作

3月15日，许勤省长主持召开省安全生产委员会全体会议，审议通过了《2020年全省安全生产工作要点》，确定了10方面、58项具体工作，近期将正式印发实施，各级各部门要认真贯彻落实，进一步细化实施方案，明确责任分工，抓好任务落实，坚决守住不出事的底线。

(一)要保障好复工复产安全。在当前高度关注疫情防控的情况下，一些企业往往忽视安全生产，加之复工复产容易导致安全事故，必须慎之又慎、细之又细地抓好安全生产工作。各地各有关部门要抓紧召开专题会议，对复工复产期间的防范措施进行再部署、再调度，进一步建立完善动态监管台账，通过微信、公众平台等方式，及时向企业作出安全提示，明确复工复产安全防范措施、验收标准和验收程序，督促企业在疫情防控到位前提下，严格落实好危险作业安全措施、教育培训、隐患排查、应急准备等要求，做到平稳有序安全复工。要组织开展专项大检查，对重点地区、重点行业和重点企业进行全覆盖式排查，发现风险隐患的要实施清单管理、能整改的要立即整改;不能马上整改的，要明确时间表、路线图，限期整改到位。

(二)要保障好公共场所安全。公共场所人员密集、流动性大，发生安全事故极易造成群死群伤。要针对当前疫情防控形势持续向好、生产生活秩序加快恢复、一些公共场所逐步对外开放的新情况、因时因势调整应对举措，确保不发生安全事故。要抓好涉疫场所安全，深刻汲取福建泉州事故教训，对用作疫情隔离观察场所、企业返厂职工隔离点的快捷酒店、宾馆、临时建筑等进行建筑安全、消防安全风险隐患排查，发现有临时改建、拆改主体结构，达不到建筑安全标准、存在重大安全风险隐患的建筑，立即组织人员撤离、更换场所。要抓好人员密集场所安全，车站、机场疫情检测登记点，要明确专人维护秩序，严防人员聚集、拥挤、踩踏；大型城市综合体、商场超市、批发市场要加强消防安全检查，确保消防设施运行正常，疏散通道、安全出口及消防车通道畅通；各类学校在开学前，要进行全面的安全检查，彻底消除风险隐患。要抓好旅游景点安全，一旦疫情管控措施解除后，出行旅游可能出现大幅增长，要指导旅游景区健全完善客流预报预警制度，提前制定游客总量控制方案，对重点区域实行流量分级监控管理；要加强对玻璃栈桥类高风险旅游项目的安全风险管理，严厉打击违规运营行为。

(三)要保障好重点行业领域安全。化工、矿山、建筑施工等重点行业领域，始终是安全生产工作重中之重。各地各部门要牢牢抓在手上、放在心上，严防事故发生。要加强危险化学品安全监管，认真落实中办、国办《关于全面加强危险化学品安全生产工作的意见》，持续深化化工行业整治攻坚，全面推进“四个一批”落实，关停企业5月底完成验收，搬迁入园、改造提升、做强做优工作任务6月底前完成50%、年底前完成100%。要加强矿山安全监管，加大煤矿有序退出力度，力争关闭7处，部分去产能3处，退出产能600万吨以上；要加强尾矿库特别是“头顶库”春季解冻期、汛期和冬季安全监管，确保万无一失。要加强交通运输安全监管，在保障好防疫物资运输畅通、支持复工复产的同时，对“两客一危一货”、校车、农村面包车等加强执法管理，做好务工人员返岗包车等长距离班车的行前检测、途中检查，严厉打击超载、疲劳驾驶等违法行为。要加强建筑施工安全监管，全面排查危旧房屋，严厉打击擅自施工、擅自改变房屋主体结构等违法违规行为，强化房屋建筑、地铁、道路交通设施、水利和电力工程施工等领域安全监管，加大对深基坑、建筑起重机械、脚手架等危大工程的排查，严防群死群伤事故；抓好雄安新区重大项目和冬奥会场馆施工安全，确保高质量、高标准推进。要加强冶金工贸安全监管，抓好大型钢铁联合企业煤气、高温熔融金属、皮带运输等事故隐患整治，深化有限空间专项整治，开展第三方危害评估检测，落实消除控制措施，确保安全可靠。要加强燃气安全监管，持续开展燃气安全检查，严厉打击无证违法经营，非法储存、运输、充装和倒装液化气行为；落实驻村安全员、安全巡检制度，指导气代煤农户安全用气，严防燃气爆炸、火灾事故。特种设备、农业机械、渔业船舶、民爆等行业领域，要紧盯重大风险，严格落实防范措施，确保运行安全稳定。

二、坚持“四个突出”，全力抓好森林草原防火工作

春季历来是森林草原火灾多发频发时期，近日石家庄、保定等地相继发生火情，再次给我们敲响了警钟。3月19日，许勤省长专门到省林业和草原局调研，对森林草原防火工作进行了调度安排。各地各有关部门要认真抓好落实，进一步严格责任、强化措施，坚决防范重特大森林草原火灾。

(一)要突出源头防控。据统计，近十年(2010-2019)已查明原因的森林草原火灾中，人为原因占97%以上。3月2日保定市满城区发生的1起荒山火，就是由于燎地边造成的。要把管住人为火源作为第一要务，突出环京津、冬奥

会沿线、雄安新区、塞罕坝机械林场等重要区域，突出即将到来的“清明”“五一”假期和全国“两会”等重点时段，实施网格化管理、拉网式排查，聚焦祭祀用火、农事用火，依法开展严查严管，做到全覆盖、无盲区。要组织开展野外火源专项治理行动，对各类自然保护地、林场实行全面封闭式管理，严禁火种进山入林，严禁一切违规用火行为，一经发现要严厉打击，引发火灾事故的要依法追究责任、公开曝光，起到震慑、警示作用。

(二)要突出监测预警。防范森林草原火灾关键要做到早预防、早发现、早处置。去年以来，我省大力推进森林草原防火视频监控系统建设，目前已建成4983个点位(共5016个)、完成率99.3%，正在开展联网调试工作。各市要抓紧完善项目手续、签署政府采购合同，加快实施进度，确保3月底前全部竣工投用。各级防火办要进一步完善预警响应机制，加强与林草、气象等部门的会商研判，及时发布火险预警，指导各地提前采取响应措施。要综合运用卫星、航空、监控等手段，加强监测预警，确保有火情及时发现。要加强与京津的联防联控，及时共享火情信息，将风险化解在河北境内，确保不发生进京火。

(三)要突出应急准备。省防火办制定了省级森林草原火灾应急预案，近日即将正式印发。各地要抓紧修订完善本级应急预案，制定全国“两会”、清明、“五一”等重要时段专项预案，组织开展实战演练。要科学布防扑救力量，各级森林草原消防专业队伍要在做好疫情防控工作的基础上，集中备勤、靠前驻防，时刻处于临战状态，做到闻火即动、打早打小打了。要严格落实24小时值班值守、火灾报告制度，坚决做到报扑同步，避免由于报告不及时导致小火变成大灾。

(四)要突出科学扑救。近年来，森林草原火灾扑救人员伤亡的情况时有发生，比如，2019年3月31日，四川凉山州森林火灾造成30名扑火队员牺牲。各地要引以为戒、举一反三，牢固树立安全第一、科学施救理念，完善联动指挥体系，加强扑救工作风险评估，严格执行扑灭火安全规范，对一些敏感性强、容易失控的火灾、火情、地区，各级指挥机构要主动提前介入，加强指导帮助，确保不因火灾扑救而发生救援人员伤亡事故。要抓好对各级指挥员、扑火员的教育培训，引导他们熟练掌握紧急避险、安全扑救的技能，在扑救行动中做好火情侦查，气象地形分析、地理位置分析，真正做到科学、高效、安全灭火。

三、做到“五个强化”，全力抓好各项保障措施落地

无论是安全生产还是森林草原防火工作，都来不得半点麻痹大意，需要常抓不懈、久久为功。各地各部门要进一步强化保障措施，确保各项任务落到实处、取得实效。

(一)要强化基础支撑。加强应急管理信息化综合应用平台建设，整合应急物资、装备、队伍和安全生产基础数据，充分利用高清影像、在线监测等手段，加强监测感知和综合防控。要灵活采取政府采购、租赁征用、企业自购等方式，抓紧配备一批现实急需的安全生产、森林草原防火装备，搞好救援物资储备。加快编制全省应急管理“十四五”规划，10月底前形成初稿、年底前完成。

(二)要强化改革举措。结合乡镇和街道改革，推动组建乡镇(街道)应急管理办公室，整合安全生产、消防、森林草原防火等职责，明确职能定位和责任清单，落实人员编制，确保有班子、有机制、有预案、有队伍、有物资、有培训演练。要统筹安排好机构改革与安全生产、森林草原防火工作，确保思想不乱、心不散、工作不断、力度不减，决不能出现任何空档期，确保平稳过渡。

(三)要强化执法检查。从现在起到全国“两会”结束，各地各部门要持续开展安全生产、森林草原防火执法检查，突出环北京周边区域、危化等重点行业领域以及不放心、不守规矩的单位和企业，实行分级分类监管，采取现场检查、重点抽查、明察暗访等方式，对所有可能存在的隐患进行全面排查，发现问题要及时整治到位，对思想不重视、工作走过场、责任不落实的，严肃追责问责。

(四)要强化迎查准备。上半年，国务院安委会将对我省进行2019年度安全生产考核巡查。省安委办要提前谋划安排，搞好与国家的汇报沟通，准确把握考核巡查的重点和要求，统筹做好迎查准备。各地各部门要尽快开展全面自查，对安全生产、消防安全等工作进行“回头看”，查漏补缺、完善提升，并提前准备相关文件材料、梳理亮点工作，积极主动配合考核巡查工作开展。

(五)要强化宣传教育。据统计，近3年来，由于一些企业员工缺乏基本安全常识，操作不科学、不规范，因低级错误引发事故，一些企业负责人瞎指挥、乱打仗、盲目施救，导致更大伤亡，发生较大事故11起，占全省较大事故总数的1/3。必须深刻汲取教训，深入开展事故警示教育活动，加强对企业负责人、重点岗位职工的安全培训，教育引导掌握必要的安全常识、基本技能，切实提高安全生产的能力水平，坚决避免类似事故再次发生。

时清霜同志在全省农村供水保障体系建设动员部署电视电话会议上的讲话

（2020年4月14日）

这次会议是经省政府研究决定召开的，主要任务是深入贯彻落实省委、省政府关于农村供水保障体系建设决策部署，明确目标、分解任务、压实责任，有力有序推动农村供水保障体系建设。刚才，省水利厅、省财政厅就有关工作进行了安排，沧州、衡水、张家口和魏县作了交流发言，大家讲的都很好，我完全赞同。下面我再强调几点意见。

一、统一思想认识，提高政治站位

实施农村供水保障体系建设，是省委、省政府深入贯彻习近平新时代中国特色社会主义思想，着眼保障人民群众切身利益作出的一项重大决策部署，必须系统全面把握领会，不折不扣抓好贯彻落实。习近平总书记高度重视农村饮水安全工作，多次作出重要批示指示，2019年4月16日，在解决“两不愁三保障”突出问题座谈会上明确指出，饮水安全有保障主要是让农村人口喝上放心水，要统筹研究解决饮水安全问题；7月28日，又在人民日报内参刊发的“云南宣威市民心饮水工程9年未见一滴水引质疑，谨防民心工程变成失心工程”上作出重要批示，体现了总书记始终把人民群众放在最高位置的为民情怀，为我们的工作指明了前进方向，提供了根本遵循。省委、省政府高度重视农村饮水安全工作，方案编制过程中，东峰书记亲自谋划、多次批示、反复过问，许勤省长多次召开会议，专题进行研究，一德副书记、桐利常务副省长等其他省领导也多次听取工作汇报，指导修改完善。目前这项工作已纳入“不忘初心、牢记使命”主题教育专项整治任务，列入省纪委漠视群众利益专项整治内容，充分体现了省委、省政府凝心聚力抓好农村饮水安全工作的空前力度和坚强决心。各地各部门一定要认真学习领会习近平总书记重要批示指示精神，按照省委、省政府决策部署，进一步提高思想认识和重视程度，自觉站在政治高度来把握，将其作为践行“不忘初心、牢记使命”的具体行动，作为推进地下水超采综合治理和乡村振兴战略的现实举措。要充分认识这项工作的重要性、艰巨性和紧迫性，坚持高位推动、主动作为、创新方法、攻坚克难，把这项最现实、最直接、最迫切的民生工程牢牢抓在手上，切实抓出成效，确保工作早干成、群众早受益。

二、精心组织实施，确保质量进度

农村供水保障体系建设是一项系统性工程，涉及多个方面，时间紧、任务重、标准高。刚才，位铁强厅长对目标任务、方案编制、审批程序、竣工验收和管护机制、水费收缴、考核评估、技术保障等做了详细说明。

各级各部门要认真谋划、统筹资源、集中攻坚，围绕推进供水保障体系建设，重点做好“建、管、防、保”四篇文章。

“建”，就是建工程，打造城乡一体的供水工程。主要包括改水降氟工程和江水置换工程，这既是“重头戏”，也是“硬骨头”，我们既要保进度、更要保质量。各地各部门一定要把着力点集中到工程建设上来，南水北调受水区各市要尽快制定农村生活水源江水置换实施方案，明确时间表、路线图，结合城乡供水水源置换规划，统一谋划、统一实施。要加快推进项目建设，制定详细实施计划和组织框架，周密设计工程建设流程，合理调配建设管理人员，压茬推进、并联实施。要严把工程设计、招标、施工、采购、监理、验收等各关键环节，实现工程质量全过程控制，将质量安全管理职责落实到具体单位和人员，确保把好事办好、实事办实。

“管”，就是重管护，健全良性运行的工程管护机制。加强工程管护，是工程长期稳定发挥效益的重要保障。由于历史欠账和设施质量等多种原因，农村饮水工程维护一直是突出短板，部分工程设施管护不到位，管护经费不足，效益难以正常发挥。各地各部门要按照“城乡一体、整县推进”“上规模、保质量”的思路，大力推进规模化供水，加快大型农村供水工程建设，提高工程标准，扩大供水规模，不断提升农村供水保障水平。要推行专业化管护，加快建立农村饮水工程良性运行机制，积极引进专业化管护企业，建立“一县一企一管网”的工程管护模式。要加大水费收缴力度，科学测算、合理确定农村集中供水工程用水价格，各市以县为单位逐村、逐工程落实水费收缴的措施和办法，南水北调受水区各县要建立水价调整和财政补贴机制，利用3到5年时间逐步达到按成本水价收费。

“防”，就是防风险，完善反应迅速的应急供水保障机制。树立底线思维，强化风险意识，是抓好工作落实的出发点和落脚点。农村饮水事关千家万户，一旦遇到自然灾害、水质污染、设备故障等突发情况，势必影响群众饮水安全。各地各部门要建立健全饮水安全风险隐患常态化排查化解机制，不断完善水质检测制度，尽快完善农村供水应急预案，建立抢险队伍，配备抢险设备，定期组织抢险演练，发现问题第一时间预警、第一时间报告、第一时间处置，做到抓早抓细抓小，确保把风险隐患化解在萌芽状态。

“保”，就是保水源，落实全面严格的水源保护措施。长期以来，农村饮水水源保护存在管理基础薄弱、防护措施不足等问题，农村水源污染事件时有发生。各市县要结合当地实际，组织有关部门开展农村饮用水水源环境调查评估和保护区划定，年底前要完成已建工程的划定工作，新建工程的划定要与工程建设同步推进。要加强农村饮用水水源环境风险排查整治，对周边可能影响水质安全的风险源进行排查，对造成污染的企业依法予以搬迁或关闭。

三、用足用好政策，落实资金保障

江水置换工程涉及范围广、规模大、投资多。刚才，省财政厅就工程筹资政策、渠道和办法进行了说明。各市县和有关部门要提前谋划，抓紧布置，积极拓宽筹资渠道，用足用好支持政策，多措并举保障建设资金需求。一是积极争取国家资金。省水利厅、省财政厅、省发展改革委要积极对接跑办国家有关部委，及时掌握中央最新投资动向和有关政策，在充分用好现有资金规模基础上，争取国家“十四五”农村供水保障资金支持，加大地下水超采综合治理后续资金支持力度。二是用足用好专项债券。要认真贯彻落实国家地方政府专项债券重点用于水利等投资领域的重大战略部署，着眼“补短板、惠民生、增后劲”，加大在农村供水工程上的使用额度。市县政府要根据政府债务和隐性债务风险情况，优先安排地方政府债券用于江水置换工程建设。对符合条件的建设项目，可使用专项债券作为项目资本金进行市场化融资。省财政厅要对市县申报入库项目严格审核把关，及时向国家申报额度，组织发行并下达资金。三是进一步加大财政投入。市县政府要坚持“开源”和“节流”并举，在改进财政管理、加强预算审查、优化支出结构等方面下功夫，通过加大一般预算投入、使用提标后新增城市基础设施配套费等渠道，支持江水置换工程建设，实现财政资金的最优配置。同时，有条件的市县要积极吸引社会资本参与地表水厂等供水工程建设。

四、密切协同配合，形成工作合力

推动农村供水保障体系建设，是东峰书记亲自谋划、亲自部署的一项民心工程，是省委省政府决定的一项硬任务，没有商量余地，必须保质按时完成。方案中，已经明确了“省级统筹、市管督导、县抓落实”的工作机制。各地各部门要进一步细化目标，量化任务，实化举措，在加强组织领导、资金筹措、人员配备等方面制定更详实、可操作的硬措施。省水利厅作为牵头部门，要抽调精干力量，组成工作专班，加强协调调度，指导工程建设和运行管理。省发展改革委要研究制定农村集中供水工程定价方案，省财政厅要研究制定工程建设资金支持政策，省生态环境厅要加强农村饮用水水源环境风险排查，省卫生健康委要搞好饮用水水质监测，省住房城乡建设厅要指导城乡供水管网连接工作，省自然资源厅要协调征占和用地指标，省交通厅和铁路部门要做好供水管线穿越铁路、公路等重要工程的审批和施工协调工作。市县政府要及时解决制约项目建设的外部环境问题。要积极落实工程建设用地，组织沿线乡(镇)做好临时占地征迁工作，协调办理管线穿越交通、水利等重要基础设施手续。要落实南水北调农村生活用水指标和水价补贴政策，筹措水厂、管网、征占地补偿等建设资金，推动农村供水工程早开工、早建成、早受益。

五、压实主体责任，严格督导考核

农村供水保障体系建设事关民生福祉和发展大计。县级党委政府作为责任主体和实施主体，要把这项工作作为全县重要的民生工程，主要负责同志要亲自研究、亲自部署、亲自调度、亲自推动，定期听取工作进展情况汇报，盯办重点难点问题；分管负责同志要抓协调、抓督导、抓落实，确保各项目标任务如期高质量完成。有关部门要负起督导考核责任，层层传导压力，敢于较真碰硬，切实做到有权必有责、有责必尽责、失责必问责。要强化工作指导。省有关部门要认真履行职责，加强对工程建设、资金筹措、水价制定、水源保护等工作的指导，积极鼓励市、县大胆探索、勇于创新，及时分析查找存在的问题，协调解决工作中遇到的困难。要强化日常检查。采取明察暗访、实地走访等形式，督导各地开展工作。要实行台账式管理，对督导检查过程中发现的问题逐一明确整改责任和整改时限，及时跟进督导调度，不完成整改不销号。省对市、市对县、县对乡(镇)村都要实行排名通报，每月一督导、每季一调度，半年一总结，鼓励和鞭策各地做好工作。要强化考核问责。将农村供水保障体系建设工作纳入地下水超采综合治理考核内容，每年底进行考核排名，对组织推动有力、工作进度靠前的，在下年安排资金时予以适当倾斜；对组织推动不力、工作进度滞后的，要约谈市县政府负责同志，扣减下年省级补助资金。

时清霜同志在调度防汛抗旱工作时的讲话

（2020年4月29日）

防汛抗旱事关群众生命安全和社会发展稳定大局，各地各部门要从政治的高度充分认识这项工作的极端重要性，本着对人民、对历史负责的态度，时刻绷紧防大汛、抗大洪、抢大险、救大灾这根弦，压实各方责任，落实各项措施，以万全的准备，确保安全度汛。

一、全面加快工程建设。要加快水毁工程修复和河道险工险段整治进度，汛前全部完工；中小河流治理和水库除险加固项目，力争主汛期前完成主体工程，确保关键时刻用得上、靠得住。对河道内村庄搬迁工作，有关市县要高度重视，主要负责同志亲自调度，分管负责同志靠前指挥，要卡住“今年汛前河道内村民全部搬出、明年汛前全部搬迁入住新村”两个关键时间节点，倒排工期、挂图作战，环环紧扣、扎实推进。

二、彻底整治风险隐患。严格贯彻“汛期不过、排查不止”的要求，在前期排查的基础上，组织开展重点部位“回头看”，按照“四不两直”的方式，对水毁工程修复、小型水库安全管理、山洪灾害易发区非工程措施落实、气象水文监测预警设施维护等进行实地检查。发现问题的，形成工作台账，采取“一地一单”方式及时反馈，省防办负责督促整改，确保汛前全部到位，有效消除安全隐患。

三、切实搞好监测预警。要密切关注天气变化，充实监测力量，加密监测频次，实时掌握雨情、水情和工情。水文、气象、应急等部门要加强联合会商和分析研判，滚动预测预报，优化预报方法，提高预报精度，延长预见期，为防汛指挥、工程调度、抗洪抢险等提供技术支撑。要强化局地突发性暴雨洪水的预测预报，利用广播、电视、手机短信、网络等多种途径，提前发布预警信息，打通预警“最后一公里”。

四、精准实施洪水调度。要依据水情工情变化，坚持依法依规调度，按照批准的调度方案，统筹考虑上下游、左右岸、干支流，实施水库、河道堤防、分洪闸涵和蓄滞洪区联合调度，全力减少灾害损失。河北十分缺水，汛期既要保安全，也要多蓄水，要通过对既有工程的联合调度、精准调度，化危为安、变害为利，在确保防洪安全的前提下，最大限度拦蓄雨洪资源。

五、扎实做好应急准备。全面强化非工程措施，扎实做好物资、队伍、技术准备。要在4月底前完成水库调度、蓄滞洪区应用等方案和预案修订，分河系编制超标准洪水应对方案，适时进行桌面推演、组织专业队伍开展抢险演练。要以69个山区县为重点，模拟突发山洪灾害、堤防决口、小水库溃坝等场景，组织群众开展转移演练，确保遇有险情熟练应对、迅速转移、安全避险。

六、盯牢重点区域和部位。山洪灾害易发区和城市易涝区域要全面落实度汛措施，病险水库和头顶库一律空库迎汛。要坚持把雄安新区作为全省防汛工作的重中之重，优化上游14座大中型水库调度方案，加快南拒马河等外围防洪工程建设，提前做好新区周边兰沟洼、东淀、文安洼等蓄滞洪区运用准备；新区内部要配齐排涝设备，预置抢险队伍和物资；通过完善“防”的措施，做好“抢”的准备，合力确保新区万无一失。

聂瑞平同志在全国人大《决定》和野生动物保护法执法检查汇报动员会上的讲话

（2020年6月15日，根据录音整理）

这次会议的主要目的，是对全国人大常委会委托我省开展的全国人大《决定》和野生动物保护法执法检查进行动员部署，正式启动这项工作。刚才，书为同志介绍了执法检查的总体安排，省林草局、公安厅、交通厅、农业农村厅、市场监管局、石家庄海关、省高检等7家单位作了汇报，省司法厅、财政厅、生态环境厅、文化和旅游厅、卫生健康委、广电局、中医药管理局、省高法等8家单位提供了书面材料。检查组成员还就有关问题与相关部门的同志作了交流。从汇报情况看，各部门对贯彻实施《决定》和野生动物保护法高度重视，做了大量工作，取得了很好效果，为我们搞好执法检查打下了坚实基础。这次执法检查是在特殊时期、特殊背景下，全国同时开展的重要工作，我省受全国人大常委会委托同步进行。下面，我就搞好这次执法检查，谈三点意见。

一、提高政治站位，深刻认识开展这次执法检查的重大意义

第一，开展好这次执法检查，是坚决贯彻党中央决策部署、推动疫情防控工作的重要政治责任。新冠肺炎疫情发生以来，习近平总书记亲自指挥、亲自部署，领导我们打响了疫情防控的人民战争。总书记深刻指出，食用野生动物风险很大，对公共卫生安全构成了重大隐患，要完善相关立法，坚决取缔和严厉打击非法野生动物市场和贸易，革除滥食野生动物的陋习，控制重大公共卫生风险。全国人大常委会坚决贯彻习近平总书记重要指示要求和党中央决策部署，迅速作出《决定》，补短板、堵漏洞、强弱项，禁止和打击一切非法捕杀、交易、食用野生动物的行为。《决定》实施仅3个多月，全国人大常委会决定开展覆盖全国的执法检查。5月30日，召开执法检查组第一次全体会议，栗战书委员长亲自动员部署、亲自担任组长，充分体现了高度的政治自觉、鲜明的人民立场和强烈的责任担当。省人大常委会及时制定出台贯彻实施全国人大《决定》意见，主动担当作为，依法履职尽责，推动《决定》以及相关法律法规有效实施。全省人大系统和各级政府一定要提高政治站位，切实把思想和行动统一到党中央重大决策部署上来，统一到全国人大常委会部署要求上来，通过执法检查，扎实推动《决定》和相关法律落实落地，为推进疫情防控和经济社会发展提供有力法治保障。

第二，开展好这次执法检查，是维护生物安全、健全公共卫生管理体系的现实需要。今年以来，习近平总书记在多个场合论及公共卫生体系建设，强调要完善重大疫情防控体制机制，构建强大的公共卫生体系，全面提升防控和救治能力，切实为维护人民健康提供有力保障。人与自然是生命共同体，人类必须尊重自然、顺应自然、保护自然。我省是陆生野生动物资源大省，种类多、数量大。就鸟类来说，不仅是褐马鸡、遗鸥、大鸨等珍稀濒危野生动物的重要繁殖栖息地，还是国际上重要的东亚候鸟迁徙通道，每年迁徙鸟类达300多种、数千万只，管理保护任务十分艰巨。但是，受滥食野生动物陋习影响和经营野生动物暴利诱惑，非法猎捕、交易野生动物的行为屡禁不绝，增加了人民健康和生命安全的潜在风险。此次新冠肺炎疫情的源头尚未确定，但源于野生动物的致病风险，始终威胁人类身体健康和生命安全。要通过执法检查，进一步强化法律制度防范化解安全风险“保护闸”“安全阀”的作用，用“法治红线”守护野生动物“生命线”，守护公共卫生“安全线”。

第三，开展好这次执法检查，是积极回应社会期待、保障人民群众生命健康安全的具体行动。习近平总书记强调，人民安全是国家安全的基石。确保人民群众生命安全和身体健康，是我们党治国理政的一项重大任务。全国人大常委会作出《决定》，全面禁止食用野生动物，是当务之急、时代潮流、民心所向，根本目的就是保障人民生命健康安全。从当前看，有助于打赢疫情防控的人民战争总体战阻击战；从长远看，有助于促进生物多样性，实现人类与自然和谐互动、良性循环；从整体看，有助于保障人民群众生命健康安全的根本利益。善待野生动物，也是善待人类自身。法律既是行为的硬性约束，也引导着社会的价值理念。要通过这次执法检查，积极倡导移风易俗的良好风尚，养成科学健康文明的生活方式，在全社会形成“不敢吃、不想吃、耻于吃”野生动物的浓厚氛围，为人民群众提供更加安全的生态环境。

二、明确检查重点，切实增强执法检查的针对性和实效性

一要突出检查重点。这次执法检查的重点，主要包括六个方面内容：推动《决定》和野生动物保护法宣传普及和贯彻实施情况；全面禁止和惩治食用陆生野生动物情况；严格禁止非法猎捕、交易、运输野生动物情况；野生动物及其栖息地保护情况管理制度落实情况，配套法规规章和相关名录、目录制定情况；执法监管及法律责任落实情况；贯彻落实《决定》精神，修改完善相关法律的意见建议。从这六个方面入手，抓住三个关键问题：一是法律有规定但没有落实到位的问题，二是人民群众反映强烈、集中的问题，三是法律还没有规定但已经出现的问题，深入分析原因，找准问题症结，厘清相关责任，有针对性地提出改进工作和修改完善法律的建议。

二要抓住关键环节。这次执法检查的基本形式主要是“听汇报、查资料、看现场、询代表、问群众”，要牢牢把握其中关键环节。一是总结汇报要全面。今天的汇报会是执法检查的首个环节。刚才，我对大家的汇报给予充分肯定，同时，任务还很艰巨，还有一些薄弱环节。各有关

部门要牢固树立“一盘棋”思想，打破部门界限，形成整体合力。各市的汇报材料等报告也要朴实具体，不搞“包装美化”，直奔主题、直面问题。二是实地检查要深入。在实地检查中，要深入野生动物栖息地、人工繁育场所、贸易集散地和交易市场、海关边检口岸及相关监管平台认真开展检查；要广泛听取基层政府、人大代表、专家学者、执法人员、企业代表的意见建议。三是检查成果要丰硕。这次执法检查，除了全国人大实地检查的8个省份，其余省份要向全国人大提交执法检查报告。要立足河北实际，彰显地方特色，精心组织起草，力争撰写一份高质量、高水平的报告。

三要把握监督原则。执法检查是在行使宪法、法律赋予的监督权，首先要“依法”，即“依照法定职责、限于法定范围、遵守法定程序”，对执法检查发现的具体问题、案例，检查组不作具体处理，但要深入分析研究、提出意见建议，转政府及相关部门处理。其次要“正确”，即大家工作的目标方向都是为了落实中央、全国人大常委会和省委决策部署。要加强与政府及相关部门间的沟通协调，提出可落实的意见建议，共同促进《决定》和野生动物保护法贯彻实施。再次要“有效”，即执法检查必须严格、监督必须有力度。要用法治思维来开展执法检查，深入查找法律实施中存在的突出问题，敢于动真碰硬，客观公正反映问题。

三、精心组织实施，圆满完成执法检查任务

这次执法检查政治性强、时间紧、任务重，距离向全国人大提交检查报告，只有不到1个月时间。要按照全国人大常委会要求，科学安排、精心组织，加快节奏、务求实效，圆满完成这次执法检查任务。

一要加强学习，提高政策法律水平。这次执法检查，法律性、政策性、专业性都很强，省人大常委会农工委会同有关部门编印了参阅资料，已经发给大家。检查组成员要深刻领会习近平总书记的重要指示和全国人大常委会部署要求，认真学习有关法律法规各项规定，熟悉主要内容、把握政策标准，善于运用“法言法语”，努力做到“法来法去”，增强执法检查的针对性和实效性。

二要协调联动，确保检查顺利进行。省政府有关部门要主动接受监督，积极予以配合，提供支持。接受省检查的市县要积极配合，做好汇报座谈、检查点安排等各环节工作。受委托检查的设区市要认真自查，确保按时间要求提交高质量报告。要把执法检查与加强公共卫生管理联动监督、修改《河北省陆生野生动物保护条例》立法调研有机对接、互相促进、共享成果。要把执法检查过程当作普法的过程，选准角度、加大力度，营造敬畏自然、打击违法，革除陋习、尊重生命的舆论氛围。

三要求真务实，切实改进工作作风。牢固树立“河北发展、人大尽责”理念，以饱满的精神状态和良好的工作作风投入执法检查。严格落实中央八项规定及其实施细则精神和疫情防控要求，深入实际听真话、察实情，坚决克服形式主义、官僚主义，不搞“大伙演、领导看”的走秀式检查。要注重言行举止，坚持轻车简从，交通、住宿、餐饮等都要执行标准、厉行节约，努力把对基层的负担和影响减到最小，树立检查组良好形象。

最后，我代表省人大常委会，对省政府及有关部门、省法院、省检察院对这次检查的高度重视和积极配合，表示衷心感谢。希望大家共同努力、扎实工作，为全面夺取常态化疫情防控和经济社会发展双胜利做出积极贡献。

时清霜同志在部分市县奶业振兴工作座谈会上的讲话

（2020年6月18日）

河北是奶业大省，省委、省政府历来高度重视奶业发展，去年相继出台《奶业振兴规划纲要》和《关于加快推进奶业振兴的实施意见》。刚才，听了市县的汇报，总体上感觉各地对奶业振兴都非常重视，思路清晰、目标明确、行动迅速，制定的政策措施切实可行，同时也提出了许多好的意见建议。奶业振兴工作领导小组办公室要认真梳理，与有关厅局深入研究、吸收借鉴，对有关政策进行修改完善。下面，我讲几点意见：

一、充分把握历史机遇。自2008年“三聚氰胺”事件以来，省委、省政府采取了一系列整顿和振兴奶业的政策举措，各地各有关部门坚持从“从哪里跌倒就从哪里站起来”，出台支持政策，加大投资力度，创新体制机制，加强市场监管，奶业发展进入全面振兴的新阶段，面临前所未有的历史机遇。一是中央领导高度重视。习总书记多次就奶业发展提出明确要求，强调“要生产出让人民群众满意放心的高品质乳业产品、打造出具有国际竞争力的乳业企业、培育出具有世界知名度的乳业品牌”。2018年3月，胡春华副总理在全国春季农业生产会期间，要求我省加快发展1000万吨奶；多次强调“不要让中国奶业成为第二个大豆产业”“做优做强乳制品加工企业，只有蒙牛、伊利两家

世界前十强的乳制品加工企业是远远不够的，必须培育出一批世界级的乳制品加工企业”。他还指出，河北奶业振兴具有特殊重要意义，要高度重视、多措并举，尽快实现河北奶业振兴。河北在奶业振兴中被委以重任、寄予厚望，这是对我们的信任和关爱，也是最大的动力。二是乳品产业基础扎实。我省地处黄金奶源带，有深厚的奶牛养殖传统，奶牛存栏和生鲜乳产量连续多年居全国第三，乳制品产量连续6年居全国第一，规模养殖比例达98.2%、高出全国40个百分点，奶牛单产7.9吨、高出全国0.4吨。引进了蒙牛、伊利、三元、新希望等大型乳企，培育出了君乐宝、乡谣、天香、小洋人、康诺等本土知名企业。我们在奶业振兴上有理由、有条件走在全国前列。三是消费市场潜力巨大。《中国居民膳食指南》提出，满足健康需求人均奶类年消费为109公斤，还有72公斤的增长空间。我省毗邻京津两大消费市场，拥有1.2亿消费人群。随着城乡居民收入水平不断提高、城乡融合发展加快推进和全面二孩政策的实施，未来一个时期，奶类消费增长蕴含着巨大潜力。四是支持力度前所未有。省委、省政府对任何一个农业特色产业，从来没有像对待奶业这样重视，王东峰书记多次作出批示、提出明确要求，许勤省长多次专题研究、直接推动相关工作。省里成立领导小组、制定发展规划、多方筹措资金、完善政策措施，等等。奶业作为一个战略性产业，既事关国民健康，又事关农民增收；既有必要的资源条件，又有大量国内购买力支撑；既是一项重要的经济任务，也是一项重要的政治任务，我们一定要抓住这一千载难逢的历史机遇，主动作为，乘势而上，全力推动我省奶业在全国率先实现振兴。特别是有资源条件、产业基础的贫困县，要充分利用特殊的金融、土地政策，抢抓机遇，营造良好发展环境，借势奶业实现跨越式发展。

二、抓紧细化政策措施。2019年，奶业振兴省级层面的顶层设计全部完成，“四个一流”的目标和“四大工程”的举措已经部署，千万吨奶的任务目标也分解到了各市。据了解，各市和奶业重点县也都对标对表省里的规划、政策，结合实际制定了配套政策措施。当前，重点是要推动政策措施落地落实、取得实效。一要细化目标措施。按照规划，我省计划用7年时间达到千万吨奶目标，如期完成这一任务，必须将各项目标细化到年度、分解到市县，落实到加工企业、奶牛养殖场、饲草饲料种植地块。在制定政策措施时，我们要求实行“双规划”管理，即：纵向上，省、市、县规划相互配套；横向上，政府规划和企业规划彼此衔接。下一步，要推动“双规划”同步落实，使政府的主攻方向和企业的战略布局协同推进，政策的支持重点和企业的发展需求同频共振，将市场配置资源的决定性作用和政府宏观调控的作用有效叠加起来。据了解，伊利、蒙牛、君乐宝、三元、新希望等大型乳企制定的规划明确，到2025年，在河北计划新建、扩建40家加工企业，伊利、蒙牛、君乐宝在我省生鲜乳收购量分别达到500万吨、360万吨和370万吨，总量超过1000万吨。各市和奶业大县、奶业新兴县，要主动与相关企业对接，了解企业规划布局和项目建设需求，提供优质服务，营造良好环境，尽快推动项目建成投产。同时，要对照省里印发的《2020年奶业振兴工作方案》，强化工作举措、完善保障措施，确保按时间节点完成既定目标任务。二要拿出“真金白银”。支持奶业发展，我们有成熟的经验和做法。2013年，为提高全省乳粉尤其是婴幼儿乳粉生产能力，省政府出台《关于加快全省乳粉业发展的意见》，年均安排资金3.4亿元，重点支持乳粉企业新上生产线、自建奶牛场和配套饲草基地建设。4年时间，乳粉和婴幼儿乳粉产能分别增长1.4倍、4.7倍。实践证明，哪里是政策洼地哪里就是投资高地，有针对性的支持政策能够起到事半功倍的作用。据了解，黑龙江、内蒙古等奶业大省，去年都制定了含金量比较高的支持政策。如果我们的政策不能同步跟进，在竞争中就会处于被动地位，甚至出现乳企外流。因此，我省的《实施意见》明确，2019-2022年，省级财政计划每年安排10亿元支持奶业发展。省农业农村厅每年争取农业农村部“粮改饲”、苜蓿种植、家庭牧场等国家资金约4亿多元。可以说，支持力度之大达到了历史顶峰。同时，《实施意见》要求市县每年安排7-10亿元资金，配套支持奶业发展。从目前看，有些市支持力度比较大，比如，张家口市确定每年安排5000万元、奶业大县每年安排2000万元以上，石家庄市计划每年筹措2亿元，专项支持奶业振兴。但也有一些市和奶业大县，资金支持很少或没有具体的支持计划。各市县政府要参照张家口、石家庄这两市的做法，结合本地实际，进一步统筹整合相关资金，明确具体支持金额、方向、项目等，并尽快向社会公布。省财政厅要会同省农业农村厅、省发改委、省工信厅、省教育厅、省科技厅等部门，完善专项资金使用办法，加强资金监管，提高使用效益，确保“好钢用在刀刃上”。三要坚持一体化发展。奶业市场的竞争，不是某一个环节的竞争，而是整个产业链条的竞争。乳业是包含饲料种植、奶牛养殖、加工包装、物流配送、市场营销等诸多环节的综合性产业。各地推进奶业发展时，要着眼延长产业链、提升价值链，按照农业供给侧结构性改革的要求，以市场为导向，以需求为引领，坚持加工先行、养殖跟进、种植配套、利益共享，全产业链布局发展，既要支持乳品企业同步规划、配套建设自有牧场，又要鼓励养殖企业发展特色乳制品加工流通。

三、加大招商引资力度。乳品加工企业是整个奶业发展的“龙头”，无论是生产高质量乳制品、重塑消费者对国产奶业的信任，还是推动奶业科技进步、提升奶业供给体系效率，都离不开乳制品加工企业。当前，省内外乳品企业正在争相布局，资源整合力度持续加大。我们要抓住机遇，营造良好发展环境，吸引更多知名乳企投资落户。一要引进培育并重。坚持多措并举、多点发力，做强龙头企业、做大区域企业、做多新兴企业。一方面，瞄准国际国内乳业20强，主动上门沟通对接，利用廊坊农交会、全省农产品加工业大会等平台，采用“一对一招商”“小团组招商”“产业链招商”“线上招商”等模式，引进更多龙头企业。另一方面，要为本地龙头企业升级改造项目的谋划、审批和建设提供贴心服务，推动企业扩大产能、加快升级，提升本土企业的竞争力。同时，要支持一些企业的创新发展模式，促进一二三产业深度融合。比如，辛集市的“健康飞扬奶吧”，是全省第一家“鲜奶吧”品牌，拥有自营店20余家、加盟店200余家；石家庄市藁城区的“分秒健康鲜奶吧”，全部使用自产鲜奶生产，全程冷链送货上门；唐山市杰恩牧业生产的“万乳香”牌牛奶，富含纯天然共扼亚油酸，在电商平台销售火爆；衡水“认养一头牛”乳企。这些奶业创新发展的典型案例，与地方政府的支持推动密不可分。对这些意愿强烈、规模较大、发展经营理念先进的产销模式，在加强质量监管的同时，应该给予必要支持。二要设法突破瓶颈。当前制约乳企加工扩能的政策主要有两个：一是半径100公里范围内不能重复建设乳品加工厂，新建厂日处理生鲜乳能力不得低于500吨，扩建厂要达到300吨，这就限制了新建厂和小型特色乳品加工厂的发展。据了解，国家将加快修订乳制品加工业产业政策，去年中央农村工作会议分组讨论时，我提的建议之一就是“调整乳制品加工布局半径限制政策”。省发改委、省工信厅也要积极呼吁，争取国家尽快修订完善。当前，可以支持企业通过扩建、兼并等方式，解决加工布局的半径限制问题；通过养殖场办奶吧等方式，解决日处理能力限制问题。二是加工厂、养殖场和饲草基地用地难度加大。由于禁养区、限养区、水源保护地、生态红线等限制，现在找一块符合条件的养殖用地很困难。比如，伊利集团计划在定州、滦州两个加工基地配套建设万头牧场，在沧州建设加工厂和牧场，但土地都难以落实。在这方面，市县政府要抓住土地调规机遇，提早预留建设用地和养殖用地，主动帮助企业解决用地难题。去年省奶业振兴工作领导小组办公室摸排了各地乳业发展用地需求，会同省自然资源厅研究了解决办法。同时，要认真研究相关政策，开拓思路，创新举措，破解难题。三要兑现优惠政策。各地在招商引资过程中一定要做到言必信、行必果，营造良好发展环境，达到以商招商的目的。

四、切实加强组织领导。奶业振兴工作涉及方方面面，是一项系统工程，各级各有关部门要配强工作力量，强化组织引导，密切协同配合，加强督导考核，为如期实现千万吨奶目标提供强有力的支撑和保障。一是成立专门机构。为加快推进奶业发展，省里成立了由一德副书记任组长、桐利常务副省长和我任副组长的奶业振兴工作领导小组，在省农业农村厅设立了办公室，确定了专门工作人员负责日常工作。各市、县要参照省里做法，尽快组建工作专班，配备工作人员，明确职责分工，做到工作有专人管理、进度有专人统计、督导有专人负责。二是合力攻坚克难。要梳理工作推进中遇到的困难和问题，分析深层原因，找准制约因素，研究对策措施。能在市县解决的，要及时向主要领导汇报，协调各方力量，全力破解难题；需要省里统一解决的，要主动汇总上报，适时研究解决。三是营造良好氛围。要将各级出台的政策措施，挂在网上、贴在墙上、送到奶农和企业手中，便于各类主体充分了解和利用。要宣传全省奶业振兴的成效，培树群众对国产乳制品的信心、坚定干部抓奶业振兴的决心。各市县可参考省里做法，利用《信息摘编》《信息简报》等形式，交流经验、宣传成效。

时清霜同志在全省防汛备汛工作视频调度会上的讲话

（2020年7月20日）

从明天开始，我省正式进入“七下八上”防汛关键期。据气象部门预测，近期随着副热带高压西伸北抬，我省强降雨过程增多，可能有较重汛情。防汛救灾关系人民生命财产安全，关系粮食安全、经济安全、社会安全、国家安全。要从战略高度充分认识做好这项工作的重大意义，坚决贯彻习近平总书记就防汛抗洪作出的系列重要指示，认真落实党中央、国务院决策部署，全力以赴打赢防汛救灾硬仗。一会儿，许勤省长、桐利常务副省长还将就防汛备汛工作进行全面调度部署。下面，我重点围绕水利部提出的“超标洪水不打乱仗、标准内洪水不出意外、水库不因工作不到位垮坝失事、山洪灾害不群死群伤”的目标讲几点意见。

一要确保预测预报及时准确。气象、水利、应急管理、自然资源、住房和城乡建设等部门要加强信息共享和会商研判，随时掌握汛情、雨情、灾情发展趋势，全力做好监测、预报、预警。要加密监测频次。有效利用卫星、雷达等先进手段，充分运用大数据，开展无缝隙、网格化降雨数值预报，及时准确对雨情信息进行滚动预报。密切监视各类灾害性天气尤其是中小尺度天气变化，重点关注太行山、燕山等易成灾地区，根据天气形势变化做好应急观测准备。要延长预见期。在监测预报能力有效范围内，对灾害性天气尽量早发现、早预报、早预警，为气象灾害应对提供更多时间。针对山区源短流急、产汇流快的特点，根据降雨情况，开展洪水跟踪监测，完善“以测补报”机制，延长洪水预见期。要提高预报精度。高度重视中短期天气预报在决策中的作用，细化气象灾害落区、强度、开始和结束时间的预报，提高预报的精准性。要及时发布预警。进一步完善预警信息手机短信全网发布机制，充分利用微博、微信、客户端、电视插播等多种渠道和方式及时发布。

二要确保超标洪水不打乱仗。依据气象形势，国家防总今年首次强调超标准洪水防御问题。临危不乱、不打乱仗，首先要完善应对预案。目前，我们系统编制了5大河系(子牙河、滦河、大清河、永定河、北三河)、35条行洪河道、13处蓄滞洪区、118座县级以上城市的超标洪水防御预案，体系基本完备。下一步，关键是全面掌握、熟练应用，根据流量、水位采取相应应对措施。比如，滹沱河发生超标准洪水，黄壁庄水库下泄流量每秒3300立方米时，机场路至藁城区四公段南岸村庄，需要组织群众转移避险；北中山站流量超过每秒3300立方米时，自下而上依次在故城、罗屯等村扒口分洪，确保北大堤安全；流量达到每秒4000立方米时，在西三村至姚庄段南大堤抢筑子埝。这些应对措施，各级指挥长要做到心中有数，抓紧细化堤防抢险、扒口分洪和人员转移专项预案，提前落实队伍、设备和物资，加强桌面推演和实战演练，确保遇有险情，堤防守得住、口门扒得开，下游人员能够安全有序转移。

三要确保标准内洪水不出意外。要按照“汛期不过、检查不停、整改不止”的要求，持续排查病险水库、堤防、水闸等重要防洪工程，山洪地质灾害易发区、城市低洼带、尾矿库等重要部位，调水供水、石油化工、交通干线、电力能源等重要基础设施，及早发现风险隐患，分类建立整改台账，确保及时整改到位。要严格落实河长制湖长制，对前期开展的河道“清四乱”行动进行“回头看”，查漏补缺，即查即改，彻底清除河道内违章建筑、垃圾、高杆作物等行洪障碍物，恢复河道行洪和排涝能力。要针对工程薄弱环节，提前落实抢护队伍，备齐防汛物资和抢险设备，分级健全技术专家库，完善技术支撑机制，必要时，及时派专家赶赴前线，提供抢险技术保障。要根据雨情汛情变化和洪水预报情况，科学分析研判，精准实施调度。水库河道调度方面，坚决执行水库调度运用计划，充分发挥拦洪、削峰、错峰作用；根据河道实际行洪能力，及时调整泄洪流量，加强堤防巡查防守，确保主要堤防不决口。蓄滞洪区调度方面，超前预报分析、全力防守抢护，尽量减少蓄滞洪区启用几率；一旦启用，实行分区运用，减少洪水淹没范围。

四要确保水库不因工作不到位垮坝失事。大中型水库，要严格执行汛期调度方案，落实专人负责汛限水位复核、上报和监管工作，严禁违规超汛限水位运行；要密切关注水库大坝、闸门等关键部位运行状况，维护好泄洪设施、启闭机械和备用电源等，要加密强降雨期间巡护检查频次，确保遇有险情，第一时间发现，第一时间处理。小型水库，要逐一完善应急预案，落实行政、技术和巡查责任人，严格预测预报、调度运用、应急抢险三个重点环节，充分发挥视频监控系统作用，加强在线监测和点对点调度，确保万无一失。病险水库要认真执行空库运行的要求，确保度汛安全。

五要确保山洪灾害不造成群死群伤。山洪灾害主要集中在主汛期，既是防汛的重点焦点，也是弱点难点。各级各有关部门要将及时转移避险作为最有效、最直接的手段，结合各地实际，进一步完善预案，细化实化群众转移避险方案，逐村逐户发放转移明白卡，做到转移安置地点清晰、路线畅通、安置有序。要加强实战演练，县乡村逐级开展群众转移避险演练，让群众熟练掌握预警信号、转移路线、安置地点，做到“方向对、跑得快”。一旦发现险情，要充分发挥监测预警系统和群测群防体系作用，第一时间将预警信息传递到村、到户、到人；要坚持县乡村三级联动，迅速有序组织群众转移，宁可小险大做，早转移一会儿、多转移一些、白转移一次，也决不可心存侥幸、以身犯险，“宁可听骂声、决不听哭声”。

六要确保各项责任落实到位。要坚持“防”字当头，按照《防洪法》要求，层层落实以行政首长负责制为核心的防汛责任制体系(行政首长负责制、技术参谋责任制、防汛人员岗位责任制、分级负责制、分部门负责制)。这五种责任制，既是取得防洪抢险胜利的重要保证，也是履职不到位追责问责的重要依据。各级各相关部门要对照有关法律制度，充分了解各自承担的相应职责，各司其职，相互配合，形成共同应对汛情灾情的强大合力。要坚持党政同责、一岗双责，主要领导负总责，靠前指挥、勇于担当；分管领导具体负责，亲力亲为、检查督导，对河道、南水北调工程、水库、险工险段，实行各级领导干部包联，下沉一线调度，现场解决问题。省防办和各成员单位要衔接好防抗救的责任链条，逐级将防汛责任压实到监测预警、指挥调度、巡查值守、抢险救援、转移安置等各个环节、各个岗位，实现上下畅通、左右协同、无缝对接。要严格落实24小时值班值守制度，确保工作信息联络畅通，紧急事项及时处理，各项工作正常运转。

时清霜同志在省防治重大动物疫病指挥部会议上的讲话

（2020年7月23日）

党中央、国务院高度重视非洲猪瘟等重大动物疫情防控工作。习近平总书记多次作出重要指示批示，强调要持续加强重大动物疫病防控，有效防控处置非洲猪瘟疫情，加快发展生猪生产，确保实现恢复生产目标。今年以来，东峰书记、许勤省长多次就抓好非洲猪瘟疫情防控作出重要指示批示，主持召开会议专题研究部署，深入防控一线督导调研。全省各地按照农业农村部和省委省政府的安排部署，立足精准防控，落实关键措施，确保了全省疫情平稳，生猪产业实现了恢复性增长。

我们召开这次领导小组会议，主要是进一步贯彻党中央、国务院决策部署，落实非洲猪瘟等重大动物疫情防控各项措施，全力做好生猪等重要畜禽产品稳产保供工作。

刚才，省农业农村厅汇报了我省重大动物疫情防控有关情况，各成员单位也都讲了很好的意见。下面，我再强调几点。

一、进一步提高政治站位。今年上半年，全国共通报非洲猪瘟疫情16起，虽然我省没有发生，但从全国和全省看，形势依然严峻复杂。一是病毒污染范围较大。农业农村部专项调查发现，在生猪养殖、运输、屠宰、交易环节，甚至在环境和饲料中都检测出了病毒。非洲猪瘟病毒已经在我国定植，零星散发将成为常态。二是增养调运提升风险。随着国家支持养猪政策力度加大，中小养殖场户大量补栏增养，散养户生物安全防护水平偏低，增加了防控风险。同时，目前生猪价格飙升，导致生猪跨区调运交易量快速增加，还有一些不法分子在高额利润驱使下铤而走险，收购贩卖病猪，加大了疫病扩散风险。三是防控尚有薄弱环节。今年以来，在屠宰企业中，非洲猪瘟阳性样品时有检出，非法调运偶有发生，防控的薄弱环节依然存在，防控工作稍有松懈和疏忽，就可能导致疫情再次发生甚至扩散蔓延，使我们已经取得的防控成效付之东流。

各级各有关部门要切实提高政治站位，克服厌战情绪和侥幸心理，坚决贯彻落实党中央、国务院的决策部署，按照农业农村部的统一安排，围绕防风险、保安全、促发展目标，坚持“严”字当头，以管控非洲猪瘟疫情风险为核心，切实打好重大动物疫情防控持久战，当好首都政治“护城河”。

二、进一步优化防控策略。针对非洲猪瘟病毒已在我国定植的实际，要深入贯彻预防为主方针，落实现行有效防控措施，建立健全常态化防控措施。要继续实施“三式管理”“三大行动”，做到疫情及早发现，病毒及早检出，违规及早查处。要严格落实乡镇政府和农业农村部门双轨制排查和养殖场户基层干部包联责任制等有效措施，不间断地开展养殖环节疫情排查，严禁走形式、走过场。要督促生猪屠宰场、养殖场开展非洲猪瘟自检，及时发现并清除非洲猪瘟病原。要加大屠宰环节监督抽检力度，省市县农业农村部门抽检人员要深入企业真抽样、抽真样，检测结果要真报告，及时发现消除风险隐患。

三、进一步压实各方责任。生猪养殖环节是非洲猪瘟防控的“源头”，是防控工作的主战场；屠宰环节一头连着养殖，一头连着市场，在非洲猪瘟防控中起着承上启下的关键作用。各地各有关部门要集中力量对养殖环节、屠宰环节主体责任落实情况开展一次彻底“回头看”，该完善的完善，该纠正的纠正，该整改的整改，确保无漏洞、无盲区、无死角。对没有落实“密罐式”管理的养殖场户，特别是一些新增养殖场户，要加大指导培训力度，确保各项措施到位；对养殖场瞒报疫情的要严肃处理，发现养殖场户不按规定报告生猪发病或死亡情况、明知生猪发病仍对外销售病猪或同群猪的，要从重处罚。对屠宰企业没有落实主体责任的，要加大抽检和处罚力度，确保防疫主体责任落实落细；对抽检呈阳性的，要坚决暂停屠宰15-30天，期间消毒整改未彻底到位的不允许复工复产。要落实各部门监管责任，对工作不力的工作人员严肃问责，特别是驻场官方兽医监管履职不到位的，要实行最严格的问责。

四、进一步加强联防联控。各成员单位要牢固树立大局意识，按照《动物防疫法》规定职责，各尽其责、通力协作，形成动物疫病联防联控的强大合力。要按照省指挥部办公室下发的2020年非洲猪瘟防控工作方案，认真谋划下半年工作并抓好落实。要建立沟通联系制度，定期反馈工作进展，指挥部办公室将以工作快报形式及时通报。农业农村、公安、交通运输部门要联合开展违法违规调运生猪百日专项打击行动，严查一批违法案件，形成强力震慑。宣传部门要时刻关注非洲猪瘟等重大动物疫情舆情动态，防止恶意炒作，引起社会恐慌。其他各成员单位都要切实负起责任，加强信息共享和措施联动，确保政令畅通、反应快速、行动统一。

五、进一步稳定机构队伍。要认真贯彻落实《国务院办公厅关于加强非洲猪瘟防控工作的意见》精神，加强基层动物防疫体系建设，稳定机构队伍。要依托现有机构编制资源，建立健全动物卫生监督机构和动物疫病预防控制机构。在农业综合行政执法改革中，要建立执法事项清单，落实动物防疫执法责任，强化动物防疫执法力量。要加强工作指导，健全乡镇动物防疫机构体系，配备与养殖规模和工作任务相匹配的专业技术人员，必要时采取特殊措施加强工作力量，确保满足疫情防控需要。

时清霜同志在省畜禽粪污资源化利用工作领导小组会议上的讲话

（2020年7月23日）

我们召开这次领导小组会议，主要是进一步贯彻党中央、国务院决策部署，落实农业农村部7月2日召开的全国畜禽粪污资源化利用项目实施视频会议精神，总结经验，分析问题，查找不足，加快项目实施进度，努力提高畜禽粪污资源化利用率，力争继续走在全国前列。

刚才，省农业农村厅汇报了畜禽粪污资源化利用有关情况，各成员单位也都讲了很好的意见。下面，我再强调几点。

畜禽粪污资源化利用，关系畜产品有效供给，关系农村居民生产生活环境改善，关系全面建成小康社会，是促进畜牧业绿色可持续发展的重要举措。我省是畜禽养殖大省，是全国重要的畜产品供应基地，主要畜禽养殖折合猪当量5024.3万头。在畜牧业快速发展的同时，畜禽粪污也持续增加，2019年全省产生量达1.4亿吨，治理任务非常繁重。

畜禽粪污资源化利用项目是支持农业绿色发展的重要政策之一。2017-2019年，中央和省级累计安排资金16.66亿元，支持我省70个畜牧大县实施了整县推进项目。今年计划再投入3.85亿元，继续实施这一项目。从近年来的实施情况看，在有关部门大力支持下，绝大多数县都能集中资源要素，强化工作力量，加大扶持力度，畜禽粪污资源化利用取得了阶段性成效。截至2019年底，全省畜禽粪污综合利用率达75.8%，规模养殖场粪污处理设施装备配套率达97.4%，均超额完成国家任务。在治理基数如此大的情况下，能取得这样的成绩相当不易。但也要看到，目前部分县仍存在重项目申报、轻项目实施，项目进度缓慢、中小养殖场户覆盖率低等问题。

我们要清醒地认识到，随着经济社会的发展，畜牧业环保约束只会加大不会减轻，尤其是在恢复生猪生产发展的关键期，生猪养殖规模持续增长，畜禽粪污治理任务会越来越重。同时，我省地处京畿要地，特殊的区位决定了我们不能仅仅满足于完成国定任务目标。下一步，要继续将项目建设作为抓好畜禽粪污资源化利用的重中之重，坚持问题导向，持续自我加压，制定更高目标，细化时间表和路线图，加快实施畜禽粪污资源化利用项目。

一、层层压实各方责任。畜禽粪污资源化利用投入大，难以产生直接经济效益，养殖场特别是中小养殖场户，对实施畜禽粪污资源化利用项目积极性普遍不高，必须依靠强有力的行政力量推动。各级政府对本行政区域内畜禽养殖废弃物资源化利用负总责，尤其是县级政府要压实项目实施属地管理责任，加强组织领导和统筹协调，加大项目推进力度；生态环境、农业农村等部门要依据各自职责，联合推进项目环评、技术指导、日常监督、环保执法，健全畜禽粪污资源化利用全链条监督制度；畜禽养殖场作为项目实施的直接主体，要克服困难，加大投入，尽快推动项目投产达效，减少对环境的污染。

二、强化项目调度服务。农业农村、生态环境、自然资源等部门要增强服务意识，加大协调力度，强化基础保障，指导解决项目建设中的突出问题，想方设法克服资金、土地、非洲猪瘟疫情等不利因素影响，让财政资金尽快进入经济循环，转化为畜禽粪污资源化能力。要研究改进项目管理方式，根据有关规定简化实施方案变更程序，优化项目招投标管理。按照农业农村部最新要求，整县推进项目可以不作为一个整体统一招标；对必须招标的单体项目，鼓励通过集中招标等方式，降低招标频次和成本，提高工作效率。各地和有关部门落实相关政策，增加调度频次，建立通报制度，强化约谈督导，层层传导压力。

三、打通资源化利用路径。当前，畜禽粪污资源化利用项目实施重点在养殖场装备水平提升方面，畜禽粪肥还田利用的路径还没有完全打通，粪污资源化利用仍然处于较低水平。要尽快建立畜禽粪污收集、转化、利用网络体系，支持在养殖密集区域建设粪污集中处理中心，探索规模化、专业化、社会化运营机制，鼓励建立受益者付费机制，保障第三方处理企业合理收益，实现商品化的资源利用。要引导建立种养结合利益联结机制，在田间地头配套建设管网和储粪池，解决粪肥还田“最后一公里”问题。要加强粪肥还田利用效果数据积累，让种植户能够看到实实在在的好处。

四、及时开展绩效评估。今年，农业农村部将对中央财政农业转移支付项目和中央预算内投资项目开展绩效评价，绩效评价结果将与下年度预算安排挂钩，对于项目组织实施不力县，将调减或暂停农业农村相关资金安排，体现奖优罚劣的导向。我省也要研究出台相关措施，根据项目资金量、实施期限、管理方式等确定年度评价计划，建立项目实施奖惩机制，将项目实施与资金安排、绩效评优相挂钩，确保按时保质完成项目目标任务。

曹素华同志在省政协易地扶贫搬迁后续工作落实专项民主监督协商座谈会上的讲话

（2020年7月29日）

今年是脱贫攻坚战的收官之年，易地扶贫搬迁是精准扶贫工程的重要组成部分，是打赢脱贫攻坚战的关键举措。为了实现2020年全面脱贫目标，彻底解决绝对贫困问题，全省上下戮力同心、合力攻坚，经过近四年的大规模建设，我省“十三五”易地扶贫搬迁工作取得决定性进展，截至去年11月底，列入全省“十三五”规划的30.2万搬迁群众全部实现搬迁安置，提前一年完成安置任务，搬迁群众获得感、幸福感、安全感明显提升。易地扶贫搬迁是一篇大文章，搬迁是手段，脱贫才是目的，进一步加强搬迁后续扶持工作，让搬迁群众“搬得出、稳得住、可致富”，实现可持续发展是我们追求的目标。今年以来，我省易地扶贫搬迁工作重心由工程建设阶段转向后续扶持阶段。省委、省政府认真贯彻习近平总书记关于决战决胜脱贫攻坚系列重要讲话精神，高度重视易地扶贫搬迁后续扶持工作，出台了《关于进一步加强易地扶贫搬迁后续扶持工作的实施意见》等多项措施，各部门通力协作，扎实推进，为确保高质量完成2020年易地扶贫搬迁目标任务打下了坚实基础。围绕党委、政府中心工作开展民主监督是政协履职的重要内容，2018年、2019年省政协先后就易地扶贫搬迁、深度贫困地区脱贫攻坚开展专项民主监督，今年省政协党组又将易地扶贫搬迁后续工作落实专项民主监督列入年度工作计划，也体现了省政协认真贯彻中央和省委决策部署，广泛动员社会各界力量，群策群力，共同打赢脱贫攻坚战的政治自觉和责任担当。5月份以来，省政协组织省有关民主党派、政协委员先后到张家口、保定等地就易地扶贫搬迁后续工作开展实地调研，有搬迁任务的市县政协也自行组织了调研。今天我们召开这个专题协商监督座谈会，就是在总结前期调研成果的基础上，进一步凝聚共识，资政建言，为易地扶贫搬迁后续工作落实献计出力。

刚才，8位政协委员分别从不同角度，深入分析了易地扶贫搬迁后续工作落实中存在的问题，并提出了有针对性的意见建议，省政府常务副秘书长王素文同志，省发改委、扶贫办等部门的负责同志到会听取了发言，并与委员们交流互动，共商易地扶贫搬迁后续工作大计。会议气氛热烈融洽，大家坦诚相见，畅所欲言，达到了广泛凝聚共识、凝聚智慧、凝聚力量的预期目的。

下面，我就进一步做好易地扶贫搬迁后续落实工作，谈几点看法，与大家交流。

一、高度重视，坚持不懈地抓好易地扶贫搬迁后续工作落实

易地扶贫搬迁是实现贫困群众跨越式发展的根本途径，是打赢脱贫攻坚战的重要途径。目前，通过全省上下努力，全省“十三五”搬迁安置目标任务已提前圆满完成，易地扶贫搬迁工作进入后续扶持阶段。但做好扶持这“后半篇文章”任务仍然很艰巨。比如：随着搬迁后生活成本增加，搬迁人口防贫和持续增收能力仍有待加强，全省除已实现转移就业的8.38万人外，仍有2.05万有就业意愿的劳动力未实现就业，劳动力转移就业任务艰巨。当前，又受到新冠肺炎疫情影响，贫困劳动力转移就业困难加剧。又如，随着搬迁群众入住新居，后续拆旧复垦工作也是一个难点。再如，随着搬迁群众的入住，村民到居民的身份转变，搬迁群众的安全意识和卫生习惯还不能适应新环境新生活，安置区服务管理和社区融入有待提升。等等。可以说，我们搬迁后续工作任务还十分繁重艰巨，这些工作落实不好，就会直接影响到易地扶贫搬迁乃至整个脱贫攻坚战的成败。习总书记一再强调“一定要把易地移民搬迁工程建设好，保质保量让村民们搬入新居。大家生活安顿下来后，各项脱贫措施要跟上，把生产搞上去”。我们要认真贯彻落实总书记的指示精神，贯彻以人民为中心的发展思想，秉承易地扶贫搬迁三分在建设和搬迁、七分在后续扶持和服务的思路，思想和行动上毫不放松，切实加大对搬迁群众的后续扶持力度，确保搬迁群众“搬得出、稳得住、可致富”，确保打赢易地扶贫搬迁收官战。

二、聚焦关键环节，打好易地扶贫搬迁后续工作落实的“组合拳”

易地扶贫搬迁后续工作落实涉及领域广泛，不同地区情况也不尽相同，我们要抓住关键问题，关键环节，确保易地扶贫搬迁后续工作落地落实见效。一是稳就业。搬迁群众能否稳得住关键在于能否有稳定就业支撑。要围绕“就业”这一核心，加快安置区周边扶贫微工厂、扶贫车间建设。积极

开发养路、护林、社区保洁管护等公益岗位，拓宽安置渠道。加强与对口帮扶地区劳动协作，扩大劳务输出规模，确保搬迁群众有稳定的收入。二是强“造血”。加强对搬迁人口扶志与扶智相结合，完善技术技能培训服务体系，提升贫困户自我造血功能，让脱贫具有可持续的内生动力。鼓励搬迁群众自主创业，吸引本土人才返乡创业，以创业带动就业。三是扶产业。依托当地资源条件，积极发展特色种养业、农产品加工业、休闲观光业，培育和引进更多的龙头企业到安置区，以产业发展带动群众稳定脱贫。四是促融合。推进易地扶贫搬迁与农村城镇化融合发展，衔接好搬迁群众农民和新市民“两种身份”，加快搬迁人口的社会融入。五是建机制。建立健全搬迁群众权益保障机制，切实维护搬迁贫困人口合法权益，解除搬迁人口的后顾之忧。

三、发挥协商监督作用，为推进易地扶贫搬迁后续工作凝聚智慧和力量

中央和省委政协工作会议对新时代加强和改进人民政协工作提出了明确要求，我们要认真贯彻落实会议精神，发挥好专门协商机构作用，聚焦党委和政府中心任务，为推进易地扶贫搬迁后续工作凝聚智慧和力量。

一是政协组织要积极履行职能，议政建言。要充分发挥各级政协组织人才荟萃、智力密集的优势，紧紧围绕易地扶贫搬迁后续落实工作中遇到的难点问题，广泛开展调研视察、协商议政等活动，在精准施策上建真言、在精准推进上谋良策、在精准落地上出实招。要充分发挥联系面广、包容性强的优势，调动一切可以调动的积极因素，团结一切可以团结的力量，引领、带动社会各界力量参与到易地扶贫搬迁后续工作落实中，汇聚起打赢脱贫攻坚战的强大合力。要敢于和善于履行好民主监督职责，坚持鲜明问题导向和结果导向，围绕稳得住、有就业、逐步能致富的重点工作，紧盯政策落实、项目实施、资金使用、效果评估、干部作风等情况，运用协商座谈、视察调研、提案和社情民意等方式，找准存在的困难、短板和薄弱环节，提出有价值的建设性意见和建议，助推中央和省委的决策部署落地生根、执行到位。

二是政协委员要发挥主体作用，助力脱贫攻坚工作。政协委员是各界群众的代表，要以“但愿苍生俱温饱，不辞辛苦入山林”的责任感，在助力打赢脱贫攻坚战中展示“政协担当”、彰显“政协力量”、体现“政协价值”。要鼓励企业家委员，到搬迁安置区投资产业项目，为易地扶贫搬迁安置区注入发展动力。要充分发挥委员联系群众作用，着力在动员群众、政策宣传、智力帮扶上下功夫，提升安置区群众的自我“造血”能力，当好服务群众的“贴心人”、关注民生的“代言人”、脱贫攻坚的“带头人”，为助力打赢脱贫攻坚战注入“政协力量”。

三是推动专题协商成果的转化落实。在省政协党组领导下，农委牵头组织的“易地扶贫搬迁后续工作落实”专项民主监督，经过前期精心谋划、广泛动员发动、开展监督调研的环节后，今天召开专题协商会，可以说这次会议是调研协商、监督成果的集中展示。下一步，政协有关部门要做好后续工作：一方面，提炼呈报协商成果。认真汇总梳理委员真知灼见、意见建议，起草好监督报告，以适当形式报省委、省政府参考。对委员提出的一些具体的、可操作的建议，可以转化为提案或社情民意信息的，送有关部门参考。另一方面，运用好协商成果。加强与党委政府有关部门的联系，了解意见建议转化落实情况，并及时向委员反馈。针对一些重点问题可以进一步组织视察考察活动，并结合实际提出促进解决的意见建议。

同志们，易地扶贫搬迁后续工作落实是脱贫攻坚战的关键之战，任务艰巨，责任重大。让我们认真贯彻落实习近平总书记扶贫工作的一系列重要论述，按照省委省政府决策部署，凝心聚力，奋发进取，确保易地扶贫搬迁后续工作顺利推进，为全省夺取疫情防控和经济社会发展双胜利做出新的贡献。

时清霜同志在“冀农通”振兴乡村科技综合服务平台建设领导小组会上的讲话

（2020年7月30日）

这次领导小组会议，是“冀农通”振兴乡村科技综合服务平台建设领导小组成立后的第一次会议，主要任务是，研究如何加快建设“冀农通”振兴乡村科技综合服务平台，切实发挥作用，助力乡村振兴事业。

刚才，省农业农村厅和省建行就“冀农通”振兴乡村科技综合服务平台工作开展情况、“冀农通”平台各功能模块开发情况作了专门工作汇报，内容很全面。下面，我再讲三点意见。

一是为什么要建平台。建设“冀农通”平台，主要目的是为解决金融服务无法满足乡村振兴需求这一短板，把

更多金融资源配置到农村经济社会发展的重点领域和薄弱环节，更好地满足乡村振兴多样化、多层次的金融需求，高水平助推全省农业农村现代化。建设“冀农通”平台，能够打通相关厅局的数据孤岛，整合数据资源，形成数据共享中心，为政府、银行、保险、第三方平台提供标准统一、数据统一、监管统一的金融精准服务。建设“冀农通”平台，能够聚焦农业、农村、农民差异化需求，统筹兼顾新型农业经营主体和小农户，发挥政府引导作用，从城乡融合共生的视角，搭建城乡对接、多方共赢的科技平台，为乡村振兴主体提供精准服务。

为此，各有关部门要把平台建设摆在更加突出的位置，以强烈的政治责任感做好各项工作，加快推进8个系统建设，确保“冀农通”平台建设如期完成，切实发挥作用。

二是怎么建好平台。构建“冀农通”金融服务平台，是省委、省政府把更多金融资源配置到农村经济社会发展重点领域的重要举措。金融服务平台建设过程中，各成员单位要各司其职、各尽其责，共同配合推进平台建设。一方面，要整合信息资源。金融、林草、供销、人社、医保、民政等部门尽快制定信息共享对接计划，打通部门间数据共享通道，以实际行动参与平台建设和推广应用；各单位要及时建立数据接口，共享农户或新型经营主体的社保、医保、民政、税务、信用状况等信息，建立标准统一、数据统一、监管统一的数据共享中心。要支持涉农风险补偿基金、担保机构、保险等领域接入“冀农通”平台。另一方面，要创新服务模式。要根据乡村振兴不同领域的需求，积极创新“政府主导、市场运作、IT 支持、各方参与、互利多赢、风险共担”的经营主体融资机制；要通过互联网、大数据和公检法失信惩戒天网，创建“信息+信用+信贷+风控”智慧金融服务新模式，实现线上与线下有机结合，为“三农”融资提供稳定、规范、高效的“一站式”服务。

三是如何用好平台。要强化信用体系建设，充分发挥人民银行征信服务在支持“三农”发展中的作用，制定与信用状况相结合的融资办法，加大对农村逃废银行债务的打击力度，构建“守信受益、失信惩戒”的信用激励约束机制，优化农村地区信用环境，为推动农村金融发展创造良好的金融生态环境。要开展重点示范，在条件成熟地区先行开展平台应用试点，及时总结试点成果，进一步完善工作机制，改进工作手段，将重点示范地区的典型经验和做法，在全省范围内逐步推广。要做好宣传引导，充分利用各类媒体，加大宣传力度，及时总结推广好经验、好做法，进一步提升认知、凝聚共识、形成合力，为“冀农通”平台推广应用营造良好的社会舆论氛围。

时清霜同志在全省农业产业化工作领导小组会议上的讲话

（2020年7月31日）

农业产业化是农业现代化的根本途径，是促进三产融合的有效形式。2018年，省政府研究出台《关于做大做强农业产业化龙头企业的意见》，召开全省农业产业化工作会议、农产品加工业发展大会，制定政策措施，集中资源要素，加大扶持力度，农业产业化实现快速发展。特别是今年上半年，一批农业产业化龙头企业率先复工复产，农副食品加工业同比增长22%，为实现“六保六稳”作出了重要贡献。

今天召开这次领导小组会议，主要目的是总结经验，分析问题，查找不足，进一步凝聚共识、汇集力量，支持农业产业化龙头企业做大做强，提升农业产业化经营水平，带动和引领乡村产业率先振兴。

刚才，省农业农村厅汇报了我省农业产业化工作有关情况，各成员单位也都讲了很好的意见。下面，我再强调几点。

一、进一步做大做强龙头企业，在培育行业“排头兵”上取得新突破。实践证明，龙头企业是构建现代农业产业体系的重要主体，是提升农业产业化经营水平的核心力量。抓农业产业化，重中之重是抓好龙头企业。要按照“优化配置、集约经营、规模发展、整体推进”的思路，大力实施省级重点龙头企业产值倍增计划，围绕小麦、玉米、油料、乳品、肉类、果蔬等产值超千亿元的优势产业，支持企业建设原料基地，拓展融资渠道，加大市场开发，打造更多像今麦郎、五得利、玉锋等这样的行业领军企业。要大力推进科技创新，鼓励龙头企业加大科研投入，建立研发机构，加强与科研院所和大专院校合作，重点研发具有自主知识产权的新品种、新技术、新工艺，提高自主创新能力，切实培育好100个创新型龙头企业。

二、进一步完善利益联结机制，在增强辐射带动能力上取得新突破。要引导龙头企业将完善利益联结机制摆在更加突出的位置，大力发展订单农业，规范合同内容和签订程序，促进责利相统一，推动龙头企业与农户形成更加紧密的利益联结关系。要注重发挥龙头企业在构建新型农业社会化服务体系中的骨干作用，支持其为农户开展农资供应、技术指导、市场信息、产品营销等各类服务。要加快组建以龙头企业为核心，合作社、家庭农场、农民参与的农业产业化联合体，串联农业产前、产中、产后各个环节，提高农业全产业链组织化程度。要加强对联合体的政策扶持，每年重点支持一批，到2022年，打造300个以上省级示范农业产业化联合体。

三、进一步构建农业产业链，在推动产加销融合发展上取得新突破。推进产加销一体化经营，构建完善的新型农业经营体系，是农村产业融合发展的重要基础。要引导龙头企业延伸产业链、提升价值链、融通供应链，打造广泛联结、紧密互动、深度融合的现代化农业产业链条。要支持龙头企业加大原料基地投入，注重良种繁育，加强对农业投入品品质、用量管控，建设高标准原料生产基地。要支持龙头企业发展精深加工，提高产品附加值，增强市场竞争力。要强化加工环节的标准化质量控制，支持龙头企业积极申请相关国际组织的质量、管理、安全卫生等各类认证。要支持发展连锁直营、物流配送、电子商务等新型流通业态，切实放大产业化经营带来的效益。

四、进一步开展农业大招商，在引进重点农业产业化项目上取得新突破。继续瞄准世界500强、知名央企、国家级龙头企业，利用廊坊农交会、农产品加工业大会、各类农业展会以及线上招商等平台，开展“综合+专业”系列招商活动，引进一批经济效益好、带动作用强、绿色环保的大项目。廊坊农交会、农产品加工业大会是我省农业招商引资的重要平台，要适应疫情防控常态化形势，尽快研究拿出今年的举办方案，积极做好客商邀请、项目推介、展览布置等各项筹备工作，力争上层次、上水平，吸引更多知名农业企业来我省投资兴业。要建立招商引资项目通报制度，省农业农村厅及时汇总各市引进的重点农业项目，每月公布进展，年底进行排名，实行奖优罚劣，督促市县加大招商引资力度。各成员单位和市县负责同志要转变观念，提高服务意识，营造良好环境，放下身段主动上门拜访重点龙头企业，邀请负责人到河北考察调研，实现以诚招商、以情留商。

五、进一步发展农业加工产业集群，在促进龙头企业集群集聚上取得新突破。要立足农业资源优势，坚持特色化、集约化发展，支持打造一批农产品加工集中区，促进产业衔接、功能互补、节能环保、降低成本。要加强集中区基础设施和公共服务平台建设，提升园区管理水平，引导农产品加工企业向优势产区、综合性加工园区集中。要支持龙头企业以资本、技术、品牌为纽带开展合作，形成以大带小、协同配套、分工合作、利益共享的产业集群。省里今年重点扶持10个加工产业集群进行示范创建，加强技术创新、质量检测、物流信息、品牌推介等公共服务平台建设。各成员单位要按照职责分工，互通共享信息，强化协同配合，加大支持力度，形成支持农产品加工产业集群快速发展的强大合力。

时清霜同志在全省克服疫情灾情影响确保如期全面脱贫电视电话会议上的讲话

（2020年8月27日）

这次会议是省委、省政府研究决定召开的，时机非常关键，任务十分重要。目的是，深入学习贯彻习近平总书记关于扶贫工作的重要论述和在决战决胜脱贫攻坚座谈会上的重要讲话精神，认真落实国务院扶贫开发领导小组电视电话会议要求，按照省领导小组第三次全体会议部署，调度推进克服疫情灾情影响、决战决胜脱贫攻坚工作。下面，我讲五点意见。

一、提高政治站位，切实增强脱贫攻坚的责任感紧迫感

习近平总书记始终高度重视脱贫攻坚工作，反复强调，要有效防止因疫致贫返贫，多措并举，巩固成果，确保完成决胜全面建成小康社会、决战脱贫攻坚目标任务。今年3月6日，在决战决胜脱贫攻坚座谈会上，总书记指出“从实践看，疫情或灾害对减贫进程会产生影响。我们必须采取有效措施，将疫情的影响降到最低”。前不久，在安徽考察时，总书记再次强调“要把防止因疫因灾致贫返贫摆在突出位置，坚持精准扶贫，进行有针对性的帮扶”。习近平总书记系列重要讲话和指示精神，为我们克服疫情灾情影响、决战决胜脱贫攻坚指明了努力方向、提供了基本遵循、注入了不竭动力。李克强总理多次主持召开国务院常务会议，要求有关部门统筹安排财政资金，向贫困户和受灾严重地区倾斜，防止因疫因灾返贫，坚决打赢脱贫攻坚战。8月21日，在克服疫情灾情影响确保如期全面脱贫电视电话会议上，胡春华副总理就有关工作作了周密部署、系统安排。

省委、省政府坚决贯彻习近平总书记重要指示精神，

坚决落实党中央、国务院决策部署，始终把脱贫攻坚作为必须如期完成的重大政治任务。8月21日、22日，王东峰书记先后主持召开省委常委会会议、省领导小组全体会议，听取情况汇报，安排部署下一步重点工作。许勤省长多次召开省政府常务会议、党组会议，研究专项工作方案，协调解决重大难题。在各方共同努力下，全省脱贫攻坚工作取得了新进展，从上半年检查验收情况看，剩余3.4万贫困人口全部达到稳定脱贫条件，成绩值得肯定。但同时，我们也要清醒地认识到，巩固脱贫成果、防止致贫返贫，任务还很艰巨，剩下的4个月，还有不少关口需要攻克，还有不少挑战需要应对，现在还不是鸣金收兵、坐等胜利的时候。各级各有关部门要进一步增强“四个意识”、坚定“四个自信”、做到“两个维护”，慎终如始、不胜不休，牢牢把握工作主动权，积极克服疫情灾情影响，坚决打赢脱贫攻坚收官战。

二、强化应对举措，最大限度降低疫情灾情的不利影响

总书记强调，脱贫攻坚战不是轻轻松松一冲锋就能打赢的，从决定性成就到全面胜利，面临的困难和挑战依然艰巨，决不能松劲懈怠。当前，影响如期全面脱贫的主要问题，就是疫情灾情等突发事件，有可能造成的致贫返贫。从疫情影响看，新冠肺炎疫情国内已进入常态化防控阶段，但国际疫情仍在扩散蔓延，势必冲击和影响我国经济社会发展大局，并通过各种途径传导到贫困劳动力就业和扶贫产业发展上，进而影响贫困群众持续增收和稳定脱贫。从灾情影响看，我省主汛期已经过去，但局地强降雨仍有可能发生，山区贫困群众仍面临山洪地质灾害威胁，加之十年九旱、旱涝急转的省情实际，后期一些地方极有可能出现气象干旱或病虫害，对农业生产造成不良影响。各地各部门要深刻认识疫情灾情危害，牢固树立底线思维，切实增强风险意识，抓实抓细应对举措，努力消除不利影响。

一要完善疫情灾情应对机制。各级扶贫、应急、民政、卫健、医保等部门，要进一步建立健全疫情灾情应对机制，聚焦贫困地区、贫困人口，科学分析研判，着眼防患于未然，全面查找工作薄弱环节和盲区死角，梳理存在的风险隐患，系统制定应对方案，更有针对性地落实防范举措，强化受影响贫困群众生活保障，确保“三保障”和饮水安全不出问题，坚决防止因疫因灾致贫返贫。

二要狠抓贫困劳动力就业稳岗。今年国家将贫困劳动力就业稳岗作为脱贫攻坚成效考核的重要内容。从目前情况看，全省贫困劳动力就业务工人数已经超过了去年，但就业的稳定性还有待提高。各级人社部门要建好用好“三网合一”服务平台，密切跟踪研判贫困劳动力就业形势，鼓励引导企业将工作岗位优先提供给贫困劳动力。要认真落实促进贫困劳动力就业创业的13条措施，深化就业扶贫“七个一批”专项行动，落实就业奖励政策，有针对性地开展岗位技能培训，更为精准地对接劳务需求，确保贫困劳动力充分就业、稳定就业。

三要推动产业扶贫提质增效。要把产业扶贫作为巩固脱贫成果的重要举措，坚持一乡一业、一村一品，加大特色产业培育力度，不断发展壮大带贫主体，提高组织化程度，延长产业链条，完善利益联结机制，提升产业带贫减贫能力。要进一步健全科技服务体系，落实科技特派员和产业发展指导员选派制度，推广太行山农业创新驿站经验，提高扶贫产业科技含量和附加值。近期，省委省政府将召开全省产业扶贫现场会，交流工作经验，展示扶贫成效。各地要按照安排，认真做好准备。

四要抓好易地扶贫搬迁后续扶持。对易地扶贫搬迁人口，区分类别、建立清单，落实产业就业、医疗、养老、教育等帮扶政策，持续强化后续扶持。各地要结合资源禀赋，鼓励劳动密集型产业发展，引导企业在产业园区落户，设置扶贫车间，吸纳更多贫困劳动力就业。要抓紧完善集中安置区基础设施和公共服务设施，健全党支部、居委会等组织，做好基层治理和社会融入工作，确保贫困群众搬得出、稳得住、能致富。

五要扎实解决扶贫产品卖难问题。近年来，各地培育的扶贫产业已逐步进入丰产期。当前，瓜果蔬菜正在集中上市，但受疫情影响，消费需求仍未完全恢复，这导致扶贫产品滞销卖难风险加大。一旦大面积滞销现象发生，不仅直接影响贫困农户收入，导致返贫，还会影响扶贫产业可持续发展，弱化基层发展产业的信心。对此，各地一定要高度重视，加大产销对接力度，支持各类大型商超、批发市场等增加扶贫产品的流通销售，依托“832”等电商平台、社交媒体、视频直播等促进线上销售。加大加工转化力度，支持合作社、家庭农场等发展产地初加工，引导加工企业深度开发扶贫产品，有效减少滞销损失。加大品牌建设推广力度，用好“9.26”农交会等大型展销洽谈会，设立扶贫专区，开展“消费扶贫月”活动，提升扶贫产品的市场知名度和竞争力。

六要用足用好社会帮扶资源。继续深化东西部扶贫协作和中央单位定点帮扶，加强对接沟通，强化服务保障，用好帮扶资金，建好帮扶项目，提升帮扶成效。继续深化“千企帮千村”精准扶贫行动，落实帮扶企业激励政策，动员更多民营企业踊跃参与，推动村企结对帮扶向有扶贫任务的非贫困村延伸，巩固“三位一体”大扶贫格局。

七要全面落实防贫机制和兜底保障措施。今年国家督

查指出，有的省边缘人口没有及时纳入监测范围，有的地方兜底保障政策存在落实不到位、补贴发放不及时等问题。我们要引以为戒，把兜底保障作为底线要求。扶贫、民政、医保、卫健、残联等部门要加强督促指导，对符合条件的对象切实做到应兜尽兜、应保尽保，确保他们的基本生活不出问题。要强化防贫监测帮扶，实事求是确定监测数量，无论是不是建档立卡贫困人口，只要符合监测标准，就要及时纳入。要根据致贫返贫原因，开展针对性帮扶，对有劳动能力的，加强产业就业技术资金支持，确保通过自身劳动实现增收脱贫；对丧失劳动能力的，强化综合保障，妥善解决基本生活。

三、全面查漏补缺，确保高质量完成脱贫攻坚收官任务

还有四个月时间，脱贫攻坚工作就要交出最终答卷了。按照省委常委会会议、省领导小组会议要求，各地各有关部门要抓紧时间，深入开展脱贫攻坚“回头看”工作，查漏补缺、巩固提升，确保全面小康路上不落一户、不少一人。

一是进一步做好检查验收工作。按照王东峰书记要求，各地要在前期工作基础上，对照减贫成效、精准识别、精准帮扶、扶贫资金等4个方面考核内容，全面进行核实，考什么查什么、缺什么补什么，做到指标一项不落，标准一点不降。要严格实行检查验收责任制，检查验收情况报告和登记表，各级党委政府主要负责同志要签字画押，一级对一级负责，确保结果真实可靠，责任可追溯、可倒查。

二是巩固提升“三保障”和饮水安全质量。紧紧盯住“两不愁三保障”核心指标，8月底前，全面完成系统排查任务，逐一建档立卡、形成台账，发现问题及时整改，全面提高保障水平。要进一步健全完善定期排查摸底、动态监测预警、长效管护运行等机制，确保有问题随时发现、动态清零。

三是较真碰硬推进问题整改。要把持续深入整改作为巩固脱贫成果、提高脱贫质量的重要抓手，全方位梳理历次考核督查和这次检查普查，以及媒体暗访、群众反映的问题，举一反三、自查自纠，分类制定整改方案，建立问题清单、任务清单、责任清单和效果清单，强力整改落实，完成一个、销号一个。

四是严把剩余贫困人口退出关。各市县要根据国家贫困退出的安排部署和工作要求，把严把紧关口，扎实做好剩余3.4万贫困人口退出工作。要按照现行脱贫标准，严格履行村评议、乡审核、县审定的退出程序，确保脱贫结果经得起检验，确保攻坚任务圆满收官。

四、抓好普查调查，全面如实反映脱贫攻坚的工作成效

前段时间，我们克服疫情影响，顺利完成了53个县普查登记任务，下一阶段还有大量工作要做。各地各部门要保持严实作风，按照既定部署，高质量完成后续工作任务。

一要精心审核验收普查数据。紧紧抓住当前有限时间，对普查登记数据逐县逐村逐人逐项核验，对疑似有问题的数据，各地要高度重视，组织专人逐条进村入户复核，涉及贫困群众收入和“两不愁三保障”等核心指标的，必须由被访户签字确认，由相关部门提供佐证资料，审核无误后，按程序修改完善。

二要精心做好国家抽查准备。为确保普查质量，国家将于9月份对各地开展抽查，按照“随机抽样、事前保密、现场公布”的原则，抽查我省2—4个县。53个普查县要对照国家要求，全面做好准备工作，补充完善现场登记资料，核实核准各方面数据，发现问题立行立改，确保流程规范、方法科学、登记无误、主要指标真实可靠。

三要精心开展脱贫攻坚调查。省委省政府决定，对国家普查未覆盖的12个省定贫困县开展脱贫攻坚调查，涉及3739个行政村、8.58万建档立卡户。有关市县要严格按照省调查工作方案，抓紧制定本级实施方案，成立调查机构，选调人员力量，落实经费保障，认真做好现场调查登记、数据处理和审核验收各环节工作，强化质量控制，确保如实反映脱贫攻坚成效。

五、强化工作保障，坚决夺取脱贫攻坚战役的全面胜利

脱贫攻坚越到最后，越要绷紧弦，不能停顿、不能大意、不能放松。最后关头，全省上下必须继续保持决战决胜的姿态，坚定不胜不休的决心，把抓工作落实摆在更加突出的位置，落实、落实、再落实，确保如期高质量完成脱贫攻坚任务。

一要全面压实工作责任。继续坚持五级书记抓扶贫，落实党委政府定期研究脱贫攻坚、五级书记遍访贫困对象、领导干部包联、县乡党委书记“擂台赛”等制度，推动各项决策部署落实落地。根据省委常委会会议部署和王东峰书记指示要求，各级各有关部门要围绕完成扶贫脱贫防贫任务，细化职责分工，明确工作标准和完成时限，逐级压实工作责任，传导工作压力。

二要保持政策连续稳定。中央明确脱贫攻坚收官后，要设置一个过渡期，政策措施保持基本稳定，避免贫困户“失速”或者“硬着陆”。各地要继续以脱贫攻坚统揽

经济社会发展全局，认真落实“四个不摘”要求，进一步提高帮扶的精准性和实效性。各级组织部门要进一步强化驻村工作队和帮扶责任人管理，所有出列村驻村工作队一个不能撤，人员力量不能减少，持续巩固扩大帮扶成效。

三要强化作风能力建设。要力戒形式主义、官僚主义，坚决杜绝刷白墙、堆盆景、搞预演、搞模拟等错误做法，营造风清气正的脱贫攻坚氛围。要加大分级分类培训力度，继续办好脱贫攻坚政策业务培训班，提升攻坚能力和水平。要扎实开展“抓党建、防疫情、促脱贫、保小康”活动，强化堡垒示范、先锋引领、能力提升作用，进一步激发基层干部群众干劲和热情。

四要严格督导考核问责。6个省级脱贫攻坚督查组，要围绕产业就业科技扶贫、易地扶贫搬迁后续扶持等工作，加大明查暗访，持续跟踪问效。要继续实行最严格的考核问责，今年省考，要将所有非贫困县纳入考核范围，全面检验各地各部门脱贫攻坚成效，对工作松劲滑坡、落实不到位，影响攻坚任务完成的，省委省政府将严肃追责问责。

时清霜同志在全省消费扶贫月启动暨消费扶贫行动推进会上的讲话

（2020年9月1日）

这次消费扶贫月启动暨消费扶贫行动推进会，是全省召开的第一个消费扶贫专题会议，主要目的是深入学习贯彻习近平总书记关于消费扶贫的重要指示精神，认真落实国务院扶贫开发领导小组和全国消费扶贫行动推进会要求，启动消费扶贫月活动，总结工作、分析问题，明确目标任务，安排部署下一步重点工作。刚才，省财政厅、省商务厅、省工商联、石家庄市、隆化县、鸡泽县和易县易途电子商务公司等7个单位作了发言，大家做得实、讲得好，有成效、有经验，希望各地相互学习、取长补短，共同把消费扶贫工作做得更深入、更扎实。下面，我讲四点意见。

一、提高政治站位，充分认识做好消费扶贫工作的重要意义

消费扶贫是社会各界通过消费贫困地区和贫困人口的产品与服务，帮助贫困人口增收脱贫的一种扶贫方式。深入开展消费扶贫，是以习近平同志为核心的党中央，立足国际国内经济社会发展大局，着眼全面打赢脱贫攻坚战作出的重大决策部署。

第一，消费扶贫行动是加快形成国内外大循环新发展格局的新要求。当前经济形势复杂严峻，不稳定性、不确定性较大，党中央、国务院要求加快形成以国内大循环为主体、国内国际双循环相互促进的新发展格局。这是一个重大的战略性判断。开展消费扶贫行动，就是要牢牢把握扩大内需这一战略基点，充分发挥国内超大规模市场优势，为落后地区经济发展增添动力。开展消费扶贫行动，就是要紧扣消费这个经济增长的第一拉动力，抓住消费升级需求的战略机遇，为壮大贫困地区市场主体，完善产业链和供应链筑牢基石。

第二，消费扶贫行动是应对疫情影响完成攻坚任务的新内涵。突如其来的新冠肺炎疫情给脱贫攻坚出了一道“加试题”。在各级各部门的共同努力下，我省目前没有出现大规模的扶贫产品卖难滞销问题，为脱贫攻坚和疫情防控这两场战役作出了贡献。但我们也要看到，疫情以及国际贸易摩擦带来的企业经营困难、产品流通受阻等影响还不明朗，给贫困群众增收脱贫带来了很多不确定性因素。消费扶贫行动通过政府引导市场资源投向，集中兵力解决扶贫产品销售难问题，可以有效缓解疫情等不利影响，确保完成攻坚任务。

第三，消费扶贫行动是促进扶贫产业提质增效的新引擎。习近平总书记4月20日在陕西省商洛市柞水县小岭镇金米村考察时指出，发展扶贫产业，重在群众受益，难在持续稳定。脱贫攻坚战以来，我们大力推进产业扶贫，贫困地区产业有了长足发展。但随着扶贫产业进入丰产期、盛产期，产品卖得出、卖得好、卖得快的压力日渐增加。深入开展消费扶贫行动，不仅能促进扶贫产业有效对接大市场，拓宽扶贫产品销售渠道，还可以延伸产业链，稳定利益联结机制，确保群众持续稳定增收，实现扶贫产业健康发展。

第四，消费扶贫行动是巩固脱贫攻坚成果防止返贫的新举措。上半年，经过全省不懈努力，剩余3.4万贫困人口已全部达到稳定脱贫条件，脱贫攻坚取得了重要成就，但是巩固成果和防止返贫的压力越来越大。正如总书记在山西考察时讲的，乡亲们脱贫后，我最关心的是如何巩固脱贫、防止返贫，确保乡亲们持续增收致富。贫困群众有了符合市场需求的产业，才能持续增收不返贫；贫困地区有了符合市场需求的产业，才能有效地巩固脱贫攻坚成果。消费扶贫行动把市场消费、产品销售、农民增收串联起来，通过消费促进销售、销售促进增收这样一个可持续

的方式，将为巩固成果防止返贫闯出新路子。

二、准确把握形势，进一步明确消费扶贫行动目标任务和工作要求

省委、省政府坚持把消费扶贫作为脱贫攻坚的一项重要任务，强力组织、高位推动，经过各级努力，我们在扶贫产业发展、扶贫产品产销对接、贫困地区信息化和缓解疫情冲击等方面取得了显著成果

一是工作基础日益扎实。产业扶贫、网络扶贫、电商扶贫有序开展，全省特色种植、特色养殖、乡村旅游等产业扶贫项目蓬勃发展，夯实了消费扶贫行动的供给能力。行政村全部实现光纤宽带通达和4G 网络覆盖，45个国定贫困县全部列入电子商务示范县，7746个贫困村全部建成电商服务站，进一步打通了贫困地区农产品网上销售渠道。

二是顶层设计不断完善。省政府办公厅出台了《关于开展消费扶贫助力打赢脱贫攻坚战的行动方案》，省发改委印发了《消费扶贫助力决战决胜脱贫攻坚2020年行动方案》，省扶贫办、省网信办等7部门联合制定了《开展消费扶贫行动实施方案》。市县都出台了消费扶贫行动的实施方案和相应政策文件，逐级明确了目标任务和落实举措，构成了较为完善的政策体系。

三是产品销量稳步提高。目前，我省已认定扶贫产品3418个，涉及152个县(市、区)、1108家供应商，覆盖62个贫困县及绝大部分有扶贫任务的非贫困县。今年以来，全省扶贫产品销售额已达96.6亿元。其中，入驻“扶贫832”销售平台的供应商518个，上架扶贫产品3144款，销售1.21亿元，销量位居全国第二。

四是销售体系逐步健全。与京东、拼多多、阿里巴巴等知名企业开展合作，搭建线上销售渠道，引导认定扶贫产品入驻“扶贫832”、社会扶贫网“特色扶贫馆”等各类销售平台；依托北京消费扶贫产业双创中心、新发地扶贫农产品展销专区、河北品牌农产品(北京)展示中心及京津各大商超企业，开展一系列销售活动。

总的看，我省消费扶贫取得了初步进展，积累了工作经验，探索了方法路径，成绩值得肯定。但也要清醒地看到，对照脱贫攻坚需要，与先进地区相比，还存在问题短板和薄弱环节。一是思想认识有偏差。主要是对开展消费扶贫的重要性认识不足，有的工作不主动，纠结消费扶贫“谁来做”，推脱“这事不归我们管”“管不了”，“打乒乓球”推来挡去。有的认为消费扶贫是脱贫攻坚的附带措施、可有可无，工作中谋划不够、投入不够，工作导向不清晰。二是推进措施不精准。一些地方和部门对制约消费扶贫的痛点、难点和堵点情况不清、原因不明、办法不多，出台的实施方案或工作方案，大而化之、笼而统之，缺乏深入系统的研究和有力有效的举措，消费扶贫工作没有抓到点子上、抓到要害。三是目标方向不明确。有的地方把扶贫产品和贫困地区农副产品混淆，对扶贫产品认定不积极，推动扶贫产品入驻销售平台、组织产销对接不主动，影响了产品销售。对此，各级各部门一定要高度重视、切实解决。

今年初，省领导小组工作要点有一个整体的安排：到2020年底，有扶贫任务的党政机关、企事业单位以及民营企业、社会组织与贫困县(贫困村)建立长期稳定的农产品产销对接关系，带动贫困地区打造出一批农产品品牌，建设一批农村物流配送和冷链设施，对贫困地区产业发展的引领作用不断增强，全社会参与消费扶贫行动活跃度显著增强，“以购代捐”“以买代帮”理念进一步普及。近期，国家将下达各省(区、市)年度消费扶贫行动的具体目标任务，省级优化调整后，将量化分解到各地各有关部门。大家要不等不靠、超前谋划、提前行动，按照“五个结合”“六个好”的要求，提前把工作任务谋划好、落实好。

三、狠抓措施落地，进一步巩固扩大消费扶贫行动成效

各地各有关单位要从更高站位、更深层次、来认识消费扶贫，着力创新工作举措，加大组织实施力度，确保取得实效。

(一)要开展消费扶贫月活动。为落实好国务院扶贫办、国家发改委等11部门联合印发的《2020年全国消费扶贫月活动方案》，我省结合实际制定了全省活动方案，明确了活动的主题、时间、内容和安排，提出了具体要求。刚才，志刚同志已经通报了，希望各级各地按照要求，细化制定本地本部门具体落实方案，深入开展消费扶贫专柜、专馆、专区、扶贫产品认定、入驻“832”平台、扶贫产品营销、消费扶贫行动宣传推介等七个专项行动，把活动抓实抓好，坚决避免搞形式、走过场。

(二)要加快“三专”建设运营。消费扶贫专柜、专馆、专区，是扶贫产品销售的重要渠道，是消费扶贫行动的创新举措。国家对“三专”建设有明确要求，为避免垄断、促进适度竞争，专柜建设原则上每个省有两至三家主导企业分区域实施，省扶贫部门要抓紧与相关企业对接，尽快签署合作协议，拿出建设方案；各地要通过落实优质点位、免除租金费用等方式，提供便利和支持。同时，引导动员企业依托线上线下平台，搭设消费扶贫专馆和专区，助力扶贫产品的展示销售。要力争用一年左右的时间实现“三个覆盖”，形成较为完善的扶贫产品销售渠道。

(三)要用好社会扶贫网平台。中国社会扶贫网是国务院扶贫办主管的唯一的社会扶贫网络平台，有爱心帮扶、电商扶贫、扶贫众筹、扶贫展示、扶贫评价五大功能，是

连接贫困人口和社会爱心人士和企业的综合性网络服务平台，注册用户达6256万。平台不仅可以更好展示扶贫产品，以最便捷的方式让消费者知道扶贫产品有哪些、在哪买；还可以为供应商、经销商等提供支付结算等技术服务。对线上来讲，眼球效益很重要，各地要用好这个现成的平台，高质量建设消费扶贫地方馆，展示优质扶贫产品，吸引社会各界购买。

(四)要做好扶贫产品认定。扶贫产品认定是消费扶贫行动的重要内容，是一项基础性、关键性和前提性的工作。各地要加大工作力度，改进工作方式，认真对标对表国家和省委省政府工作要求，全面筛选行政区域内的企业、合作社、家庭农场等，将带贫能力强、产品质量好、诚信记录优且具有稳定供货能力的确定为供应商。支持这些市场主体和地方优质特色农产品进入《全国扶贫产品目录》，为扩大贫困地区扶贫产品销售创造机会。

(五)要精准组织产销对接。各地要提供便利条和支持政策，引导扶贫产品入驻展销平台，积极开展产销对接活动。要充分发挥特色产品馆、消费扶贫馆、主流电商平台、国家“扶贫832”销售平台和中国社会扶贫网“特色扶贫馆”等平台作用，利用线上宣传推介扶贫产品。要用好“9.26”农交会等大型展销洽谈会，设立扶贫专区，通过现场体验，促进产销合作，让更多消费者认识和购买扶贫产品。要引导龙头企业采购、代销、加工贫困户农产品，实现贫困户农产品与市场需求的精准对接。

(六)要拓展扶贫产品社会销售渠道。要大力开展扶贫产品进机关、进商超、进学校、进医院、进社区活动，鼓励各级预算单位通过“优先采购、预留采购份额”等方式，采购贫困地区扶贫产品；要积极对接，与京津对口帮扶和中央定点帮扶单位构建稳定的农副产品购买关系；要鼓励商超优先采购销售贫困地区农副产品，合理布局消费扶贫专区。要加大宣传推介力度，动员社会力量通过“以购代捐”“以买代帮”等方式采购贫困地区扶贫产品和服务。

四、强化组织保障，确保消费扶贫各项工作扎实开展、善作善成

消费扶贫行动涉及生产、加工、流通、销售等各个环节，是一个复杂的系统工程。需要加强力量统筹，形成工作合力。

(一)强化责任分工。消费扶贫是长期工作，开展消费扶贫月活动是其中一项重要举措。各市县(市、区)要落实主体责任，成立消费扶贫行动领导小组，结合各自实际，拿出具体举措，把消费扶贫纳入工作总体布局。省发改委、省扶贫办要发挥好牵头作用，加强工作统筹协调，建立工作台账，及时跟踪进展。省直有关单位切实履行相关责任，精准聚焦问题，细化方案措施，推动工作落实。

(二)强化支持政策。要整合资金项目，以扶贫产品生产、储存、运输、销售、品牌建设为重点，支持打造从田头到餐桌的便利销售模式。要加大消费扶贫产业链、供应链的扶持，引导龙头企业采购、代销、加工贫困户农产品。要严格按照国家和省《关于运用政府采购政策支持脱贫攻坚的通知》要求，鼓励各级预算单位稳步提高贫困地区农副产品采购量，优先采购聘用建档立卡贫困人员物业公司提供的物业服务。

(三)强化宣传动员。要充分利用报纸、电视、新媒体，广泛开展宣传，推广贫困地区的产品和服务，大力宣传报道消费扶贫工作中涌现的先进企业、社会组织和典型个人，营造社会各界关心、支持消费扶贫的良好氛围。要及时总结先进经验，做好交流推广，发挥示范带动作用，推动消费扶贫深入开展。

(四)强化督导考核。国家和省已经明确把消费扶贫工作纳入脱贫攻坚成效考核范畴。省脱贫攻坚督察组将对各地活动开展、利益联结、带动效益、减贫成效等情况进行督查，跟踪问效。对工作进展慢、开展成效差的相关单位和县(市、区)通报批评，年终考核出现问题，拖全省后腿的，严肃追责问责。

这里再强调一下扶贫产品监管问题。要想让消费扶贫行动走的更远更好，就必须严格加强监管，及时清退不合格的产品及其生产者、销售者，确保消费扶贫的生态体系干净纯净。要加强扶贫产品监管。对出现严重问题的，一经查实，立即将其清理出《产品目录》并将相关市场主体纳入扶贫失信黑名单，情节严重的依照相关法律法规追究责任。要加强经营主体监管。消费扶贫专柜专馆专区等交易数据要与社会扶贫网完全对接，接受扶贫、协作部门监管及社会监督，防止打着消费扶贫旗号敛财牟利和欺诈消费者。对于不诚信经营的销售渠道，向社会公布并退出“三专”试点企业名单。要加强行政服务监管。各级各部门要规范开展消费扶贫行动，不搞行政摊派、强迫命令、弄虚作假。任何单位和个人不得以扶贫产品认定、数据统计等名义收取费用、谋取私利。12317扶贫监督举报电话将接受群众投诉举报，加强社会监督。

聂瑞平在地下水超采综合治理联动监督工作视频交流会议上的讲话

（2020年9月1日）

这次会议是经省人大常委党组研究召开的。召开这次会议，主要目的是深入贯彻落实“6+1”联动监督现场交流会精神和照兵同志要求，了解各地各部门地下水超采治理进展情况，总结交流经验，并就下一步工作做出安排。

人大系统开展“6+1”联动监督，是省委立足全省改革发展大局，经过慎重研究决定的。省人大常委会把“6+1”联动监督作为发挥人大监督制度优势的河北实践，作为践行“河北发展、人大尽责”理念的具体行动，高度重视，全力推进。常委会领导对7个专项作了明确分工，把地下水超采综合治理作为重中之重，由照兵同志亲自负责。

受照兵同志委托，我参加这次会议。刚才，唐山、衡水、保定、清河、张北、东光、故城、邱县围绕联动监督、农业水价水资源税改革、水源置换、井长制、“三网同建”等，从不同角度和侧面作了很好的发言，措施扎实、很有特色，听了很受启发，各地要相互借鉴、取长补短。总得感觉到，全省的地下水超采综合治理联动监督工作，一是重视程度明显提高。各地党委、人大、政府高度重视，凝心聚力，下了不少苦功夫，做了不少实在事，也取得了明显成绩。前段时间我去省农业农村厅调研的时候，了解到农业节水是大头，占70%。之前农业节水项目各地都不积极，安排不下去；现在大家争着抢着要项目。这充分说明大家对地下水超采综合治理认识的提高和对农业节水的重视。二是体制机制日益健全。建立了省级抓总、市县抓落实的责任机制，压实了省市县各级党委政府和部门的责任；修订制定了地下水管理条例、水污染防治条例、河湖保护和治理条例及地下水超采综合治理的决定意见、规划计划和工作方案等一系列法规文件，形成了依法治理、科学治理、系统治理的制度体系。三是治理举措不断强化。积极践行“节水优先、空间均衡、系统治理、两手发力”的治水方针，大力推进全社会节水行动、外调水引足用好行动、种植结构调整行动、河湖清洁补水行动、河湖库塘蓄水行动、地下水严格管控行动六大行动，推动地下水超采综合治理取得积极进展。四是各项任务有序推进。开展河湖“四乱”清理整治，问题整改完成94%；超额完成外调水和生态补水年度计划，引江引黄水达38.28亿立方米；完成取水井排查和信息赋码，关停机井4374眼；45个农村生活和农村灌溉水源置换项目42个开工建设，新增农业水价综合改革面积30万亩；加大农业种植结构调整力度，在雄安新区实施退耕10万亩、在张家口坝上地区休耕种草180万亩。

但是，在联动监督中也发现，工作推进不平衡，有的地方有的部门对治理工作的重要性紧迫感认识不足，治理决心和推进力度不够大；南水北调中线受水区一些市县，供水管网铺设和改造缓慢、向农村延伸拓展不够，直接影响机井关停步伐；农村土地流转进展不快，规模化经营面积小，影响农业高效节水技术推广；农业灌溉用水计量设施不完善，水资源税改革需要继续深入等。

前段时间，照兵主任在全省人大系统“6+1”联动监督现场交流会上，就下一步联动监督工作提出了总原则：既要积极有力，又要稳妥有序；既要坚持解决问题，又要防止次生矛盾出现；既要推动现实问题解决，又要有利于长效机制建立。现在，联动监督处在市县总结收尾、省级全面检查的关键衔接阶段。我们要明确聚力点，再下大力气做好工作，确保圆满实现“问题搞清楚、整改出成效、解难有思路”的目标。受照兵同志委托，我就下一步工作，讲几点意见。

第一，要提高政治站位。开展地下水超采综合治理，是以习近平同志为核心的党中央作出的重大决策。习近平总书记高度重视河北地下水超采综合治理，多次发表重要讲话、作出重要指示，要求我们从实现长治久安的高度和对历史负责的态度做好地下水超采综合治理工作。我省是全国唯一没有大江大河过境的省份，先天禀赋不足，年均降雨量520毫米，水资源难以得到持续稳定补充。全省人均水资源量仅230立方米，为全国平均水平的1/7，既远低于国际公认的人均500立方米极度缺水标准，也低于人均300立方米的维持人类生存的最低标准。在地表水日渐匮乏的情况下，我省经济社会发展不得不长期依靠开采地下水来维持，从20世纪80年代以来，累计超采约1500亿立方米，引发地面沉降、河湖枯竭、湿地萎缩、海水入侵等地质环境灾害。开展地下水超采综合治理，是以习近平同志为核心的党中央交给河北的重大政治任务，是落实习近平生态文明思想、推进生态文明建设的实际行动，是转变发展方式、推动经济社会高质量发展的应有之义，是必须马上干、并且只能干好不能失败的大事要事。我们要增强“四个意识”、坚定“四个自信”、做到“两个维护”，切实把思想和行动高度统一到习近平总书记重要指示精神上来，统一到中央、省委决策部署上来，深刻认识地下水超采综合治理的极端重要性和现实紧迫性，进一步增强推进地下水超采综合治理的思想自觉、政治自觉和行动自觉，以强烈的政治责任感和历史使命感做好各项工作，确保地下水超采综合治理取得扎实成效。

第二，要履行主体责任。这次“6+1”联动监督的总要求是“党委领导、人大监督、政府主责、部门履职、分级负责、上下联动”。在党委领导下，人大要切实担负起主体责任，坚持“依照法定职责、限于法定范围、遵守法定程序”的原则，依法有序推进监督工作；政府要树立“监督就是支持”观念，自觉接受监督，周密安排部署，强化工作举措，确保联动监督有力有效开展。要切实把底数摸清楚。底数清，情况明，工作才能主动。要全面细致核查，真正摸清地下水超采综合治理中存在的问题和不足，形成底数清晰、内容详实、重点突出的总结报告，为后续工作提供重要依据。要切实完成年度目标任务。按照省地下水超采综合治理2020年度实施计划，今年压减地下水超采量0.01亿立方米，实现压减目标，需要落实诸多措施和完成各类任务为支撑。各地要建立清晰的任务书和工作台账，确保各项任务落到人、落到时限、落到具体单位、落到具体的工程措施。对工作中存在明显短板和差距，各级人大要指出问题所在，各级政府及有关部门要迎头赶上，确保不折不扣、全面完成。要切实督促落实责任措施。在党委领导下，人大间上下联动，部门间左右联动，各司其职、各负其责，督促政府把该压的压到位，该减的减到位，该关的关到位，该停的停到位，该建的建到位，该补的补到位，凝聚合力把各项措施落实到位。要切实把问题整改到位。始终坚持问题导向，充分发挥人大密切联系群众的优势，围绕群众关心关注的热点难点问题，深入开展调查研究，广泛听取意见建议，在摸准问题的基础上推动相关部门依法履职、改进工作、解决问题。要切实建立有效机制。地下水超采综合治理是件大事，更是一个系统工程，根本上要用经济的、市场的手段来解决问题。要让财政资金发挥最大效益，撬动社会资本投入地下水超采综合治理。要充分发挥市场作用，健全完善税费调节机制，推进水价制度改革，深化水资源税改革。

第三，要强化协同联动。地下水超采综合治理既是紧迫任务，更是长远大计。要按照省委、省政府统一部署，形成上下贯通协调联动的强大合力，态度要更坚决、措施要更过硬、效果要更明显，真正守土有责、守土尽责、守土有方。要搞好两个活动。9月中旬，省人大常委会将组织进行“6+1”联动监督执法检查，初步计划照兵同志带队检查省水利厅和沧州、衡水、辛集市；9月下旬，省人大常委会会议要听取省政府关于地下水超采综合治理情况的报告，并开展专题询问。工作专班和有关部门要相互支持配合，制定周密方案，确保这两个活动顺利开展、取得实效。要坚持分类施策。地下水漏斗区突出一个“限”字，水源涵养区突出一个“养”字，其他地区突出一个“减”字，总体上突出一个“补”字。解决河北的地下水超采问题，最直接、最见效的还是要靠外调水。要尽可能多地争取外调水量，把更多的水引到河北，最大限度地用好外来水。要主动自我加压。到2022年地下水超采量全部压减，地下水位全面回升，是省委、省政府忠诚践行习近平总书记指示、落实中央部署确定的硬目标、硬任务，无论困难多大，都没有退路、必须完成。不要“等上面”“等以后”，要自我加压、主动作为，探索创新、精准发力，高标准高质量完成年度目标，为后两年工作打下坚实基础。

同志们，地下水超采综合治理是习近平总书记交给河北的一项重要政治任务，关乎华北水生态安全、关乎子孙后代生存与福祉。让我们进一步强化政治担当、忠实履职尽责，以更加昂扬的姿态、更加务实高效的作风，深入推动联动监督扎实开展，努力在地下水超采治理上取得更大实效。

时清霜同志关于地下水超采综合治理工作情况的报告

（2020年9月23日）

按照会议安排，我就全省地下水超采综合治理工作进展情况作一简要汇报。

实施华北地区地下水超采综合治理，是以习近平同志为核心的党中央着眼加强生态文明建设、保障国家水安全作出的重大决策部署。河北是华北地区地下水超采综合治理的主战场，2014年超采量约59.7亿立方米，占京津冀超采总量的92%左右。2014年至2017年，以国家在我省开展地下水超采综合治理试点为契机，我们坚持“节、引、蓄、调、管”综合施策，加大投入力度，完善工程体系，健全管理机制，探索修复地下水生态环境的措施与模式，取得良好成效，四年累计调整种植结构280万亩，发展高效节灌面积1300多万亩，地表水置换地下水灌溉面积600万亩，关停机井约1万眼，压减地下水超采量26.6亿立方米，漏斗中心地下水位有所回升，冀枣衡深层漏斗中心最大回升11米。在胡春华副总理的部署推动下，2018年国家全面启动华北地区地下水超采综合治理，水利部、财政部、国家发展改革委、农业农村部联合印发的《华北地区地下水超采综合治理行动方案》明确，在前期试点基础上，我省要通过强化节水、调整结构、水源置换、严格管控等措施，到2035年完成剩余压采任务，实现采补平衡。对此，省委、省政府高度重视，将其作为践行习近平生态文明思想的具体实践，纳入全省重点领域清理规范6项任务全力推进。省委书记、省人大常委会主任王东峰同志，省委副书记、省长许勤同志从顶层设计入手，指导完善我省实施意见，研究解决重大政策难题，适时召开全省工作大会动员调度、安排部署。各级各有关部门切实强化思想自觉、政治自觉和行动自觉，聚焦压采目标任务，优化政策体系，完善工作机制，全力抓好落实，推动超采综合治理工作扎实开展。

一、广泛开源，大力调引外部水

河北水资源严重匮乏，多年平均水资源总量205亿立方米，人均占有量307立方米，仅为全国平均水平的1/7，除京、津、沪三个直辖市外，在各省(区、市)中倒数第二。这几年，我们用占全国0.7%的水资源量，生产了5.4%的粮食，创造了5.2%的工业增加值，养育了5.4%的人口。这一组数据，从一个角度说是多年兴水利、除水害的工作成效，从另一个角度说是我们治理地下水超采所面临的“汤少馍多”的现实负担。在保障经济社会稳定发展的前提下，遏制超采趋势，扭转超采局面，广泛开源，大力调引外部水是最直接、最有效的办法。超采治理启动以来，我们完善水厂、管网、沟渠等配套工程，按照东峰书记指示，加强与水利部、海委等方面的沟通联系，最大限度调引外部水源。在引江水方面，去年通过南水北调中线调引江水22.4亿立方米，今年以来调引江水29.7亿立方米。在引黄水方面，去年通过引黄入冀补淀、位山、潘庄、李家岸等渠道调引黄河水13.2亿立方米，远超8.6亿立方米的指标量，今年以来调引黄河水12.1亿立方米，本年引江和引黄水量将再创历史新高。在挖掘现有渠道调水潜力的同时，我们加快谋划实施雄安调蓄库、廊坊广阳水库、山前大型水库与南水北调配套干渠连通工程，增强江水调蓄能力；抓紧以市场化方式推动张家口引黄工程，增加桑干河沿线农业用水，满足张家口市区生产生活用水；有序推进邯郸魏县、邢台清河等5座引黄调蓄工程，实施李家岸引黄北延连通工程，配套完成坑塘存蓄、沟渠连通体系，确保黄河水引得来、蓄得住、用得好。

二、分区置换，强力替代地下水

坚持把引足用好外调水、优化配置地表水作为压采的关键举措，分区域推进水源置换工程，大面积替换地下水。在城市生活和工业水源置换方面，全面推进南水北调受水区城镇水源置换，通过新建、改造城市供水管网和开展企业江水直供，扩大公共供水管网覆盖范围，计划2021年底前，将南水北调受水区城市生活和工业用水全部切换为引江水。目前受水区市县通过优化施工环境、加快工程进度，已新建公共供水管网265公里，改造老旧管网241公里，消纳长江水14.16亿立方米，完成今年任务的77.6%。在农村生活水源置换方面，制定出台《农村供水保障体系建设实施方案》，明确资金渠道、建设任务，计划到2022年将南水北调受水区农村生活水源全部切换为引江水。今年的年度目标是完成518万农村人口生活水源置换，涉及石家庄、沧州、衡水等6市、32个县(市、区)，目前项目均已开工建设，完成投资10.86亿元，投资完成率79.5%，预计年底建成切换后，可新增压采量0.69亿立方米。在农业灌溉水源置换方面，近几年，我们在大中型灌区和引水河渠沿线，建设纯渠灌工程603万亩、井渠双灌工程1119万亩，具备消纳40.3亿立方米地表水的能力，丰水年可有效利用地表水，减少地下水开采。据统计，今年以来全省利用引黄水灌溉农田400万亩，置换地下水3.63亿立方米。今年我们又在石家庄、邯郸、唐山等6市实施了9个地表水灌溉项目，可新增和改善地表水灌溉面积23.8万亩，目前已完成投资2.79亿元，投资完成率65.5%，年底前全部完工。

三、全面推进，狠抓各领域节水

立足缺水省情，坚持把“节水优先”作为根本方针，像抓节能减排一样抓节水，从观念、意识、措施等方面把节水放在优先位置，贯穿于经济社会发展和群众生产生活的全过程。农业方面，统筹粮食安全与地下水压采，稳妥调整农业种植结构，推广节水品种和技术，加大退耕还草、季节性休耕和旱作雨养实施力度，大幅压减高耗低质低效农作物，加快高标准农田建设，因地制宜扩大微灌、喷灌等高效节水灌溉面积。截至去年底，全省季节性休耕面积达200万亩、旱作雨养面积达32万亩、节水灌溉面积达4818万亩，小麦节水品种和技术实现全覆盖，全省农田灌溉水有效利用系数0.674，稳居全国第四。今年计划新增高效节水灌溉120万亩、旱作雨养34.7万亩，任务已全部落实到市县和地块，将根据农时具体组织实施。工业方面，持续优化产业结构和布局，依法依规淘汰低水效、高污染落后产能，大面积推广工业用水重复利用、高效冷却、系统节水、洗涤节水、工业废水处理等通用节水技术和生产工艺；强力推进工业园区统筹供排水、水处理及循环利用设施建设，建立上下游用水户循环用水链条，促进企业间串联用水、分质用水，实现一水多用、循环利用。去年，全省万元工业增加值用水量16.3立方米，较2015年降低27.6%以上，保持工业节水全国领先水平。城镇生活方面，加快推进节水型城市建设，扎实开展老旧管网清零行动，有效降低管网漏损率；开展节水型机关建设，引导干部带头节水，同步推进学校、医院、商场等公共领域节水；普及节水器具，提高全社会节水意识，努力消除水龙头上的浪费。按照计划年内城市公共供水管网漏损率将降到10%以内，10个地级以上缺水城市将全部达到国家节水型城市标准。

四、多源统筹，持续实施生态补水

受制于水源条件，前期试点期间，我们治理的重点是做“减法”，就是在减少地下水开采上做文章。随着南水北调中线、引黄入冀补淀等工程相继通水，全省水源状况得到有效改善，为生态补水创造了便利条件。这一轮超采综合治理中，在继续做好“减法”的同时，为加快回补地下水历史亏空，我们增加了“加法”内容，即统筹水源，向重要河湖实施生态补水，用渗透回补方式，更好地修复地上和地下水生态环境。为验证补水成效，2018年9月，在水利部支持下，我们选取滹沱河、滏阳河、南拒马河三条河道开展生态补水试点，通过“清、补、管、测”等综合措施，实施地下水回补，试点河流重现生机。监测显示，70%的水量回补到地下，与上年同期相比，补水河道两侧5至10公里范围内，浅层地下水水位平均上升0.91米，补水的社会效益和生态效益初步显现。今年5月，春华副总理到河北视察压采工作，对补水成效给予肯定。之后，按照东峰书记要求，对全省1386条流域面积50平方公里以上的河道，集中开展清理整治，为扩大补水创造条件。同水利部密切对接，将常态化补水试点河道，由3条增加到8条。同时，根据年度补水方案，加强水源统筹，有序对试点外的其他河湖实施生态补水。据统计，2018年以来，累计向滹沱河、滏阳河等42条河道实施生态补水55亿立方米，形成有水河长2392公里、水面面积135平方公里；向白洋淀补水21.97亿立方米，入淀水量7.63亿立方米，确保了水位保持在7米左右，水面保持在250平方公里以上。另外，我们扎实推进“以河代库”行动，实施坑塘扩容和沟渠连通，最大限度拦蓄雨洪资源，扩大生态水源，增加河湖蓄水量，在补水河道配套完善一批农田灌溉工程，兼顾补水和灌溉需要。

五、严格管控，杜绝许可外取水

坚持把严格地下水管理作为推进超采综合治理、促进水位止降回升的重要手段，实行最严格的水资源管理制度，加强取水监控，严格落实禁采区、限采区管理措施，逐步构建起地下水管理和保护体系。一是摸清底数。制定工作方案，在全省范围内开展取水井摸排行动，横向到边、纵向到底，有井必查、一井不漏，全面摸清了城市、农村取水井分布及数量。对排查出的115.3万眼取水井，建立了包含位置、深度、用途、状态等基础信息的台账，进行了电子标识认证，在全国率先实现取水井“户口式”精准管理。二是有序关停。按照先通后关、应关尽关的原则，在确保生活生产用水安全的前提下，强力开展取水井关停行动，切实拧紧地下水开采的“总阀门”。今年以来已关停取水井7026眼，累计关停数量达到36379眼。目前我们正在研究制定全省取水井关停计划，明确关停要求和技术标准，限期对有地表水水源替代的、旱作雨养实施区域内的、城乡供水管网覆盖范围内的取水井进行关停封存。三是强力管控。严格地下水取水许可审批，全面开展取水许可排查清理，不符合条件的取水井依法注销许可、实施关停。今年上半年，全省共注销取水许可6517件，比去年全年多3864件，核减地下水许可水量14.2亿立方米。同时，加强取水井在线监测，强化水行政执法队伍建设，严肃查处非法凿井、无证取水、明关暗用、超许可取水等违法违规行为。

六、深化改革，用市场办法治水

充分发挥水资源配置市场调节作用，落实分区域、分行业、分种类差别化价税政策，综合利用行政手段、技术措施和经济杠杆，有效减少地下水开采，倒逼水资源高效利用。一是深化水权改革。以农业为重点，将水资源使用权、收益权落实到农业用水单位和用水户，形成归属清晰、监管有效的农业水权制度。积极培育水权交易市场，按照“政府引导、双方自愿、信息公开、公平公正、规范有序”的原则，鼓励企业和个人等交易主体采取自主交易、委托交易、平台交易和政府回购等形式，开展水资源使用权交易。二是深化水价改革。完善农业用水价格机制，开展灌溉定额评估，分类确定灌溉用水定额，加强计量管理，推广超额加价、节水奖励与精准补贴办法。完善工业和服务业用水价格机制，推行超定额累进加价制度，严格核定高耗能、高污染、产能过剩行业用水定额，实行更高加价标准。完善城镇居民用水价格机制，全面落实阶梯水价，加快“一户一表”改造。三是深化水资源税改革。发挥水资源税改革试点先试先行作用，调整完善差别化税额标准，建立有利于促进引江水消纳、减少地下水开采的水资源税调节机制。强化取水计量管理，对年取水量1万立方米以上的非农用水户，实行取水计量在线监测，对尚未安装计量设施的农业灌溉设施实行“以电折水”计量方式，切实加强水资源税征收管理，有效发挥水资源税调节作用。目前，相关改革正在扎实推进，工业和服务业用水超定额累进加价制度、城镇居民用水阶梯水价制度已经全面落实到位，农业水价改革面积达到1830万亩，效果已初步显现，一些高耗水企业和农业用水大户开始主动增加节水改造投入，调整用水结构。

经过不懈努力，截至去年底，全省共完成地下水压减任务36.9亿立方米，占任务总量的62%。据最新的监测数据显示，今年8月底全省超采区深层和浅层地下水平均水位同比分别回升0.61米、0.87米。经过两年多持续补水，许多原本断流干涸的河道水面逐渐恢复，河湖生态环境日益改善。应该说，我省地下水超采综合治理的成效是明显的，胡春华副总理视察河北时也对我们的工作给予充分肯定。这一成绩的取得，是党中央、国务院正确领导的结果，是全省上下齐心协力、苦干实干的结果，是各级人大有力监督指导的结果。特别是今年以来，人大将超采综合治理工作作为“6+1”联动监督重点，作为服务改革发展大局、推动高质量发展的重大举措，范照兵常务副主任、王晓东副主任、聂瑞平副主任等领导多次深入超采区市县督导调研，专门召开地下水超采综合治理监督工作情况及专题询问调度会、联动监督工作视频交流会，督促各级各有关部门履职尽责，扎实推进地下水超采综合治理，并在水源置换、农业水价和水资源税改革等方面提出了许多宝贵意见，给我们加了压、鼓了劲。借这个机会，我们表示衷心的感谢。

正视成绩的同时，我们也清醒地认识到，对照习近平总书记重要指示精神、对照彻底解决河北超采问题目标要求，超采综合治理工作还有许多措施需要加快落地，还有大量任务需要攻坚完成。今年省委、省政府决定抢抓历史机遇，强化使命担当，自我加压加力，利用3年时间打好打赢地下水超采综合治理攻坚战，到2022年全部完成剩余22.8亿立方米地下水压采任务，比国家行动方案提前13年实现采补平衡目标。我们正在根据新的目标任务，制定三年攻坚行动实施方案，进一步完善治理举措、优化治理路径、加大治理力度、提升治理精度，为确保攻坚行动有力开展、取得实效、圆满完成，将重点从以下几个方面发力。

(一)压实市县责任。建立省级抓总、市级协调、县级落实的工作机制。省推进华北地下水超采综合治理行动领导小组加强组织协调，统筹推进治理工作；领导小组办公室分年度明确省直相关部门和各市县党委、政府目标任务，牵头督导实施。督促市县党委政府切实履行主体责任，对接目标任务，制定具体实施计划，党政主要负责同志切实扛起地下水超采综合治理职责任务，积极谋划、统筹推进、狠抓落实。

(二)发挥部门作用。省直有关部门按照省委省政府要求，把地下水超采综合治理作为政治任务，组建工作专班，抓好政策研究、任务分解。进一步发挥好牵头作用，依据部门职能，省水利厅负责督导农村生活水源置换、企业江水直供、取水井关停、河湖补水蓄水等，省住房和城乡建设厅负责督导城市建成区生活和工业水源置换，省农业农村厅负责督导农业节水和种植结构调整，省发展改革负责研究制定水价改革方案，省财政厅负责研究制定水资源税税额标准调整方案。其他部门根据职责分工，强化协调配合，积极主动作为，凝聚推进合力。

(三)强化资金保障。积极争取国家资金支持，加大各级财政投入力度，整合项目资金，倾斜支持超采区综合治理工作。落实以节水为导向的农业补贴制度，广泛引导社会资本参与，加快推进旱作雨养、季节性休耕等农业结构调整措施落地实施。落实农村生活水源置换配套政策，地表水厂以上引水管道投资由省级筹措，地表水厂及以下工程投资由省、市、县按照30%、20%、50%比例分别筹措，满足资金需求。支持市县利用城市基础设施配套费增量收入、政府债券和市场化融资等方式，保障供水管网和地表水厂改造建设。

(四)营造良好氛围。紧紧围绕高质量完成地下水超采综合治理目标任务，组织省内主流媒体和网络媒体，创新立体化节水宣传方式，广泛宣传习近平总书记“节水优先、空间均衡、系统治理、两手发力”新时期治水方针，宣传报道我省节水压采取得的成效和先进典型。深入开展节水知识进农村、进社区、进机关、进学校、进家庭、进企业活动，普及节水压采常识，提升全民节水意识，营造全社会节约用水的良好氛围。

(五)严格考核问责。发挥考核指挥棒作用，严格落实《河北省地下水超采综合治理成效考核与问责办法》，对省领导小组成员单位和市县实行双线考核。将地下水水位回升幅度作为衡量市县超采治理工作成效的硬性指标，对连续排名靠后、地下水位下降严重的进行预警或约谈。对市县和领导小组成员单位考核结果为好和较好等次的通报表扬，考核结果为不合格的通报批评，同步落实经济奖惩措施，对失职失责，给工作造成被动的，严肃追责问责。

今后工作中，我们将主动接受监督检查和专项评议，自觉向省人大常委会报告相关情况。希望省人大常委会继续关注支持地下水超采综合治理工作，共同推动治理措施落地见效，确保如期完成治理目标任务，为新时代建设经济强省、美丽河北筑牢水安全保障。

时清霜同志在全省农业特色产业暨乡村振兴工作推进会议上的讲话

（2020年9月26日）

实施乡村振兴战略，是党的十九大作出的重要决策部署，是新时代做好“三农”工作的总抓手；培育壮大农业特色产业是乡村振兴的重要基础，也是其他四项振兴的重要前提。我们就这两项工作召开推进会议，主要目的是，认真贯彻习近平总书记“三农”工作重要论述，全面落实省委省政府发展农业特色产业和推进乡村振兴的决策部署，观摩典型，学习培训，交流经验，调度部署下步工作。24日下午和25日上午，在省主会场参会的代表，现场观摩了唐山市部分乡村振兴示范片区，大家普遍感到眼前一亮、为之一振，很有收获、深受启发；昨天下午，我们参观了廊坊农交会农产品展览，部分采购商和供应商进行了产销对接，达成了一批购销协议；举行了农业项目签约仪式，21个项目进行了现场签约，可以说，从一个侧面反映了农产品购销两旺、农业领域投资强劲的势头。今天上午，大家共同聆听了3位农业专家深入浅出的讲解，观看了乡村振兴示范区创建录像片。刚才，国发厅长传达了许勤省长重要批示，各地和有关部门要认真学习领会，不折不扣抓好贯彻落实。廊坊市市长杨燕伟同志作了热情洋溢的致辞，另外3市3县分别就农业特色产业发展和乡村振兴作了交流发言，各地的经验做法各具特色、各有千秋，大家要互相学习、相互借鉴。下面，我就抓好农业特色产业和乡村振兴工作讲些意见。

一、坚定不移推进农业特色产业发展

2018年，为深化农业供给侧结构性改革，进一步把发展“四个农业”的要求落到实处、引向深入，在充分调研、广泛论证基础上，省政府决定把农业特色产业作为切入点和突破口，整合资源，集中力量，合力攻坚，并在滦平召开会议进行了安排部署。两年多来，各地各有关部门坚持“大产业抓小品种、新产业抓大基地、老产业抓新提升、强产业抓固根基”的工作思路，强化组织领导，加强顶层设计，创新工作举措，狠抓政策落实，全省农业特色产业发展取得明显成效。一是产业规模持续壮大。全省上下统一安排、整体提升，分级推进、各有侧重。省级层面，重点实施7大类24个特色品种提档升级；市县层面，一市数片、一县多特，分区细化，精准发力，做优做强106个特色品种。2019年全省农业特色产业增加值达1710亿元，占一产增加值的45.9%，较2017年提高了5.1个百分点；特色单品产值超过10亿元的县新增5个，达到28个。二是重点产业实现突破。通过集中资源要素支持，一些优势特色产业实现跨越式发展。比如，奶业，随着奶业振兴规划纲要和实施意见的落地，政策效应快速释放，2019年，生鲜乳产量增速为近10年最快，奶牛平均单产创历史新高，乳制品产量连续6年全国第一；中药材，依托药企带动，打造道地药材规模基地，发展势头迅猛，两年新增36万亩，达到148万亩，连翘、酸枣仁、热河黄芩等基本实现“一地供全国”，明后两天省委省政府在安国举办中医药传承创新发展大会，也将充分展现我省中药材发展成果；蔬菜，主攻单品规模，提升设施技术水平，两年新增75万亩，达到1304万亩，平泉、巨鹿、张北等地成为全国香菇、金银花、马铃薯种薯等价格形成中心，市场话语权显著提升。三是知名品牌不断增多。特色产业规模越大，市场占有率越高，市场主体越注重品牌。两年新注册商标1.01万个，总数达6.7万多个，新增省级以上农产品区域品牌40个、达到85个；新增中国地理标志产品45个、达到165个。富岗苹果、玉田包尖白菜、山海关大樱桃、青县羊角脆甜瓜、企美有机蔬菜等名牌产品，溢价率超过10倍。四是高效模式日益多样。各地结合资源禀赋和产业基础，积极实践，大胆探索，涌现出一批高效成熟发展模式。比如，三产融合发展型，馆陶县围绕特色作物种植，打造了独具乡村风情的黄瓜小镇、粮画小镇、艾草小镇，通过农旅结合，发展黄瓜10万亩、杂粮3万亩、艾草2万亩，一举摘掉了“穷帽子”，特色产区农民人均收入超过3万元。又如，产销一体带动型，固安县顺斋农业合作社，直接对接北京商超、餐饮企业和机关单位，省去中间环节，提高经营利润，带动发展特色蔬菜2万多亩，年销量8万多吨。再如，龙头企业牵引型，鸡泽县130多家加工龙头企业，带动发展辣椒40万亩；卢龙中薯公司带动甘薯种植5万多亩。再如，科技创新驱动型，威县借力专家团队“无中生有”，建成10万亩优质高端梨基地，打造了深受市场欢迎的“威梨”品牌。此外，还有富岗苹果标准化引领型、内丘酸枣能人示范型、昌黎蔬菜批发市场带动型，等等，这些特色产业模式，各具特色，各地要深入研究、学习借鉴。

我们既要充分肯定成绩，也要清醒认识不足，从平时调研和行业部门掌握的情况来看，一些市县还存在一些差距。在推进工作方面：一是重视程度不够高。部分县对发展农业特色产业重要性认识不足，没有摆上重要位置；也有一些县基本没有研究过，方案过于简单，停留在纸面上，缺乏切实可行的措施。二是支持力度不够大。一些地方没有真正形成整合资源要素、支持特色产业发展的合力，缺少扶持政策、要素投入和真金白银。个别特色产业鲜明、财政实力较强的县，支持资金不足百万元，与县级财力不匹配。三是创新举措不够多。一些地方因循守旧、产业链意识不强，没有搞清特色产业发展路径和模式，只埋头抓一产，不关注加工、销售环节，对农产品卖难束手无策。在产业发展方面：一是组织化程度不够高。多数县还是以一家一户的分散经营为主，产出效益偏低，大型龙头企业、有实力的专业合作社数量偏少。二是产业链条不够长。相对种养环节，产后加工滞后；初加工产品多，精深加工产品少，农产品加工转化率58%，低于全国平均水平7个百分点。三是科技支撑能力不强。虽然在单项技术上有突破，但缺乏支撑全产业链发展的集成技术；提升产品产量的技术日益成熟，但精深加工、储藏物流等关键环节的技术还需持续攻关。针对上述问题，各地各有关部门要对号入座，认真加以解决。

两年多来的实践证明，立足区域资源禀赋和产业比较优势，大力发展农业特色产业，能够优化农产品生产结构，切实提高供给体系的质量、效率和竞争力。下一步，要继续按照既定的思路和措施，补短板、强弱项、解难题，推动全省农业特色产业迈上新台阶。到2022年，力争打造小麦、玉米、油料、蔬菜、肉类、乳业、果品等7个千亿级产业，总产值超过8300亿元，比2019年增加1500亿元。这个目标作为参考，各市县要结合各地实际，在全省框架内确定自己的目标任务。

(一)进一步深化思想认识，切实把发展农业特色产业摆上更加重要位置。2018年，在滦平会议上，我曾讲过发展农业特色产业的重要性和必要性。两年多来，到各地调研过程中，看到和听到许多发展特色产业的成功案例，我也结合实际做了一些思考，更加深化了对发展农业特色产业的认识，更加坚定了把独特的农业资源转化为名优产品和特色商品的信心。从资源禀赋看，我省地形地貌复杂，既有平原也有丘陵，既有山地也有高原，既有湿地也有海洋，不可能像美国一些州或者黑龙江等地一样，种植单一的大宗农作物。多样化的地理环境、土壤类型和气候资源，决定了大力发展农业特色产业是我省的必然选择和现实需求。从区位条件看，我省环绕京津，区域内人口过亿，京津3000多万城市居民消费能力强，对个性化、专用化、高端化农产品需求量巨大，是我省发展农业特色产业的独特市场优势。比如，我省农产品北京市场占有率，牛肉70.1%，羊肉69.4%，蔬菜41.5%、鸡蛋39.3%、猪肉23.4%。从政策导向看，2017年以来，每年中央1号文件都明确提出做大做强优势特色产业；2019年，国务院出台《关于促进乡村产业振兴的指导意见》，要求突出优势特色，培育壮大乡村产业，因地制宜发展小宗类、多样性特色种养，建设特色农产品优势区，推进特色农产品基地建设；今年农业农村部、财政部《关于开展优势特色产业集群建设的通知》，提出选准优势特色主导产业，集中资金资源，打造一批结构合理、链条完整的优势特色产业集群。国家层面一系列支持政策的制定，为推动农业特色产业发展创造了良好环境。从外省情况看，随着农业供给侧结构性改革深入推进，许多省份都将壮大农业特色产业作为重要抓手。比如，山东出台《特色农产品优势区建设规划》、河南出台《大力发展优势特色农业的意见》、福建出台《关于加快农业七大优势特色产业发展的意见》、浙江出台《省农业产业聚集区和特色农业强镇建设实施方案》等，求新、求特、求优成为提升农业发展质量效益的共识，各地重视程度、支持力度都在加大，我们需要持续跟进，不能错失良机。为此，各地各有关部门必须进一步认清形势、坚定信心，明确目标、落实责任，选准产业、强力支持，紧紧扭住发展特色产业这个“牛鼻子”，引领现代农业走向高质量发展之路。

(二)持续推进规模经营，切实发挥产业规模效益。大家知道，规模经济是经济学的基本理论之一。农业特色产业只有具有一定规模，才能有影响力和竞争力，抵御市场风险能力才更强。我陪东峰书记在隆化调研万寿菊基地时，隆化计划发展精深加工，我让工作人员咨询了晨光色素，晨光首先考虑的是种植规模是否在5万亩以上，否则不具备建加工厂的基本条件。所以，各地在发展农业特色产业过程中，一定要注重规模化发展。一要统筹谋划产业布局。要以特色农产品优势区为核心，统筹布局、协同推进、一体化发展，将资源禀赋相近、产业类型相似的特色产业进行整合，建设一批跨县、跨市的特色产业片区，促进“分散布局”转向“集群发展”，“同质竞争”变为“合作共赢”(比如，以藁城、柏乡、南和为中心建设冀南百万亩强筋小麦产业带；以平泉、承德县、兴隆为中心建设越夏食用菌产业带；以晋州、赵县、辛集为中心建设冀中南百万亩梨产业带；以迁西、青龙、宽城为中心建设燕山板栗产业带，以邢台市信都区和内丘县为中心建设太行山百里酸枣产业带；以固安、定兴、玉田为中心建设环京津设施蔬菜产业带等)。二要培育壮大经营主体。发展现代农业特色产业，最大的问题就是组织化程度低。要学习借鉴鸡泽辣椒、卢龙甘薯的龙头企业牵引型发展模式，大力引进有实力的加工龙头企业，带动小企业和农户发展。要支持特色产业合作社实体化、规范化运作，引导符合条件的种养大户成立家庭农场，增强带动小农户发展能力。要大力培育土地托管、农机作业、统防统治、农资购销等社会化服务组织，引导他们围绕特色产业发展，为农户提供统一服务。三要有序引导土地流转。支持新型规模经营主体发展，首要的是通过流转土地经营权，提升土地适度规模经营水平。针对恶意竞价、主体混乱、私自改变土地用途等土地流转过程中出现的问题，市县政府要强化指导服务，规范流转程序，创新流转模式，探索实物计租货币结算、租金动态调整、土地入股保底分红等利益分配办法，既要维护农民应有权益，也要保护新型经营主体合法利益。四要系紧利益联结纽带。发展农业特色产业，归根到底是要鼓起农民的“钱袋子”。要促进小农户与现代农业发展的有机衔接，推广“公司+合作社+农户”“订单收购+分红”“土地流转+雇工”等多种利益联结方式，鼓励农民用实物、土地经营权等入股,从股权层面推进与新型经营主体的融合，拓宽农民跨界增收、跨域获利空间。

（三）加快推进技术创新，切实提高产业科技含量。特色产业的核心是“独有”“新奇”，是“区别于其它”，在一定意义上讲，打造特色产业的过程就是加快科技创新的过程。谁拥有新技术、新装备、新工艺，谁就掌握了竞争的主动权，谁就占领了特色产业发展的先机。实践中，我们要继续在三个方面下功夫。一要抓研发，瞄准产加销需求解难题。省科技厅、省农业农村厅、省财政厅要支持科研单位围绕新型经营主体需求搞科研，整合省级产业技术体系创新团队、院士工作站、京津冀科技创新联盟和科研院所的智力优势，着力攻克标准化生产、贮藏保鲜、机收机采、农业节水、农兽药残留速测等难题，加强配套品种、配套技术、配套措施的集成创新，两年内，省级重点推进的24个特色产品，都要形成从种子到餐桌的现代技术体系。二要抓转化，优先支持特色产业先行先试。农业农村部门作为科研成果转化应用主管部门，要及时掌握科技创新最新成果，利用政府主推平台和社会中介服务平台，指导各地建设标准化、集约化、规模化现代农业科技示范基地，引进新技术、新品种、新模式、新装备，促进区域优势特色产业转化升级。三要抓推广，充分发挥基层农技队伍作用。基层农技推广人员经常深入田间地头，是最接地气的农业科技工作者。要推广威县梨果科技创新驱动、富岗苹果标准引领的经验，发挥好160个农业创新驿站的作用，继续实施科技“特派员”制度，遴选优秀涉农大学生、乡土专家、农业科研人员，补充基层农技推广力量，引导支持他们将精力更多放在服务特色产业发展上。

（四）努力延长产业链条，切实提升特色产业价值链。农业特色产业的竞争，不是单个产品之间的竞争，而是从生产到加工，从仓储物流到市场销售整个产业链条的竞争。实际工作中，我们在思想上，要从重生产向重加工转变，从重规模向重效益转变，从重单个环节向重整个产业链条转变，着力推动特色生产向三个方面延伸：一是向加工业延伸。实践证明，在一定范围内，加工层次越深，产品增值越多。要支持农户和新型经营主体，依据特色产品特点，改善储藏、保鲜、烘干、分级等设施装备，积极发展初加工，促进商品化处理，减少产后损失。要支持加工企业适应市场和消费升级需求，大力发展精深加工，集成应用生物、工程、环保、信息等技术，开发营养健康的功能性食品。同时，引导加工企业向优势产区集中，实现集聚发展。到2022年，力争培育100个加工规模大、集中度高、带动能力强、销售收入10亿元以上的特色产品加工产业集群。二是向流通业延伸。相对传统大宗农产品，特色产品更需要现代化的物流。要加强市场流通基础设施建设，培育壮大经销商和经纪人队伍，大力发展冷链物流、电子商务等现代流通方式，减少流通环节，降低交易成本，让农民获取更多收益。要积极开辟线上销售渠道，主动对接阿里、京东等大型综合性电商平台，通过网络销售、直播带货等形式，畅通线上销售渠道。三是向新业态延伸。要借鉴馆陶县三产融合发展型模式，依托农村独有的自然和人文环境，结合不同特色产业的特点，开发科普、教育、示范、观光等相关功能，大力发展农家乐、乡村民宿、主体餐饮等新业态，着力打造集体验田园乐趣、品味农耕文化于一体的特色产业融合发展示范区，使产区变景区、产品变礼品、农房变客房，把特色产业链延伸的收益和就业创业机会尽量留给农民。

（五）着力打造知名品牌，切实增强特色产品溢价能力。品牌就是信誉，品牌就是市场。许多地区的特色农产品，同质不同价，根本原因是品牌不亮、知名度不高。要像抓工业品牌那样抓特色农产品品牌，大力实施区域、企业、产品“三位一体”品牌战略，提升价值、提高价格、增加利润。到2022年，培树省级以上区域公用品牌100个以上，行业领先企业品牌60个以上，品牌溢价水平由30%提高到38%，品牌价值超百亿元的企业由7个增加到10个以上。一要强化品牌培育。去年农交会期间，我们在廊坊成立了农业品牌创意设计联盟。要充分发挥这一组织的作用，借力国内外一流品牌设计机构，借鉴工业设计理念，强化创意设计，提升包装档次，打造知名品牌。要瞄准北京、上海等特定市场和人群，精选一批影响力较强、市场前景广阔的特色农产品，走“高端化”路线，推动产品由论斤卖变为论个卖，真正使好产品卖上好价钱。二要强化品牌宣传。要组织各类市场主体，积极参加国内外具有广泛影响力的展会，扩大品牌市场影响力。要综合利用“传统媒体+新媒体+专业机构”宣传渠道，分层次、分地域、分重点开展品牌宣传推广，提高特色产品品牌的知名度、美誉度。三要强化品牌保护。要加快建立完善特色农产品品牌服务体系，健全品牌创建保障机制，加强特色农产品品牌保护。要廓清特色农产品的生产地域范围，出台明确的品质标准，解决相邻或相似产区打“擦边球”“口水仗”

等问题。要重视农产品品牌打假，特别要在产品上市期间加强举报、曝光和惩戒力度，避免出现“劣币驱逐良币”的现象。

(六)积极开展招商引资，切实引进一批重大项目。发达国家和省份的经验一再证明，随着工业化进程的加快，工业反哺农业、城市支持农村就会成为必然趋势。近年来，国内外工商资本加速外溢，许多大型农业企业纷纷来我省投资建厂。去年以来，省农业农村厅紧紧抓住这一机遇，全员抓项目、全体抓招商，成立工作专班，精准招商、会展招商、网络招商、产业链招商，签约项目263个，总投资1317亿元。各地和有关部门要学习借鉴省农业农村厅的做法，创新举措，深挖潜力，力求引进更多大项目、好项目。一要研究优惠政策。立足现有特色产业基础，聚焦企业关注热点，在财政投入、用地政策、金融服务等方面给予优先支持，对于生产设施和附属设施用地，要按政策纳入设施农用地管理。对一些重点特色农业招商项目，市县主要领导要亲自挂帅，挂牌督办，确保取得实效。二要强化精准对接。省农业农村厅要继续牵头筹备好全省农产品加工业发展大会，广泛邀请客商，促进交流对接。各地要借助这一平台，瞄准世界500强、知名央企、国家级龙头企业等，引进一批技术含量高、带动作用强、符合节能环保要求的补链、强链、延链项目。三要狠抓项目落地。对已经签约的项目，切实搞好后续跟踪和服务，落实各项优惠政策和奖励补贴，定期对重点项目建设情况进行调度，协调国土、环保等部门搞好用地、环评等要素保障，确保项目早日投产达效。

(七)全面加强组织领导，切实推动政策措施落地落实。当前，我省推进特色产业发展的思路、举措、路径等已经十分明确，关键是以过硬的作风、强有力的手段狠抓落实。一是组建专班抓落实。省农业农村厅要围绕打造7个千亿级产业，每个产业组建一个厅级干部牵头的工作专班，充实人员力量，明确责任分工，深入研究产业发展现状、存在问题、破解途径，指导各地加大政策支持，协调解决难题，有序推动落实。市县也要参照省里做法，结合产业实际组建相应机构，全力推进特色产业发展。二是整合要素抓落实。农业农村部门要统筹农业生产发展专项资金，加大对特色产业的支持力度；财政、发改、科技、商务、水利等部门，要研究支持农业特色产业发展的具体方式，在资金和项目安排上要向农业特色产业倾斜；各地在加大财政投入的同时，要进一步拓宽融资渠道，通过PPP、购买服务、贷款贴息等方式，撬动更多社会资本投入农业特色产业。三是细化方案抓落实。各地要系统梳理已经制定的规划方案，对标对表先进地区做法，针对产业发展中出现的新情况新问题，进一步补充完善、细化实化，确保可操作、能落地、有效果。同时，要突出抓好方案的落地落实，让好措施发挥出好效果。四是强化督导考核抓落实。农业特色产业发展已经纳入省农业供给侧结构性改革三年行动计划考核范围。相关部门要严格按照既定目标任务，适时开展督导检查，通报各市县进展情况。对进展不快、效果不明显的市，要共同研究推进措施，督促指导整改；对重视程度不高、工作推进不力的，要进行约谈和通报；对不能按期完成任务目标的，要严肃追责问责。

二、坚持不懈抓好乡村振兴重点任务

实施乡村振兴战略，是以习近平同志为核心的党中央着眼党和国家事业全局、顺应亿万农民对美好生活的向往，对“三农”工作作出的重大决策部署，是决胜全面建成小康社会的重大历史任务，是新时代做好“三农”工作的总抓手。今年是实施乡村振兴战略的第三年，各地在实践中探索了许多好的经验和做法。昨天和前天我们观摩了迁安、迁西和丰南乡村振兴示范区创建现场，美丽整洁的村庄，特色鲜明的园区，郁郁葱葱的绿廊，相信给大家都留下了深刻印象。这次观摩之所以选在唐山，是因为唐山市乡村振兴工作思路清晰、重点突出、措施有力、成效明显，概括起来主要有四个特点：一是责任压得实。唐山市将乡村振兴作为“一把手”工程，建立领导分级包联责任制，市委、市政府主要领导亲自谋划、统筹协调，县级党政主要领导靠前指挥、定期调度，确保各项工作落地落实。二是定位标准高。围绕打造“全省领先、全国有位”乡村振兴样板，谋划实施“十片引领、百村示范、千村提升”工程，“点、线、面”结合发展，高标准推进全域振兴。三是发展模式新。坚持“全域国土整治+乡村建设+产业发展”理念，在示范区探索三产融合发展路径，形成山区、平原、沿海等不同模式的产业振兴示范带。四是支持力度大。着力破解“人、地、钱”发展瓶颈，建立专家团队，强化用地支持，2020年共整合各级财政资金70.39亿元，为乡村振兴提供了坚实保障。

今年以来，省委、省政府团结带领全省人民以习近平新时代中国特色社会主义思想为指导，认真贯彻党中央、国务院关于实施乡村振兴战略决策部署，东峰书记、许勤省长召开省委常委会、省政府常务会研究部署，多次实地调研指导；各级各有关部门健全完善政策体系，细化实化推进举措，全省乡村振兴重点工作取得阶段性成效。一是乡村产业加快发展。重要农产品供给保障能力明显提升，夏粮再获丰收，总产达290.78亿斤，连续8年保持280亿斤以上，单产864.2斤，创历史新高；上半年生猪存栏达到1532万头、同比增加185万头、增长13.8%，绝对增量和增幅均居全国第一；上半年奶牛存栏达到125.1万头、生鲜乳产量215.6万吨，同比分别增长17.3%、4%。二是人才队伍持续壮大。新型职业农民培育体系进一步完善，累计培训20.7万人；加快培育乡村专业人才，农业职业经理人、经纪人、乡村工匠、文化能人、产业带头人等数量迅速增加。三是生态环境显著改善。农村人居环境整治扎实推进，厕所改造、生活垃圾和污水治理等重点任务基本完成；农业绿色发展水平不断提升，农业用水比重由74.9%下降到60.2%；主要农作物化肥、农药使用量连续四年负增长，畜禽粪污资源化利用率达到75.8%，秸秆综合利用率保持在95%以上。四是乡村文化不断繁荣。农村精神文明建设明显加强，文化惠民活动广泛开展，新时代文明实践中心建设试点扎实推进，县级及以上文明村、镇比重分别达到45%、66%。五是治理能力大幅提升。乡镇(街道)改革基本完成，由村党组织、村民代表会议、村民委员会、村务监督委员会等组成的村级治理架构实现行政村全覆盖，网格化服务管理覆盖率达到100%。

今年是打赢脱贫攻坚战、全面建成小康社会和“十三五”规划的收官之年。脱贫攻坚任务完成后，“三农”工作重心将全面转向乡村振兴。各级各有关部门要对标对表国家有关目标任务，以20字总要求为根本遵循，系统梳理乡村振兴各项任务进展情况，及时查漏补缺，切实推动乡村振兴示范区创建，为明年全面转向乡村振兴做好准备。

(一)以粮食、生猪生产为重点，稳定提升重要农产品供给保障能力。习近平总书记强调，越是面对风险挑战，越要稳住农业，越要确保粮食和重要副食品的安全。今年以来，胡春华副总理在全国春季农业生产工作会、全国农业生产视频调度会、八省农业生产工作座谈会等重要会议上，多次对粮食、生猪等重要农产品生产提出明确要求。我们要不折不扣贯彻中央领导指示精神，按照省委、省政府决策部署，以高度的政治责任感抓好稳产保供工作。一是切实抓好粮食生产。这是“三农”工作的头等大事。要继续实施藏粮于地、藏粮于技战略，加快高标准农田建设力度，大力推广优质专用和节水品种、绿色高产高效集成技术，坚持良田粮用、宜粮则粮、应种尽种，切实稳定面积和产量。要抓好秋管秋收，科学调配农机具，严防各类自然灾害，确保全年粮食产量达700亿斤以上。要及早安排秋播秋种，加强技术指导服务，提高播种质量，为明年夏粮丰收奠定基础。二是加快恢复生猪产能。“猪粮安天下”。要在持续抓好非洲猪瘟疫情防控基础上，认真落实生猪生产扶持政策，加大信贷供给，加强保险保障，促进生猪补栏。要着力推动生猪产业提档升级，促进生猪养殖向玉米主产区转移、向承载空间大的区域转移，引导中小型养殖场(户)加快转型，提升规模化标准化水平。三是扎实推进奶业振兴。中央对我省奶业发展寄予厚望。要继续聚焦“千万吨奶”目标，以率先实现奶业振兴为己任，对标对表国际一流水平，落实奶业振兴相关政策，建设优质奶源基地，加快打造智能奶牛场，配套发展优质饲料作物，确保年内奶牛存栏达到123万头、生鲜乳产量达到460万吨。要提升乳品品质，严格投入品监管，推动生鲜乳质量整体达到发达国家标准，婴幼儿乳粉达到欧盟标准，提升河北乳业整体竞争力。同时，要统筹抓好蔬菜、牛羊禽肉和禽蛋等“菜篮子”产品生产，确保供应充足、质量可靠、价格稳定。

(二)以美丽乡村建设为目标，持续改善农村生产生活环境。今年是农村人居环境整治三年行动最后一年，省人居办要结合开展“回头看”，及时发现问题、加强整改，确保高质量完成任务目标。下一步，重点要把美丽乡村建设作为缩小城乡差距、实现协调发展的重要举措，抓实抓好抓出成效。一是优化发展布局。要结合国土空间规划编制，科学确定村庄形态和布局，有序推进建设发展。城郊融合类村庄，要按照城乡一体化发展的要求，推进农村基础设施与城镇互联互通，公共服务设施共建共享；集聚提升类村庄，要完善配套设施，加快补齐基础设施和公共服务短板，提升对周围村庄的带动和服务能力，符合条件的支持建设农村新型社区；特色保护类村庄，要在不打破村庄原有肌理前提下，对基础设施和公共服务提档升级，努力打造成特色美丽乡村；搬迁撤并类村庄，要按照规划要求，有序实施搬迁撤并。二是整县推进环境整治。在全面完成村庄清洁行动的基础上，支持有条件的县整体推进户厕改造、生活垃圾和污水治理、村庄面貌改造提升等工程，全面改善农村生产生活条件。同时，要完善长效运营管护机制，应由政府承担的管护费用要纳入财政预算，做到有制度、有标准、有队伍、有经费、有督查，实现农村人居环境管护长效化。三是培树典型标杆。依托中心村、规划保留村和历史文化名村，深入挖掘资源优势、区位优势、产业优势，因地制宜、分类推进，进一步拓展延伸、提档升级，力争利用一年左右时间建设1500个美丽乡村。在实施过程中，要充分尊重农民意愿，坚持实事求是，务实管用，不搞强迫命令，真正把好事办好、实事办实。

(三)以重点领域改革为抓手，加快培育农村发展新动能。要着力优化资源要素配置，强化制度性供给，推进改革扩面提速集成，激活主体、激活要素、激活市场。一方面，深化农村土地制度改革。农村承包地，在完成确权登记颁证基础上，要强化成果应用，创新土地流转方式，建立健全县乡两级土地流转服务管理机构，规范土地流转交易，强化交易服务，推动零星分散向集中连片流转转变。要积极探索土地经营权抵押贷款的有效实现形式，满足新型农业经营主体的融资需求，让更多农户享受到土地改革红利。农村宅基地，要认真落实中央《关于进一步加强农村宅基地管理的通知》《深化农村宅基地制度改革试点方案》要求，尽快制定我省贯彻落实意见，进一步加强规范管理，稳妥开展宅基地改革试点，探索宅基地有偿退出和闲置宅基地盘活利用形式。另一方面，加快发展壮大农村集体经济。我省是国家农村集体产权制度改革第二批整省推进试点，10月底将全面完成改革任务。在此基础上，要推动农村集体产权制度改革成果应用，抓好农村集体经济组织规范运行，结合各地实际，采用资源利用型、资产盘活型、股份合作型、生产服务型、产业带动型等多种模式，探索农村集体经济的有效实现形式。要总结推广脱贫攻坚“千企帮千村”行动经验，进一步推动城市资本与乡村资源有效对接，促进城乡资源要素高效配置，盘活农村闲置资产资源。

(四)以生活富裕为核心，千方百计拓宽农民增收渠道。“三农”问题的核心是农民问题，农民问题的核心是增收问题。实施乡村振兴战略的效果如何，关键要看农民的腰包鼓不鼓。从总量看，2014年至2019年，我省农民人均可支配收入始终低于全国平均水平。从全面小康的目标看，虽说人均可支配收入总量去年就已达标，但今年要实现收入增速7.5%的目标，现在看来难度很大。特别是受疫情影响，农民增收压力进一步增大，上半年全省农民人均可支配收入同比增长3.2%，低于全国平均水平0.5个百分点。东峰书记对农民增收问题高度重视，明确提出今年收入总量和增幅要高于全国平均水平。各级和有关部门要认真落实东峰书记指示要求，提高政策举措的精准性，促进农民持续稳定增收。要抓住工资性收入这个最直接、最有效的切入点，准确掌握农村劳动力就业状况和就业意向，大力开展职业技能培训，提升农民就业技能；要加强部门联动，及时发布招工用工信息，多渠道搭建平台，促进用工单位和农村劳动力精准对接，增加农民就业机会；对自主就业困难的，要通过安排保洁员、护路员、护林员等公益性岗位，帮助农民工实现就业。要引导农民加快调整产业结构，大力发展农业特色产业，推动一二三产业融合发展，提高经营性收入。要深入开展农村集体经济合同清理规范，加强农村集体资金、资产、资源管理，有序推进土地流转，尽快盘活农村集体存量资产，增加财产性收入。要落实惠农政策，采取一卡到户方式，确保补贴发放及时到位，稳定转移性收入。通过综合施策，多管齐下，要真正让农民钱袋子越来越鼓、日子越过越红火。

(五)以协同共治为路径，持续提升乡村治理水平。治理越有效，乡村振兴战略的实施效果就越好。要建立健全党委领导、政府负责、社会协同、公众参与、法治保障的现代乡村社会治理体制，健全自治、法治、德治相结合的乡村治理体系，推动乡村治理重心下沉，加快形成和谐有序的现代乡村治理格局。一要加强农村基层组织建设。深入实施农村“领头羊”工程和“万人示范培训”，继续推行村“两委”班子成员交叉任职、党组织书记和村委会主任“一人兼”；努力拓宽“两委”班子成员来源渠道，加大从农村致富带头人、外出务工人员、本乡本土大学毕业生、复员退伍军人中培养选拔力度。二要完善“六位一体”农村组织体系。目前乡镇改革基本完成，要进一步健全以村党组织、村民委员会、村经济合作组织、村代会、村务监督委员会、村和谐促进会为主要模式的村级组织体系，提高村民自治制度化、规范化、程序化水平。三要深化平安乡村建设。坚持和发展新时代“枫桥经验”，健全乡村矛盾纠纷化解机制，妥善化解土地承包、征地拆迁、农民工工资、环境污染等方面的矛盾；深入推进扫黑除恶专项斗争，着力防范化解重大风险。四要加强农村精神文明建设。稳步推进新时代文明实践中心建设试点，继续创建文明村镇，广泛开展文化惠民活动，弘扬良好的精神风尚，激活乡村振兴的内生动力。

时清霜同志在全省推进京津冀扶贫协作工作视频会上的讲话

(2020年10月17日)

在脱贫攻坚收官冲刺的关键时期，我们专题召开全省东西部扶贫协作工作推进会，主要目的是深入学习贯彻习近平总书记在决战决胜脱贫攻坚座谈会上的重要讲话精神，认真落实胡春华副总理在东西部扶贫协作稳岗就业座谈会上的讲话要求，总结今年，特别是新冠肺炎疫情发生以来，东西部扶贫协作进展情况，交流做法经验，分析形势任务，研究解决问题，安排部署下一阶段重点工作。刚才，志刚同志通报了全省东西部扶贫协作整体情况，指出了存在的短板和薄弱环节；蔚县、隆化、涞水县作了典型发言，这几个县重视程度高、推进力度大、工作成效也比较突出，有许多地方值得我们学习借鉴；尚义、涞源、承德县也分别作了表态发言，谈了问题和认识，表了决心和态度，希望抓好落实，推动扶贫协作工作更扎实、更有效开展。前不久，我们先后召开了省领导小组2020年第四次全体会议和全省产业扶贫工作现场会，部署调度全省脱贫攻坚工作。王东峰书记、许勤省长出席，强调今年全省脱贫攻坚的总目标，就是在国家最终大考验收中继续保持“两好一优秀”等次，其中一个“好”，就是全省和张承保3市在国家东西部扶贫协作考核中继续保持“好”的等次。为确保实现这一目标任务，我讲四点意见。

一、提高政治站位，切实增强做好东西部扶贫协作工作的责任感和紧迫感

以习近平同志为核心的党中央高度重视东西部扶贫协作工作，总书记多次发表重要讲话、作出重要指示。今年3月6日，在决战决胜脱贫攻坚座谈会上，总书记指出，“要深化东西部扶贫协作和中央单位定点扶贫。当前，最突出的任务是帮助中西部地区降低疫情对脱贫攻坚的影响，在劳务协作上帮、在消费扶贫上帮。长远看，东西部扶贫协作要立足国家区域发展总体战略，深化区域合作，推进东部产业向西部梯度转移，实现产业互补、人员互动、技术互学、观念互通、作风互鉴，共同发展。”3月29日至4月1日，在浙江考察期间，总书记再次强调，“要认真做好东西部扶贫协作和对口支援、对口合作工作，助力对口地区跨越发展”。习近平总书记的重要讲话和重要指示，为我们做好东西部扶贫协作工作指明了努力方向、提供了根本遵循、注入了强大动力。

省委、省政府高度重视扶贫协作工作，王东峰书记、许勤省长在省委常委会、省委专题会、省政府常务会、省政府党组会、省领导小组会上反复强调，要求各地各有关部门把东西部扶贫协作工作摆在重要位置，倍加珍惜北京天津帮扶河北的机遇，切实用好京津帮扶资源，不断提高扶贫协作成效。王东峰书记、许勤省长每年都带领河北党政代表团，赴北京、天津考察对接，为我们扎实做好京津冀扶贫协作工作树立了标杆、作出了榜样。今年以来，面对突如其来的新冠肺炎疫情，各地各有关部门咬定目标任务，狠抓落地落实，推动全省东西部扶贫协作工作扎实开展、各项指标趋稳向好，可以总结为“五个到位”。一是组织领导到位。各受援市县党委、政府对扶贫协作工作高度重视，召开党委常委会、政府常务会及领导小组会专题研究，细化任务，明确责任，强力落实。二是工作对接到位。承德市及张承保23个受援县(市、区)党政主要负责同志与京津16个帮扶区互访对接，召开联席会议，制订推进措施；省直相关责任部门与京津对口开展了一系列帮扶活动。三是资金使用到位。京津两市共安排帮扶资金16.37亿元，帮扶项目757个，完工率74.2%，资金支付进度73.4%，大部分用到产业就业及“两不愁三保障”等贫困群众受益的项目上，解决了一大批民生问题。四是人才交流到位。京津两市在冀挂职干部103人，援冀专业技术人才853人，张承保3市赴京津挂职干部129人，各受援县赴京津跟岗学习技术人员952名，均超额完成协议任务。五是稳岗就业到位。克服疫情影响，通过“点对点”协调联动机制，京津两市共吸纳受援地区11561名贫困劳动力稳岗就业，帮助受援县在当地安排贫困群众就业14463人，也都超过了既定目标。

在突如其来的新冠肺炎疫情影响下，今年扶贫协作工作取得如此成绩实属不易。成绩不说跑不掉，问题不讲不得了。从刚才志刚同志通报和日常督导情况看，工作中也还存在一些问题和短板。从疫情形势看：国内疫情进入常态化防控阶段，国际疫情防控形势依然严峻。近期山东青岛又出现新增病例，说明疫情反弹风险仍在，并可能通过各种途径，对东西部产业合作、稳岗就业等方面造成不利影响。从思想状态看：有些县还停留在以往的成绩上，躺在功劳簿上盲目乐观；有些县认为过去国家考了，今年不会再考，存在侥幸心理，思想上松劲懈怠；还有一些县疲倦厌战，不推不动。从质量水平看：有的地方资金滞留闲置，有的使用不精准；有的县劳务协作组织工作不到位，有的贫困村创业致富带头人培训成功率低、带贫作用弱；有的产业带贫机制不完善、带贫效果不明显；有的档案资料和佐证材料不完善、质量低。从协调配合看：有的部门大局意识不强，认为扶贫协作是扶贫部门牵头的事，发挥行业优势，助推扶贫协作招数不多、成效不明显。

现在已经是10月中旬，距离脱贫攻坚收官仅剩70多天，距离国家东西部扶贫协作大考验收仅剩40多天，全省东西部扶贫协作还有大量工作要做。这些问题不解决，将直接影响全省东西部扶贫协作工作成效、影响决战决胜脱贫攻坚大局，各地各部门一定要高度重视、引以为戒、有效解决。要深刻认识做好东西部扶贫协作的重要性和紧迫性，切实把思想和行动统一到习近平总书记重要讲话精神上来，统一到党中央、国务院和省委、省政府的决策部署上来，增强“四个意识”、坚定“四个自信”、做到“两个维护”，准确把握新形势、新要求，以更大决心和信心、更有力的招数和措施，扎实推进东西部扶贫协作工作，确保高质量完成目标任务。

二、坚持问题导向，全力以赴抓整改、补短板、强弱项、促提升

对《通报》指出和督导检查发现的各类问题，各地各有关部门要重视起来，对标国考省考要求，举一反三、排查整改，确保做到真认账、真反思、真负责，坚决改、彻底改、改到位。

(一)要聚焦问题全面改。要端正思想认识，《通报》指出

和督导检查发现的问题，每个县都不同程度存在，点到的县对号入座，没有点到的县也要引以为戒，自己再过一遍筛子。要把握时间节点，国考在即，时间紧迫，10月底前，所有问题必须整改到位、全部清零。要强化跟踪问效，坚持问题导向，把存在问题较多的县和部门作为督查重点，有针对性地开展回访抽查、跟踪问效，确保问题不反弹不回潮。

(二)要突出重点深入改。要厘清整改责任，各地要对影响任务完成的问题全面梳理，将责任明确到具体部门，切实做到整改任务、整改措施、责任单位、责任领导、工作要求、完成时限“六明确”。要较真碰硬整改，以往问题整改，有的地方或部门措施浮于表面、操作性不强。要坚决摒弃“为整改而整改”的过关思想，出实招、出硬招。要强化疫情应对，持续落实好各项措施，拓展本地就业空间，拓宽农产品销售渠道，努力把耽误的时间抢回来，把疫情影响降到最低，坚决夺取战疫战贫“双胜利”。

(三)要标本兼治彻底改。要突出源头治理，各地各部门一定要把共性问题和个性问题处理好，细化各项整改措施，抓住问题的症结，深入进行整治整改，彻底把问题根除。要建立长效机制，把整改措施和实际工作有机结合起来，完善流程，建章立制，从根上保证问题不再发生。要注重体现整改成效，整改措施和成效必须经得起检验。要紧盯目标任务，细化工作举措，把整改工作进一步做实做细，推动扶贫协作工作取得更大突破。

三、咬定目标任务，不折不扣推动“六大任务”落地见效、各项指标圆满实现

今年2月，省领导小组分别与北京、天津签订了扶贫协作协议书。各地各有关部门要认真对照扶贫协作协议内容，聚焦“六大任务”，狠下苦功夫、再下细功夫，确保高质量完成各项目标任务。

(一)在人才交流上再下功夫。一要抓好党政干部互派工作。各受援县要按照协议要求和任务分解，切实做好挂职干部的选派、日常管理、考察考核、保障服务和新老接替工作。在工作安排上，严格落实中央要求，坚持把北京、天津挂职干部主要精力集中于脱贫攻坚或协管扶贫协作。二要抓好专业技术人才交流工作。选派卫生、教育、农技、科技等不同层面、不同行业、不同类型干部到京津跟岗学习，通过采取两地培训、委托培养和“组团式”学习等方式，持续推动教育、卫生、科技、文化等多领域人才交流与合作，形成人才交流长效机制。三要抓好干部素质提升。要采取“以训促学”的方式，提升干部理论知识水平，促进干部开阔眼界、更新理念、增强技能，力争打造一支政治过硬、业务过硬、作风过硬的干部队伍。今天给大家明确一个时间点，干部人才交流任务尚未完成的市县，10月底前，必须挂职选派到位。

(二)在资金使用上再下功夫。一要加快实施进度。10月底前，各受援市县协作项目完工率和资金支付进度要达到90%以上，达不到这个进度要求的，省考时要扣分、降档；11月底前，所有项目要全部完工、资金支付到位。二要严格监督管理。强化“精准滴灌”思维，把重点放在解决建档立卡贫困人口的实际问题上，切实发挥好帮扶资金作用，坚决杜绝违纪违规问题发生。要加强对社会捐助资金的监督管理，充分尊重捐赠者意愿，提高使用效率，确保专款专用。三要规范资料管理。建立形成口径一致、数据吻合、详实完整的档案资料，确保各项工作过程清晰、数据齐全，佐证资料齐全。

(三)在产业合作上再下功夫。一要加快园区共建。把共建产业园作为扶贫协作产业转移的桥头堡，引导资本、技术、管理、人才等要素向园区聚集，集中力量打造一批产业示范园区，带动更多贫困人口就业。二要全力招商引资。落实《关于支持北京天津市社会力量在冀投资兴业参与产业扶贫若干措施》，着力解决好政策框框多、程序繁、多头跑、不规范等突出问题，力争引进一批龙头企业到受援县投资兴业、发展产业、吸纳就业。三要加大消费扶贫力度。推动京津两市及帮扶区与受援县建立消费扶贫协作机制。切实打通生产、流通、消费各个环节，让受援县的农副产品真正流动起来，通过“以购代捐”“以买代帮”等方式，为扶贫产品销售拓展渠道。

(四)在劳务协作上再下功夫。要建立精准对接机制，进一步摸清贫困劳动力就业需求、意愿和能力，精准选择劳务输出对象，积极与北京、天津市对口企业对接。要开展精准培训、定向培训，促进转移就业、转产就业，促使受援县在京津就业人数大幅提升。要建好就业台账，对北京、天津市就地就近就业台账，特别是在京津两市就业贫困人口台账，各县区一定要实事求是、按照要求建细建好，国家考核要进行重点核查、抽查。

(五)在携手奔小康上再下功夫。一要延伸结对网络。按照“携手奔小康”工作要求，推动结对帮扶向基层延伸拓展，加强乡与乡、村与村、园区与园区、企业与企业间的精准对接，构建双向互动、优势互补，长期合作的结对帮扶工作体系，形成全方位、多层次、宽领域的扶贫协作格局。二要加大社会参与。要利用“万企帮万村”等活动载体，搭建平台，鼓励动员北京市和天津市各类群团组织、社会组织等积极参与脱贫攻坚，开展助困、助医、助学、助残、助老等主题活动。

除了以上六个方面，系统录入也不能忽视。国家去年就明确，将录入东西部扶贫协作系统的数据资料作为考核重要依据。省扶贫办要加强对数据录入的技术指导，各地

也要强化日常管理，明确专人，即时录入工作进展，动态反映工作成效。对录入的数据信息，要严格审核，确保真实可信、账实相符。

四、强化组织领导，确保东西部扶贫协作在国家大考验收中继续保持“好”的等次

东西部扶贫协作是脱贫攻坚工作的重要组成部分，成效和结果不仅影响河北脱贫攻坚大局，更关系到北京、天津两市。王东峰书记讲了，谁在最后关头掉链子、拖全省后腿，要在公众媒体上向全省7600万人民说明原因。各级各有关部门一定要再接再厉、善始善终，一鼓作气、完美收官。

一要压实工作责任。中央明确规定：西部地区是脱贫的责任主体，东部地区承担帮扶责任。作为受援方，各相关市县要切实承担起主体责任，发挥主体作用，推动扶贫协作各项帮扶工作具体落实。省扶贫办是东西部协作工作的牵头部门，要与北京、天津有效沟通衔接，做好东西部扶贫协作日常协调工作，督促指导省级相关部门和各受援市县更好开展工作。省级相关部门要根据任务要求和各自职责，明确责任处室和人员，抓好本部门、本行业任务的组织推动。

二要完善对接机制。各地要全面落实框架协议和联席会议制度，深化党政领导交流互访，召开扶贫协作联席会议，共商破解问题之策，协调推进任务落实。10月底前，张承保3市和28个受援县要全部完成党政领导互访对接任务。省直相关部门和受援市县之间组织协调机制，及时交流通报信息，切实发挥统筹协调、指导服务作用。省直责任部门要加强与北京、天津市相关部门的联系，发挥互派干部的作用，搞好牵线搭桥工作，促进两地观念互通、思路互动、技术互学、作风互鉴。10月底前，大家都要到北京或天津市去开展一次对接，落实好2020年的合作事项。

三要强化督考问责。省扶贫办要加强指挥调度和督查督办，每3天汇总通报一次各地扶贫协作重点任务进度，10月底前，向省领导小组报告情况。重点任务进度慢的市县，省级脱贫攻坚督查巡查组常驻开展不间断督导，跟踪要账。今年省考继续将东西部扶贫协作作为重要内容，继续将协议内容和“六大任务”作为考核重点，实地考核11月初启动、11月上旬完成，各地要倒排时间，抓紧开展有关工作。根据省委、省政府主要领导指示，在此，向各有关市县和部门着重强调一下，今年国家东西部扶贫协作成效考核，哪个部门、哪个环节出了问题，省委、省政府将严肃问责处理。

曹素华同志在农村基础设施管护网络远程协商会上的讲话

（2020年10月22日）

今天召开这次网络远程协商会的主要目的，就是围绕农村基础设施管护进行协商议政。今天这次协商会采取网络远程协商形式，我们在省政协机关设主会场，在石家庄、邢台、保定三个市和四个县区设分会场，这种协商形式既有利于运用现代科技手段，充分发挥省市县三级政协商联动作用，也是适应当前疫情防控工作的客观要求，是政协开展协商活动方式的探索和创新。

农村基础设施是促进农村经济社会持续健康发展的重要支撑，是建设美丽宜居乡村、推进乡村全面振兴的重要基础。近年来，省委省政府高度重视我省农村基础设施建设工作，相继出台了多项支持政策，各级政府持续加大了对农村基础设施建设的投入力度，农村基础设施得到了明显改善，一大批公共基础设施先后建成并投入使用。同时，随着农村基础设施完工数量逐年增加，如何加强和完善已建农村基础设施的运行和管护，使其充分、长久地发挥应有作用，已成为需要高度关注并研究解决的问题。为此，今年省政协党组将农村基础设施管护列入年度工作协商计划，也体现了省政协认真围绕省委省政府中心工作和群众关心的重要民生问题开展工作的政治自觉和责任担当。9月份以来，省政协组织有关民主党派、政协委员先后到内蒙古、石家庄、邢台、保定等地就农村基础设施管护工作开展实地调研，部分市县政协也自行组织了调研。今天我们召开网络远程协商会，就是在前期充分调研的基础上，发挥省市县三级政协协商联动作用，进一步凝聚共识，资政建言，为推进我省农村基础设施管护工作献计出力。

刚才，10位政协委员、专家学者分别从不同角度，深入分析了农村基础设施管护工作中存在的问题，并提出了有针对性的意见建议。省发改委、财政厅、交通厅、水利厅、农业农村厅等部门的负责同志听取发言，并与委员们交流互动，共商农村基础设施管护长效机制建设大计，省政府副秘书长赵国彦同志讲了重要意见。会议气氛热烈融洽，大家坦诚相见，畅所欲言，达到了广泛凝聚共识、凝聚智慧、凝聚力量的预期目的。

下面，我就进一步做好农村基础设施管护工作，谈几点看法，与大家交流。

一、高度重视，充分认识管护工作的重要意义

党的十九大提出的“乡村振兴战略”，明确了“农村基础设施建设深入推进，农村人居环境明显改善，美丽宜居乡村建设扎实推进”的目标任务。习近平总书记指出，要把公共基础设施建设的重点放在农村，进一步完善管护运行机制，推动农村基础设施建设提档升级。农村基础设施建设是一个系统工程，其中建设是过程，管护是手段，服务是目的。只有扎实做好管护工作，才能使基础设施充分、长久发挥应有作用，才能进一步推进农村人居环境明显改善，提升群众幸福指数，夯实乡村振兴的基础。为加强农村基础设施的管护，2019年10月，国家发改委、财政部印发了《关于深化农村基础设施管护体制改革的指导意见》，提出要在全面补齐农村公共基础设施短板的同时，改革创新管护机制，构建适应经济社会发展阶段、符合农业农村特点的农村公共基础设施管护体系，全面提升管护水平和质量。我们各有关部门要认真学习贯彻《指导意见》精神，高度重视农村基础设施管护工作。省政协也将和大家一起努力，通过深入调研和专题协商，为党政部门决策提出有价值的意见建议，为推进我省农村基础设施管护工作，做出政协系统应有的贡献。

二、创新机制，推动管护工作提档升级

从目前情况看，各地对已经交付使用的农村基础设施，大部分能够正常运行和使用，发挥了应有的作用。但还存在重建轻管、责任落实不到位、管护资金缺乏等问题，影响了基础设施发挥其应有作用，群众使用满意率还不是很高。那么，如何加强农村基础管护长效机制建设，推动管护工作提档升级，使农村基础设施长久发挥应有作用。我想就是要通过创新机制来激发市场活力，着力解决“有人管、有钱管、能管好”三个方面的突出问题。

1. 有人管。目前，有的农村基础设施无人或无专职人员管护的现象还比较突出。要通过深入调研，找准管护问题症结，创新管护机制，明确管护责任。一是研究成立县乡村管护机构，采取政府购买服务、市场专业管护和村级志愿管护等措施，稳定管护人员队伍。二是要研究建立新的绩效评价标准，将农村基础设施管护工作纳入整体评价考核体系，加强农村基础设施管护工作的检查、指导和监督，推动农村基础设施由建设为主转变为建设、管护并重，切实解决好农村基础设施有人管的问题。

2. 有钱管。资金投入不足是影响管护质量的突出问题，我们要研究多渠道筹集资金保障，要创新机制，积极引导社会资本投资、政府投资项目适当安排专项后期管护资金、研究探索部分项目向具体使用者收取一定费用筹集资金、调整加大土地出让金支持农村基础设施建设管护资金比例等方式，解决每一项农村基础设施管护都要有资金保障的问题。

3. 能管好。农村基础设施对管护技术和专业要求不同，还存在管不好的现象。这就要求管护机构、人员要提高管护技能和水平，还要配备专业的管护设备，提高管护能力。要通过深入调研，探索多元化管护模式，通过政府购买专业服务、专业协会管理、市场化运营等方式，对农村基础设施管护进行分类别、分行业管理，提高管护能力。还可以探索企业或个人投资基础设施管护的模式，采取“谁投资、谁受益、谁管护”的原则，由投资人自行管护，政府可根据情况给予一定补贴。通过创新管护模式和方式，提高管护的能力和水平，解决基础设施能管好的问题。

三、凝聚共识，汇聚管护工作正能量

进入新时代，发挥人民政协专门协商机构作用，把协商民主贯穿于履行职能全过程，不断提高人民政协协商民主制度化、规范化、程序化水平，更好地协调关系、汇集力量、建言献策，是人民政协的新方位、新使命。在建言资政和凝聚共识上双向发力，是人民政协展现新担当的基本要求。这次省市县三级政协围绕加强农村基础设施管护机制建设开展协商活动，可以说既是建言资政的过程也是凝聚共识的过程，今后我们还将继续关注农村基础设施管护工作，汇聚起全社会都来关心关注管护工作的正能量。

1. 在学习中凝聚共识。各级政协组织和政协委员要加强政策理论学习，正确理解和认识农村基础设施管护工作重要意义，深刻理解农村基础设施管护是推进农村人居环境明显改善、提升群众幸福指数、推进乡村振兴的重要基础，要把思想统一到省委省政府决策部署上，汇集起自觉贯彻省委省政府决策部署的共识，推动我省农村基础设施管护工作明显提升。

2. 在调研中凝聚共识。协商议政的前提，是要做好充分的调研。调研的过程，就是对新生事物的再学习、再认识、再提升的过程，也是凝聚共识的过程。我们要坚持深入基层、深入企业、深入农村开展实地调研。通过调研，真正了解农村基础设施管护存在的突出问题，找出有效解决办法。同时，各级政协委员还要当好政策宣传员，为广大群众解疑释惑，凝聚共识，汇聚发展正能量，扎实推动农村基础设施管护工作有效提升。

3. 在建言资政中凝聚共识。建言资政是政协参政议政

的主要形式，要聚焦省委省政府中心任务，发挥政协专门协商机构作用，在建言资政和凝聚共识上双向发力，在建言资政过程中凝聚智慧、凝聚共识。农村基础设施管护工作，由于涉及部门多、涉及行业多、涉及环节多，这就更需要我们在工作中凝聚共识、凝聚合力，围绕农村基础设施管护工作“谁来管、钱从哪里来、如何能管好”三个突出问题，深入开展调研，聚焦关键问题，找到破解办法，为省委省政府科学决策提供意见建议。

四、推动协商成果转化落实

在省政协党组领导下，省政协农委牵头组织的农村基础设施管护网络远程协商会，经过前期精心谋划、广泛动员、深入调研后，今天召开专题协商会，可以说这次会议是调研成果、专题协商的集中展示。下一步，政协有关部门要做好后续工作：一方面，提炼呈报协商成果。认真汇总梳理委员真知灼见和意见建议，起草好调研报告，以适当形式报省委、省政府。对委员提出的一些具体的、可操作的建议，可以转化为提案或社情民意信息的，送有关部门参考。另一方面，运用好协商成果。加强与党委政府有关部门的联系，了解意见建议转化落实情况，并及时向委员反馈。针对一些重点问题可以进一步组织视察考察活动，并结合实际提出促进解决的意见建议。

同志们，加强农村基础设施管护长效机制建设，任务艰巨，责任重大。我们要认真贯彻落实习近平总书记关于扎实推进农村基础设施建设的一系列重要论述，按照省委省政府决策部署，凝心聚力，奋发进取，确保我省农村基础设施管护工作顺利推进，为我省全面推进乡村振兴战略实施做出新的贡献。

我就讲这些，谢谢大家！

时清霜同志在防震减灾工作调度会上的讲话

（2020年12月15日）

按照许勤省长批示要求，今天开个调度会，对防震减灾工作进行安排部署。

刚才，泊生局长就全省防震减灾工作、近期震情趋势及应对措施等作了汇报，可以看出工作做得很实、成效比较明显、建议科学合理、下步措施有力。下面，我讲几点意见。

一、深刻认识防震减灾工作的重大意义。防震减灾事关人民安全、公共安全、国家安全。这项工作不是中心却能影响中心、不是大局却能牵动大局。做好防震减灾工作责任重、压力大、难度高。党的十八大以来，习近平总书记科学总结我国自然灾害基本国情，对做好防灾减灾救灾提出一系列新思想新理念新要求。特别是在唐山视察时提出“两个坚持、三个转变”的新时期防灾减灾救灾方针，为我们做好工作指明了努力方向、提供了重要遵循。近年来，全省地震系统干部职工认真学习贯彻习近平总书记关于防灾减灾救灾重要论述和防震减灾重要指示批示精神，在省委、省政府和中国地震局的领导下，依靠高素质专业化、特别能吃苦特别能战斗的人才队伍，做了大量卓有成效的工作，取得了显著成绩：有力应对唐山古冶5.1级地震灾害，提供地震速报信息时间更短、范围更加精准；推进国家地震烈度速报与预警工程等重大项目实施，更好服务京津冀协同发展、雄安新区规划建设、冬奥会筹备“三件大事”；加强学校、医院、商场和重大生命线工程抗震设防，坚持不懈筑牢地震安全防线，为建设经济强省、美丽河北提供了坚实的地震安全保障。对全省广大地震工作者的付出和坚守，应该给予高度肯定。

二、准确把握当前面临的形势任务。地震是群灾之首。经济越发展、财富越增加、人口越密集，地震灾害对经济社会和人民生活的冲击与影响越广泛，防震减灾任务越艰巨。今年是“十三五”规划、全面建成小康社会和打赢脱贫攻坚战的收官之年，明年是实施“十四五”规划、全面开启建设社会主义现代化国家新征程、向第二个百年奋斗目标进军的开局之年。越是在紧要关头、关键时期，越要防范可能迟滞经济社会发展的地震风险。我省环绕京津，地理位置特殊，震情形势非常容易引起党中央、国务院和人民群众高度关注。特别是今年唐山古冶5.1级地震发生后，李克强总理、王鹤副总理，王勇国务委员先后作出重要批示；东峰书记亲临一线视察灾情，许勤省长第一时间到省地震局调度应急处置工作；这次许勤省长又在省地震局呈报的年度趋势意见报告上作出批示，要求做到密切监测会商，及时预警防范，确保人民群众生命和财产安全。地震部门要切实提高政治站位，认真贯彻落实各级领导指示批示，始终将维护人民群众生命财产安全和社会大局和谐稳定放在首位，严格按照党委领导、政府主导、部门协同、全民参与的要求，科学分析震情趋势，配合做好防灾演练，坚定不移推进防震减灾事业现代化建设。

三、全力提升防震减灾能力水平。坚持以防为主，将灾前预防摆在更加重要的位置，聚焦薄弱环节，围绕工作重点，创新思路举措，精准施策发力，重点做好三方面工作：一是加强监测预测预警。要紧盯地震重点地区，强化震情滚动会商，扎实做好地震监测、异常核实、分析研判等各环节工作。要加快实施国家地震烈度速报与预警工程项目，按期完成京津冀地区地震预警“先行先试”任务，尽早提供更加准确的预警服务。要加快地震预警管理办法立法，建立政府主导和社会参与的权威预警信息发布机制。二是提高地震灾害风险防范能力。要紧盯问题短板，着眼需求导向，科学编制“十四五”防震减灾规划。要配合省应急管理厅、省发展改革委等部门协同推进地震灾害风险普查、地震易发区房屋设施加固等工程项目。要推动区域地震安全性评价工作，提升地震安全服务能力。要开展全省地震灾害损失预评估，有效降低灾害风险。三是做好防大震抗大灾应急准备。从刚才的汇报看，当前震情形势严峻复杂。地震部门要进一步强化风险意识，树牢底线思维，发挥好防震减灾工作联席会议办公室的职能作用，加强部门协同联动，形成防灾减灾整体合力。特别要利用专业优势，做好震情监视跟踪，为抗震救灾提供信息服务和科技支撑。同时，要广泛开展地震科普教育，引导群众主动识灾、迅速报灾、科学避灾。

Ⅲ　社会经济发展报告

综　合　篇

全省农村经济综述

2020年，全省农林牧渔业增加值4113.0亿元，同比增长3.5%，增速比一季度、上半年和前三季度分别加快3.2、1.5和1.2个百分点。全省第一产业增加值3880.1亿元，增长3.2%。

全省农林牧渔业总产值6742.5亿元，比上年增长3.5%，增速比一季度、上半年和前三季度分别加快3.2、1.5和1.1个百分点，呈现逐季回升态势。其中，农业产值3413.3亿元，增长4.2%；林业产值255.4亿元，增长5.6%；牧业产值2309.7亿元，增长0.9%；渔业产值243.2亿元，增长3.9%；农林牧渔服务业产值520.9亿元，增长8.5%。

从产业结构看，呈现“两升一降两平”的特点。农业、林业、畜牧业、渔业、服务业产值占农林牧渔业总产值的比重分别为50.6%、3.8%、34.3%、3.6%和7.7%。与上年相比，畜牧业、渔业产值比重分别提高0.7和0.1个百分点，农业产值比重下降0.8个百分点，林业、农林牧渔服务业产值比重与上年持平。畜牧、蔬菜、果品三大支柱产业稳定发展，实现产值4354.4亿元，占农林牧渔业总产值比重达到64.6%，与上年持平。

一、粮食生产再获丰收，种植结构进一步优化

1.粮食喜获丰收，单产创历史新高。全省各级各有关部门加大了对粮食生产的支持力度，层层压实粮食生产责任，积极落实各项补贴政策，着力提高农民种粮积极性。同时，气候条件较为适宜，病虫害发生较轻，有利于粮食作物生长发育。全年粮食作物播种面积6389千公顷，减少1.2%；粮食总产量3795.9万吨，增长1.5%，稳居全国第6位，连续8年稳定在700亿斤以上；粮食单产5941公斤/公顷，增长2.8%，居全国第13位，比去年上升2位，单产创历史新高。粮食生产继续保持连年丰收好形势，有效保障了粮食安全，为经济社会发展大局稳定打下坚实基础。

2.种植结构进一步优化。各地大力发展优质农产品生产，调整种植结构，调优作物品种。同时，通过实施季节性休耕、小麦节水品种及配套技术推广等农业项目，推动区域布局持续优化，扩大谷子、高粱、薯类等优质高效作物种植规模，谷子、高粱、薯类播种面积分别比上年增长12.0%、91.7%、3.7%。特色粮油发展势头强劲。优质强筋小麦比上年增加30.2千公顷，达到271.4千公顷。高油酸花生增加15.4千公顷，达到42.2千公顷。

二、经济作物总体平稳，种植结构积极调整

——棉油生产持续下降。受种植效益和农业结构调整等因素的影响，棉花播种面积持续下降。全省棉花播种面积189.2千公顷，下降7.2%，总产量20.9万吨，下降7.9%。油料播种面积355.4千公顷，下降2.5%；产量119.5万吨，下降0.02%。

——中草药持续快速发展。作为战略性新兴产业的中草药材继续保持良好发展势头，播种面积115.8千公顷，产量69.0万吨，分别增长17.2%和10.2%。

——蔬菜保持平稳增长。全省蔬菜面积、产量均保持平稳增长态势。全年蔬菜播种面积803.5千公顷，增长1.1%，总产量5198.2万吨，增长2.1%，比上年加快3.3个百分点。生姜、南瓜等小品种蔬菜种植面积快速增长，分别增长56.3%和14.6%。

——食用菌增势强劲。受政策扶持、食用菌生产效益较高等因素影响，农民种植积极性较高。2020年，全省食用菌总产量165.6万吨，增长14.1%，同比加快11.1个百分点。其中，香菇产量20.8万吨，增长10.4%，蘑菇产量139.0万吨，增长13.1%。

——瓜果类面积产量“双增长”。瓜果类播种面积74.9千公顷，产量393.0万吨，分别增长0.4%、1.5%。其中，香瓜(甜瓜)播种面积18.9千公顷，增长14.1%；总产量98.8万吨，增长10.5%；草莓播种面积8.7千公顷，增长4.9%；总产量30.4万吨，增长5.2%。香瓜、草莓及其他瓜果播种面积占瓜果类面积比重为40.2%，同比提高1.9个百分点。

三、水果及食用坚果生产稳中有增

园林水果生产形势较好，全省园林水果播种面积521.6千公顷，增长3.1%。总产量1031.4万吨，增长2.7%，比前三季度加快1.9个百分点。除梨因受低温冻害和冰雹等天气影响减产外，其他主要品种均呈增长态势。其中，苹果产量239.7万吨，增长8.2%；桃产量144.5万吨，增长6.5%；葡萄产量124.6万吨，增长4.9%；红枣产量81.5万吨，增长4.4%；柿子产量30.3万吨，增长3.3%。

全省食用坚果57.0万吨，增长7.1%，其中，板栗36.9万吨，增长13.6%。

四、林业加快高质量发展

大力实施京津保平原生态过渡带建设、冬奥赛区及张北地区绿化、雄安新区森林城市建设、规模化林场建设、太行山绿化、绿色廊道和环城林建设、大运河绿化等12项国土绿化重点工程，全力推进林业草原事业高质量发展。2020年，全省完成营造林面积1121.5万亩，超额完成全年目标任务。其中，人工造林363万亩，完成121%；飞播造林和封山育林完成140%；森林抚育面积完成150%。木材产量114.9万立方米，同比增长8%。

五、畜牧业生产稳中趋好

对冲新冠疫情影响，着力推动养殖业复工复产，落地落实各项畜牧业扶持政策，大力推进畜牧业转型升级，全省畜牧业生产整体稳中趋好，发展质量进一步提升。

——生猪生产持续恢复。在市场拉动和一系列稳产保供政策激励下，养殖场户补栏信心不断增强，新建、扩建养殖场陆续投产，生猪存栏逐季加快恢复。一至四季度分别比上年同期增长4.3%、13.8%、21.9%和23.3%，全年生猪存栏1748.8万头，增速同比加快45.4个百分点，其中，能繁母猪187.0万头，增长32.3%，同比加快51.0个百分点；生猪出栏2907.6万头，下降6.8%，降幅比上年收窄9.1个百分点；猪肉产量226.9万吨，下降6.2%，降幅比上年收窄9.3个百分点。生猪出栏由减转增。下半年以来，生猪出栏势头良好，由一、二季度下降19%和6.1%转为三、四季度增长1.0%和2.7%。

——牛羊生产总体平稳。牛羊价格持续高位运行，效益可观，极大地带动了农户养殖热情，牛羊生产保持平稳发展的势头。牛存栏358.6万头，增长2.4%，其中，肉牛存栏222.5万头，增长9.5%；牛出栏下降4.0%，牛肉产量下降2.8%，降幅均比前三季度收窄1.5个百分点。羊存栏1270.3万只，增长6.3%；羊出栏2265.8万只，增长1.4%；羊肉产量31.3万吨，增长1.0%。

——奶牛存栏、牛奶产量“双增长”。在奶业振兴扶持政策推动及市场升温拉动下，优质奶源基地建设加快，奶牛单产和奶业标准规模化水平进一步提高，乳制品加工能力提升，奶牛存栏和牛奶产量保持较快增长。全省奶牛存栏122.3万头，增长6.5%；生牛奶产量483.4万吨，增长12.8%，增速比上年加快1.4个百分点，比前三季度加快1.9个百分点。

——家禽生产平稳增长。肉鸡出栏小幅增长，由于产能过剩并受新冠肺炎疫情影响，家禽及蛋价均低位运行，效益欠佳影响了养殖户积极性，补栏速度放缓。2020年，家禽存栏4.0亿只，增长1.0%；其中，蛋鸡存栏增长1.9%，增速比前三季度回落8.3个百分点。肉鸡存栏下降1.8%，出栏6.9亿只，增长3.2%；禽肉产量102.0万吨，增长2.5%。

六、渔业生产平稳增长

全省积极克服新冠疫情带来的产品滞销、销售不畅等不利影响，渔业生产实现平稳增长。全省水产品总产量达100.3万吨，同比增长1.3%。其中，海水养殖48.8万吨，同比增长8.8%；淡水养殖26.0万吨，同比增长0.3%。受捕捞强度控制、生态环境整治力度加大等因素影响，海洋和淡水捕捞均呈下降趋势。其中，海洋捕捞17.2万吨，同比减产10.1%，淡水捕捞3.3万吨，同比减产5.5%。远洋捕捞5.0万吨。

（河北省统计局　李晓梅）

部 门 篇

农业生产

【概况】2020年，全省农业农村系统认真贯彻落实党中央、国务院“三农”决策部署和省委、省政府要求，按照“一体两翼”工作布局，以实施乡村振兴战略为总抓手，大力推进农业高质量发展，大力推进农村人居环境整治，统筹抓好疫情防控和农业农村发展，农业供给侧结构性改革、农村人居环境整治、产业扶贫等系列三年行动圆满完成，农业农村发展保持稳中有进、稳中向优的良好态势，为全省经济社会发展全局有效发挥了“基本盘”“压舱石”作用。

全年粮食播种总面积为9583.2万亩，粮食总产量759.2亿斤，连续8年保持在700亿斤以上，有效保障粮食安全供给。严格耕地保护制度，坚持把粮食生产作为“三农”工作的头等大事，新建高标准农田286万亩、累计建成4982万亩。强力推进特色产业高质量发展，2020年全省蔬菜、水果面积分别达到1205万亩、782万亩，产量分别达到5198.2万吨、1031万吨。绿色农业发展水平明显提升，化肥农药使用量连续五年保持负增长，畜禽粪污综合利用率达到77.4%，农作物秸秆综合利用率保持在95%以上，均高于全国水平。强化品牌农业建设，加强品牌宣传推介、展览展示，提升品牌影响力，形成“突出重点、分级推进、带动全局”的品牌建设新格局。农业科技支撑能力显著增强，主要农作物良种覆盖率保持在98%以上，耕种收综合机械化率达到83%。农产品质量安全有效保障，全省标准化生产覆盖率达到70%，“两品一标”有效产品数量达到1209个，全省未发生重大农产品质量安全事件，省级农产品监测总体合格率达到99%以上。全省农业农村经济继续保持稳中有进、稳中向优的良好态势。

【粮食生产】2020年全年粮食生产再获丰收，种植结构进一步优化，有效促进了种植业高质量发展。一是粮食生产再获丰收。2020年克服极端不利天气和新冠肺炎疫情影响，粮食单产创历史新高，总产量超过上年，超额完成国家下达我省粮食生产目标任务。全省粮食播种总面积为9583.2万亩、总产量为759.2亿斤，分别比国家下达我省的播种面积9480万亩、总产量747.8亿斤分别多103.5万亩、11.4亿斤，总产量连续8年保持在700亿斤以上。二是种植结构进一步优化。大力推进种植业结构调整，特色粮油发展势头强劲。优质强筋小麦比上年增加45万亩、达到405万亩；依托省级特色粮油等项目，重点打造冀东、冀中、冀南和黑龙港四个高油酸花生优势区和石家庄城郊双高大豆优势区，高油酸花生增加23万亩，达到63万亩；双高大豆达增加10万亩，达到70万亩。三是稳粮节水协同发展。推广节水小麦品种及配套技术，基本实现全省小麦播种面积全覆盖，实施季节性休耕、旱作雨养、高效节水灌溉等农业节水措施，全年减少农业用水7.98亿立方米，实现稳粮与节水协同发展。四是机械化水平提高。在全国率先打造推广智慧农场，大力推进“互联网+农机装备”，农业生产智能化、信息化水平走在全国前列。小麦耕种管收综合机械化水平达99.7%，玉米耕种管收综合机械化水平达99.99%。

【特色产业】2020年以特色农产品优势区创建为抓手，强力推进全省特色产业高质量发展。全省蔬菜、水果、中药材面积分别达到1205万亩、782万亩和174万亩，产量分别达到5198.2万吨、1031万吨、69万吨。一是特优区创建成效明显。昌黎葡萄、宽城板栗、遵化香菇、邢台酸枣(信都区、内丘县)、辛集黄冠梨等5地全部入选第四批中国特色农产品优势区，总数达到17个，位居全国第二位，成为全省特色产业发展的标杆。同时，深入推进省级特优区创建，认定望都辣椒、泊头桑葚等45个为第三批河北省特色农产品优势区，省级特色农产品优势区总数达140个。二是特色产品加工能力明显提升。全省形成了鸡泽辣椒、平泉食用菌、怀来葡萄、晋州鸭梨、安国中药材、昌黎葡萄等一批加工聚集区。17个国家级特优区中有省级以上龙头企业83家，省级以上农民合作社示范社91家。三是产销对接逐步深入。举办河北省首届梨电商大会、第五届京津冀中药材产业发展大会、第五届京津冀蔬菜食用菌产销对接暨北方秋冬季设施蔬菜大会等产销对接活动，组织特色产业生产基地、生产企业和采购商参加，不断扩大河北农业特色产业的品牌影响力。

【农业供给侧结构性改革】一是重要农产品保障能力不断增强。划定4500万亩粮食生产功能区和300万亩重要农产品生产保护区(棉花)，累计建设4982万亩高标准农田。加快恢复生猪产能，全省生猪存栏达到1748.8万头，同比增长23.3%。着力推动奶业振兴，乳制品产量358.4万吨，位列全国第一。奶牛存栏、生鲜乳产量同比分别增长6.5%、12.8%。二是农业结构调整步伐加快。明确平原地区、山区丘陵地区、坝上地区、黑龙港地下水超采区种植结构调整方向和产业布局，着力推动“四个一百”工程建设，加快形成连片开发、规模经营、龙头带动、融合发展的现代农业新格局。特色产业呈集聚发展，新产业抓大基地，中药材达到174万亩，6个中药材品种产量均占全国总量60%以上，形成“一地供全国”局面。老产业抓新提升，蔬菜产业向单品化、设施化转型，设施蔬菜达到342万亩。强产业抓固根基，形成太行山燕山百里苹果产业带、平原百万亩沙地梨产业带、冀南太行山百里中药材产业。畜牧、蔬菜、果品三大优势产业产值占农林牧渔业总产值比重达64.6%。三是“四个农业”工作持续深化。科技支撑能力显著增强，主要农作物良种覆盖率保持在98%以上，耕种收综合机械化率达到83%；绿色发展水平明显提升，化肥农药使用量连续五年保持负增长，畜禽粪污综合利用率达到77.4%，农作物秸秆综合利用率保持在95%以上，均高于全国水平；品牌竞争力显著提高，全省培育创建省级以上区域公用品牌100个、市级区域公用品牌200多个；农产品质量安全有效保障，组织申报各类农业标准计划任务书298项，制定省级农业地方标准70项，全省标准化生产覆盖率达到70%。

【高标准农田建设】2020年，深入贯彻“藏粮于地、藏粮于技”战略，主动服务“四个农业”发展，大力推进高标准农田建设。一是高标准农田建设规模再提高。争取省级以上高标准农田建设资金近45亿元，其中，中央资金32.9亿元，省级资金11亿元；向国家争取高标准农田建设任务286万亩，比2019年增加了26万亩。年中，又根据争取的省级政府性基金超收资金量，优选部分县增加建设任务2.75万亩。项目建成后，项目区灌溉排水达标面积、田间道路通达度、耕地地力等将进一步提升，进一步促进当地土地流转、规模化经营和产业发展。二是农田建设管理水平再提升。完善了农田建设常态化督导培训机制，以查代培。全面应用农田建设监测监管平台，基本实现了项目管理全部信息可查可溯。印发了我省《关于加强高标准农田建设项目监管的指导意见》，为各级加强项目监管提供抓手。在全省开展农田建设“百日大会战”，明确目标，分类施策，统筹推进，全力保障圆满完成年度农田建设硬任务。三是农田建设管理模式再拓展。实施“先建后补”试点项目3个，吸引社会资本535万元。探索了高标准农田建设新增产能和新增耕地模式，预计新增耕地852亩。开展了整县推进示范县创建，2021年农田建设任务优先满足其建设需求。

【农业产业化】一是农业产业化龙头企业不断壮大。省级安排专项资金4000万元，引导40家创新型企业在科技研发方面投入2.8亿元，新增专利202项。连续四年开展龙头企业走出去活动，组织近百家企业赴四川学习参观新希望集团。组织50余家企业参加国际农交会、安徽农业产业化交易会等国家级会展。二是农业大招商成绩喜人。全省共签约农业项目192个(其中10亿元以上大项目27个)，签约引资额955亿元，完成投资102.61亿元，在超额完成全年目标的基础上，项目数量质量较去年均有所提升。全省签约农产品加工类项目96个，有效提升了全省农产品加工业发展水平。全省累计举办或参与各类招商活动96次，与国内外知名企业精准对接158人次，引进温氏集团等21家知名大企业，引资额达351亿元。三是一二三产融合发展持续深入。争取农业农村部资金1.1亿元，新建设了11个农业产业强镇。全省农业产业化联合体达661个，有3925个新型农业经营主体和34313个种养大户参与经营，辐射带动502万户。开展了以“春观花、夏纳凉、秋采摘、冬农趣”为主题的四季线路发布，共计推介发布了157条休闲农业线路，10条线路入选中国美丽休闲乡村旅游精品线路，8个乡村入选全国美丽休闲乡村。四是农村“双创”工作再创佳绩。打造双创实训孵化基地8家，培育双创示范县8个，创建双创园区(基地)199个，今年累计3万余人参与农村创业创新，带动50余万人创业就业。3个项目晋级全国大赛决赛，分别荣获一、二、三等奖，代表我省在全国农村创业创新工作现场交流会上作了典型发言，得到部领导高度肯定。

【农业信息化】2020年围绕信息进村入户、“互联网+”农产品出村进村、智慧农业等工作，推进农业信息化发展。一是推进信息进村入户工程建设。印发《2020年信息进村入户工程整省推进示范项目实施方案》，完善全省信息进村入户工程运维体系，推进益农信息社站点建设。二是实施“互联网+”农产品出村进城工程。会同省发改委、省财政厅、省商务厅等部门联合印发《河北省“互联网+”农产品出村进城工程建设实施方案》，开展国家“互联网+”农产品出村进城工程试点申报工作，农业农村部批复我省南和、威县、永清、乐亭4县为国家“互联网+”农产品出村进城工程试点县。三是实施农业物联网应用示范。围绕智慧农业发展，推动农业农村生产经营智能化、管理服务数字化，研究制定《河北省智慧农业示范建设专项行动计划(2020-2025》，明确了农业物联网试点建设任务目标。优化完善省级农业物联网综合服务平台，对各地现有的物联网系统进行整合和集成，组织开展省级农业物联网集成应用典型评选，评选出113家河北省农业物联网集成应用典型，其中：种植类72家，畜牧类26家，水产类6家，其他类9家。四是组织2020全国县域数字农业农村发展水平评价工作。我省涉县、临西、灵寿、南和等4县(区)获2020全国县域数字农业农村发展先进县，省农业信息中心获省级优秀组织单位，16人获评价工作先进个人，南和区作为先进县代表在2020全国县域数字农业农村发展交流活动中进行了典型发言。

【农产品品牌建设】2020年加强品牌宣传推介、展览展示，提升品牌影响力，稳步推进品牌农业建设。一是强化顶层设计。研究制定《2020年农产品“河北品牌”建设工作方案》，集中力量抓好10个系列“河北品牌”、12个区域公用品牌、20个领军企业品牌建设，带动全省农业品牌发展，形成“突出重点、分级推进、带动全局”的品牌建设新格局。二是加强品牌宣传。持续在央视综合频道投放梨、葡萄、承德山水、巨鹿金银花、献县肉鸭、黄骅冬枣等农业品牌公益宣传片70余次，累计收看人次约10.2亿人次，同时利用北京西站、石家庄地铁等多种渠道宣传推介河北农业品牌，进一步了提升我省品牌农产品知名度。三是加大品牌推介。举办河北省品牌农产品(上海站、广州站、深圳站、北京站)产销对接、第五届京津冀品牌农产品产销对接、“河北农品·百膳冀为先”品牌推介发布，河北优质农产品进京年货节、河北农产品进京宣传推介等系列活动，促进我省品牌农产品市场影响力和竞争力，全年活动签约超过50亿元。四是加强展览展示。组织参加5·18河北国际经洽会、第二十四届中国廊坊农交会、上海国际现代农业品牌产品展览会、“农产品区域公用品牌热销暨中国品牌农产品展销庆丰收活动”、第十八届中国国际农交会等农业展会，设置河北特色农产品展示区，全方位宣传展示农产品“河北品牌”。其中，我省在第十八届中国国际农交会筹备组织工作得到了组委会高度肯定，我厅荣获最佳组织单位。五是提升品牌影响。举办“2020年河北省农业品牌创新创意设计大赛”“我最喜爱的河北农产品品牌”评选、“百膳‘冀’为先——河北品牌农产品有奖知识竞猜”、“庆丰收”杯农业农村摄影大赛等活动，编纂《河北品牌故事》系列丛书，申报《中国农业品牌目录2020农产品品牌》，扩大品牌社会影响力。

【农业科技进步】2020年紧紧围绕“四个农业”特别是科技农业、绿色农业目标任务，凝心聚力，攻坚克难，科教环能工作全面推进。一是农业创新驿站建设成效突显。全省共建设160个农业创新驿站，采取“十个一”模式推进，科技贡献率达到80%以上。吸纳1850多名京津冀全产业链专家，培养乡土专家、农技骨干等3100多名，推广新品种600多个、新技术新成果380多项，培育或壮大品牌160多个。示范引领800多个农业新型主体发展，辐射带动近10万农户增收致富。二是产业技术体系优化创新。19个创新团队运行管理提档升级，明确产业处室在创新团队业务指导方面的主导作用，采取常规任务+突破性任务，服务产业发展的针对性更强。2020年各团队引进、创新优异种质资源7491份、筛选引进承接农业优异新品种、新品系250个，破解各类技术难题900多项，研制新农药、新肥料、新饲料等32种，研制新型生产设备和农机具83台套，示范推广新技术985项次，全省主推技术到位率稳定在95%以上。三是农技推广服务效能明显提升。围绕县域主导产业布局，以7大类24种优势特色产业为重点，全省共建设339个农业科技示范基地。遴选绿色节水、生态环保等主导品种50个、主推技术50项和引领性绿色技术模式10项。四是秸秆综合利用水平持续提升。全省秸秆综合利用率达到97.36%，创历史新高，名列全国前茅。农民日报以河北隆化县为典型案例专版报道我省秸秆综合利用工作做法和成效。在19个县实施秸秆综合利用整县推进项目，遴选安平、玉田、大城和定州等4个县创建国家秸秆全量化利用样板县，占全国创建县的20%，探索全域全量收集模式。

【农产品质量安全】2020年严格落实“四个最严”要求，省级农产品监测总体合格率达到99%以上，全省未发生重大农产品质量安全事件。一是规范农业标准化生产。以农业新技术推广应用、集约化规模化种植养殖、生态循环、乡村治理等方面为重点，组织申报各类农业标准计划任务书298项，批准立项省级地方标准59项。与省市场监管局联合制定《关于加强农业农村标准化工作实施意见》，推进农业规模化与标准化有机融合，农业标准化生产覆盖率达到70%以上。实施农产品地理标志保护工程，“平泉香菇”等4个地标产品顺利创建。以绿色食品认证为主导，不断增加绿色优质农产品供给，全省“两品一标”有效产品数量达到1209个。二是强化追溯体系建设。全面完成追溯“六挂钩”机制实施前的国家级、省级认证认定挂钩任务核查工作，核查省级以上农业农村重大创建认定项目310个、“两品一标”认证生产经营主体356个、省级以上区域公用品牌使用单位240个、省级以上农民专业合作社801个、省级以上农业产业化龙头企业301个。印发食用农产品合格证推进方案，印制《推行食用农产品合格证制度告知书》5万份并张贴到全省所有行政村，全域推行合格证制度，全省共开具合格证222万张。完成省级追溯监管平台优化升级，依托省平台实现电子追溯的主体数量达到4300家。三是突出检验监测重点。充分发挥农产品监测“雷达”作用，严防严控风险隐患，全年共开展农产品质量安全定量检测76588批次，不合格188批次，合格率99.75%。以蔬菜、水果、禽蛋、猪肉、牛肉、羊肉和水产品为重点，开展农产品质量安全专项整治“利剑”行动，严厉打击农产品质量安全领域的违法违规行为，有效防范区域性系统性风险的发生。四是抓牢农安县创建。组织廊坊市、鹿泉区等4县(区)创建国家农安县(市)，全省162个县(市、区)完成创建任务，实现农安县全覆盖(国家农安市1个、国家农安县14个、省农安县148个)。全省通过“双认证”的检测机构数量达到70家，比2019年增加11家。

(河北省农业农村厅　刘 洁)

林业和草原

【综述】2020年，是“十三五”收官之年，“十三五”时期是我省林业草原改革发展极不平凡、成效显著的五年。全省林业草原主管部门坚持以习近平生态文明思想为指导，在省委、省政府坚强领导和国家林草局正确指导下，紧紧围绕构建京津冀生态环境支撑区和首都水源涵养功能区，大力弘扬塞罕坝精神，统筹山水林田湖草系统治理，全面加强生态系统保护修复，圆满完成了“十三五”规划的各项目标任务。特别是2020年，面对突如其来的新冠肺炎疫情冲击，全省林草系统聚焦聚力办好“三件大事”、打好“三大攻坚战”，着力抓好首都“两区”生态建设，统筹推进疫情防控和林业草原工作，各项工作取得新成效。

【生态建设】“十三五”期间生态建设与保护工作取得明显成效,国土绿化任务超额完成。以“两山、两翼、三环、四沿”为主攻方向，大力实施国土绿化三年行动，高标准抓好张家口冬奥赛区绿化、雄安郊野公园和千年秀林建设；深入开展“三创四建”活动，张家口、石家庄、秦皇岛、承德、保定、廊坊、唐山荣获国家森林城市称号，邯郸、邢台、衡水、沧州4个设区市和125个县(市、区)积极开展国家和省级森林城市创建活动。

“十三五”期间，全省完成人工造林面积166.9万公顷(2504.1万亩)，飞播造林12.7万公顷，新封山育林73.3万公顷，分别比“十二五”期间增长45%、57%、117%。

京津风沙源工程、三北防护林工程等重点防护林体系工程完成造林57.6万公顷,其中：京津风沙源工程完成造林21.2万公顷，三北防护林工程完成造林20.3万公顷，沿海防护林工程造林6.4万公顷,太行山绿化工程造林9.4万公顷，国家储备林建设工程完成0.3万公顷。

2020年，全省完成人工造林24.2万公顷，完成全年生产任务的121%；飞播造林3.7万公顷，新封山育林15.0万公顷，飞播造林和新封山育林完成全年生产任务的140%；退化林修复1.3万公顷，人工更新0.5万公顷；森林抚育面积30.1万公顷，完成全年森林抚育生产任务的138%。

全省完成京津风沙源工程、三北防护林工程等重点防护林体系工程造林13.1万公顷，与上年同期相比增长4%。其中：人工造林8.2万公顷，同比增长6%；飞播造林0.04万公顷，新封山育林3.5万公顷，退化林修复1.2万公顷，人工更新0.07万公顷，森林抚育0.06万公顷。分工程看，京津风沙源工程完成造林5.6万公顷，三北防护林工程完成造林4.5万公顷，沿海防护林工程造林0.9万公顷,太行山绿化工程造林1.9万公顷，国家储备林建设工程完成0.1万公顷。京津风沙源工程增幅最大，占比最高，占林业重点工程的43%。

【草原保护修复】加大草原修复治理力度，以省政府办公厅文件印发《关于加强草原生态保护构筑生态安全屏障的意见》，制定印发《河北省林业和草原局关于加快草原生态修复工程实施进度的通知》《河北省2020年草原生态修复治理工程工作推进方案》，督促加快项目实施进度，推进草原生态环境修复进程。

“十三五”时期完成沙化、退化、盐碱化草原生态修复治理18.13万公顷，划定基本草原111.4万公顷，张家口坝上地区12万公顷休耕种草任务提前超额完成，全省草原综合植被盖度达到73%，高于全国平均水平17个百分点。

2020年完成种草面积3.2万公顷，草原改良面积4.4万公顷；草原管护面积142.1万公顷，草原重点工程种草面积0.3万公顷，草原生态修复治理种草面积2.9万公顷。

【林草产业】“十三五”期间林业草原产业总产值7420.0亿元，比“十二五”期间增长25.3%，其中：第一产业产值3601.4亿元，第二产业产值3308.8亿元，第三产业产值509.8亿元，分别比“十二五”期间增长23%、23%、66%。

2020年全省林业草原产业总产值1404.8亿元，其中：第一产业产值677.6亿元，第二产业产值627.2亿元，第三产业产值99.9亿元。林草第一产业产值，包含林木的育种和育苗、营造林、经济林产品的种植与采集等，与上年同期相比小幅增长，增长2个百分点；其中：林木育种和育苗58.3亿元，木材和竹材采运7.9亿元，同比增长18.8%；经济林产品的种植与采集458.4亿元，同比增长6%，营造林和陆生野生动物繁育与利用产值有所下降。林草第二产业产值中木材加工和木、竹、藤、棕、苇制品制造业产值359.4亿元，占第二产业产值的57%，非木质林产品加工制造业产值184.8亿元，占第二产业产值的29%。第三产业产值包含林业旅游与休闲服务产业，受疫情影响较大，其中：林业生产服务产业7.0亿元，占第三产业产值的7%，林业旅游与休闲服务产业产值72.5亿元，占第三产业产值的75%。

【生态扶贫】认真贯彻落实中央、省委关于扶贫工作的决策部署，始终将生态脱贫作为一项重要的政治任务，加强组织领导，集中林草业政策、资金、科技等行业优势要素，精准对接贫困地区，全力推进生态脱贫工作,圆满完成《关于推进生态保护脱贫行动的实施方案》明确的目标任务。

“十三五”时期累计安排贫困县林业草原资金132.9亿元，支持贫困地区完成营造林1895万亩，62个贫困县经济林面积达到1800万亩，5.1万建档立卡贫困人口聘为生态护林员。牵头“五包一”帮扶的沽源县如期脱贫摘帽。

2020年全年62个贫困县安排省级以上资金35.5亿元，占全省资金总量的73.04%，为历年最高，将10个深度贫困县作为重中之重予以倾斜，共安排项目资金19.3亿元，占全省资金总量的39.7%。全年落实生态护林员专项资金2.99亿元，聘用建档立卡贫困人员5.1万人，实现精准脱贫。62个贫困县营造林面积469.34万亩，新发展经济林和提质增效面积28万亩，带动户数3300余户，均超额完成年度目标。我局牵头负责的林业生态扶贫和沽源县对口帮扶工作多次得到国家林业局和省领导的肯定和表扬。

【资源管理】资源保护管理全面加强。编制完成自然保护地整合优化预案，除风景名胜区外的225处自然保护地整合优化为189处，全省自然保护地面积140.14万公顷，占国土面积的7.43%。加大林业草原有害生物防治力度，林业有害生物成灾率远低于4‰的国家控制指标。严格林地定额管理和用途管制，3046万亩重点生态公益林、1317万亩天然商品林得到有效保护。平山县、秦皇岛市开展了林长制试点工作。全面落实《河北省湿地保护条例》，组织实施了衡水湖、白洋淀、北戴河、闪电河等湿地保护修复项目，全省湿地保有量1413万亩，湿地保护率达到43.88%，白洋淀水质稳定达到Ⅳ类标准。加大野生动植物保护力度，认真贯彻落实全国人大禁食野生动物《决定》和省政府办公厅《实施意见》，圆满完成13.7万头(条、只)禁食野生动物后续处置工作，6520万元补偿资金全部到位。

【森林草原防火】着力构建“天空地”一体化防火监测体系，在全国率先建成森林草原防火视频监控系统，安装前端探头5549个，张家口市以外的重点森林草原防火区实现视频监控全覆盖，确保火情早发现、早处置。“十三五”时期全省累计发生森林火灾155起，受害面积644.48公顷，比“十二五”时期分别下降61.2%和21.95%，没有发生“进京火”和重特大以上森林草原火灾。2020年全省发生森林火灾13起，过火面积232.7公顷，受害面积14.4公顷，同比分别下降68.3%、58.2%和86.9%，“清明”“五一”“两会”期间实现了零火情。我省视频监控系统建设经验在全国推广，森林草原防火工作受到国家林草局通报表扬。

【林业改革】林业草原改革不断深化。省委、省政府深入学习贯彻习近平总书记对塞罕坝林场建设者感人事迹重要指示精神，成立了桐利常务副省长任组长的塞罕坝林场及周边地区生态保护工作领导小组，研究出台了《塞罕坝机械林场“二次创业”方案》《塞罕坝机械林场及周边区域管理体制改革创新方案》《塞罕坝机械林场及周边区域森林草原生态保护规划》，着力打造新时代塞罕坝生态文明示范区。塞罕坝林场先后荣获联合国环境署“地球卫士奖”和全国文明单位、全国生态建设突出贡献先进集体、感动中国年度团体、最美奋斗者等荣誉称号。国有林场改革全面完成，126个国有林场定性为公益性事业单位，林场经费全部纳入财政预算；核定各类编制7737个，其中事业编制6675个，较改革前精简12%。集体林权制度改革深入推进，赞皇县、平泉市国家集体林业综合改革试验区通过国家林草局验收评估。

【法治建设】法治建设取得新进展。“十三五”时期我省颁布实施了《河北省湿地保护条例》《河北省绿化条例》《关于加强张家口承德地区草原生态建设和保护的决定》《关于加强太行山燕山绿化建设的决定》等4部地方性法规。对《河北省实施〈中华人民共和国森林法〉办法》《河北省陆生野生动物保护条例》《河北省林木采伐管理办法》等5部法规规章进行了修正，林草法律法规体系日臻完善。严格行政执法主体资格管理，推进行政执法三项制度改革，落实行政权力清单制度，做好行政复议和诉讼工作，积极推进行政公益诉讼，确保林业草原工作在法治轨道内规范运行。

2020年按照省人大、省政府年度立法计划，制定《河北省陆生野生动物保护条例(修订)》《衡水湖保护条例》等立法方案；对标对表《民法典》，对我局职责范围内的法规、规章、规范性文件进行全面清理；组织开展全省野生动物保护领域规章、规范性文件清理工作；大力宣传贯彻新《森林法》。

(河北省林业和草原局　闫香妥)

畜牧业生产

一、畜牧业生产发展概况

【畜牧业发展概况】全省肉类、禽蛋、奶类产量分别达到415.8万吨、389.7万吨和483.4万吨，同比分别下降3%、增长1%和12.8%，分别位居全国第5位、第3位和第3位。2020年全省生猪存栏1748.8万头，其中能繁母猪存栏187万头，同比增长23.3%、32.3%；生猪出栏2907.6万头，同比下降6.8%。奶牛存栏123万头，生鲜乳产量483.4万吨，同比增长6.5%、12.8%。肉牛存、出栏分别为222.5万头和335.2万头，同比增9.5%、下降4%。羊存栏1270.3万只，其中山羊存栏365万只、绵羊存栏905.3万只，同比增长6.3%、0.02%、9%；羊出栏2265.8万只，同比增长1.4%。家禽存栏3.99亿只，其中：肉鸡存栏0.76亿只，同比增长1%、下降1%；蛋鸡存栏2.85亿只，同比增长1.9%；家禽出栏6.87亿只，同比增长3.1%。

【畜禽种业】全省共有种畜禽生产经营企业305家，其中曾祖代、祖代或原种场43家，其它扩繁场262家。在曾祖代、祖代或原种场中，有国家级核心育种场及国家良种扩繁基地12家，其中生猪国家级核心场4家、蛋鸡国家级核心场1家、蛋鸡国家级良种扩繁基地3家、肉鸡国家级良种扩繁基地1家、奶牛国家级核心育种场1家、肉牛国家级核心育种场2家、国家级保种场(渤海驴)1家。从品种上分，种猪场135家，种公猪站25家，种公牛站2家，种牛胚胎生产企业1家，蛋、肉鸡种鸡场95家，种奶牛场6家，种肉牛场3家，种羊场21家，种鸭场9家，其他种畜禽生产经营企业8家，其中2家省级地方品种保种场(深县猪和太行鸡)。

【生猪生产】生猪产能提前1个季度超额完成国家任务采取的主要举措：一是成立河北省恢复生猪生产协调办公室，加强组织领导和部门协调。二是制定《关于保障2020年春节和全国“两会”期间猪肉市场供应工作方案》《河北省2020-2021年恢复生猪生产工作方案》。三是优化产业布局，引导生猪养殖业向优势聚集区转移集中，形成集聚优势。四是推动低等级养殖场扩大规模、改造提升设施设备，迈向更高等次，加快转型升级。

【奶业生产】全省奶牛存栏123万头，生鲜乳产量483.4万吨，同比增长12.8%。乳制品产量358.4万吨，同比增长2.6%，居全国第一位，其中乳粉产量10.5万吨，全国排名由第四跃居第三。支持270个家庭牧场改造升级，100个奶牛养殖场实施智能奶牛场建设，全省智能化奶牛场总数达到610家。新建、扩建并年内投产的乳制品加工项目共9个，新增年处理生鲜乳能力82.7万吨。君乐宝旗帜三款幼儿配方奶粉和“白小纯”获得2020年世界食品品质评鉴大会“金奖”，优萃有机奶粉摘得第14届“中国国际有机产品博览会”(亚洲最具规模和影响力的有机产品盛会之一)“年度有机奶粉金奖”“年度最具影响力品牌奖”两大奖项，受到全球关注。2020中国奶业20强峰会和第十一届中国奶业大会在我省石家庄市成功举办。

二、动物疫情防控

【重大动物疫病防控】按照农业农村部安排部署，狠抓春秋两季强制免疫为主防控工作，确保了全省重大动物疫情形势稳定。2015-2019年，河北省连续5年被农业农村部评为加强重大动物疫病防控延伸绩效管理优秀省份。全面完成春季和秋季重大动物疫病防控工作。全省共完成口蹄疫免疫猪3505.61万头次、牛745.76万头次、羊3598.59万只次，禽流感免疫7.62亿只次，布鲁氏菌病共免疫牛羊2470.17头(只)次，小反刍兽疫免疫羊2912.27万只，应免畜禽免疫密度均为100%。积极开展疫病监测与流行病学调查。先后制定并组织实施了《2020年河北省动物疫病监测与流行病学调查实施方案》《2020年河北省动物疫病省级定点监测工作方案》。高致病性禽流感免疫抗体监测36万份，抗体合格率96.6%；禽流感H9免疫抗体监测1.9万份，抗体合格率98.76%；口蹄疫免疫抗体监测19.6万份，合格率94.29%；猪瘟免疫抗体监测9.7万份，抗体合格率94.28%；小反刍兽疫免疫抗体监测3.3万份，抗体合格率94%。

【非洲猪瘟防控】坚决落实党中央、国务院和农业农村部关于生猪恢复生产决策部署，以“三式管理、三大行动”为抓手，持续推进非洲猪瘟常态化防控。严格“密罐式”管理，督促指导养殖企业落实“八要八禁止”措施，强化人流、物流、车流、猪流管控力度，构建有效防护非洲猪瘟屏障。全年排查猪只9.05亿头次，抽检样品81342份，未发现异常情况。严格“高压式”管理，按照“头头采、批批检、全覆盖”的原则，全面开展屠宰企业非洲猪瘟检测，屠宰企业自检50多万份，省市县三级农业农村部门监督抽检样品88870份，对检出32份阳性的15家屠宰企业全部按规定处理。严格“问责式”管理。明确驻场官方兽医责任，对履职不到位的严肃责任追究，5名官方兽医被撤职、调离、通报。扎实开展大清理大清洗大消毒行动，全省消毒生猪养殖等场所318.03万个(次)，消毒面积46.75亿平方米。开展生猪调运全程监管，全面推行检疫证明回收制度，及时核查猪只到达情况，省内检疫证明回收率达到99.5%。开展养殖屠宰企业建档升级行动，3家生猪养殖企业通过国家无非洲猪瘟小区评估验收，清理46家屠宰“空壳企业”。全省未发生非洲猪瘟疫情，助力生猪恢复生产。我省“三式管理、三大行动”做法被农业农村部畜牧兽医局向全国推广。

【人畜共患病防控】组织对肉牛、羊、奶犊牛实施布病强制免疫，全省共免疫肉牛394.35万头、羊2058.95万只、奶犊牛16.87万头。全省布病检测奶牛场732个、奶牛42.3万头，结核病检测奶牛场750家，奶牛46.9万头，未发现布病、结核病检测阳性的奶牛。严格限制奶牛从高风险区向低风险区移动。为从事养殖、屠宰、加工、基层防疫员等从业高危人群开展培训，累计开展培训2390场次，发放宣传资料108.08万余册，培训16.37万余人次，高危人群知识知晓率达90%以上。编制印发《主要人畜共患病防治技术规范及诊断技术标准汇编》3260册，“家畜布病防控知识挂图”24680张，制作布病防控知识宣传片，并在河北广播电台农民频道“农博士在线”播出。加强畜间炭疽防控工作，积极应对保定市满城区、唐县和邢台市清河县人感染炭疽防控工作，第一时间派出专家组赴保定、邢台市指导防控工作。组织编写《家畜炭疽防控知识手册》。印发《河北省农业农村厅办公室关于切实做好畜间炭疽防控工作的紧急通知》和《河北省畜间炭疽病应急工作方案(试行)》。组织在全省开展牛羊等牲畜炭疽疫情排查，未发现异常情况。

【动物疫病净化】完成了全省养殖场省级动物疫病净化示范场/创建场申报书的审核，确定5家养殖场为第三批动物疫病净化“两场”拟评估企业。组织开展动物疫病净化评估专家换届推荐工作，调整、补充专家队伍，聘任河北省第二届动物疫病净化评估专家40名。印发《关于做好河北省第三批省级动物疫病净化场现场评估工作的通知》，组织专家组对5家养殖企业进行现场评估和调查采样工作。

【动物防疫补助】本年度强制免疫疫苗招标预算22805万元，牲畜耳标招标财政预算安排资金979.7万元，重大动物疫病防控应急物资经费140万元。全省共调拨口蹄疫疫苗12935.25万头份/万毫升、禽流感疫苗40500万毫升/羽份、布病3753.96万头份、小反刍兽疫苗4270万头份；猪耳标4356.66万套、牛耳标220.41万套、羊耳标756.80万套，订购检测试剂699,20万元。支持省应对新型冠状病毒感染的肺炎疫情防控工作领导小组办公室防控应急物资3M 口罩600个，一次性手套500个，紫外消毒灯5个。5月份重大动物疫病防控集中大消毒活动中，全省共调拨下发消毒药150吨。充实重大动物疫情应急储备库应急物资13种2,5万个(件、套)，消毒药141.6吨。

二、兽医管理

【兽医队伍建设】河北省将“在生猪大县实施乡镇动物防疫特聘计划”工作，列为省委1号文件重点实施任务目标。从财政、人事等方面加大支持力度，在全省养殖大县中从各类兽医经营主体技术骨干中招募一批特聘动物防疫专员。7月初省农业农村厅下发《关于在生猪调出大县实施乡镇动物防疫特聘计划的通知》，在全省正式启动了生猪调出大县乡镇动物防疫特聘计划。各实施县农业农村部门积极争取地方政府支持，牵头建立了特聘计划领导协调机制和工作制度，确保招募工作顺利实施。按照农业农村部有关要求，河北在21个生猪养殖大县，共招募383名特聘动物防疫专员，专职从事动物防疫相关工作，为有效防控非洲猪瘟等重大动物疫病提供了有力支撑。

【兽医实验室管理】一是提升市县级兽医实验室监测能力。按照《河北省兽医系统实验室考核验收(复查换证)实施方案》和厅业务工作考核目标要求，实验室人员检测结果分析和综合预警能力逐年提高。兽医实验室配备了细菌学和血清学检测仪器设备，全部能开展血清学检测。全省11个市级、2个直管县、137个县级兽医实验室通过考核验收(复查换证)并通过了非洲猪瘟病原学检测能力比对，获得非洲猪瘟荧光 PCR 检测资质。二是落实兽医实验室生物安全管理。强化动物病原微生物实验室生物安全管理制度，明确了生物安全责任。印发《关于进一步加强病原微生物实验室生物安全管理工作的通知》《关于开展2020年全省动物病原微生物实验室生物安全专项检查工作的通知》，组织开展全省兽医实验室审查备案和生物安全专项检查活动。三是强化兽医实验室管理暨生物安全技术培训。邀请中国疫控中心、中国动物卫生及流行病学中心和国家外来动物疫病研究中心专家授课，提升了全省各级兽医实验室生物安全管理水平。

四、粪污资源化利用

【畜禽粪污资源化利用】全省畜禽规模养殖场粪污处理设施装备配套率达到100%，畜禽粪污综合利用率达到77.4%，分别超出国家年度任务5.0和2.4个百分点。采取的措施：一是开展绩效评价。协调省政府办公厅召开了相关部门负责人参加的畜禽养殖废弃物资源化利用工作调度会，推动政策落实。制定考评办法，对各设区市2019年度畜禽粪污资源化利用工作进行了绩效评价，并将评价结果通报各市政府，进一步压实属地管理责任。二是加强项目管理。先后召开2次全省畜禽粪污资源化利用项目及工作调度视频会和1次现场培训会，对项目实施和重点工作推进进行了安排部署，分析存在问题，提出解决办法，明确时间节点，加大推进力度。针对项目推进缓慢的6个县，由王国发厅长对县委书记或县长进行了视频约谈，督促采取有效举措，加快推进项目实施。三是开展专项督导检查。组织市县对全省6645家大型规模养殖场粪污资源化利用情况进行全面摸排检查，督促粪污处理设施不配套、综合利用不规范的养殖场建立台账，强化整改。组织我省现代农业产业体系5个涉牧团队专家组成5个督导组，围绕整县推进项目实施、规模养殖场设施配建等重点工作，开展了两轮督查指导，开展针对性技术指导与服务，确保全年任务目标顺利完成。四是指导雄安新区有序退养。按照雄安新区畜禽养殖全面退养工作计划，对区域内5672户养殖场分类指导开展退养工作，目前已退养4069场、户，剩余1603家散养户按计划于2021年底前全部退出。五是开展承载能力评估工作。对全省145个县开展了畜禽养殖环境承载能力评估，目前信息数据已采集完毕，预计年底前完成评价，并将相关信息及时反馈各县。届时，将实现对全省县级畜禽养殖环境承载力评估全覆盖。六是推进“畜禽养殖污染监测及评估体系项目”建设。通过公开招标确定了供应方，签订采购合同，针对购置设备型号，组织人员进行了配套的气路、通风、水、电等基础设施改造。全年组织实验室人员参加相关技术和安全培训45人次，不断提升工作人员的专业技能，加强仪器设备日常维护，确保实验室安全管理。

【病死畜禽无害化处理】根据农财两部通知要求，省农业农村厅和省财政厅联合印发《关于进一步加强病死畜禽无害化处理工作的通知》，明确了中央和省级财政病死猪无害化处理补助资金一并切块下达，包干使用。经省政府同意，省农业农村厅、省财政厅制定了《河北省病死畜禽无害化处理分类补助方案》，出台了全省病死猪无害化处理分段补助指导标准，按病死猪大小分三段实施补助，其中55(含)cm 以下不超过45元/头、55-100(含)cm 不超过90元/头、100cm 以上不超过160元/头(以上长度是指从病死猪的耳根处至尾根处)，各市结合实际确定辖区内具体补助标准。2020年养殖环节病死猪无害化处理补助经费安排中央财政资金19713万元、省级财政资金10292万元。

五、科技推广

【科技推广】上半年受新冠肺炎疫情影响，组织全省畜牧技术推广体系与现代农业产业技术体系涉牧团队“携手联动”进行视频授课，开展线上培训130余期。下半年，先后在沧州、保定和邯郸市举办肉鸡、生猪、肉羊养殖技术培训班3期。全年参加线上和线下学习的从业人员超过2.7万人次。组织专业技术人员不断加强专业技术学习与实践，积极开展课题研究，营造浓厚的学术氛围。全年开展“专技大讲堂”4期，省本级发表专业论文27篇、申报并立项省级科技计划项目8项。

【畜牧推广体系建设】配合全国畜牧总站对13个市(含定州、辛集市)及所属县、乡畜牧推广机构开展畜牧推广体系调研。省级为河北省畜牧总站(河北省畜牧业监测预警服务中心)。编制44，现有人员49人，超编5人。研究生学历1人、本科学历41人、专科学历2人、其他5人。高级职称32人、中级职称12人、初级职称2人、其他3人。省本级没有专项技术推广经费。

市级畜牧技术推广机构13个(含定州、辛集)，11个全额拨款事业单位，2个差额事业单位，核定编制202人，实际在岗干部职工198人。研究生学历19人、本科学历120人、专科学历37人、其他26人。高级职称81人、中级职称53人、初级职称24人、其他44人。县级畜牧技术推广机构202个，其中县级派出机构110个、独立设站76个、综合服务中心9个、其他14个，经费来源方面，145个全额事业单位、44个差额事业单位。在岗人员1003个，有518个是本科(含本科)以上学历。

(河北省农业农村厅　赵学风)

渔业生产

【概况】2020年，全省渔业系统围绕提质增效、减量增收、绿色发展、富裕渔民的目标，转方式、调结构、强基础、拓功能，积极推动捕捞业减船转产，大力发展水产绿色健康养殖，加大水域生态环境保护、渔业资源增殖放流、海洋牧场建设力度，促进渔业一二三产业融合发展，强化渔业执法和科技创新，克服了新冠疫情不利影响，实现了渔业稳产和京津冀地区水产品保供及质量安全保障，提升了渔业现代化水平，促进了渔业经济保持平稳较快增长。

全省水产品总产量100.3万吨，同比增长1.3%。其中，海洋捕捞17.2万吨，同比下降10.1%；海水养殖48.8万吨，同比增长8.8%；淡水养殖26.0万吨，同比增长0.3%；淡水捕捞3.4万吨，同比下降5.5%；远洋捕捞5.0万吨，与上年持平。渔业经济总产值303.3亿元，同比增长8.5%。渔民人均纯收入19547元，同比增长6.0%。

【捕捞业】积极推进海洋捕捞渔民减船转产和渔船更新改造工作，全省累计减船971艘，更新改造渔船439艘，减少功率44374.63千瓦，进一步提升了渔船装备水平，有效降低了近海捕捞强度。全省海洋捕捞产量17.2万吨，同比下降10.1%。海洋捕捞渔船3539艘，同比下降0.90%；规范、巩固现有远洋渔业生产，全年远洋捕捞产量达5.0万吨，同比持平；积极控制淡水捕捞生产，全省淡水捕捞产量3.4万吨、同比下降5.5%，淡水捕捞渔船1043艘，同比减少6.5%。

【水产养殖业】海水养殖恢复性增长，相较于2019年受台风等因素影响的海水养殖面积、产量双下降，2020年海水养殖生产呈现恢复性增长，且水产品价格有所上涨，海水养殖产量达48.8万吨，同比增长8.8%，其中扇贝产量31.9万吨、海参1.3万吨，同比分别增长7.2%和96.2%；淡水养殖趋于稳定，淡水养殖产量26.0万吨，同比增长0.26%，养殖面积3.6万公顷，同比减少0.87%。

【渔业二三业】渔业二三产业受疫情影响较大。水产加工品总量增、产值降，全省水产品加工总量为9.8万吨，同比增长17.1%，其中加工海产品8.4万吨，同比增长18.3%。水产品加工产值25.8亿元，同比下降12.1%；全省休闲渔业经济总产值7.4亿元，同比下降13.8%。全省休闲渔业经营主体827家，同比下降10.1%。接待游客数量407万人次，同比减少6.5%；水产流通业产值4.2亿元，同比下降14.2%。

【渔业经济发展】全省渔业经济总产值303.3亿元，同比增长8.5%。其中第一产业产值257.5亿元，同比增长13.1%，在渔业总产值中的占比为84.9%；渔业二、三产业产值受疫情影响有所下降，分别为29.8亿元、16.0亿元，同比下降11.1%和12.2%。水产品价格高位运行，渔业新型业态加快发展，有效促进了渔民增产增收，渔民人均纯收入19547元，同比增长6.0%。

【水产苗种】受新冠疫情影响，养殖生产前期压塘量较多，投苗量减少，投苗生产向后延迟到6月份，多数苗种需求有所下降。淡水鱼苗37.2亿尾，同比减少5.8%；淡水鱼种2.0万吨，同比减少4.9%；鲆鱼627万尾，同比减少63.6%；虾类育苗310.0亿尾，同比减少26.5%。随着海参市场的需求量增大，苗种生产大幅提高，育苗21.2亿头，同比增加109.0%。

【渔业灾情】全省渔业系统加强组织领导，制定并下发加强水产养殖、做好渔业应急保障供应等文件，全力做好水产苗种产地检疫工作试点工作，开展水生动物重大动物疫病专项监测，2020年灾情造成损失明显下降。受灾养殖面积2681公顷，同比下降84.2%，水产品损失2043吨，同比下降91.5%，直接经济损失11531.5万元，同比下降72.0%。

(河北省农业农村厅　雷　霞)

农村居民收入与消费

2020年，面对突如其来的新冠肺炎疫情，省委省政府认真贯彻落实党中央、国务院决策部署，统筹推进疫情防控和经济社会发展，扎实做好“六稳”工作，全面落实“六保”任务，经济社会发展逐渐向好。据河北省住户抽样调查资料显示，2020年河北农村居民收入逐季回升，消费由负转正，全年农村居民人均可支配收入16467元，比上年增加1094元，增长7.1%；农村居民人均生活消费支出12644元，比上年增加272元，增长2.2%。

一、农村居民收入全面增长

2020年，全省农村居民人均可支配收入16467元，增长7.1%，扣除物价因素，实际增长4.8%。从收入来源看，四项收入全面增长(见表1)。

表1 2020年河北农村居民人均可支配收入及构成数据表

单位：元，%

指标名称	水平	增量	增速	占比
可支配收入	16467	1094	7.1	100
一、工资性收入	8598	478	5.9	52.2
二、经营净收入	5517	418	8.2	33.5
三、财产净收入	352	29	8.9	2.1
四、转移净收入	2000	169	9.2	12.2

(一)工资性收入稳步增长。2020年，全省农村居民人均工资性收入8598元，增长5.9%，较一季度快8.6个百分点，较上半年快3.3个百分点，较前三季度快0.7个百分点，占农村居民人均可支配收入的52.2%，拉动收入增长3.1个百分点，对收入增长的贡献率为43.7%。农村居民工资性收入占农村居民可支配收入的半壁江山，是拉动农村居民增收的主动力。

拉动工资性收入稳步增长的主要因素：疫情得到控制后，各级政府相继出台多项稳就业、促生产的政策措施，着力提高农村居民就业水平。农民工监测调查显示，受疫情影响，全省农民工总量在2020年2月末跌至低谷，随着复工复产逐步推进，年底农民工总量基本恢复至上年水平的98%。同时农民工保障体系日益完善，2020年农民工月工资水平实现较快增长，增长11.8%，有力拉动了农民工资性收入的增长。

(二)经营净收入恢复较快。2020年，全省农村居民人均经营净收入5517元，增长8.2%，较一季度快14.3个百分点，较上半年快4.1个百分点，较前三季度快2.1个百分点，占农村居民人均可支配收入的33.5%，拉动收入增长2.7个百分点，对收入增长的贡献率为38.2%。随着各项惠农政策的全面落实，第一产业经营净收入占经营净收入的比值提高到52.3%，成为农村居民增收的有力支撑。

促进经营净收入恢复较快的主要因素：一是粮食生产再获丰收，为农村居民经营净收入稳定增长打下坚实基础，2020年全省粮食总产量达到3795.9万吨，增产56.7万吨，增长1.5%。二是畜牧业生产形势较好，受生猪价格持续走高影响，2020年生猪养殖积极性大幅度提高，带动牛、羊、禽等养殖稳中向好。三是农产品价格上涨有效拉动农民经营收入增加。2020年农产品价格总体保持上涨态势，有效拉动农户经营收入增加。

(三)财产净收入继续增加。2020年，全省农村居民人均财产净收入352元，增长8.9%，较一季度快12.0个百分点，较上半年快3.0个百分点，较前三季度快2.4个百分点，占农村居民人均可支配收入的2.1%，拉动收入增长0.2个百分点，对收入增长的贡献率为2.6%。农村居民人均财产净收入占可支配收入的比重相对较小，但增长潜力较大。

巩固财产净收入继续增加的主要因素：一是利息净收入与储蓄保险净收益等金融类收入受疫情影响较小，人均增收44元。二是乡村振兴战略稳步推进，农村集体经济逐步回暖，农民红利收入人均增收16元。

(四)转移净收入增长最快。2020年，全省农村居民人均转移净收入2000元，增长9.2%，较一季度快5.8个百分点，较上半年快6.3个百分点，较前三季度快3.8个百分点，占农村居民人均可支配收入的12.2%，拉动收入增长1.1个百分点，对收入增长的贡献率为15.4%。脱贫攻坚政策释放增收红利，多因素推动转移净收入增长较快。

推动转移净收入增长较快的主要因素：一是脱贫攻坚政策补助力度加大，贫困户从政府得到的实物产品和服务、惠农补贴等转移性收入增多。二是退休人员再涨基本养老金。从2020年1月1日起调整退休人员基本养老金，并在7月底前发放到位。三是农业生产政策补贴力度加大，生产经营户获得可观的农业生产补贴。四是新农合报销比例提升，保险范围扩大，农民健康意识逐渐提高，报销医疗费增长22.1%。

二、农村居民收入增长特征

(一)农村居民收入增速逐季加快。2020年一季度正处于新冠疫情较严重期，农村居民收入出现负增长，随着防疫形势逐渐好转，加之政府一系列复工复产、帮扶惠民政策的出台，从二季度开始，收入增速开始回升，全年增速达到7.1%。一季度、上半年、前三季度和全年农村居民收入增速分别是-3.2%、3.2%、5.5%和7.1%，全年增速比一季度、上半年、前三季度分别提高了10.3、3.9和1.6个百分点，增速逐季加快。

(二)城乡收入相对差距逐步缩小。2020年，全省城镇居民人均可支配收入增长4.3%，慢于农村居民收入增速2.8个百分点。城乡收入比(以农村居民收入为1)为2.26，比上年缩小0.06。但从绝对差额来看，城乡居民收入差距仍呈扩大趋势，农村居民可支配收入与城镇居民可支配收入的绝对额差距由上年的20365元扩大到2020年的20819元，扩大了454元。

(三)河北农村居民人均可支配收入增速快于全国。2020年，全国农村居民人均可支配收入17131元，增长6.9%，全省农村居民人均可支配收入增速快于全国0.2个百分点。分项来看，工资性收入增速与全国持平，经营净收入增速高于全国2.7个百分点，财产净收入和转移净收入增速分别低于全国2.1和1.8个百分点。

三、农村居民消费由负转正

2020年，全省农村居民人均生活消费支出12644元，增长2.2%，比一季度、上半年和前三季度分别提高了8.0、6.0和3.9个百分点，全年增速由负转正。农村居民生活消费持续恢复，复苏态势好于城镇。

(一)疫情对消费影响大于收入。2020年一季度，全省农村居民人均生活消费支出下降5.8%，下降幅度比收入大2.6个百分点；上半年农村居民人均生活消费支出下降3.8%，而农村居民收入实现正增长，增长3.2%；前三季度农村居民人均生活消费支出下降1.7%，农村居民收入增长5.5%；全年农村居民人均生活消费支出12644元，增长2.2%，比收入低4.9个百分点。疫情对消费影响大于收入，消费潜力有待激发。

(二)消费八大项“五升三降”。2020年，全省农村居民人均消费支出八大项呈现“五升三降”态势，增长最快的是食品烟酒，增长11.8%，其次是交通通信、医疗保健、衣着和居住，分别增长3.6%、3.5%、2.2%和0.8%；下降最快的是其他用品和服务，下降16.2%，其次是教育文化娱乐和生活用品及服务，分别下降15.5%和1.6%(见表2)。

表2 2020年河北农村居民人均生活消费支出情况

单位：元，%

指标名称	水平	增速	占比
生活消费支出	12644	2.2	100
一、食品烟酒	3687	11.8	29.2
二、衣着	811	2.2	6.4
三、居住	2711	0.8	21.4
四、生活用品及服务	783	-1.6	6.2
五、交通通信	1893	3.6	15.0
六、教育文化娱乐	1155	-15.5	9.1
七、医疗保健	1380	3.5	10.9
八、其他用品和服务	225	-16.2	1.8

(三)恩格尔系数显著上升。2020年，全省农村居民恩格尔系数为29.2%，比上年上升2.5个百分点。疫情期间受防控措施影响，居民外出次数大幅减少，在家用餐比例大幅提高，同时受部分居民存在恐慌情绪，囤积食品，造成粮油、蔬菜、肉类等生活必需类食品支出增长较快。同时，据CPI调查数据显示，2020年河北农村食品价格快速上涨，增长9.5%，饮食成本提高。双重因素造成农村居民恩格尔系数显著上升。

(四)服务性消费支出受疫情影响较大。服务性消费在居民消费中的需求刚性较弱，疫情期间受到的影响相对较大。一季度服务性消费支出下降17.6%。随着疫情逐步得到控制，社会经济活动有序回归正轨，其增幅虽然也呈现出持续回暖态势，但全年来看，仍下降4.0%。全年农村居民服务性消费支出占生活消费支出的比重为35.5%，下降2.3个百分点。

(五)城乡居民消费差距继续缩小。随着农村居民收入的快速增长，脱贫攻坚成效的持续巩固，农村市场消费潜能得到有效释放。2020年，农村居民人均生活消费支出增长2.2%，快于城镇居民3.5个百分点，城乡消费比(以农村居民生活消费为1)为1.83，比上年缩小0.07。从绝对差值看，城乡居民生活消费绝对差值为10523元，比上年缩小588元。

四、对策建议

2021年是实施“十四五”规划、开启全面建设社会主义现代化国家新征程的第一年，也是我们党成立100周年，实现农村居民收支持续增长具有特殊的意义。各级各部门要深入贯彻落实中央农村工作会议精神，巩固和拓展脱贫攻坚成果，全面推进乡村振兴，加快农业农村现代化步伐，千方百计增加农民收入，综合施策激发农村居民消费活力，努力让农村居民生活得更富裕、更幸福。

(一)扩大就业创业带动工资性收入增加。一是完善劳务工作体系，发挥市场的主体作用，及时发布各类就业信息，有效组织劳务输转，着力促进农民工务工就业。二是加强特色行业培训，通过提升劳动技能促进劳动者就业。三是大力发展县域经济，支持本地企业发展、重大项目工程建设，稳定乡村公益性岗位，强化灵活就业举措，促进农村闲置人员就地就近就业。四是帮助符合条件的返乡创业农民工选好就业门路，提升创业能力，落实创业政策，带动就业。

(二)振兴乡村产业拉动经营净收入增长。一是稳定和加强种粮农民补贴，完善最低收购价政策，调动农民种粮积极性，保障粮食安全。二是推进农业供给侧结构性改革，大力培育名特优精农产品，把农产品规模做优、做大、做强、做出特色，形成产业规模。三是延长农产品增值链条。形成一批农业深加工龙头企业，通过加工增值，提高农产品的加工率和产业的非农化程度，提高农产品科技含量。四是推动农

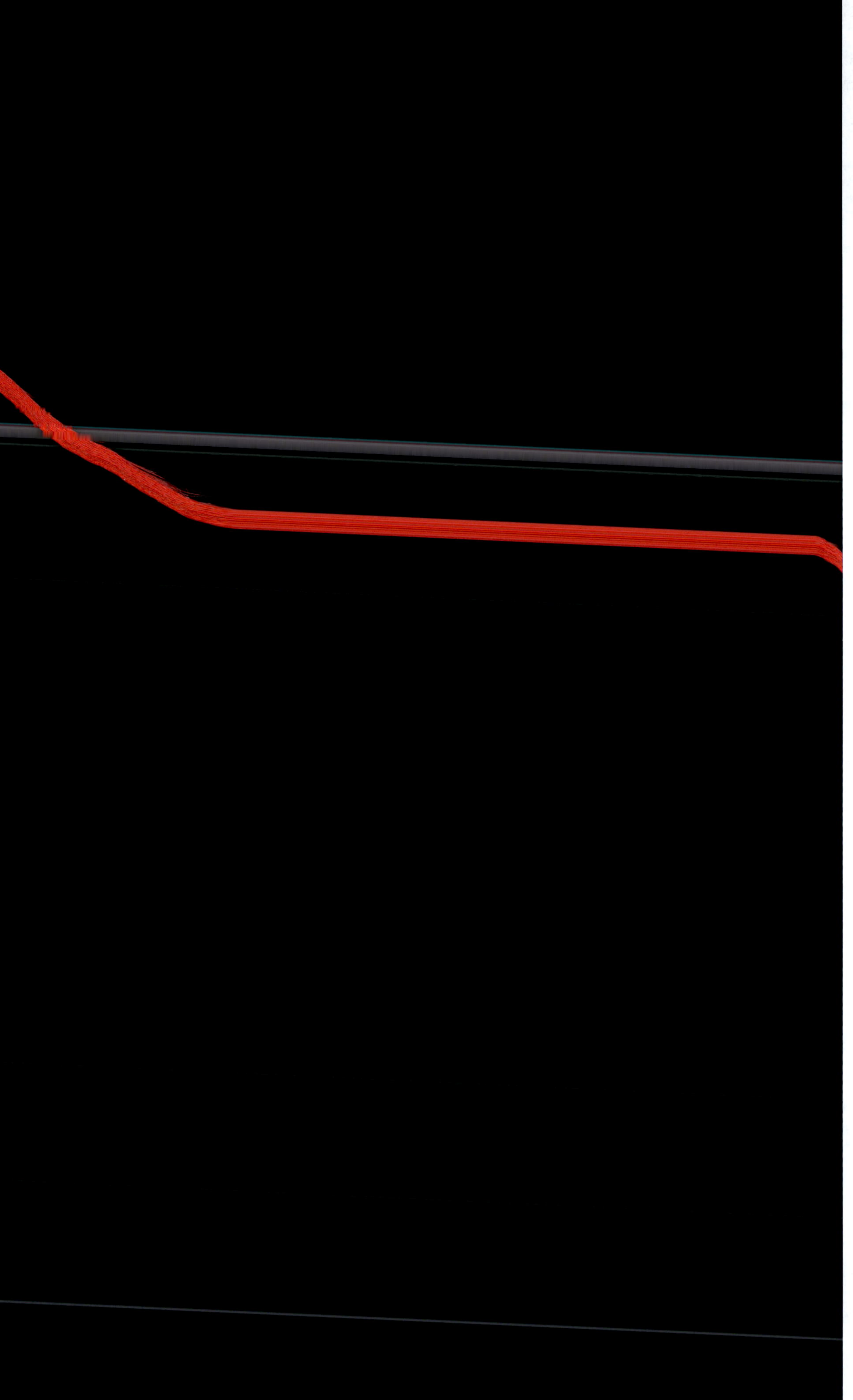

村一二三产业融合发展，建立健全农民分享产业链增值收益机制，构建更加完善的现代农业产业体系。

(三)激活乡村资产拓宽财产净收入渠道。一是激活乡村集体资产，大力发展集体经济，让集体经济服务于集体，发展成果真正惠及集体经济组织全体成员。二是激活农村生产要素，赋予农民对承包地、住房财产权、集体资产等资产权能，推动“资源资产化、资产资本化、资本股份化”发展模式，实现年年有分红。三是推动农村产权交易市场体系建设，形成农村产权交易完整的服务链条，实现农村产权变现、价值增值。

(四)巩固脱贫成果提高转移净收入水平。一是坚决守住脱贫攻坚成果，做好巩固拓展脱贫攻坚成果同乡村振兴有效衔接，强化防止返贫动态监测和帮扶机制执行。二是落实农民耕地地力保护补贴、农机购置补贴、渔业油价补贴、棉花补贴等惠农政策，采取一卡到户方式，确保补贴发放及时到位。三是加大农民养老保险扩面力度，深入实施全民参保计划，促进用工单位依法参保缴费。四是建立社会救助兜底保障对象救助帮扶长效机制，从基本生活、基本教育、基本医疗、就业帮扶等方面编密织牢基本民生安全网。

(五)激发市场活力促进消费转型升级。一是激发农民消费内在活力，培育消费热点，加快农村居民消费结构升级步伐，从满足大众消费向个性化、多样化消费转变。二是借助互联网，打造全新消费模式，培养新消费观念，针对不同群体需求，鼓励线上线下融合发展，逐步释放教育、娱乐、购物等消费潜力；三是规范金融环境，发展农村信贷。积极发展农村消费信贷，刺激农村居民潜在购买力，促进农村消费结构升级，实现农村居民消费扩容提质。

(国家统计局河北调查总队 张　坤)

农产品生产者价格

2020年河北农产品生产者价格指数为111.52，价格指数比上年同期上涨11.52%。

【农产品生产价格“高位运行”】2020年农产品生产者价格走势与上年相似，持续高位区间运行。河北农产品生产者价格指数保持向上态势，全年主要农产品生产者价格指数连续四个季度正增长。特别是第一季度涨幅超过20%，一、二、三、四季度分别为23.53%、9.82%、112.19%、8.18%。

【农、林、牧、渔业生产价格“涨多降少”】分行业看，农林牧渔四大板块三涨一降。其中种植业、畜牧业、渔业同比分别上涨11.45%、10.88%和6.14%；林业产品生产者价格比上年同期下降了5.12%。

(一)种植业产品生产者价格上涨。

2020年，全省种植业产品生产者价格总体呈涨势，全年同比上涨了12.45%。其中八类产品价格“七涨一降”。谷物、薯类、油料、豆类、棉花、蔬菜食用菌、水果及坚果价格分别上涨了6.02%、29.53%、33.33%、13.65%、1.40%、25.36%、11.80%；而香料原料价格则下降29.06%。

(二)畜牧业产品生产者价格涨势明显。

2020年，全省畜牧业产品生产者价格依然呈现上涨趋势，全年同比上涨了10.88%。其中三类产品价格“一涨两降”，活牲畜上涨了38.40%；而活家禽和畜禽产品则较上年下降了28.91%和28.84%。

(三)渔业产品生产者价格同比上涨。

2020年，渔业产品生产者价格小幅上涨，全年同比上涨了6.14%。渔业产品价格上涨主要是由于疫情出货量量不稳定，特别是二季度时，多数乡村道路封锁，更加阻断了正常的运输，导致淡水鱼价格上涨。

(四)林业产品生产者价格小幅下降。

2020年，全省林业产品生产者价格总体呈下降态势，全年同比下降了5.12%。林业价格下降主要受松树苗价格下降影响。

【主要品种生产者价格变动分析】

(一)小麦价格持续上涨。

2020年，全省小麦生产者价格平均为每公斤2.28元，同比上涨3.07%。小麦价格走高主要是由于疫情防控，劳动力及运输成本增加，小麦生产能力有所下降，市场供应不足。

(二)玉米价格大幅上涨。

2020年，全省玉米生产者价格平均为每公斤1.99元，比上年上涨8.15%，创下近三年来最大涨幅。据调查，玉米价格上涨主要有三方面原因：一是近两年来种植结构调整力度加大，各地积极推进“粮改饲”工作，调减籽粒玉米种植面积，促使玉米价格上涨；二是今年疫情发生之后，全球玉米供应量缩减，特别是进口受限，导致大宗农产品进出口平衡被打破，玉米市场供应量不稳定，对价格上涨带来影响；三是2020年活猪价格有所上涨，玉米作为主要供应饲料，需求量加大，价格亦随之上涨。

(三)棉花价格小幅上涨。

2020年，全省棉花生产者价格为每公斤6.30元，比上年上涨了1.40%。棉花价格上涨主要原因是受新疆等地优质棉冲击，本地市场持续减产，其中邯郸地区部分县，外省收购渠道逐渐减少，近五年棉花种植面积更是缩减近半。

(四)蔬菜类价格涨幅较大。

2020年，全省蔬菜类价格总体呈现上涨趋势，全年同比上涨了26.00%。调查的八类蔬菜全部上涨。其中：叶菜类、白菜类、甘蓝类、根茎类、瓜菜类、豆类、茄果类、葱蒜类分别上涨为78.44%、43.45%、92.44%、14.99%、5.95%、21.72%、9.19%、1.96%。

(五)活猪价格一路走高。

2020年，全省活猪生产者价格平均每公斤32.55元，比上年上涨了54.38%。价格虽然走高，但相较往年平均价格区间来看，属于合理价格水平。据调查，2019年生猪和能繁母猪的存栏降幅较大，市场供给阶段性趋紧。随着国家鼓励生猪生产政策的实施，后市活猪价格涨幅将会有所放缓。

(六)活牛、活羊价格小幅上涨。

2020年，全省活牛生产者价格为每公斤29.96元，比上年上涨7.80%；活羊价格29.83元每公斤，同比上涨8.45%。牛、羊产品同比涨幅不大，全年价格相对稳定，随着人民生活水平的逐步提高，高质量健康饮食需求增加，拉动了市场需求，带动牛、羊产品价格小幅攀升。

(七)禽、蛋价格同比双降。

2020年，全省活鸡生产者价格为每公斤7.56元，比上年下降了18.81%。鸡蛋生产者价格为每公斤6.16元，比上年下降了25.51%。禽、蛋价格大幅下降主要原因是：年初出现新冠疫情之后，多数大中小学院校停课，校食堂无法正常经营，5月份恢复正常供餐后仍然施行分餐制。市区宾馆、饭店等消费场所经营也随之减少，使禽、蛋消费需求大幅下滑，导致价格持续低迷。

(国家统计局河北调查总队　刘　珺)

河北主要农产品中间消耗

2020年河北主要农产品中间消耗增多减少，具体情况如下：

一、冬小麦消耗增加

2020年冬小麦亩均生产投入费用517.05元，比上年增加11.60元，增2.29%。其中，物质投入费用355.34元，比上年增加3.33元，增0.95%；生产服务支出费用161.71元，比上年增加8.27元，增5.39%。

(一)物质消耗中的种籽、农药、用电亩均投入费用增加，肥料、燃料费用同比减少。

种籽、农药、用电每亩投入费用分别为79.03元、18.70元、76.86元，分别上涨了0.08%、16.49%、8.25%；肥料、燃料每亩投入费用分别为178.06元、1.94元，分别减少了1.30%、19.71%。

(二)生产服务支出中的外雇运输费、外雇机械作业、保险费亩均投入增加，外雇排灌费、其他服务费费用减少。

外雇运输费、外雇机械作业每亩消耗分别1.42元、152.53元，同比增6.05%、6.82%。外雇排灌费用亩均为6.78元，同比减15.76%。

二、秋粮及棉花中间消耗二增二减

2020年黄玉米、马铃薯、大豆和细绒棉的种植成本分别为338.60元/亩、1224.44元/亩、162.08元/亩和408.68元/亩；其中玉米和细绒棉分别比上年减少11.92元和6.98元，降幅分别为3.40%和1.68%；马铃薯和大豆比上年增加了54.50元和11.74元，增幅分别为4.66%和7.81%。

(一)黄玉米：平均消耗支出为338.60元/亩，比上年减少11.92元，减3.40%。其中物质消耗支出228.46元/亩，占总消耗支出的67.47%，比上年减少8.99元，减3.79%；生产服务支出110.14元/亩，占总消耗支出的32.53%，比上年减少2.94元，减2.60%。

从物质消耗支出看，调查的11项支出中，除农药、用水量消耗比上年增加外，其它均比上年有所减少。其中占比重较大的项目是：肥料平均128.90元/亩，比上年减少了2.40元，减1.83%；用种47.28元/亩，比上年减少0.69元，减1.44%；用电量29.23元/亩，比上年减少5.69元，减16.29%。

从生产服务支出看，调查的6项支出中呈现2增3减1持平的态势，其中占比重较大的是外雇机械作业费，消耗支出为104.29元/亩，比上年减少了4.57元，减4.20%。

(二)马铃薯：平均消耗支出为1224.44元/亩，比上年增加54.50元，增4.66%。其中物质消耗支出为1122.17元/亩，占总消耗支出的91.65%，平均比上年增加61.25元，增5.77%；生产服务支出为102.27元/亩，占总消耗支出的8.35%，比上年减少6.75元，减6.19%。

从物质消耗支出看：主要是用种支出485.50元/亩、肥料支出454.82元/亩、农药支出85.66元/亩、燃料支出40.12元/亩、用电支出28.05元/亩、农膜支出7.69元/亩。

从生产服务支出：主要是外雇机械作业和外雇运输费两项，其中外雇机械作业支出为73.14元/亩，比上年减少了4.51元，外雇运输费支出为29.13元/亩，比上年减少了2.24元。

(三)大豆：平均消耗支出162.08元/亩，比上年支出增加11.74元，增7.81%。其中物质消耗支出为129.13元/亩，占总消耗支出79.67%，平均每亩比上年增加13.55元，增11.72%；生产服务支出为32.95元/亩，占总消耗支出20.33%，平均每亩比上年减少1.80元，减5.19%。

从物质消耗支出看：占比重较大的用种和肥料分别为44.42元/亩和64.24元/亩，比上年增加了2.72元和7.09元；农药为10.53元/亩，减少0.27元。

从生产服务支出看：外雇机械费用平均消耗支出为32.95元/亩，比上年减少了0.50元。

(四)细绒棉：平均消耗支出为408.68元/亩，比上年减少6.98元，减1.68%。其中物质消耗支出356.90元/亩，占总消耗支出的87.33%，比上年减少5.73元，减1.58%；生产服务支出51.78元/亩，占总消耗支出的12.67%，比上年减少1.25元，减2.36%。

从物质消耗支出看：6项支出中呈2增4减态势。其中燃料支出为16.99元/亩，较去年增加5.50元，用电支出为37.08元，较去年增加6.65元；用种、肥料、农膜、农药支出分别为43.08元/亩、132.68元/亩、33.03元/亩、94.05元/亩，分别比上年减少了6.87元、6.65元、1.70元、2.65元。

从生产服务支出看：仅外雇机械作业费用一项支出，为51.78元/亩，比上年减少1.25元，减2.36%。

三、畜牧业中间消耗呈现“四涨二降”态势

活猪、活牛、活羊、活鸡中间消耗分别比上年上涨了33.71%、31.41%、8.40%、3.82%；而鸡蛋、牛奶中间消耗则分别比上年下降了0.02%、0.59%，与上年基本持平。

(一)活猪：调查数量为8379头，与上年相比减少了542头，降幅为6.08%，主要原因是受猪瘟疫情影响，产能尚未恢复。平均每头养殖中间消耗为1834.52元，比上年增加462.53元，增33.71%。其中物质消耗支出1806.10元，比上年增加453.24元，增33.50%。生产服务支出28.42元，比上年增加9.29元，增48.57%。

(二)活牛：调查数量为1841头，与上年相比增加了239头，增幅为14.92%。平均每头养殖中间消耗为7808.15元，与上年相比增加1866.22元，增31.41%。其中物质消耗支出7770.31元，比上年增加1876.92元，增31.85%。生产服务支出37.84元，比上年减少10.70元，减22.04%。

(三)活羊：调查数量为5883只，与上年相比减少1507只，降幅为20.39%。平均每只养殖中间消耗为446.47元，与上年相比，增加34.61元，增8.40%。物质消耗支出436.22元，比上年增加32元，增7.92%，饲料、养殖用药增加则是因饲料价格高涨和疫情影响。生产服务支出10.25元，比上年增加2.62元，增34.29%，是防疫费用增加所致。

(四)活鸡：调查数量为533446只，比上年增加35956只，增6.69%。平均每只养殖中间消耗为14.94元，与上年相比增加0.55元，增3.82%，主要原因是由于占养殖总中间消耗80%以上的饲料投入增加所致，平均每只鸡饲料消耗费用为12.02元，比上年增加1.32元，增12.35%。

(五)鸡蛋：平均消耗费用为每公斤5.66元，减幅为0.02%。其中物质消耗支出为5.61元，比上年增加0.06元，增1%。今年鸡蛋的饲料成本为每公斤5.42元，同比增加0.17元，增3.34%。

(六)牛奶：平均消耗费用为每公斤2.31元，减幅为0.59%。其中物质消耗支出为2.27元，比上年减少0.65%。生产服务支出为0.04元，比上年减少3.1%。

(国家统计局河北调查总队　肖　超)

居民消费价格

2020年是决胜全面建成小康社会关键之年，也是“十三五”规划收官之年。面对突如其来的新冠肺炎疫情，河北省委、省政府扎实做好“六稳”工作，全面落实“六保”任务，全省国民经济发展良好有序，重要民生商品供给充足，居民消费需求稳步回升，市场供求关系总体稳定，物价水平温和可控，经济恢复向好势头继续巩固。2020年全省居民消费价格(CPI)总水平同比上涨2.1%，涨幅较上年同期收窄0.9个百分点，低于全国(2.5%)平均水平。其中，食品价格指数上涨8.4%，非食品价格指数上涨0.4%；服务价格指数上涨0.8%，工业品价格指数下降0.8%。

一、2020年河北CPI运行主要特征

(一)月度环比指数季节性涨跌交错

从环比情况看，1月份受元旦、春节节日效应及寒冷天气因素影响，食品价格上涨明显，拉动 CPI 环比上涨1.3%，创单月环比涨幅近59个月新高；2月份节日因素消退，但受到新冠肺炎疫情冲击，在1月份环比大涨的基础上再度上涨0.5%；之后，随着疫情得到有效控制，生产、交通秩序逐步恢复正常，食品、服务价格普遍回落，3-5月份环比分别下降1.1%、1.2%和0.9%。6-9月份，随着鲜菜和猪肉价格上涨，CPI 涨幅略有回升；10-11月份，食品价格回落，涨幅均下降0.4%，12月份肉菜价格略有上涨，CPI 反弹至1.0%。

(二)同比涨幅高位回落

从同比情况看，1月份 CPI 延续上年末上涨态势，涨幅为5.1%，创单月同比涨幅近95个月最高。同比涨幅扩大既有节日及新冠肺炎疫情的影响，也有今年与去年春节错月，去年对比基数较低的原因(上年春节在2月)；2月份虽然节日因素退潮，但是疫情期间交通运输受到管制、物资配送难度加大、企业和市场开工开市延期、部分居民存在购物囤货心理，助推食品价格上涨，致使2月份 CPI 同比上涨4.7%；伴随鲜菜价格下降及疫情稳控后生产逐步恢复，3-5月份 CPI 同比涨幅由3.8%回落至1.7%。6-10月份受鲜菜和猪肉价格波动影响，CPI 略有反弹，最高升至2.5%，后又降至0.2%。11、12月份对比上年高基期影响，同比指数分别下降0.9%和0.2%，是近10年来首次出现的单月同比涨幅为负值的现象。

(三)食品烟酒价格成为推动CPI上涨的主要因素

构成CPI的三大类商品服务中：食品烟酒类价格受不利天气条件、节日供应偏紧及新冠肺炎疫情影响，同比上涨7.1%，涨幅比上年同期扩大了1.2个百分点，对 CPI 上涨的贡献率为99.3%(上年同期为57.8%)，连续两年成为拉动CPI上涨的首要因素；服务价格指数同比上涨0.8%，涨幅比上年同期收窄1.5个百分点，对CPI上涨的贡献率为13.4%；工业品价格同比下降0.8%，涨幅比上年同期收窄1.9个百分点,对CPI上涨的贡献率为-12.6%。

(四)八大类商品和服务价格“四升四降”

2020年，所调查的八大类商品及服务价格按涨幅由高到低排序为：食品烟酒价格上涨7.1%，其他用品和服务价格上涨4.5%，医疗保健价格上涨3.1%，教育文化和娱乐价格上涨2.0%；交通和通信价格下降3.1%，居住、衣着、生活用品及服务价格分别下降0.9%-0.1%。从价格运行的结构变化来看，仅食品烟酒类价格指数高于上年同期，其余七大类价格指数均低于上年同期。

(五)农村居民消费价格涨幅高于城市

分城乡看，2020年，全省城市居民消费价格上涨2.0%，农村居民消费价格上涨2.2%，连续两年呈现农村居民消费价格涨幅高于城市的局面。从构成商品和服务的八大类价格看，农村食品烟酒、其他用品和服务、交通和通信、教育文化和娱乐类价格指数分别高于城市0.9、0.7、0.5、0.2个百分点；其余四类价格指数低于城市。

(六)河北CPI涨幅低于全国平均水平

2020年，河北CPI上涨2.1%，比全国平均水平低0.4个百分点。在31个省(区、市)由高到低的排序中，居第24位。与周边省市相比，低于山西(累计同比上涨2.9%，下同)、山东(2.8%)、河南(2.8%)、辽宁(2.4%)，高于天津(2.0%)、内蒙古(1.9%)、北京(1.7%)。

二、2020年影响CPI的主要因素

(一)食品烟酒价格上涨是支撑CPI上行的主导力量

2020年，食品烟酒价格上涨7.1%，涨幅较上年同期(5.9%)扩大1.2个百分点，对CPI上涨贡献率达99.3%，物价上涨仍呈现明显的结构性特征。食品中的45个基本分类为“34涨11跌”，上涨面为75.6%。

1.猪肉价格上行对副产品和替代消费品的价格拉动作用较强。2020年猪肉价格受前期非洲猪瘟疫情叠加新冠肺炎疫情影响，同比上涨49.6%，拉动CPI上涨1.3个百分点，对CPI上涨贡献率达61.9%。自2019年3月猪肉价格出现上涨以来，猪肉价格出现连续19个月同比价格上涨，并且有12个月涨幅在50%以上，有6个月涨幅超过100%。其中，2020年2月份同比涨幅148%，创2000年以来最高涨幅。随着中央和地方各级政府不断加大市场调控力度，叠加对比基期较高因素影响，猪肉价格从2020年10月份出现回落势头，10-12月份同比分别下降7.0%、15.8%和1.0%。猪肉价格的上涨直接影响到畜肉副产品、食用动物油、其他畜肉及制品的价格，这三类商品年平均涨幅分别为34.6%、27.8%和24.3%。不仅如此，受消费替代效应影响，牛肉、羊肉和其他禽肉及制品年平均涨幅也分别达到12.3%、7.3%和15.2%。

2.鲜菜价格涨跌互现，总体趋于稳定。2020年，鲜菜价格平均上涨6.1%，涨幅较上年同期(2.2%)扩大3.9个百分点。1、2月份受全省低温、节日因素及疫情影响，鲜菜价格同比上涨25.7%和11.8%，其中1月份单月涨幅全年最高，3月份随着天气转暖、地产蔬菜大量上市，全国新冠疫情防控取得显著成效，城市乡村陆续解封，交通秩序逐渐恢复，鲜菜运输逐步畅通，农贸市场逐步开放，鲜菜价格出现回落势头，3-5月份鲜菜价格指数分别同比下降0.9%、9.2%和12.0%，6-11月份受天气及储存影响，鲜菜价格出现上涨，分别上涨6.0%、4.4%、10.4%、22.1%、16.0%、4.2%。12月份鲜菜价格环比上涨15.5%，但受上年基期较高影响，同比下降2.9%。

3.在外餐饮价格全面上涨。受鲜活商品价格上涨等各类经营成本上涨影响，在外餐饮价格全年平均上涨5.1%，影响CPI总水平上涨0.3个百分点。其中地方小吃、快餐、正餐分别上涨6.1%、5.5%和5.1%。

(二)服务项目价格维持刚性上涨

受劳动力成本上升等因素影响，服务价格延续上涨态势。2020年，服务项目价格全年平均上涨0.8%，涨幅较上年同期收窄1.5个百分点，拉动CPI总水平上升0.3个百分点。调查的65个服务项目“36涨14平15降”，上涨面55.4%，较上年同期(66.2%)有所下降。其中小学初中教育同比上涨11.0%，涨幅居首；其次临床手术治疗、其他保险分别上涨9.1%和8.9%。

1.价格改革助推服务价格上涨。新学期中小学及高等教育收费标准调整，居民对课外辅导培训需求回暖，教育服务价格上涨3.4%，其中小学初中教育、课外教育、学前教育、高等教育价格分别上涨11.0%、4.7%、2,4%和1.7%。部分市县进一步深化医药卫生体制改革，为体现医务人员的技术劳务价值，调整公立医院医疗服务定价，医疗服务价格上涨1.8%。其中，临床手术治疗上涨9.1%，护理上涨3.9%。

2.疫情导致部分服务价格下降。疫情对文旅行业的冲击较为明显，居民出行受限，导致往年持续上涨的文化娱乐服务价格出现下降，其中，飞机票、景点门票和旅馆住宿价格分别下降28.0%、1.4%和1.1%。随着疫情防控逐渐向好，旅游景区陆续开放，电影院有序开放，居民的消费热情和需求进一步释放，推动文旅行业复苏，部分服务价格有所回升。

(三)工业品价格低位运行

工业品价格指数全年同比下降0.8%，比上年同期(1.1%)回落1.9个百分点，同比创10年来最低。其中能源价格涨幅回落较大，汽油、柴油价格同比下降13.9%、

15.6%，降幅较上年同期扩大7.4和9.3个百分点。

（国家统计局河北调查总队　谢　蕾）

民营经济

2020年全省各地各部门坚决贯彻习近平总书记关于支持民营经济发展的系列重要指示批示精神，认真落实党中央、国务院和省委、省政府统筹夺取疫情防控和经济社会发展“双胜利”的决策部署，以超常规政策、超常规举措、超常规服务，扎实做好“六稳”工作，认真落实“六保”任务，出台系列惠企政策，全力抓政策宣传解读、抓措施落地见效，全省民营经济运行呈现趋稳向好、逐季回升的态势。

1.开展万名创新型企业家和职业经理人培育工程。以“走出去”“请进来”相结合的方式，面向全省中小企业经营管理者开展系列培训服务活动，帮助提升经营管理水平和核心竞争力。目前，在线公益课程培训人员超过9000人次；依托清华大学、上海交大、浙江大学等高端学府和省内外培训机构资源，组织开展职业经理人高级研修班3期、专题短训班12期培育650人，帮助企业经营管理者拓宽经营理念、提升能力素质、提振发展信心。

2.举办“百场万家”公益服务活动。根据疫情防控形势和中小企业需求，制定《2020年中小企业“百场万家”公益服务活动方案》，重点围绕市场营销、数字化赋能、工业设计、品牌建设、精益管理、政策解读等方向，优选京东、好品中国、河钢数字等一批高端服务机构，线上线下为中小企业提供精准服务。线下已举办99场次，服务企业近11500家；线上开展服务活动900多场次，服务企业4.5万家。

3.实施“万企帮扶”百日攻坚行动。全省组建24个工作专班、500余个联络小组，走访联系企业3万余次，解决问题7000多个。依托省政企服务直通信息化平台收集企业问题1248个，已协调解决1210个，办结率97%。

4.清理拖欠民营企业账款。印发《河北省财政厅关于督促清理拖欠民营企业中小企业账款的函》，督促制定详细清偿计划，加强台账管理，核实处理问题线索。截至2020年12月底，根据全省各级各有关部门上报数据，列入2020年台账的政府部门和大型国有企业拖欠民营和中小企业款项16.9亿元，清偿14.5亿元，其中无分歧欠款13.4亿元9月底已清零，圆满完成年底前无分歧欠款应清尽清目标任务。

5.推进县域特色产业振兴。落实领导包联帮扶措施，加大对各市县域特色产业振兴工作推进调度，每季度通报各市县域特色产业发展情况。全省280个县域特色产业集群营业收入23485.86亿元，同比增长14.95%；上缴税金578.54亿元，同比增长4.68%；从业人员446.99万人，同比增长3.14%。

6.开展“专精特新”中小企业梯度培育。遴选推荐国家专精特新“小巨人”企业，初步形成了“入库培育、择优认定、选拔示范、打造小巨人”的梯度培育体系。截至2020年底，认定了五批共1602家省级“专精特新”中小企业，选拔了两批共210家省级“专精特新”示范企业；获评工信部专精特新“小巨人”企业两批共100家企业。

7.召开全省民营经济发展大会：为全面贯彻习近平总书记关于民营经济发展的重要论述以及企业座谈会重要讲话精神，落实党中央关于支持民营经济发展的各项决策部署，进一步优化民营经济发展环境，浓厚创业创新氛围，提振民营企业发展信心，按照省委主要领导指示，2020年12月10日，在石家庄以省委、省政府名义召开了河北省民营经济发展大会。会上通报表彰了全省优秀民营企业和优秀民营企业家。会议由省委副书记、省长许勤主持，省委书记、省人大常委会主任王东峰出席会议并做重要讲话。

（河北省工业和信息化厅　于东锋）

农垦经济

【综述】2020年，河北垦区在农业农村部和省委、省政府正确领导下，以习近平新时代中国特色社会主义思想为统领，全面贯彻新发展理念，认真落实中央一号文件精神和全国农业农村会议的部署，以推进垦区集团化农场企业化改革为主线，深化农垦改革发展，着力提升农垦产业链供应链现代化水平，强化创新驱动，巩固拓展脱贫攻坚成果同农场振兴有效衔接，谋划现代化发展新格局，加快建设农垦现代农业大基地、大企业、大产业，努力打造全省农业领域航母，推进农垦经济高质量发展。

农垦经济平稳增长，经济总量又上新台阶。全年实现农垦生产总值达到542.27亿元，比上年下降7.36%。其中，第一产业增加值75.06亿元，下降1.17%；第二产业增加值288.57亿元，增长0.76%；第三产业增加值178.64亿元，下降19.91%。2020年人均GDP净减少11492元，达到128268元，比上年下降8.22%。居民人均可支配收入21055元，比上年增长0.51%。

【第一产业】2020年，垦区切实贯彻落实惠农强农政策，加快农业科技推广，加强现代农业建设，农业综合生产能力平稳增强。全年实现农林牧渔业总产值142.52亿元，比上年增长12.23%。全年农作物总播种面积为89.35千公顷，比上年增加3.53千公顷，增长4.11%。其中：粮食作物播种面积72.53千公顷，比上年增加2.55千公顷，增长3.64%，占农作物总播种面积的81.18%；棉花面积0.82千公顷，减少0.84千公顷，下降50.60%；油料面积2.59千公顷，减少0.5千公顷，下降16.18%；蔬菜、瓜类面积5.31千公顷，减少0.58千公顷，下降9.85%。其他作物7.12千公顷，增加2.45千公顷，增加52.46%。垦区全年农作物种子播种面积2560.7公顷，其中，原种播种面积95.33公顷，良种播种面积2465.37公顷。生产量合计10602吨；加工厂6个，加工生产能力14000吨；种子公司8个；年末从业人员67人，其中技术人员28人；种子质量检验室6个，种子检验人员14人。

粮食总产量稳步增长。2020年粮食总产量64.40万吨，比上年增加4.12万吨，增长6.83%。

畜牧业保持健康发展。2020年末大牲畜存栏182457头。奶牛数量达到148185头，比上年基本持平；牛奶总产量652233吨，增加57575吨，比上年增加9.68%。察北、沽源两个农场牛奶产量分别达到249820吨和268243吨，占全垦区牛奶总产量的79.43%。

水产养殖业良好发展。2020年末水产品养殖面积16865公顷，比上年增加0.69%。养殖面积中淡水8297公顷，海水8568公顷。全年水产品总产量170767吨，比上年增加7299吨，增长4.46%。其中：淡水产品产量92633吨，增加5.42%；海水产品产量78134吨，增加3.35%。对虾产量25602吨，比上年下降7.71%。

全年植树造林面积2.62千公顷，其中用材林0.17千公顷，经济林1.12千公顷，防护林1.33千公顷。年末林地面积74.54千公顷。

农业基础设施建设得到加强，农业生产机械化水平进一步提高。年末农业机械总动力99.10万千瓦，比上年减少7.02%。农用排灌动力机械11965台，大中型农用拖拉机3901台，小型拖拉机15480台，联合收获机767台。当年机播面积79.14千公顷，占农作物总播种面积的比重达88.57%，机械收获面积75.76千公顷，占农作物总播种面积的84.79%。

【第二产业】2020年第二产业实现增加值288.57亿元，比上年增长0.76%，增加值占农垦生产总值的53.21%，其中工业增加值253.61亿元，比上年下降0.85%；建筑业增加值34.96亿元，比上年增长14.25%。

工业保持平稳发展。2020年工业企业总数为1230个，其中规模以上工业企业248个，销售产值583.55亿元，增长36.62%。乳制品产量30.54万吨，比上年增长2.35%，液体乳产量26.55万吨，比上年增长0.57%。

2020年实现工业总产值833.28亿元，比上年增长0.26%。国有工业总产值189.07亿元，下降15.63%；战略性新兴工业产值200.97亿元，比上年增长32.78%。

建筑业稳步发展。建筑企业651个，年末从业人员10312人。全年实现增加值34.96亿元，比上年增长14.25%。年末固定资产原值5.98亿元，全年施工房屋建筑面积57.58平方米，房屋竣工面积17.98万平方米。

【运输业、批发零售贸易业、服务业及出口商品】交通运输业全年完成货运量31921万吨，客运315万人次；年末单位个数7031个，从业人15637人，运输工具11917台；营业总收入25.58亿元，比上年增长2.94%。

批发零售业、餐饮业、服务业年末单位个数14579个，固定资产原值37.45亿元，比上年增长6.36%，营业用房面积112.04万平方米，增长85.13%；营业总收入461.26亿元，比上年增长38.93%，其中批发零售业364.74亿元，比上年增长57.29%；餐饮业14.95亿元，比上年增长31.39%；服务业75.31亿元，比上年减少3.87%；批发零售业、餐饮业、服务业营业网点数17107个，年末从业人员5.14万人。

全年出口商品总金额25.93亿元，比上年增长3.31%。其中：水产品1351万元，减少56.68%；工业品257993万元，增长4.10%。

【固定资产投资】固定资产投资增速较快。固定资产投资对垦区经济持续增长起着较强推动作用。2020年全垦区完成固定资产投资总额432.36亿元，比上年增加2.74亿元，增长1.34%。国有固定资产投资24.25亿元，比上年下降14.97%。

【科研】2020年末全垦区拥有科研单位12个，从业人员1395人，其中科技人员349人。科研经费28616万元，企业自筹28616万元，实验地面积3590公顷。

【人口、职工、收入与社会保障】2020年末垦区总人口42.27万人，年末全垦区从业人员25.44万人。其中第一产业8.66万人，比上年增长3.96%；第二产业7.33万人，减少4.43%；第三产业9.54万人，增长2.36%。

职工生活水平稳步提高。2020年全垦区实现居民人均可支配收入21055元，比上年增长0.51%。垦区危房改造工作自2011年开展以来，职工居住条件得到改善，年末职工实有住房面积1637万平方米，人均住房面积39.18平方米。

【农垦绿色、有机食品、无公害农产品】截至2020年末，我垦区认证了13个绿色、有机食品农产品，其中：种植业10个，已认证的绿色食品产量14663吨；认证有机食品个数1个，即水果（梨）1个，已认证有机食品产量300吨；畜牧业2个，其中牛奶1个、羊肉1个，已认证的绿色食品产量9608吨。

【农垦改革】国有土地确权登记发证任务提前完成。全省完成农垦国有土地权籍调查510.24万亩，登记发证416.11万亩，颁发不动产权证41009本，发证率97.25%。全省32个农场全部完成办社会职能改革任务，已全部纳入地方政府统一管理。

（河北省农垦局　王　伟）

自然灾害救助

2020年，我省先后发生风雹、低温冷冻、洪涝、生物灾害等自然灾害58次。造成286.92万人受灾，因灾死亡4人，农作物受灾面积371.98千公顷，绝收面积69.53千公顷，倒塌房屋53间，严重损坏房屋298间，一般损坏房屋4415间，直接经济损失39.93亿元。

面对突发自然灾害，在应急管理部和省委省政府的正确领导下，全省各级应急管理部门共同努力，以习近平新时代中国特色社会主义思想为指导，坚决贯彻落实党中央、国务院，应急管理部及河北省委、省政府关于防灾减灾救灾工作的重大决策部署，突出抓好灾情信息管理升级和标准化，物资保障分级统筹和数字化、灾害救助及时有效和科学化三个关键环节，积极快速应对各类自然灾害，切实保障了受灾群众基本生活，全省救灾和物资保障工作取得明显成效。

救灾体制机制建设取得创新

2020年，全省各级进一步理顺工作职能，积极推进建立协调联动、快速反应、高效有序的灾害救助新机制。一是在灾害救助体系方面。省应急厅结合机构改革后工作职能调整和新的工作要求，协助省政府修订了《河北省自然灾害救助办法》和《河北省自然灾害救助应急预案》(冀政办字〔2020〕106号)，强化了顶层设计。全省大部分市也及时修订印发了本级自然灾害救助应急预案。二是救助资金管理方面。省应急管理厅与省财政厅制定了《河北省自然灾害救灾救助资金管理实施细则》(冀财规〔2020〕13号)，下发《关于加强全省自然灾害生活救助资金规范管理使用的通知》(冀应急救灾〔2020〕110号)，全面规范和强化救灾资金使用管理；三是物资保障机制方面。会同省财政厅、省粮储局联合印发《河北省救灾储备物资管理办法》(冀应急〔2020〕17号)，对全省救灾储备物资管理进行制度化规范。三部门还联合下发《关于加强救灾物资储备的指导意见》(冀应急〔2020〕19号)，为市县提升救灾物资储备水平，提升保障能力提供政策依据。四是完善社会力量参与救灾工作机制。省应急管理厅、省财政厅、河北银保监局印发《关于进一步加强和规范全省政策性农房保险工作的通知》(冀应急〔2020〕24号)，对现行农房保险政策进行完善，提高保障标准，进一步强化了各级应急管理部门监督责任和地方财政资金支出责任。

应急物资管理得到积极推进

进一步落实全省各类救灾物资分级分类保障制度，推进建立协同共享的河北应急物资数字化平台，实现物资数字化系统管理模式。一是加强救灾物资储备。省应急管理厅制定2020年1700万元省级救灾物资采购计划，函付省粮储局实施采购。各市和大部分县区也采购补充了本级救灾物资，并结合本地实际推进与相关物资企业建立了救灾物资应急供应机制，丰富了物资储备模式，提升了物资保障能力。二是推进应急物资信息化建设工作。研究推进全省各类应急物资的信息共享、共用机制，推进应急物资信息平台建设，目前平台已经完成试运行，正在全省推广。开展了全省应急物资生产企业摸底调查，推荐省内150多家生产企业纳入应急管理部《应急物资生产商参考名录》。三是开展全省应急物资和救灾物资储备库建设调研工作。以多灾易灾县、北京周边、雄安新区周边、保障北京冬奥会重点区域县作重点，开展全省性调研摸排工作，指导各地加强应急物资储备库规划建设。四是推进应急物资储备工程建设。明确了全省应急保障体系建设思路，提出重大应急保障设施和物资储备设施的布局要求，确定了“十四五”时期的重点任务和工程。地方县市也稳步推进应急和救灾物资储备库建设。其中唐山、秦皇岛两个综合性应急救灾物资储备库建设取得很大进展，唐山市储备库主体已建成。

灾情管理体系基本建成

2020年，我省各级狠抓信息员队伍素质和能力提升，强化灾情信息管理，增强灾情管理系统化和标准化。一是推进队伍管理机制。省市县逐级制订印发灾害信息员队伍建设指导意见或实施方案，认真组织信息员数据更新和电子注册，在册灾害信息员达到6.6万人，人数居全国第二位，建立了省市县乡村五级全覆盖的报灾体系。二是强化业务培训工作。克服疫情影响，我们组织开展全省灾害信息员视频培训和灾害损失评估专题业务集中培训，全省7000多名灾情信息员参加培训，各市县也分别组织了基层信息员培训活动，全面提高全省灾害信息员能力素质。张家口、邢台和雄安新区等地结合当地灾害特点强化培训。三是切实抓好灾情管理。省应急管理厅印发了《关于进一步加强灾情核查评估工作的通知》(冀应急传〔2020〕50号)，全面规范灾情管理工作，提高初报的及时性、续报的全面性和核报的准确性。各级严格执行《自然灾害情况统计调查制度》，全年收集、汇总、统计灾情数据10278条。四是加强灾情会商。针对较为严重的灾害过程，各级有效开展灾情会商，科学评估灾害损失。10月22日，省减灾委员会办公室组织省水利厅等9个有关成员单位召开2020年全省自然灾害灾情会商会议，对灾害数据进行了分析核对，对全年整体灾害情况进行了会商认定。

救灾应急处置有力有效

2020年，河北救灾系统突出救灾工作政治站位和底线思维，快速响应、救助及时，切实保障好受灾群众基本生活。一是快速反应，开展救灾应急工作。各级应急管理部门积极会同民政、农业、林业等部门和有关专家开展灾害损失现场核定、农业减灾、群众救助等工作。全年省级累计派出9个救灾工作组赶赴灾区一线查灾核灾。邢台、张家口、承德等市局主要领导亲自带队赶赴受灾一线查看灾情、慰问受灾群众、组织部署工作。二是及时开展受灾群众救助。灾害发生后，各级视救助需求为命令，全力安排好群众基本生活生活。汛期后，我们及时会同财政厅下拨了省级一般性自然灾害受灾群众生活救助资金308万元，用于支持地方开展各项灾害救助工作。省长许勤同志对救灾工作给予两次肯定性批示。

冬春救助艰巨任务圆满完成

为保证受灾人员冬春期间基本生活，2020年10月，我们在全省统一安排部署了冬春受灾群众救助工作，组织各地按照摸清底数、突出重点、分类救助的要求，对冬春生活需求进行摸排底数、登记造册，准确掌握受灾群众的生活状况。在此基础上，加大财政资金支持力度，依法合规开展工作。12月份，向全省受灾较重的28个县(市)发放了省级救灾储备物资4.29万件，总价值约490万元。年底前，统筹中央5110万元和省级冬春救助资金3602万元，共计8402万元，下达受灾困难市县，保证了全省冬春救助工作的正常开展。全省相关市县均按要求对救助对象进行核定，建立需救助台账，积极筹措资金和物资，认真做好救助款物发放工作，基层应急管理部门积极主动、快速高效，依法合规、程序规范，冬春救助工作效果突出。特别是张家口市拓宽救助资金渠道，全力加大冬春救助力度；邢台、石家庄市克服疫情严重影响，强化指导帮扶，全力打通资金下拨发放渠道，确保了全省在春节前完成发放到户的目标。经过各级共同努力，2月7日，全省52个县区将8805万元冬春救助资金和7.03万件救灾物资全部在春节前发放到户，让48.75万受灾困难群众切实感受到党和政府的温暖。

政策性农房保险工作高质量发展

通过调整农房保险方案，一是扩大覆盖范围。2020年度河北省财政安排农房保险补助资金6816万元，支持141个县(市、区)开展农房保险，参保农户达1160万户，为参保群众住房提供年度灾害风险保障金额4650亿元。二是提升保障水平。对现行农房保险政策措施进行完善，在保费不变的情况下，将每户农房3万元保额提高到4万元；增加室内财产5000元保额；建立河北省自然灾害人身保险制度，增加因灾死亡人员5万元保额。2020年我省农房保险共计赔付2617万元。三是建立了监督工作机制。强化了市县应急管理部门监督职责，建立了和承保机构的联合查勘机制。

京津冀救灾协同保障继续深化

京津冀三地联合召开了2020年京津冀救灾与物资保障协同工作联席视频会议，对2019年联席会议明确的合作事项进行深化细化；针对2022年冬奥会筹备和举办期间应急保障需求，研究确定应急保障措施，进一步提升京津冀区域突发事件应急救助能力。我省张家口市还与北京市延庆区签订了区域保障协议，为2022年冬奥会期间物资保障，下好先手棋，打好主动仗。

（河北省应急管理厅　艾　军）

水利建设

2020年，全省水利系统服务大局、真抓实干，克服新冠疫情影响，水利投资规模大幅增长，防灾减灾能力全面提升，地下水位下降趋势初步遏制，河道生态环境明显改观，依法治水管水能力大幅提升，实现了“十三五”圆满收官。

一、扩大水利投资规模，加快实施重点项目建设。围绕京津冀协同发展、规划建设雄安新区和筹办冬奥会等重大战略部署，突出重点科学谋划，积极筹措建设资金，强化项目前期工作，全链条加强工程建设管理，防洪、供水等重点工程项目建设加快实施。全年共争取中央水利投资144.7亿元，较上年增长八成以上，为全国最多省份。多措并举加快推进水利工程建设进度，至年底中央投资计划完成率92.7%，其中重大项目完成率93.3%，其他项目完成率91.6%，圆满完成水利部要求的年度目标任务。雄安新区防洪工程规划建设全面启动，环起步区的南拒马河、白沟引河、萍河等5项工程主体基本完工。承德双峰寺水库建成生效，南水北调中线一期配套工程全部建成，受水区128座水厂全部实现水源切换，固安支线工程具备通水条件，雄安调蓄库正在加快建设。崇礼冬奥会供水工程如期建成。

二、打好防汛主动仗，防灾减灾取得显著成效。坚持“人民至上、生命至上”，全面落实人防、物防、技防措施，强化责任担当，积极主动作为，全面做好水旱灾害防御工作。严格落实各类防汛责任制，及时修改完善各种防汛方案预案，分区域分流域编制超标准洪水应对预案，多批次开展安全度汛隐患排查与整改，适时组织防汛实战演练。着眼超标洪水不打乱仗，编制了5大河系、35条行洪河道、13处蓄滞洪区、118座县级以上城市的超标洪水防御预案。强化监测预警，提升预报能力。全省增设72处河道水文监测断面，修订完善了179个河道站、18座大型水库、44座中型水库洪水预测预报方案，建立了“以测补报”工作机制，编制了992座小型水库雨量预报方案。加强预警研判，制作发布山洪灾害气象预警72期，利用山洪监测预警系统启动预警6199次，发送预警短信770万条。汛期坚持以临战状态防大汛，盯紧盯死每次降雨过程，精准预测预报雨情水情，及时发布预警信息，科学调度，果断决策，最大程度减少洪灾损失。

三、全力推进地下水超采综合治理，地下水位呈现止跌回升态势。坚持把地下水超采综合治理作为重大政治任务，建立和实行党委政府牵头抓总、部门协调联动、层层抓落实的工作机制，推动“节、引、调、补、蓄、管”综合治理措施落地见效。全省各地各部门认真落实省委、省政府决策部署，聚焦地下水超采治理目标任务，优化治理路径，强化治理举措，各项工作扎实有序推进，取得明显成效。全年压减地下水超采量6.64亿立方米，累计已压减43.5亿立方米，占总压减任务的73%；全省浅层、深层地下水位有7个月份同比上升，年底全省超采区浅层、深层地下水位分别同比上升0.52米、1.62米，地下水位下降趋势初步扭转。据监测，去年年底全省深层、浅层地下水平均水位均同比上升，2/3以上的超采县实现止跌回升，地下水位下降趋势得到初步遏制。

四、完成脱贫攻坚水利目标任务，全省农村群众全部吃上了干净水。着眼农村饮水工程建得成、用得好、长受益，统筹贫困地区和非贫困地区，协调推进工程建设与运行管护，全面解决贫困人口、易地扶贫搬迁人口、饮水型氟超标人口饮水不安全问题，提高农村供水保障水平。截至去年底，农村饮水安全巩固提升受益人口达到1898万，全省农村集中供水率、自来水普及率分别达到95.6%和94.6%，圆满完成了脱贫攻坚水利目标任务。以贫困地区为重点加大水库移民后扶力度，移民群众生产生活条件明显改善，可支配收入大幅增加。有计划实施南水北调受水区农村居民生活水源置换，全省共有1354万群众吃上了引江水。在全国脱贫攻坚总结表彰大会上，全省水利系统两名同志荣获全国脱贫攻坚先进个人称号，省水利厅驻尚义县西平山工作队荣获全国脱贫攻坚先进集体荣誉。

五、持续开展清河补水行动，河湖面貌焕然一新。坚决落实习近平总书记提出的打造“造福人民的幸福河”新要求，以全面推行河湖长制为抓手，在全省范围内持续开展清河、治理、补水行动，河湖面貌发生了翻天覆地的变化。集中力量对流域面积50平方公里以上的河道进行清理整治攻坚，疏通河道，整治河滩，取得了较好效果。大力推进山水林田湖草系统治理，持续在坝上地区和燕山太行山区开展水土保持，新增治理水土流失面积2199平方公里。各地因地制宜、因河制宜，打造了一批秀美河湖，石家庄、邯郸、秦皇岛等地系统实施了滹沱河、滏阳河、戴河综合治理，唐山打造了河河相通、河湖相连的水网体系，雄安新区、保定全力推进白洋淀及上游河道水生态环境修复。统筹调度引江水、水库水向唐河、沙河-潴龙河等29条河道实施生态补水28.77亿立方米，向白洋淀补水5.56亿立方米。有效改善了全省河湖水生态环境，补水河道沿线两侧地下水位回升明显，补水河道重现“水清、河畅、岸绿、景美”景象。

六、强化法治建设，依法治水管水能力大幅提升。水法规体系建设取得新突破，年内列入省人大、省政府3个立法项目颁布实施，年度重点立法项目如期完成。水利“放管服”改革加快推进，扎实推进涉水区域评估和综合审批制度创新，推行投资工程建设项目审批、“证照分离”和告知承诺制审批制度改革，全面推进电子证照应用试点，全年累计生成电子证书1.9万余件。着眼水利发展改革重要领域，强化水行政执法监督，围绕河道非法采砂、违法违规取水等，深化水利领域扫黑除恶专项斗争。开展水行政执法监督行动，全年行政立案1178件，现场制止违法行为1276个，全省56件涉水陈年积案提前3个月清零，得到了水利部的肯定和表扬。采取多种形式开展执法培训2000余人次，进一步提升了水行政执法监督能力。积极稳妥做好水事矛盾预防与调处，保持了全省水事稳定。

（河北省水利厅 苗运芳）

农业机械

2020年，全省各级农机管理部门主动适应农业农村发展新要求，实化政策举措，加强科技创新，提升服务质量，持续推动农机化从种植业向畜牧水产养殖、设施农业、农产品初加工等领域横向拓展。农业机械化对重要农产品有效供给的综合保障能力进一步提升，有力促进现代农业发展和乡村振兴。

一、全省农机化进入全程全面发展新时期

全省农机总动力达到7965.74万千瓦，占全国总动力7.8%，居全国第3位。全省耕种收综合机械化率达到83.05%，比全国平均水平高12个百分点。小麦、玉米基本实现生产机械化，小麦综合机械化率达到99.8%以上，高出全国4个百分点；玉米综合机械化率达到92.7%，高出全国6个百分点。玉米机收瓶颈得以突破，机收率稳定在80%以上。主粮作物基本实现生产全程机械化。全省农机总动力达到7965万千瓦，稳居全国三甲；全省大马力、大喂入量高效联合收获机型所占比重不断提升，粮食主产区大喂入量联合收获机已占当地保有量80%以上；棉花、马铃薯、大豆、花生综合机械化率分别由“十三五”初期的60%、76%、44%和61%，提升到67%、85%、62%、80%；畜牧养殖、水产养殖、设施农业、农产品初加工机械化率分别达到39.8%、37.2%、28.0%和30.1%，圆满完成了“十三五”时期主要任务目标。全领域“机器换人”步伐不断加快。

（一）抓重要农时农机化生产。全年共组织调度100万台套耕整地、灌溉、植保、拖拉机等农机装备，全面推广应用农机深松、机械镇压、精量播种、节水灌溉等农机农艺融合技术模式。“三夏”生产中，大力推广“一条龙”

作业技术，小麦收获与夏玉米播种“无缝对接”，全省小麦仅用16天完成收获。“三秋”生产中，累计投入农业机械200万台。

(二)强力构建智慧农机解决方案。2020年全省致力于构建智慧农机解决方案，为农业机械的智能化应用明确思路。全省已在不同地域的43个县区共打造79个“智慧农场”、12个县开展智能装备改造提升，新增智能监测终端0.4万台，智能监测机具数量达到1.5万台，新建基准站35个，为深入推广智能化农机装备打下了良好基础。

(三)扎实推进全程机械化示范创建。通过印发《2020年主要农作物生产全程机械化示范项目方案》《全省小麦玉米全程机械化精准作业指导手册》等系列材料，加快智慧农机发展和农机新机具新技术研发，持续推进“全程机械化+综合农事服务”发展。全年共部署完成16个全程机械化示范县的机具选型、任务创建、时间节点、对比试验等技术指导等相关工作，有力促进了农作物全程机械化示范工作成果落地。

(四)全省农机化信息化加速融合发展。经过多年探索，全省建立了一整套以智能化为主导、以精准作业为核心的技术体系，现代农业生产模式得以显现。监理惠农政策不断拓展，全面开展免征收费政策，全省106个县实施政策性农机保险补贴。

二、农机社会化服务体系愈发夯实

全省建立了以各级农机技术推广机构为主导，科研单位、高等院校为支撑，农机社会化服务组织、家庭农场、农机大户、农机协会以及农民技术人员为主体的社会化服务体系，为推进农机化科技创新提供决策咨询服务，为农机化科技推广和社会化服务提供技术指导搭建了实施平台，推动了国内先进技术成果由单个试验向多群体示范的转化。

(一)加强政策导向。为全面贯彻落实国发〔2018〕42号和《河北省人民政府关于加快推进农业机械化和农机装备产业转型升级的实施意见》等文件精神，我省制定了《2020年河北省农业机械化工作要点》，完善农机化技术推广体系，提升推广能力，大力发展农机社会化服务，推进农机社会化服务机制创新。明确开展“田间日”活动、建设农机化技术示范基地、开展整村整乡生产托管、建设“全程机械化+综合农事”服务中心、组建农业生产联合体等一系列措施，确保政策落地。

(二)打造可复制可推广模式。围绕农机精准作业关键技术，搭建国家农业智能装备技术中心与河北省农林科学院参加的创新平台，通过智慧农场建设，重点推动小麦、玉米等主粮作物上推广应用，同时在棉花、马铃薯、花生、谷子等特色作物关键环节试验熟化，实现了农机管理信息化、田间作业智能化、生产过程自动化、经营服务网络化，探索建立了一整套以智能化为主导、以精准作业为核心的技术体系，打造了一批可复制可推广的模式。

(三)推动社会化服务。全省将农机深松深耕、农机购置补贴、全程机械化示范县创建等重点项目和政策向农机社会化服务主体倾斜，2020年全省一半以上的农机补贴资金、80%以上的农机深松深耕作业资金以及全程机械化示范县创建资金均投向服务主体，以作业为主的传统服务模式正在向“全程机械化+综合农事”服务全面拓展。如通过开展机械化耕、播、收及高效植保、产地烘干等全程作业服务，将先进农机装备和信息化管理技术加快推广应用，加强农机农艺融合；或通过采用订单、托管等方式，给周边农户提供农资统购、技术示范、培训、销售等“一站式”综合农事服务发展。通过多种形式的服务模式，帮助农民解决问题，打通了怎么种、种什么、销给谁的环节，提升经营效益，增加农民收入。

(四)农业机械化服务水平稳步提升。全省农机大户达到283.4万户，居全国第4位。农机化作业服务组织达到5769家，农机专业合作社达到2899家。农机专业合作社作业服务面积1595.99千公顷，同比增长2.73%。农机化服务总收入达到198.86亿元，其中农机作业服务收入153.04亿元。农机化服务组织、合作社在重要农时季节机械化生产中承担超过60%的作业面积，进一步带动农民增收。

三、农机购置补贴大幅增长

全年全省农机购置补贴登记使用资金166592.32万元，按政策规定超录资金59506.06万元，补贴各类机具113438台(套)、受益农户83090户、年度内资金登记率达155.57%。全省共补贴动力机械26747台(套)，收获机械21207台(套)，耕整地机械30371台(套)，种植施肥机械12558台(套)，田间管理机械9898台(套)，畜牧机械6735台(套)，排灌机械2903台(套)，收获后处理机械362台(套)，农田基本建设机械399台(套)，农产品初加工机械31台(套)，农业废弃物利用处理设备219台(套)，设施农业设备63台(套)，水产机械1台(套)，其他机械1712台(套)。

(一)加强制度建设。先后制订了《河北省2018-2020年农业机械购置补贴实施指导意见》《河北省农机购置补贴产品违规经营行为处理细则(试行)》、印发了《关于进一步强化纪律约束做好农机购置补贴政策监管和实施工作的通知》《河北省农机购置补贴工作运行内部控制制度》等政策文件，对各环节工作进一步明确和细化，确保政策顺利实施和补贴资金安全。

(二)严格落实工作程序。在补贴资金分配上，依据因素法测算和实际需求进行综合平衡；在补贴范围确定上，保粮食、补弱项，充分调研，统筹兼顾，科学确定补贴范围；在分类分档补贴额核定上，根据周边省市和销价销量等综合因素，科学严谨测算，做到有规可依、有据可查；在违规经营行为及投诉举报处理上，严格执行相关制度规定，按规定受理投诉举报，及时处理违规行为。

（三）以信息化促进工作便利化规范化。启用补贴产品自主投档平台，实行企业网上投档；常年开放农机购置补贴辅助管理系统，便于农户随时申领补贴；推广使用手机APP 申领补贴，足不出户就能使用手机申领补贴；创建农机安全监理系统、鉴定平台与农机购置补贴辅助管理系统的互联互通，可跨系统及时掌握已办牌证和已核准补贴的机具信息；实行信息公开。建立完善了农机购置补贴信息公开专栏，全方位、多渠道开展了补贴政策宣传工作，全面接受社会监督。

（四）加强监督管理。从严整治突出违规行为，全面开展违规行为全流程分析，强化补贴资金兑付后的补贴机具实地抽查和群众举报线索的调查核查，严打空套骗补、一机多补、“大马拉小车”骗补、虚开发票价格套补等违法违规行为。

四、农机安全生产监督管理持续加强

坚持安全发展理念和红线意识，切实担起主管行业安全生产工作、防范化解重大安全风险的政治责任，“三夏”前，全面部署农机安全生产各项工作任务，层层分解责任。结合“安全生产月”“安全宣传咨询日”等活动，引导广大干部职工强化“人民至上、生命至上”理念；组织农机监理人员深入乡村、田间广泛宣传农机安全操作、检修保养规程，推动农机安全知识、安全常识在广大群众中普及应用。严格落实农机主管部门及其安全指导机构监管责任和农机合作组织、家庭农场、农机大户、农机手等生产经营者的主体责任，全省逐级签订农机安全生产责任书，层层传导监管压力等措施，农机安全生产形势明显好转。2020年全省农机事故起数、死亡人数和受伤人数三项指标与十三五初期相比，分别下降了97%、100%和91%，农机安全生产和安全监管水平大幅度提升。通过规范开展“双控”机制建设，251个农机合作社和农机大户基本完成“双控”机制建设，取得阶段性成效。各地深入开展平安农机创建，持续加强农机安全生产监督管理。廊坊市被农业农村部、应急管理部评为2020年度全国“平安农机”示范市，实现了全省“平安农机”示范市零的突破；唐山市开平区、沧州市盐山县入选2020年度全国“平安农机”示范县，有13名个人被通报表彰。通过不懈努力，全省农机安全生产形势总体向好，为农业机械化转型升级提供了安全保障。

（河北省农业机械化管理局　张建虹）

气象防灾减灾服务

【概况】2020年全省气象部门以习近平总书记对气象工作、对河北工作的重要指示批示精神为指导，构建了“十四五”河北气象发展“1总规1区域12专项”的规划体系，确定了气象防灾减灾救灾、生态文明建设气象保障等6大重点工程。《河北省气象事业发展“十四五”规划》列入省级专项规划，重点任务和重大工程纳入《河北省国民经济和社会发展第十四个五年规划和二〇三五年远景目标纲要》。

河北省气象局设有10个内设机构，13个直属事业单位。全省设11个设区市气象局，雄安新区气象局，135个县（市、区）气象局（含曹妃甸区、曹妃甸工业区、渤海新区3个副处级气象局），10个其他独立设置的县级气象机构。全省气象部门在编职工2204人。

【气候概况】2020年，全省年平均气温较常年偏高0.8℃，年平均降水量较常年偏多10.7%，年平均日照时数与常年持平。

气温2020年，全省年平均气温12.6℃，较常年偏高0.8℃，属偏高年份。各地年平均气温在1.9～15.4℃之间。与常年相比，仅承德县、围场、隆化、保定和尚义气温略偏低，其余地区气温接近常年或偏高，唐山大部、秦皇岛西南部、石家庄东部、邢台西南部、邯郸西部等地区偏高1℃以上，武安偏高1.8℃为全省偏高最多。任县、涉县和平乡年平均气温为历史第二高。

降水年降水量接近常年，个别地区降水突破历史极值。2020年，全省年平均降水量557.5毫米，较常年偏多10.7%，属正常年份，较2019年偏多27.4%，为21世纪以来降水第六多年份。各地年降水量在316.8～818.1毫米之间，多雨区成带状分布，承德和沧州局部超过800毫米，宽城最多达818.1毫米；张家口北部、衡水东北部、保定局地降水不足400毫米，康保最少仅316.8毫米。与常年相比，全省大部地区降水偏多或接近常年，张家口中部、承德局部、雄安新区、沧州西北部等地偏多3成以上，赤城年降水量（641毫米）为历史最多；廊坊北部、衡水东北部、沧州西部等地降水偏少，衡水局部偏少3成以上。

日照2020年，全省年平均日照2541.7小时，较常年偏多54.5小时，属正常年份，较2019年偏多168.4小时。各地年日照时数空间分布不均，在2013.9～3392.5小时之间，张承大部、廊坊中北部和秦唐北部等地日照时数在2800小时以上，张家口西北部、承德西部和东南部、廊坊北部等地超过3000小时；长城以南大部地区日照时数在2200小时以下。与常年相比，年日照时数整体呈北部偏多、东部和南部偏少的分布。

【主要气象灾害】年内发生的主要气象灾害有干旱、暴雨、高温、寒潮、雾和霾、大风沙尘、冰雹、强降雪、连阴雨、干热风等，气象灾害损失程度与常年相比偏轻，属“偏轻”年份，气候年景属“偏好”年份。

1.干旱2020年，全省气象干旱(轻旱及以上)日数为65天，较常年偏少78.8天，为1991年以来最少。空间分布上，张家口、唐山、秦皇岛、廊坊、保定、石家庄、沧州、衡水等地的大部地区气象干旱日数在50天以上，衡水北部、沧州南部、廊坊北部以及张家口和保定两市的局部超过100天，局地超过150天。年内，气象干旱较轻，其中盛夏、秋季出现阶段性干旱。11月17日，干旱范围达到年内最大，覆盖全省127个县(市、区)。

2.暴雨2020年，全省共出现暴雨316站次，较常年偏多7.7%。平均暴雨日数1.5天，接近常年(1.4天)。年内，任丘、昌黎、雄县等10个县(市、区)出现极端日降水事件。与常年相比，承德东南部、保定东北部、雄安新区大部、邢台西部、邯郸北部等地偏多1天以上，局地偏多超过2天；秦皇岛南部、唐山西南部和东部、沧州南部、衡水东北部等地暴雨日数偏少超过1天，秦唐局部偏少超过2天。

3.高温2020年，河北省平均高温(日最高气温≥35℃，下同)日数8.2天，较常年(10.2天)偏少2天，为近5年最少。年内，乐亭、磁县、成安等8个县(市、区)发生极端高温事件，其中乐亭日最高气温(38.8℃，7月24日)突破本站有气象记录以来历史最高值。全省最高气温出现在6月3日的任县和磁县，为41.8℃。年内全省共出现9次大范围高温过程。

4.寒潮降温寒潮日数偏少，年初寒潮影响较频繁，年末出现全年影响最强寒潮。2020年，影响河北的冷空气过程共24次，接近常年值，冷空气强度偏强，为2010年以来第二强，强度低于2019年。2020年全省平均寒潮日数5.0天，较常年偏少9.1%，其中强寒潮以上等级1.4天，较常年偏少6.7%。年内2～3月、12月寒潮日数较常年偏多，12月偏多将近1倍。影响范围超过20个县(市、区)的寒潮降温过程共有10次，其中超过30个县(市、区)的寒潮降温过程有5次。

5.雾和霾大雾日数偏多，冬、春季显著偏多，5月偏多1.9倍，为历史同期第二多。2020年河北省平均大雾日25天，较常年偏多3.4天，为近3年最多。与常年相比，张承北部以及太行山山前平原大部大雾日数偏多，局部偏多超过20天。大雾影响范围超过50个县(市、区)以上的日数有24天，较常年偏多6.4天。全省平均霾日16天，为2013年以来最少，较2019年偏少19.5天。张家口北部和西南部、承德大部、秦皇岛北部和东部、保定北部、沧州东部等地区的霾日数在10天以下，康保、崇礼、赤城和任县全年未出现霾天气。

6.大风和沙尘大风日数接近常年、沙尘日数偏少，春季大风沙尘影响重。2020年，全省共出现大风1254站次，接近常年，为2006年以来第二多，仅次于2019年。全年出现沙尘天气255站次，较常年偏少75%，为近4年以来最少。出现浮尘9站次，较常年偏少97.2%，为1971年以来最少；出现扬沙246站次，较常年偏少66.8%，为2011年以来最多；出现沙尘暴天气3次，为近5年最多，分别为安平1次、沽源2次。沙尘影响范围涉及全省113个县(市、区)，沽源、宣化和康保等10个县(市、区)沙尘日数在5天以上，其中沽源出现11天，为全省最多。

7.冰雹日数偏多超3成，为1994年以来最多。2020年，全省出现冰雹190站次，较常年偏多36.1%，为1994年以来最多。空间分布上，冰雹天气主要出现在张家口、承德西部和东南部等地，其中张家口北部和中东部等地超过5天。6月24～28日冰雹影响范围最广，影响范围达20个县(市、区)，6月25日10个县(市、区)出现冰雹，当日最大冰雹直径为3.5厘米，出现在肃宁县。

8.降雪日数偏少，年初降雪频繁。2020年，河北省年平均降雪日数为10.2天，较常年偏少4.5天，偏少30.6%。单日影响范围超过50个县(市、区)的较强降雪过程有7次。2月14～15日，河北出现大范围降雪天气过程，涉及全省109个县(市、区)。降雪区平均降雪量6.0毫米，承德大部、廊坊大部、保定东北部、沧州大部以及唐山局部等地降雪量在10毫米以上，固安降雪量29.1毫米为全省最多。2月14日，围场、兴隆、涿州等10个县(市、区)日最大降雪量突破历史同期(2月)最大值。期间丰宁日最大积雪深度突破历史同期(2月)最大值。

9.连阴雨年连阴雨天气偏少，8月中旬连阴雨天气影响较大。2020年，全省共出现连阴雨426站次，较常年偏少12.8%，为1993年以来第二少年。年内，全省大部分地区连阴雨日数在5天以上，承德大部、唐山中部、秦皇岛西北部、保定大部、沧州西南部以及东部、衡水大部、石家庄西部以及邢台、邯郸等地超过10天，涞源30天为全省最多。

10.干热风年干热风站次接近常年，6月上旬影响程度重、范围广。2020年5月11日～6月20日，全省共出现干热风606站次，接近常年。年内，长城以南大部分地区干热风日数在2天以上，保定东部、雄安新区北部、沧州大部、石家庄西南部、衡水北部和南部、邢台大部、邯郸中西部超过5天，峰峰矿区达14天，为全省最多。6月8日，干热风单日影响范围为2012年以来同期(6月上旬)第二位。

【气候对农业等相关行业的影响】年内极端天气和气候变化对农林、畜牧水产、交通运输等行业产生较大影响。

气候与农林业。2020年，河北省冬小麦全生育期总体气象条件较好，光温适宜，大部分时段水分条件能满足冬小麦生长发育；玉米生长期总体光温条件适宜；棉花生长期总体温度条件较适宜，但遭遇花铃期连阴雨，多地出现洪涝，加之光照不足，棉花受害严重，减产幅度较大。2020年，全省林果产业主要受降雪、降温及冰雹等灾害影响。

气候与森林草原防火。2020年3月~5月春季防火重点时期，全省重点林区有效降水少、大风天气多，森林草原火险等级持续高位运行，气象条件对森林草原防火工作非常不利。年内先后发布3次高森林草原火险红色预警、2次高森林草原火险橙色预警。

气候与畜牧业。2020年，地面调查数据和 MODIS 影像数据处理分析结果显示，全省天然草原牧草长势较2019年偏好，草原植被盖度总体水平达到73%，高于2019年的72.3%，张承地区草原植被有效恢复，草地生产力明显提升。

气候与盐业。2020年，唐山盐区年平均气温约13.2℃，与2019年持平；盐区全年累计降水量在518.2～692.5毫米，较2019年明显偏高；累计蒸发量为1630～1944毫米，少于2019年。沧州盐区2020年截至11月累计降水量666.7毫米，较2019年同比增加27.3%；累计蒸发量1777.1毫米，较2019年同比减少274.4%；累计有效降水天数52天，较2019年同比增加7%。

气候与交通。2020年，全省平均交通运营不利天气(10毫米以上降水、雪、雨凇、雾、扬沙、沙尘暴、大风)日数为55.7天，较常年偏少3.2天，较2019年有所升高。各地交通不利天气日数在27～119天，张家口北部、承德大部、廊坊南部、保定东南部、沧州大部、衡水大部以及石家庄以南的大部分等地区在50天以上，局部超过100天。

【智慧气象观测】地面气象观测全面实现自动化。自主研发“观测通”手机 APP 在全国推广并正式运行，云、天智能识别技术分别提高9.6和5.6个百分点。雷达观测网进一步完善，围场 X 波段雷达开工建设，涞源、怀来 X 波段双偏振天气雷达建设完成。气象观测站数据传输提速升级，269个国家地面天气站、1743个其他台站共计2012个台站实现分钟采集及传输，占比88.8%。

【智能网格预报】发展精细化气象要素客观预报方法(HBMOS)，0-72小时格点预报分辨率达逐1小时、1公里，72-240小时预报时空分辨率为3小时、5公里。暴雨预警信号准确率超过85%，24小时晴雨预报准确率达到91.7%。国内首创研发了河北省 INCA-50m 分析预报系统，构建了延伸期强降水过程集合预测模型，实现了逐候滚动格点降水预测。

【气象信息化建设】基础设施资源池可用存储容量450TB，高性能计算集群峰值运算能力达160万亿次/秒，省级大数据资源池提供产品近300种。省气象大数据云平台业务试运行，各类业务系统分级融入大数据云平台。国-省网络带宽升级至520Mbps，地面宽带通信线路无线备份由3G 升为4G，应用北斗卫星通信技术有效解决边远山区、海岛等台站通信问题。

【气候预测】开展延伸期污染气象条件客观化、精细化预测研究，构建了综合气象指标模型、气象因子数据集和污染气象条件预测模型。启动智能化预测平台开发建设，初步建成预测信息快速获取、产品检验自动识别、客观化预测产品智能推荐的气候预测系统平台。开展了京津冀冬季极端低温变化特征和主要影响因子分析，完成京津冀冬季持续低温主要周期分析。

【气候评估】建立了高温、暴雨、冷空气灾害性天气过程的区域综合强度指标和综合评价模型。基于中尺度数值模式 WRF，完成冬奥张家口赛区典型大风过程、低温过程的模拟实验和检验评估；基于雄安新区起步区理想地块城市设计方案，对目标区域开展了微小尺度的风环境敏感性模拟实验，并对局地风环境进行了评估。年内发布气候灾害监测公报28期、气候影响评价公报15期。

【气候可行性论证】承担了2020年度中国气象局气候可行性论证能力建设重点任务“气候可行性论证通用系统”的设计与开发。该系统面向国土空间规划、国家重大生态修复工程和重点建设工程气候可行性论证技术新需求，扩展了系统的人机交互和可视化功能，集成了气象参数算法和核电、气候资源、雨型设计等诸多专业模块。

【决策服务和重大气象保障】年内编制《重要气象专报》21期、《气象信息》30期、《情况报告》5期，向省委省政府梯次报送相关服务产品，先后应对23次重大灾害性天气过程，获王东峰书记、许勤省长等省领导批示67人次，省“两办”18次发文部署气象灾害防御工作。圆满完成春运、冬季供暖、中高考、省旅发大会、崇礼森林音乐会等重大活动气象服务保障工作。

【公众气象服务】全年制作电视天气预报节目5400余期，播出电台节目2万余期，发布微博、微信近万条。利用快手、抖音、钉钉、新华社云直播等新媒体开展公众气象服务，联合科技、教育等5厅局继续开展“冀望风云燕赵科普行”活动。4人次在全国、全省及部门科普讲解大赛中获一、三等奖。全省公众气象服务满意度达92.67分。

【专业气象服务】面向电力、铁路、高速、能源、供暖、卫健等多行业开展针对性专业气象服务。全年发布高影响天气风险预警2529条次，为240个光伏电站和风电场提供未来9天逐15分钟数值预报产品，功率预测短期平均准确率92%。极端天气对疾病影响写入《健康河北行动(2020—2030)》。

【气象防灾减灾】出版《河北省主要气象灾害风险地图集》，初步完成暴雨等8个灾种综合灾害风险区划，“六个一”基层气象防灾减灾标准化建设实现县级全覆盖，气象灾害防御决策支撑平台实现省市县三级部署，气象灾害防御基础数据库达36类116种、40万余条，广播电视插播覆盖11个设区市，全年短信提醒应急责任人2170万人次，因气象灾害造成的直接经济损失降至GDP的0.46%。

【为农服务和乡村振兴气象保障】气象为农服务工作列入全省乡村振兴建设考核内容。围绕宁晋羊肚菌、巨鹿金银花、青龙板栗、怀来葡萄、滦南大米等特色产业开展气候好产品评估，助力打造特色品牌。利用卫星遥感技术开展冬小麦苗情监测，应用作物生长模型及基于气候和土壤水分综合适宜度指数的产量预报模型，对2020年冬小麦产量进行了定量预报。完善了全省特色作物全生育期气象指标，优化了冬小麦冻害和干热风、玉米倒伏、高温和干旱指标，开展了特色作物农业气候区划、气候适宜性分析及农业气象适用技术推广。与河北农民报开展合作，开办“农业气象”栏目，启动“气象助农”行动。完成北戴河、大厂中国宜居城镇预评估和易县中国天然氧吧申报。上线杏扁气象指数保险，蔚县杏扁种植户获4421万元兜底保障。

【生态气象与人工影响天气】开展了京津冀水源涵养区、海河流域、全省陆地植被、坝上草原、塞罕坝植被和察汗淖尔等典型生态系统气象评估，建立了雄安新区白洋淀水资源和水位预测模型，成立了高分辨率对地观测系统河北生态气象应用中心。空气质量客观预报延长至16天，空间分辨率达到9公里。建立了河北省3公里高分辨率排放源清单，开展了重污染天气应急管控减排效果评估。实施坝上、燕山、白洋淀、太行山东麓及黑龙港等流域生态修复型人工影响天气作业，探索开展无人机增雨(雪)试验，年内估算增水29.8亿立方米。

【雄安新区规划建设气象保障】雄安智慧气象示范区建设顺利。河北省人民政府、中国气象局联合印发《河北雄安新区智慧气象发展规划(2020—2035年)》。启动“一主站、八辅站”雄安国家气候观象台建设，完成一主两辅站选址和主站方案设计。成立雄安新区气象灾害防御指挥部。气象大脑一期数据融入“雄安云”，开放式“智慧气象”服务引擎链路基本打通。

【冬奥会筹办气象重点工作】冬奥气象服务保障测试就绪。组建张家口赛区1+8前方保障工作组，明确了赛区冬奥气象服务全流程运行机制，各类专用气象装备、信息网络设备、预报服务系统全部部署就位，冬奥雪务气象保障系统建设项目全部完成，初步实现冬奥赛场“百米、分钟级”气象预报服务能力。赛区0-72小时要素预报精准度不断提升，平均绝对误差气温小于2℃，平均风速降至1.2-1.4米/秒，阵风降至2.0米/秒左右。

【气象科研】取得软件著作权、实用新型专利133项，发表核心期刊论文84篇，3项成果获省科技进步三等奖。省气象与生态环境重点实验室在省级重点实验室中评估优秀。李泽椿院士获“河北省院士特殊贡献奖”。

【气象法规】《河北省气象信息服务管理办法》列入2021年度立法计划，《河北省暴雨灾害防御办法》《河北省暴雪大风寒潮大雾高温灾害防御办法》完成0值守、捐款捐物、志愿服务，多人受到表彰。

(河北省气象局　毛翠辉)

农业科研

【科技创新】2020年新增经费2963万元，全年落实科研经费1.7亿元。其中，国家重点研发计划课题1项、获批国家自然科学基金项目3项、获批省级科技计划项目41项、结转项目8项、获批省自然科学基金项目8项，其中创新研究群体项目1项。获得各级各类科技成果25项，其中国家技术发明二等奖1项，省科技进步一等奖1项、二等奖1项、三等奖2项，省社科二等奖1项、三等奖2项。启动实施河北省农林科学院第一届青年科技奖评审，评选出一等奖3项，二等奖4项，进一步激发青年科技人员创新活力。开展河北现代农业科技创新工程中期评估，进一步提升项目管理规范化水平。组织开展第三次全国农作物种质资源普查收集河北行动，抢救性收集作物种质资源4000～500份，收集到粮食作物、经济作物、蔬菜、果树等4类地方品种、野生品种及其近缘品种406份，安全保存本省征集和收集的各类农作物种质资源共计362份，对征集的绿豆、豇豆、小豆等共249份种质资源进行了繁种和初步鉴定评价，圆满完成年度工作任务。

【科研产出】全年获得植物新品种权授权27项；获得国家授权专利169项；审定省(市)地方标准51项；获得软件著作权129项；发表科技论文439篇，其中SCI/EI源论文90篇，核心期刊论文226篇；审定(登记)农作物品种62个，其中自主培育的早熟宜机收玉米新品种“九衡517”和“衡玉7188”、粮饲兼用玉米新品种“冀玉902”、优质中强筋小麦新品种“冀麦U80”、高产高油酸大果花生新品种“冀花25号”等通过国家审定或农业农村部品种登记，高油酸花生新品种“冀花16”入选了2020年中国农业农村十大新产品；创制出枯草芽孢杆菌等微生物农药产品4个，投入品研发水平进一步提升；服务农业全产业链升级，集成创新小麦、谷子、高油酸花生、苹果、蔬菜、中药材等10项全产业链绿色高效生产技术规程，其中5项被列入全省主推技术模式。

【科研平台】新落实“农业农村部黄淮海大豆生物学与遗传育种重点实验室”项目(粮油所)和“国家植物保护保定观测实验站”项目(植保所)，分别落实投资1500万元和1445万元。争取到省发改委2020年预算内基建投资项目3项，投资总额1780万元，项目数量和资金量创“十三五”新高。正式获批“河北省作物栽培生理与绿色生产重点实验室”(粮油所)，省级科研平台进一步完善。至“十三五”

末，全院拥有国家作物改良中心2个、分中心5个，数量位居全国省级农科院第一；建成农业农村部区域重点实验室4个、观测站8个、农作物品种抗性(旱)鉴定站2个，种质资源圃1个，承担农业农村部平台序列数量位居全国省级农科院前列；拥有省级重点实验室4个、省级工程技术研究中心5个。全院逐步实现了科技资源有效配置，集“实验室-试验站-示范基地”为一体的科研平台体系日臻完善。

【科技服务】坚持“抗疫不误农、科技助生产”，全年召开线上线下技术培训和现场观摩541场次，开展应急技术服务44场次，实地培训农民或技术骨干5000余人次，超过33万人在线收听收看培训指导。建设完善成果示范基地35个，示范点200余个，其中平山元坊苹果基地荣获第六批全国“一村一品”示范村、苹果产品获国家苹果地理标志，隆尧果品基地所在村隆尧梅庄荣获2020年“全国文明村”，藁城大豆基地万亩示范区田间实收亩产达272.9公斤，再次创造全国万亩大豆实收测产记录。加强科技引领乡村振兴示范村建设，服务的3个村入选农业农村部100个科技引领乡村振兴示范村(镇)样板村，行唐县东安太庄入选全国十大典型示范村。持续开展科技扶贫，组织155名科技人员深入全省42个贫困县134个贫困村开展帮扶，带动近2000户贫困人口增收。积极发挥智库作用，提出《关于加快发展高油酸花生种植的建议》《我省春季农作物冻害发生情况及应对的技术措施》等技术建议24篇，多篇得到省领导肯定性批示。

【院市农业科技合作】继续深入实施“八个一”院市科技合作，按照“优势产业抓升级、新兴产业扩规模、特色产业做亮点、传统产业促调整、绿色农业强引领”的工作思路，精选26个专家服务团队120多名科技专家，在衡水、邯郸、定州的20个县(市、区)，围绕专用小麦、机收玉米、酿酒高粱、保健型黑小麦、鲜食甘薯、高油酸花生、优质谷子、设施蔬菜、特色水果、道地中药材、畜禽粪污无害化处理与循环利用等22项特色产业开展定制式服务，精准对接省级以上现代农业园区和农业科技园区13个、龙头企业及新型经营主体74个，打造高效样板基地45个，助力培育区域公用品牌8个，打造企业品牌或产品品牌20个，7个农产品登记为地理标志产品，培训新型职业农民5000多名。示范面积20万亩以上，辐射面积500万亩以上，社会经济效益提升12亿元，实现科技与产业深度融合。

(河北省农林科学院　宋健、韩轩)

农村科技

2020年，是全面建成小康社会和“十三五”规划的收官之年，是实现第一个百年奋斗目标的决胜之年，是脱贫攻坚战的达标之年，也是完成河北省科技创新三年行动计划目标之年。2020年全省农业科技进步贡献率达到60.57%，实现预期目标；全省农业创新平台建设取得新发展，国家级农业科技园区新增1家，2家国家农业科技园区在中期评估中获评优秀；省级以上农业科技园区达到146家；省级以上星创天地达到655家；省级农业科技小巨人企业达到1186家。一年来，全省科技农业发展质量持续提升，乡村振兴战略加快推进。一些工作得到肯定和表彰，省厅获得第27届中国杨凌农高会优秀组织奖、优秀展示奖，在科技部党员干部现代远程教育专题教材评选中，我厅获优秀组织奖，专题节目“给荒山披上绿衣裳”被评为一等奖。

一、农业科技攻关扎实推进

认真组织实施农业科技创新专项，抓好专项谋划与组织，做好项目立项与实施各环节工作及服务保障，推进关键共性技术研发取得新突破。一是2020年河北省农业科技进步贡献率达到60.57%，较2019年上升了一个百分点，实现了突破60%的预期目标，与国家水平相当。二是粮食丰产科技创新专项稳步推进，以节水抗逆为核心，创新了20余项关键技术，深入探索了小麦-玉米周年节水超高产高效潜力，构建了小麦-玉米周年控水节肥一体化均衡丰产增效技术模式；核心区小麦亩产最高达到733kg,核心区玉米平均亩产达到了812.5kg,连续五年实现全年亩产“超吨半”。三是种业科技创新团队加强种质资源创制和育种技术创新，创制农业重大品种。小麦育种团队培育出了耐盐新种质，SAM12千粒重45.6g，容重786g/升，落黄性好，抗旱耐盐能力突出，在土壤含盐量0.5%的条件下正常生长；棉花育种团队首创具有海岛棉抗黄萎病基因的陆地棉新材料11份，突破了陆地棉缺乏高抗材料的局限，提供了新的抗源；谷子育种团队培育的张杂谷21号已在新疆5亿亩盐碱地区安家落户。四是2020年度继续组织实施了农业高质量发展关键共性技术攻关专项、现代种业科技创新专项、农业科技园区建设专项和农业科技成果转化专项，支持项目达到373项，支持经费超过1.6亿元。在现代育种、农机制造、农产品质量安全、生态环境保育、农产品加工、互联网+现代农业等领域，培育了一批突破性农作物新品种，突破了一批农业关键共性技术，形成了一批技术标准和专利，农业科技研发能力和创新水平明显提高。

二、农业科技园区建设质量提升

针对农业科技园区，今年重点从以评促建、新增认定、提档升级三个方面发力，建设质量明显提升，对区域农业科技发展的示范带动作用再增强。一是张家口怀来省级农业科技园区升建为国家农业科技园区，全省国家农业园区达到15家，数量居全国第4。下一步，张家口国家农业科技园区将建设成为全国葡萄种质资源基地、葡萄产业创新高地和葡萄产业高质量发展的典范。二是石家庄、定州、沧州3个国家农业科技园区通过科技部评估，其中石家庄、定州2个国家园区评估结果为优秀，取得近年来最好成绩。三是新认定了深泽、尚义、涞源、肃宁、故城、深州、永年区、邯山区等8家省级农业科技园区，截至目前，省级农业科技园区达到146家，园区布局进一步优化。四是开展了首批38家省级园区评估工作，评估优秀的园区给予100万元经费支持，建设不善的予以取消，省级农业科技园区建设更加规范。五是组织第27届中国杨凌农高会我省展团参加工作，取得良好效果。

三、农业科技创新载体持续壮大

全省农业科技创新载体建设进一步加强，以农业科技企业为主体的产业技术创新体系进一步得到完善，各类创新要素进一步向农业科技企业集聚。一是新备案星创天地113家，655家省级以上星创天地打造了新型农业创新创业一站式开放性综合服务平台，营造了低成本、专业化、便利化、信息化的农村科技创业服务环境。二是完成了2019年度星创天地监测评价，取得了良好成效，在推动农村经济转型、创业带动就业、促进农村一二三产业融合发展等方面起到了明显促进作用。三是与京津合作，征集汇总了环首都示范带建设技术需求和成果供给，编制了《2020年度环首都现代农业科技示范带成果供给指南及需求清单》。四是新备案农业科技小巨人企业277家，目前全省1186家农业科技小巨人企业技术含量高、发展前景广、市场竞争力强，农业科技创新主体进一步壮大。

四、农业科技扶贫任务圆满收官

按照我省脱贫攻坚工作部署及科技部有关要求，认真做好年度科技扶贫任务落实及脱贫攻坚总体工作“回头看”与全面总结。一是顺利完成国家、省脱贫攻坚考核的各项工作，科技扶贫工作任务全面完成。二是抓好“团站员”建设重点工作，从科研院所、高校、农技推广机构等选派1000名科技特派员进村入企开展科技服务和创新创业，围绕我省62个贫困县科技需求，持续实施“三区”人才支持计划科技人员专项计划，为贫困地区产业发展提供科技支持和智力服务。三是启动了我省山区“四个一”科技示范工程，为增强山区发展动力、厚植发展优势、巩固扶贫成果、推动乡村振兴提供有力科技支撑，建立一批在山区可复制、可借鉴、可推广的创新发展新模式、新样板。四是根据省扶贫办安排完成了省产业扶贫工作视频现场会线上展科技扶贫版块的组织工作，通过科技助力产业扶贫中典型人物、具体事例、服务平台等方面内容，宣传展示科技精准扶贫经验做法和成果成效。五是推进京冀科技协同扶贫，总结赤城依靠科技助力产业脱贫扶贫的经验，大力推广京冀科技协同扶贫新模式，探索依靠科技防止返贫，助推乡村振兴的方法路子。

（河北省科学技术厅　庞海慧）

财政支农

【综述】2020年，面对严峻复杂的形势和艰巨繁重的任务，全省各级财政部门坚持以习近平新时代中国特色社会主义思想为指导，深入学习贯彻党的十九大精神和习近平总书记对河北工作的重要指示批示，坚决落实党中央、国务院和省委、省政府决策部署，持续增强“四个意识”，坚决做到“两个维护”，坚持稳中求进工作总基调，坚定贯彻新发展理念，按照高质量发展要求，以供给侧结构性改革为主线，全面落实积极财政政策，优化财政支出结构，强化财政资金管理，着力推进农业供给侧结构性改革、着力支持打赢脱贫攻坚战、着力深化农村综合改革、着力创新财政支农体制机制，着力支持乡村振兴战略实施，改革创新、事争一流，圆满完成全年各项工作任务，多项工作取得新的突破，为巩固和发展全省农业农村好形势提供了有力支撑。

【全力支持打赢脱贫攻坚战】把扶贫工作作为工作重中之重，全力以赴抓好省委省政府决策部署落实。一是加强协调。研究制定年度工作要点，与省扶贫办建立月会商机制，财政部在我省召开全国扶贫资金管理座谈会。二是强力推进。保障扶贫投入，2020年省级安排财政专项扶贫资金69.66亿元，增长26.5%，高于国家要求15.2个百分点；督导市县投入，确保达到省委省政府要求。严格整合试点，建立27项资金下达台账，对增幅要求把关；对62个贫困县整合方案进行2轮审核，反馈意见574条，保障扶贫资金精准使用，2020年贫困县实际整合使用119.32亿元，增长15.4%。建立资金清单，组织全省各市、县统计2013年—2020年财政扶贫资金投入、使用、绩效情况。做好包联工作，定期召开“五包一”联席会，推动康保县实现高质量脱贫摘帽，得到时任省领导赵一德、梁田庚同志的充分肯定。三是强化督导。建立支出进度半月报制度，开展闲置资金清零行动，2020年财政专项扶贫资金和整合资金支出进度分别达到97.22%和95.24%，超过国家考核要求5.22和10.24个百分点。开展财政扶贫资金使用管理情况“回头看”，用好动态监控系统，财政部农业司予以通报表扬。

【保障粮食和生猪等重要农产品有效供给】按照中央针对国际上对我国粮食“卡脖”而做出的粮食安全部署，集中资金政策保障重要农产品的稳产保供。一是提升补贴效应。准确核实我省耕地面积，实现应补尽补，及时下达兑付耕地地力保护补贴67.8亿元，补贴耕地7155万亩、涉及农户1273万户，保证了种粮农民基本收益，稳定了粮食种植面积。落实农机购置补贴政策，安排资金10.2亿元，优先保证粮食生产所需机具的补贴需要。鼓励新型农业经营主体投入粮食生产，统筹资金3.1亿元，对以粮食生产或从事粮食托管服务的农民合作社、家庭农场予以资金奖补。通过一系列政策组合拳，为保障粮食安全提供有力支撑，粮食产能持续增长，2020年全省粮食产量达759亿斤，居全国第四位。二是统筹资金支持。聚焦粮食生产核心区，统筹整合多渠道资金38亿元，实行先建后补，引导撬动社会及金融资本2000万元，支持建设高标准农田289万亩，累计建设高标准农田4985万亩，超额完成“十三五”任务目标。三是研究支持政策。会同部门3次深入生猪养殖大县开展调研，进猪场、走市场，摸清我省生猪生产、猪肉产量和养殖场户实际需求，找准问题症结，出台生猪疫病防控、贷款贴息、良繁补贴等一揽子补贴政策，进一步降低企业成本，提高生猪养殖积极性。截至2020年底，全省生猪存栏达1750万头，产能恢复至正常年份的90%以上。四是聚焦发展载体。立足县域特色优势资源，支持农业全产业链发展，统筹资金6.3亿元，推进现代农业产业园区、农业产业强镇、优势特色产业集群建设，补助资金重点用于提高农业产业体系、生产体系、经营体系现代化水平，开展生产、加工、仓储、物流等全产业链建设，实现龙头企业、新型经营主体和农民分享产业增值收益。

【创新政策支持疫情防控工作】面对新冠疫情防控对脱贫攻坚、农业生产供给等带来的影响，积极调整优化资金支持政策，全力支持扶贫企业复工复产和农产品稳产保供。一是支持复产复工。出台调高扶贫项目工程预付款比例(由30%提高到50%)、给予扶贫企业一次性生产补贴等政策，通过财政专项扶贫资金，安排一次性生产补贴1.04亿元，支持803个扶贫企业复工复产；安排贴息补助资金1438万元，支持197个企业融资贷款。二是推进稳产保供。制定加大“菜篮子”农产品冷藏保鲜、强化农业信贷担保支持力度等举措。政策实施以来，安排资金3.6亿元，支持760余个蔬菜果品生产经营主体建设仓储保鲜设施，有效解决农产品无法及时运出销售、损耗严重等实际问题；进一步降低农业信贷担保费率，由1.5%下调至0.8%，减轻农业经营主体负担950余万元。三是力促稳岗就业。制定设立临时性就业岗位、贫困群众稳岗补贴等政策，安排临时公益岗资金7145万元，设立临时公益岗位3.9万个，解决4.7万贫困人口就业问题；安排稳岗补贴资金7605万元，支持贫困人口2.9万人实现稳定就业。

【切实加强财政支农政策制度建设】积极推进工作创新，在财政支持政策上开拓创新，强化政策供给。一是研究制定我省现代农业支持保护制度。制定了深化农业供给侧结构性改革支持政策等25项支持保护制度，纳入省政府印发的任务方案，健全了我省农业支持保护政策体系。二是制定我省土地出让收入优先支持乡村振兴政策。研究提出我省土地出让收益占比总体目标及分年度目标，建立省市资金统筹调剂和统筹使用政策，制定了我省实施意见，经省领导同意报国家有关部门审核。三是提高涉农资金统筹整合长效机制水平。研究制定加强市县涉农资金统筹整合的意见，培育县域特色农业产业发展，开展涉农资金统筹整合重点示范县建设。四是开展耕地地力保护补贴改革试点。在全国率先开展耕地地力保护补贴改革试点，将鼓励使用有机肥、相应减少化肥使用量作为政策突破点，有针对性地引导农户改变施肥习惯，实现对耕地地力的保护。

【支持推进农村现代化建设】围绕乡村建设的短板和薄弱环节，不断加大支持农村基础设施和公共服务建设投入，全面推进乡村振兴落地见效。一是支持改善农业农村生态环境。支持打好农业农村污染攻坚战，统筹省以上资金6.7亿元支持农业面源污染防治。认真研究旱作雨养补助政策、农业水价改革政策，支持农业结构调整、水利工程建设等重点任务实施，保障了治理工作的顺利实施。统筹使用引黄水费、地下水奖补、水价调整补偿等政策支持引水补水，促进引江引黄水量大幅增加，2020年引水量创我省历史新高。二是支持改善农村人居环境。创新资金筹措渠道，安排省以上资金14亿元，改造卫生厕所143.66万座，卫生厕所普及率提高到72.2%。采取整县推进、先建后补、以奖代补等多种方式，安排资金12亿元，撬动市县资金124亿元、社会资本54.2亿元，全力支持农村人居环境整治。安排资金11.7亿元支持村内街道硬化、街道照明设施、公共环卫设施等7460个农村公益项目建设，切实改善农村生活条件。三是支持补上农村基础设施短板。安排15亿元完成518万农村群众生活水源江水置换任务，切实提升供水保障水平。深入研究雄安新区防洪工程、蓄滞洪区、大运河河道水系治理筹资方案，对工程涉及的引水补水、工程建设、后续管护等提出资金意见。安排资金6.3亿元，支持实施防汛抗旱水利提升工程，开展中小河流治理、小型病险水库除险加固等灾后水利薄弱环节建设。

【深入推进农村综合改革】支持巩固和完善农村基本经营制度，落实资金7100万元，全面完成农村集体资产清产核资，99.9%的村成立了集体经济组织。扶持1500个村发展壮大集体经济。全省累计扶持村级集体经济项目近4300个，累计为村级增加收入13922万元，带动村民增加收入9860万元。在全省选择73个村推进农村综合改革示范村建设，努力发挥政策的聚合效应，推动乡村振兴的体制机制创新。会同省委组织部开展红色美丽村庄试点建设，安排资金6000万元支持20个村依托红色资源，传承红色基因，推动红色村组织振兴。

【涉农资金管理实现新跨越】推进实施以结果导向配置涉农资金的绩效管理，开展重点专项资金绩效评价，强化绩效评价结果应用。一是全面推进涉农资金统筹整合。

深入调研全省涉农资金统筹整合工作，选择一批涉农资金统筹整合试点，落实“大专项+任务清单”机制，理顺资金项目管理职责，加快实现资金归口管理和统筹使用。二是开展重点项目绩效评价。在国家脱贫攻坚成效考核中，我省财政专项扶贫资金绩效评价取得优秀等次。中央农业资源及生态保护、水库移民后期扶持资金绩效评价获得优秀档次。三是制定完善涉农资金管理制度。全面加强涉农资金管理，完善农村综合改革转移支付资金、农田建设补助资金、水库移民扶持基金等资金管理和绩效管理办法，切实规范了资金使用管理。

（河北省财政厅　马　磊）

农业信贷

农发行河北分行是全省唯一一家农业政策性银行，主要职责是按照国家的法律法规和方针政策，以国家信用为基础筹集资金，承担农业政策性金融业务，代理财政支农资金的拨付，为农业和农村经济发展服务。近年来，农发行河北分行深入贯彻落实总行和省委省政府各项工作部署，积极承担社会责任，为服务全省脱贫攻坚、支持农业供给侧结构性改革、促进城乡一体化发展、推动京津冀协同发展和建设美丽河北做出了积极贡献。

——贷款稳步提升。贷款余额1634.3亿元，较年初净增156.6亿元，剔除粮食去库存、小微贷款划转等因素，较年初增加215.2亿元。

——不良持续双降。不良贷款余额和不良贷款率分别较年初下降1.13亿元和0.12个百分点。现金清收不良贷款1.69亿元，占总清降额的58%。

——FTP 利润等十八项任务超额完成。在足额计提风险贷款减值损失5.93亿元的情况下，实现拨备后 FTP 利润6.4亿元，超额完成总行下达的扶贫、生猪、小微贷款投放等十八项任务。

——荣获八项大奖。荣获河北省脱贫攻坚成员单位成效考核和金融机构助力脱贫攻坚“双线”考核两个最高等级“好”、河北省推进乡村振兴战略实绩考核结果先进单位、河北金融工会“河北金融先锋号”、河北金融市场协会“金融创新先进集体”等八项大奖。

一、围绕主责主业，挺身在前，“当向导、补短板、逆周期”作用进一步彰显

紧紧围绕粮食安全、脱贫攻坚、城乡融合发展等重点领域和薄弱环节，持续加大信贷支持力度。全年累放各类贷款474.3亿元，同比增加33.3亿元；新发放贷款平均利率低于全省同业贷款平均利率水平153个 BP，累计让利企业7.3亿元。各项存款余额409.9亿元，贷大于存1224.4亿元，有效引导了社会资金回流“三农”领域。

（一）服务脱贫攻坚“补短板”。探索创新并推广阜平“土地+”、威县“威梨产业+”等模式，向全省累放产业、旅游、光伏等各类精准扶贫贷款164亿元，完成省委省政府下达任务的328%。其中：累放保定政策性金融扶贫实验示范区扶贫贷款19.53亿元，完成省委省政府下达任务的195.3%；累放产业扶贫贷款118.6亿元、深度贫困地区扶贫贷款60.9亿元、“三保障”扶贫贷款24.2亿元、易地扶贫搬迁后续扶持贷款6.7亿元，分别完成总行下达任务的179.4%、234.4%、161.5%、133%。年末精准扶贫贷款余额达462.4亿元。扶贫贷款余额和投放额连续三年居全省大型银行机构首位，全省62个贫困县连续两年实现农发行扶贫贷款全覆盖。落实“五包一”涞源县定点帮扶要求，加大对黑木耳产业扶贫、光伏扶贫等支持力度，扶贫贷款余额达到3.06亿元；累计筹集帮扶资金40万元，帮助修缮道路、戏台等基础设施。搭建“农发冀购”消费扶贫电商平台，帮助贫困县销售扶贫产品83.5万元，助力当地增强“造血”功能。

（二）保障粮食安全和重要农产品供给“稳根基”。围绕服务全省粮食市场稳定、保障种粮农民利益、支持粮食购销和加工企业做大做强，累放粮油各类贷款139.5亿元，支持收购粮食402亿斤，占市场份额的65%，同比提升34个百分点。利用省市县三级粮食产业信用保证基金，放大支持倍数，累放贷款5.98亿元，支持企业扩大市场化收购。累放生猪产业贷款24.8亿元，年末贷款余额26.1亿元，较年初净增14.1亿元，完成总行下达任务的282.2%，促进了“猪粮安天下”。以支持高碑店新发地批发市场为重点，创新并发放小微企业“租金贷”3.2亿元，服务“菜篮子”产品生产供应和产后加工。年末普惠小微企业贷款余额达7.6亿元，比年初增加2.9亿元，完成总行下达任务的125.3%，保障了蛋、奶、果、蔬等重要农产品市场供应。

（三）聚焦生态宜居“做主力”。以张家口为重点，大力支持“空心村”治理，累计审批贷款42亿元，发放贷款12.5亿元，惠及有资金需求的212个空心村、2.27万户农村人口，复垦耕地2.58万亩。与省发改委、财政厅、住建厅等部门协调联动，创新棚改支持模式，发放全省首笔 PPP 模式棚改贷款，棚改贷款余额达到282亿元。围绕城乡融合发展、新型城镇化建设、改善农村人居环境等，大力支持农村交通、厕所革命、垃圾处理、污水治理等，累放贷款109亿元，贷款余额较年初净增72亿元，分别完成总行任务的120%、180%。围绕自然资源和生态环境建设，累放贷款70亿元，支持滹沱河、白洋淀等重点水域治理和太行山、燕山等重点片区造林绿化以及迁安、迁西等尾矿改造，助力打赢蓝天、碧水、净土保卫战。

（四）助力产业兴旺“挖潜能”。围绕“藏粮于地、藏粮于技”战略，统筹推进高标准农田、土地流转等项目，着力夯实农业现代化发展根基。累计审批农地类项目贷款92.3亿元，投放31.6亿元，贷款余额较年初净增26.8亿元，完成总行下达任务的134%。积极支持农村流通体系建设，先后审批河北新发地智慧冷链物流、北京二商河北产业园冷链专业市场等18个物流项目，金额22.2亿元，年末农村流通体系建设贷款余额62.7亿元。围绕国家及现代农业示范区、现代农业产业园及农业科技园，发放贷款31.5亿元，重点支持园区林木、基础设施和配套服务体系建设，促进了农业产业结构优化、农业生产提质增效。

(五)支持抗疫复工“逆周期”。新冠肺炎疫情发生后，高效响应疫情防控物资生产和复工复产稳就业需求，及时与发改委、人社厅沟通，共同建立500亿元“促复产稳就业”融资专项资金，与9个地市签署合作协议，并迅速开通防疫应急办贷和复工复产绿色办贷“两大通道”，推出下放审批授权、简化办贷手续、突破原有限定、实施大幅利率优惠等“六项信贷优惠政策”。累计发放防疫应急贷款57亿元，其中向五得利面粉、君乐宝乳业等一大批人行指定的疫情防控重点企业发放专项再贷款20亿元，居省内金融机构第一位，居全系统第二位。

(六)服务国家战略“当先导”。围绕京津冀协同发展、冬奥会筹办、雄安新区建设国家重大战略即河北“三件大事”，持续发力，不断加大支持力度。特别是全力支持雄安新区建设，全年累放贷款31亿元，年末贷款余额22.4亿元，贷款累放额、余额在雄安新区金融机构中位居前列。全力推进雄安分行筹建，成立由行长任组长的雄安分行筹建工作领导小组，每周召开党委会专题研究推进，在全辖选拔优秀人才充实筹备组队伍，加快营业用房装修改造，力争雄安分行早挂牌早营业。

二、聚焦活力动力，创新突破，转型发展迈出坚实步伐

以“四大工程”为抓手，以抓好服务民生、促进立行的大项目和帮扶薄弱落后行为重点，积极探索创新，不断增强发展动力和活力。一是加大项目储备。在全辖开展为期两个月的“大走访、大对接、大营销”活动，省市分行领导班子成员和前台处室按照分工走访地方党政和优质企业，集中推进“重点客户工程”和“重点项目工程”。2020年，入库项目181个、拟申请贷款金额683.8亿元；至年末，在库项目226个，拟申请贷款金额741.61亿元。二是实施重点帮扶。由省分行领导班子成员和重点业务处室对全辖贷款后30名和存款1亿元以下县支行实施业务帮扶，其他处室从党建、管理等方面帮扶，合力推动落后行尽早摆脱落后局面。至年末，贷款落后行贷款余额增加7亿元，占全行贷款总量的比例提高了17.7%。三是激发发展动力。修订完善劳动竞赛方案，根据季度存贷款发展目标和阶段性重点指标完成情况，适时、动态调整奖罚力度，有效发挥“指挥棒”作用。四是强力组织存款。组织开展存款“春天行动”、二三四季度经营负债劳动竞赛及省分行机关竞赛活动，凝聚全行存款工作合力。以完善结算服务手段入手，通过与省供销社开展系统对接、与省银联合作开展收单业务，开辟存款新路径。经过不懈努力，年末存款日均余额仍保持在480亿元以上，余额存贷比34.91%，系统排名第4位，高于系统平均水平5.6个百分点；非贷存款日均余额占比达58.6%，比年初提升6个百分点，存款结构进一步优化。

三、着眼行稳致远，强基固本，风控能力进一步提升

推进总行“八项改革”与内部管理深度衔接，努力解决“上热中温下凉”等问题，促进各项管理提档升级。一是强化合规管控。按照总行合规垂直管理要求，制定基层行内控合规垂直管理方案，建立市级分行检查中心，配强风险合规专员，推进内控机制建设。深入推进“依法办行、合规办事”专项整治“2020巩固年”活动，全省选评合规“标杆行”27个，发挥典型示范作用，提升全辖合规管理水平。制定信贷业务合规考核办法，设立21项合规考核量化指标，以量化考核促进合规管理。二是强化风险清控。深入推进全面风险管理，坚持全覆盖、抓重点、守底线，坚决打赢打好风险防控攻坚战。今年以来，累计清收处置不良贷款2.92亿元，其中现金清收11户、金额1.69亿元，完成总行下达任务的186%；核销呆账6户、1.23亿元，较大程度优化了信贷资产质量。加大信贷风险监测预警，及早处置贷款和基金逾期欠息风险，累计化解13户企业风险贷款共计18.95亿元。三是抓问题整改。将做好中央脱贫攻坚专项巡视“回头看”反馈问题整改作为重要政治任务，细化159条具体措施、每周召开例会督导推进，整改任务全部按期完成。在全辖开展综合检查，发现问题718个，已整改666个，整改率92.7%。深刻认识总行开展脱贫攻坚专项巡视的重大意义，以高度负责的精神和严肃认真的态度全力配合巡视，全力做好反馈问题的整改。四是抓机制建设。分别制定推进高水平管理和高质效执行的实施意见，通过制度促管理保执行。建立“三直三员五个一”贷后管理机制，压紧压实各级行各部门后管理责任。开展扶贫贷款“精准管理、精细化操作”专项活动，提高扶贫贷款精细化管理水平。开展“制度学习月”、信贷业务“大培训、大练兵、大比武”、“全面风险管理规章制度‘集中学习季’”活动，提高全员政策制度、操作水平。开展中长期贷款资金滞留情况排查，降低合规风险。

四、突出质量效益，强化经营，发展成果进一步显现

强化财务的管理引领和运营的支撑保障作用，为高质量发展赋能。一是加强财务资源配置引导。根据经营计划合理编制FTP利润预算，提高激励性财务费用配置比例，从紧配置保障性财务费用，充分发挥财务资源对经营决策、业务发展的引领作用。二是推进亏损行“清零工程”。制定实施方案，明确各级行扭亏责任、工作思路、奖惩措施，全力推进扭亏减亏，年末考核口径亏损行5个，较上年减少7个。三是解决历史遗留问题。开展“攻坚行动”，逐问题制定解决方案，每月调度强力推进。全辖历史遗留问题126个，已解决121个，完成率96.03%，完成总行阶段性目标任务。加快闲置资产处置，不断提升资产质量和运营效率。建立表外欠息清收激励措施，下达各行2020年度清收以前年度表外欠息指导计划，并对清收的表外欠息按欠息时间以3%、6%、9%的比例进行奖励。全年共清收表外欠息2948.65万元，完成年初计划的129%。四是堵塞开支漏洞。针对总行财会专项审计指出的财务开支不规范问题，率先在系统内探索电商平台采购，并圆满完成系统电商采购试点工作。全年共计下单3938笔，采购金额959.45万元，切实起到了减少库存占用、规范开支行为的作用。在总行成都财会制度培训班和年终决算会议上，分别进行经验交流，得到总行认可。五是加强新核心系统运营管理。多措并举推进网银签约和银企直联，实现全年电子支付业务替代率97.94%，电子渠道转账笔数107.31万笔、金额1957亿元，排名农发行系统第六。

五、坚持党建引领，加强融合，全面从严治党向纵深发展

坚持党建统领，加强队伍建设，持续提高整体素质。一是加强党的建设。以党建高质量为全行发展高质量提供坚强政治保证。坚持党委首议题学习、理论中心组学习、三会一课等制度，省分行党委率先垂范，开展首议题学习30余次。借助智慧党建、农发行E学院等平台，全辖组织8期线上、线下培训班，编发35期学习专刊，引导员工及时跟进学习习近平新时代中国特色社会主义思想及党的十九届四中、五中全会等重要会议精神，始终坚持正确政治方向。制定三年推进方案，稳步推进基层党支部标准化规范化建设。今年以来，按照“两年全部达标，三年提升巩固”的目标，指导各行对照7个具体方面、86项指标任务，持续推进基层党支部标准化规范化建设，全省151个县级支行党支部中，90个自评达标，占比60%。稳步推进县支行党支部换届选举工作，除涉及机构、人员调整等因素影响的6个支部外，其余145个县支行党支部均顺利完成换届选举。制定推进河北农发行治理体系和治理能力现代化的意见、“三重一大”决策制度实施办法等，以上率下推进党的政治建设。修订党组织书记抓党建述职评议、基层党支部量化、党员积分“三位一体”考核办法，进一步压实党建责任。研究制定“不忘初心、牢记使命”长效机制实施意见，推进理想信念教育常态化。二是着眼薪火相传。树立正确用人导向，选拔任用正副处级干部10名、调整科级干部193人，选调10名市县行业务骨干到省分行机关工作，不断优化干部队伍结构。对省分行人才库639名人员开展考核，宁缺毋滥，提升人才库质量。通过燕赵讲堂、联合办学等方式常态化开展培训，提升队伍专业素养。建立特殊通道，明确“三个三分之一”目标：新提拔年轻干部不低于提拔干部总数的三分之一；到2025年，市级分行班子成员“85后”、县级支行班子成员“90后”比例不低于三分之一，使青年员工成为推动事业发展的中坚力量。三是持续正风肃纪。落实中央和总行党委关于解决形式主义突出问题为基层减负的安排部署，精文减会、规范检查，减轻基层负担。制定规范办公秩序“十五条”、疫情防控“十条禁令”，就加强办公管理、强化请示报告制度、疫情防控等进行再强调、再部署。制定省分行巡察工作办法、对市分行巡察指导意见，今年以来，对18家市县行进行了机动巡察、对18家市县行进行了巡察“回头看”，确保各行沿着正确方向持续健康发展。四是激发队伍活力。制定荣誉体系建设管理办法，组织开展“两优一先”、“十佳”县支行行长评选表彰，青年突击队、青年文明号等创建活动，通过典型引领激发工作热情。筹拍的微电影《骆驼湾的故事》荣获总行“决胜小康奋斗有我”展播第一名。认真落实意识形态工作责任制，完善思想政治工作六大机制，召开两次员工思想动态分析会，及时掌握员工所思所想，切实提高工作针对性。加强精神文明创建，辖内5个县级机构被评为总行级文明单位。倡导“快乐工作、健康生活”理念，组织开展气排球、趣味运动会、跳绳比赛形式多样的文体活动，广泛凝聚向心合力。

（农业发展银行河北省分行　王如楠）

农村扶贫开发

【概况】2020年是全面建成小康社会收官之年，是脱贫攻坚全面验收交账之年。一年来，河北省委、省政府深入学习贯彻习近平总书记关于扶贫工作的重要论述和指示批示精神，全面落实党中央、国务院关于脱贫攻坚的各项决策部署，坚持精准扶贫精准脱贫基本方略，注重脱贫防贫一起抓，实施清单管理，强化督导考核，转变工作作风，压实工作责任，推动脱贫攻坚取得重大胜利。全省62个贫困县全部摘帽，7746个贫困村全部出列，现行标准下农村贫困人口全部脱贫。2020年3月6日，习近平总书记在决战决胜脱贫攻坚座谈会上，对我省和阜平县骆驼湾村、顾家台村脱贫攻坚工作给予充分肯定。2020年11月3日至4日，汪洋主席在我省阜平县调研时，对全省脱贫攻坚工作成绩和贫困地区发生的历史性变化给予充分肯定。

【持续压紧压实攻坚责任】强力部署推动。省委常委会会议、省政府常务会议、省政府党组会议、省扶贫开发和脱贫工作领导小组会议等52次专题研究扶贫脱贫工作，召开全省农村工作会议暨扶贫脱贫工作会议、全省产业扶贫工作视频现场会等全省性会议7次，保持强力攻坚态势。省委、省政府主要领导带头遍访62个贫困县，34位省级领导全部深入包联贫困县指导工作，定期蹲点调研，协调解决实际问题。组织开展县乡党委书记脱贫攻坚“擂台赛”，年内全省累计举办“擂台赛”655期，营造比学赶超浓厚氛围。强化清单管理。建立健全贫困人口识别认定和精准脱贫、解决“两不愁三保障”问题等6项重点任务清单，建成省市县乡村纵向互通、行业部门横向互联的脱贫攻坚综合信息系统，强化数据分析比对，及时发现解决问题。强化督导考核。6个脱贫攻坚督查巡查组和12个重点工作大督查组，驻市县常态化开展督导检查，发现问题现场交办、跟踪要账。实行最严格的考核评估，从省直部门和市县抽调近500名干部，组成22个由厅级干部带队的实地考核组，对各地、各有关部门脱贫攻坚工作成效开展考核评估。考核结束后省委、省政府逐一听取汇报，考核组就地转化为督导组，督促问题整改，确保高质量全部整改到位。

【高质量完成年度脱贫任务】推动剩余贫困人口脱贫。深入开展建档立卡结构分析，对2019年底剩余3.4万贫困人口，逐村逐户逐人逐项建立脱贫台账，实现领导干部包联、帮扶责任人帮扶、因户因人施策全覆盖，剩余贫困人口全部高质量脱贫。巩固提升“两不愁三保障”水平。持续开展“回头看”和排查整改，省直牵头部门和市、县、乡、村逐级签字背书，省委常委会会议、省政府常务会议听取专题汇报，“两不愁三保障”问题全部解决到位。建立健全“三保障”和饮水安全监测预警、排查处置、运行管护长效机制，扎实推进义务教育、医疗保障、住房安全和饮水安全巩固提升，全省九年义务教育巩固率达到97.6%，建档立卡贫困群众全部参加基本医疗保险、大病保险和医疗救助，62个贫困县村卫生室和村医全部配备到位。精心组织检查验收。按照县级检查验收、市级核定确认、省级抽查评价的方式，精心组织开展脱贫攻坚检查验收，全面检查“两不愁三保障”和到户帮扶成效。开展脱贫攻坚普查调查。按时高质量完成53个县(含5个省定县)、17337个村、76.06万建档立卡贫困户普查任务。省级对剩余12个省定县、3829个村、8.44万建档立卡贫困户开展脱贫攻坚调查。普查调查及国家事后质量抽查均未发现“两不愁三保障”问题。

【最大限度克服疫情影响】强化分析应对。先后印发《促进贫困劳动力就业创业的13条措施》等一系列政策文件，建立疫情影响分析应对机制，强化工作指导，统筹推进疫情防控和脱贫攻坚。狠抓稳岗就业。充分发挥就业扶贫“三网合一”平台作用，大力实施就业扶贫“七个一批”专项行动(发展产业增收一批、以工代赈吸纳一批、劳务协作稳岗一批、创新业态培育一批、新型主体带动一批、公益岗位安置一批、自主创业脱贫一批)，截至2020年底，全省贫困劳动力务工90.37万人，相当于2019年总人数的130.1%。加强对6794个光伏扶贫村级电站的运维管理，设置公益岗位16.39万个，发放工资5.89亿元。推进复工达产。搭建政策、金融、用工和人才支撑3个平台，成立政策落实、工业生产、物流运输、经贸合作、用工用能、创新创业6个服务组，全力帮助企业解决复工复产难题。2020年度19008个扶贫项目全部开工、完工率99.2%(含跨年度项目)，有带贫益贫作用的扶贫龙头企业和扶贫车间复工复产率达到100%。

【巩固提升脱贫攻坚成果】壮大扶贫产业。深入实施一乡一业、一村一品，建立到村到户扶贫产业清单台账，贫困户产业扶贫项目实现全覆盖，二重覆盖率达89%，比2019年提高25个百分点。召开全省产业扶贫工作视频现场会，建设河北扶贫产品线上展馆，亮扶贫成效、晒扶贫产品，激励各地比学赶超、创先争优。推进科技扶贫。弘扬李保国精神，深化农业科技扶贫三年行动，累计组织709个专家团队、14706名专业技术人员、8370名产业技术指导员，开展进村入户服务。通过驿站转化、应用、推广380多项新技术新成果，示范引领8100多个农业新型经营主体发展，辐射带动近10万农户增收致富。我省太行山农业创新驿站模式入选“全球减贫案例征集活动”最佳案例。深化消费扶贫。精心组织消费扶贫月活动，严格开展扶贫产品认定，引导扶贫产品供应商入驻“832”等销售平台，深入推进专柜、专馆、专区建设，不断加大产销对接力度。全省设立消费扶贫专柜2643台、专馆348个、专区1526个，认定扶贫产品8367个，销售额达348.6亿元。

【扎实做好易地扶贫搬迁后续扶持】深入开展易地扶贫搬迁“回头看”。对全省易地扶贫搬迁产业就业落实、基础设施配套、公共服务配套、群众权益保障、基层组织建设等情况，进行全面调查摸底，深入查摆短板不足，精准分类施策，狠抓巩固提升，确保工作质量。全面加强易地扶贫搬迁后续帮扶。省委、省政府印发《关于进一步做好易地扶贫搬迁后续工作实施意见》，建成配套产业园区632个，公共服务配套设施491所，13.59万搬迁贫困人口全部落实后续帮扶举措，搬迁贫困人口脱贫率、同步搬迁防贫对象防贫举措落实率均达到100%。健全优化易地扶贫搬迁安置区治理体系。按照安置区人口规模，综合运用调整乡镇区划、设立社区居民委员会、成立居民小组、暂时保留村委会等方式，探索推进分类设置基本管理单元，全省330个集中安置区新成立基层党组织62个、基层组织43个，依托原基层党组织管理268个，依托迁入迁出地自治组织287个，实现基层组织全覆盖，社区治理水平全面提升。

【健全完善脱贫防贫长效机制】完善政策体系。在

2019年率先出台《关于建立健全脱贫防贫长效机制的意见》的基础上，制定《防贫监测和帮扶工作实施办法》等政策文件，印发《关于做好防贫监测部门筛查预警工作的通知》，国务院扶贫办刊发我省经验做法。加强部署推动。召开全省脱贫防贫工作经验交流会，交流工作经验，推动工作落实。引导市县开展防贫保险，全省有脱贫防贫任务的县(市、区)实现防贫保险全覆盖，累计投入保险金5.93亿元，共对3.4万户实施保险救助。强化监测帮扶。健全农户申报、乡村排查走访、部门筛查预警"三位一体"防贫监测网络，对9.3万防贫监测对象针对性落实产业就业扶持、教育专项救助、防贫保险等措施。建立覆盖城乡的社会救助基金，重点资助有特殊困难的群众，成立社会救助基金会192家。2020年以来，全省未发生返贫致贫问题。

【不断强化扶贫资金资本项目管理】加大投入力度。2020年，中央、省、市、县四级财政专项扶贫资金投入146.5亿元、同比增长17.5%，其中省级财政专项扶贫资金投入69.66亿元、同比增长26.5%。贫困县整合使用财政涉农资金119亿元，同比增长15.4%。提高资金绩效。在认真落实公示公开制度、抓好项目库建设的基础上，对各级各类财政扶贫资金实行台账管理，研发部署动态监控系统，建立绩效目标指标体系，对所有贫困县均实行资金审计和绩效评价。管好资产资本。在全国率先出台《关于建立扶贫资产资本监督管理制度的指导意见(试行)》，强化统计监测，确权扶贫资产资本486.74亿元，规范运营管理，确保长期稳定发挥效益。

【巩固全社会参与的大扶贫格局】扎实推进东西部扶贫协作。健全高层互访、定期会商、调度通报等机制，京津两市共投入年度帮扶资金17.18亿元，实施项目835个；引进京津企业266家，到位投资242.22亿元。扎实推进中央单位定点帮扶。健全完善中央单位驻河北省定点帮扶机制，组织被帮扶县加强与中央定点帮扶单位沟通对接，31个中央单位直接投入帮扶资金13.38亿元，实施项目177个。扎实推进"千企帮千村"精准扶贫行动。以县为单位，对"千企帮千村"产业帮扶情况开展逐村检查，核实帮扶情况。全省累计动员13925家民营企业结对帮扶，7746个贫困村实现村企结对帮扶全覆盖。扎实推进扶贫志愿服务。发挥工会、团委、妇联、残联等单位优势，组织各类社会组织和个人开展志愿服务，"小红帽""黄马甲""白大褂"等一批志愿服务团队活跃在脱贫攻坚一线。

【持续加强作风能力建设】深化专项治理。严格落实中央办公厅《关于持续解决困扰基层的形式主义问题为决胜全面建成小康社会提供坚强作风保障的通知》要求，深入开展漠视侵害群众利益问题专项整治，大力整治形式主义、官僚主义，严禁贫困县搞摘帽庆祝活动，通报曝光了一批反面典型，形成有效警示和有力震慑。减轻基层负担。改进考核评估方式，将市县党委政府扶贫开发工作成效考核、领导小组成员单位考核、东西部扶贫协作考核、包联工作成效"双线"考核、财政扶贫资金绩效评价统筹整合为脱贫攻坚成效考核，与贫困县退出验收专项检查评估同步推进。用好全国扶贫开发信息系统和全省扶贫开发信息平台，市级以下未开展第三方评估，切实减轻基层负担。建好用好扶贫开发信息平台，能从信息平台提取的数据一律不重复填表报数。夯实基层基础，扎实开展"抓党建、防疫情、促脱贫、保小康"活动，推进堡垒示范、先锋引领、能力提升、人才支撑、帮扶助力"五大行动"，选优配强农村基层党组织，充分发挥党组织战斗堡垒和党员先锋模范作用。强化脱贫攻坚教育培训，累计培训1430期38.3万人次，7746个贫困村党组织书记、2.2万名驻村干部和26.4万名农村党员干部实现培训全覆盖，有效地提高了各级扶贫干部能力素质。

【强化脱贫攻坚总结宣传表彰】全面总结脱贫攻坚伟大成就和宝贵经验，总结挖掘骆驼湾、顾家台、德胜村等3个村脱贫故事，建好阜平、涞源、涞水3县扶贫交流基地，持续加大宣传力度。总结成绩，表彰先进，开展全国和全省脱贫攻坚奖、全国和全省脱贫攻坚总结表彰推荐评选活动，全省共有4个(2名个人、2个组织)和260个(180名个人、80个集体)获奖对象，分别获得全国和全省脱贫攻坚奖；125个(71名个人、54个集体)和1850个(1027名个人、823个集体)获奖对象，分别获得全国和全省脱贫攻坚先进个人、先进集体，营造了崇尚先进、学习先进、争当先进、赶超先进的浓厚氛围。

(河北省扶贫开发办公室　张亚楠)

自然资源管理

2020年是"十三五"收官之年，面对新冠肺炎疫情的冲击，全省自然资源系统深入贯彻新发展理念，认真履行"两统一"职责，各项工作都取得了良好成效。

【服务经济社会发展】

坚持围绕中心、服务大局，强化工作举措，积极主动作为，为国家重大战略和国家大事实施提供强有力的土地要素保障。依法做好建设用地合规性审查、土地利用总体规划修改审查等工作，做好雄安新区、北三县等重点地区相关规划前期技术审查，完成《河北省大运河文化保护传承利用实施规划——土地利用专项规划》编制，建立资源环境承载能力监测预警长效机制联席会议制度，开展系统平台、专题评估等工作；积极服务雄安新区建设，按照省委省政府安排部署，完成雄安新区第二批用地和京雄、京德、荣乌高速等重大配套基础用地报批工作，完成雄安新区调蓄库和雄忻、京雄商高铁的预审报批工作，为雄安新区进入全面建设阶段提供用地支撑；积极服务协同发展，完成京唐高铁、京秦高速等京津冀协同发展重大基础设施项目用地的报批工作，为京津冀交通一体化重点项目提供用地保障；全力做好冬奥会项目用地保障工作，截至2020年底，涉及新增用地的37个冬奥会项目和3个配套交通项目共2.2万亩建设用地全部获批；下力解决围填海遗留问题，23个围填海项目审批困境得到化解；统筹疫情防控和服务经济社会发展，细化防控举措，严格执行大排查、日报告、人员管控等制度，持续加强常态化疫情防控。出台先行用地、预支计划指标、统筹落实占补平衡、提供地理信息服务和应急保障等16项措施，保障疫情防控用地，支持重点项目建设，服务企业复工复产，为夺取疫情防控和经济社会发展双胜利做出积极贡献。

【国土空间规划】

国土空间规划编制。采取多项措施推进各级国土空间规划编制。印发《河北省市县国土空间总体规划编制导则》《河北省乡镇国土空间总体规划编制导则》《关于进一步完善市县国土空间总体规划的通知》，制定《河北省村庄规划编制技术规范》，会同有关部门印发《关于在国土空间规划中精准功能定位优化产业空间布局的指导意见》，梳理制定正负面、三条控制线现状情况、人口规模、政策、产业发展、特色小镇清单和农业区域布局等7个清单，拟定市县规划审查要点，组织专家对各市和20个重点县（市）国土空间总体规划开展技术审查，进行全面复核。采取视频培训、以会代训等多种形式，对市县乡各级干部和技术人员共5800余人进行了系统培训。省级规划形成文本、图件、38项专题研究等初步成果，完成358个村庄规划试点，择优推进38个“多规合一”村庄规划试点示范。

三条控制线划定。起草并提请省委办公厅、省政府办公厅印发《关于在国土空间规划中统筹划定落实三条控制线的若干措施》，印发《河北省自然资源厅关于加快推进三条控制线划定工作的函》《河北省自然资源厅关于加快推进三条控制线划定工作的紧急通知》，认真组织做好三条控制线划定工作。推进生态保护红线评估调整工作，形成河北省生态保护红线调整方案，同步编制永久基本农田整改补划方案，指导各市形成城镇开发边界划定初步方案。

【国土空间用途管制】

重点项目用地保障。研究制定对疫情防控和治疗急需的医疗卫生设施建设和药品、医疗器械生产等用地可先行使用的政策措施。建立全省重点项目用地台账，针对重点项目用地中存在的问题进行“一对一”指导、“点对点”服务，会同河北省发展和改革委员会建立完善重点项目用地保障协调机制，为重点项目落地提供全程服务。印发《关于做好2020年省市重点项目用地保障有关工作的通知》（冀自然资字〔2020〕114号），成立厅重点项目用地保障工作专班，采取一个处室局包联一个市重点项目用地的工作机制，及时协调解决项目用地方面存在的难点问题，年底前各地申报的252个首批新开工省重点项目，全部办理用地手续。

土地利用计划管理。2020年2月19日，印发《关于做好资源要素服务保障支持疫情防控促进经济社会发展的若干措施》，10月30日，河北省人民政府办公厅印发《关于做好2020年土地利用计划管理工作的通知》，对各市做好项目用地工作提出具体要求。会同河北省发展和改革委员会拟定河北省申报国家重大项目清单和重大项目名单，有效保障全省基础设施类项目的用地需求。

多审合一和“放管服”改革。推进全省规划用地“多审合一、多证合一”改革工作尽快落地，研究起草《关于贯彻落实规划用地“多审合一、多证合一”改革有关要求的通知》，全省自2020年5月1日起实现了用地预审与选址合并、用地规划许可和用地批准合并，积极推进“联合测绘”，创新“多测合一”的审批模式。截至年底，完成京雄商高铁、雄忻高铁、太锡铁路和奥运风光城等50个项目的用地预审与选址意见书核发工作。

助力扶贫攻坚。研究制定《关于进一步加强城乡建设用地增减挂钩工作的通知》，规范指标交易价格，对脱贫攻坚和易地扶贫搬迁所需指标全面保障，年内全省共审批贫困县增减挂钩项目138个。

【国土空间生态修复】

责任主体灭失露天矿山迹地综合治理。下发《关于下达2020年度责任主体灭失矿山迹地综合治理任务的通知》，明确责任主体、整治要求、具体责任人和完成时限。经省政府同意，印发《河北省关于探索利用市场化方式推进矿山生态修复的实施办法》，因地制宜，一矿一策，全年共完成修复2057处责任主体灭失矿山迹地综合治理任务，累计治理面积15.11万亩，完成下达任务的127.7%。

重点区域废弃露天矿山生态修复。河北省重点区域废弃露天矿山生态修复治理任务是：到2020年底，对石家庄、唐山、邯郸、邢台、保定、廊坊、衡水等7市城市周边20公里范围内完成修复治理图斑906处、面积3488.63公顷。截至年底，废弃露天矿山生态修复任务全部完成，治理面积3724.84公顷，完成治理率106.8%。

海洋生态修复。起草印发《河北省渤海综合治理攻坚战实施方案》《渤海综合治理攻坚战工作任务分工方案》《河北省渤海综合治理海洋生态修复项目验收办法》，申请中央资金4.1185亿元，地方配套资金0.6亿元。截至2020年底，完成岸线修复17.32公里，滨海湿地修复1243.35公顷，超额完成国家规定的800公顷滨海湿地修复和14公里岸线岸滩修复目标任务。

临时用地土地复垦专项整改。成立经济责任审计土地复垦专项整改工作领导小组。各市县自然资源主管部门设立工作专班，全面抓好工作落实。全年省级审批2017年到期生产建设项目临时用地未复垦到位的158个项目，复垦到位155个，复垦完成率98.10%。

矿山地质环境保护与土地复垦。制定印发《关于疫情防控期间〈土地复垦方案〉和〈矿山环境保护与土地复垦方案〉评审有关事项的函》，高质量完成全年土地复垦方案评审任务。按照《矿山地质环境保护规定》，督促矿山企业及时编制《矿山地质环境保护与土地复垦方案》，全年共组织召开矿山地质环境保护与土地复垦方案评审会议72次，评审方案403个。

【耕地保护】

耕地保护制度建设。按照新《土地管理法》缩小征地范围、规范征地程序、完善征地补偿标准要求，代河北省政府起草并以河北省人民政府办公厅名义印发《关于做好近期建设用地报批工作的通知》（冀政办字〔2020〕37号），印发河北省自然资源厅《关于明确近期建设用地报批要求的通知》（冀自然资字〔2020〕24号），提高建设用地报批效率。代河北省政府起草并以河北省人民政府办公厅名义印发《关于完善征地区片综合地价标准的通知》（冀政办字〔2020〕3号），对全省征地区片价予以重新公布，明确土地补偿费、安置补助费的分配比例。联合河北省农业农村厅印发《关于进一步改进和完善设施农业用地管理的实施意见》（冀自然资规〔2020〕3号），为适应农业现代化发展趋势，建立设施农业用地保障长效机制，促进现代农业健康发展提供保障。

土地整治项目管理。根据各地建设占用耕地实际和耕地后备资源分布情况，科学下达全省2020年补充耕地任务共15万亩。截至年底前，全省土地整治项目立项631个，预计新增耕地30.66万亩，验收627个，实现新增耕地25.17万亩。提质改造项目立项25个，面积5.38万亩，验收7个，面积4613.54亩。全省补充耕地指标库存40余万亩，能够保障未来2-3年全省建设用地需求，京雄高速、京德高速、荣乌高速新线和京雄铁路等大型单独选址项目，均在省内落实了占补平衡。

补充耕地指标省级调剂。采取区域平衡方式调剂补充耕地余缺，共调剂耕地数量3.36万亩，粮食产能3286.58万公斤，保障了全省各地补充耕地需求。截至年底，全省除廊坊市外，其他各设区市补充耕地指标库存均比较充裕，重大急需建设项目所需补充耕地指标省内有充足的保障能力。将土地整治与脱贫攻坚相结合，通过补充耕地指标调剂流转，为贫困县优先调剂补充耕地18.68万亩，积累资金210.73亿元，有力助推脱贫攻坚工作。

耕地保护责任目标考核。按照《自然资源部办公厅 农业农村部办公厅 国家统计局办公室关于开展省级政府耕地保护责任目标自查的通知》（自然资办函〔2020〕1500号）要求，对全省耕地保护责任目标履行情况进行自查，自查报告按时上报自然资源部、农业农村部和国家统计局。部署启动省对市2019年耕地保护责任目标考核工作，通过市级自查、省级内业检查、外业核实等方式，形成最终考核结果，以河北省人民政府办公厅名义在全省进行公开通报，考核结果抄送河北省委组织部。

【节约集约用地】

深入推进土地集约高效利用。一是建立健全长效机制。先后代省政府起草了《关于进一步加强土地管理有效提高土地利用质量效率的意见》《促进土地节约集约利用十条措施》印发各地，从优化资源配置、提升用地效益、严把招商政策和强化执法监管等方面，提出具体措施，全面推进土地利用质量效率提升。二严格落实用地标准。针对近几年出现的新产业新业态，研究制定《产业用地控制标准》，严控项目用地面积，组建专家库，规范节地评价，加强审核把关，有效提高项目节约集约用地水平。三是扎实推进城镇低效用地再开发。全面开展调查摸底，标图建库，全省完成再开发项目2459个、面积5.69万亩，充分释放存量土地潜力。四是切实加强示范引领。总结望都县“腾笼换鸟”低效用地盘活经验，推广宁晋县童泰产业园向空中要空间节地模式，分别在自然资源报、河北日报等媒体刊发，要求各地认真学习借鉴，着力推动全省土地利用和管理方式发生转变。

全面规范建设用地节约集约利用评价。全力做好开发区土地集约利用评价，组织全省189个省级以上开发区进行土地集约利用监测统计，开展专项检查，确保评价数据真实准确，强化开发区评价成果运用，完成13家省级开发区扩区、调区用地审核，有效助推全省开发区高质量发展。圆满完成2019年度单位GDP建设用地使用面积下降目标任务，全省实际下降5.04%，超过4.36%既定目标任务。

土地市场建设。以河北省人民政府办公厅印发《关于完善建设用地使用权转让、出租、抵押二级市场的实施意见》，在全国较早完成省级层面二级市场文件制定工作，全省11个设区市和定州、辛集市完成线下交易平台搭建。全省基准地价报备率100%，完成集体建设用地和农用地基准地价制订试点，基准地价更新、标定地价制订工作按自然资源部要求有序推进。进一步强化信息技术对自然资源开发利用的支撑作用，从市场监管、节约集约、地价管理、政策法规等方面，着手研究建立自然资源开发利用系统平台，有效发挥信息技术市场监管作用。研究探索集体经营性建设用地入市，加强开发利用监测监管。

加强房地产用地市场调控。组织市县科学编制2020年度住宅用地供应计划，报自然资源部备案并向社会公示。出台《关于做好2020年房地产用地管理和调控工作的通知》，实施住宅用地供应分类调控，促进房地产市场平稳健康发展。结合标定地价制定，建立健全地价监测评价考核体系，对各市、环雄安和环首都等重点敏感区域住宅地价水平实施动态监测。

【矿产资源管理】

严控矿产资源开发。严格落实省委、省政府关于矿业权管理的各项决策部署，实施矿业权减量化管理，严格执行产业负面清单，停止新上露天矿产采矿权审批和已有露天矿山扩大矿区范围审批，全年没有新批一宗露天采矿权。配合煤炭去产能工作，未在平原区新批煤炭矿业权。未在生态保护红线内、永久基本农田、城镇开发边界内、自然保护区、风景名胜区、饮用水水源保护区、地质遗迹保护区、文物保护单位的保护范围内和铁路高速公路国道两侧各1000米范围内新批固体矿产资源矿业权。

固体矿山综合治理。严格落实省政府办公厅《关于转发河北省矿山综合治理攻坚行动方案的通知》（冀政办字〔2020〕75号）要求，对方案中的相关政策措施在可操作性、程序、时间节点等方面进一步深化、细化、实化。5月29日，向各市政府发送《关于印发矿山综合治理清单的函》，印发《关闭取缔矿山清单》《整合重组矿山清单》《限期整改矿山清单》《具备露天转地下开采资源地质条件矿山清单》，对全省2404个固体矿山，逐矿明确治理工作任务及完成时限。对全省具备露天转地下开采资源条件、地质条件的固体矿山进行全面摸排，全省有115个固体矿山符合露天转地下资源地质条件。全面完成年度固体矿山综合治理任务。关闭取缔方面，2020-2022年全省计划关闭矿山563个、2020年计划关闭378个，实际关闭415个，任务完成率109.8%，超额完成年度矿山关闭任务。位于“四区一线”内的矿山全部关停或退出。整合重组方面，全省309个参与整合重组矿山，计划整合重组成153个矿区，年底前全部完成确定整合重组主体，签订整合重组协议工作。规范管控方面，强力推进露天矿山转地下开采。2020年完成115个具备地质资源条件的露天矿山安全生产、环境保护、技术经济综合论证，论证通过具备转地下开采条件的57个，停止生产并进行改造。

中央环保督察“回头看”反馈问题整改。对地热问题整改开展集中攻坚。7月15日，联合河北省水利厅下发《关于严格管控抽采地热水的通知》（冀自然资字〔2020〕70号），对建设好首都水源涵养功能区和生态环境支撑区，切实做好地面沉降防治工作，保护地质环境，保障线性工程安全，严格管控抽采地热水提出明确要求。4月、6月、11月、12月分别成立督导组，前往各市进行督导检查。6月、7月两次召开全系统1400多人参加的中央环保督察“回头看”反馈问题整改推进视频会议，总结整改取得成效，对做好下一步整改提出明确要求。全省完成整改销号，并按时向省整改办报送整改总结报告。

矿业权出让收益评估。2020年度矿业权评估安排预算资金399万元，委托评估67个采矿权，评估价值25029.4万元，基准价计算价值24998.28万元，就高确认后出让收益26682.99万元。在年度预算的基础上，向省财政申请追加矿业权评估费用1287万元。委托评估199个采矿权，评估价值92827.05万元，基准价计算价值92080.1万元，就高确认后出让收益97594.23万元。

地质勘查行业管理。制定地质勘查单位勘查活动抽查事项清单，明确抽查依据、抽查主体、抽查内容和抽查方式。制定地勘单位勘查活动检查工作指引，根据勘查活动事中事后内容，就抽查事项、检查内容方法和检查依据作了规范。印发《河北省自然资源厅关于开展2020年度全省地质勘查行业监督检查工作的通知》，进一步加强地勘单位地质勘查活动的监督管理，维护全省地质勘查市场秩序。加强地灾资质审批管理，严格按程序和规定审查资质。

矿产资源储量管理。做好单独选址建设项目土地转用征收审批，全力推进建设项目压覆矿产资源区域评估。全面启动矿产资源国情调查工作，梳理省级储量数据库上表矿区，收集汇总地质资料，编写河北省矿产资源国情调查实施方案，选择省内部分典型铁矿区开展调查试点工作，为全省矿产资源国情调查工作探索经验。研究制定国家二氧化碳气矿产“三率”最低指标。

绿色矿山建设。印发《关于做好2020年度全省绿色矿山储备库建设工作的通知》，建立河北省绿色矿山储备库，实行绿色矿山建设、评估、入库、监督检查制度化管理，87家矿山企业列入河北省绿色矿山储备库。按照自然资源部要求，遴选17家矿山企业列入全国绿色矿山名录。组织专家对随机抽取的13家列入全国绿色矿山名录矿山企业进行监督检查，督促矿山企业持续深化绿色矿山建设。

地质灾害防治。印发《关于做好2020年地质灾害防治工作的通知》《2020年河北省地质灾害防治方案》等，对全省特别是主汛期地质灾害防治工作进行全面系统安排部署。汛期分别组织召开全省汛期地质灾害防治工作视频会议、地质灾害防治工作调度会议、应对强降水地质灾害防治视频调度会议，对进一步做好汛期地质灾害防治工作进行专题部署，提出明确要求。压实各市、县政府地质灾害防治主体责任，全省形成政府领导，自然资源部门组织、协调、指导和监督，有关部门分工负责的网格化地质灾害防治机制，逐点上图入库，建立管理台账，盯重点区域，加强预警预报，提升防灾能力，连续7年实现“无重大人员伤亡和财产损失”。

安全生产。严格落实安全生产“党政同责、一岗双责、齐抓共管、失职追责”“管行业必须管安全、管业务必须管安全、管生产经营必须管安全”要求，印发《安全生产领导小组工作规则》《领导小组办公室工作规则》，明确有关处室局安全生产责任和监管范围。全年召开7次党组会研究安全生产有关工作，印发《安全生产专项整治三年行动实施方案》《关于做好国务院安委会2019年度省级政府安全生产和消防工作考核巡查通报问题整改落实有关工作的通知》等6个安全生产工作文件，落实上级部署的安全生产工作任务，系统内无重特大安全生产事故发生。

【海域管理】

海域海岛领域制度改革。继2019年向国家自贸区下放海域使用行政审核事项后，2020年向国家级经济技术开发区下放海域使用行政审核事项。积极推进海域资产产权制度改革，修订河北省招标拍卖挂牌出让海域使用权管理办法、规程，印发关于推进海域使用权立体分层设权的通知。

围填海管控。加快处置围填海历史遗留问题。渤海新区围填海历史遗留问题处理方案经自然资源部备案，河北省通过备案总面积达145.6平方公里，占全省围填海历史遗留问题总面积的71.8%。2020年，通过预审2657.48公顷，其中围填海1179.67公顷；审批和出让1039.03公顷，其中围填海944.98公顷。督导沿海县区落实围填海区域的生态保护修复任务。拆除堤坝2.32公里，恢复海域面积43.4公顷；完成绿化4.74平方公里，修复沙滩4.4公里。6月30日，《中国自然资源报》对河北省严格管控围填海的经验做法进行了报道。2020年全省没有新增围填海项目。

无居民海岛保护。在全国率先建立海岛保护名录，2020年对菩提岛、月岛开展了海岛生态及资源监测。加强海岛开发利用监管，对用岛项目进行现场核查，对现有5个海岛开展四要素的常规监视监测。组织开展无居民海岛开发利用现状调查和数据填报工作，填报数据通过国家审查。

海岸线保护与利用管理。实施最严格的岸线开发管控，严格实施岸线用途管制，把海岸线管理纳入海域使用论证、审批、监管各个环节。将自然岸线全部纳入海洋生态保护红线管理，禁止新增占用自然岸线的开发建设活动，实现了2020年底全省自然岸线保有率不低于35%的管控目标要求。开展新一轮海岸线修测工作，完成外业调查，累计实测点位9000多个，填报岸段718条，长度688.84公里，数据通过国家审查。

海域海岛监管。加强事中事后监管，对省级审批的57宗围填海项目开展两次实地监测。对2020年7月之前省级批准的秦皇岛、唐山、沧州沿海三市26个用海项目进行全面检查。开展养殖用海调查，调查图斑1195个，录入调查数据566条。对全省海上风电项目进行检查，12月份通过自然资源部北海局专项检查。

河北省海洋经济发展“十四五”规划。年初召开专题会议，进行研究部署。邀请河北省发展和改革委员会沿海办、地区处相关领导和有关专家进行专题研讨，制定规划编制工作方案和基本思路，建立省直13个部门参加的海洋经济发展“十四五”规划编制信息联络机制。深入沿海三市开展现场调研，收集沿海三市及省直相关部门海洋经济发展相关材料，邀请省直12个部门，开展“河北省海洋经济发展‘十四五’规划编制工作交流活动”，采纳各省直部门提出的意见建议，组织召开专家咨询会对，认真修改完善，形成规划初稿。

海洋观测及海洋灾害预报预警。开展水文气象观测，共采集水文气象观测数据1100多万组，审核、传输延时海洋观测月报资料600多份，全部通过国家海洋信息中心的资料质量评估，资料良好率达到100%。开展海洋预报警报，每天发布河北省及秦皇岛市、唐山市、沧州市沿海未来24小时海洋预报信息和秦皇岛海水浴场预报信息，共发布各类海洋预报信息2705份。继续开展嘴东中心渔港和沧州黄骅港两个重点保障目标的精细化预报工作，共发布精细化预报733份。印发《关于做好2020年度汛期海洋灾害防范工作的通知》，强化责任落实，严格应急值班，通过电话、传真、邮件、微信、短信等形式，向沿海各级政府值班室、应急部门、海事部门等发送预警报信息。共启动海洋灾害Ⅳ级应急响应6次，发布大浪警报11期，风暴潮警报26期，海洋灾害预警短信10482条。修订完成《海洋灾害应急预案》和《海洋赤潮灾害应急预案》并印发实施。

海洋生态预警监测。在河北省近岸海域共布设12个站位，北戴河邻近海域布设3个站位，全部完成监测任务。重点浴场监测获取数据488个，海水入侵获得化验数据99个，土壤盐渍化获得化验数据87个。在滦河口-北戴河典型生态系统布设24个站位、6个潮间带断面，获得化验数据678个。海洋生态基础监测布设站位38个，获得1078组监测数据。开展4套浮标和11个河口在线岸基站的实时在线监测，监测数据按要求纳入全国海洋生态预警监测平台。

旅游旺季秦皇岛邻近海域预警监测。强化组织领导，对各单位值班室、实验室、预报室和船艇维护、保养、运行情况进行检查，对海洋灾害易发区和重点海域进行现场督导，发现问题及时消除。制定《2020年旅游旺季秦皇岛邻近海域预警监测工作方案》《2020年旅游旺季秦皇岛邻近海域预警监测工作规程》，与自然资源部北海局联合印发《2020年北戴河及邻近海域综合预警监测专项工作方案》，进一步明确工作任务分解表，划分责任区段，细化任务分工。严格实行海洋信息报送统一管理、分级负责制度，认真落实日报、周报、重大突发事件报告和预警预报等制度，随时上报工作动态和海洋信息。实行主要领导负责制，严格实行24小时值班、交接班、应急响应等制度，每天对重点浴场、河口、海湾等海洋生态风险区域进行巡查检查，一旦发现海水异常随时取样、送检。

【测绘地理信息服务】

省级基础测绘。启动《河北省基础测绘“十四五”规划》编制工作，完成规划草案的编制。部署市县级基础测绘“十四五”规划编制工作。不断丰富全省基础地理信息数据资源，提高数据现势性，完成全省卫星定位基准站网运行维护、2610幅1∶10000数字线划图地形要素更新、省级基础地理信息数据库更新、全省亚米级和中等分辨率卫星影像数据的获取及处理、《河北省地图》《各市行政地图》和58个县级行政地图的更新等工作，启动实景三维河北试点建设。

数字（智慧）城市基础建设。有效推进全省数字城市基础建设工作。全省11个设区市、定州市、辛集市以及136个县（市、区）数字城市地理空间框架建设项目全部完成，为各级政府科学决策、部门业务管理、百姓公众生活等方面提供优质在线地理信息服务。作为全国智慧城市时空大数据平台建设第一批试点城市，石家庄市完成项目招标和设计方案论证启动建设，沧州市人民政府积极申报试点城市。

测绘行政监管。编制测绘管理权责清单、责任事项和追责情形依据清单。持续推进简政放权，向中国（河北）自由贸易试验区曹妃甸片区、唐山曹妃甸经济技术开发区、石家庄高新技术产业开发区委托下放省级行政许可“从事测绘活动的单位乙、丙、丁级测绘资质审批”事项。进一步梳理行政监管事项，做好2019年度行政检查数据录入工作。做好接入省政务服务平台“一网通办”和“冀时办”的“省测绘地理信息市场服务与监管平台”维护工作。

测绘行业监管。配合自然资源部实施2020年度全国测绘资质单位监督检查工作，汇总全省甲级测绘资质单位项目信息并录入国家项目库，组织推荐7名省市执法人员加入全国测绘资质监督检查执法人员名录库。部署开展2020年度全省测绘行业“双随机、一公开”监督检查工作，制定抽查工作方案，建立检查对象名录库和检查人员名录库，完成对101个测绘资质单位的监督检验工作，抽检128个测绘项目。

【地理信息管理】

基础地理信息要素支撑。持续优化基础地理信息数据资源和供给方式，定期向社会公布最新地理信息数据资源，为京津冀一体化、雄安新区等重大战略及规划编制、“三调”等工作提供了有力的地理信息支撑。

地理信息公共服务。上线标准地图服务系统、地理信息资源目录服务分节点、互联网地理信息监管系统分节点等服务模块和典型应用，公益性地图和位置服务能力不断提升。强力推进省级节点设备升级换代、等级保护认证等重点工作，各级地理信息公共服务平台建设成效明显。新增省委应急综合指挥调度、公安系统云平台扩容等服务调用，依托省级平台为70余个省直部门提供在线地理信息数据，省地理信息公共服务平台连续8年被国家评为最高级别“五星级”，河北省自然资源厅被评为省禁种铲毒先进单位。

地理信息应急保障。国家应急测绘保障能力建设河北单项工程在全国率先完成验收，自然资源部向全国推广项目建设经验及成果，形成了卫星、载人直升机、大中小型无人直升机多类型飞行器配合，光学、远红外、雷达波普等多源影像综合运用，卫星、地面双链路传输的应急保障体系，具备了低空影像实时采集、多比例尺地图现场制作、各类数据快速传输的综合保障能力。

地理信息安全监管。对73家地理信息涉密成果使用单位开展安全检查，对发现问题提出处理、处罚、整改意见。在全国率先开发上线“河北省地理信息安全保密培训系统”，免费在线培训模式被自然资源部推广并得到用户广泛认可。截至12月底，申请注册单位817家，在线培训人数2009人，为企业节约运行成本300多万元。

地图审查与市场监管。全年共审核拟出版地图3256册（幅），利用监管系统对全省788家重点地图网站系统进行全天候监管，对长城网、河北网等13个登载“问题地图”网站进行整改，维护了地图市场的良好秩序。

测量标志维护与监管模式创新。积极探索新形势下测量标志管理手段，采用卫星影像内业展点与疑似点外业核查相结合的方式提升测量标志巡查效率，克服疫情影响，完成5年一次的全省测量标志普查，做好日常维护工作，共普查标志点3660个，维护受损测量标志82处。

【林业和草原工作】

大力实施国土绿化行动，完成营造林882万亩，超额完成年度任务。加强森林草原防火，全年森林火灾、过火面积、受害面积同比实现“三下降”，下降幅度均超过50%，清明、五一等节假日实现零火情。修复治理退化草原114万亩，完成年度任务的114%。完成自然保护地整合优化预案编制，全省275处自然保护地整合优化为239处。

（省资源管理厅　杨淑梅）

粮食工作

2020年，在省委、省政府坚强领导和省发改委直接管理下，全省粮食和物资储备部门坚持以习近平新时代中国特色社会主义思想为指导，切实加强政治建设、业务建设和能力建设，创新体制机制，强化工作举措，应对疫情冲击，主动担当作为，扎实推进粮食和物资储备行业改革发展，各项工作取得了较好成效。

(一)粮食收购量、库存量、储备量“三量齐增”。在2020年未启动小麦最低收购价政策的情况下，密切关注收购形势，强化收购服务，积极引导各类市场主体入市收粮，指导企业转变收购服务方式，特别是引导农民在疫情期间错峰售粮，坚决守住农民“种粮卖得出”的底线。2020年全省各类粮食企业累计收购粮食507.8亿斤，比上年增加39.4亿斤，占产量的66.9%，有效保护了农民利益，支持了粮食生产。到2020年12月底，全省粮食库存总量159.4亿斤，同比增加32.8亿斤，其中粮食政府储备数量同比增加3.5亿斤，市级储备11个设区市实现全覆盖，109个县建立县级储备，储备布局更为优化。企业商品库存98.6亿斤，同比增加29.4亿斤，调控市场的粮源基础更加稳固。

(二)粮食保供稳市有力有效。根据疫情防控需要，调整布设粮食应急网点3093个，实现了城乡全覆盖。落实新增应急成品粮储备4亿斤、食用油800万斤，应急成品粮储备达到5.3亿斤，达到了11个设区市主城区人口20天、县城以下城镇人口和15%农村人口15天的供应量标准。疫情爆发后，协调组织中央、地方粮食企业定向投放政策性粮食30.7亿斤，保障粮食加工企业原粮供应，助力全省173家粮油应急加工企业迅速复工复产，对粮油价格监测点实行日监测，全省粮油市场运行平稳，未出现粮油品种脱销断档和集中抢购现象。

(三)粮食安全责任进一步压实。认真落实粮食安全省长责任制，许勤省长在全省粮食安全责任制考核工作动员部署会议上作动员讲话，省政府办公厅印发《关于开展2020年度粮食安全责任制考核工作的通知》，将国家考核任务指标分解至考核工作组各成员单位，推动工作落实。我局切实履行粮食安全责任制考核工作组办公室职责，协调各成员单位强化责任落实，主动对标国家部委找差距、补短板，从严从实开展省对市、市对县考核，层层传导压力，压紧压实责任。在国家考核中，2019年度我省再获优秀等次(连续4年均为优秀)，在受表彰的17个省份中居第6位(比上年度前移10位)。

(四)储备安全制度建设取得新进展。省委、省政府两办年内下发了3个加强粮食储备安全管理的文件，明确了政府储备的功能定位，压实了企业内控管理和外部监管责任，我局会同有关部门印发了《省级储备粮轮换管理暂行办法》《省级成品粮储备管理暂行办法》等7个具体文件，粮食储备体制机制进一步完善。指导各市全部制定出台超标粮食收购处置管理办法。为支持市场化收购，建立了总规模不低于1亿元的粮食收购贷款信用保证基金制度，17家企业通过资格认定，意向认缴额度1.09亿元，银行放贷规模11.71亿元，已有11家企业实际认缴0.52亿元，取得贷款4.3亿元。

(五)物资储备监管得到加强。认真履行物资储备统计职责，对13种省级重要商品储备情况定期进行统计，救灾物资、防汛物资、救灾备荒种子等储备规模均有不同程度提升，储备底数清晰。加强救灾物资日常监管，直接管理的省级救灾物资品种由26个增加到33个、增长26%，货值增加到6500万元、增长22%，优化调整了部分食盐、食糖储备库点，加快推进省级食盐、食糖储备信息化监管，与省盐业专营集团公司和部分库点实现了远程互联互通。疫情期间，配合省应急厅分2个批次向张家口、雄安新区紧急调运救灾物资9850件，支持当地疫情防控，12月份又完成了4.2万余件冬春救灾物资的调运任务。

(六)优质粮食工程建设取得重大进展。大力推进“优质粮食工程”建设，扎实推进粮食产后服务中心项目、粮食质量安全检验监测体系项目和“中国好粮油”示范县等项目建设，启动了小麦、小麦粉、挂面三个“燕赵好粮油”团体标准制定工作，完成了第一批“燕赵好粮油”产品遴选。139个粮食产后服务中心项目基本完成；粮油质检体系建设进展顺利，市县级粮油质检机构检化验人员达到374人；5个中国好粮油示范项目如期完成。

(七)京津冀粮食行业协同发展进一步深化。完善与北京、天津粮食和物资储备行业协同工作机制，在信息共享、异地储备、粮食应急、质量检测、联合执法等领域深化合作，建立了粮食应急保供联合工作机制，12月就京津冀粮食储备央地协同运作和粮食行业人才培养方面商签合作协议，推进京津冀粮食行业协同发展走向深入。我省已有10家粮食收储和加工企业代储北京市级粮食储备，京津冀三省市每年组织开展异地储备联合检查，取得良好成效。

(八)开展专项整治深入推进依法管粮。组织开展粮食库存大清查问题整改“回头看”专项行动，落实整改措施，涉及地方粮食事权的56个问题已全部整改到位；大力推进“双随机、一公开”监管，保障粮食政策和管理制度落实到位，维护市场流通秩序；对全省地方粮食企业政策性粮食库存进行了全面检查，集中整治排查问题隐患，规范企业收储行为；贯彻落实省委、省政府领导批示精神，对标对表中央纪委国家监委国有粮库调查摸排发现问题和整改要求，对省、市、县地方国有粮库存粮等情况开展全面调查；深入推进行业监管，强化“双控”机制建设，对重点时段、重点环节开展安全生产专项整治，保持了全行业安全生产形势持续向好；指导各市严格执行超标粮食收购处置管理办法，严防不符合食品安全标准的粮食流入口粮市场。

(河北省粮食和物资储备局　姚辰彦)

农村供销

【综述】2020年，全省供销系统坚决贯彻习近平总书记重要指示精神，全面落实中央和省委、省政府重大决策部署，积极应对疫情冲击、经济下行、债务风险等诸多挑战，坚持守底线、防风险、求发展、上台阶，忠实履行供销合作社的政治责任和社会责任，扎实做好“六稳”工作、落实“六保”任务，强力推进“十项重点工作”，实施“百日攻坚行动”，稳中求进，逆势拼搏，为夺取疫情防控和经济社会发展贡献了供销力量，供销合作社的金字招牌进一步擦亮。全系统销售、利润、资产总额和所有者权益分别实现3901.9亿元、26.4亿元、1729亿元、407.5亿元，同比分别增长11.8%、24%、11%、10%。省领导10次批示肯定，全国总社主要领导7次批示肯定，央视《经济半小时》、央视新闻客户端、新闻直播间给予专题报道。

【聚焦政治强学习，掀起贯彻落实新热潮】全系统坚定不移讲政治，把学习贯彻习近平总书记重要指示精神作为重中之重，一是抓牢学习举措。省社召开党组会、理论学习中心组学习会议集体学习研讨，召开系统视频会议组织传达，印发学习通知，在全系统掀起学习宣传贯彻习近平总书记重要指示精神的热潮，各地供销合作社都开展了多种形式的学习研讨。二是强化理论武装。全面系统学习习近平新时代中国特色社会主义思想，及时跟进学习习近平总书记关于统筹抓好疫情防控和经济社会发展、决战决胜脱贫攻坚、构建新发展格局等方面的重要讲话精神，自觉从全局出发谋划推动工作。三是做到知行合一。省社结合系统实际研究制定落实方案，建立任务台账，明确责任分工，全面对标对表，不折不扣把习近平总书记重要指示精神落实到方方面面。全系统广大干部职工在习近平总书记重要指示精神的科学指引下，进一步统一了思想、凝聚了共识、理清了思路、明确了方向，务实创新，主动担当，敢于担责，形成干事创业的浓厚氛围。

【聚焦大局讲担当，打造勇于作为新形象】一是服务疫情防控。充分发挥供销合作社组织、流通和网络优势，切实发挥为农服务和保供稳价“国家队”作用。在疫情紧张期间，全系统保障春耕夏种化肥供应300多万吨，占全省需求的60%以上；保障粮油果蔬、肉禽蛋奶、食盐等正常供应，销售农产品491.7亿元；6-7月份，紧急动员供应北京蔬菜8800余吨。二是助力脱贫攻坚。推动45个国定贫困县入驻国家“扶贫832平台”，在62个重点贫困县领办农民合作社9367家，在京津等地开设扶贫馆、扶贫专柜，组织参加各类展销会，消费扶贫月期间销售扶贫产品2.99亿元，消费扶贫工作得到国家扶贫考核组和总社主要领导肯定。“政银社户保”金融支农模式在贷余额13.23亿元，惠及15万农户，列入全国十大扶贫模式。

【聚焦宗旨强服务，打造为农服务新模式】一是强化农产品流通服务。深化与河北新发地市场战略合作，建设改造邢台果品市场等农产品批发市场99个，在邯郸、保定等8个城市建立农产品直采直销体系，打造“承德山水”等区域公共品牌20多个。实现农产品批发市场交易额366.3亿元，同比增长9.2%；农产品销售总额1677.8亿元，同比增长17.5%。二是强化农资供应服务。打造全省农资集采直供体系，实现农资销售934.2亿元，同比增长10.7%；建成庄稼医院4071家，配方施肥843.6万亩。三是强化土地托管服务。建成农业生产性为农服务中心1099家，土地托管面积达到1537.4万亩，在全国供销系统排名第3位。省社裕丰公司为君乐宝等乳业企业提供饲料青贮作业11万亩。四是强化农村产权交易服务。建成省市县乡村五级农村产权交易服务体系，实现统一规范管理，累计交易45亿元，增加了农村集体经济和农民财产性收入。五是强化农村社区综合服务。发展村级综合服务社31123个，其中村级综合服务中心4334个，积极打造省市县乡村五级为农服务平台。

【聚焦主业抓项目，打造系统发展新平台】一是构建冷链物流骨干网。加快规划建设、改造升级，努力打造千亿级冷链物流产业，已向财政厅申报专项债30亿元。发展冷链物流企业75家、冷冻冷藏能力80万吨。二是组建大宗商品交易中心。着力打造以农资、农产品为主体的河北自贸区大宗商品交易中心，顺利通过核查验收，成功取得经营牌照，正在加紧推进建设。三是搭建省级合作金融服务平台。参与成立河北省惠信大数据科技服务有限公司，承建运营了河北省金融服务平台，组建了河北省小额贷款公司、河北省登记结算公司，为中小微企业和地方金融机构提供金融信息、资金结算、融资对接等综合创新金融服务，累计提供贷款98.24亿元。四是打造农产品电商平台。开展电商业务企业225家、村级电商服务站2.4万个，实现农产品电商销售额72.3亿元，同比增长121.9%。五是建成石家庄中商大厦。项目主体竣工验收，增加20多亿元资产，提升了集团公司抗风险能力。

【聚焦产业促合作，打造合作经济新优势】一是积极领办创办农民合作社。围绕各地农业主导产业和特色产品，领办创办农民合作社达到27712家，增强了农民互助合作、自我发展的内生动力。二是推进农民合作社联合社建设。组织农民合作社开展联合合作，组建区域性和产业型农民合作社联合社1889个。三是加快实施“两社融合”。积极推动基层供销社与农民专业合作社“两社融合”发展，建立基层社2214家，改造提升薄弱基层社268家。

【聚焦问题防风险，打造稳中求进新格局】一是成功化解资金链断裂风险。省社大力优化企业债务结构，通过高息变低息、短债变长债，债券刚性兑付压力有效解决，资金链断裂风险基本化解。二是积极防范化解经营风险。全面深入排查社有企业风险，细化措施责任，严格依法清欠。三是切实加强企业监管。严格执行“三重一大”决策和报告制度，对社有重点企业实施纪检、审计、财务人员综合派驻。

（河北省供销合作总社　夏铭玉）

卫生健康

2020年是极不平凡的一年，卫生健康工作面临的任务之重、强度之高、挑战之大前所未有。面对新冠肺炎疫情的重大冲击和改革发展形势任务的不断变化，全省卫生健康系统在党中央、国务院和省委、省政府坚强领导下，砥砺前行、拼搏竞进，统筹疫情防控和卫生健康事业发展，年度目标任务全部按期完成，其中47项受到国家相关部委和省委省政府表扬肯定，39项成为全国典型，交出了一份合格、厚重、有温度的“答卷”。

一、全力以赴抗击新冠肺炎疫情。坚决贯彻习近平总书记关于疫情防控重要指示，坚决落实党中央、国务院和省委、省政府决策部署，创新“三个关口前移”，筑牢“三道防线”，全国率先实施全省大流调，率先建成120个县级核酸检测实验室，实现县级发热门诊、定点医院、核酸检测“三位一体”全覆盖。目前已有667家医疗卫生机构具备核酸检测能力，单日检测能力达到60万份，实现重点人群“应检尽检”，其他人群“愿检尽检”。抽调1364名专家组建省市专家组，组织4311名医务人员全天候对所有确诊病例实行“四集中”“四个一”救治，做到应收尽收、应治尽治。将外防输入作为重中之重，严把“入境摸排、入冀转运、隔离管控和社区管控”四大关口，坚决防止境外疫情输入。牢固树立“一盘棋”思想，强化与京津联防联控，组派9支医疗队、1100名医护防疫人员驰援湖北，组建抗疫医疗专家组对口援助刚果(金)等三国，为全国乃至全球抗击疫情做出河北贡献。

二、全部或超额完成“民心工程”年度任务。将提升城乡基层医疗卫生服务能力和建设康复服务体系“民心工程”作为重大政治任务，积极协调有关部门全力推进。乡村一体化管理实现“十统一”，在前期试点基础，全省推开乡村一体化管理，实现“十统一”全覆盖。省“两办”转发省卫生健康委等五部门《加强乡村医生队伍建设若干措施》，村卫生室和村医覆盖所有行政村。为33.79万名农村地区失能半失能、鳏寡孤独老年人配备紧急医疗呼叫系统，有效解决农村特殊群体就医“最后一公里”问题。医联体建设覆盖全省，新组建紧密型县域医联体129家，覆盖563家基层医疗卫生机构。医联体内全部组建影像、检验等资源共享中心，463家医疗机构实现检验检查结果互认，群众满意度稳定在90%以上。超额完成康复医疗服务体系建设任务，组建康复医疗机构29家，设置住院康复床位5056张，与中心卫生院和社区卫生服务中心的3382张康复床位形成优势互补，康复医疗服务体系初步形成。

三、坚定不移深化医药卫生体制改革。一是现代医院管理制度全面推开。新增202家公立医院开展现代医院管理制度建设，实现全省二级以上政府办公立医院全覆盖，争创2020年度省级样板10家，秦皇岛市因成效突出受到国务院办公厅通报表扬。二是药品供应保障制度更加健全。建立健全省市县乡四级短缺药品监测预警和分级应对机制，短缺药品监测网络覆盖所有公立医院。持续巩固国家基本药物制度，全省二级以上医疗机构基本药物配备品种占比、使用金额占比较去年分别提升9%、10%。三是“互联网+医疗服务”加快推进。省级远程医疗平台联通340家医疗机构，全省448家医疗机构开展网上咨询、健康评估等，253家医联体均建立远程诊疗系统，实现基层检查、上级诊断诊疗模式。

四、扎实推进健康河北建设。全面贯彻健康中国战略，着力推动以治疗为中心转向以健康为中心。一是健康中国行动在我省落地见效。将基本公卫人均补助标准提高到74元。深入实施健康中国·河北行动15个专项，积极干预健康影响因素，防控重大疾病，维护全生命周期健康。二是服务重点人群更加精准。养老机构医疗服务实现全覆盖，免费婚前医学检查、无创产前基因和孕期耳聋基因筛查全省推开，保障婴幼儿照护服务事业发展的政策标准和服务供给体系基本完善。防贫监测机制初步建立，贫困人口就医负担大幅下降，138.4万因病致贫返贫人口全部脱贫。三是大力开展爱国卫生运动。在全国率先出台《创新开展新时代爱国卫生运动实施方案》，得到全国爱卫办充分肯定。全域推进卫生城镇创建，秦皇岛、石家庄、张家口3市被拟名为国家卫生城市，实现设区市“零突破”。

五、中医药强省建设强力推进。出台《关于促进中医药传承创新发展的若干措施》，高规格召开中医药传承创新发展大会，全面推进由中医药大省向中医药强省跨越。引入院士、国医大师、全国名中医18人，新建国医堂204家，92%的乡镇卫生院、社区服务中心可提供中医药服务。将中医药全程融入新冠肺炎疫情防控，中医药治疗率达97.4%；开展“清肺排毒汤”临床试点，为国家筛选“三药三方”、成功防控疫情贡献河北智慧。

（河北省卫生健康委员会　陈泽斌）

农村经济发展及调控

一、2020年及“十三五”情况

（一）2020年情况及成效。今年以来，全省上下认真贯彻落实习近平总书记重要讲话精神和党中央决策部署，按照省委省政府工作要求，对标决战决胜脱贫攻坚和全面建成小康社会目标，统筹新冠肺炎疫情防控和农业农村经济发展，以实施乡村振兴战略为总抓手，以农业供给侧结构性改革为主线，抓重点、补短板、强基础、固根本，深入推动农业农村改革发展各项工作，全省农业农村经济保持了持续趋好、稳中向优的良好态势，“三农”压舱石作用更加凸显，为有效应对新冠肺炎疫情、稳定全省经济社会发展大局提供了有力支撑。初步预计，全年一产增加值2%，农村居民人均可支配收入16456元、同比增长7.5%。

1. 重要农产品供给保障能力再上新台阶。积极落实省政府《关于贯彻国家重要农产品保障战略的实施意见》，有效应对农业发展内外部环境深刻变化，缓解农产品消费需求数量增长和结构升级压力，确保粮食安全和重要农产品有效供给。一是粮食生产再获丰收。落实粮食生产省长负责制，全年粮食播种面积9583.2万亩、总产量达到760.5亿斤，粮食总产量创历史性新高，超额完成国家下达任务。二是生猪生产加快恢复。抓好非洲猪瘟等重大动物疫病防控，积极落实恢复生猪生产扶持政策，全省生猪存栏从2019年6月开始连续16个月环比增长。截至9月底，生猪存栏1679.8万头，同比增长21.9%，高于全国1.2个百分点，猪肉产量167.1万吨，生猪存栏恢复到正常年份的86.1%。三是奶业振兴步伐加快。聚焦“千万吨奶工程”目标，实行地方政府和企业“双规划”管理，打造优质奶源基地，建成510个智能奶牛场；以婴幼儿乳粉和巴氏杀菌乳等高端乳制品为重点，新建扩建一批乳制品加工项目，提升乳制品加工能力。截至9月底，全省奶牛存栏126.8万头，同比增19.3%；生鲜乳产量355.6万吨，同比增10.9%。四是“菜篮子”产品保持稳定。强化“菜篮子”市长负责制，全面加强“菜篮子”工程建设，截至9月底，蔬菜、水果产量分别达到3191.3万吨、555.8万吨，同比增长2.4%、0.8%；禽蛋、禽肉产量分别达到293.3万吨、68.7万吨，牛羊肉、水产品产量分别达到64.3万吨、34万吨，与去年持平略增。加强疫情期间保供稳价，特别是今年6月13日北京新发地发生疫情至9月6日全面正常营业前的85天，我省千方百计调配蔬菜产能，应急供应蔬菜41.7万吨，对稳定北京“菜篮子”发挥重要作用。预计全年蔬菜水果、禽蛋肉类等重要农产品均可完成目标，全省农产品供需取得新平衡，全年物价涨幅趋于平稳。

2. 农业现代化建设迈出新步伐。继续深化农业供给侧结构性改革，推进农业高质量发展，着力推动农业提质增效，促进一二三产业融合发展。一是农业结构调整步伐加快。集中打造100个万亩以上种植结构调整示范区、100个规模养殖示范区、100个年销售收入10亿元以上农产品加工产业集群、100个生态休闲农业示范区。二是农业招商引资成绩显著。开展农业大招商，引进科技含量高、附加值高、带动力强的重大项目，全年签约亿元以上大项目30个，年产值超50亿元的加工产业集群达15个。三是“四个农业”建设加快。发展质量农业，建成60个“大而精”和40个“小而特”特色农业精品示范基地；发展科技农业，新建80个农业创新驿站、达到160个，实现县域特色优势产业全覆盖，主要农作物耕种收机械化率达到80.7%，良种覆盖率达到98%以上；发展品牌农业，重点打造22个特色鲜明、市场影响大、带动能力强的农产品“河北品牌”；发展绿色农业，全省绿色食品、有机农产品、农产品地理标志数量达到1265个。四是农村一二三产业融合发展迅速。推动建设了一批融合发展特色鲜明、融合模式清晰、产业集聚发展、利益联结紧密、配套服务完善、示范作用明显的融合发展示范园。建成了一批冷链物流基地，环京津1小时鲜活农产品物流圈建设进一步提速，物流电商服务体系更加完善。打造休闲农业和乡村旅游精品线路30条，环京津、环省会休闲农业度假圈和沿海休闲渔业带基本成型。

3. 脱贫攻坚取得决定性成就。坚持精准扶贫、精准脱贫方略，举全省之力坚决打赢脱贫攻坚战。62个贫困县全部摘帽，7746个贫困村全部出列，“十三五”剩余310万农村贫困人口全部脱贫，河北省绝对贫困问题得到历史性解决。一是全省贫困群众“两不愁三保障”突出问题全部解决。贫困地区饮水安全提前全部解决，群众喝上了“放心水”；义务教育各项学生资助政策全面落实；贫困群众基本医疗保险、大病保险和医疗救助实现全覆盖；对贫困地区农户房屋进行全面鉴定，彻底改造了危房，实现了住房安全。二是易地搬迁提前一年完成搬迁安置任务。建成406个集中安置区，住房8.06万套，搬迁安置10.2万户、30.2万人，做好易地扶贫搬迁后续扶持，搬迁贫困人口后续帮扶举措落实率和脱贫率均达100%。加大“空心村”治理力度，完成966个农宅空置率50%以上“空心村”治理。三是产业扶贫成果丰硕。贫困地区特色产业不断发展壮大，电商扶贫、消费扶贫、光伏扶贫等新产业新业态迅速发展，累计实施特色产业扶贫项目5.3万个，发展农民专业合作社5.3万家，建设光伏扶贫项目392.3万千瓦，实现产业扶贫项目贫困户全覆盖。四是深度贫困堡垒如期彻底攻克。以206个深度贫困村为重点，大力实施“双基”提升工程，建成项目2700多个，从根本上改变了生产生活条件。五是东西部扶贫协作持续深化，京津两市投入帮扶资金16.38亿元，编制项目757个、全部开工，28个受援县共组织8151名贫困人口到京津两市就业，超额完成协议任务。六是建立健全防贫长效机制。在全国率先出台《关于建立健全脱贫防贫长效机制的意见》，对4万户9.4万人防贫对象实现动态监测，各类保障和救助措施到人到户。

4. 乡村振兴战略开启新局面。坚持以提高农民群众生活质量为重点，统筹农村人居环境整治、基础设施提档升级和乡村振兴示范区建设，扎实开展十大专项行动，合力打造美丽宜居乡村。一是农村人居环境整治成效显著。积极实施《河北省农村人居环境整治三年行动实施方案(2018-2020年)》，截至9月底，全省完成厕所改造138.6万座，3年累计完成900.7万座、普及率达71.8%。4万多个村庄完成村庄清洁行动“五清三建一改”任务，村庄环境基本干净整洁有序，村容村貌明显改观。全省垃圾处理体系基本实现全覆盖，覆盖村庄47510个，占有垃圾治理任务村庄的98.8%。污水乱排乱放得到有效遏制，累计完成12619个村庄生活污水治理，36560个村庄生活污水得到有效管控。目前，农村厕所改造、生活污水治理、畜禽粪污废弃物资源化利用、美丽庭院创建等任务已达到或超额完成三年行动任务目标，生活垃圾治理、村庄清洁行动等任务年底前将全部完成任务。二是推动农村基础设施提档升级。开展“四好”农村路示范创建，新改建农村公路4000公里。巩固新一轮农村电网改造升级成果，新建改造农村电网1.5万千米以上。实施规模化供水工程，年内完成300万农村居民江水置换任务。三是高质量开展村庄规划编制。以“多规合一”为目标，按照村庄类型及实际需求，引导各方力量启动村庄规划编制工作，在全省选取38个村庄开展“多规合一”村庄规划试点，为新农村建设提供科学指导和依据。四是乡村振兴示范区创建势头良好。省级重点支持28个示范区、市级启动115个示范区创建，形成多类推进、动态升级的创建格局，涌现出固安县“三生”组团发展型、邯郸市峰峰矿区国土整治型、唐山市流域治理和矿山治理型等典型模式。

5.农业基础设施和生态建设取得新进展。加大农业农村基础设施和生态建设投入力度，统筹推进农业、林业、水利等基础设施建设，强化农业基础设施管护。一是高标准农田建设稳步推进。深入落实“藏粮于地、藏粮于技”战略，新建成高标准农田286万亩，累计建成高标准农田4696万亩。二是水利基础设施建设不断加强。强化水利工程补短板，启动实施雄安新区防洪工程，加快推进永定河综合治理与生态修复，扎实完成各类农田水利建设，新增节水灌溉面积120万亩，实现农业节水7.98亿立方米，新增水土流失治理面积2000平方公里。三是生态安全水平显著提升。围绕雄安新区、张家口首都“两区”、燕山-太行山区等重点生态区域，依托京津风沙源治理、重点防护林建设、雄安绿博园和雄安新区千年秀林、白洋淀上游规模化林场试点等林业生态工程建设，完成营造林840万亩，超额完成全年营造林任务，森林覆盖率达到36%。四是张家口首都“两区”生态建设取得积极成效。完成休耕种草181.26万亩、生态补水3.6亿立方米、水土流失治理74平方公里、退减坝上水浇地20.95万亩，减少化肥使用9650吨、农药减量7%，张家口市水源涵养功能和生态环境支撑能力明显增强，首都生态屏障作用进一步彰显。

6.农业农村改革实现新突破。坚持改革创新，强化制度和政策供给，有效激发农业农村发展活力。一是农村承包地确权任务全面完成。推动土地经营权确权成果应用，全省土地流转率达38%，“地押云贷”在112个县上线运行，抵押贷款授信1.51亿元。二是农村集体产权制度改革国家级整省试点任务基本完成。99.83%的村完成集体经济组织登记赋码，探索创新出一条“五定”“四有”“三能”的集体产权制度改革石家庄模式，获得国家充分肯定，为农村集体产权制度改革创造了新经验。三是农村宅基地制度改革试点工作正式启动。确定定州、峰峰矿区、平泉市、信都区四个县市区为我省农村宅基地改革试点，顺利完成试点方案编制工作。四是新型农业经营主体不断壮大。农民合作社和家庭农场分别达到11.58万家、4.6万家，分别新增8000家、5000家；加快发展农业社会化服务组织，各类组织达2.5万家、托管面积到2亿亩次。五是农业综合行政执法改革进一步加快。执法机构挂牌、编制归并、人员划转等工作已全部完成。六是国有林场改革圆满收官。130个国有林场改革全面完成，塞罕坝国有林场以获得联合国“地球卫士奖”为契机，继续深化改革，以改革创新进一步弘扬塞罕坝精神，进一步打造和提升生态文明建设生动范例。

(二)存在的问题。2020年全省农业农村经济保持了良好发展态势，但仍面临着一些突出问题。一是农业转型升级效果尚未凸显。大宗低端粮食作物占比(全省粮经比为64：36)较高的问题尚未根本解决，特色农业规模化水平还有待提升，结构调整尚需大的突破，发展方式尚需根本性扭转。二是省域市场竞争压力加大。我省农产品加工业发展滞后(全省农产品加工业总产值与农业总产值之比仅为1.8：1，低于全国2.2：1的平均水平)、农业品牌建设起步较晚的短板开展显现，中国农产品区域公用品牌中，我省仅占6席，约为山东省(17)、河南省(16)的1/3，精深加工不足、品牌落后，导致农产品附加值低、竞争力弱，农产品出口额100多亿元(2018年数据)，比河南少60亿元，不足山东的1/10。三是农村人居环境整治任务艰巨，90%的村生活污水未达到集中处理，68.6%的村没有幼儿园、托儿所等等，农村基础设施和公共服务缩小与城市差距、实现与城市均等化还需较大提升。四是农业生产自然风险依然严峻。非洲猪瘟疫情、草地贪夜蛾等重大病虫害风险，对农业投资预期造成很大影响，也影响了农业增加值增速。

(三)“十三五”情况。“十三五”以来，各地各部门深入学习贯彻习近平总书记关于“三农”工作重要论述，认真落实党中央、国务院和省委、省政府农业农村工作部署，强化政策保障，加大投入力度，全力推进农村经济高质量发展。农村人均可支配收入、耕地保有量、脱贫人口、森林覆盖率等15项“十三五”规划及全面建成小康社会涉农指标能够全部实现，其中农民收入已于2017年提前实现翻一番的全面小康社会目标。

二、面临的形势

当今世界正经历百年未有之大变局，新冠肺炎疫情全球大流行使这个大变局加速演变。当前全球疫情持续蔓延，农业特别是粮食的战略基础地位更加凸显，国际国内双循环新发展格局加速形成，农村成为扩大内需的重要战略支点，加快建设河北农业强省、推动乡村振兴，面临难得的机遇，也存在着诸多挑战。

(一)有利条件。从国际看，“一带一路”建设深入推进，我国与中东欧、日本等沿线国家农业双边贸易合作基础扎实，全球最大自由贸易协定RECP已经签署，合作潜力巨大，为我国进一步扩大农业对外开放提供了广阔空间。从国内看，党中央高度重视“三农”工作，中央一号文件连续17年聚焦“三农”，五中全会又明确强调优先发展农业农村，全面推进乡村振兴，将推动更多资源要素向农业农村聚集。一是国内消费需求升级加力，中央作出“形成强大国内市场、构建新发展格局”的重大决策，加速释放城乡居民新消费需求，有机农业、休闲观光、健康养生、绿色生态等新消费渐成趋势，农业农村发展的市场空间巨大。二是乡村建设潜力无限，我国人均国内生产总值将超1万美元，从日韩等国发展经验看，我国正处于农业现代化最快推进期，未来五年，乡村建设将在农村基础设施、基本公共服务投入等方面产生万亿投资需求。三是先进技术迭代升级，新一轮科技革命方兴未艾，生物技术、人工智能在农业中广泛应用，5G、云计算、物联网、区块链等与农业交互联动，为农业农村跨越发展提供强大技术支撑。

(二)不利因素。全球经济继续下行，全球供应链调整重构，对我国乡村产业链构建带来较大影响，国际环境变化特别是中美贸易战对我国农产品供求和农民收入影响不可忽视，澳洲火灾、非洲蝗灾、非洲猪瘟等自然灾害和动物疫情频发，越南、俄罗斯等粮食出口大国阶段性暂停粮食出口，对我国粮食安全敲响警钟。我省正处于农业全面升级、农村全面进步、农民全面发展的历史窗口期。虽然“十三五”期间紧抓紧赶，但我省农业农村发展短板仍然突出，农业转型升级效果尚不明显，资金稳定投入机制尚未建立，农业结构调整还需加快，乡村网络、通讯、物流等基础设施建设依然薄弱，农产品加工转化率仅为55%，低于全国平均水平，比发达国家低30多个百分点。这些不利因素都制约了我省农业农村经济的快速发展，亟需深入研究解决。

三、2021年基本思路和主要目标

2020年“十三五”规划主要涉农任务目标圆满收官为新时代全面开启建设经济强省、美丽河北打下了坚实的“三农”根基。2021年是实现中华民族复兴第一个百年目标的收官之年，是启动实施“十四五”规划的开局之年，也是实现巩固拓展脱贫攻坚成果同乡村振兴有效衔接和全面推进乡村振兴的转换之年。抓好2021年“三农”工作，对全省“十四五”开好局、起好步具有重大意义。

(一)指导思想。以习近平新时代中国特色社会主义思想为指导，全面贯彻党的十九大和十九届二中、三中、四中和五中全会精神，落实中央和省委省政府“三农”工作决策部署，坚持把“三农”工作放在全省经济社会发展全局中统筹谋划和推进，坚持农业农村优先发展，以实施乡村振兴战略为总抓手，以推进农业供给侧结构性改革为动力，以农民持续稳定增收为核心，着力建设“四个农业”，着力推进乡村建设行动，着力巩固拓展脱贫攻坚成果，着力持续深化农业农村改革，全力推动农业农村高质量发展，夯实新时代经济强省、美丽河北建设的“三农”根基。

(二)主要预期指标(测算依据附后)

--粮食总产量稳定在750亿斤以上；

--粮食播种面积稳定在9500万亩以上；

--农林牧渔业增加值增长2.5%左右；

--营造林600万亩，森林覆盖率提高0.1个百分点；

--农村居民人均可支配收入增长7.5%。

四、2021年重点任务和主要举措

以全面深入实施乡村振兴战略为总抓手，有效衔接巩固脱贫攻坚成果和乡村振兴，坚持农业农村优先发展，聚焦重点产业，聚集资源要素，强化创新引领，延长产业链条，全面实施乡村振兴行动，推进农业农村高质量发展。重点做好以下五项工作：

（一）强化重要农产品产能建设，构建更高水平重要农产品供应保障体系。认真贯彻落实重要农产品保障战略实施意见，强化粮食安全大局意识，加强重要农产品在新冠疫情防控常态下的稳产保供。一是加强高标准农田建设。深入实施“藏粮于地、藏粮于技”战略，以4500万亩粮食生产功能区和300万亩棉花生产保护区为核心，统筹推进小麦、玉米、棉花、油料等重要农产品生产，2021年建成集中连片、旱涝保收、持续高产稳产的高标准农田300万亩以上。实施耕地质量保护和提升行动，加强大中型灌区节水改造、田间渠系配套等水利工程建设，推广先进适用节水灌溉技术。深入实施粮食丰产等“科技兴粮”工程，全面推广优质专用节水品种和绿色高产高效集成技术，稳定提升粮食等重要农产品综合生产能力。继续加快生猪产能恢复，2021年底全省恢复到正常年份的90%。二是强化科技兴农。搭建科技创新平台，重点建设一批院士工作站、国家农业重点实验室、京津冀农业协同创新平台，扶持一批省级农业科技园区、星创天地和农业科技小巨人企业，打造集科研、孵化、中试、应用、推广于一体的现代农业科技创新高地。加强19个农业产业技术体系创新团队建设，依托特色产业全面建立创新驿站，完善县乡村科技服务体系，发展壮大科技特派员队伍，推动科技服务到产业到村。进一步提升畜禽养殖及主要农作物重大疫情和病虫害科学防治水平。

(二)深入推进农业结构调整，促进农业高质量发展。围绕“四个农业”，继续实施“四个一百工程”，巩固提升我省农业品牌、龙头企业、精品园区、产业链条的建设水平。一是建设一批农业高质量发展先行区。按照“全国一流、世界有名”目标，确定农业主导产业，重点高标准打造全省已确定的17个特色农产品优势区、36个现代农业精品园区，重点支持20家在全国有一定行业地位的领军企业转型升级上项目上规模，重点建设12个产值超50亿元的农产品加工示范集群建设，示范带动全省农业结构调优调强，2021年畜牧、蔬菜、果品三大主导产业占比重70%，农产品加工业产值与农业总产值之比达到1.3∶1。二是提升农产品质量安全水平。推进农业标准化生产，完善特色优势农产品标准体系，特色农产品优势区、现代农业精品园区、规模农业经营主体全面推行绿色有机标准化生产和全程质量控制模式，着力打造30个特色农业精品示范基地。加快实施农产品质量安全保障工程，环京津21个农业县率先达到国家级农产品质量安全县创建标准，农产品抽检合格率达到98%以上。三是聚力打造农业品牌。着力提升“冀产农产品”整体形象，以特色农业精品为主体，开展全方位品牌设计包装，继续举办京津冀蔬菜、果品、食用菌、中药材产销对接大会，重点打造河北梨、平泉香菇、京东板栗、安国中药材等一批特色鲜明、市场影响力大、带动能力强的农业“河北品牌”。四是加快农业绿色发展。打造围场、曲周、平山等国家级农业绿色发展先行区，持续加大黑龙港、张家口坝上地下水超采综合治理，逐步实现地下水采补平衡。持续推进化肥、农药减量增效，使用量继续保持负增长。继续开展养殖业污染整治，整市整县推进农业废弃物无害化处理和资源化利用。五是探索发展都市型现代农业。借力京津冀协同发展，围绕大都市需求，探索都市型农业发展模式，探索创建田园综合体、都市农业示范园区等新模式。

(三)实施乡村建设行动，稳步推进乡村振兴。巩固农村人居环境整治三年行动成果，启动农村人居环境整治提升五年行动计划，继续开展农村人居环境整县推进项目建设。一是全面开展村庄规划编制。科学规划村庄建设布局，提升村容村貌，2021年完成农村厕所改造80万座以上，完成2133个村庄生活污水有效治理，实现农村生活垃圾处理体系全覆盖，开展村庄生活垃圾分类试点工作。二是着力推动农村基础设施提档升级。继续开展农村供水保障工程，有序实施农村生活水源江水置换，2021年完成农村江水置换1336万人，全面完成改水降氟巩固提升任务。推动“四好”农村路示范创建提升扩面，2021年实现全省60%的乡(镇)农村客运班线完成公交化改造，县城20公里范围内公交化运营率达到80%。优化提升农村电网建设，集中建设一批农村电网建设工程，2021年新建改造农村电网线路2.5万千米以上。统筹县城、城镇和村庄规划开展美丽乡村创建，2021年重点建设美丽村庄1500个。三是加强生态工程等重大项目建设。推动张家口首都“两区”水源涵养和生态环境支撑能力建设，支持雄安新区防洪工程、绿博园和千年秀林工程建设，抓好白洋淀上游规模化林场试点工程建设，稳步提高重大设施支撑和保障能力。四是加快数字乡村和智慧农业建设。加快推进辛集市、南和县、肃宁县、永清县4个国家数字乡村建设试点，省级重点建设10个试点，推进“智慧农业”产业化示范县建设，构建区域特色农作物智能农事管理和农业数据资产体系，探索智慧种植、产地仓存储、线上线下销售、助农信贷等“智慧农业”新模式，提高生产效率和农产品品质。推动省市县三级“农技推广云平台”互联互通，推动物联网、大数据、区块链、5G、智慧气象等现代信息技术在农业领域的应用。

(四)继续深化农村改革，培育壮大发展动能。继续深化改革、激发农业农村活力，创造更多改革红利。一是完善农民承包地改革。落实农村土地承包关系稳定并长久不变政策，加强农村产权流转交易平台建设，推动确权成果在“两区”划定、轮作休耕、土地流转、惠农政策落实等方面的应用。有序开展好鸡泽、邱县第二轮土地承包到期后再延长30年试点。完善农村承包地“三权分置”制度，巩固农村承包地确权登记颁证成果。二是巩固农村集体产权制度改革成果。在2020年全面完成农村集体产权制度改革整省试点基础上，加快建立健全规范农村集体经济组织管理运行的相关配套制度，巩固拓展改革试点成果。三是稳妥推进农村宅基地改革。指导4个试点县(市、区)严格按照批复的试点方案组织实施，扎实做好调查摸底、村庄规划、纠纷调处、确权颁证等基础工作，因地制宜探索所有权、资格权、使用权“三权分置”有效实现形式。四是大力推进农民合作社规范提升。深入开展农民合作社规范提升行动，重点抓好4个国家农民合作社质量提升整县推进试点，评选2021年度省“十佳”农民合作社。五是深化基层农技推广体系改革。创新服务模式和手段，全面实施农技推广服务特聘计划和基层农技人员知识更新培训计划，培养一支懂农业、爱农村、爱农民的精干农技推广队伍。

(五)实现巩固拓展脱贫攻坚成果同乡村振兴有效衔接。保持主要帮扶政策总体稳定、落实“四不摘”要求，巩固“两不愁三保障”成果。一是建立健全防止返贫监测和帮扶机制，建立快速发现和响应机制，开展常态化监测预警，及时将脱贫不稳定户、边缘易致贫户纳入帮扶政策范围。加强农村低收入人口监测筛查，健全低收入人口收入持续增长机制，完善农村社会保障和救助制度，分层分类实施社会救助，织密兜牢社会低收入人口基本生活保障底线。二是保持财政投入总体稳定，在资金、项目、政策等方面继续予以倾斜，接续推进脱贫地区经济经社会发展；三是做好易地扶贫搬迁后续帮扶工作，加强就业产业扶持和后续配套设施建设，确保搬迁群众住得下、能融入、可致富。高质量完成农宅空置率30%-50%“空心村”治理任务。四是集中支持一批乡村振兴重点帮扶县，制定出台帮扶政策，增强其巩固脱贫成果和内生发展能力。深入落实京津对口帮扶各项协议，继续发挥对口支援、定点帮扶和社会力量帮扶作用。五是提升农村基层基础设施和公共服务水平，持续改善水、电、路、讯、气、暖、房、厕、垃圾污水处理设施和公共服务设施。在农业农村基础设施建设领域积极推广以工代赈方式，吸纳更多农村低收入劳动力参与工程建设增加收入。

（河北省发展和改革委员会　武纪成）

农业和农村法制建设

2020年以来，在省人大常委会党组正确领导下，农工委坚持以习近平新时代中国特色社会主义思想为指导，认真贯彻落实中央、省委“三农”工作决策部署，紧紧围绕强化疫情防控和推进生态文明立法等重点任务，依法履职、主动作为，锐意进取、改革创新，圆满完成滦河流域水资源保护管理决定等创制性立法任务，为全省农业农村高质量发展提供了有力法治保障。

一、主动担当作为履职尽责，打好疫情防控“组合拳”。深入贯彻习近平总书记关于疫情防控和强化公共卫生法治保障重要指示精神，坚决落实中央、省委部署和常委会党组要求，持续抓好疫情防控。一是及时梳理地方法规。全国人大常委会《关于全面禁止非法野生动物交易、革除滥食野生动物陋习、切实保障人民群众生命健康安全的决定》（以下简称《决定》）出台后，第一时间对全省现行36部涉野生动物保护和动物防疫法规、规章、规范性文件系统清理，向全国人大常委会提出野保法配套地方性法规修改建议；摸底调查全省陆生野生动物人工繁养情况，召开省直部门涉野生动物典型案件座谈会，为立法、修法做好准备。二是全覆盖执法检查。及时调整监督计划，将检查《决定》和野生动物保护法贯彻实施情况列入年度监督工作重点，赴石家庄、保定、张家口、秦皇岛、唐山实地检查，其他设区市同步开展自行检查，实现执法检查“全覆盖”，就执法检查发现的问题和修订野生动物保护法提出五个方面意见建议，报全国人大常委会办公厅。三是多渠道宣传报道。编制“亮出法律之剑，彰显法治力量”公益宣传图册，在河北卫视重点时段反复播放；会同省司法厅、省法宣办等部门开展问卷答题、网络竞答活动，累计约30万人参加在线学习和答题，营造了全社会参与野生动物保护的浓厚氛围。全国人大常委会简报对我省经验做法予以摘编，河北日报专版进行深度报道。

二、立足“两区”建设功能定位，筑牢滦河流域水资源保护管理法治屏障。统筹考虑滦河流域特殊生态区位，针对流域内水资源、水环境、水生态、水管理方面突出问题，坚持问题导向、目标导向，以严实细精工作作风，高标准起草关于加强滦河流域水资源保护和管理的决定，助力京津冀协同发展战略实施。这是我省首部以流域为单元的地方性法规，也是打造“山水林田湖草”系统治理法治链条的关键一环。一是全流域调研摸底。从滦河源头直至入海口，对流域内4市16县(市、区)、6条主要支流、20余处工程设施实地考察，组织召开各层级座谈会7次，与基层干部群众、各级人大代表、行政相对人座谈了解，形成200多万字参阅资料。二是全过程征求意见。先后征求张承秦唐4市及所属24县(市、区)、16个省直部门各类意见建议87条；召开立法论证座谈会，充分听取常委会委员、人大代表、专家学者及机关各厅室委意见建议，对决定草案精雕细琢，先后修改21次。专程赴水利部听取指导意见，水利部认为决定草案站位较高、定位精准、重点突出，具有积极示范借鉴意义，并从加强法律法规衔接、强化水域空间管控和规划水资源论证等方面提出15条建议。三是全方位创新创制。坚持问题导向和创新思维，在建立健全省际协同机制、建立省政府滦河流域水资源保护管理议事协调机制、省财政加大对上游水源涵养区转移支付力度等多个方面做出创制性规定。针对流域地跨3省(区)8市(盟)且为天津供水的实际，明确省政府应当建立健全省际协同机制；针对流域管理与区域管理体制不顺、职能交叉弱化问题，明确省政府滦河流域水资源保护管理议事协调机构负责加强协调指导；针对流域地形地貌气候水文特点，提出源头区、中上游、中下游、滨海区分区施治；针对流域资金保障不足和生态补偿机制欠缺实际，明确要求省财政加大对上游水源保护区转移支付力度。决定出台后，人民网、新华网、中国水利报、河北日报等10多家中央、省级主流媒体进行广泛宣传报道。

三、积极搭建代表履职平台，充分发挥代表主体作用。始终坚持把搭建代表履职平台、提供优质服务作为发挥代表主体作用的重要途径，积极邀请代表参与涉农立法监督活动。一是搭建代表履职平台。认真落实常委会委员联系代表制度，建立完善涉农领域省人大代表信息库，定期邀请代表参加立法调研、执法检查、专题视察、业务培训，充分听取代表对“三农”工作意见建议。先后邀请各级代表参加滦河决定立法调研、执法检查等活动33人次，密切了与各级代表工作联系，提升了服务代表履职能力水平；二是抓好重点代表建议督办。认真督办张月仙、孟向松、李金满、贾庆贺4位代表提出的关于实施滦河下游综合治理、大钊故乡水源涵养工程建议、加大张承“首都两区”建设退耕还草支持和水源治理力度4件建议。4位代表均对办理结果表示满意。三是认真办理代表建议。坚持把代表建议办理作为提高代表履职积极性重要途径，高标准完成陈丽茹代表《关于启动我省森林防火立法，进一步加大力度帮扶县区二级国营林场加强防火基础设施建设的建议》会办工作。完成《河北省人民政府关于印发推进全社会节水工作十项措施》等6部规范性文件备案审查、《中华人民共和国湿地保护法(草案)》等5部法律法规草案征求意见工作。

（河北省人大常委会农工委　闫涛云）

各 市 篇

石家庄市

今年以来，在市委、市政府正确领导下，坚持以习近平新时代中国特色社会主义思想为指导，紧紧围绕落实“六稳”“六保”任务，加快生态农业建设和提升乡村治理能力等“四大中心”工作，凝心聚力，奋发作为，全市农村经济保持了稳中有进、好中向优的发展态势，全市实现农林牧渔业增加值530.6亿元，同比增长3.8%；农村居民人均可支配收入达到16947元，同比增长6.9%。

一、农业生产稳步发展，“压舱石”稳固筑牢

2020年，全市坚持把做好“六稳”、落实“六保”作为重中之重，摆在突出位置，千方百计筑牢粮食安全的“压舱石”，稳住农业发展的“基本盘”。

(一)粮食生产再获丰收。深入实施“藏粮于地、藏粮于技”战略，扎实推进高标准农田建设，示范推广绿色高产高效关键技术，粮食生产实现“十六连丰”。全市粮食播种面积达到997.3万亩，总产430.8万吨，同比增长2.6%。新增高标准农田26.3万亩，新建科技创新示范基地5个，示范推广集成技术7项。小麦、玉米机耕机播率分别达到99.9%和95.7%。

(二)“菜篮子”产品稳中有升。积极强化“菜篮子”区域化布局、规模化种植、标准化生产、市场化运作，全市瓜菜和肉、蛋、奶品种日益丰富，效益不断提高。全市蔬菜(含食用菌)播种面积95.9万亩、产量483.2万吨，同比分别增长3.9%和2.4%；水果种植面积112.9万亩，比上年增长32.7%，产量172.7万吨；水产品产量1.8万吨，同比增长1%。

(三)生猪产能加快恢复。充分发挥藁城、正定、新乐、晋州等四个国家生猪调出大县支撑保障作用，进一步强化政策扶持，加大招商引资，全市新建扩建深泽新希望六和等生猪规模养殖场93家，其中新建38家。全年生猪存栏达到196.2万头，同比增长13.7%，生猪存栏基本恢复到2017年底的90%。

(四)奶业强市步伐加快推进。坚持以优质安全、绿色发展为目标，加快奶牛场智能化建设步伐，着力打造优质奶源基地。全国首家全智能化未来家庭示范牧场在赞皇开工建设，全年完成奶牛场智能化改造66家，累计建成智能化牧场137个，占全市总量的76%。全年奶牛存栏21.1万头，同比增长10.8%；乳制品产量120万吨，同比增长20%。

(五)农业种植结构调整步伐加快。紧紧围绕“作物品种、空间布局、产业组织”三大结构调整主线，以推进“科技农业、绿色农业、品牌农业、质量农业”为着力点，坚持顶层设计、统筹施策，不断调宽发展空间、调长产业链条、调高品牌效益、调出全新业态。全市共推广张杂谷16.6万亩，同比增长107.5%；中药材12.4万亩，产量达到6.2万吨，同比分别增长55.9%和97.9%。

(六)农产品质量安全稳步提升。深入推进农产品质量安全追溯试点建设和省级农产品质量安全县创建，强力推进非洲猪瘟、“瘦肉精”、草地贪夜蛾等专项防控活动，扎实开展农产品及农业投入品大检查、大排查、大整治行动，保持了重大动植物疫病清净状态。全市农产品质量安全县创建实现全覆盖，农产品二维码追溯试点达到357家，农产品检测合格率继续保持在98%以上。

二、一二三产融合发展，生态农业建设持续推进

2020年，全市坚持农业可持续发展与建设美丽省会城市和谐共荣理念，重点推进生态农业建设，同时，发展高效、集约的商品农业，并致力于延伸产业链，寻求农业产业化架构中的一、二、三产业融合。

(一)一二三产融合步伐加快

以发展农业产业化龙头企业和联合体，打造农产品加工产业集群为重点，加快推动“一产接二连三”“一产跨二进三”，促进农业规模化生产、集约化经营、产业化带动、融合化发展。年内，全市市级以上农业产业化重点龙头企业达到315家，其中国家级6家、省级75家；农业产业化联合体达到107家，其中省级32家。培育省级产业集群9个，营业总收入达到350亿元以上，新发展产业强镇1个，全市产业强镇数量达到4个，占全省的13%。

(二)都市休闲农业发展取得新成效

坚持以都市型农业园区建设为重点，着力打造一批集都市文明、田园风光、休闲娱乐、康养保健等于一体的乡村生态旅游示范基地。全市省级以上休闲农业与乡村旅游星级企业达到77家，其中国家级27家；建设省级生态休闲示范区11个；打造推介休闲旅游精品线路10条，赞皇、藁城、正定亲子采摘休闲农业游入选农业农村部2020年休闲农业和乡村旅游(春、夏)精品景点线路。

(三)生态农业建设提档升级

1.绿色农业取得新发展。积极实施节水节肥节药行动，大力开展小麦农艺节水节本高产、蔬菜绿色发展、化肥减施增效、添加助剂协同农药减量增效、防灾减灾等集成技术应用推广，加快规模养殖场粪污处理设施提档升级，促进绿色高效农业发展。年内有17家企业的35个产品获得国家绿色食品证书，全市绿色食品认证总数达到177个，农业标准化生产覆盖率达到71.8%，畜禽规模养殖场粪污处理设施装备配套率达到100%，畜禽粪污综合利用率达到94%。

2.农业清洁生产取得新成效。以藁城、鹿泉农业清洁生产示范区为重点，大力开展农村洁净煤推广、农膜回收利用、土壤污染防治、农作物秸秆综合利用等专项行动。年内，全市共确定洁净型煤需求25.3万户，38.4万吨。全市农作物秸秆综合利用率达到100%。

三、乡村振兴战略推进，乡村治理水平稳步提升

坚持以统筹推进常态化疫情防控和提升乡村治理能力双战双赢为目标，抓重点、补短板、促提升，乡村治理整体效能逐步提升，农村地区疫情保持了清净状态。

（一）实施乡村振兴战略取得新成效。认真落实《中国共产党农村工作条例》，以乡村振兴示范区创建为载体，统筹推进“三农”领域各项重点工作落实，年内组织召开全市决战决胜脱贫攻坚暨春季农业生产工作会议、首届中国（正定塔元庄）乡村振兴高峰论坛等大型会议4次，配合省部级有关领导调研督导乡村振兴工作5次，创建市级以上乡村振兴示范区13个，其中省级3个。

（二）农村人居环境整治有效推进。坚持以“五清三建一改”为主要内容，集中组织开展了农村人居环境综合整治行动。全年完成厕所改造提升22.3万座，其中一类县、二类县无害化卫生厕所普及率分别达到90%和85%以上。全市农村生活垃圾收集转运体系覆盖率达到100%，无害化处理率达到98%。完成生活污水治理村达到85个，总数达到1019个。全年完成村庄清洁行动村3984个，创建村庄清洁行动示范乡镇101个，示范村1512个。17个涉农县（市、区）全部达到示范县标准。藁城岗上镇杜村被评为全国首批、全省唯一村级“乡风文明建设”典型。

四、深化农村改革，乡村发展动能不断提升

坚持以巩固提高农村集体产权制度改革成果、推进农村承包地确权登记颁证成果应用、深入开展农民合作社示范社创建和强化农业综合执法改革等为重点，不断提高乡村发展新动能。

（一）农村集体产权制度改革圆满完成。坚持一手抓全国试点工作成果巩固，一手抓农村集体经济股份合作社提高，基本形成村“两委”与村集体经济合作社“三驾马车”共同运行机制，村级集体经济发展壮大。全市4065个改制完成村全部完成验收，创建农村集体产权制度改革分账管理试点48个、村级集体经济股份合作社示范试点63个。

（二）农村承包地确权登记颁证成果运用有序推进。推行农村土地承包经营权流转规范管理，承包地经营权确权登记颁证成果应用有序推进，新型经营主体健康发展。据统计，全市完成农村承包地确权村达到3618个，占应确权村的98%，颁证到户率达到94.1%。市级以上农民合作社示范社达到425家，其中国家级37家、省级139家。新认定省级规范提升农民合作社30家、农民合作社示范社32家，推荐申报国家级农民合作社示范社12家，鹿泉区绿康无公害蔬菜种植专业合作社被评为省“十佳”农民合作社。全市新认定市级示范家庭农场156家，总数达到615家。

（石家庄市人民政府）

唐山市

2020年，全市各级各有关部门坚持以习近平新时代中国特色社会主义思想为指导，紧紧围绕中央和省、市有关农业农村工作各项决策部署，牢固树立新发展理念，坚持农业农村优先发展，拼搏争先，扎实苦干，农业农村工作取得新成绩。全市年内实现一产增加值593.4亿元，增速2.9%；农村居民人均可支配收入达到20687元，增长7.1%。

一、深化农业供给侧结构性改革，农业高质量发展提质提效。以加快“三地”（京津优质安全农产品供应基地、环京津农产品生产加工物流基地、京津冀休闲农业和乡村旅游目的地）建设为目标，持续推进农业高质量发展。一是着力保障重要农产品供给。年内加快种植业、畜牧业、渔业结构优化调整，全市粮食播种面积达到729.2万亩、同比增长1.2%，粮食总产289.8万吨、同比增长1.4%；蔬菜（含食用菌）产量941.2万吨、同比增长2.3%；牛奶产量109.1万吨、同比增长4.4%；肉类、水产品产量分别达到57.4万吨、49.5万吨。蔬菜、肉类、水产品、鲜奶等主要农产品产量位居全省第一。二是大力实施“双十双百”工程。大力扶持发展粮油、蔬菜、生姜等10个优势特色产业、建立10个农产品加工集群、创建100个农业高质量发展示范基地、创建产值超100亿元乳品产业加工集群。年内市级以上特优区达到16个（其中国家级1个、省级11个）；重点培育了9个年销售收入10亿元以上的产业集群，农产品加工集群总产值达到260亿。三是做大做强“四个农业”。科技农业，年内新建省级农业创新驿站10家达到18家，辐射带动农户5万多户，认定培训基地15个、实习实训基地23个，累计培训基层农技人员500名、高素质农民1550名、新型农业经营主体300余家。全市主要粮油作物耕种收综合机械化水平达到87%。绿色农业，全市化肥、农药使用量持续实现负增长，畜禽粪污处理设施配建比率达到100%，畜禽养殖废弃物资源化利用比率达到92%以上，秸秆综合利用率达到97.8%，农膜回收率达到87.3%以上。品牌农业，全市拥有农产品驰名商标10个、农产品地理标志商标30个、国家农产品地理性标志产品8个、国家地理标志保护产品6个，走在全省前列；滦州花生等14个品牌（包括林果类）被评为省级区域公用品牌，河北栗源食品有限公司等8个企业被评为省级领军企业品牌。质量农业，全市农业标准化覆盖率达到69.1%，申报绿色食品认证企业15家、产品34个，全市大宗农产品监测合格率达到99.4%。创新运行“智慧农安”监管平台，全市纳入监管的生产企业超过2450家。

二、大力推进农业产业化经营，一二三产实现深度融合发展。按照农业全产业链发展的要求，不断延长产业链，提升价值链、完善利益链，着力提升农业产业化经营水平。一是狠抓大招商。广泛开展农业大招商、招大商活动，积极引进央企、民企、京（津）企，承接京津农产品加工转移。年内成功签约27个项目、总投资100亿元。打造河北甜水园食品有限公司等主食加工示范企业，全市主食加工企业达到14家，主营业务收入16亿元，带动农户79150户。全市加上农产品加工企业达到287家，年实现主营业务收入480亿元。二是狠抓大龙头。完成投资37亿元，积极谋划建设丰润蒙牛三期、遵化美客多等具有比较优势产业化重点项目20个，支持引导农业企业在新技术、新产品、新工艺开发和品牌创建等方面加大投入，不断提高创新能力、研发水平、管理水平和引领作用。市级以上农业产业化重点龙头企业达到312家（其中国家级6家、省级103家）。三是狠抓大融合。坚持以龙头企业为核心、农民合作社为纽带、家庭农场和专业大户为基础，规范组建一批关联紧密、分工明确、合作经营、利益共享的农业产业化联合体。新发展市级联合体20家达到48家，农民合作社达到8958个（其中国家级26个、省级88个），家庭农场达到2265个（其中省级115个、市级251个）。聚焦全产业链发展、多要素聚集，投资建成遵化市平安城镇、曹妃甸区四农场2个国家级产业强镇，打造省级休闲农业精品线路5条，培育省级以上休闲农业园和休闲农业采摘园12个，创建市级生态休闲农业示范区6个，全市休闲农业经营主体达到774个。

三、全力推进“十百千”工程，培育乡村振兴特色模式。采取“点、线、片、面”相结合的模式，坚持一手抓新建示范、一手抓巩固提升，全面落实项目化实施、精细化建设、组团化发展、规范化治理“四化”标准，着力打造一批全省领先、全国有影响力的乡村振兴示范区。一是集中连片打造。高标准创建迁西县、迁安市2个省级乡村振兴示范区，新建10个市级示范区，新培育18个县级示范区，建设示范村120个（总数达到240个）、提升村1084个（总数达到2192个），全市初步构建了“两横两纵”（两横指京哈高速、沿海高速；两纵指承唐、唐曹高速，唐港、唐津高速和京哈迁西支线）乡村振兴示范带大格局。二是实施项目带动。市级建立“十百千”项目库，将创建任务细化落实到32类、5967个具体项目上，其中示范区入库项目15类270个，示范村入库14类1680个，完成投资24.36亿元，占计划投资的101.05%。三是创新发展模式。培育形成了山区、平原、沿海等不同模式的乡村振兴产业示范带，以迁西花乡果巷国家级田园综合体为代表的“山区治理+特色小镇+三产融合”、以迁安金岭矿山生态修复旅游观光项目为代表的“矿山修复+村庄建设+休闲农业”、以丰润魅力溴城示范区为代表的“田园治理+村庄建设+现代农业”、以丰南唐津运河示范区为代表的“流域治理+村庄建设+现代农业”等一批产业发展模式和特色村镇，带动了农业与文旅、康养等产业的高位嫁接、渗透融合。

四、持续增强水利行业治理能力，加速构建水安全保障体系。坚持抢抓机遇，守正创新，进一步提升水利重点领域和关键环节能力建设，为经济社会高质量发展提供坚强水安全保障。一是全域治水清水润城深入推进。年内总投资达129.78亿元，实施河湖水系连通、河道综合治理、水源涵养及供水、乡村振兴水环境综合整治、傍河坑塘整治和智慧水务系统建设等6大类、117个项目，涵盖市级和12个县（市、区），其中“市带县”PPP 项目投融资模式为全国水利系统首创。二是地下水超采综合治理加速推进。组织全市19个县（市、区）集中人员、集中精力，圆满完成机井清理排查专项行动。通过强化节水、替换水源、蓄水补水、严格管控等综合措施，圆满完成9654万立方米压减任务。三是河湖长制工作持续推进。全市各级河长使用河长云 APP 累计巡河44.9万次，在全省位居前列。同时，对全域范围内128条河道开展“清河行动”，全市874个问题已整改完成。四是农村饮水安全稳步推进。对19个县（市、区）191个乡813个村2479户饮水安全问题进行排查整改，对发现问题动态清零。完成43个分散供水村建设集中供水工程，全市农村集中供水率达到96%。同时，积极推进水旱灾害防御、滦河水回头、重点水利工程建设等工作。

五、坚决扛起政治责任，在全省率先高质量完成脱贫任务。始终把脱贫攻坚作为一项重大政治任务，牢牢抓在手上，全面落实精准扶贫、精准脱贫方略，聚焦解决“两不愁三保障”突出问题，在全省率先高质量完成脱贫任务。一是精准落实政策。产业扶贫上，年内安排扶贫项目75个，投入资金1.3亿元，实现产业项目精准帮扶。就业扶贫上，有劳动能力和就业意愿贫困劳动力实现100%稳定就业。消费扶贫上，认定59家供应商、194种产品，其中42家供应商、168种产品进入全国扶贫产品名录，累计实现线下销售14.95亿元、线上销售1091.70万元。金融扶贫上，累计发放扶贫小额贷款597.75万元和“政银企户保”贷款250万元。健康扶贫上，“三个一批”专项行动和大病专项救治的救治率均为100%，全年累计报销医疗费用5967.14万元。教育扶贫上，对全市1714名建档立卡贫困家庭学生全面落实了“三免一补”“四免一助”等教育扶贫政策。兜底保障上，农村低保标准提高到5736元，建档立卡贫困户有5286人纳入低保，1011人纳入特困供养。科技扶贫上，科技扶贫服务队和农业技术专家对接农业经营主体40家，指导培训贫困群众6000余人次，示范新技术40项。二是完善防贫机制。严格落实“四个不脱”要求，构筑了“12345”(围绕防止返贫致贫这一总目标、明确两条界线、依托三种途径、夯实四大举措、强化五项保障)精准防贫机制。加强动态管理，录入边缘户217户555人、脱贫监测户3户8人。用好社会救助基金和防贫保险，在市县两级成立社会救助基金16家，在全省率先实现全覆盖，为62名贫困群众发放救助金26.78万元；累计投入防贫保险资本金3871.56万元，累计向1253户、1907名防贫对象支出防贫保险金954.96万元。三是强化社会帮扶。深入推进“百企帮千户”行动，1920家企业对全市建档立卡贫困户和贫困边缘户实现了精准结对全覆盖。7个对口帮扶承德市的县(市、区)拨付资金1.4亿元，实施帮扶项目46个，覆盖贫困村715个、惠及贫困人口39.2万人。

六、深入开展农村人居环境整治，“三年行动”计划圆满收官。年内以村庄清洁行动、农村厕所革命、农村生活垃圾治理、农村生活污水治理、村容村貌提升五大专项行动为突破点，全面开展农村人居环境整治行动，全市农村人居环境得到显著改善。一是实施村庄清洁行动。持续深化“五清三建一改”，5393个村庄完成清洁行动任务。二是深化农村厕所革命行动。新改户用厕所132775座，超额完成省、市任务，累计建设无害化卫生厕所109万座，卫生厕所达到130万座，无害化和卫生厕所普及率达94%，初步建立起卫生厕所维修、粪污抽运、粪污资源化利用三大运行体系。三是抓好农村垃圾治理行动。全市各县(市、区)都实行了生活垃圾全域市场化保洁，按照每100户设置一名保洁员的标准，配备农村保洁员18027人，占比120%。6个垃圾焚烧发电项目扎实推进，垃圾出口问题得到初步解决。四是推进农村污水治理行动。坚持集中处理与分散处理相结合，538个村实现生活污水有效治理，4855个村实现生活污水有效管控。五是开展村容村貌提升行动。持续推进村庄硬化、绿化、亮化、美化工程，4609个村完成入户道路硬化，村庄绿化面积70.1万亩，新装维修路灯248929盏，4876个任务村地名标志设置标准化，5116个任务村完成美化整治。六是深化“两高”沿线村庄环境整治行动。全面深化“六集中、三建设、一提升”行动，296个村全部完成整治任务，村庄风貌显著提升。

七、深入推进重点领域改革，农业农村发展内生动力不断增强。以激活主体、激活要素、激活市场为目标，推进改革扩面提速集成。一是推进农村承包地“三权分离”改革。全面完成农村承包地确权登记颁证难点村扫尾工作，推进农村土地适度规模经营，全市土地流转面积达到201.8万亩，土地流转率达到27%。推进农村土地承包经营权抵押贷款，9个试点县(市、区)实现“地押云贷”全覆盖，授信金额3568.9万元，土地流转面积26509亩。二是完成农村集体产权制度改革。全市村庄全部完成了资产清查核实、数据录入汇总及赋码颁证等工作，农村集体产权制度改革工作全面完成，在全省第一批完成农村集体产权制度改革任务，并顺利通过农业农村部抽查评估。三是加强农村宅基地改革管理。18个县(市、区)均建立了县、乡、村三级宅基地管理责任体系，玉田县省级宅基地规范管理和闲置宅基地闲置住宅盘活利用试点工作深入推进。四是加强乡村治理。积极开展试点示范，推进滦南县李营村等5个国家级乡村治理试点村建设，抓好玉田县、迁西县省级乡村治理试点和迁安市省级专项试点工作，着力打造乡村治理唐山模式。

(唐山市人民政府)

秦皇岛市

2020年，秦皇岛市认真贯彻中央和全省农村工作会议精神，坚持农业农村优先发展，以实施乡村振兴战略为总抓手，统筹疫情防控和经济社会发展，扎实做好“六稳”工作，全面落实“六保”任务，突出重点亮点、狠抓大事要事，全市农业农村各项工作稳步推进，农业农村经济运行向好态势持续巩固。

一、稳供给保生产促民生取得实效

全年农林牧渔业总产值达到430.62亿元，农村居民人均可支配收入达到16088元，同比分别增长3.9%和7.0%，农业产值和农民收入实现“双增长”。全市一产固定资产投资增长2.9%，全省排名第四。粮食作物播种面积192.85万亩，总产量74.99万吨，同比分别增长1.3%、3.1%。蔬菜播种面积达到52.2万亩，产量244.87万吨，同比增长2.6%。园林水果产量68.95万吨，同比增长7.6%。水产品总产量26.82万吨，同比增长10.6%。生猪存栏94.31万头、出栏176.68万头，羊存栏89.02万只、出栏198.31万只，肉鸡存栏784.79万只、出栏4312.16万只。

巩固拓展脱贫攻坚成果。积极帮助脱贫人口就业增收，组织劳动力外出务工2.78万人。强力推进消费扶贫，累计销售扶贫产品12亿元。帮助百峰、双合盛、中红三融等重点扶贫企业协调贷款1.6亿元，17家扶贫龙头企业、21个扶贫车间于4月份全部复工复产。建立防贫防返贫机制及监测和帮扶救助办法，“两不愁三保障”问题动态清零，通过国家、省脱贫攻坚成效考核。脱贫人口人均可支配收入达到9257.54元，较上年增长27.6%。

认真落实“藏粮于地、藏粮于技”战略，严格保护永久基本农田，划定粮食生产功能区127.9万亩，建设高标准农田13万亩。编制《秦皇岛农业结构调整规划方案

(2020-2022年)》，32个农业示范区、产业集群进入全省农业“四个100”示范创建行列。昌黎县(葡萄)成为第四批国家级特色农产品优势区，卢龙县甘薯、昌黎县高油酸花生成为省级农业结构调整示范区，昌黎县、青龙满族自治县2家园区被认定为省级现代农业精品园区。

二、农业发展方式加快转变

质量农业。农业标准化生产覆盖率达到72.3%，畜禽屠宰标准化率达到95%。创建国家级水产健康养殖示范场8个，省级特色农业精品示范基地8个，新建中药材高质量标准化示范基地5个，善源公司被确定为省级兽用抗菌药减量化试点单位。出台《秦皇岛市食用农产品合格证制度实施方案》，农产品质量安全监测合格率稳定在98%以上，小江菜社追溯模式入选农业农村部44个主推模式之列。试点建设农药经营标准化门店,开展农产品质量安全专项整治“利剑”行动，检查企业2476家次，查处案件7起。

绿色农业。全市测土配方施肥技术推广面积达到281万亩次。化肥使用量降低2.89%、化学农药使用量降低6.19%。农作物病虫害绿色防控面积达到146.46万亩，主要农作物病虫害绿色防控覆盖率达到42.7%，山海关被评为“全国农作物病虫害绿色防控示范县”。1243家规模养殖场全部配建了废弃物处理设施，畜禽废弃物资源化利用率达到91%。农作物秸秆综合利用率、废弃农膜回收利用率分别达到98.5%和88.5%。耕地环境质量类别划分工作全面完成，所有受污染耕地全部实现安全利用。

科技农业。推广农作物新品种25个、先进实用技术23项，主要农作物良种覆盖率达到98%以上。加快燕山绒山羊品种选育，主要畜禽品种良种覆盖率达到90%以上。建设生猪、羊、薯类、蔬菜、中药材等5个综合试验站。新建村级益农信息社1262个。3家企业进入省级创新型农业企业创建之列，7家企业获得省级创新驿站项目支持。推广农业机械化作业面积307万亩，其中农机深松作业14.5万亩，主要农作物耕种收综合机械化率达到62%，卢龙县被认定为全国第四批率先基本实现主要农作物生产全程机械化示范县。培育高素质农民1620人，12个基地被认定为高素质农民教育培训基地，昌黎县嘉诚集团获评“全国百强田间学校”第五名。

品牌农业。抚宁生猪入选全省第四批农产品区域公用品牌。2个产品获得绿色食品认证，20个产品通过了认证初审。卢龙“农辛”红薯淀粉、青龙“木头凳”木耳产品荣获第二十一届中国绿色食品博览会金奖。

三、三次产业融合发展

制定出台《农业项目招商引资奖励办法》，明确从土地、固定资产投资、金融、企业服务等9个方面给于重点扶持和奖励，政策支撑体系更加完备。修订完善《秦皇岛市农业产业化增信基金管理办法》，累计为17家农业产业化龙头企业提供贷款2.17亿元。总投资38亿元的益海嘉里千亿级粮油食品加工产业园正式签约，总投资10亿元的中薯集团农业科技园、3.5亿元的吉丰肉牛育繁一体化、1.13亿元的中鼎特金畜禽粪污资源化利用等重大项目相继落地，鹏泰面粉等现有粮油食品加工企业增资扩建，国药集团等一批新项目达成合作意向。全年农业产业化重点项目完成投资17亿元，昌黎嘉诚现代农业产业园等9个项目入选省农业产业化重点项目。农业产业化龙头企业实现销售收入330亿元。农业产业化经营率达到72.6%，保持全省领先水平。

四、乡村建设行动全面实施

完成县域村庄布局规划编制工作。实施春季村庄清洁和秋季农村人居环境整治示范区创建2个“百日攻坚”行动，改造农厕5.55万座，农村生活垃圾处理体系、生活污水管控和治理实现全覆盖，打造美丽庭院、精品庭院13万户，完成村庄绿化2.0万亩，创建省级森林乡村54个，所有村庄实现干净、整洁、有序目标，抚宁区被评为“全国村庄清洁行动先进县”。新改建农村公路209公里、改造危桥183座，昌黎县被认定为“四好农村路”省级示范县。村卫生室、村医空白村全面消除，乡镇卫生院标准化建设覆盖率达到73.3%，全省排名第一。改造农村危房879户，完成2个空心村整治任务。农村清洁煤确户27.31万户，生物质保供体系基本建立，生物质燃料配送户数达到9.4186万户，圆满完成省定任务目标。

加快建设昌黎县葡萄酒产业示范区、北戴河区戴河艺术村落、抚宁区大新寨3个省级乡村振兴示范区和卢龙县柳河山庄、青龙满族自治县肖营子、山海关区望峪北五村、北戴河新区心乐园康养小镇、海港区驻操营5个市级乡村振兴示范区，总面积达到236平方公里，覆盖95个村、2.7万户、8.2万人。示范区内建成特色小镇5个、省级现代农业园区6个，建有乡村旅游精品线路13条。昌黎县葡萄小镇、青龙满族自治县肖营子镇成为国家农业产业强镇，抚宁区大新寨镇王汉沟获评“中国美丽休闲乡村”，卢龙县鲍子沟、柳河山庄被认定为国家级休闲农业与乡村旅游示范点。

五、农村改革不断深化

青龙满族自治县受到农业农村部通报表扬，成为全国农村承包地确权登记颁证工作典型地区。全市土地流转面积105.6万亩，流转率达到41.7%。2288个单位集体产权制度改革任务全部完成。宅基地审批职能全部纳入乡镇综合服务窗口，各村均设立了宅基地协管员。昌黎县国家级农民合作社质量提升整县推进试点和卢龙县、青龙满族自治县2家省级试点建设全面推进，新增农民合作社143家、家庭农场139家，13家合作社被认定为省级示范社，有7家合作社入选“全国合作社500强”，其中昌黎县嘉诚合作社排名全国第七、全省第一，被评为全省“十佳”合作社。发展农业生产托管服务组织1489个，服务农户40万户，卢龙县金诚、昌黎县老雨2家合作社被评为2020年全省农业生产托管服务示范组织。与邮储银行等5家金融机构签订战略合作协议，农民合作社、家庭农场列入小微企业贷款重点支持对象。农业综合行政执法改革全面完成。

（秦皇岛市人民政府）

邯郸市

2020年，邯郸市贯彻落实中央、省农村工作会议精神和市委、市政府决策部署，紧扣全面建成小康社会“三农”领域必须完成的硬任务，以实施乡村振兴战略为总抓手，统筹推进各项重点工作，巩固农业农村稳中有进、稳中向优的良好势头。全市农业高质量发展、农村人居环境整治等多项工作走在全省前列。

农业综合生产能力稳步提升

粮食生产再获丰收。落实国家粮食安全战略，年初将粮食面积、总产等约束性任务指标进行层层分解，并加大农业技术推广与指导力度，确保粮食播种面积、产量稳中有增。全市粮食生产面积1165.2万亩，总产533.1万吨。大力推进高标准农田建设，新建设高标准农田42.6万亩同步发展高效节水灌溉37.8万亩。

蔬菜生产势头强劲。按照“增扩设施菜、发展特色菜”的思路，优化种植结构，推进高产高效。全市蔬菜播种面积147.2万亩，总产量553.1万吨，其中，设施蔬菜播种面积38.6万亩，产量145.8万吨。

畜牧产业转型升级。推进生猪产业规模化、标准化发展，新建和扩建规模养猪场38个，馆陶牧原等5个超亿元项目落地见效。君乐宝公司投资4亿元的乳制品加工厂项目和投资5亿元、存栏奶牛1万头的牧场项目正式在大名县开工建设。康诺日加工300吨乳制品技改项目，已经于6月份实现试生产。全市肉类(猪牛羊禽)总产量47.1万吨、禽蛋产量91.5万吨、奶类总产量17.5万吨。

农业产业化经营水平不断提高

培育壮大龙头企业，认定市级农业产业化重点龙头企业521家，其中国家级7家、省级96家，数量稳居全省前列。加快农产品加工项目建设，重点推进君乐宝液态乳、晨光大蒜素提取等100个项目，18个项目入选2020年省农业产业化重点项目计划名单，数量蝉联全省第一。农业产业化重点项目完成投资66.34亿元，完成年度任务的132.7%。大力发展农业产业化联合体，创建市级以上联合体49家，省级示范联合体21家。规划建设16个农产品加工产业集群，鸡泽县辣椒及食品加工产业集群成功争列省示范创建项目。推进返乡下乡人员创新创业，组织参加第四届河北省农村创新创业项目创意大赛，参赛项目获二等奖1个、三等奖1个、优秀奖1个。

农业供给侧改革深入推进

特色产业提速发展。深入推进种植结构调整，完成52万亩高耗低质低效农作物调减任务，打造了大名花生、肥乡番茄2个5万亩示范区，邱县蜜薯、成安秋葵、永年油菜、永年大蒜、鸡泽菊花等5个万亩示范带，以及50个千亩以上示范方，建设了2个国家级特优区、12个省级特优区，各类特色产业面积达到450余万亩。在全省首届梨电商大会、第四届京津冀中药材发展大会上，我市有19个产品获奖，其中魏县玉露香梨获得梨王争霸赛“梨王”称号，玉堂鸭梨等4个产品获得金奖，13个产品获得优质产品奖，6个产品获道地药材精品奖。

“四个农业”扎实推进。大力发展质量农业，建成204个农产品质量安全监管追溯试点，创建1个国家级、17个省级农产品质量安全县(其中，年内新增8个)，实现省级农产品质量安全县全覆盖。全市绿色食品认证品种达到48个，地理标志农产品认证品种达到7个，农业标准化生产覆盖率达到71.27%。大力发展品牌农业，创建中国驰名商标18件(其中，年内新增1个)、10个省级区域公用品牌、9个省级领军企业品牌。大力发展科技农业，建成22个农业创新驿站(其中，年内新增13个)、48个科技示范基地，培育示范主体1300多个。加强高素质农民培育，完成5710人的培训任务，组织农业科技大培训10万人次。推进信息进村入户工程，完成4207个村级站点建设任务。推进主要农作物全程机械化，特别是近两年鼓励支持企业研制推广具有邯郸特色的花生、棉花、红薯、大蒜收播机械，全市特色农作物的收播机械化取得了新突破，农机装备总动力达到1066万千瓦，农作物耕种收综合机械化水平达到85%。大力发展绿色农业，完成2019年度地下水超采综合治理农业项目222.94万亩，实现节水1.512亿立方米；实施2020年度地下水超采综合治理农业项目面积96.74万亩，预计实现节水0.87亿立方米。推进化肥农药减量增效，与去年相比化肥使用量减少5120吨，农药使用量减少172吨，废弃农膜回收率达到85%以上。推进畜禽粪污资源化利用，7个养殖大县整县推进，337个规模养殖场改造提升，15座集中处理中心开工建设，全市855个规模养殖场设施装备配套率达到100%、畜禽粪污综合利用率达到79.98%，超额完成了综合利用率77%的省定任务。

农业招商引资成效显著。实施农业招商项目43个，完成投资30.96亿元，超额完成计划。其中，新签约项目13个、续建项目21个、在谈项目9个。加强农产品品牌宣传推介，争取省级以上品牌宣传资金达310万元，在中央电视台(一套)《新闻联播》前10分钟黄金时段、中央电视台(十七套)相关广告时段播放我市“鸡泽辣椒”区域公用品牌宣传片。

农村三产融合发展持续深化。推进现代农业园区提档升级，创建国家级现代农业产业园1个、省级现代农业园区25个(其中，省级精品园区8个)、市级现代农业园区51个(其中，市级精品园区19个)。曲周县国家农业绿色发展先行区以及鸡泽县、邱县、魏县等3个全国农村一二三产业融合发展先导区扎实推进，较好发挥了示范引领作用。大力发展都市农业，在丛台区、邯山区等8个县(区)重点打造了10个都市农业精品示范区，在其他县(区)打造了10条精品路线(其中，邯郸乡村小镇生态休闲农业线路被列为省级精品线路)，创建市级生态休闲农业示范区26个，使乡村休闲游成为新的时尚，并吸引了一大批京津鲁豫的游客。涉县、馆陶县被评为国家级休闲农业示范县，全省渔业工作会议在涉县召开，我市作了典型发言。

乡村振兴战略成效明显

村容村貌显著改观。大力推进村庄清洁行动，清理历史积存垃圾堆放点2967处、村内塘沟11919处、残垣断壁40452处，建设“三园”10608个。提升村庄绿化美化水平，新增村庄绿化面积10.7万亩、美丽庭院19.9万户、精品庭院5.3万户，完成美化整治的村1594个。

垃圾治理基本实现常态化。大力推进农村环卫保洁公司专业化、农村垃圾处理城乡一体化，全市引进专业保洁公司21家，基本实现了农村环卫保洁公司化全覆盖。大力推进垃圾处理城乡一体化，累计建设15个垃圾无害化处理终端项目，服务能力基本实现全域覆盖。

农村街巷硬化全域覆盖。通过县级政府奖补、社会各级捐助、农户参与等措施，扎实推进农村街巷硬化。市、县累计列支财政资金14亿元，筹集各类捐款8.1亿元。全市新增硬化主街道10017条、小街巷82470万条，完成主街道硬化1386.7万平方米、小街巷硬化2397.8万平方米，农村人居环境面貌实现质的提升。

农村厕所改造任务超额完成。坚持质量优先、建管并重、分类推进、整体提升，完成厕所改造31.8万座，占年度任务的212%。全面推行“一图一码一册”管理模式，农村改厕信息化管理系统已基本实现全覆盖。推行“卫生厕所+大三格”无害化处理模式，新建“大三格”终端处理设施709座，服务能力基本达到村村覆盖要求。

农村污水得到有效治理。对城镇周边、南水北调沿线、饮用水源地保护区等重点区域内的村庄，高标准建设污水处理设施，实现污水无害化处理。对一般村庄采取“内消+外控”双重管控。污水治理累计完成1632个村庄，污水管控累计完成3769个村庄。

乡村振兴示范区创建扎实推进。全市重点创建乡村振兴示范区23个，其中省级4个，省级数量全省第一。我市探索实践的“四个模式”得到省厅领导充分肯定，即中西部山区乡村旅游主导模式、平原地区特色产业主导模式、老旧矿区融合发展主导模式、贫困县实施易地扶贫搬迁主导模式。峰峰矿区在省乡村振兴示范区交流会上作了典型发言，在省乡村振兴战略培训会上作了经验介绍。

农村土地制度改革实现新突破。扎实开展农村宅基地试点示范工作，峰峰矿区成功申报国家农村宅基地改革试点(河北省3个)。开展闲置宅基地和闲置住宅盘活利用示范，馆陶县被省农业农村厅确定为试点单位(全省10个)。

农业规模经营实现新发展。紧紧抓住家庭农场和农民合作社等新型农业经营主体，不断加大扶持培育力度，年内我市有130家农民合作社被评为省级示范社，肥乡区入选全国农民合作社质量提升整县推进试点。家庭农场由去年的3300家发展到3923家，增长18.8%，其中市级500家、省级130家。全市农村土地流转面积319万亩，土地流转率达到36%，其中，规模流转面积(50亩以上)233万亩，规模流转率达到73.04%。

农村集体经济发展取得新成效。深入推进“消零消薄”工程，5万元以上的村达到4389个(新增1366个)，占全市总村数的81.49%，超额完成年度(70%)任务。积极探索发展壮大集体经济多元化路径，峰峰矿区通过开展电商平台服务带动集体经济发展被新华社报道；广平县成立全省第一家镇级联合总社，抱团发展壮大集体经济。

(邯郸市人民政府)

邢 台 市

2020年，邢台市认真贯彻落实中央和省关于农业农村发展的各项决策部署，按照“一三五十”经济社会发展总体思路，统筹推进疫情防控和高质量赶超发展重点任务，以实施乡村振兴战略为总抓手，深入推进农业供给侧结构性改革，加快改善农村人居环境，持续深化农业农村重点领域改革，农业农村工作扎实推进并取得优异成绩。2020年，全市农林牧渔业总产值545.4亿元，同比增长4.6%。农村居民人均可支配收入达到14943元，增长8.3%。省委省政府主要领导先后4次到我市调研指导农业农村工作，省政府主要领导对我市农业结构调整工作给予肯定性批示。省级以上现场会在我市召开5次，争取省级以上试点37个(其中国家级10个)。

一、农业生产持续稳定

邢台市立足农业资源禀赋，发挥传统优势，通过“规划引领、技术支撑、政策支持、项目带动”，一手抓粮食安全，一手抓农民增收，打造了内丘县富岗苹果、巨鹿金银花、邢台酸枣等3个中国特色农产品优势区，创建了隆尧强筋小麦、威县葡萄等19个省级农产品优势区，积极推动“千斤粮，万元钱”为重点的农业结构调整，走出了农业高质量发展的邢台路径、邢台模式。2020年全市粮食播种面积1145.3万亩，总产485.2万吨，同比增长2.26%。棉花、油料和蔬菜分别达到8.64万吨、13.36万吨和302.6万吨，奶牛存栏达到10.71万头，生猪存栏达到145万头。2020年，试点推动加州鲈鱼养殖，建设改造池塘1万亩。肉、蛋、奶和水产品分别完成29.6万吨、44.1万吨、33.2万吨和0.6万吨，全市农牧渔业生产稳中向好。围绕“千斤粮、万元钱”的发展思路，发展优质强筋小麦121万亩，全省领先。全年新增高效水果8.09万亩，高效蔬菜8.25万亩，高效中药材11.43万亩，其他高效作物12.67万亩，农业生产高效稳定。

二、农业现代化水平稳步提升

以农业供给侧结构性改革为主线，积极推动农业现代化建设。一是农业设施装备得到强化。农机装备总动力达到924.37万千瓦，农作物耕、播、收综合机械化水平达到88.71%，其中小麦、玉米耕、播、收三大环节实现了全程机械化。2020年，共实施补贴资金19965.362万元，补贴机具15193台，受益农户11207户，机具总价值6.73亿元。临西、清河、南和三个县(区)承担河北省主要农作物全程机械化示范县项目，并获得“全国率先实现主要农作物全程机械化示范县”称号。南和县、威县承担了省级农机装备智能改造提升项目。2020年农机深松完成128.3万亩，深耕完成10.1万亩。二是农业科技创新能力进一步提升。农业科技应用成果显著，全年推广主导品种59个，推广技术示范46项。围绕主导产业和农业园区，重点抓好4个省级集成创新示范基地(宁晋、沙河、内丘、临西)和17个基层农技推广补助示范县建设。新建省级农业科技创新驿站12个、省级农业创新驿站达到21个。积极开展国家科研院校参与重大农技推广服务试点，组建一流稳定科研团队。加强小麦、中药材、食用菌(平菇)、棉花、蛋鸡(肉鸡)、油料、水果7个市级综合试验推广站建设。完善市县乡村产业技术服务体系，健全农业科技信息化网络。发挥智慧农业、现代信息技术等智能技术在特色农业中的推广应用。依托信息进村入户工程，建成益农信息社3791家，试点推进农业资源与生产数据可视化管理平台建设，加强市县乡村四级贯通的农技推广云平台通达深度。在市农业信息网设立农业科技成果展示、技术服务专栏，发布先进适用科技成果。南和区、威县入选国家“互联网+”农产品出村进城工程试点县，南和区、临西县成功申报“2020年全国县域数字农业农村发展先进县”。三是农产品质量安全水平得到提高。积极开展农产品质量安全县创建工作，任泽、临城、柏乡、广宗、清河、新河6个农业县(市、区)完成了第三批省级农安县创建工作。组织推荐申报制定修省级农业地方标准8项、市级农业地方标准4项，标准化生产覆盖率达到74.47%。全市建成17个县级检测站和市级农产品综合质检中心，实现种养基地抽检全覆盖，2020年全市开展定量检测9235批次、定性检测2.25万批次，整体检测合格率在99.6%。开展了“瘦肉精”、果蔬产品、兽用抗菌药、畜禽屠宰、水产品等专项整治“利剑”行动和农资打假专项整治“春雷”行动。依托省级农产品质量安全监管追溯平台，对84家国家级、2175家省级认定认证主体进行了核查，实现了可追溯，落实了产地准出制度。四是农业绿色发展进一步加快。突出节水、节肥、节药，成功申报地下水压采项目(含高效节水灌溉项目)104.1万亩；开展农田残膜“白色污染”防治，农膜回收率达到83.5%以上；完成测土配方施肥技术推广面积1317.5万亩次，化肥使用量同比减少1.68%；开展农药零增长行动，农药使用量同比减少3.1%。全市畜禽规模养殖场粪污处理设施装备配套率达到100%，畜禽粪污资源化利用率达到82%，农作物秸秆综合利用率达到95%以上。

三、农业产业化成效突出

2020年，围绕乡村产业振兴，积极推进农业产业化经营，通过建项目、育龙头、强政策等一系列措施，创新发展模式，农村一二三产融合发展态势良好。一是抓好项目建设。组织申报省级农业产业化重点项目17个，项目总投资94.9亿元。组织任泽区西固城乡、巨鹿堤村乡申报成为2020年国家级农业产业强镇，隆尧县莲子镇、宁晋县换马店镇在首批国家产业强镇考核中获评优秀；争取7个联合体实施产业融合项目；打造了南和宠物食品加工产业集群。二是培育壮大龙头企业。新认定40家邢台市农业产业化重点龙头企业；市级以上农业产业化龙头企业达406家，其中国家级6家、省级73家。三是积极培育农业产业化联合体。2020年，全市拥有省级联合体16个、市级37个。四是着力打造创新型农业企业。打造了金沙河、绿岭、食全十美、捷如美4家创新型农业企业。五是抓好休闲农业。内丘县黄岔村成功申报为中国美丽休闲乡村，临城县农业特色小镇游入选中国美丽休闲乡村旅游精品景点线路；12条休闲农业精品线路在河北新闻网上进行了推介；8个休闲农业示范区列入省两办《加快推进农业结构调整 促进农业高质量发展实施方案》。六是农村创新创业成效明显。绿岭小镇成功承办第四届河北省农村创新创业项目创意大赛；临城县申报为第三批农村双创典型县；绿岭果业高胜福入选第四批全国农村双创优秀带头人典型案例。

四、乡村振兴战略稳步实施

2020年，全市乡村振兴战略得了阶段性成效。一是农业发展质量显著提高。进一步保障主要农产品供给，持续调整优化农业结构，强化以招商选资为重点的农业项目建设，大力培育新型经营主体，提高农业装备水平，加强品牌农业建设，农业高质量发展的基础进一步得到夯实。宁晋县获“第二批国家农村产业融合发展示范园”认定。二是农村人居环境持续提升。南宫市被评为全国村庄清洁行动先进县，任泽区被评为2020年全国农村生活垃圾分类和资源化利用示范县，南和区“创推‘三个三’工作法、做实人居环境‘大文章’”经验做法在全国新媒体上刊发。广宗县“‘四三四’新招新法让厕所经久耐用”做法、威县“‘三个一’实现厕所后续管护”做法和南宫市加大投入提升整治成效做法被省人居办选为典型经验。三是农村基础设施明显改善。全市146个乡镇卫生院(中心)达到“优质服务基层行”国家基本标准，占比74.1%；路罗镇卫生院被评为“全国十佳卫生院”；185个乡镇卫生院(中心)全部完成乡村卫生服务一体化改革，国家和省卫健委专刊推介我市一体化改革经验。四是农村改革进一步深化。农村土地三权分置改革进展顺利，全市5114个村全部建立了土地承包仲裁调解机构。集体产权制度改革进一步深化，在全市范围内集中开展了农村集体经济合同清理规范专项行动。农村宅基地管理稳妥进行，信都区被认定为全国农村宅基地制度改革试点。五是农民收入持续增加。先后出台了《邢台市促进全民增收三年行动计划》和《全民增收为重点的乡村振兴行动工作方案》等专件，健全完善了双周报告、季度分析、月排名通报、典型案例评选、工作例会、宣传报道、激励问责、工作保障等8项工作机制，农民收入持续增加。

（邢台市人民政府）

保 定 市

“十三五”时期，面对错综复杂的国际形势，面对艰巨繁重的发展任务，面对千载难逢的重大机遇，保定市委、市政府认真学习贯彻习近平新时代中国特色社会主义思想，全面落实党中央国务院、省委省政府决策部署，攻坚克难、拼搏竞进，实现了“三个圆满收官”，经济社会发展取得了历史性新成就。2020年，在省委、省政府坚强领导下，我们在危机中育先机、于变局中开新局，保持了农业农村稳中有进、稳中向好的势头，为“十三五”画上圆满的句号。

一、农业农村经济和农民收入不断增长。聚焦农业农村经济运行，多措并举保运行、促发展，为实现全市 GDP 稳定增长提供了有力支撑。2020年，全市农林牧渔业总产值667.0亿元，增速3.9%，均居全省第4位；其中，农业产值增长5.2%，林业产值增长21.3%，农林牧渔服务业产值增长11.2%。第一产业增加值391.6亿元，居全省第3位；增速3.5%，高于全省平均增速0.3个百分点。三次产业结构为11.7∶33.1∶55.2，其中，第一产业比重比上年同期提高0.9个百分点。农村居民人均可支配收入16883元，居全省第5位；增速8.1%，高于全省平均增速1个百分点，居全省第5位。

二、粮食和重要农产品保障能力不断增强。一是粮食再获丰收。“十三五”期间，全市粮食总产稳定在400万吨以上，人均占有粮食408公斤。2020年，全市粮食播种面积1005.5万亩，同比增加100亩；粮食总产411.6万吨，同比增加5.4万吨，增长1.3%；粮食亩产409.3公斤，增加5.3公斤，连续12年保持亩产在400公斤以上。落实藏粮于地、藏粮于技战略，累计建成高标准农田378万亩，引导社会金融资本投资农田建设创新试点，全省第一；争取高标准农田建设整县推进示范项目4个，规模和投资全省第一。在高阳首创的小麦玉米覆土滴管水肥一体化种植模式在全省推广。二是畜牧业加快发展。生猪产能持续恢复，2020年，全市生猪存栏213万头，同比增长38%，达到2018年末的92.2%，其中，能繁母猪存栏20.9万头，增长40.1%。牛羊鸡生产较快增长，肉牛存栏25.1万头，增长6.2%；肉羊存栏271.9万只，增长20.1%，家禽存栏2689万只，增长5.3%。奶业发展向好，牛奶产量37万吨，增长6.2%。三是“菜篮子”供给充足。蔬菜、瓜果播种面积120.2万亩，产量484.3万吨。阜平食用菌从无到有，产量占全市的51.6%，成为富民强县的特色产业。全市水果产量113.5万吨，比2015年增长23.2%。畜牧、蔬菜、果品三大支柱产业产值占总产值比重67.7%，在京津雄市场占有率逐步扩大。

三、产业结构不断优化。深入调整优化产业结构，大力发展特色产业，都市型现代农业的发展基础更为稳固，农业高质量发展的步伐更为稳健。明确了“两区一廊三带、多基地、多集群”的总体布局，扎实推进100个示范区建设，58个千亩以上种植业结构调整片区初具规模。农业标准化生产覆盖率达到71.8%，高于全省1.8个百分点。创建1个国家级特优区和7个省级特色农产品优势区。“阜平立彦头”优质特色水果基地建设模式在全省推广。安国中药材研发应用产业发展指数，对全国市场定价的影响力显著提升。产业扶贫全国领先，实现了贫困人口2个以上高质量产业收益全覆盖，圆满完成了脱贫攻坚的伟大任务，产业扶贫办荣获全国脱贫攻坚先进集体。阜平香菇、涞水旅游扶贫、阜平骆驼湾产业脱贫等一大批典型模式在全国推广，涞源肉鸡、顺平林果等22个产业扶贫模式成为全省样板。

四、产业化发展不断加快。坚持“发展是第一要务、项目是第一支撑”的理念，深入开展农业大招商，推动农业产业化不断加快发展。省级和市级以上龙头企业分别突破100家和300家，比上年分别增加35家和67家，增幅分别为53%和28.5%。省级龙头企业占比由8.4%提高到11.2%。省级现代农业园区26家，省级精品园区比上年增加4家；市级以上现代农业园区增加22家，达到155家，同比增长

18.3%，继续保持全省第一。累计引荐现代农业产业类项目32个，计划总投资134.2亿元。高碑店新发地化危机为先机，2020年实现交易量1100万吨，同比增长22.8%；交易额760亿元，同比增长68.1%；全年供应北京果蔬114.5万吨，同比增长59%，交易额77.8亿元，占总交易额的十分之一，为疫情期间稳产保供和供应链稳定发挥了重要作用。

五、发展动能不断增强。抢抓发展机遇，深化农业供给侧结构性改革，农业质量效益和竞争力不断提高，发展动能不断增强。50家太行山农业创新驿站建成面积16.5万亩，同比增长16.2%；开展驿站品质提升、高端产品培育、物联网应用等，加大技术推广力度，累计引进新品种、新技术737项，对农业产业的科技贡献率显著提升。创建区域公用品牌38个，打造企业品牌63个，认证绿色食品企业36家，有效产品数99个，同比增长62%，保定苹果获国家地理标志证明商标，易县磨盘柿获国家级区域公用品牌，冰柿获国家金奖。创建省级农产品质量安全县19个，实现农业县全覆盖。与阿里巴巴、京东达成协作发展意向，联手打造农产品产地仓、菜鸟网络中国智能网、京东牧场、天猫百亿产业带等，全力推进农产品经营方式的转变。白洋淀上游流域农业面源污染防治行动顺利完成，农药、化肥使用量连续三年实现负增长；养殖场粪污处理设施配建率达到100%，粪污综合利用率达到88.6%，高于全省平均水平。在涿州市、高碑店市、安国市开展农药兽药包装废弃物押金制回收处置试点，全省首创。

六、乡村建设不断提速。全面推进乡村振兴示范区建设，扎实开展农村人居环境整治行动，加快推动美丽乡村建设。推进高碑店全域和安国药都小镇等2个省级乡村振兴示范区创建，全面启动30个市级乡村振兴示范区、30条示范线、600个以上示范村创建，分别制定示范区、线、村创建标准15项、11项和27项，阜平骆驼湾、曲阳孝墓、高阳小王果庄等18个示范区达到10项标准以上，徐水梁家营、易县凤凰台、曲阳孙家庄等50个示范村达到15项标准以上。完成户厕改造10.81万座，改厕年度任务完成率146.3%。牵头协调推进农村生活垃圾治理，收运处置体系实现全覆盖率。统筹推进农村生活污水治理，完成污水治理村764个、管控村4391个。全市所有村基本完成“五清三建一改”，曲阳县虎山村入选2020年中国美丽休闲乡村，保定寻味阜平生态休闲农业线路被推介为全省休闲农业精品路线。村集体年收入5万元以上村近80%。“5+3+N”村级治理架构持续完善，“三力三治”乡村治理模式覆盖所有行政村。

七、农村改革不断深化。注重激活主体、激活要素、激活市场，农村重点领域改革不断深化，新型经营主体不断壮大。全面完成农村承包地确权登记颁证，基本完成农村集体产权制度改革。土地流转率达到37.01%，比上年提高3个百分点，50亩以上规模化经营水平22.43%，同比提高4个百分点。涞水县被评为全国农村承包地确权登记颁证工作典型地区。基本完成农村集体产权制度改革任务，涿州市在全国会议上典型发言，定兴县代表全省顺利通过国家验收。农民专业合作社、家庭农场分别发展到12649家和12936家，农业生产社会化服务组织达到655个，托管服务面积409.41万亩次，托管服务小农户23.25万户次，农业规模化经营水平进一步提升，小农户与现代农业的衔接更为紧密。

（保定市人民政府）

张家口市

一、聚焦全面脱贫，持续精准发力。坚持脱贫收官与巩固成果同步推进，向贫困发起最后总攻，坚决打赢脱贫攻坚收官战

（一）以精准周密服务克服疫情影响。建立疫情分析应对机制，统筹做好疫情防控和脱贫攻坚工作。推进企业复工复产，创新服务企业、服务员工、服务基层“三个服务关口前移”机制，精准落实各项援企纾困政策。对遭受风雹洪涝灾害的1971名贫困人口，及时提供产业就业、临时救助、防贫保险等帮扶救助，确保不因灾返贫致贫。推进稳岗就业，全市外出务工贫困劳动力227491人，较上年增长10.44%。

（二）以政策工作落实确保脱贫成果。聚焦脱贫攻坚责任落实，思想上一刻也不松懈，精神上一刻也不松劲，工作上一刻也不松手，始终以决战决胜的决心推进脱贫攻坚。强化“两不愁三保障”问题排查，排查新增门诊特殊病患者5145名，全部办理了慢病证；排查新增危房1047户，全部改造完成。突出抓好长效产业扶贫，年内投资22.57亿元实施产业项目1198个，覆盖贫困人口24.16万人，人均产业收入4850元，同比增长35%。扎实推进易地扶贫搬迁后续扶持，通过发展特色种养、扶贫微工厂、开发公益岗位、务工就业等形式，实现42187名搬迁贫困人口帮扶全覆盖，有劳动力的贫困家庭至少有一人就业。坚持一户一档建立台账、一户一策解决问题、一户一干部包联帮扶，全市剩余6237户11642名贫困人口全部如期实现脱贫。

（三）以问题整改有效提升脱贫质量。围绕2019年国家脱贫攻坚成效考核、国务院扶贫办暗访、国家脱贫攻坚督查、国家贫困县退出摘帽抽查评估等反馈问题，压茬推进问题整改，反馈的57条“点对点”问题和举一反三排查出的796条问题全部按时整改到位。组织开展脱贫攻坚“回头看”和脱贫攻坚“查问题、补短板、提质量”行动，累计排查整改问题1562条，为确保收官质量奠定了扎实基础。

(四)以精准监测帮扶防止返贫致贫。坚持把防止返贫致贫监测帮扶作为持续巩固脱贫成果的有力抓手，建立群众主动申请、乡村走访摸排、部门比对反馈三级预警监测机制，及时掌握返贫致贫信息。对摸排出的脱贫不稳定户和边缘易致贫户，采取产业、就业、医疗、社保、低保、保险等综合性防贫举措，有针对性地进行帮扶救助。全市两类防贫对象8676户17279人，通过帮扶消除风险6609户13090人，年内未发生新的致贫返贫问题。

(五)以扎实工作顺利迎接各类检验。先后顺利通过了国家贫困县退出摘帽抽检、国家脱贫攻坚督查、国家脱贫攻坚普查、国家脱贫攻坚普查事后质量抽查、国家建档立卡数据质量实地评估、全国建档立卡数据典型总结调研、国家财政专项扶贫资金绩效试评价，接受了国家和省脱贫攻坚成效考核，我市脱贫攻坚取得决定性成效。

二、聚焦农业农村，狠抓工作落实

(一)抓“六稳”“六保”任务。聚焦农牧产业平稳增长，聚焦恢复农业生产秩序、保障农资供应、稳定粮食生产、保障蔬菜和肉蛋奶市场供应，专题研究调度23次，深入48家企业、82个村开展督导调研，制定了春耕生产指导意见、稳定粮食生产工作方案、“菜篮子”工程实施意见等政策文件，并建立起农口重点工作日报告、周通报、旬研判、月调度的推进机制，有力推进农业生产。全年粮食作物播种面积674.81万亩，超出年度任务27.81万亩，蔬菜种植119.76万亩，完成年度任务的106%，主要畜产品肉、蛋、奶产量分别达到34.8万吨、12.4万吨、120.7万吨。

(二)抓农业结构调整。立足“首都两区”定位，制定出台了《张家口市实施绿色农业全域提升改造和开展质量兴农实施方案(2020-2021)》，深入推进农业产业化、科技化、园区化、品牌化发展。年内，全市农业产业化市级龙头企业达到264家，其中国家级4家、省级72家，全市绿色有机认证产品达到228个。燕麦科研成果获得河北省科技进步一等奖，11项科研成果达到国际先进水平，4项达到国内先进水平。争创国家现代农业产业园1家、国家现代农业示范区1家、国家级特色农产品优势区1家，培育省级标准规模种植示范区74个、养殖示范区102个、农产品加工产业集群10个，全市农业标准化生产覆盖率达到70%。全市农产品区域公用品牌达到45个，涉农注册商标达5000余件，其中中国驰名商标1件、省著名商标68件。

(三)抓农村面貌改造提升。全面完成农村人居环境整治三年行动各项目标任务，4174个行政村完成“五清三建一改”工作，4134个村实现垃圾“村收集、乡镇转运、县集中处理”一体化处理，1258个村生活污水得到有效治理，2868个村生活污水得到有效管控，各类无害化及卫生厕所达到127847座，完成村庄道路硬化7369公里，完成村庄绿化140632亩，村庄公共照明达标村达到3152个，2899个村完成村庄美化整治。全力推进“空心村”治理，全市924个农宅空置率50%以上的“空心村”全部完成治理。

(四)抓农村综合改革。农村集体产权制度改革基本完成，全市村集体清产核资单位完成数据录入4146个、完成率99.3%。农村土地流转面积达到422万亩、流转率达到41%，其中坝上地区流转222万亩，流转率44.4%。农村承包地确权登记颁证主要任务基本完成，全市完善土地承包合同75.57万份、涉及耕地面积951.04万亩，分别占应确权总农户数、应确权耕地总面积的96.97%和96.7%，超额完成了省下达95%的目标任务。

三、聚焦首都“两区”建设，加大生态建设力度

深入贯彻习近平生态文明思想，坚持山水林田湖草综合治理，稳步推进生态环境治理各项重点工作。下大力推进造林绿化，重点推进延崇高速、京张高铁、头道营至太子城廊道绿化和冬奥赛事核心区森林质量提升工程，完成营造林130.026万亩，林木绿化率持续稳定在50%；崇礼区等15个县区成功获批创建省级森林城市。下大力推进休耕种草，采取种植饲料饲草作物、中草药和人工干预自然修复3项措施，完成休耕种草181.26万亩，全市草原面积达到1595万亩，草原综合植被盖度达到69.4%。下大力推进地下水超采综合治理，2019年以来累计完成旱作雨养试点40.45万亩，关停农灌井6153眼，全面完成省级下达0.53亿立方米压采任务，提前2年实现地下水采补平衡。下大力推进水土流失综合治理，完成水土流失治理面积66.38平方公里，完成水源工程375处、节水工程692处，治理区水土流失治理程度达到70%以上，拦沙率达到70%以上，年拦蓄泥沙约88万吨，年增加水源涵养量约3885万立方米。下大力推进永定河综合治理与生态修复，清水河、洋河、桑干河、永定河张家口段河道治理工程累计完成投资15.4亿元，完成生态补水3.45亿立方米，2020年永定河北京段时隔25年实现全线通水。下大力持续推进河湖长制落实，制定了《张家口市落实河湖长制考核问责制度》，成立了由市政府分管负责同志担任组长的工作专班，对全市流域面积50平方公里以上的188条河流、233个河段全面开展清理整治，纳入省级“四乱”清理台账的566处问题全部整改完成，全市河湖面貌明显改善，水源涵养能力不断增强。下大力推进服务保障冬奥水平提升，始终坚持把保障冬奥作为重大政治任务，推动完成康保S波段雷达双偏振技术升级、怀来X波段雷达建设和赛事核心区2个气象站改建任务；建成综合监控与可视化展示平台，冬奥气象信息网络进一步完善；培育冬奥农产品供应备选基地35个，主要供应农产品品种全部纳入监管监测范围；落实最严格的冬奥赛事区水资源管理制度，优化水资源配置，全力保障冬奥会张家口赛事区供水安全。

四、聚焦民生改善，持续提升质量。聚焦民生保障，持续推进社会救助兜底保障、养老慈善、社区治理、殡葬改革工作，取得了显著成效

(一)稳步提高社会救助兜底保障能力。全市新增城乡低保对象2.3万人，城市、农村低保对象分别达到4.5万人、32.5万人，保障率分别达到2.5%、11.3%，其中建档立卡贫困人口中享受农村低保22.8万人。农村低保保障标准由每人每年4440元提高到4644元，年补差水平由不低于2820元提高到不低于3024元，城市低保保障标准每人每年7920元，年补差水平不低于4320元。大力推进社会救助基金会体系建设，实现市县两级全覆盖，累计落实初创引导资金9400万元，该项工作被省民政厅通报表扬。

(二)持续提升养老慈善服务能力。建成农村互助幸福院18所、居家养老服务中心3所、社区日间照料服务站42所，改造提升敬老院6所，新培育星级养老机构41家。引导鼓励社会力量开办养老机构，运营民办养老机构101家、床位10232张，全市养老服务能力进一步提高。全市社工机构发展到24家，实名认证志愿者67.09万人，占全市常住人口的15.17%，全省排名第二，全市社会慈善事业和志愿服务稳步发展。

(三)着力推进城市社区治理。研究制定了《关于强化党建引领提高城市居民小区物业服务管理水平工作的实施方案》，强化党建引领物业服务管理，全市城市社区普遍建立了党组织、居委会、业委会、物业服务企业、楼门长、综合服务站“六位一体”统筹协调机制，社区治理水平进一步提升。

(四)大力推进殡葬改革。研究制定了《张家口市公益性纪念堂和公益性纪念林墓地建设管理实施细则》，将县、乡、村三级公益性纪念林墓地和纪念堂纳入国土空间规划，大力推广节地生态安葬等方面经验做法，全市殡葬改革多项工作走在全省前列。

(张家口市人民政府)

承德市

承德市位于河北省东北部，全市国土总面积3.95万平方公里，全市辖7县1市3区、1个国家级高新技术产业开发区、1个御道口牧场管理区，共有205个乡镇、2455个行政村，总人口382.5万，其中乡村人口244.4万人。

承德自然气候独特，处于北方农牧交错带，属寒温带向暖温带过渡地带、半湿润半干旱大陆性季风山地气候，具有四季分明、光照充足、冷暖适中、雨热同季、昼夜温差大等气候特点。全市有耕地599.88万亩(全省第9)，其中有水田19.18万亩、水浇地227.02万亩、旱地353.68万亩(国土二调数据)。全市有林地面积3520万亩(占全省的35.7%，占京津冀的32%)，森林覆盖率达到59.41%(高出全国36个百分点、全省25个百分点)，被誉为“华北绿肺”和“天然氧吧”。全市有草地总面积1199.69万亩(全省最大)，其中有天然牧草地231.87万亩、其他草地959.3万亩、人工牧草地8.51万亩。全市多年平均水资源总量达37.6亿立方米(占河北省水资源总量18.3%、占京津冀水资源总量14.8%)，是滦河、潮河、辽河、大凌河四大水系发源地，其中滦河占潘家口水库入库水量的93.4%，潮河占密云水库入库水量的56.7%，是京、津、唐的重要水源地。

2020年，承德市坚持以习近平新时代中国特色社会主义思想为指导，认真贯彻落实中央、省、市决策部署，努力克服底子薄、基础弱、财力紧、任务重等现实困难，真抓实干、攻坚克难，“三农”在全市经济社会发展全局中的“基本盘”和“压舱石”战略作用进一步凸显。

(一)农业经济运行稳中向好。全市农林牧渔业总产值达到517.8亿元、较“十二五”末增加115.8亿元，年均增长5.8%；一产增加值达到336.3亿元、较“十二五”末增加100.7亿元，年均增长5.9%；农村居民人均可支配收入13190元、较“十二五”末增加5267元，年均增长10.7%。

(二)粮食生产能力稳步提升。全市粮食种植面积425.9万亩、较“十二五”末减少20.6万亩，平均亩产344公斤、较“十二五”增加72公斤，粮食总产量146.5万吨、较“十二五”末增加25.3万吨，其中谷物106万吨、较“十二五”末增加8.7万吨。高质量完成220万亩“粮食生产功能区”划定任务，累计建设高标准农田94.5万亩，主要粮食作物(玉米)耕种收综合机械率为67%。

(三)特色优势产业不断壮大。累计调减高耗低质低效农作物调减100余万亩，“一环六带”全域产业布局持续巩固完善(食用菌产业环和蔬菜、果品、中药材、马铃薯、肉类、奶牛六个产业带)，“五个百万”基地加快建设(百万吨食用菌、百万亩经济林、百万头优质肉牛、百万只优质肉羊、百万亩中药花海)。全市蔬菜播种面积97.1万亩(设施蔬菜播种面积14.0万亩)、产量431.6万吨，食用菌(干鲜混合)产量达到75.7万吨，中药材播种面积34.1万亩、产量16.6万吨，马铃薯播种面积79.8万亩、产量190万吨，园林水果、食用坚果产量分别达到109.2万吨、20.7万吨，牛存栏72.0万头、出栏68.0万头，羊存栏94.9万只、出栏156.7万只，生猪存栏89.4万头、出栏163.0万头，家禽存栏2327.7万只、出栏7853.3万只，肉、蛋、奶产量分别达到38.1万吨、11.1万吨、10.7万吨。2020年全省农业品牌建设现场观摩会议、全省山区丘陵地区种植业结构调整现场观摩会在承德成功召开。

(四)产业化经营水平逐步提高。瞄准建设千亿级“京津绿色农产品供应基地和加工基地”，持续深入实施“扶龙行动”，重点培育“双三十强”(30家领军龙头企业和30

家创新成长型企业）做大做强，全市市级以上龙头企业达485家，其中省级86家、国家级7家（全省第一），农业产业化经营率69.5%。“十三五”时期，年实施投资千万元以上农业产业化项目150个以上，累计完成投资450亿元。全市规模以上农产品加工企业90家，农产品加工业总产值达133亿元。2016年在全省率先启动农业产业化增信基金试点，已累计为120家龙头企业提供无担保无抵押贷款15亿元，放款额度全省第一。先后打造了滦平大屯镇、丰宁五道营乡、隆化县七家镇3个产业强镇。创建农业产业化联合体50个，其中省级29个。全国“一村一品”示范村镇达到17个。

（五）“承德山水”品牌效应初步显现。于2019年举全市之力重磅推出“承德山水”农产品区域公用品牌，健全完善了品牌绿色标准化生产、产品检验检测、二维码追溯、质量标准体系建设，目前已有166家企业、7大品类871个单品入驻“承德山水”电商运营平台。在“承德山水”品牌带动下，全市目前有国家级、省级、市级农产品区域公用品牌分别为5个、11个和31个，总数位居全省前列，拥有露露、神栗、怡达等“中国驰名商标”13件，农产品地理标志保护产品达到31个，绿色、有机认证产品达到306个，“全国绿色食品标准化原料生产基地”面积达到86.8万亩、占全市72%，位居全省首位。

（六）园区集聚效应日益凸显。全市累计创建省级以上现代农业园区20个、省级农业精品园区9个，认定市级现代农业园区53个，全市现代农业园区建成区面积达到230万亩，累计完成投资350亿元、产值达到460亿元，直接带动农户近60万户，其中贫困户22万户，带动就业50余万人。

（七）农产品质量安全充分保障。全市已创建国家级农产品质量安全县4个、省级6个，农业标准化生产覆盖率达到70.72%，农产品抽检总体合格率保持在98%以上，全市连续多年未发生大规模农产品质量安全事件。推行追溯“六挂钩”机制建设，所有国家级、省级认定认证中符合条件的农产品经营主体全部依托省农产品追溯平台实现追溯。食用农产品合格证制度全面铺开，开具合格证数量达到42000批。与京津建立了紧密的农产品质量安全协作关系，区域质量安全监管协同推进。

（八）农业科技支撑显著增强。全市国家级农业科技园区达到2个、省级达到9个，农业科技小巨人企业达到85家，建成星创天地43家；建设了2个国家级、12个省级农业产业技术体系综合试验推广站，组建各级产业专家服务团队49个、902人，遴选村级产业发展指导员944人，建成农业创新驿站21个；全市农业良种覆盖率达到98%；累计培育农村各类实用人才108866人，其中高素质农民22924人。

（九）绿色发展方式广泛推行。全市年完成旱作节水技术推广360万亩以上，测土配方施肥技术覆盖率达到95.6%，主要农作物病虫害绿色防控覆盖率达到32.5%、专业化统防统治覆盖率达到42%，全市化肥、农药使用量连续多年负增长。全市795个规模养殖场全部配套建设了粪污处理设施、配建率达到100%，畜禽粪污资源化利用率达到94.23%；通过不断健全完善秸秆收储运体系、开展地膜科学使用与回收示范区创建，全市秸秆综合利用率达到95.4%、农膜回收率达到82.3%。

（十）产业扶贫工作得到新巩固。累计实施到村到户产业扶贫项目8026个，覆盖936个贫困村、扶持16.97万户贫困户，受益贫困人口45.84万人，全市贫困户产业帮扶一重覆盖率100%、两重以上覆盖率82%以上，平泉“三零”、围场“生态产业化 产业生态化”、丰宁“振兴传统工艺 助力产业脱贫”等典型模式在全国、全省推广。

（十一）各项重点改革扎实推进。农村集体产权制度改革主体任务基本完成，组建农村集体合作经济组织2469家、实现行政村全覆盖。农村承包地确权登记颁证工作圆满完成，颁证率超过94%，累计流转土地176.6万亩、流转率达到42.5%。平泉、滦平先后成为农村宅基地改革国家级、省级试点。承德县被确定为国家级农民合作社质量提升整县推进试点。农垦改革阶段性任务圆满完成，“承德御道口农垦实业集团有限公司”组建并正式运营。宽城化皮溜子镇等1镇、4村被认定为全国乡村治理示范镇、示范村。

（十二）新产业新业态蓬勃发展。大力实施“农业+”战略，着力构建“文旅农教”融合发展体系，全市国家级和省级休闲农业与乡村旅游示范县达9个，全国休闲农业与乡村旅游星级示范企业8家、省级23家，培育国家“一号风景大道”等知名休闲农业旅游线路，建设旅游示范村288个，累计有30余条“春观花”“夏纳凉”“秋采摘”“冬农趣”精品线路被部、省推介。2016年启动全国首个“功能农业扶贫综合示范区”建设，全市重点打造富硒马铃薯、蔬菜、苹果等“单品冠军”示范区10个，富硒农作物种植面积达到15.5万亩。

（十三）农村人居环境不断优化。全市累计完成无害化卫生厕所改造任务的村898个，改造各类无害化卫生厕所34.9万座，卫生厕所普及率由12.71%提高到50.33%。全市10个县（市、区）实现垃圾处理城乡一体化，实现“村收集、乡镇转运、县集中处理”模式的村达到2428个，生活垃圾处理体系覆盖村庄比例达到98%。累计完成370个村庄的污水治理，2102个村庄的生活污水得到管控，基本实现农村生活污水治理管控全覆盖。全市完成“五清三建一改”任务的村达到2428个，所有行政村穿村公路硬化率达到100%，所有行政村实现绿化、亮化、地名设置标准化全覆盖，累计建设美丽庭院50.98万户、精品庭院12.46万户，完成实用性村庄规划编制的村累计达到376个。圆满完成滦平县付营子镇邢家沟门村、高新区冯营子镇崔梨沟村2个空置率50%以上“空心村”治理任务。全市已创建省级乡村振兴示范区2个(平泉梓椤树和宽城化皮“花果满乡”省级乡村振兴示范区)，同步推进13个市级乡村振兴示范区创建，累计实施乡村振兴重点项目98个，示范区内各村2020年实现村集体经济收入4201.21、平均每个村27.6万元，有效起到了乡村振兴示范引领作用。

(承德市人民政府)

沧州市

2020年沧州市委、市政府全面贯彻落实中央和省各项决策部署，扎实推进农业供给侧结构性改革，加强农村生态文明建设，推动乡村振兴，促进农业高质高效、乡村宜居宜业、农民富裕富足，农业农村经济发展呈现良好态势，全市农林牧渔业总产值达到656.2亿元，同比增长3.9%；农村居民人均可支配收入15909元，同比增长7.1%。

一、农业生产能力稳步提升，农业现代化建设不断推进

2020年全市从政策、技术、资金等方面加大了对农业的投入，农业综合生产能力逐步提高，绿色生态农业势头良好。全年粮食作物播种面积1326.7万亩、总产量达457.9万吨，增长1.3%；全年蔬菜水果稳定增长，蔬菜产量298.9万吨，增长0.7%，瓜果产量57.1万吨，增长2.7%，园林水果产量102.4万吨，增长3.9%；生猪生产全面恢复，存出栏分别达到153.4万头、236.3万头，肉类产量40.8万吨，禽蛋产量32.5万吨，生鲜乳产量13.2万吨；水产品产量10万吨。全市以绿色、生态、可持续为目标，大力实施畜牧业升级、秸秆综合利用、农药化肥减量增效等工程。2020年全市大力推动农业节水压采，实施季节性休耕30.7万亩、旱作雨养种植试点项目、高效节水灌溉项目20.7万亩。规模养殖场畜禽粪污处理设施装备配套率达到100%，畜禽粪污综合利用率达到90.1%；秸秆综合利用率达到97.2%；农药化肥使用量保持负增长；农膜回收率为94.7%。全市各级现代农业园区总数达191个，其中市级现代农业园区102个，含省级现代农业园区20个、省级现代农业精品园区11个、市级现代农业精品园区20个，全市167个农业乡镇均建成现代农业园区，实现“一县一园，一乡一园”的目标。

二、供给侧结构性改革成效显著，农业全产业链实现新发展

2020年以来，全市扎实推进农业供给侧结构性改革三年行动计划，科技农业、绿色农业、品牌农业和质量农业取得积极进展。全市下大力度调整种植结构，按照全省“两年任务一年完成”的总体要求，2019年秋至2020年夏，全市完成调减非优势区高耗低质低效农作物60.4万亩，调整面积位居全省第一。同时，制定出台了《加快推进农业结构调整促进农业高质量发展实施方案》，组织申报40个示范区和加工集群入选省“四个一百”工程，数量位居全省第三。集中打造了黄骅旱碱麦、青县蔬菜等5个省级规模种植示范区，孟村肉鸡、中捷奶牛等10个省级规模养殖示范区，黄骅梭子蟹、中捷罗非鱼等5个省级水产规模养殖示范区。

2020年市级以上农业产业化企业发展到403家，其中国家级龙头企业6家，省级龙头企业68家。全市农业产业化经营总量789.3亿元，产业化经营率达到69.8%。围绕特色主导产业，以农业产业化龙头企业为主体，着力打造了一批农产品加工规模大、集中度高、带动能力强、产业链条配套、产业发展成效突出的农产品加工产业集群，加速了一二三产业融合发展。依托地方优势特色产业，形成了19个具有一定规模和特色的种养业产业集群，其中省级加工产业集群11个，形成了烤鸭坯产能全国第一、皮草行业出口全国居首、鲜梨出口全国第二等多个特色优势产业集群，实现集群产值322亿元。认定市级农业产业化示范联合体32个，其中省级农业产业化示范联合体19个。

三、着力培育优势产业，农村发展内生动力逐步提高

全市立足特色优势产业，积极引进新技术新品种，实施农产品品牌打造计划，按照“一县一业、一园一牌”的发展思路，创建特色农产品优势区，不断提升沧州农产品市场竞争力，形成品牌优势。共培育地理标志产品7个、中国驰名商标7个、省级区域公用品牌7个，培育特色优质农产品10个，并建成河北省特色农产品优势区。按照品种调优、产业调特原则，积极调整种植结构，大力发展经济作物，提升种植效益，发展特色种植业；按照稳定发展猪、鸡等食粮畜禽，加快发展牛、羊等草食畜的原则，推进养殖业优化升级，推进畜禽养殖业；立足沧州特色水产品育种优势和环绕京津的市场优势，大力发展精深加工和冷鲜物流，2020年新创建7家部级水产健康养殖示范场，推动特色水产业聚集发展。

截至2020年底，全市注册农民合作社11301家，其中培育省级示范社58家，国家级示范社26家，益源种植专业合作社位列全国合作社发展指数300强。全市注册家庭农场3745家，其中河间市金涛家庭农场等28家家庭农场新评定为省级示范家庭农场，至此，全市培育省级示范家庭农场达94家，全市家庭农场持续稳步发展，农村内生动力逐步提高。

四、脱贫攻坚全面完成，乡村振兴战略实施初见成效

全市始终把脱贫攻坚作为最大的政治责任和首要的民生工程，全面落实“三个全覆盖”，扎实开展“四级书记”遍访，根据贫困属性、致贫原因和帮扶需求，按照“缺什么、补什么”的原则，精准施策。持续推行“3+2”健康扶贫模式，将个人累计负担控制在合规医疗费用的10%以内，在全省率先实现市域内“一站式”结算；全面落实“两免一补”“三免一助”政策，全市九年义务教育巩固率达到100%；开展“建档立卡贫困户住房安全有保障及危房改造质量”专项行动，实现贫困人口住房安全100%；实施江水“村村通”工程，彻底告别喝高氟水和苦咸水的历史。到6月底，全市1098户、2509名剩余贫困人口全部达到稳定脱贫条件，10月底，已全部履行了脱贫退出手续。全市聚焦脱贫攻坚质量巩固提升，强化领导、压实责任、创新举措，实现了剩余贫困人口如期高质量脱贫退出，已脱贫人口“零返贫”、边缘人口“零致贫”。

紧紧围绕乡村振兴战略“20字”方针，统筹规划、科学布局，全面推进乡村振兴，加快补齐农村人居环境短板，取得良好成效。一是充分发挥农办统筹协调作用，完善乡村振兴工作推进机制。2020年起草了《关于抓好“三农”领域重点工作 确保如期实现全面小康的实施意见》等17个文件，推动各部门制定了《关于加快乡村产业发展的实施意见》等一系列配套文件，形成了“1+N”落实体系。二是强化资源要素保障，夯实全面推进兴村振兴的基础。上报使用和计划使用的新增建设用地指标8938亩，其中用于乡村振兴2642亩，占比29.6%；农村承包地确权登记颁证120.3万本，确权到户面积1018.7万亩，颁证率达到97.2%；全年共投入资金30.8亿元，其中市级资金10.98亿元，市级国有土地使用权收入完成49.1亿元，金融机构支持新型农业经营主体贷款投放33亿元；选派三区科技特派员75人，开展科技下乡培训活动43场，培训人数810人，推广技术40项，服务带动农户3000户。三是推进人居环境治理，实现乡村振兴战略新发展。全市累计改厕70.4万座，改厕率达到51.4%，长效管护机制初步建立；农村垃圾治理每年投资近4亿元，配置乡镇垃圾转运站78座，收转运车辆693辆，配置分散式垃圾桶24.4万个，设立村庄集中收集点(箱)4761个，建立了覆盖全市的“村收集、乡(镇)转运、县集中处理”城乡一体化垃圾治理体系；累计实现农村生活污水处理村庄1653个，累计实现农村生活污水管控村庄4028个；大力开展村庄清洁行动，4194个村完成实用性村庄规划编制，累计完成村庄绿化46.9万亩，村庄绿化达标4951个，创建美丽庭院82.3万个；新安、更换、维修路灯3.5万盏，累计达到27万盏。在2020年全省推进乡村振兴战略实绩考核中，沧州市被评为先进单位。

(沧州市人民政府)

廊 坊 市

2020年，廊坊市委、市政府坚持以习近平新时代中国特色社会主义思想为指导，全面贯彻党的十九大和十九届二中、三中、四中、五中全会精神，认真落实中央和省市委的各项决策部署。在新冠疫情的冲击下，坚持农业农村优先发展，持续推进乡村振兴战略，深入开展农业结构调整、稳步提升农业产业化水平、扎实开展农村人居环境整治，农业农村发展继续保持稳中有进、稳中向优的良好态势。

一、农业生产能力稳步提升

(一)粮食作物。坚持“藏粮于地，藏粮于技”总要求，提高粮食产能，促进粮食生产能力与保护生态环境协调发展。2020年，全市粮食播种面积403.4万亩，总产量148.1万吨，其中冬小麦79.7万亩，单产398公斤，总产31.7万吨；玉米294.3万亩，单产369公斤，总产108.6万吨。

(二)果蔬产业。充分发挥环京津蔬菜产业优势，重点培育特色品种，打造万亩以上规模示范区，完善配套栽培技术，提高产品竞争力。全市瓜菜播种面积111.55万亩，总产量458.82万吨，产值86.14亿元。

(三)畜牧养殖业。优化畜禽生产布局，推进畜禽业转型升级，延长畜牧业产业链条，促进一二三产业融合发展，着力提高综合生产能力和效益。2020年，全市猪存栏56.68万头，牛13.09万头(其中奶牛4.77万头)，羊68.3万头，肉鸡362.75万只；猪出栏102.93万头，肉牛出栏15.19万头，羊出栏128万头，活鸡出栏1849.67万只。肉、蛋、奶产量分别为15.69万吨、12.84万吨、15.21万吨，水产品产量2万吨。

二、乡村振兴战略持续推进

(一)建立健全政策制度体系。研究制定《关于抓好“三农”领域重点工作确保如期实现全面小康的实施意见》《贯彻落实市委、市政府〈关于抓好“三农”领域重点工作确保如期实现全面小康的实施意见〉分工方案》《2020年“三农”统筹协调工作要点》《2020年度实施乡村振兴战略工作要点》等指导性文件，为高标准持续推进乡村振兴战略打下了坚实的工作基础。

(二)推进乡村振兴示范区创建。持续推进10个市级以上乡村振兴示范区不断加快项目建设，各示范区工程项目总体进展顺利。下达2020年省级乡村振兴示范区专项资金3000万元，支持固安县和香河县省级乡村振兴示范区创建。同时，按照省要求，组织香河县、固安县编制上报了2020年乡村振兴示范区项目实施方案。截至2020年底，已建成项目225个，累计完成投资97.48亿元，已建成9个农村新型社区、32个现代农业园区、41个生态功能区，农村生活、生产、生态空间布局进一步优化。

(三)全面开展农村人居环境整治。结合创建全国文明城市工作，开展“农村人居环境整提升年”活动，组织召开全市农业农村重点工作暨村镇面貌“围点攻坚”推进会议，在全市范围内启动农村人居环境整治“攻坚月”活动。一是制定了《2020年廊坊市村庄清洁行动专项工作方案》《廊坊市农村人居环境整治“攻坚月”实施方案》《廊坊市2020年推进农村“厕所革命”实施方案》等指导性文件，为确保高质量推进农村人居环境整治提供了坚强的组织保障。二是推进农村“厕所革命”，将2020年确定为“厕所革命质量年”，高质量推进农村改厕工作。全市已完成厕所改造14.39万座，超额完成省定8.26万座的年度任务。三是深入开展农村生活垃圾治理。在全域范围内推广垃圾治理PPP模式，着力推进监管的常态化、制度化，从根本上解决垃圾围村和脏乱差的问题。各县(市、区)基本实现了城乡一体化生活垃圾处理模式，一类县大厂、香河、固安基本实现了农村生活垃圾处理体系全覆盖，二类县三河市、广阳区、安次区、永清县、霸州市、文安县、大厂县90%的村庄生活垃圾得到有效治理。四是全面开展村容村貌提升。结合村庄清洁行动，全面开展“五清三建一改”活动，推进由村庄面上清洁向屋内庭院清洁、村庄周边清洁延伸，推动工作常态化、制度化、持续化。在此基础上，大力推进硬化、绿化、亮化、美化和美丽庭院建设，确保洁净常态化，美丽再升级，精品出特色。全市已完成绿化2.02万亩，新装更换维修路灯1.14万盏。五是污水治理抓分类施策。围绕基本实现农村生活污水治理管控全覆盖目标，因地制宜，分类实施，城镇周边村街，就近纳入城镇管网集中统一处理；其他村街，以生活污水为主的住户，有序建设庭院式人工微型湿地，同时结合实际鼓励采取集中处理、联户分散处理等方式，确保生活污水不出户、不上道。在此基础上，着力落实污水处理设施运行费用、运行人员、管护人员。

三、现代都市农业建设不断加快

(一)农业产业化经营水平稳步提升。一是推进龙头企业建设。以农业结构调整为主线，梯度管理、突出重点、分级分批培育重点龙头企业，新增农业产业化省级重点龙头企业15家，全市建成国家级重点龙头企业6家、省级重点龙头企业53家、市级重点龙头企业260家。其中，年销售收入超百亿元企业2家(汇福粮油、梅花生物)，超50亿元企业1家(好丽友)。在主板上市企业2家，在新三板上市企业1家，在石交所挂牌企业2家。提高企业科技水平，引导龙头企业引进应用现代技术、设备、人才，支持返乡下乡人员开展创业创新。2020年，我市4个双创项目分别获第四届全省农村双创项目创意大赛初创组一等奖、两个三等奖和成长组优秀奖。二是推进农产品加工业发展。围绕资源禀赋，重点打造粮油、肉类、果蔬、乳品四大农产品加工产业，共建成规模以上农产品加工企业211个，2020年农产品加工业与农业总产值比达到2∶1。构建农产品加工布局体系，推进农产品加工集群建设，重点培育粮油加工、休闲食品加工、杂粮加工、肉鸡加工等年产值超10亿元的农产品加工产业集群6个，其中年产值超50亿元的1个。三是推进一二三产业融合发展。以农产品加工业为引领，延长农业产业链、价值链，加快农村一二三产业融合发展。推进联合体建设，以龙头企业为核心，建成省级示范农业产业化联合体18家，市级联合体31家；推进产业强镇建设，建成农业产业强镇2个(永清县刘街乡、安次区东沽港镇)；推进“一村一品”建设，充分发挥农民的主体作用和新型经营主体的带动作用，创建“一村一品”专业村133个，其中，全国“一村一品”示范村(镇)9个。四是推进农业大招商。加大招商引资力度，搭建招商平台，充分发挥企业作为招商主体的作用，瞄准重点企业、重点区域、重点产业开展全方位、多角度招商活动。2020年，全市共签约招商项目11个，其中，计划总投资亿元以上项目10个，已开工建设项目6个。

(二)稳步推进现代农业园区提档升级。全市共创建15个省级现代农业园区、59个市级现代农业园区、5个省级精品园区。同时认定了28个市级高标准农业设施园、20个市级龙头企业带动的规模养殖基地、33个市级新型经营农场及农民合作组织。全市基本形成了以省、市、县三级现代农业园区为骨干，以高标准农业设施园、规模养殖基地等为基础的园区体系。

(三)实施休闲农业和乡村旅游精品工程。目前，全市共有国家级休闲农业与乡村旅游星级企业(园区)22个，省级休闲农业星级企业(休闲农业园及休闲农业采摘园)47个，国家休闲农业与乡村旅游示范点1个，河北省休闲农业示范点6个，廊坊市级休闲农业示范点15个，中国美丽休闲乡村3个，中国最美休闲农庄1个，河北省最美休闲乡村5个，河北省美丽田园3个。创建国家级休闲渔业示范基地1个，部级水产健康养殖示范场7个，省级休闲渔业示范基地7个。

四、农业农村改革全面深化

(一)农村承包地改革持续深化。全面落实农村土地承包关系稳定并长久不变政策。在全市农村承包地确权登记颁证工作基本完成的基础上，扎实做好农村承包地确权登记颁证后续工作，加快农村承包地确权登记颁证成果运用。截至2020年底，全市应确权村街为2809个，已全部完成；已完成土地确权面积454.41万亩，完成率达99.93%；已发放农村土地承包经营权证书594888本，完成率达96.45%。

(二)农村集体产权制度改革稳步推进。2020年产权改革阶段任务基本完成。全市3230个村街完成清产核资3230个，完成率达100%；完成成员确认、资产量化、选举建立“三会”和登记赋码3229个，完成率达99.97%。集体资产监督管理平台建设快速推进。指导县(市、区)有序对县级平台数据进行整合，采取政银企共建的方式，加强集体资产监督管理，盘活可利用集体资产，大力开展农村集体资产监督管理平台建设。

(三)新型农业经营主体快速发展。目前，我市注册登记农民合作社6334个，市级示范社82个，省级示范社47个，国家示范社7个；录入名录系统的家庭农场1390个，市级示范场123个，省级示范场52个。深入开展农民合作社规范提升和国家、省、市、县示范社“四级联创”行动，重点抓好市、县两级示范社创建。积极推进农业生产托管服务扩面升级，全市农业生产托管服务组织678个，服务面积112.8万亩次。

(廊坊市人民政府)

衡 水 市

2020年，全市农业农村系统认真贯彻落实中央、省、市“三农”工作决策部署，以实施乡村振兴战略为总抓手，扎实推进农业农村发展各项工作，圆满完成年度各项重点任务。实现一产增加值235.1亿元，同比增长3.5%；农村居民人均可支配收入15100元，同比增长8.5%，全市农业农村发展保持稳中有进、稳中向优的良好态势。

一、农产品稳产保供扎实有效

2020年全市农林牧渔业总产值443.4亿元，同比增长3.7%。畜牧、蔬菜、果品三大产业产值占农林牧渔业总产值比重达65.0%，比上年提高3.3个百分点。第一产业实现增加值235.1亿元，同比增长3.5%。

粮食稳定增产。粮食播种面积1078万亩，比上年增长0.9%；亩产404.9公斤，增长1.6%；粮食总产量436.5万吨，比上年增加11.1万吨，增长2.6%。其中夏粮产量214.1万吨，增长2.0%；秋粮产量222.4万吨，增长3.2%。我市被省农业农村厅评为2020年度粮食生产工作先进单位。

果蔬生产持续发展。蔬菜播种面积96万亩，比上年增长6.7%。蔬菜总产量284.3万吨，增长2.8%。其中设施蔬菜播种面积38.7万亩，占全部蔬菜播种面积比重达到40.3%。设施蔬菜产量106.1万吨，占全部蔬菜产量比重达37.3%；园林水果产量106.9万吨，比上年增长6.2%。

畜牧业生产稳中向好。生猪产能持续恢复，生猪存栏127.8万头，增长28.8%；禽蛋产量24.8万吨，牛奶产量35.0万吨，分别增长6.5%、31.2%。

农业机械化水平进一步提高。全市农业机械总动力865.8万千瓦，主要农作物耕种收综合机械化水平达到91%，其中小麦、玉米的综合机械化水平达到99%，农业机械化水平在全省领先。

二、农业发展质量效益竞争力明显提升

按照市委四届八次全会提出的“产业振兴强市、结构调整富民”总体要求，统筹“稳粮食、调结构、减用水、促增收”四个目标，全市大力开展农业种植业结构调整工作，结合“中化进衡”“果蔬进京”行动，不断推进农业供给侧结构性改革，推动全市农业现代化建设。

农业种植结构调整成效显著。全市规划建设480万亩优质粮食生产核心区、100万亩种植结构调整示范区、100万亩季节性休耕和旱作雨养节水示范区、100万亩高效蔬菜种植示范区、50万亩特色水果种植示范区。深入开展“中化进衡”行动，大力支持中化现代农业在衡水全域发展农业生产托管服务。探索建立了“两自五统”模式，即:村集体经济合作社对本村土地自主按技术要求播种、自主依生产需求灌溉，中化农业统一提供种子、农资、管理、收割、粮食收购服务。中化农业在全市开展土地托管服务10万余亩。这一模式为托管企业、村集体和农户之间建立起了有效的利益连接机制，实现“农户、企业、集体”三方共赢。在高效蔬菜种植示范区和特色水果种植示范区，重点实施“果蔬进京”行动，与北京新发地开展战略合作，建设北京“菜篮子”衡水基地，由新发地集团负责种子和销售两端，农民负责中间环节，提高产业收益，带动群众增收致富。阜城县种植结构调整经验被省政府调研内参刊登，得到时清霜副省长肯定性批示。全省种植业结构调整现场观摩汇报交流会在我市召开。

特色优势产业进一步提档升级。按照“大产业抓小品种、新产业抓大基地、老产业抓新提升、强产业抓固根基”的发展思路，立足独特的区位、产业和环境优势，将特色粮油、蔬菜、水果等作为农业特色主导产业来抓，培育出深州蜜桃和高油酸花生、饶阳蔬菜和设施葡萄、冀州辣椒、武邑红梨和深冬黄瓜、安平白山药和油菜、故城土元和拱棚韭菜、阜城西瓜和梨、高粱等一大批农业特色产业，成为我市区域经济的支柱、品牌农业的代表，走出了一条具有衡水特色的现代农业发展之路。深州蜜桃被评为国家级特色农产品优势区，填补了我市空白。新增深州皇冠梨、武强奶牛、阜城西瓜三个省级特优区，总数达到10个。第五届北方秋冬季设施蔬菜大会暨京津冀蔬菜产销对接大会在我市饶阳县成功举办。

农业产业结构进一步优化。全市优质专用小麦面积达到40万亩，专用高粱19.4万亩，优质谷子14万亩；设施蔬菜面积达到46万亩；建成优质梨、深州蜜桃、设施葡萄和设施桃、蟠桃四大果品基地，共计45万亩。全市共有注册农产品商标2200多个，其中中国驰名商标6个。拥有无公害产品33个，绿色产品67个，地理标志商标6个；省级以上区域公用品牌3个，农业领军企业品牌5个，全国一村一品特色示范镇(村)10个。

三、农村供给侧结构性改革持续深化

一是深化农村土地制度改革。完成农村确权登记颁证任务，发放土地承包经营权证781218本，发证率96.3%；加强农村土地承包经营纠纷调解仲裁工作。调整充实乡村调解组织和县级仲裁机构力量，强化仲裁经费保障，开展专项培训，提高人员素质和能力。二是扎实推进宅基地管理与改革。规范宅基地审批管理。依法落实县乡政府属地责任，规范乡镇宅基地审批程序，建立宅基地和农房乡镇联审联办制度，明确专人专岗。抓好盘活利用试点。武邑县获批省级农村闲置宅基地和闲置住宅盘活利用试点。全市创建形成了一批以特色民宿、乡村旅游、家庭工场、手工作坊为重点的典型，为盘活闲置资源、提高利用能力、壮大集体经济，增加农民收入树立样板。三是持续推进农村集体产权制度改革。加快推进农村集体资产管理平台建设，完成农村集体产权清产核资5009个村组，完成率100%。鼓励村集体经济合作社变更登记为村集体股份经济合作社，巩固和发展农村集体产权制度改革成果。抓好整村统一规模经营，通过资源开发、生产服务、股份合作、物业租赁等形式，盘活各类资产，壮大集体经济组织实力。抓好双层经营良好发展机制试点，聚焦“双层经营良性互动”大胆尝试，勇于实践，不断探索构建既体现集体优越性又充分调动个人积极性的农村集体经济运行新机制。四是深化农村经济组织改革。全市共有农民合作社14022家，其中国家、省级农民合作社分别达到42家、189家；共有注册家庭农场8005家，其中省级示范家庭农场144家；拥有市级以上农业产业化龙头企业401家，其中国家级3家，省级76家；省级示范产业化联合体达到13家。五是加快推进农业社会化服务发展。强化农业生产社会化托管服务组织建设，积极引导农机、农资等经营服务组织参与农业社会化服务，全市托管服务组织累计达到1241家，服务面积1322万亩。

四、推进实施乡村振兴战略成效显著

脱贫攻坚圆满收官。2020年我市剩余贫困人口全部高质量稳定脱贫，产业就业明显增强，保障水平持续强化，防贫机制更加完善，脱贫成果全面巩固。我市围绕实现巩固拓展脱贫攻坚成果同乡村振兴有效衔接，抓好政策衔接、规划衔接、产业帮扶衔接、就业帮扶衔接、基础设施建设衔接、公共服务衔接、重点县衔接、考核衔接等八方面工作，深入推进乡村建设，加快实施乡村振兴战略。

农村人居环境持续改善。2020年全市完成农村卫生厕所改造19.2万座，超省定任务59%，全市农村卫生厕所改造覆盖率达到81%。2020年3月，故城县被评为全国村庄清洁行动示范县。4月，时任省委常委组织部部长梁田庚批示：衡水市农业农村局“十大工程”抓得好，这是标本兼治之举。7月，我市申报的武邑县厕所粪污一体化处理模式被列为国家农业农村部、生态环境部确定全国农村厕所粪污处理及资源化利用9种典型模式之一，新华社、人民网、河北新闻网等媒体对此进行宣传报道。

乡村振兴示范区建设稳步推进。全市按照“产业兴旺、生态宜居、乡风文明、治理有效、生活富裕”的总要求，谋划启动的乡村振兴示范区达到了13个，其中桃城区邓庄国际园艺设施产业园、武邑县武罗乡村振兴示范区、安平县杨屯乡村振兴示范区等被列为省级示范区，其它10个为市级示范区。各示范区在园区建设上取得了突破性的进展，村庄环境、生态环境的优化提升效果明显。

（衡水市人民政府）

Ⅳ 农业法规 文件选载

中共河北省委办公厅 河北省人民政府办公厅
关于印发《加快推进农业结构调整促进农业高质量发展实施方案》的通知

(2020年5月28日)

各市(含定州、辛集市)、县(市、区)党委和人民政府，雄安新区党工委和管委会，省直各部门，各人民团体：

《加快推进农业结构调整促进农业高质量发展实施方案》已经省委、省政府领导同意，现印发给你们，请结合实际认真组织实施。

加快推进农业结构调整促进农业高质量发展实施方案

为深入实施乡村振兴战略，加快推进农业结构调整，保障农产品有效供给，促进农业高质量发展，制定本方案。

一、总体要求

(一)总体思路。深入贯彻落实习近平总书记关于“三农”工作的重要论述和对河北工作的重要指示精神，围绕全面建成小康社会、加快农业农村现代化目标，以农业供给侧结构性改革为主线，坚持“保粮食、保供给、调结构、促增收”，坚持农业规模化、产业化、市场化发展，大力推进“一减四增”，大力发展现代都市农业和优质高效农业，大力实施“四个一百”工程，加快形成各县农业主导产业和“一乡一业、一村一品”的比较优势，着力构建连片开发、规模经营、龙头带动、融合发展的现代农业新格局，有力促进农业增效、农民增收、农村繁荣，推动河北由农业大省向农业强省转变。

(二)基本原则

——坚持底线思维，确保粮食安全。严守耕地保护红线和永久基本农田控制线，稳定粮食播种面积和产量，实施藏粮于地、藏粮于技战略，加强高标准农田建设，重点发展优质专用粮食作物，确保谷物基本自给、口粮绝对安全。

——坚持规模开发，增强产业竞争力。着眼市场需求，加强政策支持，鼓励新型经营主体发挥比较优势，连片开发，规模发展，不断提高产业集中度和市场竞争力。

——坚持理念创新，推动高质量发展。把创新作为引领现代农业发展的重要动力，不断引入新的发展理念、生产要素、经营模式、经营主体和体制机制，推进农业供给侧结构性改革，把科技、绿色、品牌、质量元素融入农产品生产全过程，增强农产品供给结构的适应性和灵活性，提高供给体系的质量和效率。

(三)发展目标

——粮食和重要农产品供给能力稳步提升。到2022年，全省粮食面积稳定在9480万亩以上，总产量稳定在700亿斤以上。“菜篮子”产品供给能力不断提升，生猪存栏恢复到1955万头，猪肉产量达到290万吨以上，分别较2019年增长37.9%、19.8%；生鲜乳产量达到595万吨以上、增长39%，乳制品产量达到500万吨以上、增长40%；全省蔬菜、水果、中药材、食用菌、牛羊禽肉、蛋类和水产品产量分别达到5545万吨、1050万吨、68万吨、155万吨、191.9万吨、397.1万吨、94.9万吨，分别较2019年增加1.1%、4.6%、9.6%、7.5%、2.5%、2.9%、1.6%。

——规模经营水平显著提高。到2022年，基本形成“一县一特、一乡一业、一村一品”规模发展格局。重点实施

“四个一百”工程，全省打造100个生态休闲农业示范区、100个农业节水和规模种植示范区、100个规模养殖示范区、100个年销售收入10亿元以上的农产品加工产业集群，经营规模分别占全省总量的30%、30%、30%、50%以上。全省畜牧、蔬菜、果品三大特色产业占农业总产值比重达到66%，较2019年提高1.4个百分点，设施农业占农业总产值比重达到30%，提高4个百分点。

——产业融合发展加快推进。到2022年，基本形成农村一二三产业融合发展格局。农产品加工业总产值由6200亿元达到7000亿元以上，与农业总产值比由2019年的1.1∶1提高到1.25∶1；全省休闲农业和乡村旅游综合收入由80亿元提升到150亿元以上。

——农产品市场竞争力明显增强。到2022年，基本形成功能完备的农产品批发市场体系、高效便捷的农产品冷链物流体系和农村电商服务体系。全省重点打造100个区域公用品牌，品牌农产品溢价率提高30%以上，河北主要“菜篮子”产品北京市场占有率提高3个百分点。

——农业发展环境持续改善。到2022年，基本形成农业资源节约和环境保护的空间布局、产业结构和生产方式。年度压减农业用水7.98亿立方米，化肥、农药使用量比2019年分别减少8万吨、1500吨，绿色食品、有机农产品数量增加200个、达到1340个以上，农产品质量检测整体合格率保持在98%以上。

二、重点任务

围绕各地重要农产品的优势特色，瞄准市场需求，做到分类施策、合理布局，实现规模开发、集约发展。

（一）着力稳定粮食生产

发展目标。到2022年，全省粮食播种面积稳定在9480万亩以上，总产量稳定在700亿斤以上，其中小麦播种面积稳定在3350万亩、总产量稳定在280亿斤以上，玉米播种面积稳定在4800万亩、总产量稳定在370亿斤以上。

区域布局。在石家庄、邢台、邯郸三大强筋麦优势区，对接面粉加工企业，实施订单生产，实现产业整合。强筋小麦种植面积达到600万亩，较2019年增长66%。以邢台、石家庄、唐山、秦皇岛等地为重点，围绕淀粉加工企业需求，打造高淀粉玉米种植基地，种植面积达到500万亩，较2019年增长66%。在冀东、冀南、冀中和黑龙港4个花生优质产区，发展高油酸花生，种植面积120万亩，较2019年增长300%。在冀南、冀中、冀北3大谷子产业集聚区打造谷子生产基地，在张家口打造莜麦、黍子、蚕豆、豇豆、绿豆等特色杂粮种植基地。

规模基地。重点打造11个强筋小麦、8个杂粮杂豆、4个高油酸花生示范区，到2022年种植面积达到152.65万亩，较2019年增长58.2%；创建36个粮油类加工产业集群，产值1636.38亿元、增长44%，在石家庄、邢台、邯郸、唐山等地布局建设一批粮油交易市场，加速形成全国优质粮油产供销基地。

重点措施。稳定播种面积。严格粮食安全责任制考核，认真落实耕地地力保护补贴、农机购置补贴和小麦最低收购价、农作物大灾保险等政策措施，保护和调动农民种粮积极性。引导农民发展间作套种，充分利用闲散耕地、林下可利用耕地等，努力扩大粮食作物种植面积，切实做到应播尽播，不抛荒撂荒，确保粮食面积稳定。巩固提升产能。继续实施耕地质量保护与提升行动，推行秸秆还田、增施有机肥，提升耕地地力；改善农业基础设施条件，建设高标准农田5300万亩。加快农机农艺融合发展，耕种收综合机械化水平达到85%以上。加强种质资源创新和新品种、新技术研发推广，提升粮食生产科技含量。加强草地贪夜蛾等重大病虫害监测防控和灾害性天气的防御工作，做到不成灾、少受害，确保粮食产量稳定。发展节水农业。在地下水超采区适度压减冬小麦面积，实施季节性休耕制度，引导农民种植油葵、冬油菜等抗旱作物；在坝上地区退减蔬菜、马铃薯、甜菜等水浇地种植，改种胡麻、燕麦等抗旱作物。发展喷灌、滴灌、微灌等高效节水灌溉和水肥一体化节水技术，提高水资源利用效率。加快繁育和推广抗旱节水品种，推广7个小麦节水新品种；开展绿色增产模式攻关，积极推广深耕深松、地膜覆盖保墒等技术。到2022年，全省农业节水技术推广面积达到4048万亩，较2019年增长11%，年度压减农业用水7.98亿立方米。3350万亩小麦实现节水品种全覆盖；稳定黑龙港地下水漏斗区季节性休耕200万亩，张家口坝上地区和冀中南地下水超采区旱作雨养试点面积由30万亩扩大到100万亩以上；新增高效节水灌溉面积达到398万亩。重点打造14个万亩以上农业节水示范区，示范带动全省农业节水实现新突破。推行绿色生产。分区域、分作物制定施肥方案，集成推广小麦一次施肥、水肥一体、玉米种肥同播等高效施肥技术和新型肥料产品，推动农企合作，引导农民施用配方肥，化肥使用量比2019年减少9万吨。推广生物防治、理化诱控等绿色防控技术，积极推广精准施药、变量施药、轮换用药等高效施药技术和新型植保机械，推行专业化统防统治，农药使用量比2019年减少1500吨。

（二）大力发展特色优势产业

1.稳步发展蔬菜产业

发展目标。到2022年，全省蔬菜播种面积发展到1320万亩，较2019年增长1.2%，总产量达到5545万吨以上、增长1.1%，其中设施蔬菜播种面积达到352万亩、增长4.5%，总产量达到1460万吨以上、增长4.6%。

区域布局。建设四大蔬菜优势产区，冀东日光温室产区重点发展番茄、黄瓜、甜瓜等瓜菜，环京津日光温室产区重点发展樱桃番茄、水果黄瓜等特色果菜和精细叶菜，冀中南棚室产区重点发展黄瓜、茄子、辣椒等果菜以及甘蓝、芹菜等叶菜，冀北错季菜产区重点发展西兰花、芥蓝、荷兰豆、彩椒等高效益蔬菜。通过温室、拱棚设施种植与露地栽培结合，构建四季生产、周年供应格局。

规模基地。重点打造24个蔬菜瓜果示范区，种植面积达到104.53万亩、增长11.04%；创建12个蔬菜加工业产业集群，产值457.5亿元、增长21%；以环京津地区、中等城市及蔬菜生产大县为重点，建设一批蔬菜批发市场，推动供销企业或合作社进京建设居民社区直营店，树立河北优质蔬菜产业新标杆。

重点措施。推进单品规模化发展。每县主打1～2个拳头产品，推动单品3万亩以上规模基地建设，高标准打造鸡泽辣椒、丰南番茄、馆陶黄瓜、乐亭甜瓜、清苑西瓜、永清胡萝卜等特色农产品优势区。坚持设施化方向。每年新增设施蔬菜5万亩，新增瓜菜重点发展日光温室和大中拱棚生产，新增叶菜重点发展中小拱棚生产，推动生产设施由传统简易棚室向高性能棚室升级。推广绿色提质增效技术。重点推广水肥一体化、病虫害绿色防控、有机肥替代化肥等技术，构建绿色环保、资源节约型生产新模式。提升自动化生产水平。加大新型农机具引进研发力度，推广适宜设施生产的专用小型农机具、示范物联网和自动化控制设备，提高劳动效率。

2. 突出发展水果产业

发展目标。到2022年，全省水果种植面积发展到780万亩，较2019年增长2.7%，其中梨180万亩、苹果200万亩、桃100万亩、葡萄80万亩，四大主导水果占全省水果种植面积70%以上。

区域布局。在太行山、燕山、冀中南平原、黑龙港流域、冀东滨海、冀北山地、桑洋河谷和城镇周边等八大优势产区，加快建设梨、苹果、桃、葡萄、冬枣、樱桃等优势特色水果基地，尽快形成独具竞争优势的水果生产力布局。

规模基地。重点打造24个果品类示范区，种植面积达到103.51万亩、增长16.74%；创建14个果品加工业产业集群，产值507.4亿元、增长19%；推动水果生产方式与国际接轨，打造国际标准示范基地，形成一批河北水果“航母”。

重点措施。打造精品水果基地。建设梨出口基地100万亩，适应欧美加澳等国际高端市场需求；改造提升高档苹果基地100万亩，主供京津沪深高端市场；建设优质葡萄基地30万亩，实现优质高价销售；发展优质时令水果50万亩，满足城市居民休闲需求。推进标准化生产。落实果园生草、简易修剪、化学疏花疏果、免套袋栽培等技术规程，加快实用型果园生产机械和操作平台应用，实现果园省力栽培，降低生产成本。强化冷藏物流。优化标准化交易专区、集配中心、冷链储运、电子结算、检验检测等设施设备，构建“产地＋冷链运输＋销地”快速冷储运销体系。提高组织化程度。推行订单生产，加快专业合作社和行业协会建设，强化经纪人、产销专业户技能培训，培育一支具备现代生产技能和营销能力的从业队伍。

3. 大力发展中药材产业

发展目标。到2022年，全省中药材种植面积发展到165万亩，产值120亿元，较2019年分别增长11.4%、9.1%。

区域布局。逐步形成太行山、燕山两大中药材种植带和冀中平原、冀南平原和坝上地区三大中药材产区。

规模基地。重点打造15个中药材示范区，种植面积达到23.8万亩、增长61.9%；创建2个中药材加工企业集群，产值120亿元、增长41%；重点建设安国、巨鹿、内丘等中药材交易市场，加快培育特色鲜明、发展潜力大的“冀药”产供销体系。

重点措施。重点发展优势道地和药食同源品种。大力发展与应对疫情防控有关的金银花、连翘、黄芩、柴胡、北苍术、山药、紫菀等道地、短缺、亟需品种；以安国、隆化、青龙、巨鹿、邢台县为重点，建立健全种子种苗繁育基地建设，从源头保障中药材道地性。完善中药材质量追溯体系。构建“1＋20＋N”质量追溯体系，即完善1个省级质量追溯平台，建设20个市县级质量追溯平台，200家中药材基地入驻追溯系统，实现全省中药材种植基地质量追溯全覆盖，吸收中药饮片、中成药生产流通企业入驻追溯平台，形成全过程追溯体系，促进产销对接。推动中药材产业融合发展。打造安国药博园、滦平中药材花海小镇、井陉万亩连翘花海、峰峰药王谷、邢台抱香谷、清河山楂、涉县连翘等多条中药材主题花海旅游线路，带动休闲农业和乡村旅游发展。

4. 集约发展食用菌产业

发展目标。到2022年，全省食用菌种植面积达到36万亩，总产量155万吨以上，均较2019年增长7.5%。

区域布局。实施差异化发展，促进适宜品种向优势产地聚集，着力构建太行山—燕山木腐菌产业带、黑龙港流域草腐菌产区的“一带一区”格局。

规模基地。重点打造15个规模化生产基地，建设河北越夏食用菌优势特色产业集群，规划建设食用菌交易市场，逐渐形成品种多样化、产业层次化、产品多元化发展格局。

重点措施。提升基地标准化水平。推广自动化控制和绿色防控技术，以平泉为中心建设全国最大越夏香菇生产基地，以临西为中心建设世界领先的工厂化食用菌生产基地，以阜平为中心建设食用菌产业扶贫生产基地。增强菌种研发繁育能力。建设平泉香菇、临西珍稀食用菌、承德县黑木耳等3个菌种研发中心。重点建设平泉、阜平、平山、张北等4个菌棒工厂化加工基地，推动菌棒生产由分户粗放制作向专业化、精细化转变。做大做强平泉香菇、阜平香菇、遵化香菇、迁西栗蘑、平山黑木耳等特色农产品优势区，提高县域食用菌产业整体实力。发展精深加工，开发高端食用菌加工品，提高产品附加值。

(三)全面推动养殖业转型升级

1.加快恢复生猪生产

发展目标。到2022年，全省生猪存栏1955万头、出栏3755万头、猪肉产量290万吨，分别比2019年增长37.9%、20.4%和19.8%。

区域布局。重点在唐山、石家庄、保定、邯郸、沧州市等传统优势产区21个生猪调出大县大力发展生猪生产，年出栏量达到全省的50%以上。

规模基地。重点打造39个生猪规模养殖示范区，2022年存栏达到456.9万头，较2019年增长44.6%；创建7个猪肉制品加工产业集群，产值157.9亿元、增长40.3%，发挥示范引领、辐射带动作用，促进全省生猪产业健康稳定发展。

重点措施。发展标准化养殖。提高生猪养殖场智能化、自动化水平，使用节水、节料、节能养殖工艺，引导中小型养殖场(户)通过改造提升逐步发展为标准化养殖。发展规模化养殖。吸引一批国内生猪养殖领军企业到河北投资建场，扩大生猪产能。发展健康养殖。推广清洁养猪模式，推动养殖废弃物综合利用，规模养殖场粪污处理设施配套率达到100%，畜禽粪污综合利用率2022年达到81%。推行养殖、屠宰、加工、运输一体化，建立健全猪肉产品质量安全追溯，提升产品综合竞争力。加强疫病防控。严格落实政府属地管理责任、部门监管责任和企业主体责任。监督生猪养殖场实行“密罐式”封闭管理、定期清洗消毒。严格落实屠宰检疫和无害化处理，阻断疫情传播流行，坚决把疫情影响降到最低。

2.大力推动奶业振兴

发展目标。到2022年，全省奶牛存栏149万头，生鲜乳产量595万吨，分别比2019年增长29.8%和38.8%，向实现千万吨奶目标迈出关键一步。

区域布局。在坝上草原牧区、山前平原农牧结合区和黑龙港流域农草牧结合区建设三大奶牛养殖集聚区，奶牛存栏和奶类产量占全省总量90%以上。

规模基地。重点打造20个奶牛规模养殖示范区，奶牛存栏达到44.74万头，较2019年增长51.3%。创建10个奶业加工产业集群，产值431.2亿元、增长29%，加快形成以中高档产品为主体、特色功能性产品为补充的供给体系。

重点措施。持续推进智能牧场建设。到2022年智能牧场占比由2019年的60%提高到85%以上，实现自动饲喂、自动清粪和健康、发情、产量在线监测，提升奶牛养殖智能化水平，降低养殖费用，增加奶农收益。建设优质奶牛饲草基地。稳步推进“粮改饲”试点，逐步扩大优质苜蓿种植面积，到2022年达到50万亩，加大饲草加工机械的补贴力度，推进奶牛饲草本地化。强化优良品种的引进培育。推广人工授精、精细化饲喂、胚胎移植、奶牛生产性能测定等技术，建设高产奶牛核心群，稳定增加奶牛平均单产水平，到2022年奶牛平均单产水平达到8.5吨。加快乳制品加工项目建设。壮大乳制品加工企业，重点发展婴幼儿乳粉和巴氏杀菌乳，积极开发奶酪、黄油、冰品等新产品。支持乳品企业投资牧场，促进奶牛养殖和乳品加工融合发展。到2022年，乳制品加工产能比2019年增加100万吨。

3.提升牛羊禽肉产能

发展目标。到2022年，全省牛肉产量58.7万吨、羊肉产量31.9万吨、禽肉产量101.3万吨，分别比2019年增长2.6%、2.9%和1.8%。

区域布局。重点发展张家口、承德、唐山、廊坊、保定和石家庄等肉牛优势产区，重点发展坝上地区、太行山和燕山山区肉羊养殖优势区域，在沧州、承德、秦皇岛和唐山建设肉鸡养殖优势区。

规模基地。重点打造14个牛羊鸡规模养殖示范区，2022年出栏肉牛5.91万头、出栏肉羊11.1万只、出栏肉鸡2397万只，分别比2019年增长46.3%、29.1%、10%。打造牛羊鸡加工产业集群16个，产值达到476.34亿元、增长23.3%，增强多样优质畜产品供应能力和对生猪产品供应的替代能力。

重点措施。加强良种繁育。建立育繁推一体的良种繁育体系，完善配种网络，推广人工授精技术。加强技术培训，提高配种技术水平。改造提升基础设施。重点普及推广自动饮水、自动喂料、自动清粪设施设备，推动规模养殖场应用精准饲料、环境智能调控、疾病自动诊断等物联网设备和技术，实现畜禽养殖自动化和管理智能化。

4.加强禽蛋生产

发展目标。到2022年，全省禽蛋产量397.1万吨，其中鸡蛋产量335万吨，分别比2019年度增长2.9%和1.8%。

区域布局。在石家庄、邯郸、邢台、保定、唐山等市重点发展蛋鸡养殖，形成冀南、冀中两大蛋鸡产业带，在太行山、燕山山区和林地发展生态型蛋鸡养殖带。

规模基地。重点打造蛋鸡生产基地7个，2022年蛋鸡存栏达到388.1万只，比2019年增长38.6%。创建蛋鸡加工产业集群2个，产值96.2亿元、增长43.6%，示范带动全省蛋鸡养殖实现新突破。

重点措施。进一步完善良种繁育体系，提升规模养殖场设施水平，逐步实现机械化、智能化水平。联合保险机构，开展业务创新，对蛋鸡养殖和鸡蛋价格进行保险，保护生产者利益。

5.推进渔业转型发展

发展目标。到2022年，全省水产品产量达到94.9万吨，较2019年增长1.6%。

区域布局。立足资源禀赋，在秦皇岛、唐山、沧州重点建设沿海高效型渔业产业带，兼顾内陆渔业发展，在石家庄、保定、邯郸、张家口、承德、廊坊等建设城市周边休闲型渔业产业带和山坝地区生态型渔业产业带。

规模基地。重点打造20个水产规模养殖示范区，2022年实现产值23.5亿元，比2019年增长21%，推进传统水产养殖场生态化、休闲化、标准化、现代化改造，提升养殖综合效益，为全省渔业发展树立新标杆。

重点措施。大力发展绿色养殖。推广生态健康养殖，做强对虾、扇贝、海参、鲆鲽等优势品种养殖，做大河鲀、中华鳖、泥鳅、冷水鱼等特色品种养殖。支持养殖基础设施提升改造，改善养殖生产条件，提高水产养殖现代化水平。创建国家级水产健康养殖示范场和省级以上水产原良种场，加大良种繁育和新品种引进，推进标准化养殖生产，提高优质水产品供给能力。积极发展增殖渔业。科学规范开展渔业增殖放流，加快恢复近海、内陆大中水域渔业资源，保护水域生态环境。按照生态化、科技化、智能化、品牌化发展思路，创建国家级海洋牧场示范区20家以上。加快发展休闲渔业。按照“一带三区”的优势布局，加大政策扶持和示范引领，推动休闲渔业聚集式发展，促进渔业养殖、捕捞、加工等产业与旅游休闲相融合，延长产业链、提升价值链。

(四)大力发展生态休闲农业

发展目标。到2022年全省休闲农业和乡村旅游综合收入达到150亿元，比2019年增长87.5%。

区域布局。重点在“三环”(环京津、环雄安新区、环各市城区周边)、“四沿”(沿高铁高速、沿国省干道、沿重点景区周边、沿重要河流)打造一批生态休闲农业示范区，形成1小时城市居民休闲度假圈。

规模基地。重点打造100个生态休闲农业示范区，综合收入占全省休闲农业和乡村旅游综合收入的30%；打造7个综合型农产品加工产业集群，产值达到846.44亿元、增长38.6%，逐步形成产加销游一体化发展体系，推进农业融合发展。

主要措施。加强规划设计。依托区位优势、自然生态、产业特点、历史禀赋、文化内涵，坚持连点成线、沿线成带、环城成圈，明确发展定位，注重创意创新，形成主题鲜明、各具特色的生态休闲农业发展新模式。加强旅游服务设施建设。结合美丽乡村建设，加强道路、停车场、商贸流通、信息网络等基础设施和公共服务设施建设。针对游客消费需求，提供必要的餐饮、休闲娱乐、农副产品等服务项目，提高旅游服务能力。积极拓展农业多种功能。推进农业与教育、文化、康养等产业深度融合，开发农业科普、教育、示范、观光功能。在种养特色产业基础上，构建生态循环农业技术体系，展示农耕文化，发展农家乐、乡村民宿等新业态，努力把生态休闲农业做成具有综合效益的大产业。

三、推进措施

围绕农业结构调整重点区域，以“四个一百”工程为重要抓手，集中优势资源，把结构调优、规模调大、链条调长、质量调高，提高农业整体效益。

(一)壮大龙头企业。以省级重点龙头企业为重点，强化政策支持和指导服务，不断优化营商环境，支持龙头企业做大做强，到2022年省级重点龙头企业由2019年的834个增加到1000个以上。招商引资新建龙头企业。开展农业大招商，举办农产品加工业发展大会等系列招商活动，瞄准国内外大型农产品加工企业，利用网络招商、园区招商和企业招商等多种形式，引进一批科技含量高、产品附加值高、带动能力强的大项目、好项目在河北落地投产。建立领导包联制度，推动项目尽快落地。每年全省农业招商项目在200个以上，签约额在500亿元以上。扩大体量发展龙头企业。强化政策引导，支持龙头企业谋划建设投资规模大、科技含量高、产业链条长、带动能力强、符合供给侧结构性改革方向的农业产业化大项目。每年筛选100个左右省级农业产业化重点项目，享受省重点项目同等待遇，给予重点支持。支持龙头企业提升科技水平。支持龙头企业建设高水平研发中心，开展关键技术、前沿技术攻关，引进国内外先进技术进行集成创新，推进产品结构和产业结构升级，对新获得国家高新技术企业的龙头企业予以奖励。大力推广“龙头企业＋合作社＋基地＋农户”的“四位一体”运营模式。引导龙头企业与合作社、家庭农场、种养大户建立稳定的合作关系，实现合作共赢。健全农业社会化服务体系，建设一批规模化、标准化、专业化加工专用原料生产基地。发展多种形式的产业化联合体，采取土地流转、土地托管、股份制合作等多种形式，通过统一种养品种、统一生产资料供应、统一技术指导、统一社会化服务、统一收购，提高农业组织化水平。重点培育100家年产值10亿元以上的农产品加工产业集群。到2022年，总产值达到5000亿元，其中30个农产品加工业产业集群年产值超50亿元。

(二)培育新型经营主体。按照“五个一”(一套管理台账、一套培育计划、一套规范机制、一套服务体系、一套支持政策)的路径，深入实施家庭农场培育计划和农民合作社规范提升行动，不断增强家庭农场和农民合作社经济实力、发展活力和带动能力。推进农民合作社高质量发展。指导农民合作社健全运行管理制度，强化民主管理、财务管理、生产经营管理，加强利益联结，提升农民合作社规范化水平。健全示范创建标准，开展国家和省市县级示范社四级联创，有序推进规范化建设试点，评选“十佳”农民合作社，建立多层级示范体系。到2022年，省级示范社达到1600家，较2019年增长59.7%；规范提升试点合作社1000家，较2019年增长147%。加快培育发展家庭农场。聚焦“四个一百”工程，进一步建立健全家庭农场名录管理制度，完善纳入名录的条件和程序。围绕粮食、蔬菜、果品等产业产品，引导广大农民和各类人才创办家庭农场，同时把符合家庭农场条件的种养大户和专业大户、已在市场监管部门登记的家庭农场纳入名录管理。完善省市县三级示范家庭农场评定标准和程序，加大示范家庭农场创建力度，加强示范引导。到2022年，全省家庭农场达到7万家，较2019年增长60%以上；省级示范农场达到1600家，较2019年增长50%以上。

(三)健全流通体系。建立线上线下销售主渠道，构建全省农产品产销骨干网络。实施批发市场“三个一批”工程。巩固一批，加强全省251个农副产品批发市场建设，强化主业、打造特色，服务城市、带动产业；扩建一批，统筹布局一批辐射力强、功能互补、满足跨区域流通需求的农产品骨干批发市场，重点抓好河北新发地物流园、邯郸联邦农产品批发市场、昌黎嘉诚实业集团农产品批发市场等二期项目建设，形成跨区域、专业化的农产品批发、配送网络；新建一批，围绕京津规划建设一批大中型产地和销地农产品批发市场及农产品仓储保鲜、冷链物流设施，重点建设张家口新合作农产品物流园、冀通农产品批发市场、承德农产品物流园等项目建设。在全省改造或新建生鲜超市、菜市场、农贸市场等便民市场200个。各市根据居民生活需要和便民市场建设条件，研究确定生鲜超市、菜市场、农贸市场改造或新建计划，促进农民菜园子与市民菜篮子有效对接。拓展电商渠道，促进线上销售。与阿里、京东、特优农品、农交汇等电商平台开展战略合作，支持品牌主体上线，开设“金牌”店铺，举办网络直播、直销带货等多种形式的促销活动，建立线上主渠道。利用天猫“河北原产地商品官方旗舰店”，京东、淘宝、苏宁、拼多多“河北供销馆”，阿里1688“河北供销扶贫商城”等网络平台，扩大上线销售河北名特优农副产品品种和规模，加大营销力度，打造河北品牌农产品集群效应。搭建以供销社为农服务综合平台为基础的农产品销售体系。依托供销社系统农产品线上线下龙头企业，结合建设大宗商品交易中心、农产品信息平台和农产品产销联盟，整合全省农产品批发市场、仓储、冷链物流等各类经营资源，实现融合发展，加快打造全省农产品销售平台，结合消费扶贫，推动党政机关、企事业单位及部队等团体性消费群体在平台购买农产品，推动形成农产品价格指数和质量标准体系，推进农产品经营规模化、标准化、品牌化。

(四)加强科技支撑。搭建科技创新平台。依托结构调整示范区和产业集群，建设一批院士工作站、国家农业重点实验室、京津冀农业协同创新平台，研发一批急需的新品种、新机具、新技术。新建80个农业创新驿站、总数达到160个，实现农业县全覆盖，努力形成集科研、孵化、中试、应用、推广于一体的现代农业科技创新高地。强化农业技术服务。以19个省级产业技术体系创新团队为龙头，完善县级专家团队、乡(镇)科技服务队、村级技术指导员服务体系，发展科技特派员队伍，推动省市县三级“农技推广云平台”互联互通，实现农技推广线上线下有机结合，推动科技服务到示范区、到集群、到项目。加强技术培训。以农技推广补助项目为抓手，紧紧围绕农业结构调整产业技术需求，加大农技人员知识更新和高素质农民培育，利用3年时间，培训高素质农民、新型农业经营服务主体经营者、产业扶贫带头人、返乡入乡创新创业者、专业种养加能手等10万人次。

(五)推进品牌建设。围绕农业结构调整示范区和农产品加工产业集群，打造一批农产品品牌，到2022年，省级以上农产品区域公用品牌达到100个以上，行业领先企业品牌达到60个以上，品牌平均溢价水平由30%提高到38%；我省进京农产品品牌化率由12%提高到40%以上；品牌价值超百亿元的企业由7个增加到10个以上。打造一批系列农产品“河北品牌”。选择具有河北特色、产品优势突出的梨、板栗、食用菌、葡萄、苹果、小米、红枣、牛奶、牛肉、水产品等10个系列农产品，实行一个品种、一个方案、一个专业设计团队、一套推广营销策略的办法，强化高端形象设计和宣传推介，面向全国宣传推广，打造农产品系列“河北品牌”，全面强化河北特色农产品影响力。提升一批区域公用品牌。以市县为主体，以完善品牌标准、提升产品质量、精准宣传营销为重点，整市整县推动，对省级以上区域公用品牌全面规范提升，推动区域特色产业，特别是贫困地区带贫产业加快发展。培树一批企业领军品牌。选择规模大、带动强、市场占有率高的龙头企业，按照企业主体、市场运作、政府指导、强化服务的思路，通过搭建平台、展会宣传、设计服务、渠道拓展等服务，增强品牌优势。强化品牌宣传营销。综合利用“央视＋高端平台＋新媒体＋专业机构”宣传渠道，分层次、分地域、分重点开展品牌宣传推广。充分利用各类农交会，组织开展京津冀蔬菜、水果、食用菌、中药材等产销对接活动，加强农产品展示展销和推介，扩大冀产农产品市场营销力和品牌溢价能力。

四、政策支持

(一)强化财政支持。加大对农业结构调整投入力度，支持农业新型经营主体发展多种形式的适度规模经营。及时兑现农机具购置补贴、种粮大县奖励、制种大县奖励等扶持政策，促进粮食生产发展。加大对生产规模经营主体的扶持力度，对新增500亩以上成方连片种植粮食作物、100亩以上连片设施农业(蔬菜、食用菌、水果)示范区，200亩以上规模连片水果示范区、2000平方米以上的海水工厂化养殖车间改造，1000亩以上成方连片的海水标准化池塘改造，采取以奖代补、先建后补、贷款贴息等补助方式予以支持，鼓励农业新型经营主体加大设施农业投资力度，吸引撬动更多社会和金融资本投入现代农业产业发展。加大对智能化奶牛场建设支持力度，按照提升改造投资总额的50%给予奖补，对乳品企业自建奶牛场，每个栏位补贴基本建设费2000元。加大恢复生猪产能，对2019年8月1日至2020年12月31日时间段内，种猪场和年出栏500头以上规模猪场进行贷款贴息补助，贴息比例原则上不超过2%。支持新型农业经营主体建设农产品产地仓储保鲜冷链设施，补贴比例上限不超过仓储保鲜设施造价的30%，单个主体补助原则不超过100万元。按照国家有关政策，提高土地出让收入用于农业农村领域的比例，在防范政府债务风险的前提下，支持市县政府依法依规发行专项债券，用于符合条件的农业结构调整项目建设。

(二)强化金融支农。利用普惠金融发展专项资金，对符合条件的新型农村金融机构，按照不超过其当年贷款平均余额的2%给予费用补贴。用好我省每年安排的企业挂牌上市融资奖励资金、支农再贷款专用额度，鼓励符合条件的农业产业化龙头企业挂牌上市融资，加大对农业结构调整重大项目融资支持。发展农业供应链金融，精准对接农业新型经营主体金融需求，为农业结构调整提供多元化金融服务。运用大数据、人工智能、云计算、区块链等新技术，搭建覆盖“三农”全场景的金融支农综合服务平台，改善农村金融服务网络。落实好政策性农业保险保费补贴政策，稳步推进农业保险“扩面、提标、增品”，引导和支持保险机构开展农业保险产品创新，推动建立多层次农业保险体系，满足农户和新型经营主体多元化风险保障需求。以特色优势农产品为重点，支持和引导市县开展特色农业保险，省级财政对市县财政保费补贴按照30%～50%的比例给予奖补。推进农业保险与信贷、担保、期货(权)等金融工具联动，通过农业保险的增信功能，缓解农户“贷款难”“贷款贵”问题。

(三)强化用地保障。加强农村产权流转交易平台建设，推动农村土地承包经营权确权成果在轮作休耕、土地流转、惠农政策落实等方面的应用。在符合国土空间规划的前提下，用足用好设施农业用地政策。永久基本农田不得发展林果业和挖塘养鱼，不得种植杨树、桉树、构树等林木，不得种植草坪、草皮等用于绿化装饰的植物，不得种植其他破坏耕作层的植物。在不破坏耕作层的前提下，可以利用永久基本农田发展中药材、花卉、苗圃等多种经营。设施农业属于农业内部结构调整，可以使用一般耕地，不需落实占补平衡；种植设施不破坏耕地耕作层的，可以使用永久基本农田，不需补划；破坏耕地耕作层，但由于位置关系难以避让永久基本农田的，允许使用永久基本农田但必须足额补划；畜禽养殖设施原则上不得使用永久基本农田，涉及少量永久基本农田确实难以避让的，允许使用但必须足额补划，其中经农业农村部门认定的规模化生猪和奶牛养殖允许使用面积不得超过项目用地规模的15%，但最多不超过30亩；其他畜禽养殖允许使用面积不得超过项目用地规模的10%，最多不超过20亩；水产养殖设施禁止使用永久基本农田。新编县乡级国土空间规划安排不少于10%的建设用地指标，重点保障乡村产业发展用地。对利用收储农村闲置建设用地发展农村新产业新业态的，给予新增建设用地指标奖励。省级土地利用年度计划安排至少5%、市级安排至少10%新增建设用地指标保障乡村重点产业和项目用地。将农业结构调整项目建设用地纳入当地国土空间规划，年度新增建设用地指标、城乡建设用地增减挂钩节余指标向农业结构调整项目倾斜。

五、组织推动

(一)加强组织领导。农业结构调整工作由各级农村工作领导小组统筹负责，定期研究农业结构调整重大政策、重大工程、重大项目，加强调度指导，切实解决遇到的困难和问题。领导小组办公室设在农业农村部门，负责整体谋划推进，督导检查考核。省农业农村厅成立农业结构调整指挥部，厅长任指挥长，分产业设立6个工作专班，分别由一名厅级领导牵头，统筹推进。各成员单位要在项目立项、用地保障、资金整合、人力资源、科技支撑、市面流通、标准品牌、行业指导等方面加大政策支持，形成合力推进抓落实的工作格局。各地要将农业结构调整目标细化分解到每个年度，严格落实责任分工，协调解决推进中的问题，有效推动落实。

(二)完善工作机制。采取工程项目管理的办法，各示范区和产业集群要采取“五个一”推进模式。成立一个市领导和县领导包联指导、组织实施的工作专班，责任到人、到事；制定一个推进方案，有产业市场分析、有目标、有任务、有实施进度、有责任分工和保障措施；绘制一套规划布局图表，种植业结构调整示范区图表要明确调减品种、数量、范围；规模养殖示范区图表要明确位置、存栏数量、出栏数，产业集群图表要明确龙头企业带动覆盖面和合作社、家庭农场、农户数量，做到任务明确、挂图作战、一目了然；出台一套支持政策，统筹财政、金融、保险、国土资源和人才培养等政策，整合涉农资金，集中对农业结构调整工程项目倾斜支持；制定一套考核办法，实现可考核、可操作、可落地。

(三)严格督导考核。省农业农村厅等有关部门按年度分解目标任务，组织开展观摩拉练和督导调度。省市县要分别建立工作台账，建立绩效评价机制。将农业结构调整纳入省重点工作大督查范围，定期开展督导检查；将农业结构调整纳入省对市县实施乡村振兴战略实绩考核范围，强化考核结果应用，对考核结果先进单位进行通报表扬，对工作推进不力、未完成任务目标的，进行约谈问责。

（冀办〔2020〕22号）

关于加快推进水产养殖业绿色发展的实施意见

各市(含定州、辛集市)、县(市、区)人民政府，雄安新区管委会，省直有关部门：

为贯彻落实农业农村部等10部委印发的《关于加快推进水产养殖业绿色发展的若干意见》(农渔发〔2019〕1号)精神，加快推进水产养殖业绿色发展，经省政府同意，结合我省实际，提出以下实施意见：

一、总体目标

到2022年，全省水产养殖业绿色发展取得明显进展，生产空间布局得到优化，转型升级目标基本实现，人民群众对优质水产品的需求基本满足，优美养殖水域生态环境基本形成，水产养殖主产区实现尾水达标排放。国家级水产种质资源保护区达到20个，国家级海洋牧场示范区达到15个以上，国家级水产健康养殖示范场达到170个以上，优质水产品养殖产量达到50万吨以上。

到2035年，全省水产养殖布局更趋科学合理，养殖生产制度和监管体系健全，养殖尾水全面达标排放，产品优质、产地优美、装备一流、技术先进的养殖生产现代化基本实现。

二、加强科学布局

(一)落实养殖水域滩涂规划制度。组织编制全省养殖水域滩涂规划，科学划定禁养区、限养区和养殖区，在统筹生产发展与环境保护基础上，稳定水产养殖基本面积，保障养殖生产空间。落实重要养殖水域滩涂保护制度，严格限制养殖水域滩涂占用，严禁擅自改变养殖水域滩涂用途。依法拆除非法养殖设施，禁止在饮用水水源地一级保护区、自然保护区核心区和缓冲区等开展网箱网围养殖。2020年底全面完成养殖水域滩涂规划编制及政府发布工作。

(二)优化养殖生产空间布局。立足资源禀赋，打造沿海高效型水产养殖带，加大对虾、扇贝、海参、梭子蟹、河鲀等优势品种扶持；发展城市周边休闲型水产养殖带，向休闲垂钓、生态观光等业态拓展；调优山坝生态型水产养殖带，壮大鲑鳟、鲟鳇、中华鳖等特色水产养殖。有序拓展养殖空间，在滦河流域积极推广稻渔综合种养；在黑龙港流域和滨海盐碱地区，合理开发盐碱水养殖。到2022年，建成优势特色水产品生产基地50个。到2035年达到200个。

三、转变养殖方式

(三)大力发展生态健康养殖。开展水产养殖容量评估，科学评价水域滩涂承载能力，合理控制养殖规模和密度。大力发展工厂化循环水养殖、池塘多品种混养、滩涂贝类底播增养、近海立体生态养殖、渔农综合种养等生态健康养殖模式。推动用水和养水相结合，鼓励沿海地区推行养殖小区或养殖品种轮养，扇贝实施标准化生态健康养殖。推广人工全价配合饲料，开展水产养殖用兽药减量行动，扩大水产健康养殖示范规模。到2022年，全省水产健康养殖示范面积达到65%以上。

(四)提高养殖设施和装备水平。实施池塘标准化改造，完善进排水处理设施；应用保温、节能、防蚀新型材料，开展工厂化养殖设施升级改造，探索建立养殖基础设施维护和改造长效机制。鼓励水处理、实验检测、产品收获等现代化水产养殖装备研发与推广。推进智慧水产养殖，开展数字渔业示范，鼓励自动增氧、智能投喂、在线水质监测等现代物联网技术应用。到2022年，全省物联网渔业装备率达到50%。到2035年达到80%以上。

(五)完善养殖生产经营体系。培育壮大新型养殖经营主体，鼓励规模化经营，发展大型股份合作、有限责任等水产养殖龙头企业。优化水域滩涂资源配置，加强对水域滩涂经营权的保护，引导产权合理流转，适度扩大经营规模。建立健全渔业社会化、专业化服务体系，完善利益联结机制，鼓励产销对接、订单渔业，提高水产养殖全过程社会化服务水平。到2022年，省级以上产业化龙头企业达10家以上。

四、改善养殖水域环境

(六)发挥水产养殖生态修复功能。符合条件的湖泊水库合理发展不投饵滤食性、草食性鱼类等增养殖，实现以渔控草、以渔抑藻、以渔净水。有序发展滩涂和浅海贝藻类增养殖，重点支持现代海洋牧场建设，构建立体生态养殖系统，增加渔业碳汇，实现产业发展和生态环境保护有机结合。重点在白洋淀、衡水湖、潘大水库等内陆水域及北戴河、滦河口、曹妃甸、黄骅等沿海海域，持续开展增殖放流活动，恢复水生生物多样性，改善水域生态环境。到2022年，累计增殖放流各类水产苗种100亿单位，到2035年达到800亿单位。

(七)推进养殖尾水和废弃物治理。落实养殖尾水排放有关要求，依法开展水产养殖项目环境影响评价。加强养殖尾水监测，规范设置养殖尾水排放口，落实养殖尾水排放属地监管职责和生产者环境保护主体责任。分类施策，因地制宜，海水池塘、工厂化、内陆流水等养殖类型，积极调整养殖模式和用水方式，鼓励采取进排水改造、设施过滤、生态沟塘、人工湿地、生物净化、种植水生植物等技术措施进行养殖尾水治理。支持沿海地区开展区域性养殖尾水综合治理，杜绝直接向海排放行为。加强养殖废弃物治理，推进贝壳、网衣、浮球等养殖生产副产物及废弃物集中收置和资源化利用，推广新材料环保浮球。到2035年，全省水产养殖尾水达标率100%。

五、强化生产监管

(八)加强质量安全监管。依法建立健全水产养殖投入品使用记录制度，指导水产养殖科学用药。强化水产养殖用饲料、兽药等投入品质量监管。加强水产养殖生产执法检查，严厉打击制售假劣水产养殖用饲料、兽药和违法用药及其他投入品行为。强化水产品质量安全属地监管职责，落实生产经营者质量安全的主体责任，推动养殖水产品追溯体系和行业诚信体系建设。加大产地养殖水产品质量安全风险监测评估和监督抽查，产地水产品抽检合格率保持在98%以上。加快养殖水产品质量安全相关标准制修订，推进标准化生产和优质水产品认证。

(九)规范种业发展。加强水产新品种知识产权保护，激发品种创新各类主体积极性。重点对海参、对虾、鲆鲽、泥鳅开展育种创新联合攻关，鼓励选育推广优质、高效、安全的水产养殖新品种。健全现代水产种业体系，充分发挥国家级和省级水产原良种场作用，年繁育优质水产苗种能力达到300亿单位以上。加强水产苗种生产管理，规范生产许可制度，严肃查处无证生产，切实维护公平竞争的市场秩序。加强原种资源保护，建设提升水产种质资源保护区，保护中国对虾、三疣梭子蟹、红鳍东方鲀、褐牙鲆、半滑舌鳎、中华鳖等我省原有优势种质资源。强化水产苗种进口风险评估和检疫，加强水生外来物种养殖管理。

(十)加强疫病防控。落实动植物保护能力提升工程，健全水生动物疫病防控体系，建设省级和3个市级区域性水生动物疫病防控监测中心。加强水生动物疫病监测预警和风险评估，组织实施重大水生动物疫病专项监测计划，提高重大疫病防控和应急处置能力，确保不发生重大疫情。完善渔业官方兽医队伍，开展水产苗种产地检疫和监督执法，推进无规定疫病水产苗种场建设。加强渔业乡村兽医备案和指导，壮大渔业执业兽医队伍。支持水产养殖用疫苗推广，实施病死养殖水生动物无害化处理。

六、拓宽发展空间

(十一)推进一二三产业融合发展。推动养殖、加工、流通、闲服务等产业融合、协调发展。支持水产品现代冷链物流体系建设，引导活鱼消费向便捷加工产品消费转变。推动传统水产养殖场生态化、休闲化改造，打造集水产养殖、休闲垂钓、旅游观光、餐饮服务一体的休闲观光渔业。在有条件的环首都贫困县、燕山太行山集中连片贫困地区，结合区域资源特点，引导发展多种形式的特色水产养殖。加强水产养殖品牌建设，培育曹妃甸河鲀、黄骅梭子蟹、昌黎扇贝、玉田中华鳖等区域特色品牌15个以上，鼓励发展新型营销业态，引领水产养殖业发展。

(十二)加强对外交流与合作。结合国家重大战略实施，统筹利用国际国内两个市场、两种资源，鼓励渔业企业在“一带一路”沿线国家，建立养殖生产基地。做大做强对虾、扇贝、河鲀等水产品出口，培育壮大水产养殖加工出口基地。鼓励渔业企业积极参与渔业相关国际标准的制修订工作，支持获得国际认证认可和参加中国渔业博览会等国际性展会，扩大我省优势特色水产品影响力

七、加强政策支持

(十三)加大资金投入。建立政府引导、生产主体自筹、社会资金参与的多元化投入机制，鼓励多方式支持水产养殖绿色发展。探索金融服务养殖业绿色发展的有效模式，创新绿色生态金融产品。鼓励各类保险机构开展水产养殖保险，创新保险产品和服务，拓展保障覆盖范围，有条件的地方将水产养殖保险纳入政策性保险范围。支持符合条件的水产养殖装备纳入农机购置补贴范围。

(十四)强化科技支撑。加强现代渔业产业技术体系和渔业科技创新联盟建设，发挥企业创新主体作用，加大贝类苗种规模繁育、养殖尾水处理、水域生态修复等关键共性技术研究与示范。加强绿色安全的生态型水产养殖用药物研发，支持绿色环保型人工全价配合饲料研发与推广。积极开展生态健康养殖技术模式集成和示范推广，打造绿色养殖示范典型。发挥基层水产技术推广体系作用，每年培训新型职业渔民1万人次，推广新技术20项、新品种10个。

(十五)完善配套政策。将养殖水域滩涂纳入国土空间规划，按照“多规合一”要求，做好相关规划的衔接。支持工厂化循环水、养殖尾水和废弃物处理等环保设施用地。落实水产养殖绿色发展用水用电优惠政策。养殖用海依法依规免征海域使用金。

八、落实保障措施

(十六)严格落实责任。市县人民政府要按照省级实施意见要求，落实好强渔惠渔政策，严格执行涉渔法律法规，在规划编制、项目安排、资金使用、监督管理等方面采取有效措施，确保绿色发展各项任务落实到位。将水产养殖业绿色发展纳入生态文明建设、乡村振兴战略的目标评价内容。对绿色发展成效显著的单位和个人，按照有关规定

给予表彰；对违法违规或工作落实不到位的，严肃追究相关责任。

（十七）依法保护养殖者权益。稳定集体所有养殖水域滩涂承包经营关系，依法确定承包期。完善水产养殖许可制度，依法核发养殖证，做到“应发必发、应发尽发”。按照不动产统一登记的要求，加强水域滩涂养殖登记发证。依法保护使用水域滩涂从事水产养殖的权利。对因公共利益需要退出的水产养殖，依法给予补偿并妥善安置养殖渔民生产生活。

（十八）加强执法监管。健全水产生态健康养殖相关管理制度和标准，开展渔业法律法规宣传周等普法活动，增强养殖生产经营主体尊法守法意识和能力。加强水产养殖监管与执法，强化执法队伍和装备设施建设。严格规范公正文明执法要求，落实“双随机、一公开”要求，加强事中事后执法检查。完善行政执法与刑事司法衔接机制，依法严厉打击涉渔违法犯罪行为。

（冀农发〔2020〕19号）

河北省农业农村厅
关于印发《河北省“菜篮子”产品产销衔接工作方案》的通知

（2020年4月26日）

各设区(含定州、辛集市)农业农村局，秦皇岛市、沧州市海洋和水产局，雄安新区管委会公共服务局，厅属有关单位：

为积极适应新冠肺炎疫情常态化防控形势，加强全省特别是贫困地区“菜篮子”产品产销对接，组织编制了《河北省“菜篮子”产品产销衔接工作方案》，现印发你们，请结合实际认真组织实施。

各地要高度重视此项工作，明确工作机构和队伍，落实具体工作措施，确保按时完成工作任务，打通产销衔接关口，有效降低趋势性、规模性、行业性农产品滞销风险。重点做好以下几方面工作：一是农产品产销对接服务指南编制工作，贫困县5月15日前完成，市级和非贫困县5月底前完成；二是农产品滞销应急对接预案编制工作，6月底前完成；三是热线电话工作，要专人值班值守，实现产销对接服务和应急救助服务常态化；四是市场监测预警工作，认真开展日常市场价格监测，积极参加各类展会和产销对接活动，根据实际开展当地促销活动。厅属有关产业主管单位要加密与大县、基地、企业的联系，及时掌握情况，通过行业渠道资源协助产销衔接，确保我省“菜篮子”产品市场稳定。

各市农业农村局负责指导所辖县工作，并定期进行督导，确保工作按时保质完成，统一收集本市及所属县产销衔接指南和应急对接预案报省农业农村厅市场与信息化处。请各市于每季度末报送工作进展情况，重要情况随时上报。省农业农村厅通过季度通报、半年小结、年终评价，对各市工作情况进行督导评价。

河北省“菜篮子”产品产销衔接工作方案

为积极适应新冠肺炎疫情常态化防控形势，加强全省特别是贫困地区“菜篮子”产品产销对接，进一步拓展线上线下主渠道，促进农业增效、农民增收，结合我省实际，特制定本方案。

一、总体思路和目标。针对全省特色产业规模扩大、带贫作用增强、产品数量较快增长的实际，以及“菜篮子”产品鲜活不耐储、销售半径短、上市集中容易积压滞销的特点，发挥市场在资源配置中的决定性作用，更好地发挥政府部门作用，充分利用产地、销地批发市场主渠道，积极开拓新渠道、新方式，做好渠道引导和信息服务，融合线上线下资源，重点关注贫困地区，打通产销对接关口，有效降低趋势性、规模性、行业性农产品滞销风险。

2020年，建立省、市、县农业农村系统“八个一”产销对接服务体系(一套服务指南、一个网上对接平台、一批销售主渠道、一批电商新渠道、一系列展会活动、一部热线电话、一套应急预案、一个监测体系)，开展线上线下服务，为缺少销售渠道的生产经营主体提供渠道对接服务，为正常产销的提供渠道拓宽服务，为滞销卖难提供应急促销服务，实现全省“菜篮子”产品产销信息服务经营主体全覆盖。

二、编制省、市、县三级产销对接服务指南。分层级、分区域、分重点编制省、市、县三级农产品产销对接服务指南，建立生产经营主体、批发市场、销售市场、经营大户、产业经纪人、商场超市、产业化龙头企业名录，载明联系人、联系方式、经营范围，形成产销衔接指南，挂到网上、发到APP上，提供给供需双方联系使用。省级负责提供农业农村部定点批发市场、国家及省级农业产业化龙头企业及京津农产品批发市场信息。市、县重点做本区域内名录，互为补充，主要摸清本地产品分布、数量、销售渠道以及农产品批发市场、商超、餐饮加工企业、经纪人等信息，收集汇总本区域内发改、商务、扶贫等部门渠道资源。5月15日前完成贫困县指南编制，5月底前完成省、市、县三级指南。

三、开发网上产销对接信息服务平台。在河北省农业农村厅官网、"冀农兴"服务系统开发运行全省"菜篮子"产品产销对接综合信息平台，实现省、市、县三级产销对接服务指南的发布、买卖双方产销信息的在线发布与查询、各类展销活动的信息查询、行业协会相关信息分享、政策解读等功能，满足不同产业、不同地区多元化信息需求，实现线上撮合、线下交易，构建产、供、销全产业链信息服务体系。5月底前完成平台功能的初步开发，进行测试完善，7月底试运行。

四、稳定批发销售主渠道。发挥批发市场集散吞吐能力，鼓励引导新型经营主体拓宽农超对接、农企对接、农批对接等营销主渠道，减少中间环节，降低流通成本，建立集中产区经营主体与批发市场联系对接机制，引导大宗产品形成稳定的供销关系。5-6月，组织专业团队赴我省农业农村部定点农产品批发市场调研，深入了解我省"菜篮子"产品销售主渠道及销售状况；举办批发市场经营大户会商交流活动，建立批发销售主渠道和市场经营大户省、市、县三级台帐，带动市场经营大户与生产经营主体对接。7-9月，组织北京大型采购商赴张家口、承德等市田间地头洽谈采购。8-12月，根据主要产品上市时间，利用北京新发地河北优质农产品展销中心，组织我省生产经营主体和北京新发地大型经销商、采购商举办2-3次农批、农超、农企专题精准对接；11-12月份，在北京举办贫困地区品牌农产品专题对接、京津冀品牌农产品产销对接、品牌农产品进京年货节等活动；与北京市共同组织河北农产品进市场、进超市、进社区、进饭店、进食堂、进餐桌"六进工程"。8-12月，按照地域不同需求，在上海、深圳、广州举办河北品牌农产品专题产销对接活动，拓展国内一线城市展销窗口。

五、拓展电商合作新渠道。与各类电商平台合作，通过多种路径为基层生产经营主体提供电商知识培训，支持农产品品牌主体上线，持续举办系列农产品网上产销对接活动，利用粉丝经济等网络新模式帮助农产品快速出货，不断拓展线上销售新渠道，对规模以上农产品加工企业和省级以上农民合作社示范社、示范家庭农场开展电商销售辅导，推行网上销售，电商渠道覆盖全部经营主体，全省农产品网络零售额同比增加25%以上。5-6月份，组织部分农特产品主产县县长和经营主体参与快手、今日头条、抖音、天猫等电商平台的"百城县长 抗疫助农""八方助农"等大型网络直播带货活动，促进当地农特产品销售。7-9月，举办农村电商专题培训，培养农村电商人才，促进农产品出村进城和精准扶贫；举办河北省梨电商大会，集中宣传推介，促进梨产业发展。9-10月，在农民丰收节期间，集中组织各地网上直播庆祝活动和宣传推介特色农产品，促进特色农产品销售和品牌知名度。10-12月，举办农产品品牌网红带货王活动，打造河北农产品网红，促进网上销售。9-12月，利用河北省电商联盟平台，聚合电商资源，集中举办河北农产品网上购物节活动，拓展网上销售。

六、组织系列展会活动。利用我省5.18中国廊坊经洽会、中国廊坊农产品交易会等省内平台，组织专题宣传推广和产销对接，展示发展成就，提高农产品销量，扩大农产品外埠影响力。组织100家以上品牌企业参加中国国际农交会(9-10月)等大型国际展会，集中宣传展示，促进大宗贸易。精选300种以上拳头产品参加大湾区农产品博览会(5月)、海南冬季农产品交易会(12月)等外省展会，举办单品或综合性主题推介对接活动，拓展省外重点市场。组织参加韩国首尔国际食品展(5月)、莫斯科国际食品展(9月)和香港亚洲果蔬展(9月)等境外展会，帮助企业开拓国际市场。

七、制定农产品滞销应急对接预案。针对"菜篮子"产品滞销卖难，采取省市县分级负责(纵向)和行业部门主管(横向)相结合的工作机制，省级重点解决趋势性、规模性、行业性问题，市县级负责涉及产品数量少、规模小、影响范围不大的一般性产销问题，原则上属地解决。指导各地提前制定"农产品滞销应急对接方案"，根据不同滞销产品销售规律和市场需求采取对应的处置方式。省级依托产销对接平台提供日常产销对接信息服务，市、县两级及时了解生产情况，提前预判，组织专项产销对接活动，避免因季节性集中大量上市造成低价滞销。尤其是对发生过滞销卖难的县和贫困县，提前开展调研，及时发现滞销苗头，适时组织产销对接活动。6月底前，省市县三级分别完成"农产品滞销应急对接预案"。

八、建立"12316"热线电话产销衔接服务常态化。建设完善"12316"综合信息服务平台，增强"12316"产销对接电话受理能力。整合服务资源，充实服务团队，创新服务模式，常态化受理产销衔接诉求，建立统一受理、分专业交办、跟踪办理、结果梳理反馈的处置机制。各市、县也要设立受理电话，专人值班值守，定期汇总、整理、分析受理问题，及时发现苗头性、趋势性问题，对突发事件、紧急情况和重大问题即时呈报，实现热线电话产销对接服务和应急救助服务常态化。

九、强化市场监测预警。由省市县行业专家、19个产业技术体系专家和京津分析专家组成专家咨询服务队伍，做好全省“菜篮子”产品行情分析和预警信息服务。通过全省900多个基层信息采集点和批发市场，对“菜篮子”产品生产、流通等环节进行动态监测。重大事件、市场热点敏感问题时期开展应急监测，针对重点区域、重点品种开展7×18小时网络舆情监测，对突发事件、重大情况和苗头性问题提前发现、分析预判、及时报告。

十、加强组织领导和工作推动。省农业农村厅加强对全省“菜篮子”产品产销对接工作的组织领导，统筹各方资源，加大推动力度。厅市场与信息化处负责产销衔接工作的组织实施，指导市、县健全组织机构，完善工作机制，加大推进力度。各市、县建立产销对接服务体系，明确工作机构和队伍，落实具体工作措施。省厅行业主管单位发挥行业渠道资源优势，协调解决困难问题，指导市县开展工作。强化资金支持。综合利用特色产业、数字农业、品牌农业、价格监测等方面资金，支持产销对接工作开展。农产品仓储冷链保鲜物流、农产品产地初加工等项目建设，向带动产销对接的龙头企业和新型经营主体倾斜。强化督导评价。各市、县(市、区)农业农村部门制定实施方案，分解.任务，落实责任，每季度逐级上报进展情况，重要情况随时上报。省农业农村厅通过季度通报、半年小结、年终评价，对各市工作情况进行督导评价。

（冀农发〔2020〕63号）

河北省农业农村厅 河北省发展和改革委员会 河北省财政厅 河北省商务厅关于印发河北省“互联网＋”农产品出村进城工程建设实施方案》的通知

（2020年5月8日）

各市(含定州、辛集市)人民政府，雄安新区管委会，省直有关部门：

《河北省“互联网＋”农产品出村进城工程建设实施方案》已经省政府同意，现印发给你们，请结合当地工作实际认真贯彻落实。

河北省“互联网+”农产品出村进城工程建设实施方案

为贯彻落实农业农村部、国家发展改革委、财政部、商务部《关于实施“互联网+”农产品出村进城工程的指导意见》农市发〔2019〕5号(以下简称《指导意见》)，结合我省实际，特制定本方案。

一、总体要求

以习近平新时代中国特色社会主义思想为指导，按照乡村振兴战略总要求，以深化农业供给侧结构性改革为主线，围绕《指导意见》确定的指导思想、基本原则和重点任务，坚持服务农民、市场导向、重心下沉、汇聚众力，突出数字化、网络化、智能化发展方向，以农产品出村进城为核心，加快农业农村数字化服务转型，以制度供给和体制机制创新为动力，构建现代农产品网络销售体系，促进产销对接，带动农业增效，促进农民增收，为农村经济社会实现高质量发展注入新动能，助力脱贫攻坚和农业农村现代化。

二、建设目标

加大现代信息技术在农业生产中的应用，加强网络基础设施和公共服务平台建设，扶持一批有发展前景的电子商务龙头企业，搭建线上引导、线下交易的产销对接平台，布局建设一批农产品批发市场、冷链仓储物流设备、农产品集配中心，打通农产品出村进城销售网络，持续开展农产品质量安全提升行动，打造农产品“河北品牌”。以国家100个试点县建设任务为参考，用2年左右时间，基本完成20个试点县工程建设任务，探索形成一批符合各地实际、可复制可推广的推进模式和标准规范。到2025年底，在全省范围内基本完成工程建设各项任务，实现主要农业县全覆盖，农产品出村进城更为便捷、顺畅、高效。

三、重点任务

(一)建设完善农产品生产体系。加强重要农产品生产和市场监测，利用河北省农产品市场信息监测预警系统，强化生产数据实时采集监测，开展数据分析挖掘，有效引导各类市场主体合理制定销售计划，精准安排生产经营，生产适销对路的优质特色农产品。充分发挥农业物联网试验示范区(点)引领作用，利用现代信息技术，提高良种繁育、种养业生产管理、病虫害防治、动物疫病防控、产地环境监测等环节管理效能，推动网络化、绿色化、标准化生产，在全省培育形成100个以上网络化、智能化、精细化的现代“种养加”生态农业示范点。推进农业农村大数据中心和重要农产品全产业链大数据建设，重点打造基础大数据支撑平台，促进数据整合共享。

（二）夯实产地基础设施建设。加强基础设施共建共享，加快农村宽带通信网、移动互联网和下一代互联网发展，到2022年农村信息基础设施普及率达到90%。持续实施电信普遍服务补偿试点工作，支持农村地区宽带网络发展。按照“全链条、网络化、严标准、可追溯、新模式、高效率”的要求，完善提升农产品冷链物流监控平台，加强冷链物流平台与企业对接，指导冷链企业完善基础设施建设。以各类农业企业、现代农业园区、农产品特优区、标准化养殖示范场为重点，全面推行绿色有机标准化生产和全程质量控制模式，立足京津高端市场需求，培育建设23个优质粮油生产基地和63个设施果蔬基地，推进全产业链延伸、全价值链提升。

（三）搭建农产品物流体系。充分利用快递物流、邮政、供销合作社、益农信息社、电商服务站点等现有条件，完善县乡村三级物流体系，提高农村物流网络连通率和覆盖率。重点建设一批优质区域性冷链物流企业，持续推进京津冀三地农产品流通体系创新行动工作，支持农产品经营企业及产地市场建设冷链设施，做好产地与销地冷链衔接，创新“生鲜电商+冷链宅配”等经营模式，构建覆盖农产品生产、加工、运输、储存、销售等环节的全程冷链物流体系，加快补齐农产品产地“最先一公里”短板。根据城乡居民人口的消费规模和便利消费需求，在按照当地土地利用总体规划选址用地的基础上，2020年新建或改造200个生鲜超市、菜市场、农贸市场，促进农民菜园子与市民菜篮子有效衔接。鼓励农产品物流技术创新，推广可循环使用的标准化包装，提高农产品包装保鲜技术水平。开展“快递下乡进村”工程，推动交邮、邮快、快快、快电合作等模式，畅通农产品通过邮政快递网络实现农产品出村进城。2020年实现全省50%的行政村邮政快递服务全覆盖。

（四）完善农产品网络销售体系。支持建设农村产品（含农副产品、手工艺品、乡村旅游、民俗等特色产品及服务等）分级、包装、预冷等产地初加工和商品化预处理设施，完善产、供、销全链条服务，提高农村产品商品化率。支持农村传统流通企业转型升级，重点建设本地化连锁化服务和营销体系，实现线上线下融合发展，提升农村现代流通水平。建立省、市、县农业农村系统“八个一”产销对接服务体系，有效对接上游下游主渠道。与阿里、京东等国内知名电商平台合作，充分利用省供销社等部门已开通的电商平台，着力构建线上线下深度融合的一体化农产品电商体系。鼓励有条件的地区合理规划，在区域节点建设仓储物流配送中心，发展智慧物流。物流配送中心加强与商贸流通、邮政、物流、快递、供销等农村物流服务网络和设施的共享衔接，协力打通农村物流“最初一公里”和“最后一公里”。

（五）加强网络销售农产品质量安全监管。督促农产品生产经营者严格落实质量安全主体责任，加强对产地农产品质量安全检测和监督管理。优化省级农产品质量安全监管追溯平台，与国家平台有效对接，加快推进农产品质量安全信用体系建设，依托省级监管追溯平台建成农产品生产经营主体信用档案库，落实联合惩戒措施。引导农产品生产经营主体积极主动实行产品追溯管理，分年度制定全省农产品质量安全监测计划，形成以省为龙头、地市为骨干、县乡为基础的农产品质量安全监测网络。到2022年，主要“菜篮子”产品基本实现可追溯，农产品质量安全例行监测总体合格率稳定在98%。督促辖区网络食品交易第三方平台做好备案工作，并对入网食品经营者进行实名登记，明确食品安全管理责任，督促网络食品交易第三方平台建立实施入网食品生产经营者审查登记、食品安全自查、食品安全违法行为制止及报告、严重违法行为平台服务停止、食品安全投诉举报处理等制度；督促入网使用农产品销售者严格落实质量安全主体责任，对不履行主体责任销售不符合食品安全标准的违法违规行为，依法进行严厉查处。

（六）打造农产品“河北品牌”。实施农业品牌提升行动，制定农产品“河北品牌”建设工作方案，突出“丰富、安全、绿色、优质”产品特色，以“河北农产品，身边的‘菜篮子’”为主题，强化专业设计、宣传推广、营销拓展，培树一批影响力大、竞争力强、带动明显的农产品“河北品牌”，集中力量抓好10个系列“河北品牌”、12个区域公用品牌、20个领军企业品牌建设，带动全省农业品牌发展，形成“突出重点、分级推进、带动全局”的品牌建设新格局，品牌农产品的市场占有率、溢价能力明显提升，带动力明显增强。加快农副产品品牌化进程，重点培育、着力打造区、县域公共品牌。组织开展“质量月”“中国品牌日”等宣传活动，加强品牌培育推广，提升优质特色农产品品牌影响力和市场占有率。

（七）建立全程农产品标准体系。加快优质特色农产品田间管理、采后处理、分等分级、包装储运、产品追溯、信息采集等各环节标准研制，每年制定相关地方标准10项以上。鼓励电商企业、龙头企业等市场主体参与标准制定，形成多层次的标准体系。大力推进相关法律法规和标准宣贯实施，细化标准化生产和流通操作规程，提高农产品品质和一致性。

（八）加强农民网络应用技能培训。充分发挥全省信息进村入户服务体系、农村电商公共服务体系作用，利用现有平台和资源，对电商从业者、农业经营主体和创业就业农民开展电商运营操作等方面培训，提高电商从业人员应用能力。持续开展农民手机应用技能培训，提高农民获取信息、管理生产、网络销售等能力，加强农业科教云平台应用，将“互联网+”纳入高素质农民培育计划内容，培育高素质农民15万人次以上。引进一批软件开发企业、信息系统运营维护服务企业，支持开发面向农业领域的应用软件和行业解决方案。深入推行科技特派员制度，持续实施科技特派员专项计划，鼓励支持农业科技人员下乡提供技术服务。依托贫困村创业致富带头人培训、贫困劳动力转移培训、农业实用技术培训等培训资源，提升贫困群众的农产品网络销售技能。

(九)推进农产品产销对接。开发全省“菜篮子”产品产销对接综合信息平台，编发省、市、县三级农产品产销对接服务指南。扩大销售渠道，实施供应链打造行动，拓展一线城市展销窗口，充分利用农产品批发市场、采购商和经销商的资源优势，组织开展农超、农企、农批等系列精准对接及农产品专题产销对接活动，实施河北农产品进市场、进超市、进社区、进饭店、进食堂、进餐桌“六进工程”。举办“帮老乡、奔小康”等专项农特产品上行行动，实施农业展会靓牌和河北品牌“走出去”行动，积极参加省内外各类农业展会及国际展览展示，组织农产品专题推介。利用我省与阿里、京东、特优农品、农交汇等电商平台合作契机，支持品牌主体线上开设“金牌”店铺，举办促销活动。利用河北省农产品电子商务有限公司已经开通运营的天猫“河北原产地商品官方旗舰店”，京东、淘宝、苏宁、拼多多“河北供销馆”，阿里1688“河北供销扶贫商城”，加快推进“扶贫832平台”建设，促进河北农产品网络化、品牌化、标准化销售。

(十)创新发展模式。推动互联网与特色农业深度融合，运用网络信息技术，发展创意农业、观光农业、认养农业、都市农业、分享农业、健康养生、创意民宿等新业态，推出河北乡村旅游“冀忆乡情”。对休闲农业园、休闲乡村和美丽田园(景观)进行整合与升级改造，打造100个生态休闲农业示范区。2020年生态休闲农业接待游客5000万人次，2022年接待游客达到1亿人次。鼓励各地利用益农信息社中心站、县级电子商务服务中心建设农村互联网创业创新实训基地、孵化基地、创客空间、星创天地、创业园区，为工程深入推进提供保障。

(十一)推动多元市场主体参与。充分发挥市场机制作用，指导新型农业经营主体对接国内电商平台，深化农业龙头企业和特色农产品品牌展销合作，加大河北农业品牌推介和溯源平台建设力度。开展农业生产资料精准服务，探索生鲜农产品和种子、化肥、农(兽)药等农资电商发展模式。培育“互联网+订单农业”，鼓励农业龙头企业与互联网企业合作，建立产销衔接服务平台，实现农产品从田头到餐桌、从初级产品到终端消费无缝对接。围绕京津市场和高端消费群体大力发展有机、绿色、无公害农产品“个性化”网络定制和集团定制。推广“政府+科技+金融+公司+合作社+贫困户”等股份合作制扶贫模式，带动有劳动能力的贫困户嵌入长效产业链条，切实提高贫困户的参与度。持续推进电子商务进农村综合示范县建设，到2025年，全省60%以上县域达到国家综合示范水平，全省建设1000个淘宝村。

四、保障措施

(一)加强组织领导。建立“互联网+”农产品出村进城工程建设统筹协调机制，做好整体规划设计，明确责任分工，加强指导与推动，适时调度和总结，督促落实各项任务，形成工作合力。各地要高度重视“互联网+”农产品出村进城工程，结合地方实际制定工程建设实施方案，处理好政府与市场的关系，抓好组织推动和督促检查，确保工程落地取得实效。

(二)强化政策支持。各地要将“互联网+”农产品出村进城工程列入农业农村信息化发展规划和乡村振兴重要内容，充分利用现有资金渠道，加大政策支持力度，积极推动农产品产地基础设施建设。落实特色农业保险奖补政策和保险创新产品奖励政策，支持市县开展特色农产品保险，鼓励保险机构开发“互联网+”农产品质量险、收入险等保险产品。加强农产品产地、农产品全程冷链物流、粮食仓储物流等基础设施建设项目谋划、储备。支持基层人力资源公平台建设，整合利用农村已建服务站点，推动涉农服务事项一站式办理，打造乡村版“政府综合服务大厅”。

(三)加强宣传发动。各地区、各有关部门要加大对工程实施的宣传力度，创新宣传方式，鼓励大学生村官及返乡创业人员积极发展“互联网+”农产品出村进城，多措并举引导农民及新型经营主体利用互联网开展农产品上行，及时总结典型案例，充分发挥各类媒体作用，加大对工程实施成效的宣传报道力度，提高全社会的认知度和参与度，营造浓厚的发展氛围。

附：河北省“互联网+”农产品出村进城工程实施方案重点任务责任分工。(略)

(冀农发〔2020〕66号)

河北省农业农村厅
关于印发《关于优化全省生猪产业布局加快恢复生猪产能的指导意见》的通知

(2020年7月18日)

各市(含定州、辛集市)农业农村局，雄安新区管委会公共服务局：

现将《关于优化全省生猪产业布局加快恢复生猪产能的指导意见》印发给你们，请认真抓好落实。

关于优化全省生猪产业布局加快恢复生猪产能的指导意见

为优化生猪产业布局，加快生猪产能恢复步伐，推进生猪养殖业高质量发展，根据我省资源禀赋条件和经济社会发展实际，提出全省生猪布局优化及产能恢复指导意见。

一、总体要求

认真落实生猪稳产保供省负总责和“菜篮子”市长负责制，践行新发展理念，坚持“大食物”安全观和生猪及产品调出区定位，以农业结构调整为牵引，优化生猪产业要素组合，科学、梯次规划布局，激发产业竞争力。以发展规模养殖为重点，积极带动中小养殖户发展，提升生猪养殖规模化、标准化水平。因地制宜配建粪污处理设施设备，推广应用适合的资源化利用模式，着力打通粪肥还田渠道，努力打造资源节约、环境友好、种养循环、绿色高效的现代生猪产业。

二、目标任务

——到2020年底，生猪年度存栏达到1650万头，恢复到正常年份的85%，提前完成国家下达的任务目标。

——到2021年底，生猪年度存栏达到1950万头，达到正常年份水平。

——到2022年，生猪存栏稳中有升，生猪规模化率由现在50%，达到55%以上。

——生猪养殖业布局更加科学，产业梯次分布明显，聚集优势较好发挥。养殖结构更加合理，产能效益持续提升。

三、主要举措

(一)优化全省生猪产业布局。引导生猪产业向环境承载空间大、玉米产量高的地区转移聚集，准确把握资源环境条件和区域发展定位，以石家庄、唐山、承德、张家口为重点，巩固传统养殖区地位，以邯郸、邢台、沧州、衡水为重点，大力发展生猪养殖聚集区，适当调减廊坊、秦皇岛、保定等城市功能和文化生态定位明显地区的生猪养殖总量。规范管理禁养区，科学界定限养区，努力巩固传统养殖区，积极开拓适宜养殖区。

一是严格禁止养殖区管理。全省在饮用水源保护区，风景名胜区，自然保护区的核心区和缓冲区，城镇居民区、文化教育科学研究区等人口集中区域共划定禁养区1220个，面积16986平方公里。禁养区内严禁新建生猪规模养殖场，现有的规模养殖场在2020年底全部关停搬迁，雄安新区安新、雄县、容城要严格落实《河北雄安新区畜禽养殖业全面退出工作计划》，禁止新建生猪规模养殖场，现有规模养殖场在2021年底前完成清退。对异地搬迁重建的当地政府要给予用地、资金等方面的支持，最大程度留住生猪产能。严禁超越法律法规规定自行划定禁养区，在非禁养区不得实施生猪禁养和阻碍生猪养殖的政策。

二是科学界定限制养殖区。综合自然条件和社会因素，在特殊区域实行限制养殖政策。张家口坝上张北、沽源、康保、尚义四县和崇礼区，要落实“两区”建设要求，根据当地水资源使用指标，适度发展生猪养殖产业。廊坊三河、大厂、香河北三县，要落实与通州统一规划政策，不再新建扩建生猪养殖场。秦皇岛北戴河区和山海关区着力发展旅游产业，限制生猪养殖总量，原则不再新建扩建生猪规模养殖场。组成设区市主城区的22个市辖区(见附表)和白洋淀上游河流1公里以内、滦河干流1公里以内，着力保障城市建设和环境改善提升，严格控制生猪养殖总量，原则上不再新建生猪规模养殖场，现有养殖场加快升级改造，实现标准化生产和清洁生产。

三是努力巩固传统养殖区。石家庄、唐山、承德、张家口等地限制养殖区以外的75县(见附表)，以及定州、辛集等生猪养殖传统悠久、基础较好的县(市)，要努力克服土地供应趋紧、环境压力加大的矛盾，发挥传统优势，以扩建改造和迁建升级为主、新建养殖场为辅，推广立体养殖等集约化养殖技术，加快粪污资源化利用步伐，有效降低生猪养殖对环境的影响，保证生猪产能稳步提高、生猪养殖业可持续发展。2020年，该区域内生猪存栏增加100

万头，2021年再增加100万头，总增加量达到200万头，为全省恢复生猪产能任务目标作出贡献。

四是大力发展适宜养殖区。邯郸、邢台、沧州、衡水等土地资源相对丰富、环境空间宽松、饲料供应充足的56县(市)为适宜养殖区，加大对大型生猪养殖集团的招商引资力度，积极承接京、津生猪养殖产能转移，新建、快建一批生猪规模养殖场，培育增长点，打造增长极，为2021年全省生猪生产恢复到正常年度水平发挥重要支撑作用。2020年，该区域内新建生猪养殖场102家，生猪存栏增加100万头，2021年区内再建生猪养殖场45家，存栏增加60万头。

各县(市、区)具体划分见附表附图，各设区市新区、经济技术开发区不做划分，原则上参照限制养殖区管理。

(二)打造生猪养殖示范区。认真落实省委、省政府《加快推进农业结构调整促进农业高质量发展实施方案》(冀办〔2020〕22号)，扎实开展39个生猪养殖示范区建设。加大对生猪调出大县的奖励力度，提高畜禽粪污资源化利用整县推进项目资金比例，培育壮大第三方服务机构，为养殖场提供专业的疫病防治、饲料配送、技术指导等服务，提高养殖场生产效率。加强经纪人队伍管理培训，鼓励建设或加入生猪交易平台，强化统计监测和预警，为生猪生产提供准确、及时的市场信息。建设完善区域性生猪运输车辆洗消中心、病死生猪无害化处理场和大型畜禽粪污资源化利用项目，提升区域生猪产业竞争力。开展标准化示范场创建，2020年建成部级生猪标准化示范场5家、省级100家。到2022年，39个示范区生猪存栏达到456.9万头，较2019年增长44.6%，发挥示范引领、辐射带动作用，促进全省生猪产业健康稳定发展。

(三)推进生猪养殖业绿色发展。限制养殖区重点推广畜禽粪污收集集中处理模式，鼓励有条件的地区并入城市粪污处理系统，节约资源保护环境。传统养殖区重点推广建设有机肥厂模式，适宜远距离粪肥还田。生猪养殖适宜区重点推广堆沤发酵模式，配建完善粪肥运输、施用设施，打通粪肥还田最后一公里，推进粪肥就近还田，走种养结合、生态循环的绿色发展之路。针对养殖示范区粪污量大集中的特点，支持建设大型沼气发电工程，提高资源化利用率和清洁生产水平。到2020年底，全省畜禽粪污综合利用率达到77%，规模养殖场粪污处理设施装备配套率达到100%。

(四)吸引多元资本投入生猪养殖业。依据规划布局，深化“放管服”，吸引各经济主体投入生猪养殖，推进行业不断壮大。在养殖适宜区大力开展招商活动，引进牧原、新希望、温氏、大北农、中粮、光明和正邦等大型生猪养殖集团，鼓励以村集体提供土地、养殖集团提供技术资金合作的方式开展生猪养殖，降低投资成本，巩固农村经济，提升生猪养殖标准化、规范化水平。在传统养殖区，支持现有养殖场扩大规模，吸引农村集体经济、农户私人经济投入生猪养殖业，壮大集体经济，增加农民收入。在限制养殖区，重点支持农村集体经济从事生猪养殖业，便于城乡统筹管理，服务区域定位。2020年全省新建、改扩建生猪规模养殖场225家，其中大型生猪养殖集团投资建设43家，增加生猪存栏200万头。

(五)加快生猪养殖业转型升级。依据“生产标准化、经营规模化，设施现代化、管理科学化”原则，到2020年底，对全省生猪规模养殖场进行评分定级，国家级和省级生猪养殖标准化示范场为A级，市级标准化养殖示范场为B级，其他规模化养殖场为C级。今年底全省A级场105家、B级场500家、C级场6100家，分别占1.5%、7.5%和91%。鼓励A级场加快物联网、大数据等现代技术应用，不断提升智能化、信息化水平，引导B级场逐步普及智能化环境控制、自动化喂料、机械化清粪等设施设备，支持C级场强化防疫、粪污处理等基础设施建设和制度建设。推动B级和C级场扩大养殖规模、改造养殖设施设备，提升等级档次，每年升入A级的规模养殖场不少于100家，升入B级的不少于500家。到2022年，A、B、C三级占比发展为4.5%、22.5%、73%，形成A级场为龙头、B级场为骨干、C级场为补充的生猪生产体系。

(六)推广生猪养殖先进科技。注重科技在发展生猪产业发展中的作用，加强科技创新，加快先进技术的推广应用，创新推动产业发展。以现代育种技术为依托，建设完善生猪良种繁育体系，提升种质水平和种源自给率，保证充足的良种供应能力。综合物联网、微生物等技术，架构高效的动物疫病防控体系，提升生物安全水平。借助DNA检测技术，做好地方优质遗传资源的保种和开发工作。有序推广猪脸识别等信息技术，提升生猪养殖智能化、自动化水平，推进防疫检疫、调运屠宰、保险赔付、无害化处理全链条信息化，提高经营管理效率。以生物发酵技术为基础，开发多种模式，提升粪污资源化利用水平。利用大数据技术，加强监测预警，研判市场走势，及时发布信息，为生猪产业健康发展提供支撑。

(七)提升非洲猪瘟防控能力。一是落实“三式管理和三大行动”，养殖场严格落实“密罐式”封闭管理，屠宰厂严格实行“高压式”管理，对驻场官方兽医实行“问责式”监管，定期组织大清理大清洗大消毒行动、生猪运输车辆全程监管行动和养殖屠宰企业建档升级行动。二是健全基层动物防疫体系，39个养殖示范区着力配齐与养殖量相匹配的防疫队伍和工作经费，适宜养殖区保持一定的编制和经费增加，满足新增产能防疫需要，其他地区以现有防疫人员为基础，通过购买服务的方式，完成防疫任务。三是分区域、分场群防控，依据农业农村部办公厅《关于加快非洲猪瘟无疫区建设的通知》(农办牧〔2020〕33号)，选择防疫基础较好的示范区率先推进无疫区建设，优先在适宜区选择新建大型养殖场建设无疫小区，快速有序提升全省生物安全水平。四是压实防疫责任，全面落实政府属地管理责任、部门监管责任和生产经营者主体责任，加强风险预警，严密组织疫情排查，发现疫情依法及时报告，并科学处置。

四、保障措施

（一）加强组织领导。生猪产业对保障人民群众生活、稳定物价、保持经济平稳运行和社会大局稳定具有重要意义，是关乎国计民生的重要产业。各地要提高政治站位，落实好生猪稳产保供省负总责及“菜篮子”市长负责制，将优化生猪产业布局、推进生猪养殖业高质量发展、快速恢复生猪产能作为当前三农工作的一项重要任务。各市要参照省恢复生猪生产协调办公室成立相应机构，建立完善恢复生猪生产协调工作机制，加强组织领导，形成部门合力，服务全省产业布局优化需要，按时完成生猪生产目标任务。

（二）落实支持政策。牢树全产业链发展理念，加强对相关政策的研究和统筹，利用生猪调出大县奖励、生猪良种补贴、规模猪场贷款贴息、粪污资源化利用项目、农机购置补贴等支持资金，结合鼓励生猪养殖的环保、土地、信贷等政策，维持限养区、巩固传统区、建设适宜区，在生猪养殖示范区推出“一揽子”支持政策，发挥政策整体效应，营造产业发展良好经济环境。健全基层动物防疫体系，提升区域疫病防控能力，支持养殖场配备升级粪污处理设施设备，开展粪污资源化利用，支持购置养殖机械，提升养殖机械化水平，落实生猪调出大县奖励，提升生猪养殖积极性，创新保险和金融机制，缓解生猪养殖风险和融资负担。做好新扩建生猪养殖场跟踪服务，促进生产要素快速转化为产能。

（三）帮助解决困难。各地要高度重视生猪存出栏目标任务，对生猪养殖及产能增加要提前谋划好布局好，为目标任务完成打好坚实基础。对生猪养殖企业在新建、扩建、增养等遇到困难时，要积极帮助生猪养殖企业协调解决。各地农业农村部门要积极协调自然资源、生态环境等部门，帮助养殖企业解决在新建、扩建生猪规模养殖场的用地及环评手续问题；帮助协调银行、担保公司等金融机构解决养殖企业所需养殖资金不足，贷款难的问题；加大正面宣传，积极开展技术指导，消除因非洲猪瘟疫情造成的恐慌心理，解决不敢养的问题。

（四）严格绩效考评。要将非洲猪瘟防控工作列为对地方政府考核的重要内容，对防疫工作落实不到位的限期整改达标。将生猪稳产保供、产业健康发展纳入“菜篮子”市长负责制考核，提高分值比重。恢复生猪生产协调办公室要建立并落实月调度制度，协调解决问题困难，对工作推进落后的地区提出改进意见。要建立检查考核制度并明确奖罚措施，适时组织生猪生产工作大检查，表彰先进激励落后。要总结提炼先进经验模式，加大宣传引导力度，宣传生猪生产及管理服务的先进人物和典型事迹，推广恢复生猪生产的好经验好做法。

附件：1．全省优化生猪产业分布表(略)

2．全省优化生猪产业布局图(略)

（冀农发〔2020〕108号）

河北省农业农村厅
印发《关于促进畜牧业高质量发展的实施意见》的通知

（2020年10月23日）

各市(含定州、辛集市)人民政府、雄安新区管委会，省政府有关部门：

为贯彻落实《国务院办公厅关于促进畜牧业高质量发展的意见》(国办发〔2020〕31号)精神，我厅制定了《关于促进畜牧业高质量发展的实施意见》，经省政府同意，现印发给你们，请抓好贯彻落实。

河北省农业农村厅
关于促进畜牧业高质量发展的实施意见

为贯彻落实《国务院办公厅关于促进畜牧业高质量发展的意见》(国办发〔2020〕31号)精神，推进畜牧业转型升级，加快畜牧大省向畜牧强省转变，结合我省实际，提出如下实施意见。

一、总体要求

以习近平新时代中国特色社会主义思想为指导，认真贯彻落实党中央、国务院决策部署，牢固树立新发展理念，以实施乡村振兴战略为引领，以农业供给侧结构性改革为主线，以保障畜禽产品供应安全为目标，坚持市场主导、防疫优先、集约高效、绿色发展，着力优化产业布局，强化科技创新，强化政策支持，强化法制保障，加快构建现代畜禽养殖、动物防疫和加工流通体系，不断增强畜牧业质量效益和竞争力，形成产出高效、产品安全、资源节约、环境友好、调控有效的高质量发展新格局。

二、任务目标

全省畜牧业整体竞争力稳步提高，畜禽产品总量稳定增长，集约化程度明显提高，动物疫病防控能力明显增强，绿色发展水平明显提升。到2025年，畜牧业总产值达到2100亿元；肉类和禽蛋产量分别达到450万吨和400万吨，奶类产量努力争取1000万吨；畜禽养殖规模化率、机械化率、粪污综合利用率分别达到75%、80%和85%以上。到2030年，养殖规模化率和粪污综合利用率分别达到80%和90%以上。

三、立足资源禀赋，构建现代养殖体系

(一)提升良种培育繁殖推广水平。落实国家畜禽遗传改良计划，以生猪、蛋鸡、奶牛三大优势种质资源为重点，以企业为主体，加快构建多层次保护、多元化开发的畜禽种业发展新格局。实施种业提升工程，大力培育褐壳蛋鸡、容德小黑鸡、“农金一号”、乳肉兼用牛等新品种，推广杜、长、大父母代种猪繁育和太行鸡配套系。开展畜禽遗传资源调查，强化濒危种质资源保护，改造提升深县猪、太行鸡、坝上长尾鸡、渤海驴和承德无角山羊等地方资源保种场，保护开发12个遗传资源品种。到2025年，培育2-3个具有世界一流水平的蛋鸡新品种、45头以上种公牛，建成2个遗传资源保护区。

(二)提升优质饲草饲料供应水平。着眼奶牛等草食畜禽规模化生产需要，建设一批优质专用饲草基地，优先发展苜蓿、燕麦等紧缺饲草，逐步实现优质饲草自给。以奶牛养殖大县为重点，扩大全株青贮玉米种植面积，整县推进“粮改饲”。以沧州、衡水为重点，扩大苜蓿种植面积，打造优质苜蓿生产基地。以坝上地区为重点，建设燕麦种植示范区，逐步替代饲草进口。建立健全饲料原料供需数据库，全面推广精准配方和精细加工技术，大力推广添加剂及配套饲喂技术。到2025年，全株青贮玉米、苜蓿、燕麦等优质饲草料面积达到240万亩以上，饲料产量达到1400万吨。

(三)提升畜牧业机械化水平。落实农机购置补贴政策，以奶牛、生猪养殖场和粪污处理机械设备为重点，加快养殖机械升级换代。大力开展部省级畜禽养殖标准化示范场建设，全面配备自动饲喂、环境控制、疫病防控、废弃物处理等机械装备，引进推广全株玉米收储和牧草收割、打捆、加工等机械设备。到2025年，部省级示范场达到1500个，生猪、蛋鸡、肉鸡规模化养殖机械化率达到90%以上，肉牛、肉羊规模化养殖机械化率达到80%以上，大型规模养殖场全部实现全程机械化。

(四)提升规模化养殖水平。引导养殖场(户)改造基础设施，扩大养殖规模，提升标准化养殖水平。持续开展招商引资，吸引大型企业在适宜养殖区布局建设现代化生猪、奶牛养殖场。鼓励省内骨干畜牧养殖企业兼并重组、做大做强。引导养殖大户和家庭养殖场组建专业合作社，提高规模化、组织化水平。支持养殖企业与专业合作社在技术、品牌、服务、营销等方面深度合作，形成稳定的产业联合体。到2025年，全省畜禽养殖综合规模化率达到75%。

(五)提升畜牧业信息化水平。鼓励养殖企业引进智能化、信息化设备和技术，实施“互联网+现代畜牧业”行动，提升经营管理效率。完善全省奶牛养殖云平台，建设智能化奶牛场，实现奶牛发情自动揭发、产奶量自动上传、饲料配方精准控制、环境温湿度在线监测、生鲜乳质量全程追溯。支持生猪养殖企业应用猪脸识别、机器人巡检、饲料精准投放等新技术，提高养殖自动化水平。加强畜牧业物联网建设，直联直报生产经营信息，实现全产业链信息化闭环管理，提高统计监测和市场预判的准确性。大力培育第三方信息机构，为养殖场(户)提供技术、营销和金融等信息服务。到2025年，奶牛场实现智能化全覆盖，大型生猪养殖企业全部实现经营管理智能化。

(六)扶持中小养殖户发展。加强中小养殖户的技术指导和政策帮扶，不得以行政手段强行清退。引导养殖大户组建合作社，为中小养殖户提供良种繁育、饲料营养、疫病检测、产品储运、废弃物资源化利用等实用科技服务。支持大型养殖企业发挥资金、市场和管理优势，与中小养殖户建立利益联结机制、带动提档升级。发挥现代农业产业技术体系创新团队作用，引领中小养殖户提高生产、疫控技术和产品收益能力。

四、强化关键措施落实，提升动物防疫水平

(七)夯实动物防疫主体责任。严格实施养殖场户“密罐式”管理、屠宰企业“高压式”管理和驻场官方兽医“问责式”管理。全面落实企业自检和驻场派驻官方兽医“两项制度”，依法督促畜禽养殖、贩运、屠宰加工、无害化处理等环节从业者，履行重大动物疫病防控主体责任。持续开展大清洗大消毒、生猪运输车辆全程监管和养殖、屠宰企业提档升级“三大行动”，指导养殖、屠宰龙头企业建设清洗消毒中心，将所有畜禽运输车辆纳入备案和信息化监管。规范畜禽经纪人、贩运单位和个人，经营运输畜禽及其产品等从业行为。

（八）增强动物疫病防控能力。严格落实动物防疫属地管理责任，明确监管责任单位和职责分工，完善部门联防联控机制。加强动物疫情测报站建设，强化重大动物疫情监测排查，健全疫情信息报告和奖惩制度；健全突发动物疫情应急机制，加强物资储备和应急演练；实施重大动物疫病强制免疫计划，开展春秋两季集中免疫和免疫抗体效果监测，提升监测预警能力和重大动物疫病防控水平。加快建设河北智慧兽医云平台，实现动物疫病防治信息化管理。加强口岸动物疫情防控工作，提高口岸监测、检测、预警和应急处置能力。

（九）完善动物疫病防控长效机制。落实国家北部区非洲猪瘟等重大动物疫病防控各项措施。加快建设入冀动物及动物产品指定通道，统筹动物疫病防控、畜禽及畜禽产品调运监管和市场供应。指导标准化规模养殖场建设无疫小区，提高养殖生物安全水平。以种畜禽场为重点，开展垂直传播性动物疫病净化，建设一批净化示范场。完善病死畜禽无害化处理体系，建设病死畜禽收集、处理设施，严厉打击收购、贩运、销售、随意丢弃病死畜禽等违法违规行为。

（十）健全动物防疫机构队伍。充实市县兽医力量，强化基层动物防疫队伍建设。健全市县动物卫生监督机构，配齐配强动物疫病防控专业技术人员。落实生猪大县乡镇动物防疫特聘计划，充分发挥执业兽医、乡村兽医作用。探索建立村级动物防疫员与第三方兽医队伍相结合的基层服务机构，大力发展兽医社会化服务组织，提升动物疫病预防、控制和扑灭能力。

五、提高畜产品加工能力，打造现代流通体系

（十一）大力发展畜禽屠宰加工。加快生猪屠宰行业转型升级，鼓励大型屠宰企业向上下游延伸，养殖、屠宰、加工、配送、销售一体化经营。加快屠宰行业整合，引导屠宰点开展生猪屠宰、肉类配送综合业务，大力发展自宰经营。持续开展国家生猪屠宰标准化示范厂和省级畜禽屠宰标准化厂创建，到2025年，创建5家以上国家生猪屠宰标准化示范厂、30家以上省级畜禽屠宰标准化厂。

（十二）大力发展乳制品加工。瞄准世界及国内奶业20强，引进一批大型乳品加工项目，鼓励君乐宝、康诺等省内骨干乳品加工企业延伸产业链、做大做强。支持企业优化乳品结构，重点发展婴幼儿乳粉和巴氏杀菌乳，积极开发奶酪、黄油等新产品；完善质量标准体系，推进标准化生产，持续提升乳制品品质。支持奶农以开办“奶吧”等方式发展乳制品加工，因地制宜发展区域特色小型乳品加工企业。到2025年，全省乳制品产量达到760万吨，婴幼儿奶粉产量达到25万吨，功能性奶粉、巴氏奶、奶酪、黄油等高端乳制品销售收入占50%以上。

（十三）大力发展畜禽产品冷链加工配送。清理畜禽屠宰“空壳企业”和“休眠企业”，空出的设置规划优先向优势养殖区域调整使用。引导屠宰企业向畜禽养殖主产区转移，推动就地屠宰，促进运活畜禽向运肉转变。鼓励新建畜禽定点屠宰企业建设冷藏储备库、低温分割车间等冷藏加工设施，配备冷链运输车辆，提高冷链储存、运输能力。推动物流配送企业完善冷链配送体系，拓展销售网络。完善“点对点”调运制度，规范活畜禽跨区调运管理。

六、加强畜禽养殖废弃物综合利用，推动畜牧业绿色发展

（十四）全面加强畜禽粪污资源化利用。坚持突出重点、市场运作、梯次推进、逐县消号，整县推进粪污资源化利用，通过堆肥发酵、肥料化利用、沼气和天然气能源化利用等途径，减少粪污存量、控制增量。重点支持畜牧大县开展种养结合试点项目，建设一批粪污密闭发酵贮存设施，配置还田设施设备，加快推进机械化施肥。对现有规模养殖场配套设施建设实行分级管理，支持逐级提升，推动粪污处理设施向高水平发展。对新建规模养殖场严格落实“三同时”制度，配套建设粪污处理设施。对畜禽粪污全部还田利用的养殖场（户）登记管理，建立台账，养殖场（户）不需要申领排污许可证。到2025年，畜禽粪污处理设施一级场比例由15%增长到35%，二级场比例由35%增长到50%，三级场比例由50%降低到15%。

（十五）全面开展畜禽粪污资源化利用大整治行动。针对部分规模养殖场粪污处理设施落后、粪污堆积不规范、养殖臭气控制不到位等问题，全面开展畜禽粪污资源化利用大整治行动，确保不污染地下水、确保养殖场周边居民生活环境无异味、确保乡村环境洁净、确保不污染场外环境。对所有规模养殖场逐一排查畜禽粪污处理设施，建立整治台账，对存在设施配建不到位、运转不正常、粪污处理不规范等问题的养殖场，限期整改到位，情节严重的依法依规处理。

（十六）全面促进农牧循环发展。平原农区统筹规划畜牧业发展和农业结构调整，以地定养，以养定种，持续推进种养结合。张家口、承德半农半牧区坚持以草定畜，科学合理利用草原，加强退化草原生态修复，提升草原生产能力，综合利用饲草、秸秆等资源发展草食畜牧业。支持中小规模场通过堆沤发酵，就地就近还田，提高土壤肥力。引导社会资本在养殖密集区建立大型沼气工程和有机肥厂，为改善蔬菜、水果品质提供精细化有机肥。支持种植大户、农民合作社、家庭农场等配套建设液体粪肥田间贮存池、输送管网设施，示范带动粪肥还田。

（十七）全面提升绿色养殖水平。优化调整畜禽养殖布局，引导养殖业向粮食主产区和环境承载能力较大地区转移。严格执行饲料添加剂安全使用规范，依法加强饲料中超剂量使用铜、锌等问题监管。实施动物源细菌耐药性监测、药物饲料添加剂退出和兽用抗菌药使用减量化行动，加强兽用抗菌药综合治理。开展畜牧业绿色发展评价，推广绿色发展配套技术，提升区域畜禽养殖可持续发展能力。

七、保障措施

（十八）强化组织领导。各市、县政府对本地发展畜牧业生产、保障肉蛋奶供应负总责，坚持把畜牧业作为乡村振兴和农民增收的支柱产业，制定实施方案，细化推进举措，强化政策支持，建立工作机制，不得超越法律法规规定禁养限养。将畜牧产业健康发展纳入“菜篮子”市长负责制考核，提高分值比重。

（十九）保障畜牧业发展用地。按照畜牧业发展规划目标，结合地方国土空间规划编制，统筹解决畜禽养殖用地需求。严格落实我省改进和完善设施农业用地管理政策，有效保障养殖用地加大林地对畜牧业发展的支持，依法依规办理使用林地手续。鼓励节约使用畜禽养殖用地，提高土地利用效率。

（二十）加大政策扶持。落实国家生猪调出大县奖励政策。积极开展政府购买服务方式支持动物防疫社会化试点。落实畜禽规模养殖、畜禽产品初加工等环节用水、用电优惠政策。通过财政转移支付等现有渠道，加强对生猪屠宰标准化示范创建和畜禽产品冷链运输配送体系建设的支持。引导金融机构将土地经营权、养殖圈舍、大型养殖机械、畜禽活体等纳入抵质押担保服务范围，简化担保贷款程序。落实国家推进畜禽养殖保险政策，开展畜禽养殖收益险、畜产品价格险试点，逐步实现全覆盖。鼓励社会资本设立畜牧业产业投资基金和畜牧业科技创业投资基金。

（二十一）加强指导服务。完善市场动态预警分析机制，定期发布动态信息，指导养殖场（户）按市场需求生产。组织生猪产业体系创新团队专家开展技术培训，帮助养殖场户提升生物安全防护水平和饲养管理水平。研究制定牛羊肉等重要畜产品保供和市场调控预案，完善政府猪肉储备调节机制，缓解生猪生产和市场价格周期性波动。落实“放管服”改革措施，简化畜禽养殖用地取得程序以及环境影响评价、动物防疫条件审查、种畜禽进出口等审批程序，缩短审批时间，强化事中事后监管。

（二十二）强化品牌建设。引导养殖企业增强品牌意识，开展专业化品牌营销，多渠道、多方式宣传，提升品牌影响力。鼓励企业参加国内外展销会、品鉴会，提升品牌知名度、美誉度，培育一批企业品牌。支持资源禀赋突出、区域特色明显的养殖区培育一批区域公用品牌。

（冀农发〔2020〕143号）

V 统计图

现价农林牧渔业总产值

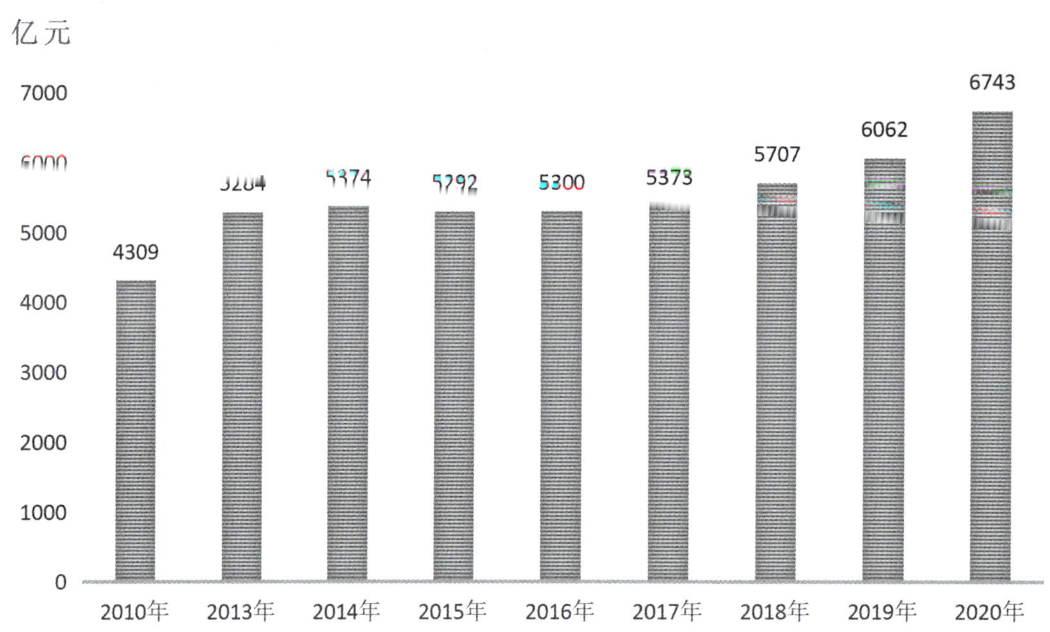

现价农林牧渔业总产值构成

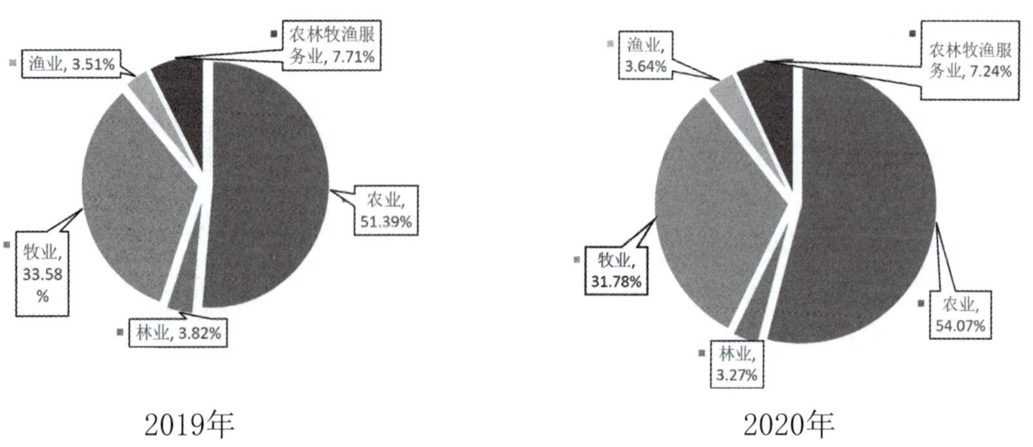

农林牧渔业增加值

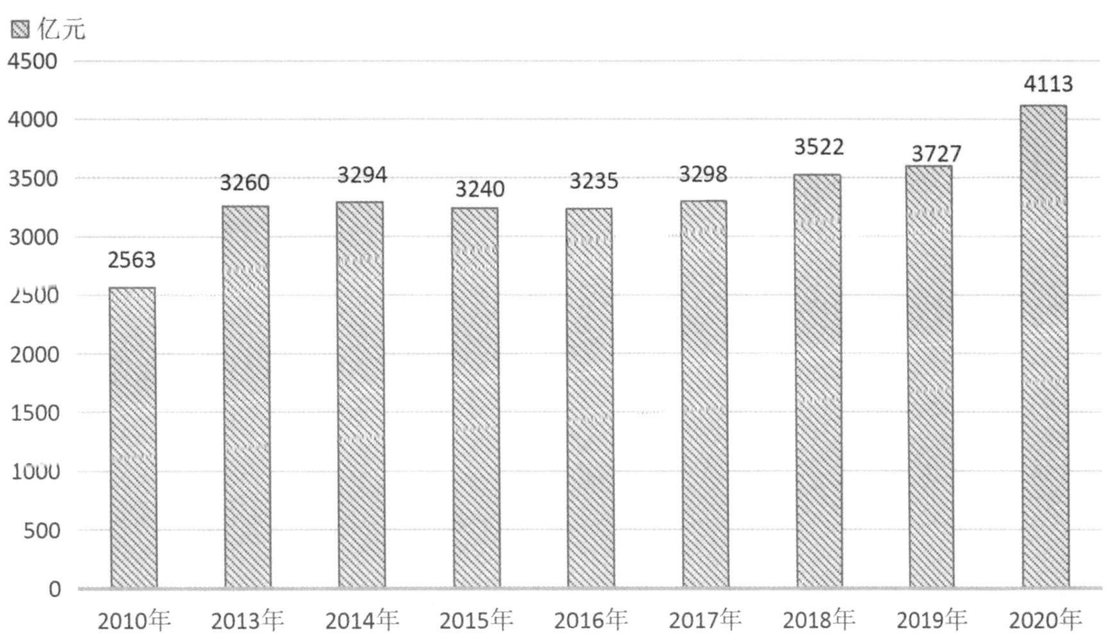

粮食、蔬菜和水果产量

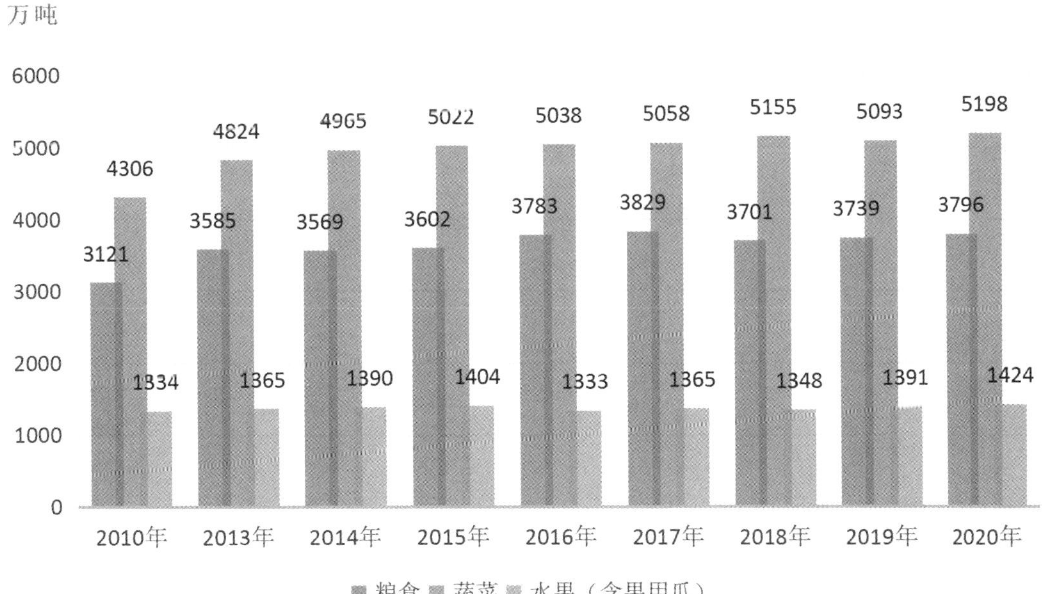

猪牛羊肉产量

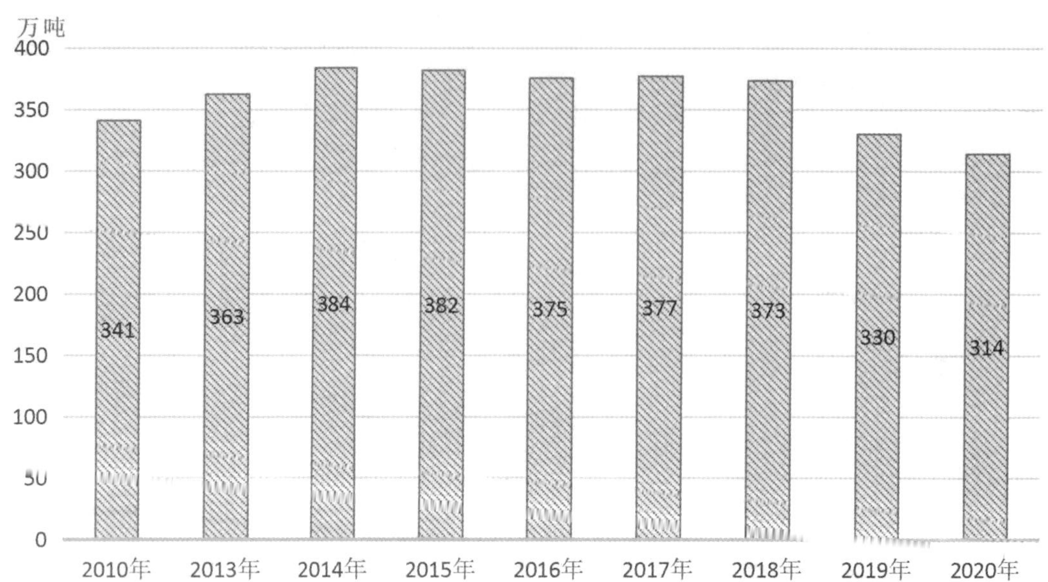

农民人均纯收入及生活消费支出

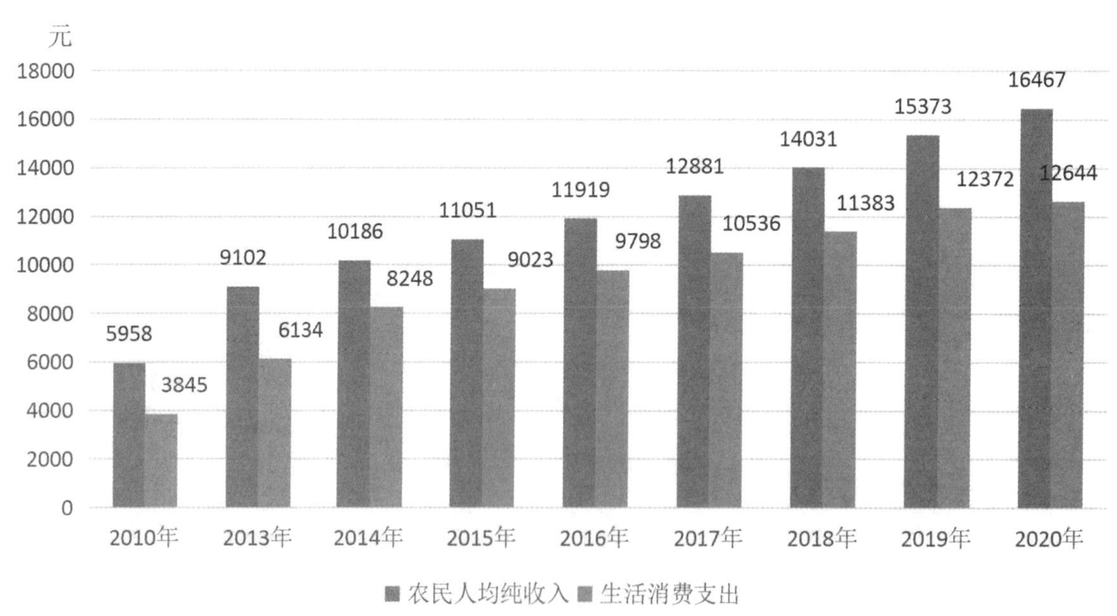

注：2020年农林牧渔业增加值为快报数。

VI 统计资料

1-1-1 全省行政区划

(2020年底)

单位：个

名称	地级单位数	县级单位数	市辖区	县级市	县	乡镇级单位数	街道办事处	乡数	镇数	居民委员会	村民委员会
全省	**11**	**167**	**49**	**21**	**97**	**2254**	**310**	**713**	**1230**	**4517**	**48709**
石家庄市（包含辛集市）	1	22	8	3	11	276	60	84	132	861	4283
石家庄市（不含辛集市）	1	21	8	2	11	261	60	77	124	843	3939
辛集市		1		1		15		7	8	18	344
唐山市	1	14	7	3	4	231	54	31	146	705	5313
秦皇岛市	1	7	4		3	97	23	23	51	160	2265
邯郸市	1	18	6	1	11	242	30	84	128	550	5192
邢台市	1	18	4	2	12	198	27	60	111	475	4893
保定市（包含定州市）	1	24	5	4	15	340	31	124	185	527	6186
保定市（不含定州市）	1	23	5	3	15	315	27	119	169	455	5716
定州市		1		1		25	4	5	16	72	470
张家口市	1	16	6		10	233	23	109	100	318	4172
承德市	1	11	3	1	7	217	14	88	115	190	2459
沧州市	1	16	2	4	10	194	26	65	103	261	5757
廊坊市	1	10	2	2	6	108	18	15	75	340	3203
衡水市	1	11	2	1	8	118	4	30	84	130	4986

1-1-2 总人口、人口自然变动及从业人员

年 份	总人口（万人）	#男	出生率（‰）	死亡率（‰）	自然增长率（‰）	就业人员（万人）	#一产业就业人员	城镇登记失业人数（万人）
1949	3086.06	1564.23	27.30	12.73	14.57			
1952	3271.95	1652.81	29.17	12.10	17.07			
1957	3670.10	1865.23	29.62	11.30	18.32			
1962	3883.58	1961.29	28.68	9.06	19.62			
1965	4086.96	2084.19	32.93	8.74	24.18			
1970	4549.55	2320.15	26.73	6.49	20.24			
1975	4913.39	2514.52	17.78	7.22	10.56			
1978	5057.47	2595.40	20.88	6.49	14.39	2109.39	1621.61	
1980	5167.62	2650.65	20.47	6.46	14.01	2182.80	1637.42	
1985	5547.52	2851.51	17.10	5.30	11.80	2555.43	1603.36	3.56
1990	6158.88	3147.00	20.46	6.82	13.64	2955.47	1020.61	7.70
1995	6436.51	3265.89	13.93	6.32	7.61	3252.01	1729.29	17.50
1996	6483.67	3309.37	13.85	6.55	7.30	3300.16	1635.17	15.64
1997	6524.58	3327.63	13.11	6.82	6.29	3324.23	1634.03	15.53
1998	6569.30	3343.24	13.01	6.18	6.83	3367.18	1650.22	15.86
1999	6613.66	3356.43	12.99	6.26	6.73	3322.30	1653.25	16.20
2000	6674.27	3397.20	11.30	6.21	5.09	3385.71	1678.12	17.40
2001	6699.13	3383.67	11.16	6.18	4.98	3409.16	1676.34	19.50
2002	6734.60	3419.96	11.53	6.25	5.28	3435.00	1662.59	22.20
2003	6769.44	3453.92	11.43	6.27	5.16	3470.23	1672.26	25.80
2004	6808.75	3479.62	11.98	6.19	5.79	3516.71	1612.85	28.01
2005	6850.83	3441.17	12.84	6.75	6.10	3568.97	1564.72	27.82
2006	6897.86	3485.69	12.86	6.59	6.23	3609.99	1524.89	28.69
2007	6943.19	3528.97	13.33	6.78	6.55	3664.97	1481.52	29.29
2008	6988.82	3562.35	13.04	6.49	6.55	3725.66	1481.37	32.24
2009	7034.40	3582.08	12.93	6.43	6.50	3792.49	1479.22	34.50
2010	7193.60	3647.18	13.22	6.41	6.81	4135	1566	35.14
2011	7231.86	3738.67	13.02	6.52	6.50	4087	1485	35.99
2012	7262.00	3680.82	12.88	6.41	6.47	4063	1418	36.83
2013	7287.59	3701.15	13.04	6.87	6.17	4032	1375	37.17
2014	7322.90	3720.24	13.18	6.23	6.95	3978	1338	38.30
2015	7345.20	3716.89	11.35	5.79	5.56	3927	1292	39.41
2016	7374.99	3747.38	12.42	6.36	6.06	3871	1186	39.73
2017	7409.14	3761.62	13.20	6.60	6.60	3795	1086	40.00
2018	7426.37	3761.46	11.26	6.38	4.88	3739	982	38.04
2019	7446.56	3765.49	10.83	6.12	4.71	3702	938	36.00
2020	7463.84	3769.83	8.16	7.22	0.94	3671	815	38.48

注：1.1999年以后年份就业人员不包括离开本单位仍保留劳动关系的职工。
2.2011—2020年常住人口根据第七次全国人口普查数据进行了修订，出生率、死亡率及自然增长率暂未调整。
3.2010—2020年就业人员及一产业就业人员数据根据第七次全国人口普查数据进行了修订。

1-1-3 历年农业基本生产条件

年份	一、户数、人口、劳动力								
	乡村户数（万户）	乡村人口数（万人）	乡村从业人员（万人）	#农林牧渔业	工业	建筑业	批发和零售业	交通运输、仓储和邮政业	住宿和餐饮业
1957	767.53	3322.06	1382.83	1382.83					
1962	836.21	3555.11	1375.24	1375.24					
1965	846.79	3703.83	1456.74	1456.74					
1970	921.07	4156.23	1635.57	1635.57					
1975	985.81	4415.46	1716.84	1617.61	37.40				
1978	1040.77	4490.38	1726.00	1475.43	95.39	11.87			
1980	1075.10	4537.77	1766.59	1542.02	126.25	22.51			
1985	1159.84	4793.36	2059.76	1639.03	167.98	81.15	35.96	31.14	
1990	1325.48	5211.59	2360.50	1780.42	220.73	102.01	53.59	48.07	
1995	1387.10	5324.29	2573.51	1715.42	325.04	157.83	98.00	78.23	
1996	1390.10	5319.26	2583.16	1621.83	365.92	184.06	116.48	85.58	
1997	1394.43	5313.76	2613.43	1620.31	380.19	188.14	122.16	89.11	
1998	1398.67	5322.46	2635.91	1635.83	380.10	191.51	125.73	89.63	
1999	1401.18	5336.29	2654.31	1639.90	382.38	198.06	129.69	90.63	
2000	1422.61	5382.39	2707.10	1665.45	388.36	202.47	135.33	92.13	
2001	1434.07	5385.64	2717.88	1664.96	390.30	205.74	137.46	93.69	
2002	1434.69	5388.84	2731.76	1651.97	403.47	212.53	141.17	94.55	
2003	1436.10	5383.04	2748.04	1660.24	441.88	243.73	124.89	101.01	37.81
2004	1439.38	5389.87	2771.98	1600.43	481.54	259.35	140.60	107.92	43.05
2005	1448.55	5422.28	2805.94	1552.75	518.86	275.22	154.26	114.71	48.61
2006	1445.65	5412.04	2817.80	1513.04	545.32	285.43	161.03	117.63	50.38
2007	1461.93	5456.94	2846.53	1479.04	576.85	301.50	165.60	121.22	53.11
2008	1476.82	5495.58	2894.82	1478.23	597.96	309.50	172.04	126.96	55.69
2009	1497.39	5531.18	2944.36	1472.50	623.63	327.11	178.03	129.21	57.52
2010	1525.58	5570.20	2976.55	1458.33	640.13	342.13	182.49	132.36	59.60
2011	1536.91	5599.62	3003.83	1433.17	657.96	352.33	188.10	137.87	63.88
2012	1551.16	5628.36	3023.37	1419.85	670.96	359.83	190.89	140.15	65.69
2013	1564.25	5659.96	3039.17	1397.22	678.97	361.10	202.82	133.99	77.86
2014	1575.24	5695.41	3055.91	1389.29	689.86	364.60	207.42	134.99	79.33
2015	1579.05	5711.49	3055.31	1371.37	695.43	365.92	211.87	135.33	80.71
2016	1590.45	5746.56	3063.83	1369.28	695.76	366.89	215.22	135.88	82.87
2017	1609.73	5736.31	3061.75	1354.71	699.30	366.70	216.57	136.78	84.34
2018	1660.26	5829.24	3023.20	1354.33	685.20	357.32	210.21	124.09	88.30
2019	1683.11	5861.38	3018.16	1338.01	686.43	356.99	214.09	124.70	90.41
2020	1695.42	5843.93	2997.87	1317.55					

注：1.乡村从业人员：指乡村人口中16岁以上实际参加生产经营活动并取得实物或货币收入的人员。
2.2002年及以前年度的批发和零售业从业人员包括批发和零售业以及住宿和餐饮业从业人员。
3.按照农林牧渔业统计报表制度，除农业从业人员外，其他从业人员不再统计。

1-1-3续1　历年农业基本生产条件

年 份	二、耕地面积(千公顷)				三、农业机械化情况		
	年末耕地面　　积	#年末常用耕地面积	#有　　效灌溉面积	有效灌溉面积占耕地面积比　重(%)	1.农用机械总 动 力(万千瓦)	2.大中型拖拉机(台)	3.小　型拖拉机(万台)
1949		7265.79	769.21	10.6			
1952		7616.41	962.84	12.6		34	
1957		7545.97	1577.55	20.9		1953	
1962		6953.83	1357.31	19.5		4724	
1965		6983.71	1754.27	25.1		5614	
1970		6849.55	2678.31	39.1		6909	0.07
1975		6718.61	3553.22	52.9	769.04	17017	1.94
1978		6675.01	3660.17	54.8	1083.17	28092	9.10
1980		6648.01	3622.25	54.5	1253.84	42133	11.06
1985		6603.41	3572.70	54.1	1955.71	37341	29.04
1990		6556.03	3758.49	57.3	2822.25	30063	59.39
1995		6517.25	4040.01	62.0	4336.44	29040	91.53
1996	6897.11	6498.80	4248.15	61.6	5137.72	32961	101.20
1997	6888.52	6493.74	4322.57	62.8	5808.66	38414	108.64
1998	6874.94	6484.58	4388.04	63.8	6263.90	45767	116.34
1999	6868.77	6478.71	4444.45	64.7	6622.75	52953	123.12
2000	6857.08	6465.96	4482.32	65.4	7000.39	63624	129.85
2001	6854.04	6448.93	4485.39	65.4	7244.43	66771	132.14
2002	6691.13	6125.15	4415.17	66.0	7451.21	76753	134.94
2003	6486.51	5991.27	4403.99	67.9	7764.54	81165	133.79
2004	6441.51	6000.63	4459.77	69.2	8135.63	89745	139.60
2005	6396.25	5988.93	4547.75	71.1	8487.21	100894	144.68
2006	6315.34	5882.52	4569.77	72.4	8795.77	111080	145.47
2007	6314.53	5893.61	4579.02	72.5	9134.53	114345	148.15
2008	6331.89	5901.44	4560.51	72.0	9525.37	136169	150.05
2009	6561.35	6060.83	4509.60	68.7	9861.37	155153	149.15
2010	6551.42	6057.53	4520.87	69.0	10151.30	172676	150.50
2011	6563.78		4596.61	70.0	10349.19	197882	149.10
2012	6558.33		4165.03	63.5	10553.81	213733	146.27
2013	6551.20		4349.03	66.4	10786.45	234425	142.43
2014	6537.74		4404.22	67.4	10942.86	254604	138.62
2015	6525.47		4447.98	68.2	11102.81	274346	136.26
2016	6520.50		4457.64	68.4	7401.97	298740	131.81
2017	6518.86		4474.67	68.6	7580.58	314728	128.99
2018	6523.55		4495.13	68.9	7706.20	280018	122.39
2019	6034.18		4482.16	74.3	7830.73	297151	
2020	6011.34		4470.03	74.4	7965.74	306385	

注:1.年末常用耕地面积不包括25° 以上坡地。从2011年起，不再统计常用耕地面积。
2.2012年有效灌溉面积为全国第一次水利普查数据(下同)。
3.因统计口径变化，2018年起小型拖拉机不在统计。
4.2019年耕地面积为国土三调数据。

1-1-3续2 历年农业基本生产条件

年 份	三、农业机械化情况（续）						四、农业现代化项目水平	
	4.大中型拖拉机配套农具（台）	5.小型拖拉机配套农具（万台）	6.农用排灌电动机（万台）	7.农用排灌柴油机（万台）	8.联合收获机（台）	9.农用水泵（万台）	1.机耕地面积（千公顷）	机耕地面积占总播种面积比重（%）
1952	156						2.05	0.03
1957	4563		0.05	0.16			480.45	6.37
1962	16239		3.03	1.11			1321.67	19.01
1965	15365		6.96	1.13			1764.31	25.26
1970	13537		14.50	4.76			1485.02	21.68
1975	33078		31.82	41.09	237		2740.69	40.79
1978	76803	16.84	40.17	48.60	269	63.87	3863.28	57.88
1980	88589	11.11	46.46	47.09	397	65.28	3819.53	57.45
1985	53091	18.33	62.29	71.12	558	87.01	2792.11	42.28
1990	40962	56.01	75.26	109.00	1624	111.15	4249.63	64.82
1995	45809	89.69	97.45	125.67	12265	134.87	4595.89	70.52
1996	51395	102.08	115.34	130.43	16277	148.88	4765.60	73.33
1997	59013	113.21	122.14	136.34	25006	165.65	4924.14	75.83
1998	76953	130.30	126.05	136.27	32041	163.04	5056.51	77.98
1999	94202	136.69	126.92	136.64	37756	161.42	5141.02	79.35
2000	108349	156.69	131.23	138.23	41945	163.71	5072.60	78.45
2001	123114	163.99	128.01	135.14	43946	156.75	4916.85	76.24
2002	132318	167.61	130.43	131.83	45808	163.72	4874.29	79.58
2003	143412	170.63	133.60	119.46	50578	162.73	4740.87	79.13
2004	163534	182.54	136.61	128.44	53619	159.65	4707.93	78.46
2005	183516	191.63	139.46	125.84	56015	165.85	4745.47	79.24
2006	205530	227.69	139.87	124.33	60412	164.99	4768.88	81.07
2007	223486	200.55	142.62	123.12	63618	170.51	4860.07	60.63
2008	260496	198.96	145.24	117.94	68595	174.44	4914.24	59.28
2009	320043	199.45	146.93	115.00	72937	171.28	5251.56	63.49
2010	345268	201.04	148.18	113.21	79264	172.09	5317.10	64.37
2011	379647	199.38	148.76	109.36	85926	172.22	5332.02	64.41
2012	409718	195.46	149.88	105.28	101418	172.15	5401.96	64.60
2013	435351	191.04	152.41	100.75	115167	172.03	5408.02	64.26
2014	458201	183.74	153.62	97.03	127713	170.61	5432.65	64.25
2015	497756	180.39	154.46	94.27	137703	169.73	5475.26	64.74
2016	538025	173.39	152.91	88.47	147449	164.83	5473.05	64.64
2017	597906	168.78	147.36	75.35	155957	164.71	5480.01	65.38
2018					160464	155.23	5022.44	61.27
2019					167401	156.70	5434.56	66.82
2020					173404	156.37	5216.88	64.49

注：因统计口径变化，大中型拖拉机配套农具、小型拖拉机配套农具、农用排灌电动机、农用排灌柴油机不在统计。

1-1-3续3　历年农业基本生产条件

年 份	四、农业现代化项目水平(续)							
	2.机械播种面积(千公顷)	机播面积占总播种面积比重(%)	3.机械收获面积(千公顷)	机收面积占总播种面积比重(%)	4.化肥施用量(折纯)(万吨)	5.农村用电量(亿千瓦小时)	6.旱涝保收面积(千公顷)	7.年末实有机电井(眼)
1952					0.48			5
1957					3.04	0.11		5786
1962					2.73	1.92		47382
1965					4.65	5.42	806.64	76557
1970					18.52	11.43	1566.41	217105
1975	365.95	3.87	86.14	0.91	36.94	20.12	1933.87	555211
1978	1699.25	18.13	141.74	1.51	65.32	23.84	2008.10	587389
1980	1725.62	19.14	237.32	2.63	74.74	30.77	2041.28	565650
1985	1161.85	13.42	313.37	3.62	110.36	40.93	2225.33	630762
1990	2201.65	25.06	1172.05	13.34	145.21	58.81	2681.20	735470
1995	2956.26	33.90	1881.15	21.57	220.68	118.51	3081.48	798012
1996	3351.66	37.78	2045.29	23.05	259.28	150.02	3176.99	814821
1997	3865.74	43.65	2323.93	26.24	262.44	161.32	3272.56	828334
1998	4306.06	47.33	2579.49	28.35	270.23	167.37	3389.74	889574
1999	4608.08	50.89	2693.47	29.75	272.41	172.91	3423.18	877442
2000	4550.57	50.43	2688.00	29.79	270.62	180.45	3428.17	880324
2001	4498.87	50.04	2570.34	28.59	273.38	184.07	3461.67	893224
2002	4712.83	52.74	2504.62	28.03	278.80	201.73	3372.52	909821
2003	4672.01	54.08	2312.39	26.77	283.31	216.77	3420.42	918432
2004	4778.86	54.96	2258.13	25.97	289.88	266.58	3455.84	918495
2005	5282.47	60.13	2480.45	28.23	303.39	337.05	3609.66	937207
2006	5354.98	61.45	2623.25	30.10	304.89	388.22	3638.66	943907
2007	5472.76	68.28	2682.37	33.47	311.87	430.14	3733.94	952795
2008	6018.41	72.60	2846.50	34.34	312.40	418.90	3751.87	961710
2009	6183.34	74.76	3147.03	38.05	316.17	486.05	3450.17	960346
2010	6274.51	75.96	3428.52	41.50	322.86	511.81	3568.32	964516
2011	6451.91	77.94	3715.28	44.88	326.28	559.22	3659.75	983695
2012	6592.46	78.84	4209.83	50.35	329.33	593.94	3678.54	906250
2013	6571.87	78.09	4680.15	55.61	331.04	616.37	3561.43	913808
2014	6623.45	78.34	4988.42	59.00	335.61	631.33	3548.63	922302
2015	6624.64	78.33	5192.38	61.39	335.49	611.82	3590.44	917192
2016	6669.38	78.77	5397.25	63.74	331.79	600.78	3597.60	914284
2017	6825.28	81.43	5533.93	66.02	321.98	615.16	3754.12	913585
2018	6763.35	82.51	5825.05	71.06	312.40	505.16	3597.78	986134
2019	6689.23	82.25	5839.28	71.80	297.27	501.57	3437.92	976058
2020	6731.55	83.21	5950.57	73.56	285.71	509.80	3499.77	1009896

注：1.从2009年开始，机耕面积按播种面积计算，机耕面积占耕地面积的比重为机耕面积占播种面积的比重。
2.2012年机电井数据为全国第一次水利普查数据。

1-1-4 历年受灾和成灾面积

单位：公顷

年 份	受灾面积	#旱 灾	水 灾	成灾面积	#旱 灾	水 灾	成灾率(%)
1949	1127333	91333	956667	715333	26000	531333	63.5
1952	1394000	768667	173333	955333	238000	107333	68.5
1957	1165333	510667	157333	726000	168000	98000	62.3
1962	3198000	1596000	916000	2044667	843333	674000	63.9
1965	2697333	2352667	27333	1624000	1192667	19333	60.2
1970	662000	113333	136000	347333	96667	192667	52.5
1975	1971933	1576933	94933	1048000	865933	45200	53.1
1978	1474413	760440	311873	970187	504920	199367	65.8
1980	2721460	2386353	4547	1976447	1764400	2440	72.6
1985	2570013	847813	619420	1844233	592140	461700	71.8
1990	3095293	217653	244067	1783887	70807	176240	57.6
1995	2762177	289226	787140	1875069	151565	575190	67.9
1996	2507050	368585	1387067	1708628	216716	1028734	68.2
1997	4044083	3439195	16610	3063959	2684902	12137	75.8
1998	2444726	1030099	139899	1358898	562018	102401	55.6
1999	3617217	3048057	13925	2602177	2269793	10761	71.9
2000	3560282	2974700	114161	2541304	2210543	62783	71.4
2001	2924925	2224193	40795	2063339	1656829	32128	70.5
2002	3696377	2660998	19101	2617448	1959847	14979	70.8
2003	2622015	1316182	105837	1664419	938896	69388	63.5
2004	1543220	391253	110778	797522	198684	61610	51.7
2005	1721821	934146	108803	976022	596169	65277	56.7
2006	1774124	1046985	118614	899864	530335	67098	50.7
2007	1847462	1243650	102746	1170210	876055	84220	63.3
2008	1397714	735875	72775	825872	479858	51673	59.1
2009	1944331	1218240	67906	1301122	928342	31833	66.9
2010	1668172	844652	127120	1058292	640473	58048	63.4
2011	811365	497273	95774	479815	319801	53479	59.1
2012	1107557	338989	456026	758574	236924	310506	68.5
2013	752708	195702	226454	485081	118760	160609	64.4
2014	1164465	976120	17463	721840	599239	10605	62.0
2015	1794902	1104150	320992	976931	543319	239997	54.4
2016	1447833	216054	953218	560582	20601	371143	38.7
2017	803234	367400	58237	381442	146100	23055	47.5
2018	578825	44030	107816	361202	36056	60301	62.4
2019	318800	130500	174000	218700	97300	108700	68.6
2020	371983	19302	20130	261016	14394	15715	70.2

注：2015年后数据为民政部门数，其他年份为统计部门数。

1-1-5 农村基层组织和从业人员

指　　标	单　位	2010年	2015年	2019年	2020年	2020年比上年增减(%)
一、农村基层组织情况						
乡个数	个	953	890	789	713	-0.1
镇个数	个	1007	1067	1155	1230	-0.1
村民委员会个数	个	48953	48974	48719	48709	0.0
二、乡村户数、人口、从业人员						
乡村户数	万户	1525.6	1579.0	1683.1	1695.4	0.7
乡村人口数	万人	5570.2	5711.5	5861.4	5843.9	-0.3
乡村从业人员	万人	2976.5	3055.3	3018.2	2997.9	-0.7
#男从业人员	万人	1602.5	1650.1	1640.7	1629.7	-0.7
三、乡村从业人员按行业分						
农林牧渔业	万人	1458.3	1371.4	1338.0	1317.6	-1.5
工　业	万人	640.1	695.4	686.4		
建筑业	万人	342.1	365.9	357.0		
批发和零售业	万人	182.5	211.9	214.1		
交通运输、仓储和邮政业	万人	132.4	135.3	124.7		
住宿和餐饮业	万人	59.6	80.7	90.4		
其他非农行业	万人	161.5	194.7	207.6		

注：按照农林牧渔业统计报表制度，除农业从业人员外，其他从业人员不再统计。

1-1-6 农业主要资源

指　　标	单　位	2010年	2015年	2019年	2020年	2020年比上年增减(%)
一、年末耕地面积	**千公顷**	**6551.4**	**6525.5**	**6034.2**	**6011.3**	**-0.4**
#有效灌溉面积	千公顷	4520.9	4448.0	4482.2	4470.0	-0.3
二、森　林						
森林面积	千公顷	4875.3	5800.0		6600.7	
森林覆盖率	%	26.00	31.00		35.0	
林木储蓄量	万立方米	12145	13975		17500.0	
三、草原面积	**千公顷**	**3692.85**	**2774.35**	**2844**	**2844.0**	
四、水文、水利						
水资源总量	亿立方米	138.92	135.09	113.5	146.3	28.9
水能资源可开发量	万千瓦	120.6	120.6	120.6	120.6	
淡水养殖面积	公　顷	74955	55781	35973	35660	-0.9
海水养殖面积	公　顷	123810	117533	107041	105341	-1.6
海岸线长度	公　里	487	487	487	487	

注：1.2015年草原面积数据为二调数据。
　　2.2015年森林面积、森林覆盖率数据为预计数。

1-1-7 主要农用机械年末拥有量及增减

指标	单位	2010年	2015年	2019年	2020年	2020年比上年增减(%)
一、农用机械总动力合计	**万千瓦**	**10151.30**	**11102.81**	**7830.73**	**7965.74**	**1.7**
柴油发动机动力	万千瓦	8011.62	8760.15	5516.16	5668.90	2.8
汽油发动机动力	万千瓦	121.57	146.03	143.33	142.53	-0.6
电动机动力	万千瓦	2018.11	2196.63	2171.15	2154.31	-0.8
其他机械动力	万千瓦			0.10		
二、主要农业机械与设备						
大中型拖拉机	万台	17.27	27.43	29.72	30.64	3.1
小型拖拉机	万台	150.50	136.26			
大中型拖拉机配套农具	万台	34.53	49.78			
小型拖拉机配套农具	万台	201.04	180.39			
农用排灌电动机	万台	148.18	154.46			
农用排灌柴油机	万台	113.21	94.27			
联合收获机	万台	7.93	13.77	16.74	17.34	3.6
割晒机	台	39881	30374			
机动脱粒机	万台	21.78	19.81	15.69	15.42	-1.7
农用运输车	万辆	268.19	269.41			
节水灌溉机械	万套	4.39	5.69	5.89	7.00	18.8
农用水泵	万台	172.09	169.73	156.70	156.37	-0.2

注：1.根据《道路交通安全法》和《机动车运行安全技术条件》（GB7258-2012）的规定，取消了“农用运输车”的称谓，统一称为“低速载货汽车”，2016年起不再对“农用运输车”进行单独统计。
2.因统计口径变化，2018年起，大中型拖拉机配套农具、小型拖拉机配套农具、农用排灌电动机、农用排灌柴油机不在统计。

1-1-8 农业机械化、电气化及农田水利建设情况

指标	单位	2010年	2015年	2019年	2020年	2020年比上年增减(%)
一、农业机械化情况						
机耕地面积	千公顷	5317.10	5475.26	5434.56	5216.88	-4.0
机械播种面积	千公顷	6274.51	6624.64	6689.23	6731.55	0.6
机械收获面积	千公顷	3428.52	5192.38	5839.28	5950.57	1.9
二、农村电气化情况						
1.农村水电站处数	处	135	248	257	242	-5.8
装机容量	千瓦	63222	395658	407408	404703	-0.7
发电量	万千瓦小时	11588	42078	59860	56629	-5.4
2.农村用电量	亿千瓦小时	511.81	611.82	501.57	509.8	1.6
三、农田水利建设情况						
有效灌溉面积	千公顷	4520.87	4447.98	4482.16	4470.03	-0.3
旱涝保收面积	千公顷	3568.32	3598.52	3437.92	3499.77	1.8
年末机电井数	万眼	96.45	91.72	97.60	100.99	3.5

1−1−9　农用化肥、农药、农膜和柴油使用量

指　　标	单　位	2010年	2015年	2019年	2020年	2020年比上年增减(%)
一、农用化肥施用量(折纯)	**万　吨**	**322.86**	**335.49**	**297.27**	**285.70**	**-3.9**
氮　肥	万　吨	153.07	147.95	106.49	100.61	-5.5
磷　肥	万　吨	47.31	46.36	23.37	22.28	-4.7
钾　肥	万　吨	26.84	28.05	22.20	20.99	-5.5
复合肥	万　吨	95.64	113.14	145.20	141.83	-2.3
二、农药使用量	**万　吨**	**8.46**	**8.33**	**5.73**	**5.43**	**-5.3**
三、农用塑料薄膜使用量	**万　吨**	**11.86**	**13.80**	**10.32**	**10.37**	**0.5**
#地膜使用量	万　吨	6.40	6.57	5.03	4.97	-1.1
地膜覆盖面积	千公顷	1066.12	1068.55	773.85	767.56	-0.8
四、农用柴油使用量	**万　吨**	**298.47**	**293.19**	**200.14**	**140.53**	**-29.8**

注：2016年走农用柴油使用量不包含农用运输车的柴油使用量。

1−1−10　历年灌区、水库和节水灌溉情况

项　　目	单　位	1990年	1995年	2000年	2005年	2010年	2015年	2019年	2020年
年底万亩以上灌区	处	158	163	147	141	140	149	152	151
#五十万亩以上	处	4	4	5	5	5	6	6	6
三十至五十万亩	处	2	3	12	13	15	15	15	15
水库	座	1173	1169	1107	1096	1063	1065	1060	1031
#大型水库	座	17	17	18	18	19	23	23	24
中型水库	座	35	38	39	39	42	45	45	45
小型水库	座	1121	1114	1050	1039	1002	997	992	962
水利工程向农业年供水量	亿立方米	148.14	163.98	170.67	150.69	151.70	130.24	110.84	106.73
易涝面积	千公顷	1865.29	1865.07	1865.07	1870.46	1870.70	1870.70	1870.70	1870.70
除涝面积	千公顷	1564.95	1616.47	1638.16	1642.67	1648.64	1641.14	1638.25	1638.06
占易涝面积比重	%	83.90	86.67	87.83	87.82	88.13	87.73	87.57	87.56
水土流失面积	千公顷	6878.20	6978.65	6978.64	7071.62	7125.49	7125.49	7125.49	7125.49
水土流失治理面积	千公顷	4020.70	4589.00	5407.14	5977.24	6290.31	5061.55	5722.22	5934.37
占流失面积比重	%	58.46	65.76	77.48	84.52	88.28	71.03	80.31	83.28
堤防长度	公　里	17572.00	20106.00	20258.18	21115.67	21393.84	11728.36	12046.17	12173.06
堤防保护耕地面积	千公顷	3191.00	2977.12	3106.46	3343.98	3283.87	3794.26	3574.80	3590.85
节水灌溉面积	千公顷		1225.94	1978.75	2405.21	2698.83	3139.98	3623.91	3648.92
#喷滴灌	千公顷		47.46	371.74	366.61	241.92	193.37	259.04	276.73

1-1-11 受灾情况

指　　标	单　位	2010年	2015年	2019年	2020年
一、受灾面积	**千公顷**	**1668.17**	**1794.90**	**318.80**	**371.98**
#旱　灾	千公顷	844.65	1104.15	130.50	19.30
水　灾	千公顷	127.12	320.99	13.50	20.13
风雹灾	千公顷	149.83	347.77	115.90	189.95
霜冻灾	千公顷	252.98	10.68	10.30	142.13
病虫灾	千公顷	118.80	11.31	4.00	0.47
二、成灾面积	**千公顷**	**1058.29**	**976.93**	**218.70**	**261.02**
#旱　灾	千公顷	640.47	543.32	97.30	14.39
水　灾	千公顷	58.05	240.00	8.10	15.71
风雹灾	千公顷	86.92	159.00	82.30	142.95
霜冻灾	千公顷	146.53	2.80	9.70	87.50
病虫灾	千公顷	35.32	6.25	3.00	0.46
三、绝收面积	**千公顷**		**170.85**	**52.30**	**69.53**
四、因灾损失情况					
成（受）灾人口	万人	484.03	1701.80	294.96	286.94
死亡人口	人	7	16	3	4
倒塌房屋	间	2046	621	202	53

注：2015年后数据为民政部门数，其他年份为统计部门数。

1-2-1 历年主要农作物播种面积

单位：千公顷

年 份	总播种面 积	#粮食作物播种面积	#夏收粮食	谷 物	#小 麦	稻 谷	玉 米	豆 类	#大 豆	薯 类
1949	8471.0	7242.9	1621.5		1577.1	38.6	1246.3		632.1	350.2
1952	9071.4	7418.8	1634.1		1586.4	53.5	1129.0		548.9	456.9
1957	9707.9	7983.2	2474.9		2397.0	145.0	1473.7		813.6	481.2
1962	8470.3	7085.5	1795.8		1724.1	57.5	1216.6		535.5	768.1
1965	8615.1	7215.5	1978.7		1851.6	122.2	1457.6		480.0	673.6
1970	8998.8	7670.7	2278.4		2076.1	92.8	1735.6		410.7	694.6
1975	9448.1	8054.1	2954.9		2813.2	73.5	1895.9		241.1	630.3
1978	9370.0	7949.4	2979.2		2854.8	110.2	2236.2		260.0	608.5
1980	9013.9	7487.2	2703.8		2648.9	145.2	2340.9		261.[illegible]	473.6
1985	8656.5	6492.7	2367.5		2351.9	127.6	1749.5		300.7	473.9
1990	8786.7	6827.8	2515.0		2508.4	147.7	2040.8		403.5	433.7
1995	8720.1	6829.5	2515.3	5767.2	2500.6	128.7	2290.8	655.4	481.4	407.0
2000	9024.4	6918.7	2716.6	5879.1	2678.8	143.9	2478.6	592.2	423.7	447.4
2001	8990.8	6628.9	2629.6	5736.1	2579.8	94.1	2543.4	484.0	379.2	408.8
2002	8935.1	6484.4	2493.2	5625.8	2449.6	111.0	2577.4	452.1	331.3	406.5
2003	8638.5	5944.0	2232.9	5183.5	2192.9	75.6	2488.8	384.0	280.5	376.5
2004	8695.4	6003.4	2200.5	5322.9	2161.5	83.5	2630.6	359.7	274.3	320.8
2005	8785.5	6240.2	2415.4	5611.3	2377.1	87.7	2677.4	333.1	254.9	295.8
2006	8713.9	6271.7	2535.6	5752.2	2504.5	88.7	2799.9	270.0	210.9	249.5
2007	8248.2	6201.5	2441.0	5715.3	2420.2	84.0	2903.2	236.6	180.5	249.6
2008	8283.9	6201.0	2451.7	5714.1	2431.8	80.5	2885.4	236.6	180.4	250.3
2009	8266.9	6317.4	2418.5	5893.5	2397.8	83.4	3080.4	189.5	145.7	234.4
2010	8352.0	6441.3	2472.7	6055.9	2451.4	77.6	3191.0	160.4	124.5	225.0
2011	8422.2	6488.6	2455.3	6115.5	2435.0	80.3	3264.7	140.5	109.7	232.6
2012	8462.5	6553.6	2476.9	6197.8	2457.1	82.6	3323.2	127.8	98.5	228.0
2013	8443.8	6607.3	2450.3	6272.6	2432.0	82.9	3428.5	117.9	92.1	216.7
2014	8432.1	6678.6	2421.7	6361.8	2404.0	80.5	3542.1	110.1	86.6	206.7
2015	8482.2	6772.1	2413.5	6463.4	2394.2	79.9	3654.4	98.5	78.6	210.2
2016	8467.5	6791.4	2408.3	6490.6	2389.8	76.3	3696.1	89.1	68.7	211.8
2017	8381.7	6658.5	2400.5	6356.7	2373.4	75.0	3544.1	90.1	70.1	211.6
2018	8197.1	6538.7	2385.1	6196.5	2357.2	78.4	3437.7	116.0	87.6	226.2
2019	8132.7	6469.2	2346.7	6121.7	2322.5	78.2	3408.2	125.1	93.5	222.4
2020	8089.4	6388.8	2243.2	6036.0	2216.9	78.7	3417.1	122.1	89.5	230.7

1-2-1续　历年主要农作物播种面积

单位：千公顷

年 份	#棉 花	#油 料			#麻 类	#甜 菜	#烟 叶		#蔬菜播种面积	#瓜果类播种面积
			#花 生	芝 麻				#烤 烟		
1949	625.4	322.7	232.5	52.5	21.9		4.1	0.3		
1952	978.1	348.8	229.9	45.4	40.0		8.1	1.6		
1957	935.8	338.6	220.5	36.9	40.2		5.0	0.8		
1962	667.8	208.7	80.6	46.7	25.0	1.2	5.2	0.5		
1965	716.5	287.3	142.5	39.4	41.1	0.2	3.7	0.7		
1970	580.8	273.3	123.5	46.2	26.3	2.2	4.0	0.8		
1975	582.3	300.3	137.9	40.4	37.9	11.3	8.5	3.3	210.0	25.3
1978	576.6	300.2	133.1	32.1	30.2	15.2	11.8	6.3	225.4	26.0
1980	548.7	461.0	237.1	52.3	27.8	10.0	5.6	1.0	213.7	36.5
1985	850.3	749.8	331.6	123.3	24.6	11.5	11.5	3.3	263.2	82.7
1990	910.9	543.5	296.2	59.7	9.0	7.7	12.2	7.2	288.5	45.2
1995	700.5	604.5	371.7	46.4	4.9	11.9	5.5	3.7	408.9	53.0
2000	307.4	686.4	463.3	25.9	3.0	9.9	5.5	3.7	866.1	87.7
2001	418.5	631.7	494.5	26.1	2.6	9.3	4.1	2.9	925.8	109.7
2002	407.4	642.0	479.8	21.3	3.6	11.6	4.9	3.2	1028.9	104.1
2003	581.4	634.0	489.5	19.2	2.1	11.5	4.7	3.1	1068.5	111.8
2004	669.1	583.6	448.9	16.2	2.1	8.6	4.4	2.9	1082.2	109.3
2005	573.5	559.0	438.8	15.2	2.2	10.5	3.7	2.6	1104.8	105.4
2006	664.1	485.9	377.6	13.0	2.0	13.9	1.9	1.1	1066.7	103.1
2007	678.5	488.4	383.5	9.7	1.5	15.7	1.9	1.1	653.6	99.9
2008	679.4	496.5	384.3	7.4	0.4	15.7	2.6	2.3	670.3	92.8
2009	581.7	467.6	352.8	5.8	0.4	12.5	2.4	2.1	669.6	82.7
2010	558.9	428.5	336.4	4.4	0.3	14.1	2.2	1.9	693.2	83.3
2011	603.7	403.9	317.8	3.8	0.3	11.5	2.1	1.9	705.7	83.3
2012	547.3	404.5	311.4	3.1	0.3	12.2	2.1	2.0	734.0	84.1
2013	451.2	411.7	311.6	2.5	0.3	12.5	2.1	2.0	743.6	84.8
2014	375.5	390.9	287.6	2.1	0.3	11.1	1.7	1.6	754.7	85.6
2015	322.5	383.8	276.7	2.1	0.2	11.6	1.6	1.5	755.1	85.8
2016	230.7	383.1	270.6	1.5		12.1	1.4	1.4	751.6	70.3
2017	220.6	394.6	266.8	1.4		12.2	1.3	1.3	748.6	70.7
2018	210.4	367.9	258.1	1.6		18.1	1.4	1.3	787.6	73.9
2019	203.9	364.5	250.2	1.4		12.4	1.4	1.0	794.6	74.6
2020	189.2	355.4	246.1	1.7		12.6	1.0	0.6	803.5	74.9

1-2-2 历年主要农作物产品产量

年 份	粮 食总产量(万吨)	#夏收粮食	谷 物	#小 麦	稻 谷	玉 米	豆 类	#大 豆	薯 类	棉 花总产量(万吨)
1949	469.5	90.2		86.4	3.1	86.1		30.7	47.5	10.8
1952	772.2	119.3		115.5	9.7	134.7		39.2	95.8	28.1
1957	819.1	167.0		161.7	22.5	207.8		70.7	106.5	30.1
1962	662.8	109.7		104.2	10.5	140.4		33.8	153.4	13.0
1965	964.5	206.0		192.0	27.1	250.7		34.5	159.1	26.1
1970	1272.5	256.5		228.0	36.4	368.1		53.1	210.7	25.3
1975	1543.4	487.4		460.0	36.7	421.1		27.5	199.2	18.3
1978	1687.0	655.2		631.4	54.3	516.6		32.3	163.8	11.7
1980	1522.5	387.9		378.8	83.1	663.2		29.7	[illegible]	24.7
1985	1966.6	748.2		744.3	78.0	678.9		38.5	144.5	62.9
1990	2276.9	929.8		927.7	91.6	829.2		53.5	138.6	57.1
1995	2739.0	1065.4	2507.0	1060.3	90.3	1183.4	94.3	78.6	137.7	37.1
2000	2551.1	1219.8	2355.6	1208.0	65.8	994.5	74.5	62.9	121.0	30.0
2001	2491.8	1140.6	2309.0	1122.7	47.2	1059.5	67.1	56.3	115.7	41.9
2002	2435.8	1114.2	2256.2	1099.5	55.7	1035.0	60.6	49.4	119.0	40.2
2003	2387.8	1035.4	2205.9	1018.8	41.1	1073.6	60.6	46.4	121.3	52.2
2004	2480.1	1069.0	2319.4	1053.2	47.3	1157.6	57.6	44.3	103.1	66.5
2005	2598.6	1166.0	2452.9	1150.3	51.6	1193.8	51.2	42.4	94.5	57.7
2006	2780.6	1203.4	2640.2	1189.7	51.2	1348.8	46.9	39.5	93.5	70.0
2007	2897.3	1205.3	2781.7	1197.6	57.0	1478.2	40.6	34.8	75.0	71.7
2008	2995.0	1237.8	2862.5	1229.8	54.8	1532.6	41.4	35.0	91.1	72.7
2009	3017.4	1248.9	2926.3	1241.8	56.3	1579.4	30.1	25.0	61.0	58.1
2010	3121.0	1255.1	3018.3	1246.6	52.8	1663.8	27.5	23.3	75.2	54.8
2011	3345.0	1305.5	3237.4	1296.9	58.2	1823.0	28.1	23.8	79.4	62.4
2012	3442.6	1373.5	3330.8	1363.9	47.9	1856.2	24.2	20.0	87.6	53.5
2013	3584.9	1428.5	3474.2	1419.0	56.1	1922.8	22.2	18.1	88.4	43.2
2014	3569.0	1453.1	3468.9	1444.3	51.0	1898.8	23.7	18.2	76.4	39.5
2015	3602.2	1492.6	3505.8	1482.8	51.2	1897.7	19.1	15.3	77.3	32.4
2016	3783.0	1491.8	3645.6	1480.2	51.2	2031.2	19.8	16.0	117.6	23.9
2017	3829.2	1520.8	3674.5	1504.1	50.4	2035.5	20.8	17.1	133.9	24.0
2018	3700.9	1466.5	3524.9	1450.7	52.5	1941.2	28.1	21.2	147.9	23.9
2019	3739.2	1476.6	3566.9	1462.6	48.7	1986.6	30.1	23.0	142.3	22.7
2020	3795.9	1453.9	3617.7	1439.3	48.9	2051.8	29.4	22.3	148.8	20.9

1-2-2续　历年主要农作物产品产量

年份	油料总产量(万吨)	#花生	芝麻	麻类总产量(吨)	#黄红麻	甜菜总产量(万吨)	烟叶(吨)	#烤烟	蔬菜总产量(万吨)	瓜果类总产量(万吨)
1949	26.36	23.25	1.37	9875		0.01	2455	125		
1952	30.99	25.87	2.00	31420		0.06	9040	1990		
1957	29.47	24.34	1.46	25870		0.05	3845	545		
1962	8.42	5.22	1.75	4825		0.32	2310	225		
1965	17.85	10.66	1.95	16785		0.11	2385	535		
1970	24.18	14.89	2.56	11610		2.15	3975	990		
1975	24.05	15.29	2.33	18630	10030	6.05	6715	2515	523.8	33.0
1978	24.50	17.37	1.26	16615	9130	8.31	10940	6385	550.7	29.7
1980	45.14	35.77	3.23	17785	9720	9.44	5900	1540	531.6	45.9
1985	86.92	58.01	5.14	59890	52305	19.89	20135	5440	921.2	173.1
1990	74.89	57.81	2.74	20148	18158	12.34	22090	11596	1157.0	110.6
1995	109.86	94.68	2.47	13996	13095	12.36	9427	6513	2148.4	186.6
1996	120.65	100.48	2.22	11575	10805	6.86	16334	9661	2581.8	221.9
1997	117.98	106.79	1.62	14294	12966	7.09	18872	13965	3033.8	215.1
1998	138.82	118.53	2.23	14257	13313	17.08	12488	8302	3587.8	313.6
1999	129.51	117.98	1.85	9042	8535	7.53	12082	7839	3815.4	310.0
2000	146.97	132.59	2.03	7951	7436	11.53	12429	7360	4454.0	341.9
2001	153.81	144.27	1.99	7231	6897	9.90	9356	4062	4892.6	405.0
2002	151.26	140.45	1.64	10271	10060	14.73	11083	5252	5477.2	420.8
2003	163.10	148.14	1.64	6214	5801	22.03	10693	4378	5903.4	473.8
2004	154.32	137.85	1.50	4329	778	20.99	10952	5135	6187.5	469.4
2005	152.73	140.33	1.46	7262	767	42.66	9759	4928	6467.6	479.4
2006	133.78	121.87	1.32	7328	810	56.82	4984	2286	6314.4	460.3
2007	135.24	128.00	0.97	3962	717	53.08	4223	2271	3916.1	453.4
2008	146.59	131.33	0.83	710	617	59.38	5321	3378	4068.4	433.5
2009	134.90	121.28	0.68	745	699	30.73	5399	3628	4100.5	392.4
2010	129.46	118.33	0.59	677	648	48.98	4926	3192	4306.3	400.6
2011	126.36	113.74	0.53	729	688	42.79	4812	3518	4507.9	407.2
2012	127.25	111.50	0.41	780	738	51.05	4626	3491	4692.7	416.4
2013	132.28	113.99	0.35	786	736	56.92	4714	3697	4823.8	433.7
2014	125.92	105.46	0.29	612	592	54.79	5088	4439	4965.1	448.8
2015	126.01	102.81	0.29	499	480	60.57	3424	2839	5022.2	455.3
2016	126.20	102.68	0.20	3		60.44	2318	2265	5038.9	390.2
2017	129.40	103.41	0.20	3		62.49	2231	2189	5058.5	395.4
2018	121.38	98.45	0.22	8		94.11	3321	3192	5154.5	391.0
2019	119.54	96.46	0.20	12		64.28	3468	2163	5093.1	387.1
2020	119.52	96.81	0.23	3		63.68	1888	1236	5198.2	393.0

1－2－3 历年主要农作物单位面积产量

单位：公斤/公顷

年 份	粮食播种面积单 产	#小 麦	稻 谷	玉 米	大 豆	薯 类	棉花播种面积单 产
1949	648	548	798	691	487	1355	173
1952	1041	728	1820	1193	714	2096	288
1957	1026	675	1552	1410	869	2214	321
1962	935	605	1818	1154	632	1997	195
1965	1337	1037	2220	1721	719	2362	364
1970	1659	1098	3926	2121	1293	3033	435
1975	1916	1635	4994	2222	1141	3161	314
1978	[illegible]	2212	4928	2310	1245	2693	203
1980	2034	1430	5722	2833	1140	2040	[illegible]
1985	3029	3165	6113	3881	1283	3045	739
1990	3335	3698	6201	4063	1326	3196	627
1995	4011	4240	7019	5166	1654	3384	529
2000	3687	4509	4573	4012	1485	2705	976
2001	3759	4352	5021	4166	1486	2830	1002
2002	3756	4489	5019	4015	1492	2926	986
2003	4017	4646	5433	4314	1655	3223	898
2004	4131	4873	5659	4400	1616	3214	994
2005	4164	4839	5882	4459	1664	3193	1007
2006	4434	4750	5770	4817	1873	3747	1054
2007	4672	4948	6784	5092	1929	3005	1057
2008	4830	5057	6814	5312	1939	3641	1070
2009	4776	5179	6751	5127	1716	2604	999
2010	4845	5085	6805	5214	1873	3341	981
2011	5155	5326	7249	5584	2169	3415	1034
2012	5253	5551	5798	5586	2028	3844	977
2013	5426	5835	6768	5608	1962	4080	956
2014	5344	6008	6333	5361	2102	3697	1051
2015	5319	6193	6405	5193	1950	3676	1003
2016	5570	6194	6713	5495	2332	5551	1036
2017	5751	6338	6722	5743	2434	6327	1088
2018	5660	6155	6693	5647	2424	6537	1137
2019	5780	6297	6224	5829	2463	6396	1115
2020	5941	6492	6216	6005	2493	6450	1103

1—2—4　主要农作物播种面积增减

指　　标	播种面积(千公顷)					
	2010年	2015年	2017年	2019年	2020年	2020年比上年增减(%)
农作物总播种面积	**8352.0**	**8482.2**	**8381.7**	**8132.7**	**8089.4**	**-0.5**
一、粮食作物	**6441.3**	**6772.1**	**6658.5**	**6469.2**	**6388.8**	**-1.2**
#夏收粮食	2472.7	2413.5	2400.5	2346.7	2243.2	-4.4
1.谷　物	6055.9	6463.4	6356.7	6121.7	6036.0	-1.4
#稻　谷	77.6	79.9	75.0	78.2	78.7	0.7
小　麦	2451.4	2394.2	2373.4	2322.5	2216.9	-4.5
玉　米	3191.0	3654.4	3544.1	3408.2	3417.1	0.3
谷　子	161.6	158.4	127.2	115.6	129.5	12.0
高　粱	16.8	12.2	2.4	10.8	20.7	92.1
2.豆　类	160.4	98.5	90.1	125.1	122.1	-2.4
#大　豆	124.5	78.6	70.1	93.5	89.5	-4.3
3.薯　类	225.0	210.2	211.6	222.4	230.7	3.7
#马铃薯	141.7	161.7	162.8	154.2	156.9	1.8

1—2—5　主要农作物播种面积构成

(以农作物总播种面积为100)

单位：%

指　　标	2010年	2015年	2019年	2020年
农作物总播种面积	**100.00**	**100.00**	**100.00**	**100.00**
一、粮食作物	**77.12**	**79.84**	**79.55**	**78.98**
#夏收粮食	29.01	28.45	28.85	27.73
1.谷　物	72.51	76.20	75.27	74.62
#稻　谷	0.93	0.94	0.96	0.97
小　麦	29.35	29.23	28.56	27.41
玉　米	38.21	43.08	41.91	42.24
谷　子	1.93	1.87	1.42	1.60
高　粱	0.20	0.14	0.13	0.03
2.豆　类	1.92	1.16	1.54	1.51
#大　豆	1.49	0.93	1.15	1.11
3.薯　类	2.69	2.48	2.73	2.85
#马铃薯	1.70	1.91	1.90	1.94
二、油　料	**5.13**	**4.53**	**4.48**	**4.39**
#花　生	4.03	3.26	3.08	3.04
油菜籽	0.27	0.21	0.24	0.39
芝　麻	0.05	0.02	0.02	0.02
胡麻籽	0.48	0.37	0.51	0.35
葵花籽	0.28	0.63	0.62	0.58
三、棉　花	**6.69**	**3.80**	**2.51**	**2.34**
四、麻　类				
#黄红麻				
五、甜　菜	**0.17**	**0.14**	**0.15**	**0.16**
六、烟　叶	**0.03**	**0.02**	**0.02**	**0.01**
#烤　烟	0.02	0.02	0.01	0.01
七、药　材	**0.34**	**0.73**	**1.22**	**1.43**
八、蔬　菜	**8.30**	**8.90**	**9.77**	**9.93**
九、瓜果类	**1.00**	**1.01**	**0.92**	**0.93**
十、其他农作物	**1.22**	**1.03**	**1.39**	**1.83**
#青饲料	0.77	0.66	0.82	1.22

1-2-6 主要农作物产品产量增减

指 标	总 产 量 (万吨)				
	2010年	2015年	2019年	2020年	2020年比上年增减(%)
一、粮食作物	**3120.99**	**3602.19**	**3739.24**	**3795.89**	**1.5**
#夏收粮食	1255.10	1492.61	1476.55	1453.91	-1.5
1.谷 物	3018.29	3505.81	3566.90	3617.71	1.4
#稻 谷	52.82	51.18	48.65	48.93	0.6
小 麦	1246.60	1482.79	1462.57	1439.30	-1.6
玉 米	1663.79	1897.74	1986.64	2051.82	3.3
谷 子	41.00	51.69	37.01	42.75	15.5
高 粱	4.72	3.94	4.28	8.24	92.7
2.豆 类	27.53	19.09	30.08	29.39	-2.3
#大 豆	23.31	15.33	23.02	22.31	-3.1
3.薯 类	75.18	77.29	142.27	148.79	4.6
#马铃薯	40.51	52.61	101.19	103.12	1.9
二、油 料	**129.46**	**126.01**	**119.54**	**119.52**	**0.0**
#花 生	118.33	102.81	96.46	96.81	0.4
油菜籽	2.95	3.06	3.51	5.65	60.8
芝 麻	0.59	0.29	0.20	0.26	30.0
胡麻籽	2.63	2.97	4.82	3.20	-33.7
葵花籽	3.66	15.12	14.33	13.34	-6.9
三、棉 花	**54.80**	**32.35**	**22.74**	**20.86**	**-8.3**
四、麻 类	**0.07**	**0.05**			
#黄红麻	0.06	0.05			
五、甜 菜	**48.98**	**60.57**	**64.28**	**63.68**	**-0.9**
六、烟 叶	**0.49**	**0.34**	**0.35**	**0.19**	**-45.2**
#烤 烟	0.32	0.28	0.22	0.12	-44.5
七、蔬 菜	**4306.31**	**5022.23**	**5093.14**	**5198.21**	**2.1**
八、瓜果类	**400.64**	**455.31**	**387.10**	**392.98**	**1.5**

1-2-7 主要农作物播种面积单产增减

指 标	每公顷产量(公斤)				
	2010年	2015年	2019年	2020年	2020年比上年增减(%)
一、粮食作物	**4845**	**5319**	**5780**	**5941**	**2.8**
#夏收粮食	5076	6184	6292	6481	3.0
1.谷 物	4984	5424	5827	5994	2.9
#稻 谷	6805	6405	6224	6216	-0.1
小 麦	5085	6193	6297	6492	3.1
玉 米	5214	5193	5829	6005	3.0
谷 子	2538	3262	3201	3301	3.1
高 粱	2803	3217	3960	3972	0.3
2.豆 类	1716	1938	2404	2407	0.1
#大 豆	1873	1950	2463	2493	1.2
3.薯 类	3341	3676	6396	6450	0.8
#马铃薯	2858	3254	6564	6572	0.1
二、油 料	**3021**	**3283**	**3280**	**3363**	**2.5**
#花 生	3517	3716	3855	3935	2.1
油菜籽	1312	1683	1770	1776	0.3
芝 麻	1341	1381	1462	1485	1.6
胡麻籽	662	945	1159	1145	-1.2
葵花籽	1577	2822	2854	2852	-0.1
三、棉 花	**981**	**1003**	**1115**	**1103**	**-1.1**
四、麻 类	**2212**	**2160**	**534**	**1095**	**105.0**
#黄红麻	2258	2212	530	1885	255.5
五、甜 菜	**34813**	**52015**	**51761**	**50471**	**-2.5**
六、烟 叶	**2206**	**2183**	**2566**	**1873**	**-27.0**
#烤 烟	1659	1873	2228	1970	-11.6
七、蔬 菜	**62127**	**66512**	**64096**	**64697**	**0.9**
八、瓜果类	**48105**	**53067**	**51872**	**52449**	**1.1**

1–2–8 历年水果及食用坚果产量

单位：吨

年份	食用坚果产量	#核桃	板栗	园林水果产量	#苹果	梨
1949	12005	3947	4497	228090	1338	80849
1952	12989	3880	5692	351161	1897	61517
1957	22969	5962	12078	226090	3256	52619
1962	14030	4780	8701	319229	2503	79072
1965	37170	9519	19784	331610	6580	73089
1970	36635	7102	13667	523832	32743	188355
1975	31185	6257	15261	645190	75250	263840
1978	42932	10688	22234	795113	172303	370708
1980	42625	11895	23340	801200	178060	359985
1985	51335	12391	23801	1601587	167727	738079
1990	50042	12254	26565	1754709	467647	763038
1995	65532	19099	28812	4319652	1255794	1686062
1996	87502	21742	39976	5031989	1566759	1977097
1997	102402	27905	43021	5561208	1751374	2113339
1998	92742	29441	42490	6296892	1930339	2388517
1999	97254	30365	43023	6437654	1871157	2509805
2000	90259	30102	34620	6773066	1806155	2551647
2001	83036	28761	50725	6697927	1845447	2445536
2002	89177	30613	55049	7485270	1965571	2662857
2003	110723	32746	71595	7969744	2002769	2820702
2004	132974	38401	84661	8769525	2142882	3131868
2005	164307	47032	107079	9184789	2202273	3246220
2006	189815	46044	134895	9685262	2357620	3334972
2007	231374	51456	167010	9713484	2362054	3347961
2008	243575	59725	162469	9678244	2366367	3288870
2009	304221	67339	204690	9730566	2355805	3329744
2010	269790	69955	167057	9329937	2201352	3300410
2011	317541	89721	197001	9577056	2244548	3400943
2012	374194	115476	228212	9750031	2267802	3572023
2013	394748	93688	263287	9317969	2212819	3433953
2014	428051	142041	251822	9410679	2246426	3503857
2015	490628	150959	296354	9486293	2261148	3559909
2016	521816	159170	314510	9428457	2172984	3325068
2017	565865	179177	339030	9699378	2281498	3424349
2018	562129	158423	374954	9569641	2200948	3296768
2019	532474	160489	324516	10043854	2216273	3632304
2020	570102	161295	368547	10313755	2397483	3501891

1-2-8续 历年水果及食用坚果产量

单位：吨

年 份	园林水果产量（续）					
	桃	葡 萄	红 枣	柿 子	杏	红 果
1949			82555			
1952			164183			
1957			73243			
1962			134948			
1965			126425			
1970			121811			
1975		10270	153100	64880		
1978	36309	5647	92855	75207		
1980	34585	7585	124400	55955		
1985	48082	25807	139912	102230	24561	16724
1990	178001	80921	122889	57405	25022	31175
1995	499684	293034	212812	153893	39577	107888
1996	538423	304721	215382	151833	56363	127609
1997	576184	361689	284032	188173	67924	136759
1998	649389	404436	359256	221166	70685	166754
1999	713701	447002	353051	241482	80511	123897
2000	735804	523601	441657	246119	120141	96121
2001	868119	580139	419954	225584	109040	117828
2002	1009618	758280	488031	257519	126981	120480
2003	1133773	803418	551313	291535	140877	123716
2004	1223842	840916	666445	323962	156907	156359
2005	1248910	863938	807577	333382	173335	161367
2006	1316853	878417	909161	345685	185692	191765
2007	1298950	905761	858355	371241	177447	242711
2008	1284671	907415	889867	363726	173589	243501
2009	1229754	923113	972562	348889	170851	264053
2010	1179372	903748	877147	350691	177144	215372
2011	1167064	904699	970749	347961	184757	228139
2012	1139624	954819	919029	350896	187205	238422
2013	1140820	902013	803771	291382	188728	236326
2014	1098516	975973	755500	322929	188097	250450
2015	1091282	1000043	751968	303676	189912	261204
2016	1180743	1095222	771358	319254	194319	258608
2017	1207222	1115727	772949	318444	196978	275096
2018	1269785	1134124	771250	303444	196109	273285
2019	1357115	1187912	780487	292995	195518	258209
2020	1444640	1246066	814770	302677	193671	276439

1-2-9 园林水果及食用坚果生产

指　　标	单　位	2010年	2015年	2019年	2020年	2020年比上年增减(%)
一、园林水果产量	**吨**	**9329937**	**9486293**	**10043854**	**10313755**	**2.7**
#苹　果	吨	2201352	2261148	2216273	2397483	8.2
梨	吨	3300410	3559909	3632304	3501891	-3.6
桃	吨	1179372	1091282	1357115	1444640	6.4
葡　萄	吨	903748	1000043	1187912	1246066	4.9
红　枣	吨	877147	751968	780487	814770	4.4
柿　子	吨	350691	303676	292995	302677	3.3
杏	吨	177144	189912	195518	193671	-0.9
红　果	吨	215372	261204	258209	276439	7.1
二、食用坚果产量	**吨**	**269790**	**490628**	**532474**	**570102**	**7.1**
#核　桃	吨	69955	150959	160489	161295	0.5
板　栗	吨	167057	296354	324516	368547	13.6
三、果园面积	**千公顷**	**811.4**	**594.1**	**506.0**	**521.6**	**3.1**
#苹果园	千公顷	199.0	126.9	125.3	125.9	0.5
梨　园	千公顷	155.6	131.0	117.9	143.9	22.1
桃　园	千公顷	68.0	52.4	63.2	61.1	-3.3
葡萄园	千公顷	52.9	45.4	43.9	43.7	-0.4

1-2-10 林　业　生　产

指　　标	单　位	2010年	2015年	2019年	2020年	2020年比上年增减(%)
一、营造林情况						
(一)人工造林面积	千公顷	138.37	284.08	350.97	242.00	-32.0
(二) 飞播造林面积	千公顷	76.60		21.37	36.73	71.9
(三)当年新封山育林面积	千公顷	68.91	58.84	140.16	149.64	6.8
(四)退化林修复面积	千公顷		11.69	3.95	13.31	237.0
(五)人工更新面积	千公顷	4.20	5.26	4.21	5.10	21.1
(六)森林抚育面积	千公顷	263.75	444.49	254.16	300.88	18.4
(七)当年零星四旁植树	万　株	10036.95	10786.14			
(八)当年新增育苗面积	千公顷	16.12	28.86			
二、商品材采伐量	万立方米	**71.34**	**80.45**			
#村及村以下木材采伐量	万立方米	44.20	48.29			
三、花椒产量	吨	**12271**	**10726**	**4577**	**3801**	-17.0

注：森林抚育面积是指中、幼龄林抚育面积。

1-2-11　历年牲畜存栏头数

单位：万头

年 份	大牲畜年末存栏	#牛	马	驴	骡
1949	299.80	146.69	8.65	127.08	17.37
1952	369.92	189.15	12.19	148.91	19.64
1957	346.55	174.66	18.12	136.57	17.17
1962	258.13	142.40	19.48	83.10	13.13
1965	300.65	171.71	24.37	90.32	14.24
1970	366.55	198.52	41.01	102.12	24.66
1975	380.70	165.03	70.91	98.43	44.93
1978	354.70	134.60	79.81	83.07	56.95
1980	341.05	120.71	78.02	78.26	63.88
1985	446.50	155.10	71.95	142.57	76.88
1990	525.22	207.90	56.95	176.71	83.66
1995	870.88	579.34	48.68	167.69	75.17
1996	885.85	598.52	49.36	164.23	73.74
1997	860.33	582.96	49.54	158.17	69.66
1998	835.89	563.76	49.03	155.36	67.74
1999	811.94	543.33	48.21	153.61	66.79
2000	774.24	516.73	45.04	149.14	63.33
2001	730.17	487.72	43.31	138.92	60.22
2002	702.92	476.64	40.64	130.04	55.60
2003	685.06	477.87	36.83	121.05	49.31
2004	721.81	528.39	35.53	112.56	45.33
2005	762.63	584.92	33.13	104.11	40.47
2006	613.00	458.93	28.99	90.16	34.92
2007	571.85	448.21	22.78	74.05	26.81
2008	536.23	435.71	18.98	59.45	22.09
2009	491.90	410.19	15.52	48.55	17.64
2010	449.68	380.62	13.17	40.88	15.01
2011	431.71	371.33	11.63	36.25	12.50
2012	423.26	368.35	10.77	33.07	11.07
2013	400.17	351.69	9.65	29.32	9.49
2014	398.18	356.84	8.33	25.03	7.94
2015	395.85	360.31	7.13	21.78	6.60
2016	369.55	340.74	6.17	17.25	5.36
2017	387.87	359.50	5.86	17.35	5.12
2018	371.61	342.03	6.12	17.96	5.46
2019	376.97	350.11	6.27	16.11	4.41
2020	385.31	358.59	7.05	15.81	3.82

1-2-11续　历年牲畜存栏头数

年 份	生猪存栏（万头）	羊存栏（万只）	山 羊	绵 羊	活家禽存栏（万只）
1949	346.5	170.3	81.7	88.6	
1952	502.9	306.1	155.6	150.5	
1957	704.4	463.4	263.3	200.1	
1962	524.4	799.7	529.2	270.5	
1965	772.9	573.6	331.1	242.5	
1970	923.8	665.4	391.6	273.8	
1975	1622.8	659.0	382.9	276.1	
1978	1245.7	600.7	346.1	254.6	
1980	1293.4	814.9	461.4	353.5	4210.8
1985	1421.4	721.1	372.8	348.3	10233.0
1990	1494.2	1074.5	562.6	511.9	12838.2
1995	2052.8	1565.7	803.4	762.3	35670.5
1996	2061.2	1654.2	840.1	814.1	44078.6
1997	2097.8	1728.8	872.8	856.0	44971.5
1998	2069.6	1738.8	866.8	872.1	45153.6
1999	2029.2	1719.3	844.9	874.4	45066.2
2000	1959.6	1676.6	801.8	874.8	45515.9
2001	1904.2	1639.5	751.3	888.2	44432.9
2002	1909.9	1572.5	672.9	899.6	47707.8
2003	1926.2	1594.3	664.5	929.8	42212.7
2004	1964.3	1664.5	673.7	990.9	51602.9
2005	1977.5	1679.1	678.3	1000.8	41070.5
2006	1812.8	1552.6	634.9	917.8	37495.5
2007	1923.5	1580.6	784.0	796.7	39177.3
2008	2050.2	1610.8	748.0	862.8	38133.2
2009	2019.5	1556.1	548.2	1007.8	35111.3
2010	1910.7	1397.8	458.7	939.1	33345.5
2011	1968.1	1443.2	463.0	980.2	35990.5
2012	1945.4	1397.2	445.3	951.9	38946.8
2013	2052.9	1435.6	444.8	990.7	37677.8
2014	2052.0	1503.0	474.2	1028.8	39255.4
2015	2015.9	1425.1	467.6	957.5	38421.6
2016	1982.5	1359.8	461.3	898.4	39260.6
2017	1957.8	1228.1	401.4	826.7	39653.2
2018	1820.8	1179.6	365.2	814.3	38463.6
2019	1418.4	1194.9	364.3	830.6	39466.6
2020	1748.9	1270.3	365.0	905.3	39861.3

1-2-12 历年牲畜出栏及主要畜产品产量

年 份	年内出栏肉 猪(万头)	年 内 牛出栏(万头)	年 内 羊出栏(万只)	活家禽出 栏(万只)	肉 类总产量(万吨)	#猪牛羊肉产量(万吨)	奶 类产 量(万吨)	#生牛奶产 量(万吨)	绵羊毛产 量(吨)	禽 蛋产 量(万吨)
1975	584.3		150.5				2.16	1.40	2649	
1978	570.5	4.0	135.7			41.7	2.46	1.82	3652	
1980	716.9	5.4	174.9			52.5	4.51	2.65	5134	
1985	1018.5	15.2	325.9		85.9	81.9	10.05	7.32	7511	33.44
1990	1395.5	45.0	644.4	5246.6	130.1	121.2	14.26	11.18	12634	51.28
1995	2409.6	333.3	1200.7	31457.4	310.7	258.8	38.92	32.55	17427	205.29
1996	2454.1	325.8	1392.0	40690.8	315.9	253.1	47.94	40.06	19284	266.63
1997	2564.5	329.0	1470.0	42762.5	332.7	262.5	54.72	46.74	21547	294.02
1998	2620.4	329.3	1491.3	42920.7	339.8	268.1	65.89	55.81	23172	305.61
1999	2666.6	320.7	1493.2	43913.3	343.7	270.5	78.81	68.35	25715	317.76
2000	2675.2	326.3	1511.5	44471.3	342.4	270.0	96.21	84.20	27788	329.35
2001	2699.4	315.5	1502.7	45073.9	347.7	269.7	119.26	107.38	27475	335.53
2002	2757.1	321.2	1609.6	45671.3	356.6	277.1	148.89	136.89	28657	346.88
2003	2853.0	329.5	1591.6	46542.5	365.8	285.3	207.61	197.90	30004	358.56
2004	2991.0	403.2	1615.8	47033.9	378.8	298.7	276.95	266.46	31678	367.24
2005	3145.0	360.4	1695.5	48690.1	395.6	314.2	348.64	340.35	36466	385.18
2006	3246.7	348.8	1726.4	48743.0	406.2	323.5	384.39	375.01	33254	382.30
2007	2989.8	359.7	1785.6	52201.6	396.6	309.5	415.33	407.06	32051	397.16
2008	3286.9	354.1	1938.7	54094.5	422.3	333.3	430.41	419.60	30660	412.48
2009	3420.1	344.3	2047.2	52837.1	429.7	343.3	385.03	375.51	30232	355.12
2010	3335.8	361.2	2127.0	48327.2	420.7	340.9	375.06	365.74	29290	341.53
2011	3378.1	339.0	2031.0	51189.1	423.9	340.0	389.70	381.66	27748	342.91
2012	3576.7	340.3	2047.6	58564.5	450.7	356.4	399.80	391.20	27663	346.27
2013	3666.4	325.3	2076.9	59315.3	458.8	362.7	388.57	380.91	28105	350.44
2014	3897.8	320.6	2155.7	60491.7	481.1	383.6	414.03	405.67	27930	367.97
2015	3837.1	325.4	2216.1	59388.6	477.5	381.5	401.30	393.50	26851	379.69
2016	3742.6	331.9	2259.7	61875.3	472.1	375.3	373.01	366.35	23376	395.59
2017	3785.3	340.5	2168.9	60637.8	472.3	377.2	387.75	381.01	23158	383.72
2018	3709.6	345.6	2201.4	59728.2	466.7	373.3	391.13	384.81	20816	377.97
2019	3119.8	349.1	2234.5	66628.3	433.4	330.1	433.81	428.68	19096	385.90
2020	2907.6	335.2	2265.8	68730.4	419.2	313.8	488.30	483.40	16883	389.70

1-2-13 历年猪、牛、羊、禽出栏率及胴体重

年 份	猪出栏率(%)	牛出栏率(%)	羊出栏率(%)	家禽出栏率(%)	平均每头猪产肉(公斤)	平均每头牛产肉(公斤)	平均每只羊产肉(公斤)	平均每只家禽产肉(公斤)
1978	41.9	2.8	22.5					
1980	53.0	4.2	24.0					
1985	84.3	11.3	44.9		74.9	122.8	11.4	
1990	94.4	22.2	55.7	45.1	77.2	123.7	12.3	1.11
1995	134.4	71.7	98.5	105.3	77.8	163.8	14.0	1.41
1996	119.5	56.2	88.9	114.1	75.8	150.2	13.1	1.39
1997	124.4	55.0	88.9	97.0	75.2	153.7	13.0	1.36
1998	124.9	56.5	86.3	95.4	75.4	[illegible]	13.1	1.38
1999	128.8	56.9	85.9	97.3	75.5	154.5	13.1	1.38
2000	131.8	60.1	87.9	98.7	75.3	150.1	13.0	1.38
2001	137.8	61.0	89.6	99.0	75.3	148.6	13.0	1.41
2002	144.8	65.9	98.2	102.8	75.4	151.0	12.9	1.42
2003	149.4	69.1	101.2	97.6	75.3	151.4	12.9	1.42
2004	155.3	84.4	101.3	111.4	75.5	128.3	13.2	1.44
2005	160.1	68.2	101.9	94.4	75.7	149.3	13.2	1.38
2006	164.2	59.6	102.8	118.7	76.0	155.0	13.1	1.41
2007	164.9	78.4	115.0	139.2	76.1	160.5	13.6	1.45
2008	170.9	79.0	122.7	138.1	76.1	160.5	13.6	1.45
2009	166.8	79.0	127.1	138.6	76.1	160.5	13.6	1.46
2010	165.2	88.1	136.7	137.6	76.1	160.8	13.7	1.46
2011	176.8	89.1	145.3	153.5	76.2	160.7	13.9	1.47
2012	181.7	91.7	141.9	162.7	76.3	162.5	13.9	1.47
2013	188.5	88.3	148.6	152.3	76.8	160.8	13.8	1.48
2014	189.9	91.2	150.2	160.5	77.3	163.4	13.9	1.48
2015	187.0	91.2	147.4	151.3	77.4	163.4	14.0	1.49
2016	185.7	92.1	158.6	161.0	77.3	163.4	14.0	1.49
2017	190.9	99.9	159.5	154.4	77.0	163.3	13.9	1.49
2018	189.5	96.1	179.3	150.6	77.2	163.4	13.9	1.49
2019	171.3	102.1	189.4	173.2	77.5	163.9	13.9	1.49
2020	205.0	95.7	189.6	174.1	78.0	165.8	13.8	1.48

1-2-14　主要牲畜出栏和畜产品产量及增减情况

指　　标	单　位	2010年	2019年	2020年	2020年比上年增减(%)
一、牲畜出栏量					
1.大牲畜出栏	万头	392.0	366.6	351.8	-4.0
#牛	万头	361.2	349.1	335.2	-4.0
2.猪 出 栏	万头	3335.8	3119.8	2907.6	-6.8
3.羊 出 栏	万只	2127.0	2234.5	2265.8	1.4
4.活家禽出栏	万只	48327.2	66628.3	68730.4	3.2
5.兔 出 栏	万只	1197.8	293.5	252.0	-14.1
二、肉类总产量	**万吨**	**420.7**	**433.4**	**420.5**	**-3.0**
#猪　肉	万吨	253.8	241.9	226.9	-6.2
牛　肉	万吨	58.1	57.2	55.6	-2.8
羊　肉	万吨	29.1	31.0	31.3	1.0
禽　肉	万吨	70.4	99.5	102.0	2.5
兔　肉	万吨	2.045	0.513	0.432	-15.8
三、其他畜产品产量					
1.奶类产量	万吨	375.1	433.8	488.3	12.6
#生牛奶	万吨	365.7	428.7	483.4	12.8
2.山羊粗毛产量	吨	1952	1962	1863	-5.1
3.绵羊毛产量	吨	29290	19096	16883	-11.6
4.羊绒产量	吨	776	633	749	18.5
5.天然蜂蜜产量	吨	11152	10947	13130	19.9
6.禽蛋产量	万吨	341.5	385.9	389.7	1.0
7.蚕茧产量	吨	1417	33	37	10.3

1-2-15　牲畜年末存栏头数及增减情况

指　　标	单　位	2010年	2019年	2020年	2020年比上年增减(%)
一、大牲畜存栏头数	**万头**	**449.7**	**377.0**	**385.3**	**2.2**
#牛	万头	380.6	350.1	358.6	2.4
马	万头	13.2	6.3	7.0	12.4
驴	万头	40.9	16.1	15.8	-1.9
骡	万头	15.0	4.4	3.8	-13.5
二、猪	**万头**	**1910.7**	**1418.4**	**1748.8**	**23.3**
#能繁母猪	万头	190.6	141.4	187.0	32.3
三、羊	**万只**	**1397.8**	**1194.9**	**1270.3**	**6.3**
1.山　羊	万只	458.7	364.3	365.0	0.2
2.绵　羊	万只	939.1	830.6	905.3	9.0
四、家禽	**万只**	**33345.5**	**39466.6**	**39861.3**	**1.0**
五、兔	**万只**	**628.5**	**125.9**	**94.3**	**-25.1**

1-2-16 历年水产品产量

单位：吨

年 份	水产品总产量	海水产品	#鱼	#虾蟹类	淡水产品	#鱼	#虾蟹类	远洋捕捞
1949	50184	30158	7081	12934	20026	19251	300	
1952	68915	53463	9988	30428	15452	14928	88	
1957	96142	68534	19763	37583	27608	26882	82	
1962	47030	32568	20632	11025	14462	14014	280	
1965	64290	45586	28688	13531	18704	18192	219	
1970	72091	64610	30816	29211	7481	6678	7	
1975	131128	121457	35029	52722	9671	9146	459	
1978	139017	128043	43988	63856	10974	10232	214	
1980	97610	86479	41902	38144	11131	9811	643	
1985	127495	104529	58578	39276	22966	21464	1109	
1990	218553	164880	61762	71295	53673	50912	2722	
1995	396070	210215	73868	62853	185855	178218	6330	
1996	506930	283038	81682	72035	223892	215806	5317	
1997	606110	338322	119981	69949	267788	255759	11192	
1998	693317	384917	156073	84556	308400	290273	14679	
1999	759566	423429	180402	84302	336137	316480	15356	
2000	809496	482032	187944	80707	327464	306535	15084	
2001	848887	514411	185570	92362	334476	312911	15942	
2002	870571	518440	181557	91831	352131	315759	19720	
2003	862715	489702	177773	90483	373013	340328	25936	
2004	928218	541332	190417	94519	386886	351315	26843	
2005	989461	571808	191613	95057	417653	386333	23696	
2006	871418	499047	155456	77803	372371	342458	22504	
2007	906437	524303	160388	75141	382134	353175	22909	
2008	966400	549250	164631	80317	417150	385537	25009	
2009	1004100	553884	151520	78503	450216	415983	26465	
2010	1063300	582600	151653	78882	480700	443331	27725	
2011	1067131	563281	145094	71757	503850	464896	28464	
2012	998232	634631	141882	81978	363601	319201	33498	
2013	1060219	682809	134634	77538	377410	328514	39094	
2014	1097300	731594	143783	74982	365706	323490	32328	
2015	1129198	756931	153972	77740	368267	327368	30960	4000
2016	1194099	759208	155961	76951	387300	346506	32652	47591
2017	1164600	763207	148731	76994	353193	313725	33197	48200
2018	1096152	702184	133366	77142	328487	293397	29931	65481
2019	990116	639734	116666	69987	294476	264516	27252	55906
2020	1003418	659744	101710	72563	293205	262861	27913	50469

1—2—17 水产品产量和养殖面积及增减情况

指　　标	单　位	2010年	2015年	2019年	2020年	2020年比上年增减(%)
一、水产品总产量	吨	**1063300**	**1129198**	**990116**	**1003418**	**1.3**
1.海水产品产量	吨	582600	756931	639734	659744	3.1
海洋捕捞产量	吨	253292	250447	190932	171612	-10.1
海水养殖产量	吨	329308	506484	448802	488132	8.8
按品种分:						
鱼　类	吨	151653	153972	116666	101710	-12.8
虾蟹类	吨	78882	77740	69987	72563	3.7
贝　类	吨	308017	482177	379372	400980	5.7
其　他	吨	44048	43042	73709	84494	14.6
2.淡水产品产量	吨	480700	368267	294476	293205	-0.4
淡水捕捞产量	吨	92247	57935	35523	33584	-5.5
淡水养殖产量	吨	388453	310332	258953	259621	0.3
按品种分:						
鱼　类	吨	443331	327368	264516	262861	-0.6
虾蟹类	吨	27725	30960	27252	27913	2.4
贝　类	吨	3886	3818	24	1	-95.8
其　他	吨	5758	6121	2684	2430	-9.5
3.远洋捕捞产量	吨		4000	55906	50469	-9.7
二、水产养殖面积	公顷	**198765**	**173314**	**143014**	**141001**	**-1.4**
1.海水养殖面积	公顷	123810	117533	107041	105341	-1.6
海上养殖	公顷	77046	65773	59900	60368	0.8
滩涂养殖	公顷	27838	33584	22147	17188	-22.4
其他养殖	公顷	18926	18176	24994	27785	11.2
2.淡水养殖面积	公顷	74955	55781	35973	35660	-0.9
池塘养殖	公顷	26995	22746	21962	21756	-0.9
湖泊养殖	公顷	4142	1656	1104	1066	-3.4
河沟养殖	公顷	1719	1217	664	624	-6.0
水库养殖	公顷	41449	29883	11891	11875	-0.1
其他养殖	公顷	650	279	1016	339	-66.6

1－2－18　历年平均每人主要农产品产量

（按年平均人口计算）

年 份	人均耕地面积（亩/人）	人均常用耕地面积（亩/人）	粮食（公斤）	棉花（公斤）	油料（公斤）	蔬菜（公斤）	园林水果（公斤）
1949		3.53	152.14	3.51	8.54		7.39
1952		3.49	238.44	8.69	9.57		10.84
1957		3.08	225.70	8.28	8.12		6.23
1962		2.69	172.64	3.39	2.19		8.31
1965		2.56	238.63	6.45	4.42		8.20
1970		2.26	282.97	5.62	5.38		11.65
1975		2.05	315.78	3.74	4.92	107.11	13.20
1978		1.98	335.72	2.32	4.87	108.38	15.81
1980		1.93	296.42	4.81	8.79	103.50	15.60
1985		1.79	356.43	11.20	15.75	166.96	29.03
1990		1.60	378.23	9.48	12.44	192.19	29.15
1995		1.52	427.17	5.78	17.13	335.05	67.37
1996	1.60	1.50	431.80	4.00	18.68	399.65	77.89
1997	1.58	1.49	422.30	3.82	18.14	466.44	85.50
1998	1.57	1.48	445.62	4.13	21.20	548.01	96.18
1999	1.56	1.47	416.64	3.38	19.65	578.84	97.67
2000	1.54	1.45	383.97	4.52	22.12	670.38	101.94
2001	1.53	1.44	372.65	6.27	23.00	738.99	100.17
2002	1.49	1.36	362.63	5.98	22.52	815.54	111.44
2003	1.44	1.33	353.64	7.73	24.16	874.32	118.03
2004	1.42	1.32	365.30	9.80	22.73	911.39	129.17
2005	1.40	1.31	380.48	8.45	22.36	946.97	134.48
2006	1.37	1.28	404.49	10.19	19.46	918.55	140.89
2007	1.36	1.27	418.65	10.36	19.54	565.87	140.36
2008	1.36	1.27	429.94	10.43	21.04	584.03	138.94
2009	1.40	1.29	430.35	8.29	19.24	584.81	138.78
2010	1.38	1.26	438.71	7.70	18.20	605.33	131.15
2011	1.37		463.76	8.65	17.52	624.99	132.78
2012	1.36		475.04	7.38	17.56	647.54	134.54
2013	1.35		492.78	5.93	18.18	663.08	128.09
2014	1.34		488.55	5.40	17.24	679.67	128.82
2015	1.33		491.16	4.41	17.18	684.78	129.35
2016	1.33		513.99	3.25	17.15	684.62	128.10
2017	1.32		518.01	3.25	17.51	684.31	131.21
2018	1.32		498.92	3.23	16.36	694.89	129.01
2019	1.22		502.82	3.06	16.08	684.88	135.06
2020	1.21		509.16	2.80	16.03	697.26	138.34

注：人均耕地面积、人均常用耕地面积、人均生猪存栏按年末人口计算。

1-2-18续　历年平均每人主要农产品产量

(按年平均人口计算)

年 份	生猪存栏(头)	肉类总产量(公斤)	#猪牛羊肉(公斤)	禽蛋(公斤)	奶类产量(公斤)	#生牛奶(公斤)	水产品(公斤)
1949	0.11						1.63
1952	0.16						2.13
1957	0.19						2.65
1962	0.14						1.22
1965	0.19						1.59
1970	0.21						1.60
1975	0.33				0.44	0.29	2.68
1978	0.25		8.29		0.48	0.36	2.76
1980	0.25		13.45		0.88	0.52	1.90
1985	0.26	15.57	14.84	6.06	1.82	1.33	2.31
1990	0.25	21.61	20.13	8.52	2.37	1.86	3.64
1995	0.32	48.46	40.36	32.02	6.07	5.08	6.18
1996	0.32	48.90	39.18	41.27	7.42	6.20	7.85
1997	0.32	51.16	40.36	45.21	8.41	7.19	9.32
1998	0.32	51.90	40.96	46.68	10.06	8.53	10.59
1999	0.31	52.14	41.04	48.21	11.96	10.37	11.52
2000	0.29	51.53	40.64	49.57	14.48	12.67	12.18
2001	0.28	52.00	40.33	50.18	17.84	16.06	12.70
2002	0.28	53.10	41.26	51.64	22.17	20.38	12.96
2003	0.29	54.17	42.25	53.10	30.75	29.31	12.78
2004	0.29	55.79	44.00	54.09	40.79	39.25	13.67
2005	0.29	57.92	46.00	56.40	51.05	49.83	14.49
2006	0.26	59.09	47.06	55.61	55.92	54.55	12.68
2007	0.28	57.31	44.72	57.39	60.01	58.82	13.10
2008	0.29	60.63	47.84	59.21	61.79	60.24	13.87
2009	0.29	61.28	48.96	50.65	54.91	53.56	14.32
2010	0.27	59.14	47.93	48.01	52.72	51.41	14.95
2011	0.27	58.77	47.14	47.54	54.03	52.91	14.80
2012	0.27	62.19	49.18	47.78	55.17	53.98	13.77
2013	0.28	63.06	49.86	48.17	53.41	52.36	14.57
2014	0.28	65.86	52.52	50.37	56.68	55.53	15.02
2015	0.27	65.11	52.02	51.77	54.72	53.65	15.40
2016	0.27	64.15	50.99	53.75	50.68	49.78	16.22
2017	0.26	63.89	51.02	51.91	52.45	51.54	15.75
2018	0.25	62.92	50.33	50.95	52.73	51.88	14.78
2019	0.19	58.28	44.39	51.89	58.34	57.65	13.31
2020	0.23	56.23	42.09	52.27	65.50	64.84	13.46

1-3-1　全省饲料工业情况

指　　标	单 位	2010年	2015年	2019年	2020年	2020年比上年增减(%)
一、饲料工业企业个数	个	1209	820	993	1006	1.3
#国　有	个	6	10	9	11	22.2
集　体	个	13	4	3	1	-66.7
私　营	个	795	402	150	164	9.3
联　营	个	9	1			
股　份	个	309	226	788	789	0.1
港澳台	个	4	3	5	3	-40.0
外　商	个	12	6	5	9	80.0
其　他	个	12	2	33	29	-12.1
二、饲料工业企业职工人数	人	30800	29959	42102	43195	2.6
三、饲料工业企业营业收入	亿元	301.68	363.88	348.07	419.00	20.4
饲料工业企业总产值	亿元	315.75	407.07	344.28	443.00	28.7
四、饲料企业加工产品产量	万吨	1086.36	1338.29	1188.63	1360.17	14.4
1.配合饲料小计	万吨	913.30	1133.38	1061.62	1179.40	11.1
(1)猪　料	万吨	164.51	283.08	153.03	260.18	70.0
(2)蛋禽料	万吨	551.84	466.44	369.27	348.46	-5.6
(3)肉禽料	万吨	94.09	190.48	391.86	425.19	8.5
(4)水产料	万吨	41.23	60.85	37.86	35.43	-6.4
(5)精料补充料	万吨	53.83	89.04	82.42	86.96	5.5
(6)其　他	万吨	7.80	43.49	27.18	23.17	-14.8
2.浓缩饲料小计	万吨	160.00	192.79	99.12	105.50	6.4
(1)猪　料	万吨	49.58	105.93	48.92	59.58	21.8
(2)蛋禽料	万吨	81.59	52.86	15.30	10.60	-30.7
(3)肉禽料	万吨	13.62	2.26	6.86	5.80	-15.5
(4)水产料	万吨					
(5)反刍料	万吨	13.00	28.12	27.34	29.27	7.1
(6)其　他	万吨	2.21	3.63	0.70	0.21	-70.0
3.添加剂预混合饲料小计	万吨	13.06	12.13	27.90	33.79	21.1
(1)猪　料	万吨	4.50	3.76	6.43	8.56	33.1
(2)蛋禽料	万吨	6.03	3.17	9.91	12.09	22.0
(3)肉禽料	万吨	0.94	1.67	1.84	0.87	-52.7
(4)水产料	万吨	0.15	0.22	0.28	0.28	0.0
(5)反刍料	万吨	0.90	1.42	7.66	10.34	35.0
(6)其　他	万吨	0.54	1.88	1.77	1.63	-7.9

1-3-2 历年农林牧渔业总产值

(按不变价格计算) 单位：万元

年份	农林牧渔业总产值	农业	#种植业	林业	牧业	渔业	农林牧渔服务业
	(按1957年不变价格计算)						
1949	180184	160414	143067	2259	15590	1921	
1952	276429	248413	229976	4128	21228	2660	
1957	307677	273043	234034	7008	24331	3295	
1962	226665	202497	185116	4001	18456	1711	
1965	316859	277629	255519	7067	30218	1945	
1970	394415	344471	316986	10970	36911	2063	
	(按1970年不变价格计算)						
1970	538644	465517	433677	16966	53518	2643	
1975	644961	534377	503486	18876	87040	4668	
1978	685638	578756	537142	21615	80213	5054	
1980	687381	567304	532420	18063	98200	3814	
1981	713639	577428	548941	15454	117673	3084	
	(按1980年不变价格计算)						
1981	965451	783410	752099	24911	151142	5988	
1985	1499092	1188118	1136301	48833	252570	9571	
1990	1809563	1358777	1262566	51454	374372	24960	
	(按1990年不变价格计算)						
1990	3866785	2700871	2543021	116894	909030	139990	
1995	5710110	3585601	3275738	133792	1801282	189435	
1996	6244990	3728188	3361601	137844	2145537	233421	
1997	6713897	3915014	3480571	145024	2373523	280336	
1998	7238692	4204617	3705008	148058	2577014	309003	
1999	7589684	4296375	3721825	152417	2799615	341277	
2000	8020111	4526321	3892416	149942	2972928	370920	
2001	8445318	4763377	4089170	183017	3112180	386744	
2002	8868986	4953650	4246754	202936	3312898	399502	
	10368416	5210064	5210064	204132	3952010	426910	575300
2003	11018504	5499430	5499430	228033	4231138	424484	635419
2004	11752370	5873088	5873088	213894	4511036	457731	696621
2005	24341854	12032927	12032927	387778	9957063	750095	1213991
2006	25095512	13338640	13338640	388189	9228634	810000	1330049
2007	25617141	14387805	14387805	502403	8499134	764337	1463462
2008	32335656	16996031	16996031	568762	12220756	909995	1640112
2009	36172789	18183875	18183875	624720	14433198	1072496	1858500
2010	37666607	20337909	20337909	403715	13818542	1424679	2018294
2011	44755491	26052575	26052575	531106	14602615	1449986	2119209
2012	47565183	25734034	25734034	656227	17204090	1616601	2354230
2013	50736286	28189038	28189038	888218	17303441	1771069	2584521
2014	55008012	30685436	30685436	1135920	18619140	1716349	2851166
2015	55168145	29740995	29740995	1236052	19285563	1799874	3105661
2016	54763719	28566779	28566779	1316884	19683308	1833512	3363236
2017	55091169	29077208	29077208	1600739	18851044	1868737	3693441
2018	55368662	29497815	29497815	1737071	18092112	1983195	4058469
2019	58172176	31394103	31394103	1955974	18209346	2087640	4525112
2020	62726357	32455380	32455380	2444525	20549176	2208095	5069181

注：1.1996-2006年数据按第二次全国农业普查数据进行了调整。
2.2002年下边一行数和2003-2016年数据按新分类。
3.从2005年起，农林牧渔业总产值使用可比价格计算。
4.从2011年起，农林牧渔业总产值使用农普核定后数据。

1-3-3 历年农林牧渔业总产值指数

(上年=100)

年 份	农林牧渔业总产值	农 业	林 业	牧 业	渔 业	农林牧渔服务业
1950	123.0	123.7	127.4	116.2	112.1	
1951	104.2	103.7	114.9	107.6	109.7	
1952	119.7	120.8	124.8	108.8	112.6	
1953	91.1	89.8	113.5	98.9	111.4	
1954	103.1	103.0	105.9	100.3	121.5	
1955	113.0	115.6	104.6	88.9	103.7	
1956	88.5	85.6	133.6	115.1	96.2	
1957	118.6	120.0	101.0	113.0	91.7	
1958	104.6	104.7	124.5	98.3	100.7	
1959	94.8	94.3	101.0	99.0	95.8	
1960	84.4	84.6	84.2	79.0	108.4	
1961	86.7	87.9	66.1	85.3	57.4	
1962	101.5	101.0	81.5	115.7	86.5	
1963	84.9	82.1	81.5	110.8	137.5	
1964	132.5	132.9	186.2	123.5	108.9	
1965	124.3	125.6	116.4	119.6	75.9	
1966	107.1	105.5	147.0	114.7	72.9	
1967	99.6	99.0	84.4	108.8	125.1	
1968	97.1	97.9	100.8	90.5	84.3	
1969	107.9	109.8	123.1	89.1	93.5	
1970	111.3	110.5	100.8	121.4	147.6	
1971	105.7	99.5	90.8	164.7	88.4	
1972	87.3	88.0	94.4	81.2	135.3	
1973	115.2	119.5	116.6	91.1	102.8	
1974	109.3	109.1	93.5	114.7	112.4	
1975	103.1	100.6	118.9	116.3	127.7	
1976	94.4	93.8	105.5	96.2	92.2	
1977	93.5	92.4	95.9	98.6	115.7	
1978	122.1	125.0	113.1	97.2	101.5	
1979	106.9	106.4	86.8	117.7	74.8	
1980	93.8	92.1	96.2	104.0	100.9	

1-3-3续 历年农林牧渔业总产值指数

(上年=100)

年 份	农林牧渔业总产值	农 业	林 业	牧 业	渔 业	农林牧渔服务业
1981	103.8	101.8	85.6	119.8	80.9	
1982	117.6	117.2	154.5	113.1	116.6	
1983	117.2	121.7	100.9	97.8	93.1	
1984	109.1	107.7	120.2	115.3	116.6	
1985	103.3	98.6	104.6	131.1	126.2	
1986	98.5	97.0	91.7	106.0	123.2	
1987	104.5	104.3	103.3	105.3	116.9	
1988	107.8	105.6	104.8	117.6	115.4	
1989	103.1	102.5	98.8	105.5	109.4	
1990	105.4	104.4	107.3	107.1	143.7	
1991	103.6	102.1	104.3	106.6	111.4	
1992	100.9	95.1	103.8	110.3	140.7	
1993	108.7	109.3	95.2	119.5	57.8	
1994	116.2	113.1	105.4	123.6	120.3	
1995	111.9	110.5	105.4	114.0	124.3	
1996	109.4	104.0	103.0	119.1	123.2	
1997	107.5	105.0	105.2	110.6	120.1	
1998	107.8	107.4	102.1	108.6	110.2	
1999	104.8	102.2	102.9	108.6	110.4	
2000	105.7	105.4	98.4	106.2	108.7	
2001	105.3	105.2	122.1	104.7	104.3	
2002	105.0	104.0	110.9	106.4	103.3	
2003	106.3	105.6	111.7	107.1	99.4	110.5
2004	106.7	106.8	93.8	106.6	107.8	109.6
2005	106.5	106.0	96.9	107.7	104.1	107.5
2006	105.5	106.0	96.7	104.9	102.0	108.8
2007	103.9	104.2	109.6	102.1	105.1	108.4
2008	105.1	103.7	108.6	106.6	106.9	107.8
2009	103.2	103.3	111.8	102.3	104.4	106.2
2010	103.5	103.8	101.8	102.4	105.8	106.5
2011	103.9	105.5	103.6	101.1	101.8	105.0
2012	104.1	103.6	105.5	104.7	104.1	105.0
2013	103.3	104.0	106.5	101.2	106.0	107.0
2014	104.1	103.1	108.9	105.1	103.2	107.0
2015	102.7	102.8	104.3	101.7	102.4	107.0
2016	103.5	101.3	97.8	106.8	101.2	107.4
2017	104.0	104.9	107.9	102.1	98.2	108.0
2018	103.0	102.1	99.0	104.4	101.3	108.1
2019	101.9	101.7	104.8	100.4	100.6	109.5
2020	103.5	104.2	105.7	101.0	103.9	108.5

注：1.本表按可比价计算，2003-2014年数据不包括农民家庭兼营商品性工业，包括农林牧渔服务业。
2.从2011年起，农林牧渔业总产值指数使用农普核定后数据。

1-3-4 历年农林牧渔业总产值指数

(1952年=100)

年 份	农林牧渔业总产值	农 业	林 业	牧 业	渔 业	农林牧渔服务业
1949	65.2	64.6	54.7	73.4	72.2	
1952	100.0	100.0	100.0	100.0	100.0	
1957	111.3	109.9	169.8	114.6	123.9	
1962	82.0	81.5	96.9	86.9	64.3	
1965	114.6	111.8	171.2	142.3	73.1	
1970	142.7	138.7	265.7	173.9	77.6	
1975	170.8	159.2	295.7	282.8	137.0	
1978	181.6	172.4	338.6	260.6	148.3	
1980	182.1	169.0	282.9	319.0	111.9	
1985	293.5	260.9	474.3	628.0	144.6	
1990	354.3	298.3	500.0	947.0	377.2	
1995	523.2	396.1	572.3	1876.5	510.5	
1996	572.2	411.8	589.6	2235.1	629.0	
1997	615.2	432.4	620.3	2472.6	755.4	
1998	663.3	464.4	633.3	2684.6	832.7	
1999	695.4	474.6	651.9	2916.5	919.6	
2000	734.9	500.0	641.3	3097.0	999.5	
2001	773.9	526.2	782.8	3243.0	1042.1	
2002	812.8	547.2	868.0	3452.2	1076.5	
2003	864.3	577.5	969.7	3697.3	1070.4	110.5
2004	922.2	616.8	909.5	3941.3	1154.2	121.1
2005	982.1	653.8	881.3	4244.8	1201.5	130.2
2006	1036.1	693.0	852.3	4452.8	1225.5	141.6
2007	1076.5	722.1	934.1	4546.3	1288.0	153.5
2008	1131.4	748.8	1014.4	4846.4	1376.9	165.5
2009	1167.6	773.5	1134.1	4957.8	1437.5	175.8
2010	1208.5	802.9	1154.5	5076.8	1520.9	187.2
2011	1255.0	846.8	1196.3	5134.7	1548.0	196.6
2012	1306.1	877.0	1261.6	5374.0	1610.7	206.4
2013	1348.7	912.1	1343.7	5438.4	1707.4	220.9
2014	1404.2	940.8	1463.3	5713.2	1762.3	236.3
2015	1440.2	966.7	1526.7	5814.3	1803.4	252.9
2016	1491.0	998.6	1492.9	6209.5	1826.5	271.6
2017	1549.5	1046.2	1753.4	6111.7	1839.1	295.0
2018	1596.0	1068.1	1735.8	6380.6	1863.1	318.9
2019	1626.3	1086.3	1819.1	6406.1	1874.3	349.2
2020	1682.9	1131.9	1921.9	6467.6	1947.2	378.8

注:农林牧渔服务业指数以2002年为100。

1-3-5 历年农林牧渔业总产值

(按当年价格计算)　　单位：亿元

年份	农林牧渔业总产值	农业	林业	牧业	渔业	农林牧渔服务业
1949	20.31	18.08	0.25	1.76	0.22	
1952	29.70	26.69	0.44	2.28	0.29	
1957	30.77	27.31	0.70	2.43	0.33	
1962	31.26	27.93	0.55	2.55	0.24	
1965	45.49	39.86	1.01	4.34	0.28	
1970	59.69	51.59	1.88	5.93	0.29	
1975	72.73	60.26	2.13	9.82	0.53	
1978	75.86	64.03	2.39	8.87	0.56	
1980	97.79	79.86	3.10	14.00	0.83	
1985	167.33	128.65	6.15	31.16	1.37	
1990	357.63	254.77	9.58	83.38	9.90	
1995	1147.83	753.52	23.50	344.18	26.63	
1996	1298.04	801.26	24.80	437.59	34.39	
1997	1437.29	845.18	26.38	523.14	42.59	
1998	1505.91	885.88	27.37	547.57	45.09	
1999	1539.77	879.64	28.14	582.96	49.03	
2000	1544.65	846.72	25.37	613.68	58.88	
2001	1680.33	899.38	34.02	685.77	61.16	
2002	1728.85	918.62	37.49	706.82	65.92	
2003	1877.37	958.30	41.27	721.31	57.72	98.78
2004	2285.56	1135.75	40.02	924.78	72.08	112.93
2005	2379.17	1258.00	40.13	879.38	79.44	122.21
2006	2466.37	1380.45	45.85	832.32	72.75	135.00
2007	3075.77	1639.07	52.37	1146.99	85.14	152.20
2008	3505.23	1760.75	55.89	1410.82	102.77	175.00
2009	3640.93	1958.79	39.69	1350.10	108.38	183.99
2010	4309.42	2470.11	51.26	1443.76	142.47	201.83
2011	4570.27	2484.67	62.23	1643.80	155.36	224.21
2012	4912.42	2710.55	83.40	1709.84	167.08	241.54
2013	5284.43	2975.01	104.30	1772.37	166.28	266.46
2014	5373.76	2893.29	118.47	1895.90	175.85	290.25
2015	5291.68	2820.11	134.62	1842.65	181.12	313.18
2016	5299.66	2772.86	148.30	1846.23	190.30	341.97
2017	5373.38	2890.60	175.54	1735.82	195.86	375.55
2018	5707.00	3085.86	186.64	1813.82	207.49	413.19
2019	6061.46	3114.86	231.38	2035.42	212.54	467.26
2020	6742.49	3413.34	255.35	2309.72	243.22	520.86

注：1.本表按当年价格计算，2003-2018年数据按新分类、生产者价格计算，不包括农民家庭兼营商品性工业，包括农林牧渔服务业(下同)。
2.从2011年起，农林牧渔业总产值使用农普核定后数据。

1-3-6　历年农林牧渔业总产值构成

（按当年价格计算）　　单位：%

年 份	农林牧渔业总产值	农 业	林 业	牧 业	渔 业	农林牧渔服务业
1949	100.00	89.03	1.25	8.65	1.07	
1952	100.00	89.87	1.49	7.68	0.96	
1957	100.00	88.74	2.28	7.91	1.07	
1962	100.00	89.34	1.77	8.14	0.75	
1965	100.00	87.62	2.23	9.54	0.61	
1970	100.00	86.42	3.15	9.94	0.49	
1975	100.00	82.85	2.93	13.50	0.72	
1978	100.00	84.41	3.15	11.70	0.74	
1980	100.00	81.66	3.17	14.32	0.85	
1985	100.00	76.88	3.68	18.62	0.82	
1990	100.00	71.24	2.68	23.31	2.77	
1995	100.00	65.65	2.05	29.98	2.32	
1996	100.00	61.73	1.91	33.71	2.65	
1997	100.00	58.80	1.84	36.40	2.96	
1998	100.00	58.83	1.82	36.36	2.99	
1999	100.00	57.13	1.83	37.86	3.18	
2000	100.00	54.82	1.64	39.73	3.81	
2001	100.00	53.53	2.02	40.81	3.64	
2002	100.00	53.14	2.17	40.88	3.81	
2003	100.00	51.05	2.20	38.42	3.07	5.26
2004	100.00	49.69	1.75	40.46	3.16	4.94
2005	100.00	52.87	1.69	36.96	3.34	5.14
2006	100.00	55.97	1.86	33.75	2.95	5.47
2007	100.00	53.29	1.70	37.29	2.77	4.95
2008	100.00	50.23	1.60	40.25	2.93	4.99
2009	100.00	53.80	1.09	37.08	2.98	5.05
2010	100.00	57.32	1.19	33.50	3.31	4.68
2011	100.00	54.37	1.36	35.97	3.40	4.91
2012	100.00	55.18	1.70	34.81	3.40	4.92
2013	100.00	56.30	1.97	33.54	3.15	5.04
2014	100.00	53.84	2.20	35.28	3.27	5.40
2015	100.00	53.29	2.54	34.82	3.42	5.92
2016	100.00	52.32	2.80	34.84	3.59	6.45
2017	100.00	53.79	3.27	32.30	3.65	6.99
2018	100.00	54.07	3.27	31.78	3.64	7.24
2019	100.00	50.62	3.79	34.26	3.61	7.73
2020	100.00	50.62	3.79	34.26	3.61	7.73

注：1.2003-2018年数据按新分类，不包括农民家庭兼营商品性工业，包括农林牧渔服务业(下同)。
　　2.从2011年起，农林牧渔业总产值构成使用农普核定后数据。

1—3—7 分项农林牧渔业产值及构成

(按当年价格计算)

指标	绝对数(亿元)		构成(%)	
	2019年	2020年	2019年	2020年
农林牧渔业总产值	**6061.46**	**6742.49**	**100.00**	**100.00**
一、农业产值	**3114.86**	**3413.34**	**51.39**	**50.62**
(一)谷物及其他作物	1044.14	1130.66	17.23	16.77
1.谷　物	751.58	803.13	12.40	11.91
2.薯　类	114.57	130.05	1.89	1.93
3.油　料	63.09	78.65	1.04	1.17
4.豆　类	16.92	16.98	0.28	0.25
5.棉　花	43.34	43.80	0.72	0.65
6.生　麻	0.00	0.00	0.00	0.00
7.糖　类	3.86	4.46	0.06	0.07
8.烟　草	0.35	0.21	0.01	0.00
9.其他农作物	50.45	53.38	0.83	0.79
(二)蔬菜、食用菌及花卉盆景园艺	1374.26	1520.13	22.67	22.55
1.蔬　菜	1223.71	1333.80	20.19	19.78
2.食用菌	119.20	149.10	1.97	2.21
3.花　卉	10.85	15.44	0.18	0.23
4.盆景园艺	20.49	21.80	0.34	0.32
(三)水果、食用坚果、饮料和香料	542.40	566.55	8.95	8.40
1.水　果	460.40	485.66	7.60	7.20
(1)园林水果	346.54	364.11	5.72	5.40
(2)瓜果类	113.85	121.55	1.88	1.80
2.食用坚果	77.55	76.10	1.28	1.13
3.香料原料	2.77	2.30	0.05	0.03
(四)中草药材	154.06	196.00	2.54	2.91
二、林业产值	**231.38**	**255.35**	**3.82**	**3.79**
(一)林木的培育和种植	191.86	196.01	3.17	2.91
1.育种育苗	18.33	3.56	0.30	0.05
2.造　林	159.32	169.81	2.63	2.52
3.抚育和管理	13.42	22.63	0.22	0.34
(二)木材采运	6.54	7.27	0.11	0.11
(三)林产品	32.98	32.98	0.54	0.49
三、牧业产值	**2035.42**	**2309.72**	**33.58**	**34.26**
(一)牲畜饲养	687.73	746.53	11.35	11.07
1.牛的饲养	306.23	319.39	5.05	4.74
2.羊的饲养	224.09	247.90	3.70	3.68
3.其他牲畜饲养	3.05	3.05	0.05	0.05
4.奶产品	148.13	169.96	2.44	2.52
5.毛绒产品	6.23	6.23	0.10	0.09
(二)猪的饲养	730.07	1054.61	12.04	15.64
(三)家禽饲养	498.50	431.26	8.22	6.40
1.肉　禽	149.89	141.68	2.47	2.10
2.禽　蛋	348.61	289.58	5.75	4.29
(四)猎狩和捕捉动物				
(五)其他畜牧业	119.11	77.31	1.97	1.15
四、渔业产值	**212.54**	**243.22**	**3.51**	**3.61**
(一)海水产品	157.13	185.32	2.59	2.75
(二)淡水产品	55.41	57.90	0.91	0.86
五、农林牧渔服务业产值	**467.26**	**520.86**	**7.71**	**7.73**

注：本表按新分类、生产者价格计算，不包括农民家庭兼营商品性工业，包括农林牧渔服务业。

1-3-8 历年农林牧渔业增加值及指数

年 份	农林牧渔业增加值(亿元)	指 数(以上年为100)	年 份	农林牧渔业增加值(亿元)	指 数(以上年为100)	年 份	农林牧渔业增加值(亿元)	指 数(以上年为100)
1952	25.23		1975	50.66	110.2	1998	790.70	106.2
1953	24.10	88.3	1976	45.86	91.9	1999	806.07	104.3
1954	25.38	103.1	1977	48.42	106.3	2000	824.66	105.1
1955	28.18	111.6	1978	52.20	110.4	2001	913.94	105.3
1956	25.01	88.0	1979	61.11	104.2	2002	956.97	105.4
1957	26.11	111.3	1980	68.09	97.4	2003	1064.19	106.1
1958	27.89	103.9	1981	71.03	105.3	2004	1370.62	109.7
1959	27.00	94.7	1982	85.59	119.5	2005	1400.20	106.2
1960	23.43	82.1	1983	102.10	118.7	2006	1462.02	105.0
1961	23.99	79.8	1984	111.46	108.0	2007	1804.99	104.0
1962	24.07	102.3	1985	120.34	102.2	2008	2034.90	104.9
1963	19.84	83.6	1986	123.45	97.4	2009	2207.68	103.3
1964	27.13	128.1	1987	137.66	101.6	2010	2563.21	103.5
1965	37.20	128.4	1988	162.31	101.1	2011	2802.91	104.2
1966	40.12	107.2	1989	196.35	103.7	2012	3021.82	104.0
1967	40.06	100.0	1990	227.89	105.7	2013	3260.83	103.5
1968	40.35	97.3	1991	236.89	102.5	2014	3294.28	103.8
1969	44.11	108.5	1992	257.08	99.4	2015	3240.30	102.7
1970	46.41	103.0	1993	301.68	104.4	2016	3235.08	103.7
1971	44.06	95.4	1994	451.91	111.8	2017	3298.34	104.0
1972	38.35	87.9	1995	631.41	108.6	2018	3522.29	103.2
1973	43.16	111.7	1996	701.02	105.5	2019	3727.50	102.1
1974	45.62	105.6	1997	761.85	105.4	2020	4113.23	103.5

注：1.指数按可比价格计算。2003-2018年数据按新分类、生产者价格计算，不包括农民家庭兼营商品性工业，包括农林牧渔服务业(下同)。
2.从2011年起,农林牧渔业增加值及指数构成使用农普核定后数据。

1-3-9 农林牧渔业增加值、构成及占产值比重

指 标	绝对数(万元)		构 成(%)		中间消耗、增加值占产值比重(%)	
	2019年	2020年	2019年	2020年	2019年	2020年
一、农林牧渔业总产值	**60614633**	**60614633**	**100.00**	**100.00**	**100.00**	**100.00**
农 业	31148609	31148609	51.39	50.62	100.00	100.00
林 业	2313832	2313832	3.82	3.79	100.00	100.00
牧 业	20354166	20354166	33.58	34.26	100.00	100.00
渔 业	2125446	2125446	3.51	3.61	100.00	100.00
农林牧渔服务业	4672581	4672581	7.71	7.73	100.00	100.00
二、中间消耗	**23340313**	**23340313**	**100.00**	**100.00**	**38.51**	**38.51**
农 业	9418909	9418909	40.35	39.07	30.24	30.24
林 业	815928	815928	3.50	4.20	35.26	35.26
牧 业	9750422	9750422	41.78	42.34	47.90	47.90
渔 业	773076	773076	3.31	3.44	36.37	36.37
农林牧渔服务业	2581977	2581977	11.06	10.95	55.26	55.26
三、农林牧渔业增加值	**37274968**	**41132300**	**100.00**	**100.00**	**61.49**	**61.49**
农 业	21777960		58.43		69.76	69.76
林 业	1313736		3.52		64.74	64.74
牧 业	10757784		28.86		52.10	32.10
渔 业	1334887		3.58		63.63	63.63
农林牧渔服务业	2090600		5.61		44.74	44.74

注：2017年农林牧渔增加值、构成及占产值比重使用农普核定后数据。

1−3−10 历年农林牧渔业商品产值

单位:亿元

年份	农林牧渔业商品产值	农业	林业	牧业	渔业
1987	110.57	73.75	1.98	31.04	3.80
1990	199.71	127.85	2.85	59.97	9.04
1991	212.78	130.15	4.19	68.23	10.21
1992	244.92	145.60	5.59	80.10	13.63
1993	301.39	179.77	7.24	102.89	11.49
1994	487.46	277.70	9.74	181.16	18.86
1995	714.11	417.00	10.26	262.08	24.77
1996	845.92	454.07	12.64	347.30	31.91
1997	950.42	483.49	13.46	414.27	39.20
1998	1013.48	521.77	13.85	436.96	40.90
1999	1060.90	535.14	13.76	468.12	43.88
2000	1084.35	531.08	11.66	489.55	52.06
2001	1203.96	583.44	17.55	547.45	55.52
2002	1262.29	615.29	18.46	568.43	60.11
2003	1399.47	644.27	18.81	684.34	52.05
2004	1728.80	759.15	20.75	885.06	63.84
2005	1934.80	862.26	23.86	976.03	72.65
2006	1817.08	993.23	29.89	726.78	67.18
2007	2312.00	1187.10	35.92	1010.60	78.38
2008	2605.73	1260.86	36.63	1215.56	92.67
2009	2764.35	1467.40	10.79	1184.59	101.57
2010	3304.70	1881.19	12.76	1275.55	135.20
2011	3524.22	1894.94	18.11	1467.42	143.74
2012	3811.90	2112.42	23.00	1532.02	144.46
2013	4093.65	2336.45	31.53	1592.65	133.02
2014	4158.32	2264.22	34.83	1708.21	151.06
2015	4092.33	2233.12	46.03	1652.86	160.32
2016	4180.32	2272.50	51.70	1680.99	175.13
2017	4234.16	2404.65	60.86	1580.64	188.01
2018	4517.35	2600.43	45.98	1671.43	199.50
2019	4799.93	2664.92	55.49	1873.54	205.98
2020	5379.94	2931.59	82.04	2130.71	235.59

注：从2011年起，农林牧渔业商品产值使用农普核定后数据(不含农林牧渔服务业)。

1-3-11 历年农林牧渔业商品率

单位：%

年份	农林牧渔业商品率	农业	林业	牧业	渔业
1987	55.10	50.56	28.99	71.09	88.58
1990	55.84	50.18	29.75	71.92	91.31
1991	56.34	50.20	33.84	71.92	91.98
1992	58.34	51.55	40.13	73.82	91.35
1993	58.95	52.18	47.32	73.97	92.89
1994	61.21	53.58	50.10	76.06	93.02
1995	62.21	55.34	43.66	76.15	93.02
1996	63.17	56.67	50.97	79.36	92.81
1997	66.13	57.21	51.01	79.19	92.06
1998	67.30	58.90	50.60	79.80	90.70
1999	68.90	60.84	48.90	80.30	89.50
2000	70.20	62.72	45.97	79.77	88.40
2001	71.64	64.87	51.59	79.81	90.76
2002	73.00	66.98	49.25	80.39	91.17
2003	74.52	67.23	45.59	83.40	90.19
2004	75.64	66.84	51.86	85.29	88.56
2005	77.33	68.54	59.46	86.80	91.45
2006	77.94	71.95	65.19	87.32	92.34
2007	79.08	72.42	68.59	88.11	92.06
2008	78.24	71.61	65.54	86.16	90.17
2009	79.97	74.91	27.20	87.74	93.72
2010	80.45	76.16	24.90	88.35	94.90
2011	81.09	76.27	29.11	89.27	92.52
2012	81.61	77.93	27.58	89.60	86.46
2013	81.58	78.54	30.23	89.86	80.00
2014	81.80	78.26	29.40	90.10	85.90
2015	82.20	79.19	34.19	89.70	88.52
2016	84.32	81.96	34.86	91.05	92.03
2017	84.72	83.19	34.67	91.06	95.99
2018	85.33	84.27	24.64	92.15	96.15
2019	85.80	85.55	23.98	92.05	96.91
2020	86.50	85.90	32.10	92.20	96.90

1-3-12 历年农业劳动生产率、土地生产率、投入产出率

单位：元

年 份	每一农村农林牧渔业从业人员创造农林牧渔业总产值	每一农村农林牧渔业从业人员创造农林牧渔业增加值	每公顷耕地创造农林牧渔业总产值	每公顷耕地创造农林牧渔业增加值	农业投入产出率(%)
1978	510	351	1136	782	220.6
1980	629	438	1479	1024	229.3
1985	1031	741	2534	1822	256.1
1990	2041	1307	5455	3476	175.7
1995	6558	3627	17612	9687	122.2
1996	7738	4201	19974	10786	117.4
1997	8821	4699	22133	11731	112.8
1998	9202	4856	23223	12192	110.5
1999	9352	4921	23767	12440	109.8
2000	9298	4989	23889	12752	114.5
2001	10091	5488	26056	14170	119.2
2002	10424	5769	28225	15622	123.9
2003	11336	6425	31335	17760	130.8
2004	14019	8180	38089	22224	140.1
2005	15091	8880	39726	23376	143.0
2006	16090	9536	41927	24850	145.5
2007	20559	12063	52188	30622	142.0
2008	23706	13760	59396	34476	138.3
2009	24678	14961	55491	33642	154.0
2010	29408	17489	65778	39118	146.7
2011	31606	19381	69629	42696	158.5
2012	34425	21173	74903	46069	159.8
2013	37505	23139	80663	49766	161.1
2014	38577	23645	82196	50380	158.3
2015	38346	23476	81093	49648	157.9
2016	38684	23610	81278	49606	156.6
2017	39452	24213	82428	50588	158.9
2018	42133	25999	87483	53984	161.2
2019	45027	27689	10045	61772	159.7
2020	50780	30977	11216	68421	156.4

注：1.按从业人员年平均人数计算。
2.从2011年起，农业劳动生产率、土地生产率、投入产出率使用农普核定后数据。

1-3-13 历年农村经济在国民经济中的地位

年 份	农林牧渔业增加值占地区生产总值比重	乡村人口占总人口比重	农林牧渔业从业人员占全社会从业人员比重	农村消费品零售额占全社会消费品零售额比重
1952	62.31		87.44	63.71
1957	49.92	90.52	89.91	61.20
1962	49.39	91.54	79.21	63.85
1965	51.16	90.63	87.60	67.14
1970	44.52	91.35	89.92	64.65
1975	38.15	89.87	83.17	63.04
1978	28.52	88.79	69.95	64.20
1980	31.06	87.81	74.74	67.82
1985	30.33	86.41	64.14	61.45
1990	25.42	84.62	60.21	53.18
1995	23.38	83.89	52.75	48.87
1996	21.92	82.04	49.14	49.80
1997	20.86	81.44	48.74	51.16
1998	20.15	81.02	48.58	53.02
1999	19.38	80.69	49.76	53.72
2000	17.82	80.72	49.56	53.56
2001	18.05	80.39	49.17	52.92
2002	17.34	80.02	48.40	52.20
2003	16.80	79.52	48.19	51.13
2004	18.06	79.16	45.86	50.82
2005	15.96	79.15	43.84	53.18
2006	14.56	78.46	42.24	52.55
2007	14.85	78.59	40.42	52.10
2008	14.33	78.63	39.76	52.14
2009	14.42	78.63	39.00	52.28
2010	14.24	77.43	37.88	23.73
2011	13.11	77.34	36.33	23.35
2012	13.09	77.23	34.91	23.26
2013	13.44	77.19	33.57	23.16
2014	13.07	77.14	33.29	21.71
2015	12.27	76.92	32.95	22.06
2016	11.36	76.93	32.68	22.06
2017	10.76	76.29	32.20	22.53
2018	10.84	77.14	32.28	23.45
2019	10.66	77.20	31.82	21.58
2020	11.42	78.33	31.54	17.95

注:1.本表为经普后对历史数据进行调整的数据。
2.从2010年起，社会消费品零售额按销售单位所在地分为城镇和农村。
3.从2011年起,农林牧渔业增加值占地区生产总值比重使用农普核定后数据。

1-3-14 历年平均每一乡村农林牧渔业从业人员生产的主要农产品

单位：公斤

年份	粮食	棉花	油料	猪牛羊肉	禽蛋	水产品
1957	592.34	21.73	21.31			6.95
1962	431.95	9.47	6.12			3.42
1965	662.09	17.90	12.25			4.41
1970	778.02	15.46	14.78			4.41
1975	948.56	11.31	14.87			8.11
1978	1144.01	7.94	16.61	28.26		9.42
1980	933.24	15.15	27.67	34.05		5.98
1985	1199.86	38.35	53.03	49.97	20.44	7.78
1986	1200.19	31.23	37.71	56.06	21.83	9.47
1987	1181.89	38.55	42.40	58.66	22.68	11.04
1988	1229.81	35.07	39.73	65.98	26.77	12.57
1989	1212.90	31.43	32.83	65.67	26.24	12.25
1990	1278.86	32.06	42.06	68.07	28.80	12.28
1995	1596.69	21.60	64.04	150.86	119.67	23.09
1996	1719.96	15.93	74.39	156.08	164.40	31.26
1997	1695.17	15.35	72.81	162.00	181.46	37.41
1998	1783.49	16.52	84.86	163.92	186.82	42.38
1999	1674.67	13.57	78.98	164.95	193.77	46.32
2000	1531.76	18.02	88.25	162.13	197.75	48.61
2001	1496.61	25.18	92.38	161.96	201.52	50.99
2002	1474.45	24.33	91.56	167.76	209.98	52.70
2003	1438.22	31.44	98.24	171.84	215.97	51.96
2004	1549.63	41.57	96.42	186.66	229.46	58.00
2005	1673.53	37.17	98.36	202.33	248.06	63.72
2006	1837.75	46.28	88.42	213.79	252.67	57.59
2007	1958.91	48.88	91.44	209.25	268.53	61.29
2008	2026.06	49.56	99.16	225.45	279.04	65.38
2009	2049.19	39.68	91.61	233.15	241.17	68.19
2010	2140.11	29.31	88.78	233.79	234.19	72.91
2011	2333.97	31.54	88.17	237.27	239.26	74.46
2012	2424.64	29.03	89.62	251.01	243.88	70.31
2013	2565.71	27.73	94.67	259.60	250.82	75.88
2014	2568.92	26.63	90.64	276.14	264.86	78.98
2015	2626.71	17.43	91.89	278.19	276.87	82.34
2016	2762.75	17.45	92.17	274.06	288.90	83.73
2017	2826.63	17.74	95.52	278.41	283.25	82.41
2018	2732.64	17.67	89.62	275.60	279.08	80.94
2019	2794.63	17.00	89.35	246.70	288.42	74.00
2020	2836.97	15.59	89.33	234.51	291.26	74.99

注：按年末从业人数计算。

1-3-15 历年农业产业化经营情况

指标	单位	1998年	2000年	2005年	2006年	2007年	2008年	2009年	2010年	2011年
农业产业化经营总量	亿元	618.5	795.1	1873.1	2171.8	2496.8	2996.4	3213.3	4062.9	4757.1
农业产业化经营率	%	28.4	36.1	49.4	51.8	53.6	55.3	56.8	58.6	60.0
龙头经营组织个数	个	582	604	1118	1172	1203	1230	1252	1465	1576
龙头经营组织销售额	亿元	209.1	306.7	907.3	1106.6	1332.2	1562.8	1614.2	2122.5	2424.0
龙头企业(集团)个数	个	411	471	908	954	989	1016	1030	1218	1307
龙头企业销售额	亿元	171.4	267.8	832.6	1018.2	1242.4	1460.7	1497.2	1963.6	2235.5
专业批发市场个数	个	115	103	123	127	125	127	120	129	129
专业批发市场销售额	亿元	32.6	35.3	66.3	76.0	77.6	91.1	105.4	140.9	167.0
中介服务组织个数	个	56	30	87	91	89	87	102	118	140
中介服务组织销售额	亿元	5.2	3.7	8.4	12.4	12.1	11.0	11.6	18.0	21.5
农产品生产(加工)基地个数	个	343	385	469	481	497	505	500	556	590
农产品生产(加工)基地销售产值	亿元	384.2	463.0	955.5	1056.3	1160.0	1417.8	1582.1	1927.1	2313.1
农产品生产(加工)基地联系农户	万户	431.1	512.2	681.6	749.0	753.0	758.3	747.9	798.8	818.3
种植业生产基地个数	个	191	227	261	263	272	274	271	309	322
种植业生产基地种植面积	千公顷	849.5	1036.5	1581.8	1705.9	1846.1	1883.6	1964.8	2152.5	2191.6
种植业生产基地销售产值	亿元	160.3	218.9	434.0	487.2	568.7	661.8	774.6	961.1	1118.3
种植业生产基地联系农户数	万户	309.4	363.7	465.1	499.4	497.0	499.4	493.8	535.4	544.4
养殖业生产基地个数	个	132	137	183	191	198	203	202	218	238
养殖业生产基地销售产值	亿元	111.4	131.8	316.5	365.6	388.5	512.1	540.5	643.3	840.5
养殖业生产基地联系农户数	万户	111.3	133.2	195.1	227.2	235.3	236.2	231.1	239.4	246.2
生产加工基地个数	个	20	21	25	27	27	28	27	29	30
生产加工基地销售产值	亿元	112.5	112.3	205.0	203.6	202.7	243.9	267.0	322.7	354.3
生产加工基地联系农户数	万户	10.4	15.3	21.5	22.4	20.8	22.7	22.9	24.0	27.7
农户参与度	%	30.8	36.0	47.1	51.8	51.5	51.3	49.9	52.4	53.2
参与农户增收比率	%	28.7	28.7	35.6	35.6	36.2	38.2	40.5	41.3	40.4
农民受益率	%	10.1	11.9	16.5	17.5	16.0	16.1	16.5	17.4	15.9

1—3—15续　历年农业产业化经营情况

指　　标	单 位	2012年	2013年	2014年	2015年	2016年	2017年	2018年	2019年	2020年
农业产业化经营总量	亿元	5394.3	6147.7	6666.1	6934.8	6297.9	6743.5	6737.4	6669.9	7133.6
农业产业化经营率	%	61.5	63.0	64.2	65.6	64.7	66.6	65.9	67.1	64.7
龙头经营组织个数	个	1662	1834	1974	2181	2529	2575	2552	2951	3070.0
龙头经营组织销售额	亿元	2719.1	3108.8	3448.0	3637.8	3776.2	4063.3	3885.3	4370.2	4646.2
龙头企业(集团)个数	个	1338	1555	1703	1899	2212	2303	2297	2707	2843.0
龙头企业销售额	亿元	2496.5	2861.9	3158.4	3296.7	3390.3	3622.0	3373.0	3821.5	4106.0
专业批发市场个数	个	127	126	111	113	113	106	98	93	87
专业批发市场销售额	亿元	199.5	222.7	265.6	314.3	357.0	410.9	470.3	521.2	513.7
中介服务组织个数	个	147	153	160	169	204	166	157	151	140
中介服务组织销售额	亿元	23.1	24.2	23.9	26.8	28.9	30.4	41.9	27.6	26.6
农产品生产(加工)基地个数	个	633	671	688	699	724	742	715	564	545
农产品生产(加工)基地销售产值	亿元	2675.2	3038.9	3218.1	3297.0	2521.7	2680.2	2852.1	2299.7	2487.3
农产品生产(加工)基地联系农户	万户	885.4	852.5	860.7	885.5	807.3	812.8	787.8	640.0	632.9
种植业生产基地个数	个	340	366	374	382	398	415	402	349	340
种植业生产基地种植面积	千公顷	2097.0	2457.4	2433.7	2373.7	1855.0	1885.5	1851.0	1685.3	1691.0
种植业生产基地销售产值	亿元	1338.5	1552.7	1598.9	1646.4	1109.2	1161.6	1337.1	1332.2	1445.0
种植业生产基地联系农户数	万户	591.0	583.3	582.4	605.3	558.2	565.4	559.6	509.7	495.6
养殖业生产基地个数	个	259	271	281	286	293	295	282	208	198
养殖业生产基地销售产值	亿元	903.2	980.5	1059.1	1090.1	759.1	832.2	878.5	783.3	889.8
养殖业生产基地联系农户数	万户	260.8	239.2	251.8	252.8	215.0	213.1	192.5	124.2	131.9
生产加工基地个数	个	34	34	33	31	33	32	31	7	7
生产加工基地销售产值	亿元	433.4	505.8	560.2	560.5	653.4	686.4	636.5	184.2	152.6
生产加工基地联系农户数	万户	33.6	30.0	26.5	27.3	34.1	34.4	35.7	6.1	5.3
农户参与度	%	57.1	54.5	54.6	56.1	50.8	50.5	47.5	38.0	37.3
参与农户增收比率	%	43.4	41.1	40.0	43.0	41.1	40.7	40.1	40.6	41.8
农民受益率	%	29.0	16.2	14.7	15.7	11.9	11.5	10.5	8.0	8.0

1-3-16 历年城乡居民人均消费水平对比

单位：元

年 份	居民消费水平			
	居民消费水平	城镇居民	农村居民	城乡消费水平对比（农村居民=1）
1978	165	402	137	2.93
1980	199	460	164	2.80
1981	223	481	187	2.57
1982	236	507	198	2.56
1983	258	513	221	2.32
1984	301	569	261	2.18
1985	366	672	319	2.11
1986	413	773	356	2.17
1987	494	917	423	2.17
1988	664	1300	557	2.33
1989	722	1557	583	2.67
1990	783	1592	605	2.63
1991	847	1839	675	2.72
1992	950	2182	729	2.99
1993	1044	2393	797	3.00
1994	1276	2909	968	3.01
1995	1598	3220	1238	2.60
1996	1782	3240	1439	2.25
1997	1987	3478	1580	2.20
1998	2035	3534	1596	2.21
1999	2144	3639	1661	2.19
2000	2324	4150	1696	2.45
2001	2523	4581	1755	2.61
2002	2826	5296	1822	2.91
2003	2993	5548	1868	2.97
2004	3354	5896	2005	2.94
2005	3728	6337	2212	2.87
2006	4295	7231	2478	2.92
2007	5041	8431	2826	2.98
2008	5739	9493	3121	3.04
2009	6357	10510	3247	3.24
2010	7077	11649	3467	3.36
2011	8291	13184	4280	3.08
2012	9300	14353	4980	2.88
2013	9886	14759	5510	2.68
2014	10431	15085	6015	2.51
2015	11387	15851	6830	2.32
2016	12794	17067	8019	2.13
2017	14083	18175	9120	1.99
2018	15432	19354	10330	1.87
2019	16925	20717	11679	1.77
2020				

注：1.居民消费水平2000年以后数据为按经济普查口径调整后数据。
2.本表数据来源于国民经济核算资料，与城乡住户抽样调查数据的指标口径不同。

1-4-1 农村居民家庭基本情况

指 标	单位	2000年	2005年	2010年	2015年	2018年	2019年	2020年
一、调查户数	**户**	**4200**	**4200**	**4200**				
二、调查户人口								
户均常住人口	人	4.11	3.92	3.70	3.40	3.40	3.27	3.44
户均整半劳动力	人	2.74	2.81	2.76	2.42	2.24	2.15	2.29
整半劳动力占常住人口比重	%	66.62	71.67	74.47	71.34	65.66	65.83	66.66
平均每个劳动力负担人口	人	1.50	1.40	1.34	1.40	1.52	1.52	1.50
三、劳动力就业情况								
整半劳动力	人	11503	11801	11583				
各业劳动力比重	%	100.00	100.00	100.00	100.00	100.00	100.00	100.00
1.第一产业	%	71.86	63.90	58.22	52.61	48.77	49.33	45.94
2.第二产业	%		16.90	22.75	26.90	27.28	26.41	27.19
(1)采矿业	%		0.74	0.77	1.01	0.77	0.61	0.44
(2)制造业	%	8.50	10.48	14.37	16.64	12.85	13.68	15.11
(3)电力、热力、燃气及水生产和供应业	%		0.26	0.56	0.61	1.49	0.82	0.94
(4)建筑业	%	4.02	5.42	7.05	8.64	12.18	11.30	10.71
3.第三产业	%		19.20	19.03	20.49	23.95	24.26	26.87
(1)批发和零售业	%	4.51	4.97	5.01	5.48	4.57	5.57	5.76
(2)交通运输、仓储和邮政业	%	1.88	2.64	3.03	3.78	5.24	4.72	5.32
(3)住宿和餐饮业	%		1.30	1.51	1.38	2.53	2.41	1.95
(4)信息传输、软件和信息技术服务业	%				0.22	0.53	0.25	0.26
(5)金融业	%				0.25	0.20	0.24	0.35
(6)房地产业	%				0.08	0.11	0.15	0.13
(7)租赁和商务服务业	%				0.18	0.40	0.18	0.32
(8)科学研究和技术服务业	%				0.08	0.06	0.05	0.05
(9)水利、环境和公共设施管理业	%				0.15	0.30	0.29	0.29
(10)居民服务、修理和其他服务业	%	1.85	3.24	4.06	5.15	6.04	5.36	7.72
(11)教育	%		1.19	1.00	1.17	1.10	1.60	1.16
(12)卫生和社会工作	%		0.62	0.66	0.67	1.08	1.29	0.96
(13)文化、体育和娱乐业	%		0.23	0.39	0.27	0.37	0.62	0.20
(14)公共管理、社会保障和社会组织	%		4.99	3.37	1.64	1.43	1.52	2.41
(15)国际组织	%							

1–4–2 农村居民家庭劳动力文化程度

指　　标	单 位	2000年	2005年	2010年	2015年	2018年	2019年	2020年
平均每百个劳动力中								
未上过学	人	2.68	2.80	1.55	2.54	1.97	2.54	2.51
小　　学	人	25.00	19.21	17.52	20.49	21.89	22.38	22.33
初　　中	人	57.99	59.73	59.74	58.69	57.11	56.44	57.12
高　　中	人	13.84	17.13	19.17	14.78	15.02	14.05	13.39
大专及以上	人	0.49	1.12	2.02	3.51	4.01	4.59	4.65

1–4–3 农村居民家庭平均每百户年末拥有生产性固定资产数量

指　　标	单 位	2000年	2005年	2010年	2015年	2018年	2019年	2020年
生产性用房及建筑物	平方米	1179.10	1965.17	2203.59	1179.08	1818.47	2255.34	2403.70
大中型农用拖拉机	台	2.03	2.48	2.92	2.46	2.23	2.59	3.61
小型农用拖拉机	台	34.49	36.43	32.13	36.68	22.97	24.07	21.75
农用排灌动力机械	台		32.04	26.59	8.25	6.71	7.21	5.59
收割机	台		2.07	1.76	0.64	2.38	0.91	0.64
脱粒机	台	6.30	2.17	2.73	2.68	5.78	1.37	2.95
役　畜	头	25.04	11.95	8.32	3.30	2.81	2.83	
产品畜	头	19.88	60.95	40.26	60.96	71.36	114.07	83.91

1–4–4 农村居民家庭平均每户年末拥有生产性固定资产原值

单位：元

指　　标	2000年	2005年	2010年	2015年	2018年	2019年	2020年
平均每户生产性固定资产原值	**6328.32**	**9335.54**	**11455.36**	**15252.44**	**19778.62**	**22915.47**	**27806.59**
1.农　业		4646.31	5683.50	6287.34	6982.48	6558.81	7215.43
2.林　业	4132.77	9.05	11.27	59.15	8.80	9.34	17.10
3.牧　业		1449.07	1417.95	1534.27	1618.89	2164.68	2745.44
4.渔　业				6.93			4.91
5.农林牧渔服务业				53.04	35.52	11.84	187.61
6.采矿业		14.88	26.19		8.32		55.02
7.制造业	586.06	1070.92	1354.51	1587.37	3485.59	1919.18	2021.54
8.电力、热力、燃气及水生产和供应业			4.76		81.98	53.36	33.48
9.建筑业	31.57	38.33	158.33	238.89	630.89	697.47	5925.92
10.批发和零售业		457.83	727.00	2362.73	2023.86	3208.80	2276.78
11.交通运输、仓储和邮政业		1356.43	1585.74	2232.68	3831.84	7083.19	5885.13
12.住宿和餐饮业		70.19	101.55	217.22	358.58	308.00	494.45
13.房地产业	1577.92						
14.租赁和商务服务业				108.53	129.36	182.36	110.59
15.居民服务、修理和其他服务业		123.43	206.44	487.58	471.69	429.02	705.35
16.其他行业		99.10	178.12	76.71	110.84	289.43	127.84

1-4-5 农村居民住房情况

指　　标	单位	2000年	2005年	2010年	2015年	2018年	2019年	2020年
一、年末拥有房屋面积	**平方米/人**	**22.87**	**28.35**	**32.48**	**37.66**	**39.67**	**38.90**	
现住房面积	平方米/人	22.87	28.35	32.23	36.52	38.66	38.87	39.19
#钢筋混凝土	平方米/人	2.98	6.11	7.53	2.88	3.45	4.02	4.21
砖混材料	平方米/人	18.35	21.10	23.57	18.25	22.61	21.96	26.08
砖瓦砖木	平方米/人				14.58	11.73	12.18	8.77
竹草土坯	平方米/人				0.68	0.39	0.25	0.03
其　他	平方米/人				0.13	0.49	0.48	0.10

1-4-6 历年农村居民人均可支配收入及指数

单位：元/人

年 份	一、收入合计(元)	从集体得到的收入	从经济联合体得到的收入	家庭经营纯收入	其他非生产性收入	二、指数 以上年为100	以1978年为100
1954	63	3		49	11		
1957	64	49		2	14		
1962	90	55		25	11		
1965	88	55		20	13		
1966	88	56		20	12		
1977	83	60		17	7		
1978	114	84		20	10	137.2	100.0
1979	136	98		24	14	119.3	119.3
1980	176	105		45	26	129.1	154.1
1985	385	35	9	305	36	111.7	337.7
1986	408	40	11	319	37	105.8	357.4
1987	444	44	12	357	33	109.0	389.6
1988	547	50	13	445	39	123.0	479.2
1989	589	58	14	472	45	107.8	516.7
1990	622	55	12	507	48	105.5	545.0
1991	657	69	8	524	56	105.7	576.3
1992	682	78	9	530	65	103.8	598.4

1-4-6续 历年农村居民人均可支配收入及指数

单位：元/人

年 份	一、可支配收入(元)	1.工资性收入	2.经营净收入	3.财产净收入	4.转移净收入	二、指数 以上年为100	以1978年为100
1993	804	220	550	6	27	117.8	704.7
1994	1107	294	753	32	29	137.8	970.8
1995	1669	441	1150	41	37	150.7	1463.0
1996	2055	575	1391	49	40	123.1	1801.6
1997	2286	762	1449	36	39	111.2	2004.2
1998	2405	787	1520	42	56	105.2	2108.8
1999	2442	896	1432	53	60	101.5	2140.5
2000	2479	949	1418	52	60	101.5	2173.3
2001	2604	978	1501	76	48	105.0	2282.7
2002	2685	1044	1506	78	58	103.1	2354.2
2003	2853	1072	1645	76	61	106.3	2501.6
2004	3171	1111	1888	79	93	111.1	2780.2
2005	3482	1294	1989	94	106	109.8	3052.5
2006	3802	1515	2040	108	140	109.2	3333.2
2007	4293	1754	2250	116	174	112.9	3764.2
2008	4795	1980	2416	119	281	111.7	4204.3
2009	5150	2251	2440	124	334	107.4	4514.9
2010	5958	2653	2730	182	392	115.7	5223.5
2011	7120	3424	3006	206	483	119.5	6242.1
2012	8081	4005	3255	218	603	113.5	7085.2
2013	9188	4453	3166	166	1403	112.6	7979.9
2014	10186	5133	3435	204	1413	110.9	8847.1
2015	11051	5812	3685	234	1320	108.5	9597.8
2016	11919	6263	3970	257	1429	107.9	10352.4
2017	12881	6841	4228	274	1538	108.1	11187.6
2018	14031	7454	4612	299	1667	108.9	12186.4
2019	15373	8120	5099	323	1831	109.6	13352.1
2020	16467	8598	5517	352	2000	107.1	14302.3

注：2013年以前农村居民为人均纯收入，以后为新口径人均可支配收入，指数为可比。

1-4-7 农村居民人均可支配收入

单位：元/人

指 标	2000年	2005年	2010年	2015年	2019年	2020年
可支配收入	**2479**	**3482**	**5958**	**11051**	**15373**	**16467**
一、工资性收入	**949**	**1294**	**2653**	**5812**	**8120**	**8598**
二、经营净收入	**1418**	**1989**	**2730**	**3685**	**5099**	**5517**
（一）按产业划分						
1.第一产业	914	1456	2053	2144	2617	2888
2.第二产业	113	155	214	276	551	593
3.第三产业	390	378	463	1265	1931	2037
三、财产性净收入	**52**	**94**	**182**	**234**	**323**	**352**
四、转移净收入	**60**	**106**	**392**	**1320**	**1831**	**2000**

注：2013年以前农村居民为人均纯收入，以后为新口径人均可支配收入。

1-4-8 历年农村居民人均消费支出及构成

单位：元

年份	合计	一、生活消费品支出						二、非商品支出
		小计	食品	衣着	燃料	用品及支出	住房	
1954	57	55	39	6	4	3	3	1
1957	58	56	38	8	4	4	3	2
1962	81	76	44	7	10	10	5	4
1965	77	73	52	8	6	4	4	3
1978	95	93	63	14	7	6	3	2
1980	142	139	80	20	8	17	14	3
1985	298	290	149	32	16	43	50	8
1986	333	324	162	35	19	48	61	9
1987	365	356	180	38	18	54	65	10
1988	446	425	209	45	22	68	81	21
1989	495	470	238	48	28	70	86	25
1990	486	457	249	47	28	65	69	29
1991	558	516	268	58	29	82	79	42
1992	579	530	298	56	29	79	69	49
构成(%)								
1954	100.00	97.50	68.75	11.36	7.72	4.96	4.71	2.50
1957	100.00	97.04	64.93	13.24	7.44	6.87	4.56	2.96
1962	100.00	94.73	54.10	8.92	12.67	12.64	6.40	5.27
1965	100.00	95.95	67.58	10.33	7.97	5.36	4.71	4.05
1978	100.00	97.82	66.27	14.68	7.68	6.27	2.92	2.18
1980	100.00	97.76	56.06	13.88	5.81	11.85	10.16	2.24
1985	100.00	97.46	50.03	10.83	5.54	14.39	16.67	2.54
1986	100.00	97.37	48.51	10.60	5.73	14.30	18.23	2.63
1987	100.00	97.33	49.36	10.49	4.87	14.82	17.80	2.67
1988	100.00	95.34	46.95	10.06	4.99	15.17	18.17	4.66
1989	100.00	94.86	48.12	9.65	5.56	14.11	17.42	5.14
1990	100.00	94.06	51.19	9.59	5.72	13.31	14.24	5.94
1991	100.00	92.42	47.94	10.46	5.13	14.74	14.15	7.58
1992	100.00	91.54	51.52	9.67	4.93	13.56	11.86	8.46
1993	697	407	52	97	36	11	41	44
1994	779	442	65	109	43	19	57	33
1995	1104	627	90	165	58	33	73	41

1-4-8续　历年农村居民人均消费支出及构成

单位：元

年 份	合 计	食品烟酒	衣 着	居 住	生活用品及服务	交通通信	教育文化娱乐	医疗保健	其他用品和服务
1996	1399	730	134	210	78	58	107	60	22
1997	1395	701	124	221	79	57	126	61	26
1998	1299	617	112	212	77	60	130	64	26
1999	1338	585	106	262	81	72	136	69	27
2000	1365	539	105	322	65	85	131	78	40
2001	1430	568	106	329	67	99	139	81	40
2002	1476	575	109	319	69	110	157	99	39
2003	1600	639	115	311	72	150	186	102	25
2004	1835	780	127	341	80	183	116	177	31
2005	2166	888	156	399	101	222	226	135	39
2006	2495	916	168	532	116	286	265	166	47
2007	2787	1026	186	628	140	318	243	188	57
2008	3126	1193	204	696	152	347	250	219	65
2009	3350	1190	210	797	170	351	264	289	66
2010	3845	1351	251	840	219	465	296	341	70
2011	4711	1580	334	1090	317	520	315	435	120
2012	5364	1817	397	1137	350	604	358	544	157
2013	7377	2205	522	1628	470	932	649	795	176
2014	8248	2421	582	1858	508	1147	759	789	185
2015	9023	2578	625	2014	527	1298	870	921	188
2016	9798	2745	650	2207	597	1511	953	928	206
2017	10536	2817	684	2381	668	1689	1014	1073	209
2018	11383	3003	722	2542	774	1737	1171	1202	232
2019	12372	3298	793	2689	796	1827	1367	1334	269
2020	12644	3687	811	2711	783	1893	1155	1380	225
构成(%)									
1993	100.00	58.39	7.50	13.86	5.16	1.63	5.90	6.32	1.24
1994	100.00	56.69	8.37	14.00	5.50	2.40	7.33	4.26	1.45
1995	100.00	56.82	8.12	14.98	5.27	3.03	6.61	3.71	1.46
1996	100.00	52.18	9.55	15.05	5.57	4.14	7.63	4.29	1.59
1997	100.00	50.28	8.88	15.88	5.64	4.05	9.03	4.40	1.84
1998	100.00	47.51	8.60	16.33	5.93	4.65	10.05	4.96	1.97
1999	100.00	43.68	7.94	19.55	6.07	5.41	10.17	5.13	2.05
2000	100.00	39.50	7.68	23.59	4.79	6.19	9.57	5.73	2.95
2001	100.00	39.72	7.43	23.04	4.66	6.91	9.74	5.69	2.81
2002	100.00	38.92	7.39	21.61	4.65	7.48	10.63	6.71	2.61
2003	100.00	39.94	7.19	19.47	4.48	9.34	11.65	6.35	1.58
2004	100.00	42.51	6.92	18.58	4.38	9.95	6.32	9.62	1.71
2005	100.00	41.02	7.18	18.42	4.69	10.25	10.43	6.22	1.79
2006	100.00	36.69	6.73	21.31	4.64	11.45	10.64	6.67	1.88
2007	100.00	36.81	6.66	22.53	5.04	11.42	8.73	6.75	2.06
2008	100.00	38.17	6.52	22.27	4.86	11.09	8.00	7.02	2.07
2009	100.00	35.69	6.50	23.78	5.09	10.48	7.87	8.64	1.96
2010	100.00	35.15	6.53	21.84	5.69	12.09	7.70	8.95	2.05
2011	100.00	33.53	7.09	23.14	6.73	11.04	6.69	9.23	2.55
2012	100.00	33.53	7.09	23.14	6.73	11.04	6.69	9.23	2.55
2013	100.00	29.89	7.07	22.07	6.38	12.63	8.79	10.78	2.38
2014	100.00	29.36	7.05	22.53	6.16	13.90	9.20	9.56	2.24
2015	100.00	28.57	6.93	22.32	5.85	14.39	9.65	10.20	2.09
2016	100.00	28.02	6.64	22.52	6.09	15.42	9.72	9.47	2.11
2017	100.00	26.74	6.50	22.60	6.34	16.03	9.63	10.18	1.98
2018	100.00	26.38	6.35	22.33	6.80	15.26	10.29	10.56	2.04
2019	100.00	26.66	6.41	21.73	6.43	14.76	11.05	10.78	2.17
2020	100.00	29.16	6.41	21.44	6.19	14.97	9.13	10.91	1.78

注：2013年以前为生活消费支出，之后为消费支出。

1—4—9 农村居民家庭人均主要食品消费量

指　　标	单 位	2000年	2005年	2010年	2015年	2018年	2019年	2020年
一、粮食(原粮)	公斤	215.88	200.84	181.69	145.41	138.63	157.55	166.08
（一）谷物	公斤	211.00	196.52	178.60	137.58	128.52	144.38	151.27
1.小麦	公斤	153.10	139.80	122.09	93.32	87.32	106.14	109.49
2.稻谷	公斤	14.63	17.47	21.10	24.85	24.91	23.15	27.72
（二）薯类	公斤	2.76	1.52	1.23	2.15	3.22	4.37	4.50
（三）豆类	公斤	2.12	2.81	1.86	5.68	6.90	8.79	10.31
二、蔬菜及菜制品	公斤	61.45	57.70	55.38	82.41	83.69	83.35	91.80
#鲜菜	公斤	61.23		54.69	80.61	81.35	80.47	88.59
三、肉禽及其制品	公斤	8.06	10.54	10.95	18.58	22.84	21.01	21.67
#猪肉	公斤	6.63	7.15	7.12	11.26	14.16	12.18	10.77
牛肉	公斤	0.35	0.47	0.34	0.44	0.50	0.51	0.72
羊肉	公斤	0.19	0.37	0.38	0.83	0.67	0.75	0.85
禽类	公斤	0.37	0.75	1.02	2.93	3.87	4.25	5.89
四、蛋类及蛋制品	公斤	5.09	6.27	7.26	11.49	11.81	14.28	16.10
五、奶和奶制品	公斤	0.22	2.40	3.48	7.55	7.47	8.39	8.92
六、水产品	公斤	1.79	2.48	2.52	3.41	4.17	4.81	5.20
七、油脂类	公斤	5.91	6.75	8.33	11.87	7.65	7.36	8.11
#植物油	公斤	5.32	6.28	8.12	11.73	7.36	7.13	7.89
八、食糖	公斤	0.59	0.77	0.66	1.10	1.14	1.29	1.43
九、鲜瓜果	公斤	16.74	16.57	21.11	41.51	49.88	57.41	59.87
十、坚果类	公斤	0.60	1.11	1.11	3.24	4.06	4.61	4.79
十一、茶叶	公斤		0.13	0.12	0.10	0.07	0.10	0.11
十二、酒	公斤	6.50	9.16	8.84	11.97	10.49	11.82	11.39

1—4—10 农村居民家庭平均每百户年末耐用消费品拥有量

指　　标	单 位	2000年	2005年	2010年	2015年	2018年	2019年	2020年
家用汽车	辆				23.61	37.62	38.49	40.79
摩托车	辆	34.33	58.17	61.43	66.43	48.83	39.89	43.04
助力车	辆			40.50	91.11	103.73	112.35	118.88
洗衣机	台	58.86	74.17	86.33	96.72	99.39	100.29	105.94
电冰箱	台				90.12	98.56	97.21	103.74
微波炉	台				15.77	18.50	16.81	17.48
彩色电视机	台	64.76	102.14	116.55	120.81	115.17	112.11	112.80
#接入有线电视网	台		23.64	42.14	51.63	40.18		
空　调	台				55.25	80.97	83.01	88.66
热水器	台				56.37	65.29	67.56	71.02
#太阳能热水器	台				49.79	56.22		
消毒碗柜	台				0.29			
洗碗机	台				0.57	0.25	1.39	0.34
抽油烟机	台	1.86	3.81	8.05	17.21	27.71	31.73	34.09
固定电话	部	31.17	76.74	61.45	33.21	8.72	5.21	4.91
移动电话	部				226.22	244.54	246.35	250.89
#接入互联网	部				68.85	167.71	182.45	223.95
计算机	台				37.82	37.46	39.12	36.11
#接入互联网	台				29.20	30.01	31.85	29.79
摄像机	台	0.24	0.43	0.69	0.72			
照相机	台	4.17	3.50	4.24	4.54	3.95	1.99	2.54
中高档乐器	架	0.19	0.17	0.38	0.46	0.88	0.44	0.58
健身器材	部				0.64	0.82	1.04	1.39
组合音响	套	8.12	11.74		2.59			

1-4-11 历年城乡居民可支配收入与消费支出及恩格尔系数

单位：元，%

年 份	可支配收入				消费支出		恩格尔系数	
	全体居民	城镇居民	农村居民	城乡收入水平对比（农村居民=1）	城镇居民	农村居民	城镇居民	农村居民
1978		276	114	2.42	402	137		66.27
1980		401	176	2.28	460	164	60.08	56.06
1985		631	385	1.64	672	319	49.96	50.03
1986		766	408	1.88	773	356	50.24	48.51
1987		855	444	1.92	917	423	51.67	49.36
1988		1080	547	1.98	1300	557	46.50	46.95
1989		1257	589	2.13	1557	583	52.00	48.12
1990		1397	622	2.25	1592	605	51.16	51.19
1991		1489	657	2.27	1839	675	51.34	47.94
1992		1760	682	2.58	2182	729	49.51	51.52
1993		2201	804	2.74	2496	831	46.31	58.39
1994		3008	1107	2.72	3009	1001	47.29	56.69
1995		3992	1669	2.39	3397	1306	46.22	56.82
1996		4430	2055	2.16	3499	1554	44.78	52.18
1997		4959	2286	2.17	3765	1711	41.95	50.28
1998		5085	2405	2.11	3833	1731	40.02	47.51
1999		5365	2442	2.20	3950	1803	37.70	43.68
2000		5661	2479	2.28	4523	1848	34.39	39.50
2001		5985	2604	2.30	4991	1912	35.35	39.72
2002		6679	2685	2.49	5776	1987	35.42	38.92
2003		7239	2853	2.54	6063	2042	35.16	39.94
2004		7951	3171	2.51	7096	2167	36.82	42.51
2005		9107	3482	2.62	7851	2426	34.56	41.02
2006		10305	3802	2.71	8971	2714	33.94	36.69
2007		11690	4293	2.72	10031	3067	33.88	36.81
2008		13441	4795	2.80	10835	3515	34.73	38.17
2009		14718	5150	2.86	12195	3606	33.59	35.69
2010		16263	5958	2.73	13619	3867	32.32	35.15
2011		18292	7120	2.57	15331	4893	33.80	33.53
2012		20543	8081	2.54	16554	5766	33.60	33.53
2013	15190	22227	9188	2.42	14970	7377	26.88	29.89
2014	16647	24141	10186	2.37	16204	8248	26.17	29.36
2015	18118	26152	11051	2.37	17587	9023	26.05	28.57
2016	19725	28249	11919	2.37	19106	9798	26.13	28.02
2017	21484	30548	12881	2.37	20600	10536	24.60	26.74
2018	23446	32977	14031	2.35	22127	11383	25.11	26.38
2019	25665	35738	15373	2.32	23483	12372	25.65	26.66
2020	27136	37286	16467	2.26	23167	12644	26.91	29.16

注：1.1996年以前城镇居民为人均生活费收入，1996-2012年为可支配收入，2013年为新口径可支配收入，指数为可比。
2.2013年以前农村居民为人均纯收入，以后为新口径人均可支配收入，指数为可比（下同）。

1−5−1 种植业成本收益与劳动生产率

指标	单位	三种粮食平均		小麦		玉米	
		2019年	2020年	2019年	2020年	2019年	2020年
一、每亩							
主产品产量	公斤	552.94	558.19	472.50	470.92	501.59	503.85
产值合计	元	1302.68	1400.46	1107.00	1114.37	967.01	1140.09
主产品产值	元	1281.71	1375.99	1081.01	1088.91	934.98	1111.00
副产品产值	元	20.97	24.47	25.99	25.46	32.03	29.09
总成本	元	1323.42	1310.48	1102.23	1114.29	957.31	958.04
生产成本	元	971.43	956.86	917.25	919.59	765.22	758.31
物质与服务费用	元	521.49	514.79	518.93	518.56	372.56	368.41
人工成本	元	449.94	442.07	398.32	401.03	392.66	389.90
家庭用工折价	元	395.08	396.95	398.32	401.03	385.04	385.05
雇工费用	元	54.86	45.12			7.63	4.85
土地成本	元	351.99	353.62	184.98	194.70	192.09	199.73
流转地租金	元	77.73	49.43	4.54	5.15	3.52	4.07
自营地折租	元	274.26	304.19	180.44	189.55	188.57	195.66
净利润	元	-20.74	89.98	4.77	0.08	9.70	182.05
现金成本	元	654.08	609.34	523.47	523.71	383.71	377.33
现金收益	元	648.60	791.12	583.53	590.66	583.30	762.76
成本利润率	%	-1.57	6.87	0.43	0.01	1.01	19.00
二、每50公斤主产品							
平均出售价格	元	115.90	123.25	114.39	115.62	93.20	110.25
总成本	元	117.75	115.33	113.90	115.61	92.27	92.65
生产成本	元	86.43	84.21	94.78	95.41	73.75	73.33
净利润	元	-1.85	7.92	0.49	0.01	0.93	17.60
现金成本	元	58.19	53.63	54.09	54.34	36.98	36.49
现金收益	元	57.71	69.62	60.30	61.28	56.22	73.76
附:							
每亩用工数量	日	5.09	4.97	4.80	4.72	4.70	4.58
每亩主产品已出售数量	公斤	460.28	464.58	371.34	384.49	394.88	409.10
每亩主产品已出售产值	元	1075.78	1144.54	847.75	885.20	735.10	892.37
商品率	%	91.85	92.22	82.41	83.40	97.75	97.76
商品已出售率	%	83.24	83.23	78.59	81.65	78.73	81.19
每亩补贴收入	元	68.88	69.48	51.74	50.97	60.62	61.01

注：1.“三种粮食平均”为粳稻、小麦、玉米简单平均。
2.“每亩主产品已出售数量”和“每亩主产品已出售产值”截至当年年底（下同）。

1-5-1续1　种植业成本收益与劳动生产率

指　　标	单位	粳　稻		谷　子		大　豆	
		2019年	2020年	2019年	2020年	2019年	2020年
一、每亩							
主产品产量	公斤	684.74	699.80	256.69	279.99	169.21	191.80
产值合计	元	1834.01	1946.93	1313.20	1542.06	699.79	1020.79
主产品产值	元	1829.13	1928.06	1272.04	1510.29	699.79	1020.79
副产品产值	元	4.88	18.87	41.16	31.77		
总成本	元	1909.61	1858.82	979.66	1008.39	817.19	848.73
生产成本	元	1230.71	1192.39	846.02	861.01	618.33	639.52
物质与服务费用	元	672.97	657.44	208.16	211.66	219.27	276.91
人工成本	元	557.74	534.95	637.86	649.35	399.06	362.61
家庭用工折价	元	400.81	404.43	637.86	642.26	399.06	362.61
雇工费用	元	156.94	130.52		7.09		
土地成本	元	678.90	666.43	133.64	147.38	198.86	209.21
流转地租金	元	225.14	139.06	1.43	4.51		
自营地折租	元	453.76	527.37	132.21	142.87	198.86	209.21
净利润	元	-75.60	88.11	333.55	533.67	-117.40	172.06
现金成本	元	1055.05	927.02	209.59	223.26	219.27	276.91
现金收益	元	778.96	1019.91	1103.61	1318.80	480.52	743.88
成本利润率	%	-3.96	4.74	34.05	52.92	-14.37	20.27
二、每50公斤主产品							
平均出售价格	元	133.56	137.76	247.78	269.70	206.78	266.11
总成本	元	139.07	131.53	184.85	176.36	241.47	221.26
生产成本	元	89.63	84.37	159.63	150.59	182.71	166.72
净利润	元	-5.51	6.23	62.93	93.34	-34.69	44.85
现金成本	元	76.83	65.59	39.55	39.05	64.79	72.19
现金收益	元	56.73	72.17	208.23	230.65	141.99	193.92
附：							
每亩用工数量	日	5.75	5.61	7.69	7.60	4.81	4.27
每亩主产品已出售数量	公斤	614.63	600.16	190.48	253.15	128.42	153.98
每亩主产品已出售产值	元	1644.50	1656.04	925.38	1364.79	521.32	822.78
商品率	%	95.38	95.50	93.06	93.37	89.36	91.61
商品已出售率	%	89.76	85.76	74.21	90.41	75.89	80.28
每亩补贴收入	元	94.28	96.46	85.34	85.08	46.20	47.13

1-5-1续2 种植业成本收益与劳动生产率

指 标	单位	花 生		棉 花	
		2019年	2020年	2019年	2020年
一、每亩					
主产品产量	公斤	287.69	302.03	97.38	90.30
产值合计	元	1775.57	2074.00	1573.29	1637.87
主产品产值	元	1760.47	2060.56	1252.40	1320.57
副产品产值	元	15.10	13.44	320.89	317.30
总成本	元	1492.60	1575.85	2507.63	2552.75
生产成本	元	1266.75	1279.63	2222.09	2269.70
物质与服务费用	元	506.39	530.41	434.60	431.03
人工成本	元	760.36	749.22	1787.49	1838.67
家庭用工折价	元	724.26	719.10	1787.49	1832.77
雇工费用	元	36.10	30.12		5.90
土地成本	元	225.85	296.22	285.54	283.05
流转地租金	元	12.33	8.42	17.70	18.54
自营地折租	元	213.52	287.80	267.84	264.51
净利润	元	282.97	498.15	-934.34	-914.88
现金成本	元	554.82	568.95	452.30	455.47
现金收益	元	1220.75	1505.05	1120.99	1182.40
成本利润率	%	18.96	31.61	-37.26	-35.84
二、每50公斤主产品					
平均出售价格	元	305.97	341.12	643.05	731.21
总成本	元	257.21	259.19	1024.94	1139.65
生产成本	元	218.29	210.47	908.23	1013.28
净利润	元	48.76	81.93	-381.89	-408.44
现金成本	元	95.61	93.58	184.87	203.34
现金收益	元	210.36	247.54	458.18	527.87
附：					
每亩用工数量	日	9.18	8.79	21.54	21.64
每亩主产品已出售数量	公斤	253.23	266.83	95.28	89.34
每亩主产品已出售产值	元	1550.11	1827.21	1224.67	1307.36
商品率	%	89.29	90.93	99.56	99.89
商品已出售率	%	88.02	88.35	97.84	98.94
每亩补贴收入	元	73.34	65.45	255.31	249.63

1-5-1续3　种植业成本收益与劳动生产率

指　　标	单位	苹　果		鸭　梨	
		2019年	2020年	2019年	2020年
一、每亩					
主产品产量	公斤	1928.22	1875.02	3191.10	3703.19
产值合计	元	5913.95	5766.43	5034.32	8663.98
主产品产值	元	5901.15	5751.69	5034.32	8663.98
副产品产值	元	12.80	14.74		
总成本	元	3869.96	3746.63	4852.47	4762.31
生产成本	元	3582.50	3478.11	4184.40	4154.25
物质与服务费用	元	1070.81	1070.73	1514.12	1680.75
人工成本	元	2511.69	2407.38	2670.28	2473.50
家庭用工折价	元	1922.61	1846.29	2068.03	1826.99
雇工费用	元	589.08	561.10	602.26	646.51
土地成本	元	287.46	268.52	668.07	608.06
流转地租金	元	1.46	5.81	29.67	37.27
自营地折租	元	286.00	262.71	638.40	570.79
净利润	元	2043.99	2019.80	181.85	3901.67
现金成本	元	1661.35	1637.64	2146.05	2364.53
现金收益	元	4252.60	4128.79	2888.27	6299.45
成本利润率	%	52.82	53.91	3.75	81.93
二、每50公斤主产品					
平均出售价格	元	153.02	153.38	78.88	116.98
总成本	元	100.13	99.66	76.03	64.30
生产成本	元	92.70	92.51	65.56	56.09
净利润	元	52.89	53.72	2.85	52.68
现金成本	元	42.99	43.56	33.63	31.93
现金收益	元	110.03	109.82	45.25	85.05
附:					
每亩用工数量	日	30.25	28.22	30.88	27.51
每亩主产品已出售数量	公斤	1889.48	1471.15	3051.49	3581.71
每亩主产品已出售产值	元	5784.99	4411.31	4833.74	8395.29
商品率	%	98.80	99.10	98.80	96.78
商品已出售率	%	97.99	78.46	95.63	96.72
每亩补贴收入	元	47.88	64.60	61.21	48.26

1-5-2　种植业物质费用和劳动用工

指　　标	单位	三种粮食平均		小　麦		玉　米	
		2019年	2020年	2019年	2020年	2019年	2020年
一、每亩物质与服务费用	**元**	**521.49**	**514.79**	**518.93**	**518.56**	**372.56**	**368.41**
(一)直接费用	元	513.98	507.26	508.43	508.87	365.62	361.41
1.种子费	元	55.66	53.70	78.28	75.51	47.69	45.99
2.化肥费	元	156.55	151.24	162.29	162.36	118.11	120.23
3.农家肥费	元	18.51	17.55	30.97	31.40	24.57	21.26
4.农药费	元	32.63	33.51	18.36	19.69	18.00	19.37
5.农膜费	元	2.44	2.89			0.54	0.38
6.租赁作业费	元	242.82	242.36	214.71	215.99	152.31	149.92
机械作业费	元	152.36	152.45	141.73	140.29	118.88	118.49
排灌费	元	90.46	89.91	72.98	75.70	33.43	31.43
#水费	元	34.21	40.56				
畜力费	元						
7.燃料动力费	元						
8.技术服务费	元						
9.工具材料费	元	2.96	3.22	2.05	2.08	2.47	2.34
10.修理维护费	元	2.41	2.79	1.77	1.84	1.93	1.92
11.其他直接费用	元						
(二)间接费用	元	7.51	7.53	10.50	9.69	6.94	7.00
1.固定资产折旧	元	5.08	5.17	5.00	4.98	5.16	4.62
2.保险费	元	2.43	2.36	5.50	4.71	1.78	2.38
3.管理费	元						
4.财务费	元						
5.销售费	元						
二、每亩人工成本	**元**	**449.94**	**442.07**	**398.32**	**401.03**	**392.66**	**389.90**
1.家庭用工折价	元	395.08	396.95	398.32	401.03	385.04	385.05
家庭用工天数	日	4.76	4.67	4.80	4.72	4.64	4.53
劳动日工价	元	83.00	85.00	83.00	85.00	83.00	85.00
2.雇工费用	元	54.86	45.12			7.63	4.85
雇工天数	日	0.33	0.30			0.06	0.05
雇工工价	元	166.24	150.40	83.31	88.59	127.08	96.98
附：							
1.每亩种子用量	公斤	8.20	8.19	17.56	17.53	2.30	2.21
2.每亩化肥用量(折纯)	公斤	28.74	27.65	31.14	31.78	20.88	21.46
3.每亩农膜用量	公斤	0.20	0.20			0.04	0.03

注：“三种粮食平均”为粳稻、小麦、玉米简单平均。

1−5−2续1 种植业物质费用和劳动用工

指　　标	单位	粳　稻		谷　子		大　豆	
		2019年	2020年	2019年	2020年	2019年	2020年
一、每亩物质与服务费用	**元**	**672.97**	**657.44**	**208.16**	**211.66**	**219.27**	**276.91**
(一)直接费用	元	667.89	651.53	204.11	207.49	214.98	273.14
1.种子费	元	41.00	39.61	14.65	14.64	44.80	45.96
2.化肥费	元	189.25	171.12	80.69	82.89	57.90	91.16
3.农家肥费	元			26.60	27.42	3.63	
4.农药费	元	61.52	61.47	15.08	13.50	15.34	16.89
5.农膜费	元	6.78	8.30				
6.租赁作业费	元	361.45	361.18	63.21	64.73	88.51	113.79
机械作业费	元	196.47	198.57	60.23	60.60	56.44	81.54
排灌费	元	164.98	162.61	2.98	3.00	32.07	32.25
#水费	元	102.64	121.67				
畜力费	元				1.13		
7.燃料动力费	元						
8.技术服务费	元						
9.工具材料费	元	4.37	5.24	2.45	2.76	2.63	3.02
10.修理维护费	元	3.52	4.61	1.43	1.55	2.17	2.32
11.其他直接费用	元						
(二)间接费用	元	5.08	5.91	4.05	4.17	4.29	3.77
1.固定资产折旧	元	5.08	5.91	4.05	4.17	4.29	3.77
2.保险费	元						
3.管理费	元						
4.财务费	元						
5.销售费	元						
二、每亩人工成本	**元**	**557.74**	**534.95**	**637.86**	**649.35**	**399.06**	**362.61**
1.家庭用工折价	元	400.81	404.43	637.86	642.26	399.06	362.61
家庭用工天数	日	4.83	4.76	7.69	7.56	4.81	4.27
劳动日工价	元	83.00	85.00	83.00	85.00	83.00	85.00
2.雇工费用	元	156.94	130.52		7.09		
雇工天数	日	0.92	0.85		0.04		
雇工工价	元	170.58	153.55	76.83	177.35	97.53	98.11
附:							
1.每亩种子用量	公斤	4.75	4.82	0.64	0.66	5.05	5.50
2.每亩化肥用量(折纯)	公斤	34.21	29.67	15.56	16.01	11.52	16.46
3.每亩农膜用量	公斤	0.55	0.57				

1−5−2续2 种植业物质费用和劳动用工

指　　标	单位	花　生		棉　花	
		2019年	2020年	2019年	2020年
一、每亩物质与服务费用	**元**	**506.39**	530.41	**434.60**	431.03
(一)直接费用	元	501.20	526.05	428.57	424.60
1.种子费	元	206.37	217.88	50.69	50.97
2.化肥费	元	112.64	116.84	142.02	131.91
3.农家肥费	元	6.31	5.20		
4.农药费	元	20.86	26.67	78.87	87.67
5.农膜费	元	22.36	21.76	25.26	24.77
6.租赁作业费	元	127.85	133.91	125.40	122.60
机械作业费	元	101.13	104.49	69.09	63.74
排灌费	元	26.72	29.42	56.31	58.86
#水费	元				
畜力费	元				
7.燃料动力费	元				
8.技术服务费	元				
9.工具材料费	元	2.38	1.87	3.31	3.51
10.修理维护费	元	2.43	1.92	3.02	3.17
11.其他直接费用	元				
(二)间接费用	元	5.19	4.36	6.03	6.43
1.固定资产折旧	元	5.19	4.36	6.03	6.43
2.保险费	元				
3.管理费	元				
4.财务费	元				
5.销售费	元				
二、每亩人工成本	**元**	**760.36**	749.22	**1787.49**	1838.67
1.家庭用工折价	元	724.26	719.10	1787.49	1832.77
家庭用工天数	日	8.73	8.46	21.54	21.56
劳动日工价	元	83.00	85.00	83.00	85.00
2.雇工费用	元	36.10	30.12		5.90
雇工天数	日	0.45	0.33		0.08
雇工工价	元	80.22	91.27	75.27	73.74
附：					
1.每亩种子用量	公斤	17.72	19.00		
2.每亩化肥用量(折纯)	公斤	18.35	18.55	24.75	22.61
3.每亩农膜用量	公斤	1.75	1.71	2.20	2.18

1-5-2续3 种植业物质费用和劳动用工

指标	单位	苹果		鸭梨	
		2019年	2020年	2019年	2020年
一、每亩物质与服务费用	**元**	**1070.81**	**1070.73**	**1514.12**	**1680.75**
(一)直接费用	元	1050.73	1051.08	1477.66	1635.95
1.种子费	元				
2.化肥费	元	408.10	380.00	369.59	397.39
3.农家肥费	元	138.39	156.59	81.62	171.84
4.农药费	元	246.55	220.42	371.45	376.04
5.农膜费	元				
6.租赁作业费	元	152.35	183.09	162.34	240.40
机械作业费	元	66.68	69.02	62.34	62.33
排灌费	元	85.67	114.07	100.00	178.07
#水费	元		36.03		54.64
畜力费	元				
7.燃料动力费	元			17.61	43.42
8.技术服务费	元				
9.工具材料费	元	87.61	92.98	461.15	391.59
10.修理维护费	元	17.73	18.00	13.90	15.27
11.其他直接费用	元				
(二)间接费用	元	20.08	19.65	36.46	44.80
1.固定资产折旧	元	18.82	18.37	29.37	29.97
2.保险费	元				
3.管理费	元				0.40
4.财务费	元				
5.销售费	元	1.26	1.28	7.09	14.43
二、每亩人工成本	**元**	**2511.69**	**2407.38**	**2670.28**	**2473.50**
1.家庭用工折价	元	1922.61	1846.29	2068.03	1826.99
家庭用工天数	日	23.16	21.72	24.92	21.49
劳动日工价	元	83.00	85.00	83.00	85.00
2.雇工费用	元	589.08	561.10	602.26	646.51
雇工天数	日	7.09	6.50	5.96	6.02
雇工工价	元	83.09	86.32	101.05	107.39
附:					
1.每亩种子用量	公斤				
2.每亩化肥用量(折纯)	公斤	62.73	68.72	63.37	62.67
3.每亩农膜用量	公斤				

1-5-3 种植业主要品种中间消耗(2020年)

指　　标	单位	小　麦	玉　米	棉　花	马铃薯	大　豆
一、调查县数	**个**	**32**	**36**	**6**	**5**	**12**
调查单位数	个	154	159	15	12	42
调查面积	亩	7053.45	8847.46	491.00	4105.20	98.64
二、每亩面积产量	**公斤**	**433.43**	**400.30**		**2190.73**	**166.23**
三、每亩中间消耗合计	**元**	**517.05**	**338.60**	**408.68**	**1224.44**	**162.08**
(一)物质消耗	元	355.34	228.46	356.90	1122.17	129.13
#种　子	元	79.03	47.28	43.08	485.50	44.42
占中耗比重(%)						
肥　料	元	178.06	128.90	132.68	454.82	64.24
占中耗比重(%)						
燃　料	元	1.94	0.76	16.99	40.12	2.66
农　膜	元		1.32	33.03	7.69	2.36
农　药	元	18.70	19.17	94.05	85.66	10.53
占中耗比重(%)						
水电合计		76.86	30.42		29.30	
占中耗比重(%)						
水　费	元		1.19		1.25	
电　费	元	76.86	29.23	37.08	28.05	4.55
棚架材料费	元					
小农具	元	0.65	0.61			0.19
其　它	元	0.10			19.08	
(二)生产服务支出	元	161.71	110.14	51.78	102.27	32.95
#修理费	元					
外雇运输费	元	1.42	1.42		29.13	
外雇排灌费	元	6.78	3.70			
外雇机械作业费	元	152.53	104.29	51.78	73.14	32.95
技术咨询费	元	0.01	0.01			
上交管理费	元					
其它费	元	0.22	0.28			

1—5—4 养殖业成本收益与劳动生产率

指　　标	单位	生猪（头）		中规模蛋鸡（百只）		规模奶牛（头）	
		2019年	2020年	2019年	2020年	2019年	2020年
每核算单位							
主产品产量	公斤	113.63	114.43	1851.69	1901.54	6782.55	7284.49
产值合计	元	2413.26	3680.27	17456.51	14137.42	28160.05	31881.24
主产品产值	元	2402.36	3668.91	15212.49	12282.46	24941.30	28507.60
副产品产值	元	10.90	11.36	2244.02	1854.96	3218.75	3373.64
总成本	元	1630.26	2411.93	15512.67	16456.61	19351.62	22598.60
生产成本	元	1628.75	2410.51	15497.82	16437.81	19315.90	22532.47
物质与服务费用	元	1405.65	2194.03	14000.56	15020.64	16879.64	20011.04
人工成本	元	223.10	216.48	1497.26	1417.17	2436.26	2521.43
家庭用工折价	元	204.18	197.20	1401.21	1336.37	1583.64	1507.90
雇工费用	元	18.92	19.28	96.05	80.80	852.62	1013.53
土地成本	元	1.51	1.42	14.85	18.80	35.72	66.13
净利润	元	783.00	1268.34	1943.84	-2319.19	8808.43	9282.64
成本利润率	%	48.03	52.59	12.53	-14.09	45.52	41.08
每50公斤主产品							
平均出售价格	元	1057.10	1603.12	410.77	322.96	183.86	195.67
总成本	元	714.12	1050.63	365.03	375.94	126.35	138.70
生产成本	元	713.45	1050.01	364.68	375.51	126.12	138.29
净利润	元	342.98	552.49	45.74	-52.98	57.51	56.97
附：							
每核算单位用工数量	日	2.68	2.53	17.95	16.53	24.96	24.87
平均饲养天数	日	135.39	138.17	358.68	365.79	365.00	365.00
补贴收入	元					96.17	146.00

注：“生猪”数据由散养生猪和规模生猪平均而来；“中规模蛋鸡”指养殖规模在1000－10000只之间选择样本；“规模奶牛”指养殖规模在10头以上选择样本。

1–5–5 养殖业物质费用和劳动用工

指　　标	单位	生猪（头）		中规模蛋鸡（百只）		规模奶牛（头）	
		2019年	2020年	2019年	2020年	2019年	2020年
一、物质与服务费用	元	1405.65	2194.03	14000.56	15020.64	16879.64	20011.04
(一) 直接费用	元	1394.41	2182.66	13900.23	14922.60	14137.02	17093.39
1、仔畜费	元	578.11	1282.75	3049.43	3124.51		
2、精饲料费	元	777.31	860.48	10559.68	11512.74	11319.10	12919.41
3、青粗饲料费	元					2403.87	3716.01
4、饲料加工费	元						45.67
5、水费	元	0.82	0.94	8.99	8.74	26.13	18.56
6、燃料动力费	元	2.96	2.89	48.02	49.32	60.52	68.36
电费	元	2.96	2.89	48.02	49.32	60.52	68.36
煤费	元						
其他燃料动力费	元						
7、医疗防疫费	元	18.51	19.52	154.31	147.26	153.49	145.06
8、死亡损失费	元	11.21	11.51	60.90	62.10		3.95
9、技术服务费	元					0.57	5.00
10、工具材料费	元	2.65	2.58	10.41	10.90	24.71	26.01
11、修理维护费	元	1.99	1.99	8.49	7.03	16.39	15.00
12、其他直接费用	元	0.85				132.24	130.36
(二) 间接费用	元	11.24	11.37	100.33	98.04	2742.62	2917.65
1、固定资产折旧	元	10.07	10.11	93.86	92.99	2646.39	2719.67
2、保险费	元	0.09	0.14			72.42	173.86
3、管理费	元	1.08	1.12	5.47	5.05	23.81	24.12
4、财务费	元						
5、销售费	元			1.00			
二、人工成本	元	204.18	197.20	1401.21	1336.37	1583.64	1507.90
1、家庭用工折价	元	2.46	2.32	16.88	15.72	19.08	17.74
家庭用工天数	日	2.46	2.32	16.88	15.72	19.08	17.74
劳动日工价	元	83.00	85.00	83.00	85.00	83.00	85.00
2、雇工费用	元	18.92	19.28	96.05	80.80	852.62	1013.53
雇工天数	日	0.22	0.21	1.07	0.81	5.88	7.13
雇工工价	元	86.00	91.81	89.77	99.75	145.00	142.15
附：							
1、仔畜重量	公斤	18.02	17.50				
2、精饲料数量	公斤	278.93	280.03	4292.57	4350.25	3770.88	3981.69
3、耗粮数量	公斤	201.21	201.07	3088.23	3108.74	2691.34	2795.79

注：“生猪”数据由散养生猪和规模生猪平均而来；“中规模蛋鸡”指养殖规模在1000－10000只之间选择样本；“规模奶牛”指养殖规模在10头以上选择样本。

1—5—6 养殖业主要品种中间消耗(2020年)

指　　标	单位	生 猪	活 牛	牛 奶	鸡 蛋	肉 鸡	活 羊
一、调查县数	**个**	**13**	**12**	**4**	**5**	**4**	**11**
调查单位数	个	41	32	12	15	7	34
调查数量	头(只)	8379	1841	1691		573446	5883
二、平均每头(只)毛重	**公斤**	**133.49**	**504.80**			**2.16**	**45.15**
三、每头(只)、公斤中间消耗合计	**元**	**1834.52**	**7808.15**	**2.31**	**5.66**	**14.94**	**446.47**
(一)物质消耗	元	1806.10	7770.31	2.27	5.61	14.74	436.22
#种　子	元	512.51	4242.53		0.00	2.04	135.17
占中耗比例(%)							
饲料、饲草	元	1248.13	3463.66	2.18	5.42	12.02	293.40
占中耗比例(%)							
燃　料	元	1.30	7.83	0.00	0.02	0.17	0.49
养殖用药	元	26.71	31.11	0.02	0.07	0.34	3.11
水　费	元	1.55	1.59	0.00	0.01	0.00	0.46
电　费	元	15.30	20.17	0.03	0.09	0.14	2.87
小农具	元	0.10	2.58	0.00		0.04	0.04
其　它	元	0.39		0.04			0.03
(二)生产服务支出	元	28.42	37.84	0.04	0.06	0.20	10.25
#修理费	元						
外雇运输费	元		3.94	0.01			1.76
配种费	元	3.95	17.74	0.01			0.25
防疫费	元	22.46	16.16	0.01	0.06	0.20	8.24
技术咨询费	元						
上交管理费	元						
其它费	元	0.43		0.02			

1-6-1 历年社会消费品零售总额和商品市场情况

年 份	社会消费品零售总额(亿元)	#农 村	亿元以上商品交易市场个数(个)	亿元以上商品市场成交额(万元)
1949	8.3			
1952	15.8			
1957	26.6			
1962	26.3			
1965	26.6			
1970	32.3			
1975	47.6			
1978	60.3	40.4		
1980	81.2	54.7		
1985	169.7	105.3		
1990	308.0	163.8		
1995	816.5	399.0		
1996	965.5	480.8		
1997	1112.9	569.4		
1998	1223.5	648.7		
1999	1320.4	709.3		
2000	1440.1	771.2		
2001	1564.4	827.9		
2002	1707.1	890.4		
2003	1862.1	952.1		
2004	2180.8	1159.4		
2005	2478.7	1318.2		
2006	2827.5	1485.8		
2007	3289.3	1713.8		
2008	3993.4	2082.2		
2009	4545.3	2376.3		
2010	5297.5	1257.1		
2011	6143.3	1434.5	278	44305944
2012	6971.4	1621.7	268	47739831
2013	7807.2	1808.0	253	48745310
2014	8644.2	1876.8	244	51930114
2015	9367.5	2066.1	235	53656163
2016	10191.4	2248.3	224	55507063
2017	11138.5	2509.1	217	59180279
2018	11973.9	2557.9	200	58483147
2019	12985.5	2802.1	190	59824318
2020	12705.0	2280.1	178	53999579

注：自2010年起社会消费品零售总额按销售单位所在地分为城镇和乡村；根据第四次全国经济普查结果对1993年以来的社会消费品零售总额进行了修订。

1-6-2 历年各种物价总指数

(上年=100)

年 份	全省居民消费价格总 指 数	城市居民消费价格总 指 数	农村居民消费价格总 指 数	全省零售物价总指数	城市零售物价总指数	农村零售物价总指数	农 产 品生产价格总 指 数	农业生产资料价格指 数
1952		101.2		102.8	101.2	102.8	102.6	111.3
1957		101.2		101.3	101.6	100.6	102.1	99.5
1962		100.1		100.4	100.1	101.8	92.2	100.9
1965		96.5		97.1	96.6	97.6	98.2	96.2
1970		99.7		99.6	99.7	99.5	99.7	99.7
1975		100.0		100.0	100.0	100.0	100.6	99.8
1978		100.2		99.8	100.2	99.8	106.1	99.0
1980		107.2		105.3	107.5	103.7	114.2	101.2
1985	106.8	100.9	105.7	106.8	109.2	105.5	112.2	104.9
1990	100.6	101.2	99.9	99.9	99.9	100.0	102.8	103.6
1995	115.2	116.1	114.8	115.8	115.2	116.6	128.5	120.9
1996	107.1	107.6	106.8	106.2	106.0	106.3	99.1	108.0
1997	103.5	103.7	103.4	102.1	102.0	102.1	93.3	104.3
1998	98.4	98.7	98.1	97.7	97.9	97.3	90.1	98.7
1999	98.1	98.7	97.6	97.8	98.0	97.7	86.0	97.5
2000	99.7	100.5	99.1	99.1	99.2	98.9	93.0	101.5
2001	100.5	100.4	100.6	99.8	99.4	100.2	103.3	100.2
2002	99.0	98.6	99.5	99.2	98.8	99.6	98.0	100.4
2003	102.2	102.3	102.0	100.2	100.1	100.4	107.5	99.8
2004	104.3	103.7	104.8	103.2	102.3	104.0	110.1	106.7
2005	101.8	101.4	102.2	101.1	101.0	101.2	102.5	106.8
2006	101.7	101.7	101.7	101.5	101.6	101.5	100.2	101.6
2007	104.7	104.3	105.1	104.1	103.5	104.6	116.2	106.9
2008	106.2	105.2	108.1	106.7	105.4	107.9	109.0	118.6
2009	99.3	98.8	100.3	99.0	98.9	99.1	99.7	100.6
2010	103.1	102.8	103.6	103.1	102.7	103.5	115.1	104.4
2011	105.7	105.3	106.5	105.0	104.7	106.0	110.9	112.6
2012	102.6	102.7	102.5	102.2	102.1	102.3	100.7	108.2
2013	103.0	102.7	103.5	102.2	102.1	102.5	105.1	101.1
2014	101.7	101.7	101.8	101.0	101.0	101.1	100.2	99.1
2015	100.9	101.1	100.5	100.2	100.3	100.0	97.5	99.8
2016	101.5	101.5	101.5	101.2	101.1	101.3	96.4	100.0
2017	101.7	101.9	101.4	101.4	101.2	102.2		101.0
2018	102.4	102.5	102.4	102.2	102.1	102.6		103.2
2019	103.0	102.8	103.2	101.8	101.7	102.2		103.1
2020	102.1	102.0	102.2	101.4	101.3	101.7		104.3

1—6—3 历年各种物价总指数

(1952年=100)

年 份	全省居民消费价格总指数	城市居民消费价格总指数	农村居民消费价格总指数	全省零售物价总指数	城市零售物价总指数	农村零售物价总指数
1957		105.5		106.3	106.3	106.0
1962		117.9		116.8	118.6	114.2
1965		95.1		101.0	93.8	106.7
1970		95.2		100.1	94.4	104.9
1975		95.8		98.3	95.0	101.6
1978		96.7		98.4	96.1	101.6
1980		105.4		105.1	105.0	106.5
1985	109.5	125.8	107.9	122.0	125.1	121.3
1990	175.6	200.1	175.5	194.2	197.1	195.2
1995	309.8	387.7	285.7	326.3	357.1	312.4
1996	331.8	417.2	305.1	346.5	378.5	332.1
1997	343.4	432.6	315.5	353.8	386.1	339.1
1998	337.9	427.0	309.5	345.7	378.0	329.9
1999	331.5	421.4	302.1	338.1	370.4	322.3
2000	330.5	423.5	299.4	335.1	367.4	318.8
2001	332.2	425.2	301.2	334.4	365.2	319.4
2002	328.9	419.2	299.7	331.7	360.8	318.1
2003	336.1	428.8	305.7	332.4	361.2	319.4
2004	350.6	444.7	320.4	343.0	369.5	332.2
2005	356.9	450.9	327.4	346.8	373.2	336.2
2006	363.0	458.6	333.0	352.0	379.2	341.2
2007	380.0	490.9	349.9	375.7	399.6	368.1
2008	403.5	516.4	378.4	401.0	421.3	397.3
2009	400.8	510.3	379.7	396.9	416.5	393.7
2010	413.1	524.7	393.4	409.2	427.7	407.4
2011	436.7	552.5	418.9	429.7	447.9	431.6
2012	448.1	567.3	429.4	439.0	457.4	441.5
2013	461.4	582.7	444.3	448.6	466.9	452.7
2014	469.3	592.6	452.1	453.1	471.4	457.8
2015	473.6	598.9	454.3	454.1	472.8	457.9
2016	480.8	607.9	461.1	459.6	478.0	463.8
2017	489.1	619.3	467.8	466.1	483.6	474.1
2018	501.1	634.6	479.2	476.3	493.6	486.3
2019	516.1	652.4	494.5	484.9	502.0	497.0
2020	526.9	665.4	505.4	491.7	508.5	505.4

注：1.从1994年开始，"零售物价总指数"中不再包括"农业生产资料"。
2.表中全省和农村居民消费价格总指数是以1983年为100。

1−6−4 居民消费价格分类指数

(上年=100)

指　　标	全　省		城　市		农　村	
	2019年	2020年	2019年	2020年	2019年	2020年
居民消费价格总指数	**103.0**	**102.1**	**102.8**	**102.0**	**103.2**	**102.2**
一、食品烟酒	**105.9**	**107.1**	**105.9**	**106.7**	**105.9**	**107.7**
1.食品	107.6	108.4	107.6	107.8	107.6	109.5
(1)粮食	100.9	101.3	100.7	101.8	101.0	100.9
(2)薯类	97.7	101.9	100.4	102.2	92.2	101.3
(3)豆类	100.5	104.0	100.6	105.3	100.2	101.8
(4)食用油	99.1	102.9	99.8	101.7	98.2	104.3
(5)菜	102.2	105.6	103.0	105.2	100.5	106.3
(6)畜肉类	129.1	135.6	127.5	132.8	131.8	140.5
(7)禽肉类	113.1	104.7	112.6	107.4	114.4	98.2
(8)水产品	96.5	101.8	95.8	101.7	98.9	102.2
(9)蛋类	104.1	89.1	104.8	89.1	103.1	89.2
(10)奶类	100.4	100.6	100.1	100.0	100.4	101.9
(11)干鲜瓜果类	106.6	90.5	106.7	90.2	106.2	91.1
(12)糖果糕点类	99.8	101.3	99.5	101.4	100.2	101.0
(13)调味品	101.5	101.2	101.8	101.2	100.9	101.1
(14)其他食品类	101.3	101.8	101.4	101.9	101.2	101.7
2.茶及饮料	102.2	100.8	101.8	100.9	103.1	100.7
3.烟酒	100.5	101.3	100.4	102.2	100.7	100.5
4.在外餐饮	102.6	105.1	102.8	105.3	102.3	104.6
二、衣着	**101.2**	**99.7**	**101.4**	**100.1**	**100.9**	**98.8**
1.服装	101.7	100.0	101.9	100.5	101.1	98.7
2.服装材料	100.3	100.5	100.4	100.8	100.1	100.1
3.其他衣着及配件	100.3	99.3	100.0	98.8	101.3	100.7
4.衣着加工服务费	101.3	101.5	101.5	101.8	100.7	100.6
5.鞋类	100.1	98.9	99.9	99.0	100.6	98.8
三、居住	**101.6**	**99.1**	**101.1**	**99.2**	**102.7**	**98.8**
1.租赁房房租	100.7	98.9	100.5	98.8	102.3	100.1
2.住房保养维修及管理	101.3	101.6	101.4	102.4	101.3	100.8
3.水电燃料	102.5	98.4	101.9	99.8	103.5	96.4
4.自有住房	101.3	98.8	100.8	98.5	102.7	99.5
四、生活用品及服务	**101.2**	**99.9**	**101.2**	**100.1**	**101.3**	**99.5**
1.家具及室内装饰品	101.8	98.8	101.8	98.7	101.9	99.1
2.家用器具	100.7	98.1	101.0	98.1	100.0	98.3
3.家用纺织品	100.4	100.2	100.3	100.2	100.6	100.2
4.家庭日用杂品	100.5	100.6	99.9	101.1	101.6	99.6
5.个人护理用品	102.1	101.9	102.3	102.2	101.2	100.8
6.家庭服务	104.7	102.2	104.6	102.4	104.8	101.5
五、交通和通信	**97.9**	**96.9**	**97.7**	**96.8**	**98.2**	**97.2**
1.交通	97.6	95.3	97.5	95.0	97.8	95.8
2.通信	98.3	99.9	98.0	99.9	98.9	99.9
六、教育文化和娱乐	**103.4**	**102.0**	**103.4**	**102.0**	**103.4**	**102.1**
1.教育	104.6	103.3	104.9	103.7	104.3	102.8
2.文化娱乐	101.1	99.5	101.3	99.4	100.6	99.8
七、医疗保健	**104.4**	**102.1**	**104.5**	**102.2**	**104.3**	**101.8**
1.药品及医疗器具	107.5	102.5	106.2	102.2	110.1	102.9
2.医疗服务	102.3	101.8	103.2	102.3	100.9	101.0
八、其他用品和服务	**104.6**	**104.5**	**104.6**	**104.3**	**104.7**	**105.0**
1.其他用品类	103.1	106.4	103.9	107.4	101.6	104.3
2.其他服务类	105.7	103.2	105.0	102.2	107.0	105.4

1–6–5 商品零售价格分类指数

(上年=100)

指标	全省		城市		农村	
	2019年	2020年	2019年	2020年	2019年	2020年
商品零售价格指数	**101.8**	**101.4**	**101.7**	**101.3**	**102.2**	**101.7**
一、食品	**106.7**	**107.7**	**106.7**	**107.4**	**106.9**	**108.8**
1.粮食	100.9	101.3	100.7	101.5	101.2	101.0
2.薯类	97.3	102.4	99.4	103.0	90.6	100.4
3.豆类	100.5	104.5	100.6	105.3	100.3	102.3
4.食用油	98.9	102.3	99.4	102.1	97.9	102.7
5.菜	102.0	105.2	102.5	104.4	100.5	107.7
6.畜肉类	129.2	134.5	128.5	132.9	131.1	139.3
7.禽肉类	113.6	103.2	113.6	105.4	113.4	94.8
8.水产品	95.9	100.9	95.3	100.6	99.1	102.3
9.蛋类	104.4	89.5	105.1	89.8	102.7	88.8
10.奶类	100.3	100.8	100.2	100.6	100.9	101.7
11.干鲜瓜果类	105.4	90.4	105.5	90.1	105.3	91.4
12.糖果糕点类	99.6	101.2	99.5	101.3	100.4	100.8
13.调味品	101.3	100.8	101.4	100.7	100.9	100.9
14.其他食品类	101.2	102.0	101.3	102.2	100.8	101.5
15.在外餐饮	102.9	105.7	102.8	106.0	103.0	104.4
二、饮料、烟酒	**100.8**	**101.5**	**100.7**	**101.8**	**101.4**	**100.5**
1.茶及饮料	102.8	101.7	102.6	101.8	103.8	101.2
2.烟草	100.6	100.7	100.3	101.0	101.4	100.1
3.酒类	100.1	102.4	99.9	103.1	100.6	100.8
三、服装、鞋帽	**101.1**	**100.0**	**101.2**	**100.3**	**101.0**	**99.0**
1.服装	101.5	100.2	101.7	100.6	101.2	98.8
2.鞋帽袜	100.1	99.5	100.0	99.6	100.5	99.1
3.其他衣着配件	100.3	98.6	100.0	97.9	101.8	102.0
四、纺织品	**100.7**	**100.2**	**100.9**	**100.3**	**100.3**	**99.8**
1.服装材料	100.2	100.6	100.3	100.8	100.0	100.0
2.床上用品	100.8	100.1	101.0	100.3	100.4	99.8
五、家用电器及音像器材	**99.8**	**98.1**	**99.9**	**97.9**	**99.5**	**98.8**
1.家庭设备	100.9	98.5	101.2	98.4	100.0	98.6
2.文娱用耐用消费品	97.3	97.0	97.0	96.3	98.3	99.2
3.专业音像器材	98.4	99.7	98.4	99.7	98.3	99.7

1–6–5续　商品零售价格分类指数

(上年=100)

指　　标	全　省		城　市		农　村	
	2019年	2020年	2019年	2020年	2019年	2020年
六、文化办公用品	**100.0**	**98.1**	**99.8**	**98.0**	**101.0**	**98.6**
七、日用品	**100.6**	**100.8**	**100.5**	**101.2**	**100.9**	**99.6**
1.日用百货	99.8	101.8	99.7	102.5	100.3	99.5
2.厨具餐具茶具	98.7	100.1	98.0	100.1	100.6	100.1
3.清洗用品	103.8	101.6	104.1	102.0	103.1	100.4
4.其他日用品	100.6	99.6	100.5	99.7	100.7	99.0
八、体育娱乐用品	**100.6**	**100.0**	**100.6**	**99.8**	**100.6**	**100.6**
1.体育户外用品	100.5	100.2	100.6	100.1	100.1	100.6
2.娱乐用品	100.6	100.0	100.6	99.8	100.7	100.5
九、交通、通信用品	**96.6**	**98.7**	**96.8**	**98.7**	**95.7**	**98.9**
1.交通运输机械	98.4	98.4	98.4	98.4	98.1	98.4
2.通信器材	92.5	99.6	92.5	99.6	92.5	99.7
十、家具	**101.9**	**98.6**	**101.9**	**98.4**	**102.1**	**99.5**
十一、化妆品	**102.8**	**102.7**	**103.2**	**103.3**	**101.1**	**100.7**
十二、金银饰品	**106.6**	**115.3**	**107.3**	**116.3**	**104.1**	**112.0**
十三、中西药品及医疗保健用品	**108.2**	**102.6**	**107.3**	**102.1**	**110.7**	**103.8**
1.医疗卫生器具	100.5	105.3	100.5	102.0	100.4	108.5
2.中药	106.1	103.7	105.7	103.2	106.9	105.0
3.西药	110.6	102.6	109.6	102.2	113.0	103.4
4.保健器具及用品	100.6	100.3	100.5	100.4	101.5	100.1
十四、书报杂志及电子出版物	**103.0**	**101.0**	**102.8**	**101.1**	**103.8**	**100.6**
1.教材及参考书	102.8	102.0	102.3	102.3	104.4	101.1
2.书报杂志	104.8	100.0	104.8	100.0	104.8	100.0
3.计算机办公软件	100.0	100.0	100.0	100.0	100.0	100.0
十五、燃料	**97.6**	**92.3**	**97.0**	**91.7**	**99.1**	**93.9**
1.煤炭及制品	102.6	97.7	102.4	97.5	102.7	97.9
2.石油及制品	95.4	89.7	95.5	90.0	94.8	88.6
十六、建筑材料及五金电料	**100.2**	**102.0**	**100.1**	**102.1**	**100.3**	**101.9**
1.建筑装潢材料	100.0	102.4	100.1	102.4	99.8	102.2
2.五金水暖	100.8	101.0	100.3	101.0	102.0	101.0

1-6-6 农业生产资料价格分类指数

(上年=100)

年 份	农业生产资料价格指数	一、农用手工工具	二、饲料	三、产品畜	四、半机械化农具	五、机械化农具
1995	120.9	115.1	144.8	123.6	108.9	115.8
1996	108.0	113.5	110.6	97.5	106.9	105.7
1997	104.3	115.8	92.2	143.8	102.5	100.0
1998	98.7	101.2	98.1	95.8	100.2	99.1
1999	97.5	99.3	101.7	82.6	99.9	96.6
2000	101.5	98.8	96.2	113.5	99.1	97.7
2001	100.2	101.2	104.7	104.2	99.0	98.6
2002	100.4	103.0	99.6	103.4	98.2	98.3
2003	99.8	99.8	101.6	101.3	94.8	97.8
2004	106.7	99.6	110.7	124.4	99.7	99.1
2005	106.8	100.5	99.2	106.2	99.9	101.3
2006	101.6	100.8	100.0	83.2	99.9	100.5
2007	106.9	100.1	107.6	140.6	100.4	101.0
2008	118.6	112.2	120.7	135.6	106.2	107.2
2009	100.6	104.9	100.5	89.1	100.8	102.2
2010	104.4	105.0	108.2	105.0	99.9	101.8
2011	112.6	105.1	108.4	153.6	108.2	111.1
2012	108.2	105.4	106.5	110.9	107.3	106.7
2013	101.1	100.2	104.0	102.1	101.0	101.0
2014	99.1	99.6	104.3	95.0	98.6	100.8
2015	99.8	100.0	99.3	104.4	100.0	100.4
2016	100.0	99.9	96.0	133.5	100.3	100.6
2017	101.0	100.7	99.6	101.0	102.0	100.2
2018	103.2	100.8	103.6	89.6	101.7	100.7
2019	103.1	100.6	100.0	137.4	101.0	100.2
2020	104.3	101.8	105.3	142.9	103.5	100.2

注：2016年第三大类“产品畜”改为“仔畜幼禽及产品畜”。

1-6-6续 农业生产资料价格分类指数

(上年=100)

年 份	六、化学肥料	七、农药及农药械	八、农用机油	九、其他农业生产资料	十、农业生产服务
1995	129.5	119.1	103.8	119.0	
1996	109.9	112.0	107.0	109.2	
1997	92.3	97.5	119.0	99.4	
1998	94.4	96.0	99.7	102.2	
1999	96.6	98.1	101.8	98.5	
2000	95.0	97.7	120.3	97.8	
2001	100.3	96.9	99.7	99.4	
2002	101.6	97.8	98.4	108.0	
2003	100.8	98.5	109.7	85.9	
2004	106.4	102.9	110.8	106.6	
2005	112.0	101.2	116.6	108.6	
2006	101.0	100.4	115.1	107.7	110.4
2007	101.6	100.6	105.1	104.5	108.2
2008	121.2	104.3	116.9	110.9	115.7
2009	101.2	100.7	90.2	100.0	111.2
2010	100.2	97.6	115.2	108.0	103.1
2011	111.8	105.0	113.4	113.0	107.4
2012	108.5	107.3	106.2	111.1	110.0
2013	95.3	103.2	100.8	102.8	104.8
2014	91.6	101.7	98.6	102.8	101.2
2015	101.4	99.6	86.4	99.1	100.5
2016	98.3	98.6	98.4	99.4	100.3
2017	102.4	100.9	107.8	100.5	100.1
2018	108.4	105.2	111.2	101.8	100.2
2019	101.8	103.8	94.7	100.3	102.8
2020	98.6	101.6	87.6	99.3	101.1

1–6–7 主要农产品生产价格及指数

指　　标	单　位	2020年生产价格	生产价格指数(以上年为100)	
			2019年	2020年
农产品生产价格指数			**107.05**	**111.52**
一、农业产品			**100.95**	**112.45**
(一)谷　物	元/公斤		99.07	106.02
稻　谷	元/公斤			
小　麦	元/公斤	2.28	97.01	103.07
玉　米	元/公斤	1.99	100.57	108.15
谷　子	元/公斤			
高　粱	元/公斤			
(二)薯　类	元/公斤		107.49	129.53
马铃薯	元/公斤	1.78	107.49	129.53
(三)油　料	元/公斤		106.82	[illegible]
花　生	元/公斤	6.59	106.82	133.33
油菜籽	元/公斤			
葵花籽	元/公斤			
芝　麻	元/公斤			
(四)豆　类	元/公斤		105.26	113.65
大　豆	元/公斤	5.08	105.26	113.65
绿　豆	元/公斤			
(五)棉　花	元/公斤		99.14	101.40
籽　棉	元/公斤	6.30	99.14	101.40
(六)蔬菜及食用菌	元/公斤		102.97	126.00
1.蔬　菜	元/公斤		102.79	126.00
叶菜类蔬菜	元/公斤		85.14	178.44
芹　菜	元/公斤	1.56	61.23	273.68
油　菜	元/公斤			
菠　菜	元/公斤			
白菜类蔬菜	元/公斤		81.34	143.45
大白菜	元/公斤	1.20	81.34	143.45
甘蓝类蔬菜	元/公斤		75.66	192.44
结球甘蓝	元/公斤	1.71	75.66	192.44
花椰菜	元/公斤			
根茎类蔬菜	元/公斤		86.32	114.99
白萝卜	元/公斤	1.05	86.32	114.99
胡萝卜	元/公斤			
瓜菜类蔬菜	元/公斤		118.57	105.95
黄　瓜	元/公斤	3.33	121.39	105.54
冬　瓜	元/公斤			
西葫芦	元/公斤	2.65	89.46	110.18
豆类蔬菜	元/公斤		98.07	121.72
四季豆	元/公斤	5.34	98.07	121.72

1-6-7续1　主要农产品生产价格及指数

指　　标	单　位	2020年 生产价格	生产价格指数(以上年为100)	
			2019年	2020年
茄果类蔬菜	元/公斤		117.20	109.19
茄　子	元/公斤	3.43	90.52	109.76
青　椒	元/公斤			106.88
西红柿	元/公斤	3.62	132.70	109.44
葱蒜类蔬菜	元/公斤		92.80	101.96
大　葱	元/公斤	1.47	79.71	106.72
蒜　苔	元/公斤			
蒜　头	元/公斤		104.18	97.63
韭　菜	元/公斤	2.73	103.38	98.20
2.食用菌	元/公斤		106.90	111.42
平　菇	元/公斤	6.10	104.38	111.46
香　菇	元/公斤	8.94	112.81	111.33
其他食用菌	元/公斤	4.38		
(七)水果及坚果	元/公斤		102.10	111.80
1.水果（园林水果）	元/公斤		102.50	113.21
苹　果	元/公斤		113.53	96.09
红富士苹果	元/公斤	5.40	113.53	96.09
梨	元/公斤		99.03	133.48
雪花梨	元/公斤	2.08	136.36	123.37
鸭　梨	元/公斤		66.99	144.74
葡　萄	元/公斤			
巨峰葡萄	元/公斤			
玫瑰香葡萄	元/公斤			
瓜类水果	元/公斤			
西　瓜	元/公斤			
伊利沙白瓜	元/公斤			
其他水果	元/公斤		99.36	100.61
枣	元/公斤	3.83	99.36	100.61
柿　子	元/公斤			
桃	元/公斤			
杏	元/公斤			
草　莓	元/公斤			
2.食用坚果	元/公斤		93.48	81.22
核　桃	元/公斤	15.02	88.39	90.87
栗　子	元/公斤		96.75	75.02
板　栗	元/公斤	10.85	96.75	75.02
(八)香料原料	元/公斤		100.43	70.94
调味香料	元/公斤		100.43	70.94
花　椒	元/公斤	48.99	100.43	70.94

1—6—7续2　主要农产品生产价格及指数

指　　标	单　位	2020年 生产价格	生产价格指数(以上年为100)	
			2019年	2020年
二、林业产品			**90.62**	**94.88**
(一)育种和育苗			90.62	94.88
苗木类	元/株		90.62	94.88
针叶乔木苗类	元/株	206.90	89.91	93.21
阔叶乔木苗类	元/株		95.00	93.21
(二)木材采伐产品	元/立方米			
1.原　木	元/立方米			
非针叶原木	元/立方米			
杨树原木	元/立方米			
2.薪　材	元/立方米			
三、饲养动物及其产品	**元/公斤**		**118.77**	**110.88**
(一)活牲畜	元/公斤		136.60	138.40
猪	元/公斤	32.55	148.94	154.38
牛	元/公斤	29.96	110.06	107.80
羊	元/公斤	29.83	115.73	108.45
(二)活家禽	元/公斤		114.72	81.09
活　鸡	元/公斤	7.56	114.72	81.09
(三)畜禽产品	元/公斤		96.44	81.16
1.生　奶	元/公斤	3.42	103.55	102.63
2.禽　蛋	元/公斤		95.01	74.49
鸡　蛋	元/公斤	6.16	95.01	74.49
鸭　蛋	元/公斤			
3.动物毛类	元/公斤		62.07	96.20
绵羊毛	元/公斤	4.29	62.07	96.20
四、渔业产品	**元/公斤**		**100.69**	**106.14**
(一)海水养殖产品	元/公斤			
1.海水养殖虾	元/公斤			
海水养殖中国对虾	元/公斤			
其他海水养殖海虾	元/公斤			
2.海水养殖蟹	元/公斤			
海水养殖梭子蟹	元/公斤			
3.海水养殖贝类	元/公斤			
海水养殖扇贝	元/公斤			
海水养殖蛤	元/公斤			
(二)淡水养殖产品	元/公斤		100.69	106.14
养殖淡水鱼	元/公斤		100.69	106.14
养殖淡水鲤鱼	元/公斤	11.99	101.32	107.78
养殖淡水草鱼	元/公斤	12.45	98.79	101.19
养殖淡水鲢鱼	元/公斤			
养殖淡水鲫鱼	元/公斤			

1—7—1 石家庄海关出口农副产品及加工品数量

指　　标	单 位	2010年	2015年	2019年	2020年
肉及杂碎	吨	6597	12573	12403	11697
牛　肉	吨	138	50	807	
冻　鸡	吨	347	3914	6546	
水海产品	吨	22056	46610	28134	26044
活　鱼	吨	237	394	231	
冻鱼、冻鱼片	吨	792	1267	741	
鲜、冻对虾	吨	30			
冻虾仁	吨	214	82	73	
粮　食	吨	69037	69730	63834	50835
谷物及谷物粉	吨	3104	3668	6164	
玉　米	吨	2	25	286	
淀粉块茎及薯类	吨		620	385	
豆　类	吨		65442	57286	
蔬　菜	吨	93736	115996	141197	149421
鲜或冷藏蔬菜	吨	43518	55648	60924	47195
干的食用菌类	吨	126	128	34	
鲜、干水果及坚果	吨	122492	120179	166472	192661
橘、橙	吨	275		6	
苹　果	吨	3832	894	524	540
梨	吨	100362	105220	149973	
乳品	吨		133	163	
果蔬汁	吨	9309	15232	11014	17454
食用油籽	吨	11522	3975	1604	
大　豆	吨	936	2779	811	
花生、花生仁	吨	7306	762	499	
食用植物油(包括棕榈油)	吨	3038	1495	3737	
豆　油	吨	54	137	156	
烘焙花生	吨	1445	4081	1034	
天然蜂蜜	吨	792	102		
茶　叶	吨		101		
辣椒干	吨	1726	1675	1804	
猪肉罐头	吨		1		
番茄酱	吨	56	28012	31427	
蘑菇罐头	吨	1669	1420	321	
啤　酒	升		20909	291	938
肠　衣	吨	3947	6800	4265	
填充用羽毛；羽绒	吨	6	5	12	
药　材	吨	5726	3304	3374	3533
锯　材	立方米	660	12（吨）	325	
山羊绒	吨	1014	1628	1935	

注：2020年11月以后海关制度调整，部分数据不再公布。

1—7—2 石家庄海关出口农副产品及加工品金额

单位：万美元

指 标	2010年	2015年	2019年	2020年	2020年比上年增减(%)
农产品	122770.7	165557.3	160200.7	164841.6	2.8971
肉及杂碎	10494.3	13867.0	12996.0	14311.0	10.1
牛 肉	73.4	55.0	928.1		
冻 鸡	69.7	1282.4	1909.2		
水海产品	12073.6	45255.0	23117.8	18356.9	-20.6
活 鱼	255.1	611.8	327.4		
冻鱼、冻鱼片	364.2	899.4	462.6		
鲜、冻对虾	13.5				
冻虾仁	127.4	62.0	84.9		
粮 食	6733.6	8406.0	6685.8	5942.4	-11.1
谷物及谷物粉	101.1	315.3	415.6		
玉 米	0.2	2.3	16.3		
淀粉块茎及薯类		84.8	23.1		
豆 类		8006.0	6247.1		
蔬 菜	8312.9	11050.7	13492.4	15221.8	12.8
鲜或冷藏蔬菜	2645.1	3340.9	3557.4	2555.0	-28.2
干的食用菌类	139.1	96.7	28.4		
鲜、干水果及坚果	9301.6	12935.1	15431.0	18365.1	19.0
橘、橙	12.5		0.3		
苹 果	307.9	89.7	58.1	60.3	3.9
梨	4934.2	8296.3	10979.7		
乳品		15.5	98.2		
果蔬汁	892.6	1854.7	1144.9	1716.7	49.9
食用油籽	1323.3	560.8	158.2		
大 豆	84.5	385.0	65.4		
花生、花生仁	872.0	119.3	55.6		
食用植物油(包括棕榈油)	362.4	137.6	317.5		
豆 油	7.0	16.5	19.0		
花生油					
烘焙花生	225.0	897.8	182.3		
天然蜂蜜	129.4	18.6			
茶 叶		329.8			
辣椒干	560.7	609.5	540.4		
猪肉罐头		1.8			
番茄酱	4.3	2925.7	2653.0		
蘑菇罐头	238.2	315.6	104.7		
啤 酒		1.5	16.0	73.7	360.8
肠 衣	9407.3	11535.5	9935.1		
填充用羽毛；羽绒	13.9	4.1	13.4		
药 材	2182.0	1774.4	2263.0	2265.2	16.5
锯 材	53.5	4.9	40.7		
山羊绒	6734.6	11264.4	11091.5		

注：2020年11月以后海关制度调整，部分数据不再公布。

1-7-3 石家庄海关进口农副产品及加工品数量

指　　标	单位	2010年	2015年	2019年	2020年
冻　鱼	吨	571	64	4103	3237
鲜、干水果及坚果	吨	57441	1914	8637	11927
香　蕉	吨	56136		4174	
乳　品	吨		4565	5924	8355
粮　食	吨	3089461	3969551	5151015	7493751
谷物及谷物粉	吨	80383	171152	360949	
小　麦	吨	8732	12595	12240	12927
大　麦	吨	71651	136665	288825	246782
稻谷和大米	吨		513	1849	1883
大　豆	吨	3002514	3763921	4762909	7126641
食用植物油	吨	84432	40269	10818	10654
豆油	吨		2913	462	544
花生油	吨				
橄榄油	吨	11	54	196	
棕榈油	吨	74722	35502	3291	6800
菜籽油和芥子油	吨			3236	303
食　糖	吨	2856	4354	8159	111750
酒　类	千升	46247	33690	20744	13641
啤　酒	千升	93	518	452	798
葡萄酒	千升	46152	33170	20288	10197
饲料用鱼粉	吨	2	185		
豆饼、豆粕	吨		50917	27	
天然橡胶(包括胶乳)	吨	6695	60086	24846	59405
合成橡胶(包括胶乳)	吨	19981	24035	39720	
原　木	立方米	37863	29970（吨）	605457（吨）	701138
锯　材	立方米	125657	10543（吨）	78682（吨）	60620
纸　浆	吨	55648	269964	483551	502241
羊　毛	吨	3778	2368	10216	6676
棉　花	吨	68685	4793	33274	17394
肥　料	吨		139043	77126	52952
矿物肥料及化肥	吨		139043	77126	
氯化钾	吨		139042	77126	52951

注：2020年11月以后海关制度调整，部分数据不再公布。

1−7−4　石家庄海关进口农副产品及加工品金额

单位：万美元

指　　标	2010年	2015年	2019年	2020年	2020年比上年增减(%)
农产品	216221.1	257531.0	321513.8	426874.3	32.8
冻　鱼	60.6	6.9	1013.2	621.2	-38.7
鲜、干水果及坚果	2826.0	807.0	1201.8	1706.7	42.0
香蕉（包括芭蕉）	2440.4		252.5		
乳　品		1789.4	2439.5	3770.0	54.5
粮　食	138385.0	163379.9	197613.1	300021.1	51.8
谷物及谷物粉	1799.5	5028.5	10647.9		
小　麦	217.8	373.3	425.8	392.1	-7.9
大　麦	1581.8	3924.0	[illegible]	6287.6	-24.4
稻谷和大米		34.2	92.7	120.2	29.8
大　豆	136362.9	157186.6	185070.8	288144.1	55.7
食用植物油	7101.0	2712.3	925.9	1034.6	11.7
豆油		257.6	34.7	40.8	17.6
花生油					
橄榄油	9.2	29.5	60.6		
棕榈油	6242.3	2193.3	205.8	410.2	99.3
菜籽油和芥子油			261.6	80.0	-69.4
食　糖	203.7	181.7	313.1	3896.2	1144.5
酒　类	3784.3	2141.1	3690.6	2628.4	-37.8
啤　酒	6.6	26.0	28.9	58.4	101.8
葡萄酒	3775.4	2113.2	3656.3	2000.7	-45.3
饲料用鱼粉	1.9	15.8			
豆饼、豆粕		3327.2	1.2		
天然橡胶(包括胶乳)	1684.1	6236.5	2583.8	7425.5	8.4
合成橡胶(包括胶乳)	3250.8	2998.1	4268.6		
原　木	436.3	637.8	10242.0	11182.2	9.2
锯　材	2515.0	791.1	3198.5	2828.7	-11.6
纸　浆	7988.9	20267.1	36638.8	29315.4	-20.0
羊　毛	611.2	585.4	1658.1	1095.5	-33.9
棉　花	14339.3	1001.2	6439.2	2960.8	-54.0
肥　料	0.5	4410.9	2240.9	1188.4	-47.0
#矿物肥料及化肥		4410.9	2240.9		
#氯化钾		4410.4	2240.8	1187.4	-47.0

注：2020年11月以后海关制度调整，部分数据不再公布。

1-8-1 农垦系统国有农牧场基本情况

指　　标	单位	2005年	2010年	2015年	2018年	2019年	2020	2020年比上年增减(%)
一、农场数	**个**	**30**	**32**	**33**	**33**	**33**	**32**	
二、农场人口及职工								
总人口	人	397033	422544	459210	420874	421230	422761	0.4
职工人数	人	85212	71138	66068	57425	59259	62519	5.5
三、土地总面积	**公顷**	**352607**	**354669**	**393149**	**384934**	**382819**	**347088**	-9.3
耕地面积	公顷	80297	89095	97763	95797	99269	98236	-1.0
牧草地面积	公顷	70062	77909	94430	95075	93582	84803	-9.4
#已利用	公顷	52126	51891	63911				
林地面积	公顷	89785	83774	79527	74111	76364	74544	-2.4
水面面积	公顷	48663	36939	26702	29876	29634	30568	3.2
#养殖面积	公顷	15156	13042	18277		18480	19577	5.9
园地面积	公顷	2913	1964	1589	2029	1448	3512	142.5
四、农用机械总动力	**千瓦**	**508748**	**898694**	**1194250**	**1085079**	**1065920**	**990964**	-7.0
大中型农用拖拉机	台	1046	2586	4749	4274	3589	3901	8.7
小型及手扶拖拉机	台	17147	22672	23186	16068	17979	15480	-13.9
联合收割机	台	202	348	806	762	857	767	-10.5
农用化肥施用量	吨	21559	24185	33443	64838	63009	60378	-4.2
农业生产用电量	千瓦小时	69732	99125	206115	207857	149849	48751093	32433.5
五、生产总值	**万元**	**681963**	**2287295**	**4556503**	**5311558**	**5853757**	**5424190**	-7.3
#第一产业增加值	万元	174177	322098	478212	577772	759450	750562	-1.2
第二产业增加值	万元	324760	1383855	2350858	2718426	2863835	2887200	0.8
第三产业增加值	万元	183026	581342	1727433	2015360	2230472	1786428	-19.9
人均生产总值	元/人	17300	54034	99225	127233	139760	128304	-8.2
农林牧渔业总产值(现价)	万元	335053	621483	889766	1115189	1250871	1425159	13.9

注：2020年起，农业生产用电量调整为全口径。

1－8－1续　农垦系统国有农牧场基本情况

指　　标	单位	2005年	2010年	2015年	2018年	2019年	2020	2020年比上年增减(%)
六、农作物总播种面积	**公顷**	**87903**	**99098**	**100743**	**86205**	**85816**	**89352**	**4.1**
1.粮　食	公顷	59393	64341	78239	70175	69982	72528	3.6
#谷　物	公顷	54083	59771	68009	59844	59762	62579	4.7
#小　麦	公顷	15975	17504	16114	12023	12011	8973	-25.3
稻　谷	公顷	17962	18145	24062	27506	27309	27767	1.7
2.棉　花	公顷	21454	19881	7657	2891	1658	825	-50.2
3.油　料	公顷	920	2015	1262	2517	3089	2590	-16.2
七、主要农产品产量								
1.粮　食	吨	339161	415799	532361	570494	600841	643985	7.2
#谷　物	吨	324412	389171	401920	350480	379911	450232	18.5
#小　麦	吨	54400	75643	75169	58663	54036	49592	-8.2
稻　谷	吨	174670	179027	211730	178162	216543	222919	2.9
2.棉　花	吨	25133	32481	9410	3134	3771	1999	-47.0
3.油　料	吨	983	2626	1324	3427	4703	3519	-25.2
4.鲜　果	吨	21762	16037	24292	16323	39596	35096	-11.4
八、林业生产情况								
当年造林面积	公顷	8011	3110	4227	7457	4411	2622	-40.6
林木采伐量	立方米	2758	3636	1621	1149	1174		-100.0
九、畜牧业渔业生产								
年末大牲畜存栏	头	82832	137400	202800	174400	179308	182457	1.8
#牛	头	80991	135800	199400	172421	175224	177394	1.2
年末猪存栏	头	199849	273700	328300	366153	272408	255498	-6.2
年末羊存栏	只	102147	54000	128000	80109	69329	63085	-9.0
#山羊	只	8373	4300	3600	3898	3206	2652	-17.3
年末家禽存栏	万只	167.15	219.06	285.81	415.74	279.22	314.53	12.6
畜产品产量								
肉类总产量	吨	42800	56021	61005	71772	68256	62025	-9.1
牛奶产量	吨	208148	473614	538743	558699	594958	652233	9.6
禽蛋产量	吨	7801	10027	12438	19044	17447	6783	-61.1
水产品产量	吨	68933	78115	136907	154640	163468	170767	4.5
#养殖产量	吨	61000	71562	115135	135379	148411	154555	4.1

1-8-2 主要农牧场经济指标

指标	单位	柏各庄农场	芦台农场	汉沽农场	中捷友谊农场	南大港农场	大曹庄农场	察北农场	沽源农场	御道口牧场
一、2010年数量	人									
总人口	人	142617	40420	44766	40400	43944	43001	20951	7886	4012
耕地面积	公顷	26703	7716	5640	5551	6345	5502	6718	7959	2120
农作物总播种面积	公顷	22858	7668	5492	10417	9682	11005	6718	7786	2120
粮食总产量	吨	192113	15513	6537	26928	27878	73347	9308	12083	3218
#小麦	吨	1154			8925	8361	36986			
稻谷	吨	169356	8603	96						
水产品产量	吨	66870	630	5811	3005	1410				
#养殖	吨	60628	630	5530	3005	1380				
农业总产值	万元	263071	37898	58937	35355	30122	39666	82546	40938	6350
二、2015年数量										
总人口	人	165102	41487	44690	46891	46933	46364	20697	8092	4035
耕地面积	公顷	28457	7676	6092	6375	6345	5502	9713	8529	2120
农作物总播种面积	公顷	25165	8469	7089	6594	8750	10581	7655	7866	2120
粮食总产量	吨	200100	37065	14711	13622	13692	75862	10473	98137	8652
#小麦	吨	416	1468		5870	5206	39181	160		
稻谷	吨	187219	22436	1211						
水产品产量	吨	127186		4970	3040	1540				
#养殖	吨	108754		4690	3040	1520				
农业总产值	万元	405007	49329	81605	38372	38655	51695	133473	66281	9864
三、2020年数量										
总人口	人	168388	44895	42371	54437	49138	1521	20345	6813	4417
耕地面积	公顷	27040	8929	7952	6375	10180	1043	11545	8773	2120
农作物总播种面积	公顷	24299	7675	6994	1743	7025	2007	10828	13485	2120
粮食总产量	吨	182334	64895	52599	5963	29480	15206	30860	178039	15615
#小麦	吨	630	2437	13024	1550	5752	7528		34	
稻谷	吨	158240	55196	9467						
水产品产量	吨	162277		4315	3419	620				
#养殖	吨	146284		4230	3419	600				
农业总产值	万元									

1-8-2续 主要农牧场经济指标

指　　标	单 位	柏各庄农　场	芦 台农 场	汉 沽农 场	中捷友谊农场	南大港农　场	大曹庄农　场	察 北农 场	沽 源农 场	御道口牧　场
一、2010年数量										
生产总值(现价)	万元	746476	225453	188313	603278	195000	83016	115225	88933	8590
第一产业增加值	万元	142260	24010	32436	16909	15935	18353	36000	20807	3190
第二产业增加值	万元	309639	156188	92934	506221	122825	49480	64300	62710	1161
第三产业增加值	万元	294577	45255	62943	80148	56240	15183	14925	5416	4239
人均生产总值	元/人									
工业总产值(现价)	万元	542918	524400	303419	1586419	481300	60440	156443	186800	
职工人数	人	33519	4079	3283	7500	7002	2185	1214	2632	1040
利润总额	万元	93871	18323	5372	10280	29065	14121	23602	37487	
外贸出口总额	万元	8568	53837	7423	4500	1710				
二、2015年数量										
生产总值(现价)	万元	1018727	386437	302586	1301002	850000	158194	252000	170179	57987
第一产业增加值	万元	200535	31162	50295	19092	29000	26056	65000	36531	5576
第二产业增加值	万元	377184	279474	144042	584910	495000	101273	170000	115339	43198
第三产业增加值	万元	441008	75801	108249	697000	326000	30865	17000	18309	9213
人均生产总值	元/人	61703	93147	67707	277452	181109	34120	121757	210305	143710
工业总产值(现价)	万元	1147712	1232828	462221	2372126	1421543	221868	482636	445886	62944
职工人数	人	33000	3218	2576	3620	7369	988	1150	2301	818
利润总额	万元	62035	32900	8187	18500	51977	61870	30517	58500	2187
外贸出口总额	万元	18420	94658	19866	5262	1781	2978		229	
三、2020年数量										
生产总值(现价)	万元	1962930	697132	323981	824016	1145077	934	156461	144758	74954
第一产业增加值	万元	359683	60282	47047	32861	35888	643	83582	89581	14456
第二产业增加值	万元	810329	539681	136729	621727	598207	291	40980	25444	51898
第三产业增加值	万元	792918	97169	140205	169428	510982		31899	29733	8600
人均生产总值	元/人	116571	155280	76463	151371	233032	6143	76904	212473	169693
工业总产值(现价)	万元	655413	2256739	423937	2334335	2005244	2590	302803	124528	64890
职工人数	人	27794	2289	2352	11511	8109	85	1057	2736	889
利润总额	万元	-1325	1111	637	-1816	2	77	543	3946	1111
外贸出口总额	万元	7831	180227	21411	35815	42		4132		

1-9-1 历年财政收支情况

单位：亿元

年 份	地方公共财政预算收入	比上年增长(%)	公共财政预算支出	比上年增长(%)
1952			1.88	68.7
1957			5.07	-19.2
1962			5.88	-46.8
1965			9.65	-19.6
1970			12.13	24.4
1975			20.92	5.9
1978			32.44	2.9
1980			28.36	-17.1
1985			41.66	16.2
1990			87.29	12.9
1991			91.14	4.4
1992			101.19	11.0
1993			142.26	40.6
1994	95.22		160.84	13.1
1995	119.95	26.0	191.18	18.9
1996	151.78	26.5	231.90	21.3
1997	183.31	20.8	270.46	16.6
1998	206.76	12.8	301.55	11.5
1999	223.28	8.0	350.80	16.3
2000	248.76	11.4	415.54	18.5
2001	283.50	14.0	514.18	23.7
2002	302.31	14.8	576.59	12.1
2003	335.83	15.3	646.74	12.2
2004	407.83	43.9	785.56	21.5
2005	515.70	26.5	979.16	24.6
2006	620.53	20.3	1180.36	20.5
2007	789.12	27.2	1506.65	27.6
2008	947.59	20.1	1881.67	24.9
2009	1067.12	12.6	2347.59	24.8
2010	1331.85	24.8	2820.24	20.1
2011	1737.77	30.5	3537.39	25.4
2012	2084.28	19.9	4079.45	15.3
2013	2295.62	10.1	4409.58	8.1
2014	2446.62	6.6	4677.30	6.1
2015	2649.18	8.3	5632.19	20.4
2016	2849.87	7.6	6049.53	7.4
2017	3233.83	13.5	6639.18	9.7
2018	3513.86	8.7	7726.21	16.5
2019	3738.99	6.4	8309.04	7.5
2020	3826.46	2.3	9022.79	8.6

1-9-2 农村集体和农村居民个人固定资产投资额

年 份	全社会固定资产投资总额（万元）	#农村集体单位固定资产投资	占全社会固定资产投资比重（%）	#农村居民个人固定资产投资	占全社会固定资产投资比重（%）
“七五”时期	**8643259**	**1131570**	**13.1**	**2228365**	**25.8**
1986	1312984	132659	10.1	359822	27.4
1987	1520053	192059	12.6	398281	26.2
1988	2108484	375802	17.8	499057	23.7
1989	1929602	277289	14.4	541861	28.1
1990	1772136	153761	8.7	429344	24.2
“八五”时期	**27649417**	**5766951**	**20.9**	**4210837**	**15.2**
1991	2404473	250938	10.4	766958	31.9
1992	3357908	632424	18.8	546134	16.3
1993	5401987	1168929	21.6	630000	11.7
1994	7091874	1533235	21.6	939969	13.3
1995	9393175	2181425	23.2	1327776	14.1
“九五”时期	**79546083**	**20242326**	**25.4**	**8938514**	**11.2**
1996	11876934	3264185	27.5	1435517	12.1
1997	14699903	3987635	27.1	1905761	13.0
1998	16511500	4172899	25.3	1924263	11.7
1999	17985435	4380020	24.4	1756132	9.8
2000	18472311	4437587	24.0	1916841	10.4
“十五”时期	**139663377**	**25790810**	**18.5**	**10671746**	**7.6**
2001	19418957	4507361	23.2	2086309	10.7
2002	20466852	4680000	22.9	2050000	10.0
2003	25158590	5057295	20.1	1994491	7.9
2004	32516504	5601372	17.2	2166461	6.7
2005	42102474	5944782	14.1	2374485	5.6
“十一五”时期	**486474443**	**57526969**	**11.8**	**18654705**	**3.8**
2006	55009984	7734309	14.1	2935796	5.3
2007	68846817	8723906	12.7	3219779	4.7
2008	88665605	10071465	11.4	3956398	4.5
2009	123118505	13998564	11.4	3934497	3.2
2010	150833532	16998725	11.3	4608235	3.1
“十二五”时期					
2011	163893254	16972913	10.4	6090686	3.7
2012	196612832	24055135	12.2	5566535	2.8
2013	231942296	33229695	14.3	5644603	2.4
2015	294482706	62069003	21.1	5425323	1.8
“十三五”时期					
2016年	317500152	80823028	25.5	4099479	1.3
2017年	334068022	90804817	27.2	3945707	1.2
2018年			23.1		1.7
2019年			22.8		1.5
2020年			19.4		1.3

注：2006-2010年，农村集体与农村个人分组为农村非农户与农村农户分组，2011年及以后为农村建设项目投资。

1–9–3 农业基本建设投资

年份	基本建设投资(亿元)	#农业(包括水利业)基本建设投资	#水利基本建设投资	农业基本建设投资占基本建设投资比重(%)	水利基本建设投资占农业基本建设投资比重(%)
“一五”时期	**19.21**	**2.32**		**12.1**	
“二五”时期	**53.01**	**11.70**		**22.1**	
1963–1965年	14.10	4.54		32.2	
“三五”时期	**29.19**	**9.20**		**31.5**	
“四五”时期	**68.05**	**11.69**		**17.2**	
“五五”时期	**124.40**	**16.33**		**13.1**	
“六五”时期	**133.84**	**9.13**		**6.8**	
“七五”时期	**275.14**	**6.33**		**2.3**	
“八五”时期	**871.96**	**25.37**		**2.9**	
“九五”时期	**2617.63**	**123.03**	**68.34**	**4.7**	**55.5**
“十五”时期					
2001	591.87	43.93	16.60	7.4	37.8
2002	597.24	36.64	14.76	6.1	40.3
2003	845.84	42.01	16.69	5.0	39.7
2004	1308.96	61.96	25.77	4.7	41.6

年份	城镇投资	农林牧渔业投资	水利管理业投资	农林牧渔业占城镇投资比重(%)	水利管理业占城镇投资比重(%)
2005	3378.32	61.21	33.00	1.8	1.0
“十一五”时期	**41029.28**	**943.19**	**393.01**	**2.3**	**1.0**
2006	4433.99	83.71	57.32	1.9	1.3
2007	5690.31	116.26	55.01	2.0	1.0
2008	7463.77	188.41	60.14	2.5	0.8
2009	10518.54	244.43	112.43	2.3	1.1
2010	12922.66	310.38	108.11	2.4	0.8

年份	固定资产投资	农林牧渔业投资	水利管理业投资	农林牧渔业占固定资产投资比重(%)	水利管理业占固定资产投资比重(%)
“十二五”时期					
2011	15780.26	590.36	84.87	3.7	0.5
2012	19104.63	651.84	171.68	3.4	0.9
2013	22629.77	794.72	205.38	3.5	0.9
2014	26147.20	1120.95	298.04	4.3	1.1
2015	28905.74	1510.11	324.83	5.2	1.1

年份	固定资产投资	农林牧渔业投资	水利管理业投资	农林牧渔业占固定资产投资比重(%)	水利管理业占固定资产投资比重(%)
“十三五”时期					
2016	31340.07	1686.58	269.33	5.4	0.90
2017	33012.23	1796.19	259.89	5.4	0.79
2018				4.3	0.50
2019				3.8	0.90
2020				3.4	1.50

1－10－1　普通中学和普通小学基本情况

指　　标	单 位	合　　计				#农　　村			
		2010年	2015年	2019年	2020年	2010年	2015年	2019年	2020年
一、普通中学									
学校数	所	3264	2956	3084	3173	1456	857	772	776
学生数	万人	348.76	351.92	438.51	453.30	74.89	45.09	51.69	52.91
二、普通小学									
学校数	所	13563	12126	11604	11625	11084	7368	6559	6508
学生数	万人	511.59	596.24	679.11	695.92	309.80	238.91	222.06	216.40

注：农村数据为教育部门提要乡村数。

1－10－2　乡镇卫生院、床位、卫生人员和村卫生室及人员数

指　　标	单位	2010年	2015年	2018年	2019年	2020年
一、乡（镇）情况						
1、乡镇卫生院	个	1962	1960	2006	1998	1996
#中心卫生院	个	641	641	640	643	641
乡卫生院	个	1321	1319	1366	1355	1335
2、乡镇卫生院床位	张	57097	64853	71831	71652	70168
#中心卫生院	张	25349	28387	31122	30895	30262
乡卫生院	张	31748	36466	40709	40757	39906
3、乡镇卫生院卫生机构人员	人	53966	55793	56291	57387	59353
#中心卫生院	人	26112	24759	24165	24383	24883
乡卫生院	人	27854	31034	32126	33004	34470
乡镇卫生院卫生技术人员	人	44902	45867	46266	47441	49813
#中心卫生院	人	21623	20380	19929	20213	20898
乡卫生院	人	23279	25487	26337	27228	28915
二、村情况						
1、村卫生室个数	个	66356	60492	59047	59518	60183
#村办	个	28575	28399	28491	28833	29837
2、乡村医生和卫生员数	人	86986	82355	72779	65657	60690
#乡村医生	人	84080	77733	69341	64798	59705

1－10－3　农村文化机构和农村老年福利机构情况

指　　标	单位	2015年	2019年	2020年
一、乡镇文化站	**个**	**1985**	**1986**	**1990**
二、农村养老服务机构	**－**			
机构数	个	431	285	303
工作人员数	人	5983	4999	5528
床位数	张	73780	52517	54758
年末收养人数	人	33337	21873	23752
三、农村最低保障资金	**万元**	**302394.2**	**445448.9**	**657358.1**

2-1-1 各市总户数、总人口

名称	年末总户数(万户)		年末常住人口(万人)		城镇人口(万人)		城镇化率(%)	
	2019年	2020年	2019年	2020年	2019年	2020年	2019年	2020年
全省	**2478.83**	**2513.82**	**7446.56**	**7463.84**	**4376.23**	**4481.65**	**58.77**	**60.07**
石家庄市（包含辛集市）	311.49	312.52	1115.15	1124.15	766.76	788.88	68.76	70.18
石家庄市（不含辛集市）	289.43	290.53	1055.54	1064.71	731.10	752.07	69.26	70.64
辛集市	22.06	21.99	59.61	59.44	35.66	36.81	59.82	61.92
唐山市	230.83	230.78	771.09	771.85	489.85	496.44	63.53	64.32
秦皇岛市	118.26	118.49	312.45	313.98	196.59	200.85	62.92	63.97
邯郸市	274.41	275.16	941.66	941.49	535.52	548.59	56.87	58.27
邢台市	249.89	252.30	712.94	710.85	379.30	384.56	53.20	54.10
保定市（包含定州市、雄安新区）	417.19	426.63	1153.14	1154.63	623.79	642.65	54.10	55.66
保定市（不含定州市、雄安新区）	337.12	346.76	923.40	924.39	511.80	528.15	55.43	57.14
定州市	37.30	37.68	110.44	109.45	57.84	57.67	52.37	52.69
张家口市	195.30	194.40	416.43	411.86	267.22	272.23	64.17	66.10
承德市	141.98	141.27	337.16	335.15	184.61	189.62	54.75	56.58
沧州市	227.18	246.20	728.91	730.22	366.35	373.42	50.26	51.14
廊坊市	151.78	154.65	533.95	548.59	340.83	355.69	63.83	64.84
衡水市	160.53	161.44	423.69	421.08	225.40	230.49	53.20	54.74

注：年末总户数为公安年报数，年末常住人口数为人口变动情况抽样调查推算数。

2-1-2 各市人口出生、死亡、自然增长率

单位：‰

名称	出生率		死亡率		自然增长率	
	2019年	2020年	2019年	2020年	2019年	2020年
全省	**10.83**	**8.16**	**6.12**	**5.66**	**4.71**	**2.50**
石家庄市（包含辛集市）	10.51	8.59	5.25	5.65	5.26	2.94
石家庄市（不含辛集市）	10.60	8.69	5.20	5.57	5.40	3.12
辛集市	9.04	6.71	6.03	6.97	3.01	-0.26
唐山市	10.50	7.13	7.07	6.90	3.43	0.23
秦皇岛市	8.90	6.63	6.33	6.06	2.57	0.57
邯郸市	11.80	9.01	6.24	4.98	5.56	4.03
邢台市	11.50	9.19	6.10	5.45	5.40	3.74
保定市（包含定州市、雄安新区）	10.20	8.17	6.52	5.61	3.68	2.56
保定市（不含定州市、雄安新区）	10.23	8.64	6.71	5.51	3.52	3.13
定州市	9.95	7.84	5.00	6.56	4.95	1.28
张家口市	8.30	7.02	7.10	6.83	1.20	0.19
承德市	10.91	8.00	7.18	6.83	3.73	1.17
沧州市	12.20	8.35	5.00	5.20	7.20	3.15
廊坊市	12.50	8.32	5.60	4.38	6.90	3.94
衡水市	10.01	7.06	5.96	5.52	4.05	1.54

2-1-3 各市农村基层组织情况

单位：个

名　　称	乡镇个数		乡个数		镇个数		村委会个数	
	2019年	2020年	2019年	2020年	2019年	2020年	2019年	2020年
全　　省	**1944**	**2253**	**789**	**713**	**1155**	**1230**	**48719**	**48709**
石家庄市（包含辛集市）	216	276	89	84	127	132	4287	4283
石家庄市（不含辛集市）	201	261	82	77	119	124	3943	3939
辛集市	15	15	7	7	8	8	344	344
唐 山 市	177	231	45	31	132	146	5313	5313
秦皇岛市	74	97	24	23	50	51	2265	2265
邯 郸 市	212	242	92	84	120	128	5202	5192
邢 台 市	171	198	68	60	103	111	4894	4893
保 定 市（包含定州市、雄安新区）	312	340	131	124	181	185	6250	6186
保 定 市（不含定州市、雄安新区）	250	286	115	110	143	149	5143	5159
定州市	21	25	5	5	16	16	470	470
张家口市	209	232	110	109	99	100	4173	4172
承 德 市	204	217	95	88	109	115	2456	2459
沧 州 市	165	194	82	65	83	103	5693	5757
廊 坊 市	90	108	18	15	72	75	3202	3203
衡 水 市	114	118	35	30	79	84	4984	4986

2-1-4 各市农村基础设施

单位：个

名　　称	自来水受益村数		通有线电视村数		通宽带村数		通公共交通村数	
	2019年	2020年	2019年	2020年	2019年	2020年	2019年	2020年
全　　省	**46702**	**46998**	**45623**	**46673**	**48566**	**48644**	**40971**	**42282**
石家庄市（包含辛集市）	4202	4221	3865	3999	4330	4342	4146	4180
石家庄市（不含辛集市）	3858	3877	3521	3655	3986	3998	3803	3836
辛集市	344	344	344	344	344	344	343	344
唐 山 市	5188	5178	5052	5229	5394	5399	4155	4170
秦皇岛市	1609	1718	2112	2120	2256	2256	1937	1945
邯 郸 市	5168	5178	5144	5137	5268	5253	4999	5071
邢 台 市	4885	4876	4613	4704	4883	4868	4436	4530
保 定 市（包含定州市、雄安新区）	5942	5983	5248	5538	6207	6186	5541	5649
保 定 市（不含定州市、雄安新区）	4837	4909	4185	4492	5101	5112	4548	4660
定州市	468	470	470	470	470	470	431	433
张家口市	3910	3991	3522	3853	3940	4058	3081	3361
承 德 市	1952	2021	2365	2386	2440	2450	1034	1482
沧 州 市	5663	5668	5662	5667	5662	5668	5233	5317
廊 坊 市	3195	3175	3052	3051	3198	3175	2638	2713
衡 水 市	4988	4989	4988	4989	4988	4989	3771	3864

2-1-5 各市乡村户数、人口和劳动力资源

单位：户、人

名称	乡村户数		乡村人口		1.男		2.女	
	2019年	2020年	2019年	2020年	2019年	2020年	2019年	2020年
全省	**16831070**	**16954211**	**58613772**	**58439295**	**30296471**	**30214057**	**28317301**	**28225238**
石家庄市（包含辛集市）	1953606	1992815	7312872	7357288	3743714	3761622	3569158	3595666
石家庄市（不含辛集市）	1779774	1820448	6760812	6810419	3462704	3482706	3298108	3327713
辛集市	173832	172367	552060	546869	281010	278916	271050	267953
唐山市	1598508	1596582	5516206	5483918	2800663	2785523	2715543	2698395
秦皇岛市	732206	747765	2065390	2060466	1061753	1056650	1003637	1003816
邯郸市	1931680	1948581	7918201	7977872	4152917	4192638	3765284	3785234
邢台市	1680231	1685166	6311490	6291689	3262623	3251566	3048867	3040123
保定市（包含定州市、雄安新区）	2939489	2985430	10103042	10065202	5218660	5201358	4884382	4863844
保定市（不含定州市、雄安新区）	2242436	2295123	7790187	7796022	4022308	4026977	3767879	3769045
定州市	301854	302221	1120618	1114605	582171	579477	538447	535128
张家口市	1187758	1138090	2950048	2771983	1540566	1450664	1409482	1321319
承德市	1014858	1025515	3093198	3090796	1618274	1617389	1474924	1473407
沧州市	1691936	1714255	6134563	6142204	3183076	3190155	2951487	2952049
廊坊市	938662	950456	3461714	3469487	1794126	1793038	1667588	1676449
衡水市	1162136	1169556	3747048	3728390	1920099	1913454	1826949	1814936

2-1-5续 各市乡村户数、人口和劳动力资源

单位：人

名称	乡村劳动力资源数		1.男		2.女	
	2019年	2020年	2019年	2020年	2019年	2020年
全省	**34422652**	**34345613**	**18479185**	**18447641**	**15943467**	**15897972**
石家庄市（包含辛集市）	4221719	4262404	2240941	2259161	1980778	2003243
石家庄市（不含辛集市）	3880217	3923451	2062231	2081207	1817986	1842244
辛集市	341502	338953	178710	177954	162792	160999
唐山市	3384613	3373148	1789238	1787208	1595375	1585940
秦皇岛市	1285896	1283980	698308	695879	587588	588101
邯郸市	4523673	4566020	2438167	2465788	2085506	2100232
邢台市	3512631	3493828	1874566	1866210	1638065	1627618
保定市（包含定州市、雄安新区）	5980809	5963334	3215626	3213117	2765183	2750217
保定市（不含定州市、雄安新区）	4577191	4586349	2465086	2476634	2112105	2109715
定州市	726271	721154	383580	381982	342691	339172
张家口市	1811159	1712776	998704	942879	812455	769897
承德市	1888671	1888323	1048671	1046298	840000	842025
沧州市	3686183	3685554	1964575	1967455	1721608	1718099
廊坊市	2025992	2016514	1094112	1086339	931880	930175
衡水市	2101306	2099732	1116277	1117307	985029	982425

2-1-6　各市乡村从业人员

单位：人

名　　称	乡村从业人员数		按性别分			
			男		女	
	2019年	2020年	2019年	2020年	2019年	2020年
全　　省	**30181632**	**29978710**	**16407400**	**16297482**	**13774232**	**13681228**
石家庄市（包含辛集市）	3719169	3715457	2003363	1998401	1715806	1717056
石家庄市（不含辛集市）	3423886	3423384	1845631	1841736	1578255	1581648
辛集市	295283	292073	157732	156665	137551	135408
唐　山　市	2967377	2942649	1590162	1581174	1377215	1361475
秦皇岛市	1126519	1123335	619250	615062	507269	508273
邯　郸　市	3984374	4003641	2177192	2195461	1807182	1808180
邢　台　市	3097325	3074481	1660371	1648390	1436954	1426091
保　定　市（包含定州市、雄安新区）	5267098	5238790	2870858	2855126	2396240	2383664
保　定　市（不含定州市、雄安新区）	4068890	4064397	2218182	2215700	1850708	1848697
定州市	648126	640082	347632	343837	300494	296245
张家口市	1478012	1380275	836261	777612	641751	602663
承　德　市	1604163	1597363	906169	900314	697994	697049
沧　州　市	3272686	3259771	1765656	1761349	1507030	1498422
廊　坊　市	1755991	1740204	956861	945809	799130	794395
衡　水　市	1908918	1902744	1021257	1018784	887661	883960

2-1-7　各市农用机械年末拥有量

单位：千瓦

名　　称	一、农用机械总动力		#柴油发动机动力		汽油发动机动力		电动机动力	
	2019年	2020年	2019年	2020年	2019年	2020年	2019年	2020年
全　　省	**78307309**	**79657376**	**55161552**	**56689014**	**1433312**	**1425262**	**21711464**	**21543106**
石家庄市（包含辛集市）	13008144	13043786	8058593	8110379	111590	121796	4837960	4811614
石家庄市（不含辛集市）	11733534	11758276	7206239	7258025	91323	90629	4435971	4409625
辛集市	1274610	1285510	852354	852354	20267	31167	401989	401989
唐　山　市	7934053	8038088	4487537	4582258	104829	105543	3341687	3350288
秦皇岛市	1775373	1755338	1092497	1097995	34351	37035	648525	620308
邯　郸　市	10462074	10673279	7305357	7525453	156361	174560	2999375	2973269
邢　台　市	9000330	9243682	6785793	7020123	222807	232236	1991730	1991323
保　定　市（包含定州市、雄安新区）	8055673	8227924	5976074	6139227	51266	55760	2028334	2032937
保　定　市（不含定州市、雄安新区）	6112017	6273416	4506626	4659258	43254	46964	1562137	1567194
定州市	991275	1041866	661733	706984	5150	6086	324393	328796
张家口市	2730350	2791822	2092991	2185497	64568	68699	572790	537627
承　德　市	2635880	2717926	1930690	2011302	42408	45400	662782	661224
沧　州　市	10416217	10573106	8646703	8805309	130258	130301	1639256	1637495
廊　坊　市	3906400	3933607	2357311	2421809	30638	31142	1518451	1480656
衡　水　市	8382816	8658818	6428006	6789662	484236	422790	1470574	1446365

2-1-7续1　各市农用机械年末拥有量

单位：台

名　称	二、主要农业机械与设备					
	#大中型拖拉机		拖拉机配套农具		联合收获机	
	2019年	2020年	2019年	2020年	2019年	2020年
全　省	**297151**	**306385**	**2173065**	**2170910**	**167401**	**173404**
石家庄市（包含辛集市）	43006	37801	200497	198428	30994	31959
石家庄市（不含辛集市）	41464	36183	186475	184406	28149	28829
辛集市	1542	1618	14022	14022	2845	3130
唐 山 市	24131	25734	146320	147269	4642	4893
秦皇岛市	4954	5443	28777	28964	529	539
邯 郸 市	38370	39731	186579	187673	26155	27383
邢 台 市	38436	40375	335368	338821	23610	24350
保 定 市（包含定州市、雄安新区）	32260	33914	170811	163244	26845	27520
保 定 市（不含定州市、雄安新区）	25568	27203	129240	124270	20323	20917
定州市	2978	3282	11346	10981	3717	3854
张家口市	18222	20166	108155	107814	1525	1614
承 德 市	17437	18836	68920	69327	292	304
沧 州 市	32945	34429	519199	520268	22112	22841
廊 坊 市	14937	15643	107701	107177	7591	7707
衡 水 市	32453	34313	300738	301925	23106	24294

注：拖拉机配套农具统计口径发生变化，数据以新口径为准。

2-1-7续2　各市农用机械年末拥有量

单位：台

名　称	二、主要农业机械与设备(续)					
	机动脱粒机		节水灌溉机械（套）		农用水泵（台）	
	2019年	2020年	2019年	2020年	2019年	2020年
全　省	**156946**	**154204**	**58901**	**69988**	**1566963**	**1563683**
石家庄市（包含辛集市）	23004	22872	4749	15333	189558	189209
石家庄市（不含辛集市）	22141	22009	4728	15312	166627	166278
辛集市	863	863	21	21	22931	22931
唐 山 市	9271	9266	11660	11783	222851	226313
秦皇岛市	5826	5743	5771	5792	64803	67288
邯 郸 市	28430	27783	2919	3401	241582	237368
邢 台 市	16345	16058	1633	1778	154771	155588
保 定 市（包含定州市、雄安新区）	14691	13262	1688	1732	221333	219882
保 定 市（不含定州市、雄安新区）	12381	12152	1502	1556	168403	167552
定州市			20	20	29466	29466
张家口市	11947	12015	8444	8038	25183	25017
承 德 市	16012	16065	5910	5904	57410	56556
沧 州 市	17961	17734	4925	4946	225687	223065
廊 坊 市	6998	6995	9228	9251	89264	88554
衡 水 市	6461	6411	1974	2030	74521	74843

2-1-8 各市农业机械化情况

单位：公顷

名　　称	机耕面积		机播面积		机收面积	
	2019年	2020年	2019年	2020年	2019年	2020年
全　　省	**5434563**	**5216875**	**6689232**	**6731545**	**5839279**	**5950570**
石家庄市（包含辛集市）	530690	504904	772855	787268	739995	758614
石家庄市（不含辛集市）	482089	458317	676467	691876	650705	669632
辛集市	48601	46587	96388	95392	89290	88982
唐 山 市	496595	561676	538012	567239	423774	449442
秦皇岛市	170313	175753	90424	94106	78810	81844
邯 郸 市	589188	564291	818315	842126	727243	757545
邢 台 市	580638	557940	911519	899362	761684	760061
保 定 市（包含定州市、雄安新区）	627245	598953	875225	883499	848749	856080
保 定 市（不含定州市、雄安新区）	465428	459023	646290	671038	628475	651003
定州市	91305	92365	130109	131261	118990	124517
张家口市	541742	543138	434204	423021	297545	310409
承 德 市	259088	272078	231361	247096	108353	111088
沧 州 市	549468	567766	920035	914204	889959	884056
廊 坊 市	312975	306197	311069	263819	253919	255486
衡 水 市	776622	564179	786212	809805	709250	725945

2-1-9 各市农村电气化情况

名　　称	1.农村水电站数（处）		装机容量（千瓦）		发电量（万千瓦时）		2.农村用电量（万千瓦时）	
	2019年	2020年	2019年	2020年	2019年	2020年	2019年	2020年
全　　省	**257**	**242**	**407408**	**404703**	**59860**	**56629**	**5015685**	**5097982**
石家庄市（包含辛集市）	58	56	113383	112358	19679	17071	646378	666041
石家庄市（不含辛集市）	58	56	113383	112358	19679	17071	615412	635076
辛集市							30966	30965
唐 山 市	15	15	33705	33705	6395	6715	514708	502535
秦皇岛市	6	4	27670	26880	6236	4988	83513	83812
邯 郸 市	70	70	66831	66831	6422	5717	426433	425774
邢 台 市	11	10	9359	9109	572	251	336401	349269
保 定 市（包含定州市、雄安新区）	52	44	93365	91910	14186	15527	735103	796736
保 定 市（不含定州市、雄安新区）	52	44	93365	91910	14186	15527	526366	579269
定州市							43197	72910
张家口市	14	11	13875	13490	2721	3010	138971	140102
承 德 市	31	32	49220	50420	3649	3350	242468	246762
沧 州 市							860695	868941
廊 坊 市							695035	684370
衡 水 市							335979	333641

2—1—10 各市农用化肥、农药使用量

单位：吨

名称	一、农用化肥施用量(按实物量计算)					
	合计		1.氮肥		2.磷肥	
	2019年	2020年	2019年	2020年	2019年	2020年
全省	**7760213**	**7455873**	**3068880**	**2896579**	**1422089**	**1345139**
石家庄市（包含辛集市）	1126541	1104150	538380	513519	278226	270009
石家庄市（不含辛集市）	946174	930328	445027	429285	218106	210167
辛集市	180367	173822	93353	84234	60120	59842
唐山市	884471	827372	428486	395601	44133	42273
秦皇岛市	262486	254904	86602	81088	15719	13419
邯郸市	1132402	1097987	330348	309145	278010	260532
邢台市	755098	741708	224455	218871	146037	140923
保定市（包含定州市、雄安新区）	1042827	991352	449365	425658	139426	130372
保定市（不含定州市、雄安新区）	760480	727269	312321	298714	91666	86561
定州市	215324	208334	107949	103012	38675	37377
张家口市	359197	344475	127440	120904	75326	70978
承德市	270822	265298	126494	123584	41539	40634
沧州市	723071	694160	306069	293064	139946	130902
廊坊市	326406	305249	116351	106935	34504	31547
衡水市	876893	829220	334890	308212	229222	213550

2—1—10续1 各市农用化肥、农药使用量

单位：吨

名称	一、农用化肥施用量(按实物量计算)（续）			
	3.钾肥		4.复合肥	
	2019年	2020年	2019年	2020年
全省	**448388**	**426067**	**2820857**	**2788089**
石家庄市（包含辛集市）	37283	37014	272651	283608
石家庄市（不含辛集市）	31114	30457	251926	260419
辛集市	6169	6556	20725	23189
唐山市	73634	70120	338219	319378
秦皇岛市	17755	16185	142410	144212
邯郸市	52156	48974	471887	479336
邢台市	40759	39073	343846	342841
保定市（包含定州市、雄安新区）	47215	42525	406821	392796
保定市（不含定州市、雄安新区）	36031	34256	320463	307737
定州市	5956	5612	62743	62333
张家口市	33976	32543	122454	120051
承德市	19287	19070	83502	82010
沧州市	55085	52838	221971	217356
廊坊市	19817	19485	155734	147283
衡水市	51420	48241	261360	259218

2–1–10续2　各市农用化肥、农药使用量

单位：吨

名　　称	二、农用化肥施用量(按折纯法计算)					
	合　　计		1.氮　　肥		2.磷　　肥	
	2019年	2020年	2019年	2020年	2019年	2020年
全　　省	**2972687**	**2857066**	**1064948**	**1006108**	**233704**	**222787**
石家庄市（包含辛集市）	395361	389784	189204	179592	45576	45207
石家庄市（不含辛集市）	333778	329862	152240	146705	34676	33427
辛集市	61583	59922	36964	32887	10900	11780
唐 山 市	353606	329514	141548	130818	7519	7194
秦皇岛市	116015	113519	30344	28461	2500	2063
邯 郸 市	434803	418131	119267	112358	46119	43383
邢 台 市	304870	299741	80138	78183	22991	22178
保 定 市（包含定州市、雄安新区）	410565	393015	155601	148105	23803	22586
保 定 市（不含定州市、雄安新区）	303311	290330	106622	101757	14970	14516
定州市	83091	80784	39816	38246	7272	6982
张家口市	135218	129184	43746	41401	13323	12353
承 德 市	100438	98140	42218	41226	7126	7061
沧 州 市	273424	263453	108403	103625	22047	20732
廊 坊 市	135767	126193	41012	37650	5665	5255
衡 水 市	312623	296392	113467	104690	37035	34775

2–1–10续3　各市农用化肥、农药使用量

单位：吨

名　　称	二、农用化肥施用量(按折纯法计算)(续)				三、农药使用量	
	3.钾　肥		4.复合肥			
	2019年	2020年	2019年	2020年	2019年	2020年
全　　省	**222006**	**209910**	**1452029**	**1418261**	**57344**	**54289**
石家庄市（包含辛集市）	18547	18326	142032	146659	8053	7813
石家庄市（不含辛集市）	15487	15081	131374	134649	6194	5963
辛集市	3060	3245	10658	12010	1859	1850
唐 山 市	36838	34816	167701	156686	4432	4250
秦皇岛市	8913	8018	74258	74977	3731	3499
邯 郸 市	26148	24493	243269	237897	5294	5128
邢 台 市	20399	19591	181341	179790	7946	7700
保 定 市（包含定州市、雄安新区）	23021	20753	208139	201573	8931	7999
保 定 市（不含定州市、雄安新区）	17543	16635	164175	157444	7288	6554
定州市	3129	2913	32873	32643	1048	1005
张家口市	16251	15319	61897	60112	2979	2791
承 德 市	9475	9227	41619	40625	1114	1103
沧 州 市	27141	25987	115833	113109	5723	5357
廊 坊 市	9799	9542	79292	73747	2300	2201
衡 水 市	25473	23840	136647	133087	6842	6447

2-1-11 各市农用薄膜及柴油使用量

名称	农用塑料薄膜使用量（吨）		#地膜使用量（吨）		地膜覆盖面积（公顷）		农用柴油使用量（吨）	
	2019年	2020年	2019年	2020年	2019年	2020年	2019年	2020年
全　省	**103211**	**103742**	**50270**	**49718**	**773845**	**767562**	**2001369**	**1405257**
石家庄市（包含辛集市）	5576	6117	1847	1910	28897	29758	246629	143501
石家庄市（不含辛集市）	4749	5263	1527	1595	22947	23953	213216	109574
辛集市	827	854	320	315	5950	5805	33413	33927
唐 山 市	10461	10543	5421	5524	86414	90390	110671	78933
秦皇岛市	4094	4135	1672	1692	26735	26737	89891	58503
邯 郸 市	11478	10647	6270	5967	104600	102281	189017	141796
邢 台 市	11474	11621	7461	7320	133928	130646	295855	210700
保 定 市（包含定州市、雄安新区）	7385	7812	3264	3300	47397	47551	193876	162606
保 定 市（不含定州市、雄安新区）	5562	6029	2828	2845	42510	42688	170630	143971
定州市	1580	1511	286	275	3317	3161	16756	15228
张家口市	9248	9339	7110	7271	92286	93714	52020	37822
承 德 市	7325	7817	3245	3307	53989	54391	116077	107165
沧 州 市	11350	11296	3506	3408	53728	51224	385204	239360
廊 坊 市	7606	7578	3415	3275	41825	39961	89792	24036
衡 水 市	17215	16836	7059	6745	104048	100909	232337	200837

2-1-12 各市农田水利建设情况

名称	有效灌溉面积（公顷）		旱涝保收面积（公顷）		机电井年末数（眼）	
	2019年	2020年	2019年	2020年	2019年	2020年
全　省	**4482161**	**4470028**	**3437924**	**3499769**	**976058**	**1009896**
石家庄市（包含辛集市）	498030	498014	385038	418595	151456	156298
石家庄市（不含辛集市）	442540	442524	330420	364176	133892	138734
辛集市	55490	55490	54618	54419	17564	17564
唐 山 市	462870	463980	395288	398000	130348	122316
秦皇岛市	127730	127810	81501	82719	45654	51752
邯 郸 市	555990	557330	274843	280201	122579	125483
邢 台 市	594374	594660	506988	504235	99710	102759
保 定 市（包含定州市、雄安新区）	643474	637814	570991	562747	168157	162093
保 定 市（不含定州市、雄安新区）	496284	499284	424982	426796	119898	109605
定州市	85660	85660	86449	85457	27978	31212
张家口市	246350	231843	158910	174138	52065	70980
承 德 市	142299	145423	56209	59397	33841	36290
沧 州 市	503824	504234	391872	398173	51114	53122
廊 坊 市	227530	227530	195833	193889	50564	49018
衡 水 市	479690	481390	420450	427674	70570	79785

2-1-13 各市水库、供水和水保情况

名　称	水库座数（座）		水利工程向农业年供水量（亿立方米）		已治理水土流失面积（千公顷）	
	2019年	2020年	2019年	2020年	2019年	2020年
全　省	**1060**	**1031**	**110.84**	**106.73**	**5722.22**	**5934.37**
石家庄市（包含辛集市）	239	239	17.22	15.73	540.70	566.25
石家庄市（不含辛集市）	239	239	15.27	13.68	540.70	566.25
辛集市			1.95	2.05		
唐 山 市	131	127	11.43	12.25	256.87	267.90
秦皇岛市	279	270	4.58	4.48	286.43	293.48
邯 郸 市	79	70	13.40	12.20	297.45	308.45
邢 台 市	49	49	9.73	10.22	328.68	349.30
保 定 市（包含定州市、雄安新区）	94	94	18.22	16.67	658.74	675.21
保 定 市（不含定州市、雄安新区）	94	94	14.12	14.39	653.64	670.11
定州市			2.26	2.28	5.10	5.10
张家口市	91	84	5.81	5.47	1583.37	1640.15
承 德 市	95	95	4.80	4.32	1685.86	1749.52
沧 州 市	3	3	9.05	8.85		
廊 坊 市			5.22	5.06	29.25	29.26
衡 水 市			11.37	11.47	54.87	54.87

2-1-14 各市节水灌溉情况

单位：千公顷

名　称	节水灌溉面积		#喷滴灌面积		低压灌溉面积	
	2019年	2020年	2019年	2020年	2019年	2020年
全　省	**3623.91**	**3648.92**	**259.04**	**276.73**	**2816.37**	**2840.21**
石家庄市（包含辛集市）	476.75	480.38	20.51	20.27	365.88	372.69
石家庄市（不含辛集市）	425.22	428.85	18.89	18.65	316.86	323.67
辛集市	51.53	51.53	1.62	1.62	49.02	49.02
唐 山 市	320.10	315.91	7.13	13.34	253.90	253.84
秦皇岛市	93.65	95.10	4.12	3.81	52.33	53.78
邯 郸 市	470.12	482.05	5.61	50.70	342.94	354.13
邢 台 市	427.43	433.53	14.13	33.46	313.25	311.76
保 定 市（包含定州市、雄安新区）	437.46	496.60	4.93	26.59	370.20	418.03
保 定 市（不含定州市、雄安新区）	379.21	436.99	2.02	23.68	318.10	364.67
定州市	58.25	59.61	2.91	2.91	52.10	53.36
张家口市	202.55	193.95	41.88	27.73	72.42	72.15
承 德 市	129.94	135.41	21.52	44.77	57.20	61.56
沧 州 市	443.12	442.87	2.90	23.53	410.24	410.35
廊 坊 市	185.40	185.40	3.98	9.36	172.06	172.06
衡 水 市	387.72	387.72	4.69	23.17	359.86	359.86

2-1-15　各市自然灾害情况

单位：公顷

名　称	一、受灾面积		#旱　灾		水　灾		风雹灾	
	2019年	2020年	2019年	2020年	2019年	2020年	2019年	2020年
全　省	**318800**	**371983**	**130500**	**19302**	**13500**	**20130**	**115900**	**189948**
石家庄市（包含辛集市）	6100	36757	5900		100	30	200	9397
石家庄市（不含辛集市）	6100	21306	5900		100	30	200	1680
辛集市		15451						7917
唐 山 市	10200	41			600		3300	39
秦皇岛市	19600	7702	200	5800	500	1249	5800	653
邯 郸 市	53300	41182	48800		2700	1741	800	3964
邢 台 市	69900	72021	53200		100	8641	16800	24532
保 定 市（包含定州市、雄安新区）	38400	21594			3000	2021	35300	17176
保 定 市（不含定州市、雄安新区）	34300	19298			2900	1043	31300	16058
定州市	3600	467			100		3500	467
张家口市	58600	89421	15700		4000	3463	28300	53431
承 德 市	33200	38886	6700	13502	2500	747	20800	23309
沧 州 市	24700	6140						6140
廊 坊 市	300	16770				933	300	15837
衡 水 市	4500	41470				1304	4300	35270

2-1-15续1　各市自然灾害情况

单位：公顷

名　称	一、受灾情况（续）				二、成灾面积			
	霜冻灾		病虫灾				#旱　灾	
	2019年	2020年	2019年	2020年	2019年	2020年	2019年	2020年
全　省	**10300**	**142130**	**4000**	**473**	**218700**	**261016**	**97300**	**14394**
石家庄市（包含辛集市）		27105		26	5400	26088	5100	
石家庄市（不含辛集市）		19570		26	5400	19572	5100	
辛集市		7534				6516		
唐 山 市		1			6900	41		
秦皇岛市					13600	7358	100	5800
邯 郸 市		35477	900		41000	17243	39400	
邢 台 市		38848			44200	29245	35000	
保 定 市（包含定州市、雄安新区）		2396			26800	13385		
保 定 市（不含定州市、雄安新区）		2197			22900	11584		
定州市					3600	467		
张家口市	9900	32130	700	397	48700	81547	13100	
承 德 市	400	1278	2400	50	25500	30002	4600	8593
沧 州 市					5600	3149		
廊 坊 市					200	16403		
衡 水 市		4896			800	36556		

2-1-15续2　各市自然灾害情况

单位：公顷

名　称	二、成灾面积（续）							
	水　灾		风　雹　灾		霜 冻 灾		病 虫 灾	
	2019年	2020年	2019年	2020年	2019年	2020年	2019年	2020年
全　省	**8100**	**15715**	**82300**	**142952**	**9700**	**87498**	**3000**	**457**
石家庄市（包含辛集市）	100		200	2975		23087		26
石家庄市（不含辛集市）	100		200	600		18946		26
辛集市				2375		4141		
唐 山 市	500		2900	39		1		
秦皇岛市	200		4600	641				
邯 郸 市	800	1107	100	576		15561	700	
邢 台 市		6253	9200	13553		9438		
保 定 市（包含定州市、雄安新区）	2300	1608	24500	10322		1455		
保 定 市（不含定州市、雄安新区）	2200	789	20700	9539		1256		
定州市	100		3500	467				
张家口市	2500	3025	22900	46008	9600	32117	700	397
承 德 市	1700	625	17100	19704	100	1046	1600	34
沧 州 市				3149				
廊 坊 市		877	200	15526				
衡 水 市		1304	600	30459		4793		

2-1-15续3　各市自然灾害情况

名　称	三、绝收面积（公顷）		四、因灾损失情况					
			受灾人口(人)		死亡人口(人)		倒塌房屋(间)	
	2019年	2020年	2019年	2020年	2019年	2020年	2019年	2020年
全　省	**52300**	**69530**	**2949600**	**2869411**	**3**	**4**	**202**	**53**
石家庄市（包含辛集市）	800	56	95900	386234			2	1
石家庄市（不含辛集市）	800	56	95900	353629			2	1
辛集市				32605				
唐 山 市	800	23	51200	99			53	
秦皇岛市	2100	1018	200400	116370			79	8
邯 郸 市	15800	4630	761400	363168				
邢 台 市	14300	5792	501600	529970				1
保 定 市（包含定州市、雄安新区）	3600	3436	571400	259742	3		22	16
保 定 市（不含定州市、雄安新区）	3300	3137	528900	244551	3		4	7
定州市	200	20	33200	328			18	
张家口市	8800	36174	275200	352484		4	38	27
承 德 市	4300	5231	286600	351832			3	
沧 州 市	1700	1	167500	78668			5	
廊 坊 市		9638	3500	124007				
衡 水 市	100	3532	34900	306837				

2-1-16 各市耕地面积

单位：公顷

名称	2010年	2015年	2018年	2019年	2020年
全省	**6551425**	**6525468**	**6523552**	**6034175**	**6011338**
石家庄市（包含辛集市）	578836	582901	583064	492066	487914
石家庄市（不含辛集市）	522978	527645	526650	437220	432938
辛集市	55857	55256	56414	54846	54977
唐山市	561622	555720	557942	500186	498129
秦皇岛市	190531	188650	188171	172990	171859
邯郸市	673208	664565	662957	606303	604486
邢台市	700042	694044	693452	599233	598060
保定市（包含定州市、雄安新区）	807597	802148	808897	680063	673571
保定市（不含定州市、雄安新区）	721144	716272	722994	531383	528012
定州市	86453	85876	85903	74307	74202
张家口市	922483	931729	932927	973913	972940
承德市	402336	400031	400461	413734	412883
沧州市	788471	785034	776427	758271	756185
廊坊市	357834	356014	353446	276598	275029
衡水市	568465	564632	565807	560818	560281

2-2-1 各市粮食作物播种面积和产量

单位：公顷、公斤/公顷、吨

名称	农作物总播种面积		一、粮食作物					
			播种面积		播种单产		总产量	
	2019年	2020年	2019年	2020年	2019年	2020年	2019年	2020年
全省	**8132691**	**8089440**	**6469174**	**6388798**	**5780**	**5941**	**37392377**	**37958903**
石家庄市（包含辛集市）	891734	896260	756863	758168	6400	6544	4843758	4961200
石家庄市（不含辛集市）	780879	786128	663566	664868	6327	6479	4198468	4307798
辛集市	110855	110132	93297	93300	6917	7003	645290	653402
唐山市	717814	721760	480540	486101	5946	5963	2857244	2898397
秦皇岛市	194356	196550	126885	128566	5731	5833	727192	749878
邯郸市	985454	984989	785319	776797	6591	6863	5175651	5330769
邢台市	970423	968015	772558	763513	6141	6355	4744635	4852139
保定市（包含定州市、雄安新区）	1090645	1056443	905364	869777	6131	6234	5550707	5421801
保定市（不含定州市、雄安新区）	806780	807875	670342	670347	6060	6140	4062499	4116033
定州市	159413	160827	117116	117210	6641	6803	777774	797372
张家口市	663659	655881	468513	449871	3835	4123	1796887	1854625
承德市	386229	397711	280502	283937	5156	5161	1446244	1465320
沧州市	984746	970454	900757	884478	5016	5177	4518627	4578840
廊坊市	386546	375356	279979	268937	5277	5507	1477521	1481049
衡水市	861084	866020	711895	718652	5975	6074	4253911	4364886

注：2017年起，粮、棉全省总数为上报数之和(下同)。

2-2-1续1　各市粮食作物播种面积和产量

单位：公顷、公斤/公顷、吨

名　　称	#夏收粮食					
	播种面积		播种单产		总　产　量	
	2019年	2020年	2019年	2020年	2019年	2020年
全　　省	**2346680**	**2243178**	**6292**	**6481**	**14765500**	**14539089**
石家庄市（包含辛集市）	342740	330611	6751	6965	2313750	2302678
石家庄市（不含辛集市）	294925	283860	6691	6927	1973227	1966211
辛集市	47815	46751	7122	7197	340523	336467
唐 山 市	120905	119621	5719	5795	691460	693144
秦皇岛市	14091	13698	6065	6092	85454	83454
邯 郸 市	363795	348628	6738	6934	2451236	2417261
邢 台 市	350755	336255	6538	6758	2293075	2272363
保 定 市（包含定州市、雄安新区）	392887	371466	6370	6518	2502701	2421197
保 定 市（不含定州市、雄安新区）	279802	272759	6336	6476	1772729	1766358
定州市	60345	58351	6655	6776	401568	393395
张家口市						
承 德 市						
沧 州 市	375393	338026	5321	5589	1997545	1889158
廊 坊 市	57760	53876	5733	5925	331144	319201
衡 水 市	328354	330996	6393	6467	2099136	2140632

2-2-1续2　各市粮食作物播种面积和产量

单位：公顷、公斤/公顷、吨

名　　称	#秋收粮食					
	播种面积		播种单产		总　产　量	
	2019年	2020年	2019年	2020年	2019年	2020年
全　　省	**4122494**	**4145620**	**5489**	**5649**	**22626877**	**23419814**
石家庄市（包含辛集市）	414123	427557	6109	6218	2530008	2658521
石家庄市（不含辛集市）	368641	381008	6036	6146	2225241	2341586
辛集市	45482	46549	6701	6809	304767	316935
唐 山 市	359634	366480	6022	6017	2165784	2205252
秦皇岛市	112794	114868	5689	5802	641738	666425
邯 郸 市	421524	428168	6463	6805	2724415	2913507
邢 台 市	421803	427259	5812	6038	2451560	2579776
保 定 市（包含定州市、雄安新区）	512478	498310	5948	6022	3048007	3000604
保 定 市（不含定州市、雄安新区）	390540	397588	5863	5910	2289770	2349675
定州市	56771	58859	6627	6830	376207	401980
张家口市	468513	449871	3835	4123	1796887	1854625
承 德 市	280502	283937	5156	5161	1446244	1465320
沧 州 市	525364	546452	4799	4922	2521082	2689682
廊 坊 市	222219	215061	5159	5402	1146377	1161849
衡 水 市	383541	387657	5618	5738	2154776	2224254

2–2–1续3 各市粮食作物播种面积和产量

单位:公顷、公斤/公顷、吨

名称	(一)谷物合计					
	播种面积		播种单产		总产量	
	2019年	2020年	2019年	2020年	2019年	2020年
全省	**6121664**	**6035967**	**5827**	**5994**	**35668960**	**36177055**
石家庄市(包含辛集市)	708371	703102	6630	6782	4696441	4768354
石家庄市(不含辛集市)	617668	612768	6572	6732	4059557	4124879
辛集市	90703	90334	7022	7123	636884	643475
唐山市	463505	467601	5965	5998	2764720	2804676
秦皇岛市	102025	103100	5834	5971	595232	615637
邯郸市	772160	762821	6650	6909	5135093	5270151
邢台市	758519	748677	6173	6393	4682005	4786102
保定市(包含定州市、雄安新区)	875321	838821	6145	6268	5378876	5257869
保定市(不含定州市、雄安新区)	647206	644352	6076	6176	3932412	3979582
定州市	115181	115106	6660	6836	767093	786844
张家口市	368786	354575	3511	3766	1294850	1335380
承德市	221027	222800	4646	4756	1026813	1059598
沧州市	890213	873272	5031	5195	4478700	4536895
廊坊市	260694	252805	5391	5604	1405392	1416633
衡水市	701042	708395	6007	6106	4210839	4325759

2–2–1续4 各市粮食作物播种面积和产量

单位:公顷、公斤/公顷、吨

名称	1.稻谷					
	播种面积		播种单产		总产量	
	2019年	2020年	2019年	2020年	2019年	2020年
全省	**78173**	**78720**	**6224**	**6216**	**486531**	**489331**
石家庄市(包含辛集市)		15		5474		82
石家庄市(不含辛集市)		15		5474		82
辛集市						
唐山市	62532	64316	6277	6188	392506	397994
秦皇岛市	6583	6043	6418	6290	42252	38007
邯郸市	897	862	5040	5496	4521	4736
邢台市	547	468	5861	5869	3206	2745
保定市(包含定州市、雄安新区)	1613	770	5284	6160	8523	4745
保定市(不含定州市、雄安新区)	709	754	4777	6143	3387	4634
定州市						
张家口市	619	625	5772	6898	3573	4315
承德市	5249	5323	5902	6481	30981	34500
沧州市		120		7333		880
廊坊市	134	178	7266	7449	970	1328
衡水市						

2-2-1续5　各市粮食作物播种面积和产量

单位:公顷、公斤/公顷、吨

名　　称	2.小　　麦					
	播种面积		播种单产		总　产　量	
	2019年	2020年	2019年	2020年	2019年	2020年
全　　省	**2322500**	**2216923**	**6297**	**6492**	**14625700**	**14392980**
石家庄市（包含辛集市）	342065	329454	6755	6970	2310672	2296237
石家庄市（不含辛集市）	294250	282703	6695	6932	1970149	1959770
辛集市	47815	46751	7122	7197	340523	336467
唐 山 市	112358	110681	5703	5817	640797	643846
秦皇岛市	5360	5287	6482	6757	34743	35725
邯 郸 市	363650	348518	6738	6934	2450286	2416565
邢 台 市	350074	335262	6539	6759	2289077	2266034
保 定 市（包含定州市、雄安新区）	388279	365566	6374	6532	2474972	2387975
保 定 市（不含定州市、雄安新区）	276205	267807	6342	6491	1751692	1738199
定州市	59494	57487	6653	6798	395833	390790
张家口市						
承 德 市						
沧 州 市	375393	338026	5321	5589	1997545	1889158
廊 坊 市	56967	53133	5766	5963	328472	316808
衡 水 市	328354	330996	6393	6467	2099136	2140632

2-2-1续6　各市粮食作物播种面积和产量

单位：公顷、公斤/公顷、吨

名　　称	1.冬　小　麦					
	播种面积		播种单产		总　产　量	
	2019年	2020年	2019年	2020年	2019年	2020年
全　　省	**2307070**	**2203480**	**6306**	**6501**	**14548400**	**14325815**
石家庄市（包含辛集市）	342065	329454	6755	6970	2310672	2296237
石家庄市（不含辛集市）	294250	282703	6695	6932	1970149	1959770
辛集市	47815	46751	7122	7197	340523	336467
唐 山 市	97478	97758	5810	5931	566348	579787
秦皇岛市	4817	4766	6626	6843	31919	32619
邯 郸 市	363650	348518	6738	6934	2450286	2416565
邢 台 市	350074	335262	6539	6759	2289077	2266034
保 定 市（包含定州市、雄安新区）	388279	365566	6374	6532	2474972	2387975
保 定 市（不含定州市、雄安新区）	276205	267807	6342	6491	1751692	1738199
定州市	59494	57487	6653	6798	395833	390790
张家口市						
承 德 市						
沧 州 市	375393	338026	5321	5589	1997545	1889158
廊 坊 市	56960	53133	5766	5963	328445	316808
衡 水 市	328354	330996	6393	6467	2099136	2140632

2-2-1续7　各市粮食作物播种面积和产量

单位：公顷、公斤/公顷、吨

名　　称	2.春　小　麦					
	播种面积		播种单产		总　产　量	
	2019年	2020年	2019年	2020年	2019年	2020年
全　　省	**15430**	**13443**	**5010**	**4996**	**77300**	**67165**
石家庄市（包含辛集市）						
石家庄市（不含辛集市）						
辛集市						
唐　山　市	14880	12923	5003	4957	74449	64059
秦皇岛市	543	521	5197	5965	2824	3106
邯　郸　市						
邢　台　市						
保　定　市（包含定州市、雄安新区）						
保　定　市（不含定州市、雄安新区）						
定州市						
张家口市						
承　德　市						
沧　州　市						
廊　坊　市	7		4048		27	
衡　水　市						

2-2-1续8　各市粮食作物播种面积和产量

单位：公顷、公斤/公顷、吨

名　　称	3.玉　　米					
	播种面积		播种单产		总　产　量	
	2019年	2020年	2019年	2020年	2019年	2020年
全　　省	**3408200**	**3417100**	**5829**	**6005**	**19866398**	**20518177**
石家庄市（包含辛集市）	358581	359445	6598	6758	2366070	2429311
石家庄市（不含辛集市）	317037	317169	6535	6700	2071814	2125046
辛集市	41544	42277	7083	7197	294256	304265
唐　山　市	285688	289030	6025	6055	1721146	1750003
秦皇岛市	82246	83965	5930	6153	487724	516651
邯　郸　市	380822	386285	6877	7170	2618729	2769836
邢　台　市	386359	389857	5983	6252	2311432	2437384
保　定　市（包含定州市、雄安新区）	479893	465932	5990	6101	2874484	2842437
保　定　市（不含定州市、雄安新区）	365002	369495	5911	5996	2157557	2215382
定州市	55466	57464	6675	6879	370232	395313
张家口市	186484	187310	5259	5481	980809	1026618
承　德　市	168636	167884	5200	5391	876926	905065
沧　州　市	509019	524529	4835	4976	2461321	2610003
廊　坊　市	202031	196228	5298	5534	1070285	1085855
衡　水　市	368441	366634	5693	5851	2097473	2145014

2-2-1续9　各市粮食作物播种面积和产量

单位：公顷、公斤/公顷、吨

名　　称	4.谷　　子					
	播种面积		播种单产		总　产　量	
	2019年	2020年	2019年	2020年	2019年	2020年
全　　省	**115601**	**129480**	**3201**	**3301**	**370094**	**427458**
石家庄市（包含辛集市）	7628	13885	2542	2971	19392	41247
石家庄市（不含辛集市）	6284	12579	2751	3061	17287	38504
辛集市	1344	1306	1566	2100	2105	2743
唐 山 市	2402	2657	3368	3376	8090	8969
秦皇岛市	5421	5629	4114	3289	22302	18513
邯 郸 市	26536	26644	2298	2903	60988	77344
邢 台 市	21130	22332	3630	3431	76696	76618
保 定 市（包含定州市、雄安新区）	4971	5976	3762	3384	18699	20224
保 定 市（不含定州市、雄安新区）	4967	5972	3761	3384	18680	20210
定州市	4	4	4589	3713	19	14
张家口市	25436	25197	3236	3399	82316	85655
承 德 市	15108	15145	3919	3909	59208	59204
沧 州 市	3150	5793	3308	3310	10420	19173
廊 坊 市	543	1444	2552	3632	1386	5245
衡 水 市	3278	4778	3233	3195	10598	15266

2-2-1续10　各市粮食作物播种面积和产量

单位：公顷、公斤/公顷、吨

名　　称	5.高　　粱					
	播种面积		播种单产		总　产　量	
	2019年	2020年	2019年	2020年	2019年	2020年
全　　省	**10799**	**20740**	**3960**	**3972**	**42759**	**82388**
石家庄市（包含辛集市）	81	113	3542	4359	287	492
石家庄市（不含辛集市）	81	113	3542	4359	287	492
辛集市						
唐 山 市	477	870	4260	4266	2034	3712
秦皇岛市	275	300	4127	4115	1133	1235
邯 郸 市	256	505	2223	3240	569	1637
邢 台 市	399	750	3902	4395	1558	3295
保 定 市（包含定州市、雄安新区）	422	424	3969	4687	1675	1989
保 定 市（不含定州市、雄安新区）	180	173	3178	3817	573	660
定州市	217	151	4644	4811	1009	728
张家口市	1459	2263	3387	3649	4942	8255
承 德 市	2946	3032	4714	4063	13890	12321
沧 州 市	2607	4767	3590	3699	9361	17636
廊 坊 市	927	1729	4046	4031	3749	6968
衡 水 市	949	5987	3752	4150	3560	24847

2-2-1续11　各市粮食作物播种面积和产量

单位：公顷、公斤/公顷、吨

名　称	6.其他谷物					
	播种面积		播种单产		总　产　量	
	2019年	2020年	2019年	2020年	2019年	2020年
全　省	**64095**	**58463**	**1512**	**1581**	**96911**	**92410**
石家庄市（包含辛集市）	5	188	2402	5231	11	985
石家庄市（不含辛集市）	5	188	2402	5231	11	985
辛集市						
唐 山 市	48	48	3101	3190	148	152
秦皇岛市	2139	1876	3309	2935	7078	5506
邯 郸 市		7		4876		32
邢 台 市	10	9	3525	2927	36	26
保 定 市（包含定州市、雄安新区）	124	151	3877	3296	481	498
保 定 市（不含定州市、雄安新区）	124	151	3877	3296	481	498
定州市						
张家口市	45708	40591	1352	1492	61792	60580
承 德 市	15904	15466	1680	1562	26711	24157
沧 州 市	44	36	1205	1257	53	45
廊 坊 市	93	93	5700	4624	530	430
衡 水 市	20		3536		72	

2-2-1续12　各市粮食作物播种面积和产量

单位：公顷、公斤/公顷、吨

名　称	#大　麦					
	播种面积		播种单产		总　产　量	
	2019年	2020年	2019年	2020年	2019年	2020年
全　省						
石家庄市（包含辛集市）						
石家庄市（不含辛集市）						
辛集市						
唐 山 市						
秦皇岛市						
邯 郸 市						
邢 台 市						
保 定 市（包含定州市、雄安新区）						
保 定 市（不含定州市、雄安新区）						
定州市						
张家口市						
承 德 市						
沧 州 市						
廊 坊 市						
衡 水 市						

2–2–1续13　各市粮食作物播种面积和产量

单位：公顷、公斤/公顷、吨

名　　称	#燕　　麦（莜麦）					
	播种面积		播种单产		总　产　量	
	2019年	2020年	2019年	2020年	2019年	2020年
全　　省	**116478**	**109620**	**1487**	**1530**	**173209**	**167687**
石家庄市（包含辛集市）		0.1		1500		0.15
石家庄市（不含辛集市）		0.1		1500		0.15
辛集市						
唐 山 市						
秦皇岛市						
邯 郸 市						
邢 台 市						
保 定 市（包含定州市、雄安新区）						
保 定 市（不含定州市、雄安新区）						
定州市						
张家口市	103650	93950	1491	1529	154515	143656
承 德 市	12828	15670	1457	1534	18694	24031
沧 州 市						
廊 坊 市						
衡 水 市						

2–2–1续14　各市粮食作物播种面积和产量

单位：公顷、公斤/公顷、吨

名　　称	#荞　　麦					
	播种面积		播种单产		总　产　量	
	2019年	2020年	2019年	2020年	2019年	2020年
全　　省	**5818**	**4920**	**1265**	**1346**	**7358**	**6624**
石家庄市（包含辛集市）	12	1	716	1000	9	1
石家庄市（不含辛集市）	12	1	716	1000	9	1
辛集市						
唐 山 市						
秦皇岛市						
邯 郸 市						
邢 台 市						
保 定 市（包含定州市、雄安新区）	19		2195		43	
保 定 市（不含定州市、雄安新区）	19		2195		43	
定州市						
张家口市	5430	4640	1271	1358	6904	6303
承 德 市	356	279	1130	1148	403	320
沧 州 市						
廊 坊 市						
衡 水 市						

2-2-1续15　各市粮食作物播种面积和产量

单位：公顷、公斤/公顷、吨

名　称	(二)豆类合计					
	播种面积		播种单产		总产量	
	2019年	2020年	2019年	2020年	2019年	2020年
全　省	**125083**	**122130**	**2404**	**2407**	**300754**	**293916**
石家庄市（包含辛集市）	36112	36970	2193	2435	79176	90009
石家庄市（不含辛集市）	34539	35223	2225	2481	76841	87388
辛集市	1573	1747	1484	1500	2335	2621
唐山市	5402	6214	3125	2911	16880	18090
秦皇岛市	6426	6467	3060	2859	19666	18488
邯郸市	5906	6043	1775	2328	10486	14069
邢台市	7598	7955	2928	2701	22246	21488
保定市（包含定州市、雄安新区）	7659	7019	2971	2627	22753	18440
保定市（不含定州市、雄安新区）	5934	6173	2979	2598	17678	16038
定州市	599	524	3524	2806	2111	1471
张家口市	23025	21657	1930	1867	44429	40424
承德市	6286	6354	2814	2456	17687	15607
沧州市	6967	7210	2342	2383	16315	17186
廊坊市	12305	9622	2498	2514	30743	24185
衡水市	7397	6619	2754	2407	20372	15931

2-2-1续16　各市粮食作物播种面积和产量

单位：公顷、公斤/公顷、吨

名　称	#大豆					
	播种面积		播种单产		总产量	
	2019年	2020年	2019年	2020年	2019年	2020年
全　省	**93462**	**89480**	**2463**	**2493**	**230220**	**223118**
石家庄市（包含辛集市）	35468	36262	2212	2454	78453	88998
石家庄市（不含辛集市）	33895	34515	2246	2503	76118	86377
辛集市	1573	1747	1484	1500	2335	2621
唐山市	3513	3765	3095	2603	10874	9800
秦皇岛市	4362	4341	2985	2647	13020	11491
邯郸市	4647	4559	1743	2419	8099	11027
邢台市	6172	6412	3105	2802	19161	17970
保定市（包含定州市、雄安新区）	5964	5531	3008	2673	17941	14787
保定市（不含定州市、雄安新区）	4287	4718	3034	2645	13005	12482
定州市	597	501	3528	2808	2106	1406
张家口市	5778	4326	1684	1835	9730	7938
承德市	4872	4673	3050	2629	14858	12284
沧州市	6289	6597	2375	2408	14934	15883
廊坊市	10938	8438	2479	2485	27120	20966
衡水市	5460	4575	2935	2617	16027	11974

2-2-1续17　各市粮食作物播种面积和产量

单位：公顷、公斤/公顷、吨

名　　称	#绿　　豆					
	播种面积		播种单产		总　产　量	
	2019年	2020年	2019年	2020年	2019年	2020年
全　　省	**10821**	**10320**	**1665**	**1696**	**18012**	**17505**
石家庄市（包含辛集市）	322	325	1444	1489	465	484
石家庄市（不含辛集市）	322	325	1444	1489	465	484
辛集市						
唐 山 市	149	151	2800	1910	418	287
秦皇岛市	92	81	2297	2011	211	163
邯 郸 市	1150	1295	1874	2059	2155	2666
邢 台 市	1410	1526	2161	2276	3047	3473
保 定 市（包含定州市、雄安新区）	524	569	2622	1726	1374	982
保 定 市（不含定州市、雄安新区）	523	567	2621	1722	1371	976
定州市	1	2	2800	2938	3	6
张家口市	5449	4710	1162	1291	6333	6083
承 德 市	444	444	2417	2203	1073	978
沧 州 市	446	345	2334	2340	1041	807
廊 坊 市	127	144	1299	1640	165	237
衡 水 市	707	730	2447	1841	1730	1345

2-2-1续18　各市粮食作物播种面积和产量

单位：公顷、公斤/公顷、吨

名　　称	#红　　小　　豆					
	播种面积		播种单产		总　产　量	
	2019年	2020年	2019年	2020年	2019年	2020年
全　　省	**4871**	**4560**	**1651**	**1672**	**8044**	**7626**
石家庄市（包含辛集市）	237	256	624	943	148	241
石家庄市（不含辛集市）	237	256	624	943	148	241
辛集市						
唐 山 市	211	226	2200	2460	464	555
秦皇岛市	257	243	2025	1868	521	454
邯 郸 市	42	149	905	1658	38	247
邢 台 市	9	8	1929	2109	16	16
保 定 市（包含定州市、雄安新区）	224	215	2397	2486	537	534
保 定 市（不含定州市、雄安新区）	191	211	2314	2483	442	523
定州市	1	0	2600	2625	3	1
张家口市	1769	1344	1258	1202	2225	1615
承 德 市	496	501	1911	1817	948	910
沧 州 市	224	208	1438	1746	322	363
廊 坊 市	172	188	1221	1506	210	283
衡 水 市	1230	1224	2127	1968	2616	2409

2-2-1续19　各市粮食作物播种面积和产量

单位：公顷、公斤/公顷、吨

名　　称	(三)薯　类　合　计					
	播种面积		播种单产		总　产　量	
	2019年	2020年	2019年	2020年	2019年	2020年
全　　省	**222427**	**230702**	**31980**	**32248**	**7113315**	**7439659**
石家庄市（包含辛集市）	12380	18096	27520	28414	340703	514185
石家庄市（不含辛集市）	11359	16877	27323	28302	310353	477652
辛集市	1021	1219	29736	29970	30350	36533
唐 山 市	11633	12286	32514	30779	378220	378152
秦皇岛市	18434	19000	30458	30462	561470	578768
邯 郸 市	7252	7932	20733	29341	150362	232745
邢 台 市	6442	6882	31346	32366	201922	222746
保 定 市（包含定州市、雄安新区）	22385	23937	33299	30391	745391	727460
保 定 市（不含定州市、雄安新区）	17202	19823	32673	30372	562046	602067
定州市	1336	1579	32081	28672	42852	45285
张家口市	76702	73639	29830	32511	2288041	2394103
承 德 市	53189	54783	37766	35605	2008717	1950571
沧 州 市	3576	3996	33011	30978	118056	123795
廊 坊 市	6979	6511	29650	30895	206931	201155
衡 水 市	3455	3639	32847	31872	113503	115978

2-2-1续20　各市粮食作物播种面积和产量

单位：公顷、公斤/公顷、吨

名　　称	1.马　　铃　　薯					
	播种面积		播种单产		总　产　量	
	2019年	2020年	2019年	2020年	2019年	2020年
全　　省	**154165**	**156902**	**32820**	**32861**	**5059621**	**5155944**
石家庄市（包含辛集市）	2098	4488	23563	20637	49446	92620
石家庄市（不含辛集市）	2098	4488	23563	20637	49446	92620
辛集市						
唐 山 市	7552	7441	31837	29952	240447	222871
秦皇岛市	6434	6169	33306	32196	214292	198625
邯 郸 市	1059	1111	21939	26383	23231	29302
邢 台 市	1336	1940	31372	32443	41912	62936
保 定 市（包含定州市、雄安新区）	5878	8125	32457	28582	190782	232240
保 定 市（不含定州市、雄安新区）	4878	7185	32287	28817	157494	207041
定州市	851	864	33693	26635	28673	23013
张家口市	76451	73455	29846	32523	2281739	2388995
承 德 市	52359	53180	37886	35717	1983654	1899468
沧 州 市	227	170	38859	33157	8838	5644
廊 坊 市	249	330	19319	20058	4809	6615
衡 水 市	521	492	39266	33828	20471	16628

2-2-1续21 各市粮食作物播种面积和产量

单位：公顷、公斤/公顷、吨

名称	2.甘薯					
	播种面积		播种单产		总产量	
	2019年	2020年	2019年	2020年	2019年	2020年
全省	**68262**	**73800**	**30085**	**30945**	**2053694**	**2283715**
石家庄市（包含辛集市）	10281	13608	28330	30979	291257	421565
石家庄市（不含辛集市）	9260	12389	28176	31079	260907	385032
辛集市	1021	1219	29736	29970	30350	36533
唐山市	4080	4845	33768	32049	137773	155282
秦皇岛市	12000	12831	28931	29628	347179	380144
邯郸市	6194	6822	20526	29823	127131	203442
邢台市	5106	4942	31340	32336	160010	159810
保定市（包含定州市、雄安新区）	16508	15811	33596	31320	554608	495219
保定市（不含定州市、雄安新区）	12325	12638	32824	31256	404551	395026
定州市	485	715	29250	31131	14179	22272
张家口市	251	183	25098	27844	6302	5108
承德市	830	1603	30202	31880	25063	51104
沧州市	3349	3826	32614	30881	109218	118151
廊坊市	6730	6181	30033	31473	202122	194540
衡水市	2934	3147	31708	31567	93032	99349

2-2-2 各市油料播种面积和产量

单位：公顷、公斤/公顷、吨

名称	油料作物					
	播种面积		播种单产		总产量	
	2019年	2020年	2019年	2020年	2019年	2020年
全省	**364487**	**355367**	**3280**	**3363**	**1195445**	**1195178**
石家庄市（包含辛集市）	37058	35745	3202	3328	118671	118966
石家庄市（不含辛集市）	31679	30286	2981	3157	94430	95608
辛集市	5379	5459	4507	4279	24241	23358
唐山市	77306	75746	4137	4220	319844	319650
秦皇岛市	24565	24584	3714	3739	91243	91921
邯郸市	32080	38248	3787	3533	121495	135111
邢台市	37949	41990	3380	3182	128251	133631
保定市（包含定州市、雄安新区）	34705	33319	3910	3948	135701	131535
保定市（不含定州市、雄安新区）	28690	27334	3860	3882	110748	106104
定州市	5133	5072	4177	4300	21441	21807
张家口市	64222	49517	1474	1502	94636	74399
承德市	11876	10256	2175	2370	25830	24306
沧州市	10541	11236	3637	3775	38342	42420
廊坊市	10334	10888	2818	2730	29119	29729
衡水市	23851	23840	3870	3922	92314	93510

2–2–2续1　各市油料播种面积和产量

单位：公顷、公斤/公顷、吨

名　　称	#花生					
	播种面积		播种单产		总　产　量	
	2019年	2020年	2019年	2020年	2019年	2020年
全　省	**250206**	**246048**	**3855**	**3935**	**964557**	**968123**
石家庄市（包含辛集市）	32401	30388	3296	3468	106788	105383
石家庄市（不含辛集市）	27965	26203	3064	3256	85686	85324
辛集市	4436	4185	4757	4793	21102	20059
唐 山 市	77113	75550	4142	4225	319395	319191
秦皇岛市	24048	24286	3740	3750	89944	91068
邯 郸 市	26802	26476	4094	4173	109732	110491
邢 台 市	23861	23360	3490	3552	83287	82976
保 定 市（包含定州市、雄安新区）	31749	30468	3957	4005	125629	122038
保 定 市（不含定州市、雄安新区）	26348	24954	3906	3935	102902	98200
定州市	4630	4622	4227	4383	19570	20259
张家口市	233	216	2719	2511	633	542
承 德 市	234	312	3261	3304	763	1031
沧 州 市	8174	8410	3963	4183	32395	35183
廊 坊 市	8498	8727	2835	2861	24093	24967
衡 水 市	17093	17855	4206	4215	71897	75253

2–2–2续2　各市油料播种面积和产量

单位：公顷、公斤/公顷、吨

名　　称	#油菜籽					
	播种面积		播种单产		总　产　量	
	2019年	2020年	2019年	2020年	2019年	2020年
全　省	**19855**	**31807**	**1770**	**1776**	**35144**	**56477**
石家庄市（包含辛集市）	1742	2117	2429	2430	4231	5145
石家庄市（不含辛集市）	1577	1551	2118	2469	3340	3829
辛集市	165	566	5400	2324	891	1316
唐 山 市	16	3	2673	2936	43	9
秦皇岛市	10	10	2562	2532	26	25
邯 郸 市	3119	9436	1906	1940	5944	18304
邢 台 市	2727	6819	1827	1470	4982	10023
保 定 市（包含定州市、雄安新区）	338	259	2997	3073	1013	796
保 定 市（不含定州市、雄安新区）	338	257	2996	3069	1013	789
定州市		2		3000		6
张家口市	6250	8652	976	1373	6098	11876
承 德 市	2847	2040	1947	2236	5544	4562
沧 州 市	616	843	3114	2232	1918	1881
廊 坊 市	40	88	2496	2467	100	217
衡 水 市	2149	1540	2440	2363	5244	3639

2-2-2续3　各市油料播种面积和产量

单位：公顷、公斤/公顷、吨

名　　称	#芝　　麻					
	播种面积		播种单产		总　产　量	
	2019年	2020年	2019年	2020年	2019年	2020年
全　　省	**1382**	**1749**	**1462**	**1485**	**2021**	**2597**
石家庄市（包含辛集市）	48	77	878	935	42	72
石家庄市（不含辛集市）	48	77	878	932	42	72
辛集市				100		
唐 山 市	65	65	1561	1636	101	106
秦皇岛市	10	17	1255	1420	13	24
邯 郸 市	428	646	1612	1536	690	992
邢 台 市	165	222	1613	1772	266	393
保 定 市（包含定州市、雄安新区）	19	34	1632	1706	31	58
保 定 市（不含定州市、雄安新区）	4	6	1933	1552	8	9
定州市	2	13	2834	1605	6	21
张家口市	2		1504		3	
承 德 市	26	32	1791	1560	47	49
沧 州 市	98	126	1824	1808	179	228
廊 坊 市	143	134	888	1003	127	134
衡 水 市	377	395	1387	1367	523	540

2-2-2续4　各市油料播种面积和产量

单位：公顷、公斤/公顷、吨

名　　称	#胡　麻　籽					
	播种面积		播种单产		总　产　量	
	2019年	2020年	2019年	2020年	2019年	2020年
全　　省	**41610**	**27978**	**1159**	**1145**	**48235**	**32040**
石家庄市（包含辛集市）						
石家庄市（不含辛集市）						
辛集市						
唐 山 市						
秦皇岛市						
邯 郸 市						
邢 台 市						
保 定 市（包含定州市、雄安新区）				1750		
保 定 市（不含定州市、雄安新区）				1750		
定州市						
张家口市	38765	26081	1128	1111	43718	28964
承 德 市	2845	1897	1588	1622	4517	3076
沧 州 市						
廊 坊 市						
衡 水 市						

2-2-2续5　各市油料播种面积和产量

单位：公顷、公斤/公顷、吨

名　　称	#葵　花　籽					
	播种面积		播种单产		总　产　量	
	2019年	2020年	2019年	2020年	2019年	2020年
全　省	**50228**	**46756**	**2854**	**2852**	**143342**	**133356**
石家庄市（包含辛集市）	2833	3126	2674	2665	7575	8323
石家庄市（不含辛集市）	2055	2418	2592	2622	5327	6340
辛集市	778	708	2889	2801	2248	1983
唐 山 市	87	103	2858	2789	249	287
秦皇岛市	487	269	2586	2980	1259	802
邯 郸 市	1558	1467	3184	3246	4961	4762
邢 台 市	10995	11425	3538	3466	38900	39601
保 定 市（包含定州市、雄安新区）	2578	2554	3471	3380	8949	8633
保 定 市（不含定州市、雄安新区）	2000	2117	3413	3356	6825	7105
定州市	501	435	3724	3498	1866	1522
张家口市	18916	14545	2331	2264	44086	32932
承 德 市	5633	5735	2541	2616	14315	15003
沧 州 市	1274	1559	2864	2934	3649	4573
廊 坊 市	1652	1939	2905	2275	4799	4411
衡 水 市	4215	4034	3464	3478	14600	14029

2-2-3　各市棉花播种面积和产量

单位：公顷、公斤/公顷、吨

名　　称	棉　　花					
	播种面积		播种单产		总　产　量	
	2019年	2020年	2019年	2020年	2019年	2020年
全　省	**203890**	**189200**	**1115**	**1102**	**227401**	**208593**
石家庄市（包含辛集市）	645	512	880	916	568	469
石家庄市（不含辛集市）	332	294	783	792	260	233
辛集市	314	218	983	1084	308	236
唐 山 市	10116	9300	1177	1195	11908	11110
秦皇岛市	24	8	1238	1065	29	8
邯 郸 市	47338	45388	1185	1142	56142	51827
邢 台 市	82765	78836	1103	1096	91279	86372
保 定 市（包含定州市、雄安新区）	672	521	1018	1032	684	537
保 定 市（不含定州市、雄安新区）	547	502	1031	1029	564	516
定州市	16		971		15	
张家口市						
承 德 市						
沧 州 市	13933	12065	1106	1099	15409	13262
廊 坊 市	3129	2761	1043	1033	3264	2853
衡 水 市	45268	39810	1063	1059	48117	42155

2-2-4 各市生麻播种面积和产量

单位：公顷、公斤/公顷、吨

名　　称	麻类合计					
	播种面积		播种单产		总产量	
	2019年	2020年	2019年	2020年	2019年	2020年
全　省	**23**	**3**	**534**	**1098**	**13**	**3**
石家庄市（包含辛集市）				704		
石家庄市（不含辛集市）				704		
辛集市						
唐山市						
秦皇岛市						
邯郸市	23	1	509	550	12	1
邢台市						
保定市（包含定州市、雄安新区）		2	5000	296		1
保定市（不含定州市、雄安新区）		2	5000	296		1
定州市						
张家口市		1	3000	1800	1	2
承德市						
沧州市						
廊坊市						
衡水市						

2-2-5 各市甜菜播种面积和产量

单位：公顷、公斤/公顷、吨

名　　称	甜菜					
	播种面积		播种单产		总产量	
	2019年	2020年	2019年	2020年	2019年	2020年
全　省	**12418**	**12618**	**51760**	**50469**	**642752**	**636821**
石家庄市（包含辛集市）						
石家庄市（不含辛集市）						
辛集市						
唐山市						
秦皇岛市						
邯郸市						
邢台市						
保定市（包含定州市、雄安新区）						
保定市（不含定州市、雄安新区）						
定州市						
张家口市	12394	12309	51711	51141	640904	629490
承德市	24	309	77021	23726	1849	7331
沧州市						
廊坊市						
衡水市						

2–2–6 各市烟叶播种面积和产量

单位：公顷、公斤/公顷、吨

名 称	烟叶合计					
	播种面积		播种单产		总产量	
	2019年	2020年	2019年	2020年	2019年	2020年
全 省	**1352**	**1008**	**2565**	**1873**	**3468**	**1888**
石家庄市（包含辛集市）	73	78	3861	3670	282	286
石家庄市（不含辛集市）	73	78	3861	3670	282	286
辛集市						
唐 山 市	54	59	1552	2064	84	122
秦皇岛市	1		1800		2	
邯 郸 市						
邢 台 市						
保 定 市（包含定州市、雄安新区）	88	75	1295	1233	114	93
保 定 市（不含定州市、雄安新区）	76	75	1231	1233	94	93
定州市						
张家口市	1128	787	2639	1747	2977	1375
承 德 市	7	9	1286	1444	9	13
沧 州 市						
廊 坊 市						
衡 水 市						

2–2–6续 各市烟叶播种面积和产量

单位：公顷、公斤/公顷、吨

名 称	#烤烟					
	播种面积		播种单产		总产量	
	2019年	2020年	2019年	2020年	2019年	2020年
全 省	**971**	**628**	**2228**	**1969**	**2163**	**1236**
石家庄市（包含辛集市）	73	78	3857	3669	282	286
石家庄市（不含辛集市）	73	78	3857	3669	282	286
辛集市						
唐 山 市						
秦皇岛市						
邯 郸 市						
邢 台 市						
保 定 市（包含定州市、雄安新区）	73	70	1213	1224	89	86
保 定 市（不含定州市、雄安新区）	73	70	1213	1224	89	86
定州市						
张家口市	825	480	2173	1801	1793	865
承 德 市						
沧 州 市						
廊 坊 市						
衡 水 市						

2-2-7　各市药材及其他农作物播种面积和产量

名　称	药材				#甘草			
	播种面积（公顷）		药材产量（吨）		播种面积（公顷）		产量（吨）	
	2019年	2020年	2019年	2020年	2019年	2020年	2019年	2020年
全　省	**98863**	**115827**	**626249**	**689989**	**260**	**224**	**1507**	**2019**
石家庄市（包含辛集市）	5439	8304	32263	62739	3	1	12	
石家庄市（不含辛集市）	5302	8267	31385	62118	1	1	1	
辛集市	137	37	878	621	2		11	
唐 山 市	1919	1755	9726	8205	10	12	218	245
秦皇岛市	4170	4095	82679	83375				
邯 郸 市	16543	18383	22180	24810	1		25	
邢 台 市	19185	18838	83012	94089				
保 定 市（包含定州市、雄安新区）	22461	23102	186899	188672	35	83	335	381
保 定 市（不含定州市、雄安新区）	18507	18942	100157	99273	35	83	335	381
定州市	3927	3950	86316	89399				
张家口市	4203	15433	23047	36348	167	7	506	44
承 德 市	21958	22763	161110	166419	23	99	365	1299
沧 州 市	972	778	10966	8673	22	22	47	49
廊 坊 市	419	321	1315	1052				
衡 水 市	1595	2055	13051	15606				

2-2-7续　各市药材及其他农作物播种面积和产量

名　称	枸杞				其他农作物播种面积（包括花卉种植面积）（公顷）			
	播种面积（公顷）		产量（吨）				#青饲料	
	2019年	2020年	2019年	2020年	2019年	2020年	2019年	2020年
全　省	**4442**	**666**	**21004**	**4577**	**113252**	**148216**	**66521**	**98405**
石家庄市（包含辛集市）	101	1	541	2	15784	15090	9433	10363
石家庄市（不含辛集市）	4	1	25	2	14363	13558	8012	8832
辛集市	97		516		1421	1532	1421	1531
唐 山 市		1		5	20495	19583	12130	11477
秦皇岛市	409	314	7248	3606	3759	3357	651	476
邯 郸 市					2435	3064	52	18
邢 台 市	3171	9	11406	12	2892	3314	2487	2930
保 定 市（包含定州市、雄安新区）	30	20	160	38	23876	26654	4012	4526
保 定 市（不含定州市、雄安新区）	30	20	160	38	9124	10524	2034	2149
定州市					14727	15905	1978	2177
张家口市	469	99	441	74	21980	46004	21034	45012
承 德 市	221	180	1120	749	7869	13917	6376	10333
沧 州 市	36	36	79	81	4076	7049	2814	5940
廊 坊 市					2952	3442	787	1022
衡 水 市	5	5	10	10	7133	6741	6744	6309

2-2-8　各市蔬菜播种面积和产量

单位：公顷、公斤/公顷、吨

名　　称	蔬菜(含食用菌)					
	播种面积		播种单产		总　产　量	
	2019年	2020年	2019年	2020年	2019年	2020年
全　　省	**794607**	**803474**	**64096**	**64697**	**50931401**	**51982140**
石家庄市（包含辛集市）	71716	73425	77295	75982	5543319	5578966
石家庄市（不含辛集市）	61545	63953	76699	75561	4720417	4832359
辛集市	10171	9472	80907	78823	822902	746607
唐 山 市	118950	120939	77326	77826	9197958	9412247
秦皇岛市	33858	34759	70501	70448	2387007	2448693
邯 郸 市	95218	98111	55875	56380	5320281	5531458
邢 台 市	50793	55792	57252	57154	2908020	3188753
保 定 市（包含定州市、雄安新区）	87770	87145	62145	62423	5454480	5439863
保 定 市（不含定州市、雄安新区）	65434	65686	61024	61860	3993074	4063316
定州市	18169	18355	67958	67367	1234735	1236522
张家口市	89187	79841	59860	64497	5338776	5149523
承 德 市	62191	64702	64736	66708	4026007	4316166
沧 州 市	44771	45028	66283	66376	2967556	2988781
廊 坊 市	80189	79727	62639	63772	5022939	5084365
衡 水 市	59964	64004	46112	44424	2765058	2843325

2-2-8续1　各市蔬菜播种面积和产量

单位：公顷、公斤/公顷、吨

名　　称	1.叶　　菜　　类					
	播种面积		播种单产		总　产　量	
	2019年	2020年	2019年	2020年	2019年	2020年
全　　省	**56017**	**57502**	**51955**	**52802**	**2910359**	**3036231**
石家庄市（包含辛集市）	7841	8317	59535	58502	466817	486565
石家庄市（不含辛集市）	6928	7375	58920	58120	408200	428638
辛集市	913	942	64203	61494	58617	57927
唐 山 市	6968	7084	61887	62498	431228	442736
秦皇岛市	2099	2231	52335	50285	109852	112186
邯 郸 市	9819	10416	55323	57087	543218	594623
邢 台 市	4266	4706	39364	39957	167927	188037
保 定 市（包含定州市、雄安新区）	5815	5799	51818	50995	301324	295719
保 定 市（不含定州市、雄安新区）	4283	4299	50672	50266	217027	216092
定州市	1413	1403	55439	53220	78336	74667
张家口市	4217	3913	61498	68785	259335	269156
承 德 市	3611	3697	36299	37252	131077	137722
沧 州 市	2443	2627	49529	49504	120999	130048
廊 坊 市	5248	5112	44909	46327	235681	236825
衡 水 市	3689	3601	38737	39603	142902	142612

2-2-8续2　各市蔬菜播种面积和产量

单位：公顷、公斤/公顷、吨

名　　称	#芹　　菜					
	播种面积		播种单产		总　产　量	
	2019年	2020年	2019年	2020年	2019年	2020年
全　　省	**18004**	**18319**	**64366**	**67577**	**1158846**	**1237936**
石家庄市（包含辛集市）	1091	1294	75391	77402	82252	100158
石家庄市（不含辛集市）	993	1205	74383	77310	73862	93158
辛集市	98	89	85612	78646	8390	7000
唐 山 市	2984	2988	72723	74573	217006	222824
秦皇岛市	773	756	68098	67210	52640	50811
邯 郸 市	3163	3424	76091	78502	240677	268790
邢 台 市	624	516	48678	51961	30375	26812
保 定 市（包含定州市、雄安新区）	1668	1691	55653	55332	92829	93566
保 定 市（不含定州市、雄安新区）	1372	1363	53769	53625	73771	73091
定州市	256	294	65025	60946	16646	17918
张家口市	2769	2782	70365	80989	194840	225311
承 德 市	1216	1236	42805	43691	52051	54002
沧 州 市	1092	1027	59070	59323	64505	60925
廊 坊 市	1851	1845	52469	53280	97120	98302
衡 水 市	772	761	44755	47880	34551	36436

2-2-8续3　各市蔬菜播种面积和产量

单位：公顷、公斤/公顷、吨

名　　称	#油　　菜					
	播种面积		播种单产		总　产　量	
	2019年	2020年	2019年	2020年	2019年	2020年
全　　省	**9278**	**9639**	**43299**	**42642**	**401746**	**411028**
石家庄市（包含辛集市）	1682	1690	53158	50673	89411	85637
石家庄市（不含辛集市）	1452	1517	53152	50869	77190	77168
辛集市	230	173	53129	48954	12221	8469
唐 山 市	1127	1180	50039	47970	56403	56605
秦皇岛市	455	589	36834	35596	16766	20966
邯 郸 市	1610	1563	40353	41342	64984	64617
邢 台 市	225	212	27231	32533	6129	6897
保 定 市（包含定州市、雄安新区）	692	794	44225	43359	30604	34427
保 定 市（不含定州市、雄安新区）	568	586	42701	42283	24255	24778
定州市	103	183	53179	48426	5473	8862
张家口市	487	397	54431	50622	26501	20097
承 德 市	812	924	34227	33345	27799	30811
沧 州 市	420	543	38297	40300	16093	21883
廊 坊 市	1236	1284	37287	39579	46094	50819
衡 水 市	531	463	39480	39458	20963	18269

2-2-8续4　各市蔬菜播种面积和产量

单位：公顷、公斤/公顷、吨

名　称	#菠　菜					
	播种面积		播种单产		总　产　量	
	2019年	2020年	2019年	2020年	2019年	2020年
全　省	**28735**	**29544**	**46973**	**46956**	**1349767**	**1387267**
石家庄市（包含辛集市）	5068	5333	58239	56398	295154	300770
石家庄市（不含辛集市）	4483	4653	57361	55515	257148	258312
辛集市	585	680	64968	62438	38006	42458
唐 山 市	2857	2916	55239	56004	157819	163307
秦皇岛市	871	886	46436	45609	40446	40409
邯 郸 市	5046	5429	47078	48115	237557	261216
邢 台 市	3417	3978	38462	38795	131423	154328
保 定 市（包含定州市、雄安新区）	3455	3314	51488	50611	177891	167726
保 定 市（不含定州市、雄安新区）	2343	2350	50790	50308	119001	118223
定州市	1054	926	53336	51714	56217	47887
张家口市	961	734	39536	32355	37994	23748
承 德 市	1583	1537	32361	34424	51227	52909
沧 州 市	931	1057	43395	44693	40401	47240
廊 坊 市	2161	1983	42789	44228	92467	87704
衡 水 市	2386	2377	36625	36983	87388	87907

2-2-8续5　各市蔬菜播种面积和产量

单位：公顷、公斤/公顷、吨

名　称	2.白　菜　类					
	播种面积		播种单产		总　产　量	
	2019年	2020年	2019年	2020年	2019年	2020年
全　省	**187838**	**186341**	**73636**	**73812**	**13831570**	**13754191**
石家庄市（包含辛集市）	18564	17796	80588	81693	1496041	1453811
石家庄市（不含辛集市）	16462	15958	79937	81782	1315918	1305078
辛集市	2102	1838	85691	80921	180123	148733
唐 山 市	33747	33073	86063	86863	2904381	2872823
秦皇岛市	11413	11417	80705	81934	921084	935442
邯 郸 市	14579	16509	68356	68114	996557	1124491
邢 台 市	14801	14552	65541	66056	970077	961245
保 定 市（包含定州市、雄安新区）	23218	22782	74712	75421	1734668	1718240
保 定 市（不含定州市、雄安新区）	16375	16292	73541	73994	1204238	1205507
定州市	5885	5800	77380	79495	455379	461068
张家口市	18344	16570	76712	73113	1407204	1211485
承 德 市	21586	21827	62578	63614	1350810	1388507
沧 州 市	10890	10555	71672	72132	780504	761359
廊 坊 市	12011	12184	67494	67902	810669	827315
衡 水 市	8685	9075	52916	55038	459574	499472

2–2–8续6 各市蔬菜播种面积和产量

单位：公顷、公斤/公顷、吨

名　　称	#大　白　菜					
	播种面积		播种单产		总　产　量	
	2019年	2020年	2019年	2020年	2019年	2020年
全　　省	**187838**	**186341**	**73636**	**73812**	**13831570**	**13754191**
石家庄市（包含辛集市）	18564	17796	80588	81693	1496041	1453811
石家庄市（不含辛集市）	16462	15958	79937	81782	1315918	1305078
辛集市	2102	1838	85691	80921	180123	148733
唐 山 市	33747	33073	86063	86863	2904381	2872823
秦皇岛市	11413	11417	80705	81934	921084	935442
邯 郸 市	14579	16509	68356	68114	996557	1124491
邢 台 市	14801	14552	65541	66056	970077	961245
保 定 市（包含定州市、雄安新区）	23218	22782	74712	75421	1734668	1718240
保 定 市（不含定州市、雄安新区）	16373	[illegible]	73541	73994	1204238	1205507
定州市	5885	5800	77380	79495	455379	461068
张家口市	18344	16570	76712	73113	1407204	1211485
承 德 市	21586	21827	62578	63614	1350810	1388507
沧 州 市	10890	10555	71672	72132	780504	761359
廊 坊 市	12011	12184	67494	67902	810669	827315
衡 水 市	8685	9075	52916	55038	459574	499472

2–2–8续7 各市蔬菜播种面积和产量

单位：公顷、公斤/公顷、吨

名　　称	3.甘　蓝　类					
	播种面积		播种单产		总　产　量	
	2019年	2020年	2019年	2020年	2019年	2020年
全　　省	**45511**	**44059**	**63178**	**64295**	**2875309**	**2832761**
石家庄市（包含辛集市）	3396	3270	74584	70274	253286	229795
石家庄市（不含辛集市）	2171	2081	72182	69425	156708	144474
辛集市	1225	1189	78839	71759	96578	85321
唐 山 市	6699	6707	76307	76588	511177	513676
秦皇岛市	3600	3795	71499	70979	257397	269366
邯 郸 市	6252	6111	55160	55137	344859	336940
邢 台 市	781	1074	55659	56680	43470	60875
保 定 市（包含定州市、雄安新区）	2978	3069	64146	64587	191027	198219
保 定 市（不含定州市、雄安新区）	1631	1677	60790	60182	99149	100925
定州市	1298	1365	68716	70118	89194	95711
张家口市	14981	12818	59840	62953	896466	806935
承 德 市	2932	3382	56304	58904	165084	199212
沧 州 市	508	409	55959	58675	28427	23998
廊 坊 市	2349	2382	54168	57572	127240	137137
衡 水 市	1036	1043	54899	54274	56875	56608

2-2-8续8　各市蔬菜播种面积和产量

单位：公顷、公斤/公顷、吨

名　　称	#卷心（圆白）菜					
	播种面积		播种单产		总　产　量	
	2019年	2020年	2019年	2020年	2019年	2020年
全　　省	**45511**	**44059**	**63178**	**64295**	**2875309**	**2832761**
石家庄市（包含辛集市）	3396	3270	74584	70274	253286	229793
石家庄市（不含辛集市）	2171	2081	72182	69425	156708	144474
辛集市	1225	1189	78839	71759	96578	85321
唐 山 市	6699	6707	76307	76588	511177	513676
秦皇岛市	3600	3795	71499	70979	257397	269366
邯 郸 市	6252	6111	55160	55137	344859	336940
邢 台 市	781	1074	55659	56680	43470	60875
保 定 市（包含定州市、雄安新区）	2978	3069	64146	64587	191027	198219
保 定 市（不含定州市、雄安新区）	1631	1677	60790	60182	99149	100925
定州市	1298	1365	68716	70118	89194	95711
张家口市	14981	12818	59840	62953	896466	806935
承 德 市	2932	3382	56304	58904	165084	199212
沧 州 市	508	409	55959	58675	28427	23998
廊 坊 市	2349	2382	54168	57572	127240	137137
衡 水 市	1036	1043	54899	54274	56875	56608

2-2-8续9　各市蔬菜播种面积和产量

单位：公顷、公斤/公顷、吨

名　　称	4.根　　茎　　类					
	播种面积		播种单产		总　产　量	
	2019年	2020年	2019年	2020年	2019年	2020年
全　　省	**56552**	**59577**	**62655**	**64871**	**3543289**	**3864818**
石家庄市（包含辛集市）	5147	5728	65254	62409	335887	357476
石家庄市（不含辛集市）	4742	5333	65503	62666	310659	334199
辛集市	405	395	62328	58929	25228	23277
唐 山 市	7061	8507	75296	80454	531715	684418
秦皇岛市	2544	2696	60650	61826	154297	166683
邯 郸 市	4349	4987	59720	61126	259727	304836
邢 台 市	2822	4415	53664	48629	151448	214699
保 定 市（包含定州市、雄安新区）	4842	4825	62371	65419	302052	315647
保 定 市（不含定州市、雄安新区）	4167	4175	62017	65812	258454	274767
定州市	633	640	64707	62975	40939	40304
张家口市	8610	6874	61882	74318	532797	510859
承 德 市	8777	9438	59127	59476	518933	561334
沧 州 市	1582	1525	46893	48005	74132	73208
廊 坊 市	8981	8674	65211	66638	585635	578016
衡 水 市	1837	1906	52603	51230	96666	97644

2−2−8续10　各市蔬菜播种面积和产量

单位：公顷、公斤/公顷、吨

名　　称	#白　萝　卜					
	播种面积		播种单产		总　产　量	
	2019年	2020年	2019年	2020年	2019年	2020年
全　　省	**30961**	**30657**	**64235**	**66295**	**1988777**	**2032415**
石家庄市（包含辛集市）	3135	2882	70892	71430	222246	205862
石家庄市（不含辛集市）	3078	2836	70845	71709	218062	203368
辛集市	57	46	73395	54223	4184	2494
唐 山 市	3698	3517	78551	78480	290482	276012
秦皇岛市	1156	1125	61755	62110	71389	69873
邯 郸 市	3771	4233	60695	62395	228881	264117
邢 台 市	2155	2323	55246	54545	119055	126707
保 定 市（包含定州市、雄安新区）	3964	4017	64212	67532	254536	271278
保 定 市（不含定州市、雄安新区）	3432	[illegible]	63908	67911	219333	239319
定州市	503	490	66292	64781	33345	[illegible]
张家口市	4880	4697	64147	74262	313035	348807
承 德 市	2629	2545	59056	58332	155259	148455
沧 州 市	1309	1270	49001	50145	64142	63684
廊 坊 市	2777	2562	68766	70379	190964	180312
衡 水 市	1488	1486	52950	52024	78789	77308

2−2−8续11　各市蔬菜播种面积和产量

单位：公顷、公斤/公顷、吨

名　　称	#胡　萝　卜					
	播种面积		播种单产		总　产　量	
	2019年	2020年	2019年	2020年	2019年	2020年
全　　省	**21133**	**21949**	**59742**	**60600**	**1262524**	**1330110**
石家庄市（包含辛集市）	1347	1463	60726	60142	81798	87988
石家庄市（不含辛集市）	999	1114	60815	60328	60754	67205
辛集市	348	349	60473	59551	21044	20783
唐 山 市	473	483	65030	64558	30759	31182
秦皇岛市	564	577	65067	67797	36698	39119
邯 郸 市	573	737	53457	54250	30631	39982
邢 台 市	645	2060	48621	42053	31360	86630
保 定 市（包含定州市、雄安新区）	851	778	54417	55306	46309	43028
保 定 市（不含定州市、雄安新区）	734	648	53241	54562	39079	35356
定州市	104	123	61814	59448	6429	7312
张家口市	3730	2177	58917	74438	219762	162051
承 德 市	6146	6892	59157	59903	363582	412848
沧 州 市	266	253	36586	37146	9732	9398
廊 坊 市	6189	6111	63667	65072	394035	397653
衡 水 市	349	417	51168	48515	17857	20231

2-2-8续12　各市蔬菜播种面积和产量

单位：公顷、公斤/公顷、吨

名　称	#生姜					
	播种面积		播种单产		总产量	
	2019年	2020年	2019年	2020年	2019年	2020年
全　省	**4458**	**6971**	**65497**	**72055**	**291988**	**502293**
石家庄市（包含辛集市）	665	1383	47884	46006	31843	63626
石家庄市（不含辛集市）	665	1383	47884	46006	31843	63626
辛集市						
唐山市	2890	4507	72828	83697	210474	377224
秦皇岛市	824	994	56080	58039	46210	57691
邯郸市	5	17	43010	43351	215	737
邢台市	22	32	46961	42572	1033	1362
保定市（包含定州市、雄安新区）	27	30	44704	44700	1207	1341
保定市（不含定州市、雄安新区）	1	3	42416	30598	42	92
定州市	26	27	44798	46252	1165	1249
张家口市				1000		1
承德市	2	1	46215	30610	92	31
沧州市	7	2	36786	62950	258	126
廊坊市	15	1	42408	50525	636	51
衡水市		3	2850	34923	20	105

2-2-8续13　各市蔬菜播种面积和产量

单位：公顷、公斤/公顷、吨

名　称	5.瓜菜类					
	播种面积		播种单产		总产量	
	2019年	2020年	2019年	2020年	2019年	2020年
全　省	**85881**	**85469**	**72757**	**73537**	**6248425**	**6285139**
石家庄市（包含辛集市）	7320	7464	81800	82934	598746	619019
石家庄市（不含辛集市）	6402	6681	81647	83172	522680	555673
辛集市	918	783	82865	80902	76067	63346
唐山市	12766	12867	82098	81348	1048085	1046711
秦皇岛市	3908	4011	92335	91317	360820	366274
邯郸市	7550	6731	56613	56378	427448	379481
邢台市	4057	4279	55819	57406	226441	245639
保定市（包含定州市、雄安新区）	9126	9228	61395	61912	560280	571323
保定市（不含定州市、雄安新区）	8090	8361	61514	62095	497656	519176
定州市	692	689	62969	63213	43561	43554
张家口市	1366	1500	63201	72973	86344	109459
承德市	6911	7117	67057	68024	463434	484126
沧州市	11755	11477	89438	89818	1051362	1030844
廊坊市	14256	14075	73751	75262	1051398	1059309
衡水市	6865	6722	54487	55482	374060	372952

2-2-8续14　各市蔬菜播种面积和产量

单位：公顷、公斤/公顷、吨

名　　称	#黄　　瓜					
	播种面积		播种单产		总　产　量	
	2019年	2020年	2019年	2020年	2019年	2020年
全　　省	**81726**	**80829**	**73801**	**74771**	**6031451**	**6043653**
石家庄市（包含辛集市）	6811	6857	83587	85267	569314	584678
石家庄市（不含辛集市）	5955	6120	83458	85543	496995	523525
辛集市	856	737	84485	82976	72319	61153
唐 山 市	12242	12347	83288	82497	1019615	1018585
秦皇岛市	3880	3965	92752	92020	359876	364858
邯 郸 市	6689	5950	57393	58423	383901	347615
邢 台 市	3273	3447	54683	55422	178979	191041
保 定 市（包含定州市、雄安新区）	8195	8155	62902	63725	515479	519679
保 定 市（不含定州市、雄安新区）	7176	7024	63206	64032	453568	468973
定州市	675	653	63471	64494	42843	42115
张家口市	1297	1417	65095	75225	84428	106594
承 德 市	6725	6906	67782	68863	455831	475569
沧 州 市	11702	11401	89696	90179	1049622	1028134
廊 坊 市	14236	13857	73775	75321	1050268	1043716
衡 水 市	6675	6528	54553	55635	364138	363183

2-2-8续15　各市蔬菜播种面积和产量

单位：公顷、公斤/公顷、吨

名　　称	#南　　瓜					
	播种面积		播种单产		总　产　量	
	2019年	2020年	2019年	2020年	2019年	2020年
全　　省	**2056**	**2357**	**40354**	**40983**	**82967**	**96596**
石家庄市（包含辛集市）	156	205	43000	42327	6708	8677
石家庄市（不含辛集市）	146	194	43221	42583	6310	8261
辛集市	10	11	39769	37784	398	416
唐 山 市	362	348	44524	44837	16118	15603
秦皇岛市	26	39	33707	29266	876	1141
邯 郸 市	275	312	31871	33709	8765	10517
邢 台 市	93	113	29953	40554	2786	4583
保 定 市（包含定州市、雄安新区）	782	895	41811	42379	32696	37929
保 定 市（不含定州市、雄安新区）	766	870	41791	42596	32012	37059
定州市	16	25	42767	34809	684	870
张家口市	53	68	32787	36608	1738	2489
承 德 市	117	142	40937	42007	4790	5965
沧 州 市	46	63	28974	32826	1333	2068
廊 坊 市	1	30	39819	32729	40	982
衡 水 市	145	143	49094	46449	7119	6642

2-2-8续16 各市蔬菜播种面积和产量

单位：公顷、公斤/公顷、吨

名 称	6.豆 类（菜用）					
	播种面积		播种单产		总 产 量	
	2019年	2020年	2019年	2020年	2019年	2020年
全 省	**28388**	**29042**	**38772**	**38687**	**1100667**	**1123557**
石家庄市（包含辛集市）	1517	1776	44745	39640	67887	70400
石家庄市（不含辛集市）	1390	1678	45716	40123	63544	67327
辛集市	127	98	34131	31357	4342	3073
唐 山 市	3952	4044	45431	43627	179547	176429
秦皇岛市	1734	1882	38217	38010	66286	71534
邯 郸 市	2811	2821	31715	34156	89136	96354
邢 台 市	1371	1503	35467	36133	48625	54308
保 定 市（包含定州市、雄安新区）	6100	5982	40162	41301	244990	247062
保 定 市（不含定州市、雄安新区）	5046	5035	39972	41452	201704	208710
定州市	929	888	41262	40649	38341	36096
张家口市	4379	4260	36733	35583	160869	151583
承 德 市	1515	1519	31098	30806	47113	46794
沧 州 市	702	861	39002	37718	27389	32475
廊 坊 市	2944	2888	38394	40079	113018	115747
衡 水 市	1362	1504	40986	40473	55808	60871

2-2-8续17 各市蔬菜播种面积和产量

单位：公顷、公斤/公顷、吨

名 称	#豇 豆					
	播种面积		播种单产		总 产 量	
	2019年	2020年	2019年	2020年	2019年	2020年
全 省	**6901**	**7776**	**37900**	**38916**	**261551**	**302615**
石家庄市（包含辛集市）	306	623	43680	43363	13366	26089
石家庄市（不含辛集市）	306	623	43680	41863	13366	26081
辛集市				1500		8
唐 山 市	120	129	41183	40897	4942	5276
秦皇岛市	176	202	38589	37916	6792	7659
邯 郸 市	1606	1665	32487	34556	52174	57535
邢 台 市	541	675	36876	37106	19950	25047
保 定 市（包含定州市、雄安新区）	1154	1238	42233	44246	48737	54776
保 定 市（不含定州市、雄安新区）	1018	1106	42350	44542	43112	49264
定州市	132	130	41407	41890	5466	5446
张家口市	130	163	19796	28342	2574	4620
承 德 市	113	119	28286	28053	3196	3338
沧 州 市	365	491	35203	32384	12849	15901
廊 坊 市	1411	1336	38948	40994	54956	54768
衡 水 市	978	1134	42960	41982	42015	47607

2-2-8续18 各市蔬菜播种面积和产量

单位：公顷、公斤/公顷、吨

名　　称	#四　季　豆					
	播种面积		播种单产		总　产　量	
	2019年	2020年	2019年	2020年	2019年	2020年
全　　省	**21487**	**21266**	**39052**	**38603**	**839116**	**820942**
石家庄市（包含辛集市）	1211	1153	45021	38431	54520	44311
石家庄市（不含辛集市）	1084	1055	46290	39096	50178	41246
辛集市	127	98	34190	31279	4342	3065
唐　山　市	3832	3915	45565	43717	174605	171153
秦皇岛市	1558	1680	38186	38021	59494	63875
邯　郸　市	1204	1156	30700	33581	36962	38819
邢　台　市	830	828	34548	35339	28675	29261
保　定　市（包含定州市、雄安新区）	4947	4744	39671	40532	196251	192286
保　定　市（不含定州市、雄安新区）	4028	3929	39372	40582	158591	159446
定州市	798	738	41197	40435	32875	30650
张家口市	4249	4097	37255	35871	158296	146963
承　德　市	1402	1400	31325	31040	43917	43456
沧　州　市	337	370	43144	44796	14539	16574
廊　坊　市	1533	1552	37875	39290	58062	60979
衡　水　市	383	370	36013	35850	13793	13264

2-2-8续19 各市蔬菜播种面积和产量

单位：公顷、公斤/公顷、吨

名　　称	7.茄　果　类					
	播种面积		播种单产		总　产　量	
	2019年	2020年	2019年	2020年	2019年	2020年
全　　省	**148173**	**146500**	**57327**	**58149**	**8494354**	**8518901**
石家庄市（包含辛集市）	11989	11553	71442	71804	856485	829550
石家庄市（不含辛集市）	9560	9510	69983	71175	669042	676874
辛集市	2428	2043	77187	74731	187443	152676
唐　山　市	22816	22531	71273	72230	1626179	1627413
秦皇岛市	2805	2748	66839	65703	187484	180552
邯　郸　市	19163	19036	56454	56366	1081849	1072980
邢　台　市	12135	11754	48757	50460	591666	593111
保　定　市（包含定州市、雄安新区）	16751	16157	58401	57950	978283	936300
保　定　市（不含定州市、雄安新区）	12450	12313	58764	58863	731593	724780
定州市	3074	2963	65648	64316	201830	190567
张家口市	5324	5253	56451	60457	300520	317578
承　德　市	8816	9127	42829	44373	377561	404993
沧　州　市	11063	11444	53020	53977	586589	617716
廊　坊　市	14518	14228	67907	70208	985848	998913
衡　水　市	22793	22670	40446	41455	921891	939795

2–2–8续20　各市蔬菜播种面积和产量

单位：公顷、公斤/公顷、吨

名　　称	#茄　　子					
	播种面积		播种单产		总　产　量	
	2019年	2020年	2019年	2020年	2019年	2020年
全　　省	**33853**	**32999**	**54292**	**54518**	**1837963**	**1799024**
石家庄市（包含辛集市）	3815	3574	65975	64330	251695	229914
石家庄市（不含辛集市）	2681	2626	64066	62928	171762	165249
辛集市	1134	948	70487	68212	79933	64665
唐 山 市	3443	3588	68624	68100	236274	244343
秦皇岛市	518	533	48230	48011	24983	25590
邯 郸 市	4970	4491	55732	57384	276986	257710
邢 台 市	2324	2157	45798	43929	106435	94754
保 定 市（包含定州市、雄安新区）	4777	4677	57584	58194	275081	272174
保 定 市（不含定州市、雄安新区）	3682	3712	56450	56867	207848	211090
定州市	937	887	64400	64161	60343	56911
张家口市	770	752	49562	51048	38163	38388
承 德 市	2405	2525	39433	40908	94837	103294
沧 州 市	2738	2864	57847	59401	158385	170123
廊 坊 市	2233	2102	58362	57956	130322	121823
衡 水 市	5860	5737	41775	41992	244804	240911

2–2–8续21　各市蔬菜播种面积和产量

单位：公顷、公斤/公顷、吨

名　　称	#辣　　椒					
	播种面积		播种单产		总　产　量	
	2019年	2020年	2019年	2020年	2019年	2020年
全　　省	**43395**	**42768**	**44332**	**44931**	**1923806**	**1921630**
石家庄市（包含辛集市）	2045	2209	57428	56522	117441	124856
石家庄市（不含辛集市）	1774	1951	56442	55611	100129	108497
辛集市	271	258	63881	63408	17312	16359
唐 山 市	6351	6123	57185	59738	363185	365779
秦皇岛市	285	316	34584	32497	9856	10269
邯 郸 市	8092	8241	48406	47954	391702	395191
邢 台 市	4889	4292	37462	40697	183149	174672
保 定 市（包含定州市、雄安新区）	4224	4069	44956	44076	189893	179345
保 定 市（不含定州市、雄安新区）	2409	2285	47217	47251	113745	107968
定州市	1211	1188	59137	56882	71614	67576
张家口市	2324	2295	48281	48800	112205	111997
承 德 市	1953	2007	33011	34808	64470	69859
沧 州 市	3541	3632	38259	37504	135476	136216
廊 坊 市	1746	1532	53739	52401	93828	80279
衡 水 市	7944	8052	33057	33925	262601	273167

2-2-8续22　各市蔬菜播种面积和产量

单位：公顷、公斤/公顷、吨

名　　称	#西红柿					
	播种面积		播种单产		总产量	
	2019年	2020年	2019年	2020年	2019年	2020年
全　省	**70925**	**70733**	**66727**	**67836**	**4732585**	**4798247**
石家庄市（包含辛集市）	6129	5770	79515	82284	487350	474780
石家庄市（不含辛集市）	5106	4933	77781	81721	397152	403128
辛集市	1023	837	88170	85605	90198	71652
唐 山 市	13022	12820	78845	79352	1026720	1017291
秦皇岛市	2002	1899	76246	76194	152644	144693
邯 郸 市	6101	6304	67720	66637	413161	420079
邢 台 市	4923	5305	61361	61015	302082	323685
保 定 市（包含定州市、雄安新区）	7749	7411	66242	65414	513309	484781
保 定 市（不含定州市、雄安新区）	6358	6316	64486	64237	410000	405722
定州市	926	888	75456	74415	69872	66080
张家口市	2229	2206	67363	75790	150152	167193
承 德 市	4458	4595	48958	50455	218253	231840
沧 州 市	4784	4948	61189	62930	292728	311377
廊 坊 市	10539	10594	72274	75213	761699	796811
衡 水 市	8989	8881	46110	47936	414486	425717

2-2-8续23　各市蔬菜播种面积和产量

单位：公顷、公斤/公顷、吨

名　　称	8.葱蒜类					
	播种面积		播种单产		总产量	
	2019年	2020年	2019年	2020年	2019年	2020年
全　省	**46069**	**48473**	**48657**	**47512**	**2241585**	**2303034**
石家庄市（包含辛集市）	3790	4012	62301	60146	236117	241304
石家庄市（不含辛集市）	3045	3282	61356	59580	186797	195542
辛集市	745	730	66162	62688	49320	45762
唐 山 市	5826	5904	67751	67597	394716	399092
秦皇岛市	1475	1507	46722	47728	68900	71926
邯 郸 市	14703	16239	41867	39310	615560	638353
邢 台 市	3568	4551	58316	55690	208066	253445
保 定 市（包含定州市、雄安新区）	5117	4811	53500	51543	273758	247971
保 定 市（不含定州市、雄安新区）	4072	3742	53397	52635	217435	196962
定州市	890	888	54726	52003	48728	46179
张家口市	2263	2205	28881	34411	65358	75876
承 德 市	1874	1951	35186	36009	65928	70254
沧 州 市	1788	1634	36806	38246	65812	62494
廊 坊 市	1963	1980	45693	44808	89709	88720
衡 水 市	3702	3678	42587	41762	157659	153600

2–2–8续24　各市蔬菜播种面积和产量

单位：公顷、公斤/公顷、吨

名　　称	#大　　葱					
	播种面积		播种单产		总　产　量	
	2019年	2020年	2019年	2020年	2019年	2020年
全　　省	**27866**	**28947**	**57246**	**58417**	**1595213**	**1691008**
石家庄市（包含辛集市）	2917	3148	65650	65565	191500	206399
石家庄市（不含辛集市）	2319	2550	63966	64647	148338	164849
辛集市	598	598	72177	69481	43162	41550
唐 山 市	5364	5475	71818	71302	385234	390377
秦皇岛市	1136	1168	43198	45129	49073	52711
邯 郸 市	3578	4041	57637	61710	206224	249369
邢 台 市	3055	3684	62858	63867	192030	235285
保 定 市（包含定州市、雄安新区）	3912	3646	58988	56761	230760	206951
保 定 市（不含定州市、雄安新区）	3225	2912	57559	57074	185628	166198
定州市	598	593	66013	62385	39476	36994
张家口市	1711	1502	31331	37648	53608	56547
承 德 市	1514	1596	37338	38097	56529	60804
沧 州 市	1235	1121	40852	41631	50452	46669
廊 坊 市	1235	1247	55760	53633	68864	66880
衡 水 市	2210	2318	50199	51344	110940	119016

2–2–8续25　各市蔬菜播种面积和产量

单位：公顷、公斤/公顷、吨

名　　称	#蒜　　头					
	播种面积		播种单产		总　产　量	
	2019年	2020年	2019年	2020年	2019年	2020年
全　　省	**18204**	**19526**	**35507**	**31344**	**646371**	**612026**
石家庄市（包含辛集市）	874	864	51050	40399	44618	34905
石家庄市（不含辛集市）	726	732	52974	41930	38459	30693
辛集市	148	132	41612	31912	6159	4212
唐 山 市	462	429	20524	20314	9482	8715
秦皇岛市	339	339	58488	56681	19827	19215
邯 郸 市	11125	12198	36794	31889	409336	388984
邢 台 市	513	867	31259	20946	16036	18160
保 定 市（包含定州市、雄安新区）	1206	1165	35653	35210	42998	41020
保 定 市（不含定州市、雄安新区）	847	830	37553	37065	31807	30764
定州市	292	295	31684	31136	9252	9185
张家口市	552	703	21285	27494	11749	19329
承 德 市	359	355	26181	26620	9399	9450
沧 州 市	553	513	27777	30847	15361	15825
廊 坊 市	729	733	28594	29795	20845	21840
衡 水 市	1493	1360	31292	25429	46719	34584

2-2-8续26　各市蔬菜播种面积和产量

单位：公顷、公斤/公顷、吨

名　　称	9.水　生　菜　类					
	播种面积		播种单产		总　产　量	
	2019年	2020年	2019年	2020年	2019年	2020年
全　　省	**1071**	**871**	**36394**	**31326**	**38991**	**27285**
石家庄市（包含辛集市）	40	13	64147	180798	2576	2350
石家庄市（不含辛集市）	40	13	64147	180798	2576	2350
辛集市						
唐 山 市	67	67	63224	55839	4236	3741
秦皇岛市						
邯 郸 市	207	319	21266	21618	4402	6896
邢 台 市	47	46	38570	26319	1832	1211
保 定 市（包含定州市、雄安新区）	335	89	48197	31169	16146	2774
保 定 市（不含定州市、雄安新区）	149	89	25745	31169	3836	2774
定州市						
张家口市	7		22738		155	
承 德 市	2	1	34949	15004	55	15
沧 州 市		7		37614	8	263
廊 坊 市	365	328	26058	30391	9511	9968
衡 水 市	2	2	35500	33189	71	66

2-2-8续27　各市蔬菜播种面积和产量

单位：公顷、公斤/公顷、吨

名　　称	#莲　　藕					
	播种面积		播种单产		总　产　量	
	2019年	2020年	2019年	2020年	2019年	2020年
全　　省	**1071**	**871**	**36394**	**31326**	**38991**	**27285**
石家庄市（包含辛集市）	40	13	64147	180798	2576	2350
石家庄市（不含辛集市）	40	13	64147	180798	2576	2350
辛集市						
唐 山 市	67	67	63224	55839	4236	3741
秦皇岛市						
邯 郸 市	207	319	21266	21618	4402	6896
邢 台 市	47	46	38570	26319	1832	1211
保 定 市（包含定州市、雄安新区）	335	89	48197	31169	16146	2774
保 定 市（不含定州市、雄安新区）	149	89	25745	31169	3836	2774
定州市						
张家口市	7		22738		155	
承 德 市	2	1	34949	15004	55	15
沧 州 市		7		37614	8	263
廊 坊 市	365	328	26058	30391	9511	9968
衡 水 市	2	2	35500	33189	71	66

2–2–8续28　各市蔬菜播种面积和产量

单位：公顷、公斤/公顷、吨

名　　称	10.其　他　蔬　菜					
	播种面积		播种单产		总　产　量	
	2019年	2020年	2019年	2020年	2019年	2020年
全　　省	**139107**	**145642**	**58916**	**58914**	**8195678**	**8580369**
石家庄市（包含辛集市）	12112	13499	85931	79720	1040795	1076143
石家庄市（不含辛集市）	10805	12045	85007	78044	918517	940041
辛集市	1307	1454	93556	93605	122278	136102
唐 山 市	19047	20155	70007	69841	1333404	1407647
秦皇岛市	4281	4471	54271	54594	232326	244091
邯 郸 市	15785	14942	55136	55845	870324	834430
邢 台 市	6945	8913	50279	50839	349185	453124
保 定 市（包含定州市、雄安新区）	13487	14401	57717	56423	778428	812546
保 定 市（不含定州市、雄安新区）	9171	9701	53361	53634	489374	520304
定州市	3355	3720	70956	66630	238058	247865
张家口市	29697	26448	54850	63943	1628905	1691175
承 德 市	6168	6644	37829	40074	233329	266252
沧 州 市	4039	4488	55937	56504	225931	253589
廊 坊 市	17554	17874	57511	57494	1009542	1027644
衡 水 市	9993	13804	49385	37216	493509	513728

2–2–8续29　各市蔬菜播种面积和产量

单位：吨

名　　称	11.食　用　菌							
	合　计		#香　菇(干品)		黑木耳(干品)		蘑　菇(鲜品)	
	2019年	2020年	2019年	2020年	2019年	2020年	2019年	2020年
全　　省	**1451175**	**1655856**	**188766**	**208391**	**14705**	**12978**	**1229137**	**1390478**
石家庄市（包含辛集市）	188679	212551	13581	14134	7153	7103	162391	177594
石家庄市（不含辛集市）	165774	182161	981	1534	103	53	162391	177594
辛集市	22905	30390	12600	12600	7050	7050		
唐 山 市	233290	237560	135	370	18		232561	236873
秦皇岛市	28563	30639	729	1841	230	314	27128	27664
邯 郸 市	87200	142073	2917	8957	139	68	81996	127593
邢 台 市	149282	163062	91	2356	505	713	147672	158196
保 定 市（包含定州市、雄安新区）	73517	94058	10857	10340	2842	3051	57816	69797
保 定 市（不含定州市、雄安新区）	72608	93319	10857	10337	2842	3051	56915	69068
定州市	370	510		3			362	500
张家口市	824	5417	26	44	2	12	796	4861
承 德 市	672684	756959	160237	170094	3344	1717	502456	574900
沧 州 市	6405	2788	40	146			6346	2531
廊 坊 市	4687	4773	80	109			4564	4520
衡 水 市	6044	5975	72		472	1	5411	5950

2–2–9 各市瓜果类播种面积和产量

单位：公顷、公斤/公顷、吨

名称	瓜果类合计					
	播种面积		播种单产		总产量	
	2019年	2020年	2019年	2020年	2019年	2020年
全省	**74626**	**74927**	**51872**	**52449**	**3870989**	**3929825**
石家庄市（包含辛集市）	4155	4939	49503	48748	205686	240766
石家庄市（不含辛集市）	4019	4824	49960	48971	200776	236236
辛集市	136	115	36103	39391	4910	4530
唐山市	8433	8277	57404	57979	484115	479894
秦皇岛市	1094	1182	41966	41777	45923	49380
邯郸市	6499	4997	46932	48149	305012	240599
邢台市	4281	5731	43868	44017	187783	252262
保定市（包含定州市、雄安新区）	15709	15848	51653	53727	811415	851459
保定市（不含定州市、雄安新区）	14059	14461	52146	53926	733123	779980
定州市	326	334	56175	54701	18328	18270
张家口市	2033	2119	39895	40102	81102	84977
承德市	1802	1818	37197	38272	67029	69578
沧州市	9696	9819	57355	58174	556116	571207
廊坊市	9544	9280	55208	53202	526902	493717
衡水市	11379	10917	52721	54592	599907	595985

2–2–9续1 各市瓜果类播种面积和产量

单位：公顷、公斤/公顷、吨

名称	#西瓜					
	播种面积		播种单产		总产量	
	2019年	2020年	2019年	2020年	2019年	2020年
全省	**46044**	**44807**	**54678**	**56195**	**2517613**	**2517933**
石家庄市（包含辛集市）	2508	2326	56903	59625	142713	138687
石家庄市（不含辛集市）	2486	2309	56883	59647	141434	137724
辛集市	22	17	59498	56647	1279	963
唐山市	2608	2563	60580	61457	157977	157515
秦皇岛市	45	45	60169	60400	2703	2718
邯郸市	5058	3783	48985	51671	247768	195472
邢台市	3751	4715	43172	45906	161926	216448
保定市（包含定州市、雄安新区）	9712	9793	61397	64427	596289	630935
保定市（不含定州市、雄安新区）	8394	8694	63532	65873	533284	572702
定州市	122	113	63279	63761	7720	7205
张家口市	1394	1441	44522	45555	62042	65645
承德市	671	758	51392	48665	34484	36888
沧州市	3617	3353	47255	48354	170923	162130
廊坊市	6735	6729	58806	56508	396056	380244
衡水市	9947	9299	54763	57130	544730	531252

2–2–9续2 各市瓜果类播种面积和产量

单位：公顷、公斤/公顷、吨

名 称	#香 瓜（甜瓜）					
	播种面积		播种单产		总 产 量	
	2019年	2020年	2019年	2020年	2019年	2020年
全 省	**16562**	**18901**	**53977**	**52280**	**893951**	**988146**
石家庄市（包含辛集市）	922	2040	41236	42160	38020	86007
石家庄市（不含辛集市）	880	1995	41256	42210	36292	84208
辛集市	42	45	41143	39978	1728	1799
唐 山 市	5278	5237	57839	57922	305279	303337
秦皇岛市	149	147	52886	54197	7876	7967
邯 郸 市	469	541	40520	37697	19004	20394
邢 台 市	316	755	56747	33377	17917	25200
保 定 市（包含定州市、雄安新区）	760	735	41985	41430	31484	30451
保 定 市（不含定州市、雄安新区）	642	660	41771	41462	26817	27365
定州市	27	39	47186	46154	1271	1800
张家口市	389	461	25558	26944	9943	12421
承 德 市	270	178	23256	24483	6279	4358
沧 州 市	5603	6044	65198	64660	365303	390808
廊 坊 市	1397	1398	39690	37662	55447	52651
衡 水 市	1010	1362	37028	40053	37398	54552

2–2–9续3 各市瓜果类播种面积和产量

单位：公顷、公斤/公顷、吨

名 称	#草 莓					
	播种面积		播种单产		总 产 量	
	2019年	2020年	2019年	2020年	2019年	2020年
全 省	**8317**	**8724**	**34771**	**34869**	**289171**	**304201**
石家庄市（包含辛集市）	303	367	32039	26518	9740	9732
石家庄市（不含辛集市）	231	325	33896	26428	7837	8589
辛集市	72	42	26278	27214	1903	1143
唐 山 市	512	466	37910	39457	19418	18387
秦皇岛市	893	977	39427	38941	35222	38045
邯 郸 市	667	665	37573	36833	25061	24494
邢 台 市	81	93	35419	30398	2867	2827
保 定 市（包含定州市、雄安新区）	4941	5073	34118	34834	168576	176711
保 定 市（不含定州市、雄安新区）	4863	4961	34068	34991	165673	173592
定州市	55	89	38509	27955	2118	2488
张家口市	73	163	43809	29730	3189	4846
承 德 市	642	672	30551	33192	19614	22305
沧 州 市	39	58	20282	25121	791	1457
廊 坊 市	118	149	31864	30591	3760	4558
衡 水 市	48	41	19479	20488	935	840

2-2-10 各市特种农作物生产

名称	1.花卉种植面积(公顷)		2.鲜切花(万枝)		3.盆栽观赏植物(盆)		4.香料(花椒)	
	2019年	2020年	2019年	2020年	2019年	2020年	2019年	2020年
全　省	**17934**	**19920**	**15863**	**13169**	**72703026**	**123673300**	**4577**	**3801**
石家庄市（包含辛集市）	820	492	1226	171	5116034	4765845	962	397
石家庄市（不含辛集市）	820	492	1226	171	5116034	4765845	962	397
辛集市								
唐山市	533	493	9178	7480	1522759	1573243	21	17
秦皇岛市	360	365	1957	1418	8382243	8612116	42	126
邯郸市	1599	1609	33	445	51192145	103046276	3281	3009
邢台市	253	241	14	388	139813	315577	12	10
保定市（包含定州市、雄安新区）	12076	13003	1099	1366	2349801	2474636	32	1
保定市（不含定州市、雄安新区）	1538	1591	333	1265	1597924	1493285	32	1
定州市	10513	11387	11	11	751877	771351		
张家口市	9	242		56	42000			
承德市	257	1488	206	334	1557325	1046481	227	240
沧州市	383	364	1650	1014	1030679	716748		
廊坊市	1398	1388	500	497	847927	754004		
衡水市	245	234			522300	368374		

2-2-11 各市设施农业生产

名称	一、设施蔬菜生产				二、设施瓜果类生产			
	蔬菜种植面积(公顷)		蔬菜产量(吨)		瓜果类种植面积(公顷)		瓜果类产量(吨)	
	2019年	2020年	2019年	2020年	2019年	2020年	2019年	2020年
全　省	**194803**	**195202**	**12274021**	**12465518**	**30005**	**32482**	**1688448**	**1794933**
石家庄市（包含辛集市）	18163	17394	1377982	1299830	2222	3138	117965	146996
石家庄市（不含辛集市）	14386	14103	1062587	1042104	2189	3105	116964	145984
辛集市	3777	3291	315395	257726	33	33	1001	1012
唐山市	35099	36616	2641984	2798285	5258	5230	311170	310244
秦皇岛市	9228	9279	687979	677195	941	1055	39491	43157
邯郸市	20709	25699	1190895	1458426	1340	1332	66370	61696
邢台市	8561	8541	488035	498049	680	1100	34364	51182
保定市（包含定州市、雄安新区）	15355	14921	893119	906903	8352	9008	453503	501089
保定市（不含定州市、雄安新区）	13146	12823	754536	765453	8335	8895	452943	495352
定州市	1813	1899	109098	130555	11	39	414	907
张家口市	11253	6466	570647	395415	264	375	10069	15008
承德市	8966	9306	579944	605069	428	887	13605	26920
沧州市	16700	17157	1203307	1223147	3541	4022	247091	272437
廊坊市	24751	24004	1568317	1547809	2159	1646	113455	87718
衡水市	26019	25818	1071813	1055390	4819	4688	281364	278486

注：设施包括温室、大棚和中小棚。

2-2-11续　各市设施农业生产

名　　称	三、花卉苗木 种植面积(公顷)		四、食用菌 产　量(吨)		五、其他作物 (公顷)	
	2019年	2020年	2019年	2020年	2019年	2020年
全　省	**1620**	**1024**	**1341139**	**1568740**	**8587**	**9457**
石家庄市（包含辛集市）	23	51	169417	192295	69	66
石家庄市（不含辛集市）	23	51	153724	176597	69	66
辛集市			15693	15698		
唐 山 市	168	142	231612	236572	3052	3380
秦皇岛市	64	72	28100	29227	1699	1772
邯 郸 市	31	85	79325	142073	42	10
邢 台 市	23	48	121595	122272	132	320
保 定 市（包含定州市、雄安新区）	1056	399	59344	87257	165	390
保 定 市（不含定州市、雄安新区）	67	46	58790	86764	162	390
定州市	988	350	108	267	3	
张家口市	9	6	700	1397	203	59
承 德 市	34	39	635489	746000	86	105
沧 州 市	15	17	5856	2256	121	97
廊 坊 市	190	163	4276	3885	71	84
衡 水 市	5	2	5423	5507	2947	3174

2-2-12　各市水果及食用坚果生产

单位：吨

名　　称	一、园林水果产量		1.苹　果		#红富士苹果		国光苹果	
	2019年	2020年	2019年	2020年	2019年	2020年	2019年	2020年
全　省	**10043854**	**10313755**	**2216273**	**2397483**	**1475155**	**1612002**	**197904**	**229295**
石家庄市（包含辛集市）	2213199	2047762	181879	197728	142338	159837	4461	4444
石家庄市（不含辛集市）	1860788	1726785	127195	144935	97812	115167	4461	3598
辛集市	352411	320977	54684	52793	44526	44670		846
唐 山 市	797323	813674	184504	187330	150614	151732	7623	8465
秦皇岛市	640878	689475	322308	350867	253961	276384	39189	45313
邯 郸 市	615775	650141	137960	151122	87200	95982	5861	6840
邢 台 市	980205	1062196	245610	263555	189779	208476	7058	9227
保 定 市（包含定州市、雄安新区）	1180183	1201176	122711	129613	94244	99689	3211	4168
保 定 市（不含定州市、雄安新区）	1115542	1135468	109050	114163	82266	86597	2046	2601
定州市	24212	23657	3616	3539	3476	2922	65	59
张家口市	210728	229398	28234	33226	20775	24126	4102	6478
承 德 市	985501	1092333	600445	679426	224723	277982	114125	132761
沧 州 市	985506	1023520	48402	49498	41273	42199	4522	4408
廊 坊 市	428073	434866	34079	33553	23096	22731	892	986
衡 水 市	1006480	1069213	310140	321565	247153	252866	6862	6206

2-2-12续1 各市水果及食用坚果生产

单位：吨

名　　称	一、园林水果产量(续1)							
	2.梨		#雪　花　梨		鸭　　梨		3.桃	
	2019年	2020年	2019年	2020年	2019年	2020年	2019年	2020年
全　　省	**3632304**	**3501891**	**728707**	**608412**	**1287033**	**1349804**	**1357115**	**1444640**
石家庄市（包含辛集市）	1649064	1445099	423143	295740	421808	480789	69938	68903
石家庄市（不含辛集市）	1413710	1229853	358048	239993	350039	409665	32826	39988
辛集市	235354	215246	65095	55747	71769	71124	37112	28915
唐 山 市	112537	112677	50427	50647	6795	7387	329817	342146
秦皇岛市	63920	66910	8554	10909	6300	4506	103431	113126
邯 郸 市	227832	236628	12691	11999	157392	148578	104496	115844
邢 台 市	243980	292677	56611	58640	44437	49726	48172	61961
保 定 市（包含定州市、雄安新区）	202453	189139	36785	34266	124822	116618	393131	404778
保 定 市（不含定州市、雄安新区）	185559	172497	21106	21807	121730	114830	366922	378522
定州市	3826	3388	1053	849	1933	634	11820	12204
张家口市	7321	8370	3950	5173	3067	2955	4170	5511
承 德 市	118204	121544	14188	13888	3028	2451	10271	11498
沧 州 市	463179	469427	38140	40680	277139	282433	31222	46648
廊 坊 市	156441	155666	57034	60175	45029	46342	96614	99786
衡 水 市	387373	403755	27185	26294	197215	208019	165853	174439

2-2-12续2 各市水果及食用坚果生产

单位：吨

名　　称	一、园林水果产量(续2)					
	4.猕　猴　桃		5.葡　　萄		6.红　　枣	
	2019年	2020年	2019年	2020年	2019年	2020年
全　　省	**1028**	**1314**	**1187912**	**1246066**	**780487**	**814770**
石家庄市（包含辛集市）	652	737	108344	108793	170159	189199
石家庄市（不含辛集市）	652	737	84125	86088	170159	189197
辛集市			24219	22705		3
唐 山 市	278	311	103249	104269	6991	7126
秦皇岛市	19	56	120168	121498	1004	1025
邯 郸 市	56	1	119865	121147	4933	4693
邢 台 市		123	211537	208313	97424	100924
保 定 市（包含定州市、雄安新区）	12	37	108581	112705	77100	76784
保 定 市（不含定州市、雄安新区）	12	37	103364	107592	76825	76537
定州市			2779	2829	24	23
张家口市			129590	151670	8189	5740
承 德 市	11	18	5201	5718	4810	5114
沧 州 市	1	31	31040	28799	396222	411088
廊 坊 市			117393	122206	10228	9755
衡 水 市			132946	160948	3427	3320

2-2-12续3 各市水果及食用坚果生产

单位：吨

名称	一、园林水果产量(续3)					
	7.柿子		8.杏		9.红果	
	2019年	2020年	2019年	2020年	2019年	2020年
全省	**292995**	**302677**	**195518**	**193671**	**258209**	**276439**
石家庄市（包含辛集市）	5992	5081	8122	12312	2023	2041
石家庄市（不含辛集市）	5992	5080	7111	11026	2019	2031
辛集市		1	1011	1286	4	10
唐山市	22673	22353	13777	13998	13423	13627
秦皇岛市	448	541	3783	6762	7855	9099
邯郸市	10019	10851	1955	1634	28	27
邢台市	17670	17369	89836	91605	24009	22539
保定市（包含定州市、雄安新区）	224153	234096	33827	34345	1333	1390
保定市（不含定州市、雄安新区）	223518	233585	33375	34095	1321	1382
定州市	635	511	234	37	10	6
张家口市			14249	4807	1030	1054
承德市	9160	9289	17186	16686	206297	224376
沧州市	231	303	1597	2104	898	904
廊坊市	2571	2716	7297	7347	131	111
衡水市	77	78	3890	2073	1183	1272

2-2-12续4 各市水果及食用坚果生产

单位：吨

名称	一、园林水果产量(续4)		二、食用坚果产量			
	10.其他		合计		#核桃	
	2019年	2020年	2019年	2020年	2019年	2020年
全省	**122012**	**134803**	**532516**	**570102**	**160522**	**161295**
石家庄市（包含辛集市）	17027	17868	56071	52169	50093	46050
石家庄市（不含辛集市）	17000	17849	56056	52151	50078	46032
辛集市	27	18	15	18	15	18
唐山市	10075	9838	119301	124143	20359	21535
秦皇岛市	17942	19590	53909	63380	10340	11774
邯郸市	8631	8193	26057	25015	22925	21862
邢台市	1967	3131	49624	52401	24564	25773
保定市（包含定州市、雄安新区）	16883	18291	21777	23392	18621	19960
保定市（不含定州市、雄安新区）	15597	17058	20380	21591	17224	18159
定州市	1269	1121	716	1308	715	1308
张家口市	17945	19020	30951	21436	616	670
承德市	13916	18664	173189	206700	11369	12204
沧州市	12714	14718	218	163	215	162
廊坊市	3319	3726	756	808	756	808
衡水市	1592	1764	663	496	663	496

2–2–12续5 各市水果及食用坚果生产

单位：吨

名　称	二、食用坚果产量(续)					
	板　栗		松　子		杏　扁	
	2019年	2020年	2019年	2020年	2019年	2020年
全　省	**324527**	**368547**	**54**	**139**	**47414**	40121
石家庄市（包含辛集市）	5978	6119			1	
石家庄市（不含辛集市）	5978	6119			1	
辛集市						
唐 山 市	98555	102219	9		378	389
秦皇岛市	43426	51322		93	143	191
邯 郸 市	3131	3152				
邢 台 市	25060	26624				4
保 定 市（包含定州市、雄安新区）	1092	1419	27	26	2038	1987
保 定 市（不含定州市、雄安新区）	1092	1419	27	26	2037	1987
定州市					1	
张家口市	1	1	2		30333	20765
承 德 市	147284	177691	17	20	14519	16785
沧 州 市		1			3	
廊 坊 市						
衡 水 市	1					

2–2–12续6 各市水果及食用坚果生产

单位：公顷

名　称	三、年末果园面积					
	合　计		#苹果园		梨　园	
	2019年	2020年	2019年	2020年	2019年	2020年
全　省	**506059**	**521608**	**125256**	**125916**	**117859**	**143880**
石家庄市（包含辛集市）	70410	87688	9558	9226	36824	62412
石家庄市（不含辛集市）	56746	75300	6941	6965	28313	54594
辛集市	13664	12389	2617	2261	8511	7818
唐 山 市	31097	31613	8513	8479	5455	5289
秦皇岛市	34651	34896	17363	17634	4858	4778
邯 郸 市	21639	22510	5894	6072	6590	6982
邢 台 市	49547	49017	10583	10581	13207	12167
保 定 市（包含定州市、雄安新区）	70195	66088	7167	7503	3573	3877
保 定 市（不含定州市、雄安新区）	68217	63969	6880	7255	3067	3150
定州市	726	727	86	97	92	88
张家口市	16303	16468	2325	2682	378	654
承 德 市	92888	93220	47724	47910	11346	12116
沧 州 市	59743	59081	3159	3131	15996	15791
廊 坊 市	25463	26594	2415	2543	7902	7962
衡 水 市	34124	34434	10555	10155	11730	11852

2-2-12续7 各市水果及食用坚果生产

单位：公顷

名称	三、年末果园面积(续)					
	桃园		猕猴桃园		葡萄园	
	2019年	2020年	2019年	2020年	2019年	2020年
全省	**63166**	**61115**	**173**	**149**	**43890**	**43741**
石家庄市（包含辛集市）	4078	4178	82	55	4265	4179
石家庄市（不含辛集市）	2512	2897	61	55	3368	3272
辛集市	1566	1281	22		897	908
唐山市	10297	10606	43	50	3080	3063
秦皇岛市	4506	4365	16	18	3325	3455
邯郸市	3710	4119	6	2	3441	3455
邢台市	3049	4316		3	7737	7799
保定市（包含定州市、雄安新区）	19440	13961	3	3	3855	3847
保定市（不含定州市、雄安新区）	18626	13174	3	3	3579	3576
定州市	322	334			150	152
张家口市	240	274			7452	7123
承德市	1156	1198	22	15	538	531
沧州市	1699	2244		1	1163	922
廊坊市	7861	8382	1	1	5114	5266
衡水市	7130	7471			3920	4103

2-2-13 各市林业生产

单位：公顷

名称	一、人工造林面积		二、飞播造林面积		三、新封山（沙）育林面积	
	2019年	2020年	2019年	2020年	2019年	2020年
全省	**350969**	**241999**	**21365**	**36732**	**140156**	**149635**
石家庄市（包含辛集市）	36572	19590			16577	28180
石家庄市（不含辛集市）	35172	18712			16577	28180
辛集市	1400	878				
唐山市	23170	18111			12639	8333
秦皇岛市	20018	17020	2699	23332	7335	7750
邯郸市	31656	26707	18666	13400	4072	6913
邢台市	24756	25615			14666	8686
保定市（包含定州市、雄安新区）	60155	40133			20919	26666
保定市（不含定州市、雄安新区）	44155	31401			20919	26666
定州市	2667	1400				
张家口市	50029	30466			24726	26199
承德市	42050	25364			39222	36241
沧州市	20058	11909				
廊坊市	21558	12067				667
衡水市	20947	15017				

2-2-13续 各市林业生产

单位：公顷

名称	四、退化林修复面积		五、人工更新面积		六、森林抚育面积	
	2019年	2020年	2019年	2020年	2019年	2020年
全省	**3946**	**13306**	**4208**	**5100**	**254164**	**300876**
石家庄市（包含辛集市）	466	133			25529	36513
石家庄市（不含辛集市）	466	133			25529	36513
辛集市						
唐山市			466	538	21488	9837
秦皇岛市	1621			964	11290	6985
邯郸市	11	874	301	89	14618	17884
邢台市	400	766		33	20612	29242
保定市（包含定州市、雄安新区）	1400	1267	667	680	25481	30171
保定市（不含定州市、雄安新区）	1400	1267	667	680	23891	28671
定州市					1590	1500
张家口市		5800		3	46476	42899
承德市	48	4466	2436	1728	64488	76489
沧州市					3863	3586
廊坊市				945	13068	22297
衡水市			338	120	7251	24973

2-2-14 各市林业重点工程完成情况

单位：公顷

名称	林业重点工程完成情况合计		1.退耕还林工程		2.京津风沙源治理工程		3.三北及长江流域防护林建设工程合计	
	2019年	2020年	2019年	2020年	2019年	2020年	2019年	2020年
全省	**126526**	**130958**			**32740**	**56379**	**91452**	**73220**
石家庄市（包含辛集市）	9553	6694					9287	6694
石家庄市（不含辛集市）	9220	6694					8954	6694
辛集市	333						333	
唐山市	7533	7533					7533	7533
秦皇岛市	18955	18191					18955	18191
邯郸市	7533	3067					7533	3067
邢台市	7199	5532					7066	5532
保定市（包含定州市、雄安新区）	35299	27845					35299	27845
保定市（不含定州市、雄安新区）	21966	20513					21966	20513
定州市								
张家口市	17871	24033			17871	24033		
承德市	16804	33705			14869	32346		
沧州市	4512	2057					4512	2057
廊坊市	1000	2101					1000	2101
衡水市	267	200					267	200

2-2-14续　各市林业重点工程完成情况

单位：公顷

名　　称	3.三北及长江流域防护林建设工程(续)						4.国家储备林建设工程	
	(1)三北防护林五期工程		(2)太行山绿化工程		(3)沿海防护林三期工程			
	2019年	2020年	2019年	2020年	2019年	2020年	2019年	2020年
全　　省	**47617**	**45012**	**29585**	**19093**	**14250**	**9115**	**2334**	**1359**
石家庄市（包含辛集市）	1734	1533	7553	5161			266	
石家庄市（不含辛集市）	1401	1533	7553	5161			266	
辛集市	333							
唐　山　市	5999	6266			1534	1267		
秦皇岛市	9468	11400			9487	6791		
邯　郸　市			7533	3067				
邢　台　市			7066	5532			133	
保　定　市（包含定州市、雄安新区）	27866	22512	7433	5333				
保　定　市（不含定州市、雄安新区）	14533	15180	7433	5333				
定州市								
张家口市								
承　德　市							1935	1359
沧　州　市	1283	1000			3229	1057		
廊　坊　市	1000	2101						
衡　水　市	267	200						

2-2-15　各市牲畜出栏

单位：百头

名　　称	一、大牲畜		牛		马	
	2019年	2020年	2019年	2020年	2019年	2020年
全　　省	**36657**	**35179**	**34905**	**33522**	**353**	**397**
石家庄市（包含辛集市）	5150	5235	5002	5038	14	70
石家庄市（不含辛集市）	4883	4966	4736	4771	14	68
辛集市	267	270	266	267		1
唐　山　市	5072	4793	4863	4595	29	31
秦皇岛市	1435	1355	1364	1281	6	8
邯　郸　市	2466	2127	2425	2097	11	2
邢　台　市	2007	1962	1883	1883	33	22
保　定　市（包含定州市、雄安新区）	3645	3479	3316	3148	41	53
保　定　市（不含定州市、雄安新区）	2961	2850	2678	2569	25	28
定州市	624	594	579	546	16	24
张家口市	3358	3339	3047	3067	36	37
承　德　市	6938	7172	6543	6799	161	159
沧　州　市	2443	2057	2390	2015	6	5
廊　坊　市	1789	1555	1749	1520	8	8
衡　水　市	2356	2106	2323	2079	8	1

注：猪、牛、羊、禽全省总数为畜禽监测数，因保留小数位不同，各市之和不等于总数(下同)。

2-2-15续1　各市牲畜出栏

单位：百头

名　称	驴		骡		骆驼	
	2019年	2020年	2019年	2020年	2019年	2020年
全　省	**1204**	**1088**	**194**	**169**	**1**	**2**
石家庄市（包含辛集市）	132	126	2	1		
石家庄市（不含辛集市）	131	125	2	1		
辛集市	1	1				
唐 山 市	164	151	15	15	1	1
秦皇岛市	61	62	4	4		
邯 郸 市	27	25	3	2		
邢 台 市	90	56	1	1		
保 定 市（包含定州市、雄安新区）	286	276	2	2		
保 定 市（不含定州市、雄安新区）	256	251	2	2		
定州市	29	24				
张家口市	214	182	60	51		1
承 德 市	132	122	102	92		
沧 州 市	46	36	1	1		
廊 坊 市	32	26				
衡 水 市	22	26	3			

2-2-15续2　各市牲畜出栏

单位：百头、百只

名　称	二、猪		三、羊		四、活家禽		五、家兔	
	2019年	2020年	2019年	2020年	2019年	2020年	2019年	2020年
全　省	**311977**	**290762**	**223447**	**226584**	**6662826**	**6873043**	**29347**	**25204**
石家庄市（包含辛集市）	42003	42661	13321	13579	898493	913582	4256	2241
石家庄市（不含辛集市）	35480	35051	11221	11476	783031	796814	3234	1156
辛集市	6523	7610	2100	2103	115462	116767	1022	1085
唐 山 市	52441	46825	11660	11105	663257	681391	2416	2332
秦皇岛市	21560	17668	19229	19831	411745	469680	4602	5562
邯 郸 市	38147	37190	31958	31517	699290	728473	4467	4493
邢 台 市	21401	21310	13209	13232	578650	609977	2452	2230
保 定 市（包含定州市、雄安新区）	42544	38006	46148	49309	663322	646550	3036	2509
保 定 市（不含定州市、雄安新区）	35003	31901	41477	45146	508627	538272	2711	2017
定州市	6367	6101	3453	3508	86011	77339	309	468
张家口市	18797	16685	25993	25819	337380	346435	2144	922
承 德 市	16726	16297	15618	15667	775054	785332	3732	3402
沧 州 市	25312	23626	18766	18528	990500	1052447	461	350
廊 坊 市	11775	10293	13122	12801	271663	246663	40	31
衡 水 市	21269	20200	14424	15196	373473	392513	1740	1130

2-2-16 各市牲畜存栏

单位：百头

名 称	一、大牲畜		牛		马	
	2019年	2020年	2019年	2020年	2019年	2020年
全 省	**37695**	**38531**	**35011**	**35859**	**627**	**705**
石家庄市（包含辛集市）	4603	4688	4446	4498	29	52
石家庄市（不含辛集市）	4324	4399	4177	4222	24	43
辛集市	279	289	269	276	5	9
唐 山 市	5593	5491	5323	5233	41	40
秦皇岛市	1386	1466	1265	1348	11	9
邯 郸 市	2139	2159	2075	2087	8	5
邢 台 市	1982	2200	1901	2130	21	19
保 定 市（包含定州市、雄安新区）	3483	3645	3149	3293	42	48
保 定 市（不含定州市、雄安新区）	2656	2791	2364	2510	31	34
定州市	759	764	719	721	10	14
张家口市	5180	5488	4468	4799	126	148
承 德 市	7930	7992	7121	7200	328	362
沧 州 市	1838	1827	1772	1772	7	11
廊 坊 市	1310	1351	1273	1309	9	9
衡 水 市	2248	2225	2217	2190	3	2

2-2-16续1 各市牲畜存栏

单位：百头

名 称	驴		骡		骆驼	
	2019年	2020年	2019年	2020年	2019年	2020年
全 省	**1611**	**1581**	**441**	**382**	**5**	**5**
石家庄市（包含辛集市）	126	136	2	2		
石家庄市（不含辛集市）	121	132	2	2		
辛集市	5	5				
唐 山 市	202	192	25	24	2	2
秦皇岛市	103	103	7	7		
邯 郸 市	48	53	8	14		
邢 台 市	59	50	1	1		
保 定 市（包含定州市、雄安新区）	288	295	4	8		
保 定 市（不含定州市、雄安新区）	257	264	4	8		
定州市	30	29				
张家口市	420	412	163	127	3	3
承 德 市	253	233	228	198		
沧 州 市	58	43	1			
廊 坊 市	28	32		1		
衡 水 市	27	32	1			

2-2-16续2　各市牲畜存栏

单位：百头、百只

名　　称	二、猪存栏		#能繁母猪		三、羊存栏	
	2019年	2020年	2019年	2020年	2019年	2020年
全　　省	**141837**	**174885**	**14139**	**18700**	**119490**	**127031**
石家庄市（包含辛集市）	20722	24026	2100	2534	7476	7764
石家庄市（不含辛集市）	17252	19616	1740	2068	6359	6622
辛集市	3470	4110	360	466	1117	1142
唐 山 市	25131	27858	2598	2961	6946	7011
秦皇岛市	8950	9432	944	978	8754	8903
邯 郸 市	17092	20229	1541	1952	16763	16758
邢 台 市	10263	14462	1246	1939	6651	7133
保 定 市（包含定州市、雄安新区）	18958	26156	1813	2664	22957	29005
保 定 市（不含定州市、雄安新区）	15431	21300	1496	2095	21222	27189
定州市	3524	4852	317	569	1336	1400
张家口市	7630	9997	953	1329	16730	17293
承 德 市	8021	8935	595	721	9046	9494
沧 州 市	10959	15339	1066	1716	10701	10200
廊 坊 市	4187	5669	338	467	6747	6830
衡 水 市	9924	12784	945	1439	6719	6639

2-2-16续3　各市牲畜存栏

单位：百只

名　　称	四、活家禽存栏		五、家兔存栏	
	2019年	2020年	2019年	2020年
全　　省	**3946663**	**3986130**	**12586**	**9430**
石家庄市（包含辛集市）	791170	792997	3103	1132
石家庄市（不含辛集市）	657651	659310	2658	660
辛集市	133519	133688	445	473
唐 山 市	338018	338614	1170	1017
秦皇岛市	144983	149590	1281	1473
邯 郸 市	747898	751834	2067	1841
邢 台 市	394254	401553	1262	1205
保 定 市（包含定州市、雄安新区）	331375	330784	1510	1189
保 定 市（不含定州市、雄安新区）	255340	268903	1407	1036
定州市	67967	55720	95	136
张家口市	167670	170206	621	445
承 德 市	230263	232771	680	660
沧 州 市	389383	401579	163	106
廊 坊 市	150369	152027	37	30
衡 水 市	261281	264174	690	331

2-2-17 各市肉类产量

单位：吨

名称	肉类总产量		猪肉		牛肉	
	2019年	2020年	2019年	2020年	2019年	2020年
全省	**4333844**	**4191748**	**2418838**	**2268870**	**571985**	**555712**
石家庄市（包含辛集市）	562645	575139	342725	352913	79615	80554
石家庄市（不含辛集市）	477943	481384	284438	284999	75176	76089
辛集市	84702	93755	58287	67914	4439	4466
唐山市	622989	577366	410268	365873	82215	78965
秦皇岛市	290973	266511	163116	134653	22910	21526
邯郸市	478293	472031	293233	291810	40348	35548
邢台市	292259	297550	161721	161855	30470	30651
保定市（包含定州市、雄安新区）	557598	524403	329747	296690	54390	50493
保定市（不含定州市、雄安新区）	455189	354732	268042	246779	44083	41060
定州市	79931	76638	52532	49881	9338	8855
张家口市	282417	268640	141393	126928	47687	49180
承德市	377348	385066	128636	128836	108262	113727
沧州市	421561	408718	195642	182677	39094	31826
廊坊市	174760	157321	90388	77526	28701	27035
衡水市	273001	259002	162243	149109	38294	36206

注：因保留小数位不同，全省数据与各市数据和不一致。

2-2-17续1 各市肉类产量

单位：吨

名称	肉类总产量(续1)					
	羊肉		禽肉		马肉	
	2019年	2020年	2019年	2020年	2019年	2020年
全省	**309995**	**313198**	**995301**	**1020364**	**3970**	**4403**
石家庄市（包含辛集市）	17965	18290	119783	120205	169	736
石家庄市（不含辛集市）	14797	15216	101193	102154	167	719
辛集市	3168	3074	18590	18051	2	17
唐山市	16584	16118	110960	113474	324	351
秦皇岛市	27330	27898	66023	71621	67	104
邯郸市	42484	42132	98288	101064	112	20
邢台市	17601	18039	80614	85583	353	248
保定市（包含定州市、雄安新区）	66478	70095	103371	102163	440	583
保定市（不含定州市、雄安新区）	59652	64324	80007	84734	275	311
定州市	4838	4733	12754	12597	162	258
张家口市	35720	34864	53736	54736	398	383
承德市	21788	22173	113820	115754	1854	1821
沧州市	26745	26055	158982	167647	69	54
廊坊市	18103	17486	37149	34930	95	93
衡水市	19199	20050	52575	53186	90	9

2-2-17续2　各市肉类产量

单位：吨

名　称	肉类总产量(续2)					
	驴　肉		骡　肉		骆驼肉	
	2019年	2020年	2019年	2020年	2019年	2020年
全　省	**10542**	**9620**	**2202**	**1895**	**22**	**34**
石家庄市（包含辛集市）	1166	1118	21	10		
石家庄市（不含辛集市）	1157	1103	21	10		
辛集市	9	14				
唐 山 市	1423	1331	165	174	10	14
秦皇岛市	549	553	53	48		
邯 郸 市	233	228	38	24		
邢 台 市	794	503	12	12		
保 定 市（包含定州市、雄安新区）	2491	2461	24	22		
保 定 市（不含定州市、雄安新区）	2241	2236	20	22		
定州市	245	211	1			
张家口市	1879	1572	682	542	11	20
承 德 市	1144	1081	1164	1054	1	
沧 州 市	403	311	14	7		
廊 坊 市	268	242	1	1		
衡 水 市	192	220	28			

2-2-17续3　各市肉类产量

单位：吨

名　称	肉类总产量(续3)			
	兔　肉		其他肉	
	2019年	2020年	2019年	2020年
全　省	**5129**	**4319**	**15999**	**13334**
石家庄市（包含辛集市）	730	356	611	957
石家庄市（不含辛集市）	522	137	611	957
辛集市	207	219		
唐 山 市	459	431	582	634
秦皇岛市	776	959	10149	9150
邯 郸 市	844	805	2711	400
邢 台 市	419	385	276	275
保 定 市（包含定州市、雄安新区）	536	432	396	1463
保 定 市（不含定州市、雄安新区）	473	324	395	1463
定州市	61	102	1	
张家口市	354	136	557	280
承 德 市	642	584	38	36
沧 州 市	74	57	539	83
廊 坊 市	10	7	44	
衡 水 市	285	166	96	56

2-2-18　各市畜产品产量

单位：吨

名　　称	一、禽蛋产量		二、奶类产量				三、山羊粗毛产量	
					#生　牛　奶			
	2019年	2020年	2019年	2020年	2019年	2020年	2019年	2020年
全　　省	**3859031**	**3897086**	**4338050**	**4882823**	**4286783**	**4834036**	**1962**	**1858**
石家庄市（包含辛集市）	834379	857281	740187	826353	737639	825755	273	84
石家庄市（不含辛集市）	675540	697638	682354	768002	679806	767404	273	84
辛集市	158839	159643	57833	58352	57833	58352		
唐 山 市	295179	289605	1088459	1133197	1045638	1091367	220	213
秦皇岛市	81501	81159	70320	71388	66200	67318	279	297
邯 郸 市	917685	915216	129258	177176	127659	175023	227	160
邢 台 市	424342	441426	256955	331708	256953	331706	107	90
保 定 市（包含定州市、雄安新区）	350470	346275	555746	575995	555727	575978	370	561
保 定 市（不含定州市、雄安新区）	278586	275751	348562	369773	348543	369755	359	561
定州市	71884	68629	207184	200950	207184	200950	12	
张家口市	165459	153597	874890	1024991	874750	1024900	14	12
承 德 市	109875	110514	96766	107112	96749	107086	381	337
沧 州 市	311468	325421	119442	132325	119442	132325	76	80
廊 坊 市	126772	128445	132826	152130	132826	152130	3	7
衡 水 市	233080	248147	267209	350447	267208	350447	12	16

2-2-18续1　各市畜产品产量

单位：吨

名　　称	山羊绒产量		四、绵羊毛产量					
					#细羊毛		半细羊毛	
	2019年	2020年	2019年	2020年	2019年	2020年	2019年	2020年
全　　省	**633**	**749**	**19096**	**16883**	**3886**	**3307**	**12389**	**11131**
石家庄市（包含辛集市）	26	7	1655	709	96	63	1363	643
石家庄市（不含辛集市）	26	7	1406	509	96	63	1115	443
辛集市			249	200			248	200
唐 山 市	20	17	1059	942	168	182	715	554
秦皇岛市	84	110	2105	2117	83	73	1978	2040
邯 郸 市	83	78	1117	616	203	115	638	418
邢 台 市	36	28	745	439	47	69	627	322
保 定 市（包含定州市、雄安新区）	205	300	4456	5235	448	970	3929	4151
保 定 市（不含定州市、雄安新区）	205	230	4181	4915	241	695	3862	4106
定州市			275	274	207	252	67	22
张家口市	31	35	3045	2885	1680	710	1140	1564
承 德 市	122	121	1693	566	488	299	852	238
沧 州 市	8	36	635	711	287	458	297	254
廊 坊 市			1251	1501	68	168	11	105
衡 水 市	17	17	1280	1162	299	200	826	843

2-2-18续2　各市畜产品产量

单位：吨

名　称	五、天然蜂蜜产量		六、蚕茧产量		#桑蚕茧		柞蚕茧	
	2019年	2020年	2019年	2020年	2019年	2020年	2019年	2020年
全　省	**10947**	**13130**	**33**	**37**	**3**	**6**	**30**	**31**
石家庄市（包含辛集市）	2335	3297						
石家庄市（不含辛集市）	2331	3289						
辛集市	4	8						
唐 山 市	308	301						
秦皇岛市	844	1425	33	34	3	3	30	31
邯 郸 市	185	225						
邢 台 市	1706	1624		3		3		
保 定 市（包含定州市、雄安新区）	1946	3345						
保 定 市（不含定州市、雄安新区）	1919	3313						
定州市	20	28						
张家口市	211	186						
承 德 市	3250	2550						
沧 州 市	22	28						
廊 坊 市								
衡 水 市	140	149						

2-2-19　各市畜牧养殖小区情况

单位：个

名　称	养殖小区个数		养猪小区		养鸡小区		#养蛋鸡小区	
	2019年	2020年	2019年	2020年	2019年	2020年	2019年	2020年
全　省	**537**	**300**	**51**	**36**	**214**	**101**	**87**	**87**
石家庄市（包含辛集市）	200	105	5	5	46	5	46	46
石家庄市（不含辛集市）	199	104	4	4	46	5	46	46
辛集市	1	1	1	1				
唐 山 市	9	11	5	5	4	4	2	2
秦皇岛市	1							
邯 郸 市	59		2		42		4	4
邢 台 市	42	41			34	33	2	2
保 定 市（包含定州市、雄安新区）	46	46	22	22	23	23	20	20
保 定 市（不含定州市、雄安新区）	4	4			3	3		
定州市	42	42	22	22	20	20	20	20
张家口市	39	32	3	4				
承 德 市	67	36	3		29	13	7	7
沧 州 市	31	29			23	23		
廊 坊 市								
衡 水 市	43		11		13		6	6

2-2-19续1　各市畜牧养殖小区情况

单位：个

名　称	养牛小区		#养奶牛小区		养羊小区		#养绵羊小区	
	2019年	2020年	2019年	2020年	2019年	2020年	2019年	2020年
全　省	**216**	**152**	**179**	**148**	**33**	**5**	**31**	**3**
石家庄市（包含辛集市）	128	95	100	94	21		21	
石家庄市（不含辛集市）	128	95	100	94				
辛集市								
唐 山 市		2		2				
秦皇岛市	1		1					
邯 郸 市	15		15					
邢 台 市	4	4	1	1	3	3	3	3
保 定 市（包含定州市、雄安新区）	1	1	1	1				
保 定 市（不含定州市、雄安新区）	1	1		1				
定州市								
张家口市	36	28	36	28				
承 德 市	28	21	24	21	7	2	5	
沧 州 市	1	1	1	1				
廊 坊 市								
衡 水 市	2				2		2	

2-2-19续2　各市畜牧养殖小区情况

单位：万头、万只

名　称	猪存栏		活鸡存栏		肉牛存栏	
	2019年	2020年	2019年	2020年	2019年	2020年
全　省	**26.16**	**15.93**	**26.16**	**1184.90**	**1.03**	**0.58**
石家庄市（包含辛集市）	5.80	5.15	5.80	310.00	0.14	0.13
石家庄市（不含辛集市）	4.70	4.70	4.70	310.00	0.14	0.13
辛集市	1.10	0.45	1.10			
唐 山 市	3.29	2.08	3.29	23.70		
秦皇岛市						
邯 郸 市	2.53		2.53			
邢 台 市	5.08	4.27	5.08	424.10	0.42	0.45
保 定 市（包含定州市、雄安新区）	2.14	3.05	2.14	114.78		
保 定 市（不含定州市、雄安新区）				80.00		
定州市	2.14	3.05	2.14	34.78		
张家口市	0.92	1.38	0.92			
承 德 市	4.00		4.00	234.12	0.40	
沧 州 市				78.20		
廊 坊 市						
衡 水 市	2.40		2.40		0.07	

2–2–19续3　各市畜牧养殖小区情况

单位：万头、万只

名　　称	#奶牛存栏		羊 存 栏		猪 出 栏	
	2019年	2020年	2019年	2020年	2019年	2020年
全　　省	**54.86**	**21.15**	**13.93**	**8.08**	**48.13**	**30.38**
石家庄市（包含辛集市）	11.28	9.25	0.03		10.46	10.85
石家庄市（不含辛集市）		9.25			8.62	9.40
辛集市						1.45
唐 山 市		1.14			6.00	2.32
秦皇岛市	0.05					
邯 郸 市	1.17				3.89	
邢 台 市	0.38	0.30	6.20	6.40	9.60	8.10
保 定 市（包含定州市、雄安新区）	0.16	0.16			4.79	6.83
保 定 市（不含定州市、雄安新区）		0.16				
定州市					4.79	6.83
张家口市	10.54	9.21	1.31	1.68	0.73	2.28
承 德 市	1.11	1.05	6.00		8.00	
沧 州 市	0.04					
廊 坊 市		0.04				
衡 水 市	2.70		0.39		4.66	

2–2–19续4　各市畜牧养殖小区情况

单位：万只、万头

名　　称	#肉牛出栏		羊 出 栏		活 鸡 出 栏	
	2019年	2020年	2019年	2020年	2019年	2020年
全　　省	**1.03**	**0.59**	**11.92**	**8.60**	**3113.53**	**3198.06**
石家庄市（包含辛集市）	0.50	0.50	0.05		431.01	440.00
石家庄市（不含辛集市）	0.50	0.50	0.05			440.00
辛集市						
唐 山 市					62.50	60.00
秦皇岛市						
邯 郸 市					128.20	
邢 台 市	0.09	0.09	7.31	7.34	738.00	734.00
保 定 市（包含定州市、雄安新区）					153.32	384.26
保 定 市（不含定州市、雄安新区）					128.00	360.00
定州市					25.32	24.26
张家口市			0.83	1.26		
承 德 市	0.30		3.00		1200.00	1203.30
沧 州 市					360.50	376.50
廊 坊 市						
衡 水 市	0.14		0.73		40.00	

2–2–19续5 各市畜牧养殖小区情况

单位：吨

名 称	肉产量		蛋产量		奶产量	
	2019年	2020年	2019年	2020年	2019年	2020年
全 省	**45397**	**38232**	**60258**	**46832**	**1134923**	**909114**
石家庄市（包含辛集市）	18984	20836	39315	40300	441401	400102
石家庄市（不含辛集市）	17588	19604		40300	441401	400102
辛集市	1396	1232				
唐 山 市	5693	2744	1206	1617		390
秦皇岛市					1300	
邯 郸 市	475		8198		37215	
邢 台 市						
保 定 市（包含定州市、雄安新区）	3975	5486	4290	4236	4017	6580
保 定 市（不含定州市、雄安新区）	3					6580
定州市	3972	5486	4290	4236		
张家口市	674	152			474759	450329
承 德 市	7450	1842	2300	679	66954	50290
沧 州 市	8146	7172				
廊 坊 市					1277	1423
衡 水 市			4950		108000	

2–2–20 各市特种畜禽饲养存栏情况

单位：头、只

名 称	貂		鹿		狐 狸	
	2019年	2020年	2019年	2020年	2019年	2020年
全 省	**615149**	**339568**	**12193**	**19069**	**1507757**	**927539**
石家庄市（包含辛集市）	111720	97600	260	270	79630	54672
石家庄市（不含辛集市）	107420	70700			45430	51852
辛集市	4300	26900	260	270	34200	2820
唐 山 市	122177	127984	7217	290	226185	148554
秦皇岛市	230178	23665	470	650	850798	512503
邯 郸 市	6000	6500	1197	260	6500	7090
邢 台 市	3353	2500			8760	800
保 定 市（包含定州市、雄安新区）	55800	24340	430	392	41550	10530
保 定 市（不含定州市、雄安新区）	55800	24340		392		10530
定州市						
张家口市	4000	557	80		50460	20360
承 德 市	825	860	2263	16950	4100	5000
沧 州 市	25988	13062	111	120	220174	153530
廊 坊 市				137		
衡 水 市	55108	42500	165		19600	14500

2–2–20续1　各市特种畜禽饲养存栏情况

单位：头、只

名　　称	貉		肉　鸽		雉(山)鸡	
	2019年	2020年	2019年	2020年	2019年	2020年
全　　省	**3897000**	**2126689**	**1150045**	**1470689**	**39350**	**23733**
石家庄市（包含辛集市）	107370	66542	392246	591857		
石家庄市（不含辛集市）	103610	60082	378246	391350		
辛集市	3760	6460	14000	200507		
唐 山 市	2141246	610622	42380	47980		
秦皇岛市	1318456	1247802			4000	2000
邯 郸 市	3200	3900	88500	105690	1800	
邢 台 市	920	1300	114250	178060	6500	
保 定 市（包含定州市、雄安新区）	50718	17010	117785	111744	25000	20155
保 定 市（不含定州市、雄安新区）	50718	17010	62550	59110	25000	20155
定州市			55235	52634		
张家口市	54800	8400				
承 德 市	2270	2415				
沧 州 市	204520	162498	85582	97310	1550	1570
廊 坊 市			13702	13248		8
衡 水 市	13500	6200	295600	324800	500	

2–2–20续2　各市特种畜禽饲养存栏情况

单位：头、只

名　　称	鹌　鹑		鸵　鸟		獭　兔	
	2019年	2020年	2019年	2020年	2019年	2020年
全　　省	**4619194**	**7096050**	**9573**	**13768**	**1473078**	**1264087**
石家庄市（包含辛集市）	1855610	4742000	3600	5584	14790	7170
石家庄市（不含辛集市）	1855610	4742000	3600	4534	8030	
辛集市				1050	6760	7170
唐 山 市	32000	32000			60158	56622
秦皇岛市	1701754	1555400			4536	5000
邯 郸 市	1000		1240	1505	590270	544080
邢 台 市	445830	187650			192482	183075
保 定 市（包含定州市、雄安新区）	247000	521000	4582	6500	207535	209359
保 定 市（不含定州市、雄安新区）	51000	343000	4582	6500	204270	205997
定州市	196000	178000			3265	3362
张家口市	40000	40000	150	90	50552	41462
承 德 市	20000		1		29980	27180
沧 州 市					13550	35259
廊 坊 市	50000	18000		89		
衡 水 市	30000				183960	154880

2-2-20续3　各市特种畜禽饲养存栏情况

单位：头、只

名　　称	肉　犬		鹌　鸪		乌骨鸡	
	2019年	2020年	2019年	2020年	2019年	2020年
全　省	**137064**	**149516**		**10000**	**65500**	**29000**
石家庄市（包含辛集市）	4090					
石家庄市（不含辛集市）	4090					
辛集市						
唐 山 市					30000	
秦皇岛市	14750	600			25000	20000
邯 郸 市	30780	30552				
邢 台 市	270	270			6000	6000
保 定 市（包含定州市、雄安新区）	26800	27920		10000		
保 定 市（不含定州市、雄安新区）	26800	27920		10000		
定州市						
张家口市	48	40				
承 德 市					3000	3000
沧 州 市	23826	22802				
廊 坊 市		34332				
衡 水 市	36500	33000			1500	

2-2-21　各市特种畜禽饲养出栏情况

单位：头、只

名　　称	貂		鹿		狐　狸	
	2019年	2020年	2019年	2020年	2019年	2020年
全　省	**2599390**	**1365132**	**18180**	**6336**	**5431698**	**1538995**
石家庄市（包含辛集市）	323650	270800	80	40	182224	163690
石家庄市（不含辛集市）		202700				155900
辛集市	12000	68100	80	40	57880	7790
唐 山 市	961275	519985	8908	320	1129936	594979
秦皇岛市	344234	100586	158	166	3102446	34639
邯 郸 市	800	5500	8063	30	10500	11362
邢 台 市	8681	7230			44600	10300
保 定 市（包含定州市、雄安新区）	373500	245750	38	43	115420	103450
保 定 市（不含定州市、雄安新区）	373500	245750	38	43	115420	103450
定州市						
张家口市	6200		32		23200	700
承 德 市			878	5710	3080	3200
沧 州 市	93850	45281	23	27	682812	568675
廊 坊 市						
衡 水 市	468000	170000			79600	48000

2-2-21续1 各市特种畜禽饲养出栏情况

单位：头、只

名称	貉		肉鸽		雉(山)鸡	
	2019年	2020年	2019年	2020年	2019年	2020年
全省	**10430829**	**9123786**	**2193965**	**5636239**	**34726**	**16126**
石家庄市（包含辛集市）	259830	146070	844530	1407054		
石家庄市（不含辛集市）	255700	136980	829480	747540		
辛集市	4130	9090	15050	659514		
唐山市	4248756	2767516	21000	67000		
秦皇岛市	5088788	5515072			500	400
邯郸市	4000	4000	161578	207020	5000	
邢台市	3050	3540	199800	232560	12840	
保定市（包含定州市、雄安新区）	124436	107000	288703	3015056	14000	13310
保定市（不含定州市、雄安新区）	124436	107000	213080	2941645	14000	13310
定州市			75623	73411		
张家口市	48600	7900				
承德市	2450	2100				
沧州市	580469	545588	123354	158549	2386	2416
廊坊市			4500			
衡水市	70450	25000	550500	549000		

2-2-21续2 各市特种畜禽饲养出栏情况

单位：头、只

名称	鹌鹑		鸵鸟		獭兔	
	2019年	2020年	2019年	2020年	2019年	2020年
全省	**3396291**	**5182991**	**12537**	**9528**	**4577790**	**3582518**
石家庄市（包含辛集市）	1779850	3894500	7655	3158	31720	16480
石家庄市（不含辛集市）	1779850	3894500		2768	16200	
辛集市				390	15520	16480
唐山市	29000	29000			164754	146906
秦皇岛市	1146641	750041			7878	8000
邯郸市	1200		1290	2100	1729662	1343561
邢台市	61000	73000			303815	281240
保定市（包含定州市、雄安新区）	285600	396450	3592	4270	848059	763752
保定市（不含定州市、雄安新区）	119000	253250	3592	4270	838485	754795
定州市	166600	143200			9574	8957
张家口市	40000	40000			199585	155301
承德市					93300	91650
沧州市					773417	373128
廊坊市						
衡水市	53000				425600	402500

2-2-21续3 各市特种畜禽饲养出栏情况

单位：头、只

名称	肉犬		鹧鸪		乌骨鸡	
	2019年	2020年	2019年	2020年	2019年	2020年
全省	**87496**	**72650**		**2000**	**28400**	**14200**
石家庄市（包含辛集市）	6630					
石家庄市（不含辛集市）	6630					
辛集市						
唐山市					10000	
秦皇岛市	11230	600			8900	8000
邯郸市	22790	22478				
邢台市	348	357			4500	4200
保定市（包含定州市、雄安新区）	24600	25320		2000		
保定市（不含定州市、雄安新区）	24600	25320		2000		
定州市						
张家口市	36	29				
承德市					2000	2000
沧州市	9492	9366				
廊坊市						
衡水市	12370	14500			3000	

2-2-22 各市水产品产量

单位：吨

名称	水产品产量		(一)海水产品产量		鱼类		虾蟹类	
	2019年	2020年	2019年	2020年	2019年	2020年	2019年	2020年
全省	**990116**	**1003418**	**639734**	**659744**	**116666**	**101710**	**69987**	**72563**
石家庄市（包含辛集市）	17457	17481						
石家庄市（不含辛集市）	17418	17463						
辛集市	39	18						
唐山市	530792	533363	314742	317031	36531	33242	48493	48226
秦皇岛市	245537	272961	238190	262996	12325	7930	6337	8838
邯郸市	23214	21986						
邢台市	5417	5568						
保定市（包含定州市、雄安新区）	15772	14146						
保定市（不含定州市、雄安新区）	13796	14146						
定州市								
张家口市	8627	8632						
承德市	4124	3773						
沧州市	112357	99631	84146	77343	65628	58602	14704	15137
廊坊市	20779	20089	2656	2374	2182	1933	453	362
衡水市	6040	5788						

2-2-22续1　各市水产品产量

单位：吨

名　称	(一)海水产品产量（续）				按生产方式分			
	贝　类		其他海水产品		海洋捕捞产品产量		海水养殖产品产量	
	2019年	2020年	2019年	2020年	2019年	2020年	2019年	2020年
全　省	**379372**	**400980**	**73709**	**84494**	**190932**	**171612**	**448802**	**488132**
石家庄市（包含辛集市）								
石家庄市（不含辛集市）								
辛集市								
唐 山 市	166390	166827	63328	68736	94856	85510	219886	231521
秦皇岛市	211391	232673	8137	13555	20339	18291	217851	244705
邯 郸 市								
邢 台 市								
保 定 市（包含定州市、雄安新区）								
保 定 市（不含定州市、雄安新区）								
定州市								
张家口市								
承 德 市								
沧 州 市	1591	1480	2223	2124	73081	65437	11065	11906
廊 坊 市			21	79	2656	2374		
衡 水 市								

2-2-22续2　各市水产品产量

单位：吨

名　称	(二)淡水产品产量		鱼　类		虾 蟹 类		贝　类	
	2019年	2020年	2019年	2020年	2019年	2020年	2019年	2020年
全　省	**294476**	**293205**	**264516**	**262861**	**27252**	**27913**	**24**	**1**
石家庄市（包含辛集市）	17457	17481	16357	16361	523	523		
石家庄市（不含辛集市）	17418	17463	16336	16343	523	523		
辛集市	39	18	39	18				
唐 山 市	177953	177832	153802	153529	23822	24003		
秦皇岛市	4410	5190	4199	5028	108	158		
邯 郸 市	23214	21986	22618	21664	594	321	2	1
邢 台 市	5417	5568	5342	5517	7	7		
保 定 市（包含定州市、雄安新区）	15772	14146	14083	12633	64	28	22	
保 定 市（不含定州市、雄安新区）	13796	14146	12159	12633	31	28	22	
定州市								
张家口市	8627	8632	7894	7850	733	782		
承 德 市	4124	3773	4124	3773				
沧 州 市	13339	15094	12145	13449	1194	1645		
廊 坊 市	18123	17715	17985	17544	116	171		
衡 水 市	6040	5788	5949	5513	91	275		

2-2-22续3　各市水产品产量

单位：吨

名称	(二)淡水产品产量（续）		按生产方式分			
	其他类		淡水捕捞产品产量		淡水养殖产品产量	
	2019年	2020年	2019年	2020年	2019年	2020年
全　省	**2684**	**2430**	**35523**	**33584**	**258953**	**259621**
石家庄市（包含辛集市）	559	597	9038	8721	8419	8760
石家庄市（不含辛集市）	559	597	9038	8721	8380	8742
辛集市					39	18
唐山市	329	300	3195	2760	174758	175072
秦皇岛市	103	4	520	1032	3890	4158
邯郸市			5894	5668	17320	16318
邢台市	68	44	1122	1012	4295	4556
保定市（包含定州市、雄安新区）	1603	1485	7162	5461	8610	8685
保定市（不含定州市、雄安新区）	1603	1485	5186	5461	8610	8685
定州市						
张家口市			4562	4816	4065	3816
承德市			1411	1176	2713	2597
沧州市			984	832	12355	14262
廊坊市	22		257	360	17866	17355
衡水市			1378	1746	4662	4042

2-2-23　各市水产养殖面积

名称	远洋捕捞产量（吨）		水产养殖面积（公顷）		(一)海水养殖面积（公顷）	
	2019年	2020年	2019年	2020年	2019年	2020年
全　省	**55906**	**50469**	**143014**	**141001**	**107041**	**105341**
石家庄市（包含辛集市）			914	905		
石家庄市（不含辛集市）			903	894		
辛集市			11	11		
唐山市	38097	38500	77840	75213	63804	61306
秦皇岛市	2937	4775	39685	40496	33494	34314
邯郸市			1877	1707		
邢台市			1365	1400		
保定市（包含定州市、雄安新区）			1089	995		
保定市（不含定州市、雄安新区）			1089	995		
定州市						
张家口市			3376	3308		
承德市			1703	1602		
沧州市	14872	7194	12483	12713	9743	9721
廊坊市			2035	2008		
衡水市			647	654		

2–2–23续1　各市水产养殖面积

单位：公顷

名　称	(一) 海水养殖面积 (续)					
	1.海上养殖		2.滩涂养殖		3.其他	
	2019年	2020年	2019年	2020年	2019年	2020年
全　省	**59900**	**60368**	**22147**	**17188**	**24994**	**27785**
石家庄市（包含辛集市）						
石家庄市（不含辛集市）						
辛集市						
唐 山 市	30503	30510	17717	12429	15584	18367
秦皇岛市	29397	29858	4000	4329	97	127
邯 郸 市						
邢 台 市						
保 定 市（包含定州市、雄安新区）						
保 定 市（不含定州市、雄安新区）						
定州市						
张家口市						
承 德 市						
沧 州 市			430	430	9313	9291
廊 坊 市						
衡 水 市						

2–2–23续2　各市水产养殖面积

单位：公顷

名　称	(二)淡水养殖面积		1.池塘养殖		2.湖泊养殖	
	2019年	2020年	2019年	2020年	2019年	2020年
全　省	**35973**	**35660**	**21962**	**21756**	**1104**	**1066**
石家庄市（包含辛集市）	914	905	554	546		
石家庄市（不含辛集市）	903	894	543	535		
辛集市	11	11	11	11		
唐 山 市	14036	13907	12850	12780	170	170
秦皇岛市	6191	6182	391	389		
邯 郸 市	1877	1707	1064	954	146	146
邢 台 市	1365	1400	631	534	40	
保 定 市（包含定州市、雄安新区）	1089	995	354	294		
保 定 市（不含定州市、雄安新区）	1089	995	354	294		
定州市						
张家口市	3376	3308	383	316	707	709
承 德 市	1703	1602	338	314	41	41
沧 州 市	2740	2992	2715	2967		
廊 坊 市	2035	2008	2035	2008		
衡 水 市	647	654	647	654		

2-2-23续3 各市水产养殖面积

单位：公顷

名称	（二）淡水养殖面积（续）					
	3.河沟养殖		4.水库养殖		5.其他养殖	
	2019年	2020年	2019年	2020年	2019年	2020年
全省	**664**	**624**	**11891**	**11875**	**1016**	**339**
石家庄市（包含辛集市）			360	359		
石家庄市（不含辛集市）			360	359		
辛集市						
唐山市	193	149	673	668	343	140
秦皇岛市	150	150	5650	5643	150	
邯郸市	286	280	381	321	286	6
邢台市		10	692	852	2	4
保定市（包含定州市、雄安新区）	10	10	525	502	210	189
保定市（不含定州市、雄安新区）	10	10	525	502	210	189
定州市						
张家口市			2286	2283		
承德市			1324	1247	25	
沧州市	25	25				
廊坊市						
衡水市						

2-2-24 各市水产品加工企业情况

名称	加工企业个数（个）		加工能力（吨/年）		水产冷库（座）	
	2019年	2020年	2019年	2020年	2019年	2020年
全省	**228**	**223**	**334578**	**316658**	**212**	**236**
石家庄市（包含辛集市）	1	1	1500	1500	3	3
石家庄市（不含辛集市）	1	1	1500	1500	3	3
辛集市						
唐山市	122	122	87828	87828	118	143
秦皇岛市	36	31	206010	188090	33	31
邯郸市	10	10	7500	7500		
邢台市						
保定市（包含定州市、雄安新区）						
保定市（不含定州市、雄安新区）						
定州市						
张家口市	1	1	1000	1000		
承德市	3	3	20000	20000	6	6
沧州市	55	55	10740	10740	52	53
廊坊市						
衡水市						

2-2-24续　各市水产品加工企业情况

名　　称	冻结能力（吨/日）		水产加工产量（吨）		#冷冻水产品	
	2019年	2020年	2019年	2020年	2019年	2020年
全　　省	**5948**	**6703**	**84057**	**98451**	**68705**	**70494**
石家庄市（包含辛集市）	18	18	770	770	570	570
石家庄市（不含辛集市）	18	18	770	770	570	570
辛集市						
唐 山 市	1948	2748	30767	35570	29329	34158
秦皇岛市	760	710	36550	31365	31615	28833
邯 郸 市			6580	6620		
邢 台 市						
保 定 市（包含定州市、雄安新区）						
保 定 市（不含定州市、雄安新区）						
定州市						
张家口市			1000	1000	1000	1000
承 德 市	115	120	20	20	20	20
沧 州 市	3107	3107	8370	23106	6171	5913
廊 坊 市						
衡 水 市						

2-2-25　各市主要人均指标(2020年)

单位：公斤

名　　称	粮食产量	棉花产量	油料产量	蔬菜产量	园林水果产量	肉类产量
全　　省	**509.16**	**2.80**	**16.03**	**697.26**	**138.34**	**56.23**
石家庄市（包含辛集市）	443.10	0.04	10.63	498.28	182.89	51.37
石家庄市（不含辛集市）	406.35	0.02	9.02	455.83	162.89	45.41
辛集市	1097.69	0.40	39.24	1254.27	539.23	157.51
唐 山 市	375.70	1.44	41.43	1220.04	105.47	74.84
秦皇岛市	239.41	0.00	29.35	781.79	220.13	85.09
邯 郸 市	566.15	5.51	14.35	587.47	69.05	50.13
邢 台 市	681.58	12.15	18.77	447.92	149.21	41.80
保 定 市（包含定州市、雄安雄安）	469.87	0.05	11.40	471.44	104.10	45.45
保 定 市（不含定州市、雄安雄安）	445.51	0.06	11.48	439.80	122.90	38.40
定州市	725.25		19.83	1124.67	21.52	69.71
张家口市	447.82		17.96	1243.41	55.39	64.87
承 德 市	435.91		7.23	1283.98	324.95	114.55
沧 州 市	627.61	1.82	5.81	409.67	140.29	56.02
廊 坊 市	273.62	0.52	5.49	939.34	80.34	29.07
衡 水 市	1033.39	10.01	22.14	673.16	253.14	61.32

2–3–1 2020年各市农林牧渔业总产值(可比价)

单位：万元

名称	农林牧渔业总产值	一、农业产值	(一)谷物及其他作物	(二)蔬菜、食用菌及花卉盆景园艺产品	(三)水果、食用坚果、饮料和香料
全省	**62726357**	**32455380**	**10974853**	**14206811**	**5554397**
石家庄市（包含辛集市）	7534918	3716080	977709	1479844	823583
石家庄市（不含辛集市）	6623541	3237347	844605	1275953	711645
辛集市	911377	478733	133104	203891	111938
唐山市	8961525	4357733	1064529	2587042	685883
秦皇岛市	3936353	1583308	121730	519679	421394
邯郸市	6580342	3457573	1072252	1632537	359482
邢台市	5165451	3282900	966176	886711	530596
保定市（包含定州市、雄安新区）	7650357	4170175	1038307	1565531	799975
保定市（不含定州市、雄安新区）	6139533	3287968	1034037	1248760	758107
定州市	1211168	676135	200610	286476	17068
张家口市	4561884	2495503	362298	1372274	230625
承德市	4808987	2781903	461675	1242855	666015
沧州市	6284740	2589672	1145469	874861	547760
廊坊市	3292830	2340661	398189	1658046	281795
衡水市	4222612	2573421	1157117	847451	530137

注：有关产值、商品产值、中间消耗、增加值，全省总数为省计算数，分市为上报数，各市之和不等于总数(下同)。

2–3–1续1 2020年各市农林牧渔业总产值(可比价)

单位：万元

名称	一、农业产值（续）	二、林业产值			
	(四)中草药材		(一)林木的培育和种植	(二)竹木采运	(三)林产品
全省	**1719318**	**2444525**	**1871796**	**71960**	**500769**
石家庄市（包含辛集市）	152681	212593	179574	209	32810
石家庄市（不含辛集市）	151131	209860	176842	208	32810
辛集市	1550	2733	2732	1	
唐山市	20279	102130	89330	11198	1602
秦皇岛市	228342	150137	105103	3590	41444
邯郸市	61881	219966	192016	1099	26851
邢台市	427998	163645	158965	4673	7
保定市（包含定州市、雄安新区）	419045	482938	297521	6900	178517
保定市（不含定州市、雄安新区）	247064	309694	265523	5167	39004
定州市	171981	120574	7178	134	113262
张家口市	84274	250860	225935	2128	22797
承德市	411358	416637	256223	26987	133427
沧州市	21582	81897	50033	1338	30526
廊坊市	2631	57102	49203	4117	3782
衡水市	38716	79841	70789	9052	

2-3-1续2 2020年各市农林牧渔业总产值(可比价)

单位：万元

名 称	三、牧业产值	(一)牲畜饲养	(二)猪的饲养	(三)家禽饲养	(四)猎狩和捕捉动物
全 省	**20549176**	**7289000**	**7174235**	**5272151**	
石家庄市（包含辛集市）	2974286	949053	934534	931085	670
石家庄市（不含辛集市）	2572349	883017	761392	768956	670
辛集市	401937	66036	173142	162129	
唐 山 市	2995431	913900	1143984	413881	
秦皇岛市	1456867	346598	397303	171699	
邯 郸 市	2383151	576927	827839	969358	
邢 台 市	1439631	425706	475173	520488	
保 定 市（包含定州市、雄安新区）	2568454	1030709	875098	448075	
保 定 市（不含定州市、雄安新区）	2161087	[illegible]	733912	370238	
定州市	386649	173518	141084	69424	
张家口市	1664770	1025697	408131	206884	
承 德 市	1494557	805747	352196	261219	
沧 州 市	1700733	450109	569512	542142	
廊 坊 市	748126	324379	240544	175268	
衡 水 市	1243469	464378	467834	306919	

2-3-1续3 2020年各市农林牧渔业总产值(可比价)

单位：万元

名 称	三、牧业产值（续）	四、渔业产值			五、农林牧渔服务业
	(五)其他畜牧业		(一)海水产品	(二)淡水产品	
全 省	**813789**	**2208095**	**1645828**	**562266**	**5069181**
石家庄市（包含辛集市）	158944	30343		30343	602466
石家庄市（不含辛集市）	158314	30318		30318	573667
辛集市	630	25		25	28799
唐 山 市	523666	1147296	792419	354877	358935
秦皇岛市	541267	362275	353890	8385	383766
邯 郸 市	9027	32776		32776	486876
邢 台 市	18264	8472		8472	270803
保 定 市（包含定州市、雄安新区）	214572	24764		24764	404026
保 定 市（不含定州市、雄安新区）	211917	24764		24764	355420
定州市	2623				27810
张家口市	24058	15347		15347	135404
承 德 市	75395	5517		5517	110373
沧 州 市	138970	444065	416286	27779	1468373
廊 坊 市	7935	34984	9642	25342	111957
衡 水 市	4338	9687		9687	316194

2–3–2 各市农林牧渔业总产值(现价)

单位：万元

名称	农林牧渔业总产值		一、农业产值		(一)谷物及其他作物		1.谷物	
	2019年	2020年	2019年	2020年	2019年	2020年	2019年	2020年
全省	**60614633**	**67424925**	**31148609**	**34133419**	**10441444**	**11306623**	**7515762**	**8031341**
石家庄市（包含辛集市）	7259454	8101134	3563120	3806860	1204208	1202614	981165	922976
石家庄市（不含辛集市）	6374919	7108825	3084031	3314431	1065400	1041554	852646	789036
辛集市	884535	992309	479089	492429	138808	161060	128519	133940
唐山市	8704370	9764508	4154202	4519873	1000191	1062367	594098	584477
秦皇岛市	3787459	4306181	1501181	1648476	389471	413345	119898	121644
邯郸市	6334109	7015005	3219191	3548976	1308040	1351616	1048881	1022817
邢台市	4939546	5453575	3103664	3351199	1414904	1415229	985512	947001
保定市（包含定州市、雄安新区）	7467748	8333046	4090131	4406847	1412140	1380832	1108521	1034320
保定市（不含定州市、雄安新区）	5911867	6670166	3124958	3439308	1055531	1030101	812237	758373
定州市	1176702	1360555	698297	759905	179106	200313	157836	159710
张家口市	4385056	4849303	2385109	2599366	740682	808330	309499	362298
承德市	4560989	5177659	2611238	2933604	453148	461675	184124	197968
沧州市	6050611	6562315	2467619	2609670	1083597	1108164	907338	883252
廊坊市	3290887	3427960	2266108	2364450	361190	368450	265169	256834
衡水市	4072010	4434238	2417028	2583678	1108062	1081730	874349	833293

2–3–2续1 各市农林牧渔业总产值(现价)

单位：万元

名称	1.谷物（续）						2.薯类	
	#小麦		稻谷		玉米			
	2019年	2020年	2019年	2020年	2019年	2020年	2019年	2020年
全省	**3393162**	**3425534**	**180005**	**181052**	**3536219**	**3960009**	**1145688**	**1300475**
石家庄市（包含辛集市）	568097	495539		30	404600	408123	82208	113709
石家庄市（不含辛集市）	491580	415460		30	354282	357006	74499	104942
辛集市	76517	80079			50318	51117	7709	8767
唐山市	148984	136496	145228	147256	294318	294002	73758	74804
秦皇岛市	8470	7812	15634	14064	83401	86797	122755	127994
邯郸市	566947	512312	1674	1752	447803	465332	38323	54618
邢台市	545315	481741	1186	1016	395256	409480	45850	47308
保定市（包含定州市、雄安新区）	600344	516404	3153	1767	491537	500497	168930	175211
保定市（不含定州市、雄安新区）	429020	368514	1253	1714	368942	372920	125608	136489
定州市	94084	93008			63310	66413	7820	9488
张家口市			1323	1037	167717	172472	270848	289274
承德市			11463	12765	149956	152219	240441	226173
沧州市	476418	419266			420887	438481	28789	29330
廊坊市	78880	67164	359	491	183019	182424	51908	47432
衡水市	510328	453815			358668	360361	26044	25704

2–3–2续2　各市农林牧渔业总产值(现价)

单位：万元

名　称	薯类（续）		3.油　料					
	#马铃薯				#花　生		油菜籽	
	2019年	2020年	2019年	2020年	2019年	2020年	2019年	2020年
全　省	**624049**	**683871**	**630872**	**786538**	**518932**	**661228**	**19861**	**37351**
石家庄市（包含辛集市）	8228	12441	48923	75045	44182	68623	3382	3027
石家庄市（不含辛集市）	8228	12441	48406	58969	44182	54923	2865	2237
辛集市			517	16076		13700	517	790
唐 山 市	38762	37537	172131	218310	171835	218006	24	5
秦皇岛市	34570	36859	48156	62996	47178	62199	13	16
邯 郸 市	6031	5850	66078	93973	59038	75467	3434	14350
邢 台 市	5210	8951	68005	87010	44809	56623	2889	6751
保 定 市（包含定州市、雄安新区）	28057	40757	72479	86234	67589	81626	971	556
保 定 市（不含定州市、雄安新区）	22851	[illegible]	[illegible]	69430	55363	65345	971	551
定州市	4218	4143	11394	14320	10529	13837		4
张家口市	269246	285360	77985	49738	340	251	5827	7025
承 德 市	234072	211716	13183	13417	408	704	3021	2737
沧 州 市	1045	1129	20410	31332	17084	24029	1243	1528
廊 坊 市	568	742	15260	19284	12963	17052	55	131
衡 水 市	2414	1862	48887	61676	38679	51397	2973	2174

2–3–2续3　各市农林牧渔业总产值(现价)

单位：万元

名　称	4.豆　类				5.棉　花		6.生　麻	
			#大　豆					
	2019年	2020年	2019年	2020年	2019年	2020年	2019年	2020年
全　省	**169162**	**169820**	**112798**	**1133445**	**433438**	**438031**	**14**	**2**
石家庄市（包含辛集市）	39020	45938	38442	45253	470	482		
石家庄市（不含辛集市）	37876	44607	37298	43922	276	317		
辛集市	1144	1331	1144	1331	194	165		
唐 山 市	9675	10835	5328	4979	22473	23332		
秦皇岛市	9693	9766	6380	5837	34	17		
邯 郸 市	6063	8326	3971	5602	105940	109051	5	1
邢 台 市	12102	12295	9389	9129	172243	181298		
保 定 市（包含定州市、雄安新区）	11981	13628	8877	10293	1081	274		1
保 定 市（不含定州市、雄安新区）	9438	12401	6458	9123	874	258		1
定州市	1038	750	1032	714	9			
张家口市	24595	29434	4766	4028				1
承 德 市	9665	8741	7281	6240				
沧 州 市	8534	9213	7319	8066	29077	28122	8	
廊 坊 市	15748	12912	13289	10652	6159	5992		
衡 水 市	11705	9567	7854	6083	90794	88529		

2–3–2续4　各市农林牧渔业总产值(现价)

单位：万元

名　　称	7.糖　料		8.烟　草		9.其他农作物		#饲料作物	
	2019年	2020年	2019年	2020年	2019年	2020年	2019年	2020年
全　　省	**38565**	**44577**	**3467**	**2077**	**504477**	**533762**	**33926**	**50187**
石家庄市（包含辛集市）				305	52422	44159	6018	4253
石家庄市（不含辛集市）				305	51697	43378	5293	3472
辛集市					725	781	725	781
唐 山 市			84	134	127972	150475	6092	5853
秦皇岛市			1		88934	90928	189	209
邯 郸 市					42750	62830		
邢 台 市					131192	140317	2874	2329
保 定 市（包含定州市、雄安新区）			94	102	49054	71062	2671	2013
保 定 市（不含定州市、雄安新区）			94	102	48045	53047	1662	903
定州市					1009	16045	1009	1110
张家口市	37096	43979	2977	1513	17682	32093	10045	22824
承 德 市	45	513	9	14	5681	14849	1434	11467
沧 州 市					89441	126915	547	476
廊 坊 市					6946	25996	402	526
衡 水 市					56283	62961	3441	3218

2–3–2续5　各市农林牧渔业总产值(现价)

单位：万元

名　　称	(二)蔬菜、食用菌及花卉盆景园艺产品		1.蔬　菜		2.食用菌		3.花　卉	
	2019年	2020年	2019年	2020年	2019年	2020年	2019年	2020年
全　　省	**13742596**	**15201288**	**12237114**	**13337956**	**1192021**	**1490986**	**108517**	**154355**
石家庄市（包含辛集市）	1448990	1591416	1280195	1382420	152479	175700	8234	5231
石家庄市（不含辛集市）	1239091	1375520	1089543	1194268	133232	147956	8234	5231
辛集市	209899	215896	190652	188152	19247	27744		
唐 山 市	2452679	2749510	2238833	2519120	189334	208464	21771	18405
秦皇岛市	520240	549195	483730	508795	23583	28585	12927	11815
邯 郸 市	1509483	1760280	1375117	1521010	67171	120287	51311	105281
邢 台 市	809566	953839	685621	811501	121459	138593	176	1325
保 定 市（包含定州市、雄安新区）	1554053	1702102	1224268	1429533	69480	93641	4640	5380
保 定 市（不含定州市、雄安新区）	1152344	1351306	984953	1143673	68751	92996	3658	4361
定州市	340805	318744	179031	254233	299	432	792	807
张家口市	1378786	1462665	1378011	1457522	680	5031	40	112
承 德 市	1151133	1328885	583820	651569	559959	673687	2070	1767
沧 州 市	849631	919847	825023	895617	5199	2537	4859	2793
廊 坊 市	1620983	1706513	1549853	1632944	3848	4389	1906	1841
衡 水 市	781946	915247	775266	908272	4950	5304	1730	1671

2–3–2续6　各市农林牧渔业总产值(现价)

单位：万元

名　　称	4.盆景园艺		(三)水果、食用坚果、饮料和香料		1.水　果		(1)园林水果	
	2019年	2020年	2019年	2020年	2019年	2020年	2019年	2020年
全　　省	**204944**	**217991**	**5423992**	**5665485**	**4603974**	**4856585**	**3465449**	**3641135**
石家庄市（包含辛集市）	8082	28065	830937	839933	744206	765699	685684	695867
石家庄市（不含辛集市）	8082	28065	702750	726255	616040	652046	559982	584096
辛集市			128187	113678	128166	113653	125702	111771
唐 山 市	2741	3521	677348	684706	502188	521083	330463	347204
秦皇岛市			389829	426124	316036	342984	285217	307859
邯 郸 市	15884	13702	347320	365467	288088	308490	207825	241999
邢 台 市	2310	2420	490208	539531	412395	452617	376833	398702
保 定 市（包含定州市、雄安新区）	255665	173548	708259	814284	670290	774824	406491	473325
保 定 市（不含定州市、雄安新区）	94982	110276	667052	771771	631346	735045	383932	448000
定州市	160683	63272	13804	17349	12737	15386	8603	10611
张家口市	55		211167	237222	138629	179923	123642	163154
承 德 市	5284	1862	608971	669998	364563	415344	347150	395781
沧 州 市	14550	18900	507027	556750	501763	556028	332678	371964
廊 坊 市	65376	67339	280647	286436	276887	282665	148697	156326
衡 水 市			494823	542110	493767	541387	367147	408250

2–3–2续7　各市农林牧渔业总产值(现价)

单位：万元

名　　称	(1)园林水果（续）				(2) 瓜 果 类		2.食用坚果	
	#苹　果		梨					
	2019年	2020年	2019年	2020年	2019年	2020年	2019年	2020年
全　　省	**916495**	**989843**	**884534**	**903468**	**1138525**	**1215450**	**775482**	**760984**
石家庄市（包含辛集市）	74560	78248	389862	396482	58522	69832	80947	69510
石家庄市（不含辛集市）	51883	56854	334390	343888	56058	67950	80926	69485
辛集市	22677	21394	55472	52594	2464	1882	21	25
唐 山 市	76201	74841	28002	29187	171725	173879	164546	163526
秦皇岛市	134868	142769	15647	17029	30819	35125	73539	82379
邯 郸 市	58964	63362	54061	58505	80263	66491	38892	36030
邢 台 市	100178	102815	57169	71080	35562	53915	72370	72466
保 定 市（包含定州市、雄安新区）	50886	51895	47344	46135	263799	301499	37535	38857
保 定 市（不含定州市、雄安新区）	45225	45781	43240	41918	247414	287045	35272	36123
定州市	1506	1427	895	837	4134	4775	1067	1963
张家口市	11879	13605	1751	2098	14987	16769	72472	57269
承 德 市	245833	262543	29710	30633	17413	19563	239946	249035
沧 州 市	20584	20660	108507	114899	169085	184064	384	272
廊 坊 市	14063	13398	38760	40055	128190	126339	1360	1371
衡 水 市	128478	128822	92794	100780	126620	133137	1056	723

2-3-2续8 各市农林牧渔业总产值(现价)

单位：万元

名称	2.食用坚果（续） 核桃		板栗		3.香料原料（花椒）		(四)中草药材	
	2019年	2020年	2019年	2020年	2019年	2020年	2019年	2020年
全　省	**241379**	**234857**	**442161**	**446141**	**27663**	**22973**	**1540577**	**1960022**
石家庄市（包含辛集市）	72624	62653	8316	6856	5784	404	78985	172897
石家庄市（不含辛集市）	72603	62628	8316	6856	5784	404	76790	171102
辛集市	21	25					2195	1795
唐 山 市	30145	31440	133870	131555	10614	97	23984	23290
秦皇岛市	14756	16751	58380	64903	254	761	201641	259812
邯 郸 市	34511	32571	4381	3457	19830	18187	54348	71613
邢 台 市	38593	39121	33777	33335	72	108	388986	442600
保 定 市（包含定州市、雄安新区）	28480	29831	1499	1632	163	151	415679	509629
保 定 市（不含定州市、雄安新区）	26218	27097	1499	1632	163	151	250031	286130
定州市	1066	1963					164582	223499
张家口市	930	961	1	1	36		54474	91149
承 德 市	18562	18994	201940	208338	1372	1450	397986	473046
沧 州 市	380	271					27364	24909
廊 坊 市	1360	1371					3288	3051
衡 水 市	1056	723					32197	44591

2-3-2续9 各市农林牧渔业总产值(现价)

单位：万元

名称	二、林业产值		(一)林木的培育和种植		1.育种育苗		2.造林	
	2019年	2020年	2019年	2020年	2019年	2020年	2019年	2020年
全　省	**2313832**	**2553531**	**1918592**	**1960051**	**183301**	**35595**	**1593150**	**1698109**
石家庄市（包含辛集市）	191049	230857	169425	194887	5394		150426	179292
石家庄市（不含辛集市）	190806	227605	169182	191636	5151		150426	176041
辛集市	243	3252	243	3251	243			3251
唐 山 市	127303	116146	112238	103222	15724		87261	97765
秦皇岛市	151847	162158	112379	116341	17102	8297	89626	96584
邯 郸 市	204683	234163	203816	205985	20256		177202	198753
邢 台 市	121284	176512	117511	171776	7869		102007	162753
保 定 市（包含定州市、雄安新区）	359293	504864	326734	316170	90736	69387	223151	220320
保 定 市（不含定州市、雄安新区）	255419	327048	223777	282430	30596	69387	180946	189720
定州市	72024	123871	71107	8086	60140		10355	5250
张家口市	250434	257649	209569	232702	2649	62256	188202	144231
承 德 市	333854	430805	202269	267408	12096		166802	220619
沧 州 市	101883	89328	80381	57334	6878		71315	56011
廊 坊 市	89877	64975	82614	57016	5646		68031	47374
衡 水 市	103049	87103	96423	77971	6654		62980	57991

2–3–2续10 各市农林牧渔业总产值(现价)

单位：万元

名 称	3.抚育和管理		(二)木材采运		#村及村以下木材采运		(三)林产品	
	2019年	2020年	2019年	2020年	2019年	2020年	2019年	2020年
全 省	**134158**	**119466**	**65440**	**72680**	**65440**	**72680**	**329800**	**520800**
石家庄市（包含辛集市）	13605	13345	1943	210	1943	210	19681	35760
石家庄市（不含辛集市）	13605	13345	1943	209	1943	209	19681	35760
辛集市				1		1		
唐 山 市	9253	5457	8338	11322	8338	11322	6727	1602
秦皇岛市	4092	3690	3693	3616	3482	3616	35775	42201
邯 郸 市	6358	7232	867	1106	867	1106		27072
邢 台 市	7635	9023	3765	4729	3765	4729	8	7
保 定 市（包含定州市、雄安新区）	12756	13923	2562	6972	2535	6657	29997	181722
保 定 市（不含定州市、雄安新区）	12144	13033	2562	6218	2535	5086	29080	39400
定州市	612	2836		134		134	917	115651
张家口市	18710	19435	1840	2149	1470	2047	39025	22798
承 德 市	23371	46879	22879	27211	12448	27113	108706	136186
沧 州 市	2188	1323	905	1346	905	1320	20597	30648
廊 坊 市	8937	9642	4263	4160	4263	4160	3000	3799
衡 水 市	26789	19980	6626	9132	6626	9132		

2–3–2续11 各市农林牧渔业总产值(现价)

单位：万元

名 称	三、牧业产值		(一)牲畜饲养		1.牛的饲养		2.羊的饲养	
	2019年	2020年	2019年	2020年	2019年	2020年	2019年	2020年
全 省	**20354166**	**23097166**	**6877305**	**7465321**	**3062343**	**3193918**	**2240856**	**2478960**
石家庄市（包含辛集市）	2914326	3411221	854749	994542	432917	469513	133210	151760
石家庄市（不含辛集市）	2536178	2943418	789463	925278	409209	444125	112255	129124
辛集市	378148	467803	65286	69264	23708	25388	20955	22636
唐 山 市	2946831	3459081	938602	957577	427963	433511	116997	117867
秦皇岛市	1459429	1651645	348402	362759	119319	118833	192525	204071
邯 郸 市	2435115	2694701	584004	604203	212091	197153	320085	333522
邢 台 市	1450896	1637862	399780	446381	165165	176933	132639	140654
保 定 市（包含定州市、雄安新区）	2626652	2978227	996551	1077240	292335	299121	477870	523386
保 定 市（不含定州市、雄安新区）	2185974	2510852	819337	883466	235480	243805	430936	478356
定州市	379101	448074	157918	181831	51765	52214	34806	38196
张家口市	1618407	1836451	915031	1064527	270231	290978	257052	274276
承 德 市	1506878	1693729	790980	848491	574488	636356	157196	154556
沧 州 市	1661990	1886555	463868	471201	210233	189928	186823	194359
廊 坊 市	787226	844586	331739	336407	148691	141808	131232	135645
衡 水 市	1239055	1427400	445836	484305	204098	196882	145723	161365

2-3-2续12　各市农林牧渔业总产值(现价)

单位：万元

名　　称	3.其他牲畜饲养		4.奶　产　品				5.毛绒产品	
					#生牛奶			
	2019年	2020年	2019年	2020年	2019年	2020年	2019年	2020年
全　　省	**30500**	**30500**	**1481291**	**1699628**	**1461805**	**1679630**	**62314**	**62314**
石家庄市（包含辛集市）	21848	71335	251785	286912	251777	286909	2939	1911
石家庄市（不含辛集市）	21348	70835	232085	266760	232077	266757	2516	1323
辛集市	500	500	19700	20152	19700	20152	423	588
唐 山 市	15916	9556	370209	391603	356942	380812	3017	4674
秦皇岛市	4527	4523	24012	24987	22514	23356	7439	8369
邯 郸 市	1533	1174	44080	62294	43428	61229	5592	9845
邢 台 市	11151	10476	87758	115246	87756	115246	3067	2282
保 定 市（包含定州市、雄安新区）	17203	20358	191865	199747	191859	199739	16848	21146
保 定 市（不含定州市、雄安新区）	17190	11688	118968	128507	118962	128499	16333	21110
定州市		8520	70859	69410	70859	69410	488	9
张家口市	57140	88913	298049	360152	298000	356091	6341	25500
承 德 市	17064	13196	32802	35647	32798	35645	8429	7981
沧 州 市	8152	19137	40712	45861	40712	45861	1162	2846
廊 坊 市	2372	4051	45313	52772	45313	52772	2131	2131
衡 水 市	2318	2358	90814	121226	90814	121226	2883	2474

2-3-2续13　各市农林牧渔业总产值(现价)

单位：万元

名　　称	5.毛绒玩具（续）				(二)猪的饲养		(三)家禽饲养	
	#羊　毛		山羊绒					
	2019年	2020年	2019年	2020年	2019年	2020年	2019年	2020年
全　　省	**36885**	**36885**	**25429**	**25429**	**7300714**	**10546126**	**4985033**	**4312620**
石家庄市（包含辛集市）	1891	1629	1048	282	960919	1452938	957663	791475
石家庄市（不含辛集市）	1468	1041	1048	282	820959	1193361	785272	653206
辛集市	423	588			139960	259577	172391	138269
唐 山 市	2171	3949	846	725	1142842	1582217	423718	355513
秦皇岛市	4054	4097	3385	4272	401357	588337	165620	145148
邯 郸 市	2287	5129	3305	4716	871313	1260773	971405	819975
邢 台 市	1514	1113	1553	1169	525566	725711	512834	445964
保 定 市（包含定州市、雄安新区）	7736	8954	9112	12192	951606	1285581	475387	385332
保 定 市（不含定州市、雄安新区）	7221	8918	9112	12192	795643	1084875	368220	315357
定州市	488	9			136649	200571	84248	62787
张家口市	5051	14021	1290	11479	442667	569913	226135	174639
承 德 市	3179	2980	5250	5001	404277	544619	269080	217910
沧 州 市	1001	1274	161	1572	588298	805773	505083	460425
廊 坊 市	2131	2131			272022	350567	180032	149027
衡 水 市	2197	1748	686	726	494634	677255	294469	261161

2-3-2续14　各市农林牧渔业总产值(现价)

单位：万元

名　称	(三)家禽饲养(续)				(四)狩猎和捕捉动物		(五)其他畜牧业	
	#肉　禽		禽　蛋					
	2019年	2020年	2019年	2020年	2019年	2020年	2019年	2020年
全　省	**1498893**	**1416821**	**3486141**	**2895799**			**1191113**	**773100**
石家庄市（包含辛集市）	205478	185306	752185	606169	2270	670	138725	171596
石家庄市（不含辛集市）	176478	158560	608794	494646	2270	670	138214	170903
辛集市	29000	26746	143391	111523			511	693
唐 山 市	149738	135162	273980	220351			441669	563774
秦皇岛市	91986	85372	73634	59776			544050	555401
邯 郸 市	159298	149942	812107	670033			8393	9750
邢 台 市	133229	125485	379605	320479	288		12428	19806
保 定 市（包含定州市、雄安新区）	153966	132306	321421	253026	2230	6000	200878	224074
保 定 市（不含定州市、雄安新区）	119219	111033	219001	203724	2230		200544	227154
定州市	19309	14846	64939	47941			286	2885
张家口市	76211	68200	149924	106439		1000	34574	26372
承 德 市	170848	142578	98232	75332		100	42541	82609
沧 州 市	227526	225276	277557	235149	2000		102741	149156
廊 坊 市	66265	56801	113767	92226			3433	8585
衡 水 市	85696	80256	208773	180905			4116	4679

2-3-2续15　各市农林牧渔业总产值(现价)

单位：万元

名　称	(五)其它畜牧业(续)				四、渔业产值		(一)海水产品	
	#蚕　茧		家　兔					
	2019年	2020年	2019年	2020年	2019年	2020年	2019年	2020年
全　省	**106**	**106**	**14655**	**14655**	**2125446**	**2432225**	**1571335**	**1853203**
石家庄市（包含辛集市）			2015	645	28837	31879		
石家庄市（不含辛集市）			1504	102	28796	31853		
辛集市			511	543	41	26		
唐 山 市			1207	1171	1132797	1299692	751481	917652
秦皇岛市	106	99	2256	2782	314935	447794	306061	438928
邯 郸 市			2233	2097	30877	34445		
邢 台 市		9	1227	1208	8087	9070		
保 定 市（包含定州市、雄安新区）			1212	1030	28733	26270		
保 定 市（不含定州市、雄安新区）			1050	1013	25847	26270		
定州市			154	5				
张家口市			1072	441	16290	16062		
承 德 市			1433	1549	5941	5774		
沧 州 市			105	568	407741	462068	383794	433012
廊 坊 市			20	15	37838	38605	11614	11345
衡 水 市			869	564	9031	10264		

2-3-2续16 各市农林牧渔业总产值(现价)

单位：万元

名　称	(一)海水产品（续1）							
	#养　殖		1.鱼　类		2.虾 蟹 类		3.贝　类	
	2019年	2020年	2019年	2020年	2019年	2020年	2019年	2020年
全　省	**1123570**	**1203527**	**197440**	**552107**	**335126**	**788146**	**24370**	**321586**
石家庄市（包含辛集市）								
石家庄市（不含辛集市）								
辛集市								
唐 山 市	459572	580902	143515	123416	412978	515804	107567	128092
秦皇岛市	232203	352721	44515	29288	54568	97876	143205	188559
邯 郸 市								
邢 台 市								
保 定 市（包含定州市、雄安新区）								
保 定 市（不含定州市、雄安新区）								
定州市								
张家口市								
承 德 市								
沧 州 市	57610	68100	224522	245916	147957	170444	1039	1116
廊 坊 市			7769	7187	3805	4025		
衡 水 市								

2-3-2续17 各市农林牧渔业总产值(现价)

单位：万元

名　称	(一) 海水产品（续2）		(二)淡水产品					
	4.其 他 类				#养　殖		1.鱼　类	
	2019年	2020年	2019年	2020年	2019年	2020年	2019年	2020年
全　省	**1014399**	**190981**	**554110**	**579022**	**471720**	**481192**	**191747**	**424547**
石家庄市（包含辛集市）			28837	31879	8228	10401	23263	26390
石家庄市（不含辛集市）			28796	31853	8228	10401	23222	26364
辛集市			41	26			41	26
唐 山 市	87421	150292	381316	382040	351357	334889	237323	254359
秦皇岛市	63773	123205	8874	8866	5484	6562	7574	8006
邯 郸 市			30877	34445	19791	21489	30003	32851
邢 台 市			8087	9070	6345	6473	7709	8810
保 定 市（包含定州市、雄安新区）			28733	26270	14130	14130	23473	22060
保 定 市（不含定州市、雄安新区）			25847	26270	14130	14130	20747	22060
定州市								
张家口市			16290	16062	7299	3391	12878	12648
承 德 市			5941	5774	2170	2687	5941	5774
沧 州 市	10276	15536	23947	29056	21311	26688	18145	20734
廊 坊 市	40	133	26224	27260	25323	23868	25588	26425
衡 水 市			9031	10264	6880	6504	8609	8795

2-3-2续18 各市农林牧渔业总产值(现价)

单位：万元

名　称	(二) 淡水产品 (续)						五、农林牧渔服务业	
	2.虾蟹类		3.贝　类		4.其他类			
	2019年	2020年	2019年	2020年	2019年	2020年	2019年	2020年
全　　省	**51832**	**144701**	**5**	**0**	**310527**	**9773**	**4672581**	**5208584**
石家庄市（包含辛集市）	2770	2492			2804	2997	562122	620317
石家庄市（不含辛集市）	2770	2492			2804	2997	535108	591518
辛集市							27014	28799
唐 山 市	140348	125118			3645	2563	343237	369716
秦皇岛市	497	850			803	10	360067	396108
邯 郸 市	873	1594	1				444243	502720
邢 台 市		19			378	241	255615	278932
保 定 市（包含定州市、雄安新区）	303	139	8		4949	4071	362939	416838
保 定 市（不含定州市、雄安新区）	150	120	1		4949	4071	319669	366688
定州市							27280	28705
张家口市	3412	3360				54	114816	139775
承 德 市							103078	113747
沧 州 市	5797	8311	5			11	1411378	1514694
廊 坊 市	544	835			92		109838	115344
衡 水 市	422	1469					303847	325793

2-3-3 各市农林牧渔业总产值及构成(2020年)

单位：万元

名　称	农林牧渔业总产值	农 业	林 业	牧 业	渔 业	农林牧渔服务业
全　　省	**67424924**	**34133419**	**2553531**	**23097166**	**2432225**	**5208584**
石家庄市（包含辛集市）	8101134	3806860	230857	3411221	31879	620317
石家庄市（不含辛集市）	7108825	3314431	227605	2943418	31853	591518
辛集市	992309	492429	3252	467803	26	28799
唐 山 市	9764508	4519873	116146	3459081	1299692	369716
秦皇岛市	4306181	1648476	162158	1651645	447794	396108
邯 郸 市	7015005	3548976	234163	2694701	34445	502720
邢 台 市	5453575	3351199	176512	1637862	9070	278932
保 定 市（包含定州市、雄安新区）	8333046	4406847	504864	2978227	26270	416838
保 定 市（不含定州市、雄安新区）	6670166	3439308	327048	2510852	26270	366688
定州市	1360555	759905	123871	448074		28705
张家口市	4849303	2599366	257649	1836451	16062	139775
承 德 市	5177659	2933604	430805	1693729	5774	113747
沧 州 市	6562315	2609670	89328	1886555	462068	1514694
廊 坊 市	3427960	2364450	64975	844586	38605	115344
衡 水 市	4434238	2583678	87103	1427400	10264	325793

2–3–3续　各市农林牧渔业总产值及构成(2020年)

单位：万元

名　　称	农林牧渔业总产值构成(%)				
	农 业	林 业	牧 业	渔 业	农林牧渔服务业
全　　省	**50.62**	**3.79**	**34.26**	**3.61**	**7.73**
石家庄市（包含辛集市）	47.00	2.80	42.10	0.40	7.70
石家庄市（不含辛集市）	46.60	3.20	41.40	0.40	8.30
辛集市	49.60	0.30	47.10		2.90
唐 山 市	46.30	1.20	35.40	13.30	3.80
秦皇岛市	38.30	3.80	38.40	10.40	9.20
邯 郸 市	50.60	3.30	38.40	0.50	7.20
邢 台 市	61.40	3.20	30.00	0.20	5.10
保 定 市（包含定州市、雄安新区）	52.30	5.60	36.80	0.30	4.90
保 定 市（不含定州市、雄安新区）	51.60	4.90	37.60	0.40	5.50
定州市	55.90	9.10	32.90		2.10
张家口市	53.60	5.30	37.90	0.30	2.90
承 德 市	56.70	8.30	32.70	0.10	2.20
沧 州 市	39.80	1.40	28.70	7.00	23.10
廊 坊 市	69.00	1.90	24.60	1.10	3.40
衡 水 市	58.30	2.00	32.20	0.20	7.30

2–3–4　各市农林牧渔业总产值指数(2020年)

(上年=100)

名　　称	农林牧渔业总产值	农　业	林　业	牧　业	渔　业	农林牧渔服务业
全　　省	**103.5**	**104.2**	**105.6**	**101.0**	**103.9**	**108.5**
石家庄市（包含辛集市）	103.8	104.3	111.3	102.1	105.2	107.2
石家庄市（不含辛集市）	103.9	105.0	110.0	101.4	105.3	107.2
辛集市	103.0	99.9	1024.7	106.3	61.0	103.5
唐 山 市	102.6	104.9	80.2	101.7	101.3	104.6
秦皇岛市	103.9	105.5	98.9	99.8	115.0	106.6
邯 郸 市	103.9	107.4	107.5	97.9	106.2	109.6
邢 台 市	104.6	105.8	134.9	99.2	104.8	105.9
保 定 市（包含定州市、雄安新区）	102.5	102.0	134.4	97.8	86.2	111.3
保 定 市（不含定州市、雄安新区）	103.9	105.2	121.3	98.9	95.8	111.2
定州市	102.9	96.8	167.4	102.0		101.9
张家口市	104.0	104.6	100.2	102.9	94.2	117.9
承 德 市	105.4	106.5	124.8	99.2	92.9	107.1
沧 州 市	104.4	100.8	109.1	110.9	104.1	103.2
廊 坊 市	100.1	103.3	63.5	95.0	92.5	101.9
衡 水 市	103.7	106.5	77.5	100.4	107.3	104.1

2–3–5　各市农林牧渔业商品产值

单位：万元

名　　称	农林牧渔业商品产值		一、农业商品产值		(一)谷物及其他作物		1.谷　物	
	2019年	2020年	2019年	2020年	2019年	2020年	2019年	2020年
全　　省	**48008476**	**53799390**	**26658355**	**29315933**	**7899056**	**8647187**	**5526340**	**6023506**
石家庄市（包含辛集市）	5275664	5856691	2699762	2847604	849404	815258	703669	647527
石家庄市（不含辛集市）	4613546	5116415	2349654	2500263	736812	698670	598075	538378
辛集市	662118	740276	350108	347341	112592	116588	105594	109149
唐 山 市	7813207	8796365	3866346	4221634	819322	883450	491282	493960
秦皇岛市	3021758	3484250	1307073	1446878	287885	313251	80932	82632
邯 郸 市	5045190	5625461	2733942	3046508	1056787	1116144	832012	854928
邢 台 市	4046066	4472885	2641312	2876820	1077399	1082383	750589	732817
保 定 市（包含定州市、雄安新区）	5864136	6578114	3336231	3633068	961621	948778	736843	700051
保 定 市（不含定州市、雄安新区）	4567224	5198824	2525044	2805272	680177	673722	505737	480795
定州市	1032776	1197348	603340	664424	149467	160449	133223	134822
张家口市	3534007	3996802	2107947	2319202	641040	710365	264535	320097
承 德 市	3906392	4444164	2370932	2669924	371201	386585	141054	154611
沧 州 市	3932709	4322897	2031158	2163062	757565	780641	614943	607025
廊 坊 市	2775512	2901349	2030108	2104759	263776	271127	187292	187018
衡 水 市	3285420	3650848	2081576	2248873	823280	803827	621938	594152

2–3–5续1　各市农林牧渔业商品产值

单位：万元

名　　称	2.薯　类		3.油　料		4.豆　类		5.棉　花	
	2019年	2020年	2019年	2020年	2019年	2020年	2019年	2020年
全　　省	**958483**	**1077964**	**511259**	**627814**	**125552**	**127870**	**414843**	**417050**
石家庄市（包含辛集市）	59183	73721	28140	32206	26674	31662	285	217
石家庄市（不含辛集市）	53863	67671	27759	31624	26045	30930	197	142
辛集市	5320	6050	381	582	629	732	88	75
唐 山 市	58301	62053	149883	188923	7803	8920	21773	22424
秦皇岛市	105481	111939	34781	45847	5608	5752	24	12
邯 郸 市	30109	42810	58473	84213	4271	6278	102150	104533
邢 台 市	33885	35701	56604	73366	9653	9876	163223	171903
保 定 市（包含定州市、雄安新区）	132087	135036	54524	65966	9511	8767	761	227
保 定 市（不含定州市、雄安新区）	93868	100920	45497	54256	7506	7776	581	212
定州市	6647	8065	7807	9930	880	634	3	
张家口市	245035	253338	65891	43198	20875	27024		
承 德 市	211094	207666	11154	11395	5634	6016		
沧 州 市	22901	22377	16896	26764	6023	6312	27903	27500
廊 坊 市	42038	37849	11383	14921	11284	9791	5460	5241
衡 水 市	21836	21810	40274	51011	10509	8596	88331	84090

2-3-5续2 各市农林牧渔业商品产值

单位：万元

名称	6.生麻		7.糖类		8.烟草		9.其他农作物	
	2019年	2020年	2019年	2020年	2019年	2020年	2019年	2020年
全省	**12**	**1**	**34489**	**44047**	**3447**	**2059**	**324631**	**326876**
石家庄市（包含辛集市）						305	31453	29620
石家庄市（不含辛集市）						305	30873	29620
辛集市							580	
唐山市					82	133	90198	107037
秦皇岛市							61059	67069
邯郸市	5	1					29767	23381
邢台市							63445	58720
保定市（包含定州市、雄安新区）					88	100	27807	38631
保定市（不含定州市、雄安新区）					88	100	26900	29663
定州市							907	6998
张家口市		1	33169	43505	2977	1513	8558	21689
承德市			45	458			2220	6439
沧州市	7						68892	90663
廊坊市							6319	16307
衡水市							40392	44168

2-3-5续3 各市农林牧渔业商品产值

单位：万元

名称	(二)蔬菜、食用菌及花卉盆景园艺		1.蔬菜		2.食用菌		3.花卉	
	2019年	2020年	2019年	2020年	2019年	2020年	2019年	2020年
全省	**12318381**	**13598585**	**10917953**	**11889454**	**1119188**	**1394817**	**104578**	**147594**
石家庄市（包含辛集市）	1068223	1171897	914616	1007240	140514	160505	6593	4152
石家庄市（不含辛集市）	937830	1035985	800320	894530	124417	137303	6593	4152
辛集市	130393	135912	114296	112710	16097	23202		
唐山市	2373006	2655863	2175214	2443751	174692	192314	21349	18027
秦皇岛市	459241	482653	423305	442879	23573	28528	12363	11246
邯郸市	1313983	1534818	1186718	1328980	61642	99269	50439	101917
邢台市	739881	869820	623786	738485	115919	131066	176	269
保定市（包含定州市、雄安新区）	1326352	1429975	1048520	1198756	53921	72091	4508	5248
保定市（不含定州市、雄安新区）	996795	1137207	848432	961369	53565	71480	3552	4259
定州市	277002	265034	148053	210018		428	792	807
张家口市	1231901	1314455	1231310	1309706	591	4647		102
承德市	1051803	1217929	503983	553368	541706	662197	2064	1765
沧州市	786403	848332	766629	829092	3756	2233	4661	2691
廊坊市	1510689	1574356	1445252	1507027	3788	4226	1799	1721
衡水市	749110	876726	742495	869828	4885	5227	1730	1671

2–3–5续4　各市农林牧渔业商品产值

单位：万元

名　　称	4.盆景园艺		(三)水果、食用坚果、饮料和香料		1.水　果		(1) 园林水果	
	2019年	2020年	2019年	2020年	2019年	2020年	2019年	2020年
全　　省	**176662**	**166720**	**4953799**	**5185796**	**4187346**	**4430807**	**3122370**	**3305422**
石家庄市（包含辛集市）	6500		716411	726279	639848	658036	589883	597598
石家庄市（不含辛集市）	6500		611218	633016	534675	564797	486805	505959
辛集市			105193	93263	105173	93239	103078	91639
唐 山 市	1751	1771	650274	659263	480288	499604	312023	329113
秦皇岛市			359143	393958	289296	315003	260802	281709
邯 郸 市	15184	4652	309348	325472	250999	269100	179175	210554
邢 台 市			462944	507390	387737	424338	354970	376070
保 定 市（包含定州市、雄安新区）	219403	153880	634845	749166	599147	713151	350519	436324
保 定 市（不含定州市、雄安新区）	91246	100099	600073	712602	566391	679263	331491	414962
定州市	128157	53781	12290	15443	11226	13486	7522	9219
张家口市			184107	203935	126516	159591	113674	144989
承 德 市	4050	599	558043	599079	326180	362937	309720	344914
沧 州 市	11357	14316	460727	509915	454413	509725	297052	341210
廊 坊 市	59850	61382	252398	256320	249467	253411	133333	139420
衡 水 市			477549	524077	476537	523414	353182	393245

2–3–5续5　各市农林牧渔业商品产值

单位：万元

名　　称	(2) 瓜 果 类		2.食用坚果		3.香料原料(花椒)		(四)中 药 材	
	2019年	2020年	2019年	2020年	2019年	2020年	2019年	2020年
全　　省	**1064976**	**1125385**	**726238**	**710302**	**26300**	**22482**	**1487119**	**1884365**
石家庄市（包含辛集市）	49965	60438	71124	63682	5439	241	65724	134170
石家庄市（不含辛集市）	47870	58838	71104	63658	5439	241	63794	132592
辛集市	2095	1600	20	24			1930	1578
唐 山 市	168265	170491	160515	159586	9471	73	23744	23058
秦皇岛市	28494	33294	69599	78248	248	707	200804	257016
邯 郸 市	71824	58546	38531	35575	19818	18157	53824	70074
邢 台 市	32767	48268	70141	70170	66	102	361088	417227
保 定 市（包含定州市、雄安新区）	248628	276827	35378	35531	109	127	413413	505149
保 定 市（不含定州市、雄安新区）	234900	264301	33362	32945	109	127	247999	281651
定州市	3704	4267	1064	1957			164581	223498
张家口市	12842	14602	57561	44314			50899	90447
承 德 市	16460	18023	227799	230824	1094	1299	389885	466331
沧 州 市	157361	168515	314	190			26463	24174
廊 坊 市	116134	113991	1331	1309	1600	1600	3245	2956
衡 水 市	123355	130169	1012	663			31637	44243

2–3–5续6　各市农林牧渔业商品产值

单位：万元

名　　称	二、林业商品产值		(一)林木的培育和种植		(二)木材采运		(三)林　产　品	
	2019年	2020年	2019年	2020年	2019年	2020年	2019年	2020年
全　　省	**554878**	**820393**	**282609**	**397694**	**57372**	**61836**	**214898**	**360862**
石家庄市（包含辛集市）	48261	54243	44200	52464	1861	209	2200	1570
石家庄市（不含辛集市）	48261	54243	44200	52464	1861	209	2200	1570
辛集市								
唐　山　市	25869	14203	12316	3186	7825	9652	5728	1365
秦皇岛市	46683	42731	13461	2415	2926	3035	30296	37281
邯　郸　市	427	12517		3462	427	455		8600
邢　台　市	16765	26505	13191	22070	3574	4435		
保　定　市（包含定州市、雄安新区）	95681	170570	70599	39669	1665	4501	23417	126400
保　定　市（不含定州市、雄安新区）	39920	76870	15755	39669	1665	3104	22500	34097
定州市	55761	92303	54844				917	92303
张家口市	55711	140503	54544	124714	1167	1598		14191
承　德　市	125855	241028	11408	92330	20878	24229	93569	124469
沧　州　市	38232	39974	23756	22545	712	1003	13764	16426
廊　坊　市	12226	9332	6366	2539	3120	3271	2740	3522
衡　水　市	8963	8827	2550		6413	8827		

2–3–5续7　各市农林牧渔业商品产值

单位：万元

名　　称	三、牧业商品产值		(一)牲畜饲养		1.牛的饲养		2.羊的饲养	
	2019年	2020年	2019年	2020年	2019年	2020年	2019年	2020年
全　　省	**18735404**	**21307131**	**6402159**	**6859836**	**2856248**	**2949264**	**2060467**	**2219165**
石家庄市（包含辛集市）	2500016	2925119	734434	830942	391601	427608	96110	115524
石家庄市（不含辛集市）	2188044	2532209	684606	778097	370385	404887	83316	101711
辛集市	311972	392910	49828	52845	21216	22721	12794	13813
唐　山　市	2812865	3289824	890264	911919	398817	411455	109653	109865
秦皇岛市	1356457	1552664	329149	342311	113668	113329	183869	195930
邯　郸　市	2281335	2533118	532126	554551	187627	177299	300199	312652
邢　台　市	1379973	1560569	379002	427372	159080	169875	128522	136316
保　定　市（包含定州市、雄安新区）	2405006	2749271	920953	1008163	277464	282775	441098	482005
保　定　市（不含定州市、雄安新区）	1977771	2291477	746880	816992	221548	228071	396071	438051
定州市	373675	440621	157507	180778	51535	51982	34798	38196
张家口市	1355452	1521401	792452	886009	248390	238505	246299	197131
承　德　市	1404735	1527950	753066	786825	557518	590125	145385	142090
沧　州　市	1481439	1689853	404918	412426	180262	173283	168351	177030
廊　坊　市	696518	750635	306361	310609	142297	135916	117817	121657
衡　水　市	1186112	1383218	423665	463809	195872	189427	132906	150570

2-3-5续8 各市农林牧渔业商品产值

单位：万元

名称	3.其他牲畜饲养		4.奶类		5.毛绒类		(二)猪的饲养	
	2019年	2020年	2019年	2020年	2019年	2020年	2019年	2020年
全省	**7256**	**17083**	**1419077**	**1617026**	**59111**	**57298**	**6777983**	**9878556**
石家庄市（包含辛集市）	473	13476	233256	266304	2744	1390	876248	1319679
石家庄市（不含辛集市）	473	13476	217785	250474	2397	909	753074	1091276
辛集市			15471	15830	347	481	123174	228403
唐山市	11060	4033	363244	384101	2990	2465	1121204	1537525
秦皇岛市	1800	1532	21817	22597	7415	8323	374888	563044
邯郸市	424	921	38888	54336	4988	9304	842435	1219555
邢台市	2420	5821	85922	112670	3058	2270	511180	703193
保定市（包含定州市、雄安新区）	650	18165	185714	192514	16027	19626	866667	1188611
保定市（不含定州市、雄安新区）	650	9750	113089	121527	15522	19593	717656	993322
定州市		8265	70693	69248	481	9	133001	195166
张家口市	4446	68049	286381	336526	6130	25271	345693	478162
承德市	9504	12052	31955	34663	7704	7695	385144	513461
沧州市	3103	7401	37550	43428	1088	1434	528662	741363
廊坊市	1886	3615	40702	47686	1759	1735	220952	293867
衡水市	2115	2193	89905	119148	2867	2471	477599	661924

2-3-5续9 各市农林牧渔业商品产值

单位：万元

名称	(三)家禽饲养		1.肉禽		2.禽蛋		(四)狩猎和捕捉动物	
	2019年	2020年	2019年	2020年	2019年	2020年	2019年	2020年
全省	**4551630**	**3934642**	**1382729**	**1301492**	**3168902**	**2633150**		
石家庄市（包含辛集市）	831317	688507	178001	162369	653316	526138	500	
石家庄市（不含辛集市）	692781	577306	154173	140391	538608	436915	500	
辛集市	138536	111201	23828	21978	114708	89223		
唐山市	405629	341564	145678	131525	259951	210039		
秦皇岛市	149252	132856	86464	80579	62788	52277		
邯郸市	900808	755663	148033	138720	752775	616943		
邢台市	481822	419158	125723	118571	356099	300587		
保定市（包含定州市、雄安新区）	430044	349596	141799	123437	288245	226159		
保定市（不含定州市、雄安新区）	326034	281093	108886	103601	217148	177492		
定州市	83033	61877	18804	14458	64229	47419		
张家口市	206716	146144	73373	48854	133343	97290		900
承德市	241923	191096	157615	130572	84308	60524		
沧州市	453760	422447	203287	208967	250473	213480	1600	
廊坊市	166073	137737	60662	52459	105411	85278		
衡水市	281275	253304	81772	77778	199503	175526		

2—3—5续10　各市农林牧渔业商品产值

单位：万元

名　称	(五)其他畜牧业		四、渔业商品产值		(一)海水产品		(二)淡水产品	
	2019年	2020年	2019年	2020年	2019年	2020年	2019年	2020年
全　省	**1003632**	**634097**	**2059840**	**2355933**	**1518696**	**1790750**	**541144**	**565183**
石家庄市（包含辛集市）	57517	85991	27625	29725			27625	29725
石家庄市（不含辛集市）	57083	85530	27587	29700			27587	29700
辛集市	434	461	38	25			38	25
唐山市	395768	498816	1108127	1270704	730323	891865	377804	378839
秦皇岛市	503168	514453	311545	441977	302981	433721	8564	8256
邯郸市	5966	3349	29486	33318			29486	33318
邢台市	7969	10846	8016	8991			8016	8991
保定市（包含定州市、雄安新区）	187342	202901	27218	25205			27218	25205
保定市（不含定州市、雄安新区）	187201	200070	24489	25205			24489	25205
定州市	134	2800						
张家口市	10591	10186	14897	15696			14897	15696
承德市	24602	36568	4870	5262			4870	5262
沧州市	92499	113617	381880	430008	359419	403571	22461	26437
廊坊市	3132	8422	36660	36623	11488	11173	25172	25450
衡水市	3573	4181	8769	9930			8769	9930

2—3—6　各市农林牧渔业中间消耗

单位：万元

名　称	农林牧渔业中间消耗		(一)农业中间消耗		1.农业物质消耗		(1)用种量	
	2019年	2020年	2019年	2020年	2019年	2020年	2019年	2020年
全　省	**21847064**	**26294836**	**9439897**	**10274159**	**7459778**	**8135505**	**1026900**	**1076900**
石家庄市（包含辛集市）	2485114	2795151	814585	989896	574897	747215	93094	119709
石家庄市（不含辛集市）	2130797	2395149	682659	791397	494159	625735	82282	103441
辛集市	354317	400002	131926	198499	80738	121480	10812	16268
唐山市	3239854	3659777	1152773	1238415	871791	937575	132143	144605
秦皇岛市	1526185	1748952	460738	518331	381790	430281	43957	50562
邯郸市	2712180	3015523	1109473	1243259	937095	1046800	144268	158706
邢台市	1978332	2196068	1011842	1087395	765203	823338	124607	133022
保定市（包含定州市、雄安新区）	2863885	4037877	1322974	1884456	980348	1404894	147869	212018
保定市（不含定州市、雄安新区）	2263124	2574041	997414	1064617	736717	785859	111040	120230
定州市	466113	541950	238741	277584	180255	209582	26498	30809
张家口市	1883042	2093109	979348	1090280	668019	865413	212508	268034
承德市	1533659	1759674	667980	912907	578401	803505	81387	109136
沧州市	2497002	2713355	750309	773614	574905	592247	105532	105111
廊坊市	1117902	1173155	642793	684488	485214	514430	82432	87849
衡水市	1770432	1932912	905640	968798	727170	774201	115054	125011

注：各市农林牧渔业中间消耗数据为快报数。

2-3-6续1　各市农林牧渔业中间消耗

单位：万元

名　　称	1.农业物质消耗(续1)							
	(2)役畜用饲料、饲草		(3)肥　料		(4)燃　料		(5)农　药	
	2019年	2020年	2019年	2020年	2019年	2020年	2019年	2020年
全　　省	**39882**	**38882**	**3474839**	**3774839**	**477567**	**537567**	**735093**	**729823**
石家庄市（包含辛集市）	6886	8987	215493	274180	63194	82359	52244	71712
石家庄市（不含辛集市）	3297	3587	195481	244070	50242	62871	40232	53639
辛集市	3589	5400	20012	30110	12952	19488	12012	18073
唐 山 市	3398	3592	383957	411916	46957	50238	67940	72713
秦皇岛市	4003	4882	174831	194953	34257	39999	42886	48200
邯 郸 市	3820	4111	427821	482293	52562	58869	59637	66147
邢 台 市	2058	2173	318197	341686	46078	49323	60932	65110
保 定 市（包含定州市、雄安新区）	4177	6231	425339	608198	52836	77127	69906	103963
保 定 市（不含定州市、雄安新区）	3297	3824	317770	[illegible]	39943	44334	50071	53837
定州市	722	840	80438	93525	9550	11104	14563	16932
张家口市	61018	67734	155695	211758	50183	60060	33197	42023
承 德 市	4040	4962	262803	375190	27216	36313	48351	63171
沧 州 市	6356	7836	207184	214775	34939	36350	46266	47175
廊 坊 市	1670	1572	216695	229951	23491	24815	35054	37135
衡 水 市	7280	1597	352987	380990	39156	41229	54780	57008

2-3-6续2　各市农林牧渔业中间消耗

单位：万元

名　　称	1.农业物质消耗(续2)							
	(6)农用塑料薄膜		(7)用 电 量		(8)小农具购置		(9)办公用品购置	
	2019年	2020年	2019年	2020年	2019年	2020年	2019年	2020年
全　　省	**452842**	**512842**	**839258**	**939258**	**66271**	**76271**	**4656**	**6656**
石家庄市（包含辛集市）	22062	29021	95804	123671	3523	4945	1731	2433
石家庄市（不含辛集市）	18843	24173	80717	100971	2654	3640	1519	2115
辛集市	3219	4848	15087	22700	869	1305	212	318
唐 山 市	39832	43018	136535	144270	5110	5531	2228	2425
秦皇岛市	11672	12818	32188	34766	1939	2135	1055	1255
邯 郸 市	38468	43486	99958	111946	26250	28417	6468	7303
邢 台 市	42123	45501	113989	122163	8086	8773	3327	3629
保 定 市（包含定州市、雄安新区）	44745	66957	152066	213363	7911	10621	2535	4033
保 定 市（不含定州市、雄安新区）	32747	37109	116296	119540	4896	6026	1959	2472
定州市	8599	9998	27684	32188	954	1109	467	543
张家口市	25738	32023	38254	53252	15743	18189	7339	8338
承 德 市	27918	35602	37507	50936	4278	5884	172	231
沧 州 市	37705	39738	94249	97956	5637	5978	1606	1203
廊 坊 市	21431	22578	73414	77421	2692	2863	1505	1592
衡 水 市	40773	43258	73153	77999	6976	7348	3964	4069

2-3-6续3　各市农林牧渔业中间消耗

单位：万元

名　　称	(10)其　他		2.生产服务支出		(二)林业中间消耗		1.物质消耗	
	2019年	2020年	2019年	2020年	2019年	2020年	2019年	2020年
全　　省	**342467**	**442467**	**1980119**	**2138654**	**662305**	**1103700**	**474029**	**838852**
石家庄市（包含辛集市）	20866	30198	175080	242681	50700	56097	38312	42293
石家庄市（不含辛集市）	18892	27228	123892	165662	50620	54786	38272	41443
辛集市	1974	2970	51188	77019	80	1311	40	850
唐 山 市	53691	59267	280982	300840	43916	39917	34735	31304
秦皇岛市	35002	40711	78948	88050	57587	63651	50220	55932
邯 郸 市	77843	85522	172378	196459	83244	113364	63877	84950
邢 台 市	45806	51958	246639	264057	59768	91519	48273	74213
保 定 市（包含定州市、雄安新区）	72964	102383	342626	479562	115541	292481	91946	232309
保 定 市（不含定州市、雄安新区）	58690	65605	260697	278758	89224	147044	70343	113386
定州市	10780	12534	58486	68002	18564	21584	15101	17558
张家口市	68344	104002	203417	224867	96105	93875	44515	70729
承 德 市	84729	122080	89579	109402	90812	144976	68692	110591
沧 州 市	35431	36125	175404	181367	35352	23583	29595	19479
廊 坊 市	26830	28654	157579	170058	30411	22139	25260	18272
衡 水 市	33047	35692	178470	194597	43979	37043	36134	30322

2-3-6续4　各市农林牧渔业中间消耗

单位：万元

名　　称	1.林业物质消耗(续1)							
	(1)用 种 量		(2)肥　料		(3)燃　料		(4)农　药	
	2019年	2020年	2019年	2020年	2019年	2020年	2019年	2020年
全　　省	**376499**	**676499**	**35209**	**44209**	**15970**	**27970**	**17309**	**16809**
石家庄市（包含辛集市）	14065	15557	8888	10250	2970	2842	3009	4265
石家庄市（不含辛集市）	14065	15444	8888	10070	2970	2706	3009	4054
辛集市		113		180		136		211
唐 山 市	19571	17509	9541	8681	1009	897	3320	2982
秦皇岛市	30197	33215	14287	15434	1117	1315	1561	2546
邯 郸 市	36666	52711	15844	17962	2278	2973	4397	5779
邢 台 市	25843	40346	11361	17040	1828	3092	4121	6285
保 定 市（包含定州市、雄安新区）	53968	137029	22804	57177	3038	7532	7256	18025
保 定 市（不含定州市、雄安新区）	41094	65317	17473	28517	2338	3739	5643	9227
定州市	9049	10521	3716	4321	435	506	1227	1427
张家口市	28440	43911	5198	10184	1219	2890	2916	3185
承 德 市	24707	40733	11695	17895	4113	6529	11590	17758
沧 州 市	20299	13555	4194	1987	676	714	743	584
廊 坊 市	15535	11011	6149	4434	735	606	2034	1582
衡 水 市	23009	18720	7429	6701	1281	1171	1913	1666

2–3–6续5 各市农林牧渔业中间消耗

单位：万元

名 称	1.林业物质消耗(续2)							
	(5)用 电 量		(6)小农机具购置		(7)办公用品购置		(8)其 他	
	2019年	2020年	2019年	2020年	2019年	2020年	2019年	2020年
全 省	**18159**	**30159**	**1546**	**3546**	**547**	**1447**	**8789**	**38213**
石家庄市（包含辛集市）	4207	3604	2285	3650	323	371	2565	1754
石家庄市（不含辛集市）	4207	3446	2285	3633	323	359	2525	1731
辛集市		158		17		12	40	23
唐 山 市	668	624	154	145	110	112	362	354
秦皇岛市	1268	1406	340	361	251	321	1199	1334
邯 郸 市	1876	2176	824	1092	600	764	1392	1493
邢 台 市	1627	2373	795	1066	1025	1286	1673	2725
保 定 市（包含定州市、雄安新区）	2095	4769	712	2184	108	127	1965	5466
保 定 市（不含定州市、雄安新区）	1718	2917	502	742	107	126	1468	2801
定州市	248	288	58	67			368	2456
张家口市	1463	3029	485	2309	656	964	4138	4257
承 德 市	1532	2527	167	216	46	72	14842	24861
沧 州 市	902	984	719	139	890	116	1172	1400
廊 坊 市	410	339	93	80	23	15	281	205
衡 水 市	1046	889	501	419	246	220	709	536

2–3–6续6 各市农林牧渔业中间消耗

单位：万元

名 称	2.生产服务支出		(三)牧业中间消耗		1.牧业物质消耗			
							(1)用种量	
	2019年	2020年	2019年	2020年	2019年	2020年	2019年	2020年
全 省	**188276**	**264848**	**8697295**	**11132427**	**8364212**	**10682339**	**1240201**	**1690201**
石家庄市（包含辛集市）	12169	13804	1323231	1426088	1179426	1305915	151862	174633
石家庄市（不含辛集市）	12129	13343	1115255	1237515	989602	1133815	130150	154948
辛集市	40	461	207976	188573	189824	172100	21712	19685
唐 山 市	9181	8613	1421226	1654232	1351764	1571346	223314	259920
秦皇岛市	7367	7719	701777	793633	665602	750170	136623	154923
邯 郸 市	19367	28414	1257135	1371393	1167695	1275308	234497	258353
邢 台 市	11495	17306	769665	871484	722846	816786	131930	151245
保 定 市（包含定州市、雄安新区）	23595	60172	1217504	1616790	1142704	1527445	182020	246475
保 定 市（不含定州市、雄安新区）	18881	33658	994039	1159647	929970	1092211	148379	178006
定州市	3463	4026	193813	225347	184510	214530	29008	33728
张家口市	27631	23146	749179	841139	525948	772483	52184	78117
承 德 市	22120	34385	716585	640281	671196	598911	138725	120360
沧 州 市	5757	4104	798635	945442	743798	881881	106416	128484
廊 坊 市	5151	3867	366622	393053	348526	373354	55343	59249
衡 水 市	7845	6721	647193	746209	602456	693955	113464	133871

2–3–6续7　各市农林牧渔业中间消耗

单位：万元

名　　称	1.牧业物质消耗(续1)					
	(2)饲料、饲草		(3)燃　料		(4)用 电 量	
	2019年	2020年	2019年	2020年	2019年	2020年
全　　省	**6736364**	**8536364**	**187110**	**209110**	**101643**	**116643**
石家庄市（包含辛集市）	887785	986032	28916	30466	50854	51326
石家庄市（不含辛集市）	741889	853759	19592	22011	43979	45093
辛集市	145896	132273	9324	8455	6875	6233
唐 山 市	1041739	1211546	11063	12660	31828	36524
秦皇岛市	474182	529729	6542	7570	11676	14631
邯 郸 市	827316	902153	12923	13426	32378	35042
邢 台 市	534519	602027	7372	8351	19447	21771
保 定 市（包含定州市、雄安新区）	879165	1172880	10237	13880	26383	35588
保 定 市（不含定州市、雄安新区）	713658	834021	8447	10221	21603	25564
定州市	143659	167032	1552	1805	4263	4957
张家口市	395516	578590	10302	23409	16285	22696
承 德 市	468993	420004	8280	7519	6056	5703
沧 州 市	594972	704625	7827	9680	12444	14045
廊 坊 市	272219	291427	2645	2946	7010	7675
衡 水 市	445734	511320	7332	8515	8766	9857

2–3–6续8　各市农林牧渔业中间消耗

单位：万元

名　　称	1.牧业物质消耗(续2)				2.生产服务支出	
	(5)畜牧用药品		(6)其　他			
	2019年	2020年	2019年	2020年	2019年	2020年
全　　省	**58104**	**74233**	**40788**	**55788**	**333083**	**450088**
石家庄市（包含辛集市）	50213	52820	9796	10638	116555	120173
石家庄市（不含辛集市）	45231	48301	8761	9703	98403	103700
辛集市	4982	4519	1035	935	18152	16473
唐 山 市	30591	35623	13229	15073	69462	82886
秦皇岛市	21534	26519	15045	16798	36175	43463
邯 郸 市	36475	37998	24106	28336	89440	96085
邢 台 市	20900	22841	8678	10551	46819	54698
保 定 市（包含定州市、雄安新区）	27010	36627	17889	21995	74800	89345
保 定 市（不含定州市、雄安新区）	22194	27031	15689	17368	64069	67436
定州市	4056	4716	1972	2293	9303	10817
张家口市	30704	36115	20957	33556	84021	68656
承 德 市	11274	11078	37868	34247	45389	41370
沧 州 市	9643	11265	12496	13782	54837	63561
廊 坊 市	8540	9176	2769	2881	18096	19699
衡 水 市	17227	19168	9933	11224	44737	52254

2-3-6续9　各市农林牧渔业中间消耗

单位：万元

名　称	(四)渔业中间消耗		1.渔业物质消耗		(1)饲　料		(2)燃　料	
	2019年	2020年	2019年	2020年	2019年	2020年	2019年	2020年
全　省	**758546**	**904666**	**559556**	**690956**	**363683**	**450083**	**50264**	**62664**
石家庄市（包含辛集市）	13865	15278	11786	12856	7284	7770	923	1099
石家庄市（不含辛集市）	13849	15268	11775	12850	7279	7768	921	1098
辛集市	16	10	11	6	5	2	2	1
唐 山 市	431228	528131	356808	429387	215388	272862	25525	33474
秦皇岛市	144052	203507	108023	137114	21432	50888	66277	56805
邯 郸 市	16311	17871	13694	14886	8399	9248	1791	1856
邢 台 市	4024	4511	3117	3462	2382	2642	167	198
保 定 市（包含定州市、雄安新区）	15338	13492	12729	10958	8341	6945	973	789
保 定 市（不含定州市、雄安新区）	13795	13492	11702	10958	7036	6945	820	789
定州市								
张家口市	7639	6869	5399	5651	2861	2777	216	230
承 德 市	2676	2202	2378	1970	1685	1337	115	130
沧 州 市	128882	155471	109449	132619	81280	97531	11448	6799
廊 坊 市	17063	17508	13779	14137	9035	9356	988	992
衡 水 市	4835	5466	3839	4346	2357	2594	304	344

2-3-6续10　各市农林牧渔业中间消耗

单位：万元

名　称	1.渔业物质消耗(续1)						2.生产服务支出	
	(3)用 电 量		(4)办公用品购置		(5)其　他			
	2019年	2020年	2019年	2020年	2019年	2020年	2019年	2020年
全　省	**10132**	**19132**	**931**	**1531**	**134546**	**157546**	**198990**	**213710**
石家庄市（包含辛集市）	677	772	65	50	2837	3165	2079	2422
石家庄市（不含辛集市）	675	771	64	49	2836	3164	2074	2418
辛集市	2	1	1	1	1	1	5	4
唐 山 市	15612	18991	132	128	100151	103932	74420	98744
秦皇岛市	1551	6941	224	251	18539	22229	36029	66393
邯 郸 市	585	758	192	313	2727	2711	2617	2985
邢 台 市	143	159	68	64	357	399	907	1049
保 定 市（包含定州市、雄安新区）	1176	925	49	27	2190	2272	2609	2534
保 定 市（不含定州市、雄安新区）	1110	925	49	27	2187	2272	2593	2534
定州市								
张家口市	776	816	112	162	1434	1666	1484	1218
承 德 市	83	76	72	118	423	309	298	232
沧 州 市	1424	1514	4213	4273	11084	22502	19433	22852
廊 坊 市	662	665	16	18	3078	3106	3284	3371
衡 水 市	162	188	130	109	886	1111	996	1120

2–3–6续11 各市农林牧渔业中间消耗

单位：万元

名　　称	(五)农林牧渔服务业中间消耗		1.物质消耗		2.生产服务支出	
	2019年	2020年	2019年	2020年	2019年	2020年
全　省	**2289022**	**2879884**	**1201441**	**1461441**	**1087580**	**1418443**
石家庄市（包含辛集市）	282733	307792	184239	215539	82016	92253
石家庄市（不含辛集市）	268414	296183	171488	205207	80448	90976
辛集市	14319	11609	12751	10332	1568	1277
唐 山 市	190711	199082	85272	94783	105439	104299
秦皇岛市	162031	169830	95977	100199	66054	69631
邯 郸 市	246017	269636	178777	196638	67240	72998
邢 台 市	133033	141159	98149	103496	34884	37663
保 定 市（包含定州市、雄安新区）	192528	230658	85997	102554	106531	128104
保 定 市（不含定州市、雄安新区）	168652	190360	75228	84884	93424	105476
定州市	14995	17435	6399	7740	8596	9995
张家口市	50771	60946	23016	36279	15214	24667
承 德 市	55606	59308	33667	36234	21939	23074
沧 州 市	783824	815245	559741	582261	224083	232984
廊 坊 市	61013	55967	23292	24055	37721	31912
衡 水 市	168785	175396	103754	107785	65031	67611

2–3–7 各市农林牧渔业增加值

单位：万元

名　　称	农林牧渔业增加值		1.农　业		2.林　业	
	2019年	2020年	2019年	2020年	2019年	2020年
全　省	**37274968**	**41132300**	**21777960**		**1313736**	
石家庄市（包含辛集市）	4774340	5306414	2748535		140349	
石家庄市（不含辛集市）	4244122	4714075	2401372		140186	
辛集市	530218	592339	347163		163	
唐 山 市	5464797	6105057	3001710		83387	
秦皇岛市	2261274	2557367	1040443		94260	
邯 郸 市	3621929	3999695	2109718		121439	
邢 台 市	2957945	3255589	2088553		61516	
保 定 市（包含定州市、雄安新区）	4603863	5115165	2767157		243752	
保 定 市（不含定州市、雄安新区）	3648743	4096344	2127544		166195	
定州市	710589	818648	459556		53460	
张家口市	2500168	2756341	1405602		154329	
承 德 市	3027330	3418168	1943258		243042	
沧 州 市	3553609	3849166	1717310		66531	
廊 坊 市	2172985	2267877	1623315		59466	
衡 水 市	2301578	2501460	1511388		59070	

2-3-7续　各市农林牧渔业增加值

单位：万元

名　　称	3.牧　业		4.渔　业		5.农林牧渔服务业	
	2019年	2020年	2019年	2020年	2019年	2020年
全　　省	**10757784**		**1334887**		**2090600**	
石家庄市（包含辛集市）	1591095		14972		279389	
石家庄市（不含辛集市）	1420923		14947		266694	
辛集市	170172		25		12695	
唐 山 市	1525605		701569		152526	
秦皇岛市	757652		170883		198036	
邯 郸 市	1177980		14566		198226	
邢 台 市	681231		4063		122582	
保 定 市（包含定州市、雄安新区）	1409148		13395		170411	
保 定 市（不含定州市、雄安新区）	1191933		12052		151017	
定州市	185288				12285	
张家口市	869228		8651		62358	
承 德 市	790293		3265		47472	
沧 州 市	863355		278859		627554	
廊 坊 市	420604		20775		48825	
衡 水 市	591862		4196		135062	

2-3-8　各市农林牧渔业增加值构成(2020年)

名　　称	农林牧渔业增加值构成（以增加值为100）					
	合　计	农　业	林　业	牧　业	渔　业	农林牧渔服务业
全　　省	**100.00**					
石家庄市（包含辛集市）	100.00					
石家庄市（不含辛集市）	100.00					
辛集市	100.00					
唐 山 市	100.00					
秦皇岛市	100.00					
邯 郸 市	100.00					
邢 台 市	100.00					
保 定 市（包含定州市、雄安新区）	100.00					
保 定 市（不含定州市、雄安新区）	100.00					
定州市	100.00					
张家口市	100.00					
承 德 市	100.00					
沧 州 市	100.00					
廊 坊 市	100.00					
衡 水 市	100.00					

2-3-9 各市农林牧渔业增加值指数(2020年)

(上年=100)

名　称	农林牧渔业增加值	农　业	林　业	牧　业	渔　业	农林牧渔服务业
全　省	**103.5**					
石家庄市（包含辛集市）	104.0					
石家庄市（不含辛集市）	104.1					
辛集市	103.1					
唐山市	103.1					
秦皇岛市	104.2					
邯郸市	104.1					
邢台市	104.8					
保定市（包含定州市、雄安新区）	102.4					
保定市（不含定州市、雄安新区）	104.0					
定州市	103.0					
张家口市	104.1					
承德市	105.4					
沧州市	104.5					
廊坊市	100.2					
衡水市	103.9					

2-3-10 各市农林牧渔业中间消耗、增加值占总产值的比重

(2020年)

单位：%

名　称	农林牧渔业		1.农　业		2.林　业	
	中间消耗	增加值	中间消耗	增加值	中间消耗	增加值
全　省	39.00	61.00				
石家庄市（包含辛集市）	34.50	65.50				
石家庄市（不含辛集市）	33.69	66.31				
辛集市	40.31	59.69				
唐山市	37.48	62.52				
秦皇岛市	40.61	59.39				
邯郸市	42.99	57.01				
邢台市	40.31	59.69				
保定市（包含定州市、雄安新区）	38.62	61.38				
保定市（不含定州市、雄安新区）	38.59	61.41				
定州市	39.83	60.17				
张家口市	43.16	56.84				
承德市	33.99	66.01				
沧州市	41.35	58.65				
廊坊市	33.85	66.15				
衡水市	43.59	56.41				

2-3-10续　各市农林牧渔业中间消耗、增加值占总产值的比重

(2020年)

单位：%

名　　称	3.牧　业		4.渔　业		5.农林牧渔服务业	
	中间消耗	增加值	中间消耗	增加值	中间消耗	增加值
全　　省						
石家庄市（包含辛集市）						
石家庄市（不含辛集市）						
辛集市						
唐 山 市						
秦皇岛市						
邯 郸 市						
邢 台 市						
保 定 市（包含定州市、雄安新区）						
保 定 市（不含定州市、雄安新区）						
定州市						
张家口市						
承 德 市						
沧 州 市						
廊 坊 市						
衡 水 市						

2-3-11　各市农业劳动生产率、投入产出率(2020年)

单位：元

名　　称	每一农村农林牧渔业从业人员创造农林牧渔业总产值	每一农村农林牧渔业从业人员创造农林牧渔业增加值	农业投入产出率(%)
全　　省	**50780**	**30977**	**156.4**
石家庄市（包含辛集市）	56133	36766	189.8
石家庄市（不含辛集市）	52684	34935	196.8
辛集市	105694	63088	148.1
唐 山 市	82942	51855	166.8
秦皇岛市	61999	36818	146.2
邯 郸 市	40741	23228	132.6
邢 台 市	40616	24245	148.1
保 定 市（包含定州市、雄安新区）	33578	20610	158.9
保 定 市（不含定州市、雄安新区）	32269	19816	159.1
定州市	68326	41110	151.0
张家口市	51377	29201	131.7
承 德 市	55660	36743	194.2
沧 州 市	63812	37427	141.9
廊 坊 市	51391	33997	195.5
衡 水 市	52354	29532	129.4

注：按从业人员年平均人数计算。

2-3-12 各市农村经济比重(2020年)

名　　称	年　末常住人口(万人)	乡村人口(万人)	乡村人口比　重(%)	社会消费品零售总额(亿元)	乡村零售额(亿元)	乡村零售额比　重(%)
全　省	**7461.02**	**5843.93**	**78.33**	**12705.02**	**2280.09**	**0.18**
石家庄市（包含辛集市）	1123.51	735.73	65.48	2382.66	343.00	0.14
石家庄市（不含辛集市）	1064.05	681.04	64.00	2279.57	309.30	0.14
辛集市	59.46	54.69	91.97	103.09	33.70	0.33
唐 山 市	771.80	548.39	71.05	474.14	357.70	0.75
秦皇岛市	313.69	206.05	65.68	562.25	131.00	0.23
邯 郸 市	941.40	797.79	84.74	564.40	281.90	0.50
邢 台 市	711.11	629.17	88.48	2027.56	160.20	0.08
保 定 市（包含定州市、雄安新区）	1154.40	1006.52	87.19	1330.13	350.00	0.26
保 定 市（不含定州市、雄安新区）	924.26	779.60	84.35	1553.29	328.90	0.21
定州市	109.60	111.46	101.70	1361.66	21.10	0.02
张家口市	411.89	277.20	67.30	100.70	96.10	0.95
承 德 市	335.44	309.08	92.14	1052.02	110.70	0.11
沧 州 市	730.08	614.22	84.13	578.61	185.20	0.32
廊 坊 市	546.41	346.95	63.50	979.09	240.10	0.25
衡 水 市	421.29	372.84	88.50	1200.86	152.80	0.13

注：根据国家统计局反馈数据对全省2020年乡村社会消费品零售总额进行了修订。

2-3-13 各市非国有经济基本情况及效益

名　　称	单位个数(个)		从业人数(人)		增加值(万元)	
	2019年	2020年	2019年	2020年	2019年	2020年
全　省	**3256837**	**3396348**	**22478378**	**22641203**	**241054000**	**228284883**
石家庄市（包含辛集市）	337198	324224	3233548	3013613	36636780	34354166
石家庄市（不含辛集市）	320444	307303	2997207	2780097	33214282	31177280
辛集市	16754	16921	236341	233516	3422498	3176886
唐 山 市	472524	498137	2689250	2738643	47698354	45270135
秦皇岛市	138561	133827	801216	806121	10774259	10400686
邯 郸 市	375779	386674	2433386	2504422	23367334	23956322
邢 台 市	312212	317151	2206139	2229246	14452456	13814614
保 定 市（包含定州市、雄安新区）	338481	381008	2957049	2664572	25822899	25530241
保 定 市（不含定州市、雄安新区）	290197	303894	2343054	2283977	22181412	21637283
定州市	31387	61347	405606	200924	2283309	2120289
张家口市	271781	307280	1244101	1327209	9224244	8784056
承 德 市	231013	238608	1037733	1068787	9664787	9585365
沧 州 市	243250	250273	2555070	2736251	25654854	24380367
廊 坊 市	279390	291340	1677007	1844202	22910031	21910809
衡 水 市	256648	267826	1643879	1708137	10762368	10298122

2-3-13续　各市非国有经济基本情况及效益

单位：万元

名　称	营业收入		实交税金	
	2019年	2020年	2019年	2020年
全　省	**1123318875**	**1112090287**	**36684637**	**33563349**
石家庄市（包含辛集市）	171781002	163070573	6636337	6445778
石家庄市（不含辛集市）	156030967	147053597	6351172	6144572
辛集市	15750035	16016976	285165	301206
唐 山 市	212775291	221765587	5866010	5445196
秦皇岛市	57015194	54607969	1942633	1752390
邯 郸 市	132740468	112149085	3274305	2730254
邢 台 市	72259914	73162231	1655487	1746267
保 定 市（包含定州市、雄安新区）	107355289	107383967	4034466	3503159
保 定 市（不含定州市、雄安新区）	88566411	96089619	3712693	3201681
定州市	13333053	5699993	246034	213472
张家口市	43668983	45122056	1666667	1458392
承 德 市	43083165	45166025	1731115	1575377
沧 州 市	127516549	125384260	3205597	3015303
廊 坊 市	104213319	110886424	5275702	4435507
衡 水 市	50909699	53392110	1396318	1455726

2-4-1　各市扶贫情况

名　称	当年中央和省财政投入扶贫资金总额（万元）		脱　贫人口数（万人）		防止返贫监测对象（人）		扶贫小额信贷发放数额（万元）		“雨露计划”补助人数（人次）	
	2019年	2020年	2019年	2020年	2019年	2020年	2019年	2020年	2019年	2020年
全　省	**879794**	**1065444**	**35**	**3.374**	**67074**	**93681**	**71493**	**100790**	**40848**	**91884**
石家庄市（包含辛集市）	35738	51715	2		2546	3825	6553	10448	6211	11152
石家庄市（不含辛集市）	34996	50851	2		2485	3745	6450	10422	5900	10919
辛集市	742	864			61	80	103	26	311	233
唐 山 市	4373	6591		0.004	456	563	106	126	608	647
秦皇岛市	12168	18098	1		499	1481	622	995	3245	3491
邯 郸 市	56287	80192	4	0.334	6410	7548	5770	6857	6671	10310
邢 台 市	74273	79023	3	0.338	11365	14285	2763	9852	3255	7332
保 定 市（包含定州市、雄安新区）	147249	179101	6	0.591	6070	11739	11954	6999	5337	14826
保 定 市（不含定州市、雄安新区）	142757	175455	6	0.589	5086	10766	11863	6818	4603	13890
定州市	1601	1650			320	317	18	50	511	612
张家口市	282036	337250	10	1.211	10495	17278	20918	23829	9810	18429
承 德 市	163359	217900	6	0.473	22257	28748	12591	19755	2908	20029
沧 州 市	51871	49566	2	0.252	3863	4522	1668	7766	1460	2723
廊 坊 市	2619	3428					33	80	184	318
衡 水 市	49821	42579	2	0.171	3113	3692	8515	14082	1159	2627

2–4–2 各市粮食购销情况

单位：吨

名 称	销 售		#省外销售	
	2019年	2020年	2019年	2020年
全 省	**32071319**	**34710200**	**8123302**	**10872008**
石家庄市（包含辛集市）	5296304	5950254	1411734	1663292
石家庄市（不含辛集市）	4982332	5612314	1220233	1483846
辛集市	313972	337940	191501	179446
唐 山 市	1798663	2392350	312955	902234
秦皇岛市	4500802	4905624	1554703	2375591
邯 郸 市	2755800	3526430	71698	610323
邢 台 市	7010135	6073283	518377	95523
保 定 市（包含定州市、雄安新区）	1822547	1790973	66518	39933
保 定 市（不含定州市、雄安新区）	813556	742888	66518	39933
定州市	177240	219607		
张家口市	393657	410209	61404	40964
承 德 市	1078453	865900	347884	349672
沧 州 市	1216390	1293051	199399	220863
廊 坊 市	3996474	4987079	3049726	3887334
衡 水 市	2202095	2515048	528904	686279

注:以上数据为入统全省粮食企业数据。

2–4–2续 各市粮食购销情况

单位：吨

名 称	从生产者购进		#省外购进	
	2019年	2020年	2019年	2020年
全 省	**23107900**	**25473526**	**2680361**	**2648741**
石家庄市（包含辛集市）	4784393	5032334	337793	545942
石家庄市（不含辛集市）	3904098	4098982	182802	239230
辛集市	880295	933352	154991	306712
唐 山 市	1810039	1676645	103605	107489
秦皇岛市	2776577	2708605	1965970	1855663
邯 郸 市	1923020	2418419	15708	9523
邢 台 市	6254599	8159364	139633	80856
保 定 市（包含定州市、雄安新区）	1659571	1526107	3000	20629
保 定 市（不含定州市、雄安新区）	896578	729116	3000	13812
定州市	216464	262541		5367
张家口市	276196	310996	16427	1775
承 德 市	302035	360712	490	1825
沧 州 市	1327345	1387759	28843	12181
廊 坊 市	499128	374714	43002	5378
衡 水 市	1494999	1517872	25892	7481

注:以上数据为入统全省粮食企业数据。

2-4-3 各市日照、降水和气温情况

名　　称	日照(小时)		降水(毫米)		平均气温(℃)	
	2019年	2020年	2019年	2020年	2019年	2020年
全　　省	**2373.3**	**2541.7**	**437.6**	**557.5**	**12.9**	**12.6**
石家庄市（包含辛集市）	2227.8	2432.9	418.1	549.9	14.5	14.2
石家庄市（不含辛集市）	2235.4	2425.2	422.6	551.4	14.4	14.2
辛集市	2106.5	2554.9	346.4	525.7	14.9	14.7
唐 山 市	2479.5	2624.7	501.5	588.4	12.9	12.6
秦皇岛市	2547.4	2541.1	615.9	578.4	12.0	11.6
邯 郸 市	2059.0	2250.3	422.2	580.1	14.8	14.5
邢 台 市	2168.9	2350.9	373.1	586.6	14.5	14.2
保 定 市（包含定州市、雄安新区）	2350.4	2462.1	455.6	576.6	13.2	13.0
保 定 市（不含定州市、雄安新区）	2357.3	2474.1	459.0	584.6	13.2	12.9
定州市	2224.9	2245.6	394.4	433.5	13.8	13.6
张家口市	2804.0	3008.7	433.4	461.2	7.3	6.9
承 德 市	2640.8	2973.9	491.3	628.1	8.4	8.1
沧 州 市	2431.3	2438.6	453.2	578.2	14.0	13.8
廊 坊 市	2412.3	2874.7	434.9	511.9	13.3	13.0
衡 水 市	2353.1	2393.9	357.0	493.6	14.4	13.9

注：全省数据取自142个气象台站的平均值。

2-5-1 各市主要经济指标排序

名　　称	农用机械总动力(千瓦)				农村用电量（万千瓦时）			
	2019年 数　量	位次	2020年 数　量	位次	2019年 数　量	位次	2020年 数　量	位次
全　　省	**78307309**		**79657376**		**5015685**		**5097982**	
石家庄市（包含辛集市）	13008144	1	13043786	1	646378	4	666041	4
唐 山 市	7934053	7	8038088	7	514708	5	502535	5
秦皇岛市	1775373	11	1755338	11	83513	11	83812	11
邯 郸 市	10462074	2	10673279	2	426433	6	425774	6
邢 台 市	9000330	4	9243682	4	336401	7	349269	7
保 定 市（包含定州市、雄安新区）	8055673	6	8227924	6	735103	3	796736	2
张家口市	2730350	9	2791822	9	138971	10	140102	10
承 德 市	2635880	10	2717926	10	242468	9	246762	9
沧 州 市	10416217	3	10573106	3	860695	1	868941	1
廊 坊 市	3906400	8	3933607	8	695035	2	684370	3
衡 水 市	8382816	5	8658818	5	335979	8	333641	8

注：各市数据均包含省直管县(下同)。

2–5–1续1 各市主要经济指标排序

名称	有效灌溉面积(公顷)				粮食总产量（吨）			
	2019年数量	位次	2020年数量	位次	2019年数量	位次	2020年数量	位次
全省	**4482161**		**4470028**		**37392377**		**37958903**	
石家庄市（包含辛集市）	498030	5	498014	5	4843738	2	4961200	3
唐山市	462870	7	463980	7	2857244	7	2898397	7
秦皇岛市	127730	11	127810	11	727192	11	749878	11
邯郸市	555990	3	557330	3	5175651	1	5330769	2
邢台市	594374	1	594660	2	4744635	4	4852139	4
保定市（包含定州市、雄安新区）	643474	2	637814	1	5550707	3	5421801	1
张家口市	246350	8	231843	8	1796887	8	1854625	8
承德市	142299	10	145423	10	1446244	10	1465320	10
沧州市	503824	4	504234	4	4518627	5	4578840	5
廊坊市	227530	9	227530	9	1477521	9	1481049	9
衡水市	479690	6	481390	6	4253911	6	4364886	6

2–5–1续2 各市主要经济指标排序

单位：吨

名称	棉花总产量				油料总产量			
	2019年数量	位次	2020年数量	位次	2019年数量	位次	2020年数量	位次
全省	**227401**		**208593**		**1195445**		**1195178**	
石家庄市（包含辛集市）	568	8	469	8	118671	5	118966	5
唐山市	11908	5	11110	5	319844	1	319650	1
秦皇岛市	29	10	8	9	91243	8	91921	7
邯郸市	56142	2	51827	2	121495	4	135111	2
邢台市	91279	1	86372	1	128251	3	133631	3
保定市（包含定州市、雄安新区）	684	7	537	7	135701	2	131535	4
张家口市					94636	6	74399	8
承德市					25830	11	24306	11
沧州市	15409	4	13262	4	38342	9	42420	9
廊坊市	3264	6	2853	6	29119	10	29729	10
衡水市	48117	3	42155	3	92314	7	93510	6

2-5-1续3　各市主要经济指标排序

单位：吨

名　　称	蔬菜产量				园林水果产量			
	2019年数　量	位次	2020年数　量	位次	2019年数　量	位次	2020年数　量	位次
全　　省	**50931401**		**51982140**		**10043854**		**10313755**	
石家庄市（包含辛集市）	5543318	2	5578966	2	2213200	1	2047762	1
唐 山 市	9197958	1	9412247	1	797323	7	813674	7
秦皇岛市	2387007	11	2448693	11	640878	8	689475	8
邯 郸 市	5320281	4	5531458	3	615775	9	650141	9
邢 台 市	2908020	9	3188753	8	980205	6	1062196	5
保 定 市（包含定州市、雄安新区）	5454480	5	5439863	4	1180183	2	1201176	2
张家口市	5338776	3	5149523	5	210728	11	229390	11
承 德 市	4026007	7	4316166	7	985501	5	1092333	3
沧 州 市	2967556	8	2988781	9	985506	4	1023520	6
廊 坊 市	5022939	6	5084365	6	428073	10	434866	10
衡 水 市	2765058	10	2843325	10	1006480	3	1069213	4

2-5-1续4　各市主要经济指标排序

单位：吨

名　　称	肉类总产量				禽蛋产量			
	2019年数　量	位次	2020年数　量	位次	2019年数　量	位次	2020年数　量	位次
全　　省	**4333844**		**4191748**		**3859031**		**3897086**	
石家庄市（包含辛集市）	562645	2	575139	2	834379	2	857281	2
唐 山 市	622989	1	577366	1	295179	6	289605	6
秦皇岛市	290973	8	266511	9	81501	11	81159	11
邯 郸 市	478293	4	472031	4	917685	1	915216	1
邢 台 市	292259	7	297550	7	424342	3	441426	3
保 定 市（包含定州市、雄安新区）	557598	3	524403	3	359291	4	346275	4
张家口市	282417	9	268640	8	165459	8	153597	8
承 德 市	377348	6	385066	6	109875	10	110514	10
沧 州 市	421561	5	408718	5	311468	5	325421	5
廊 坊 市	174760	11	157321	11	126772	9	128445	9
衡 水 市	273001	10	259002	10	233080	7	248147	7

2-5-1续5　各市主要经济指标排序

单位：吨

名　　称	奶类产量				水产品产量			
	2019年数　量	位次	2020年数　量	位次	2019年数　量	位次	2020年数　量	位次
全　　省	**4338050**		**4882823**		**990116**		**1003418**	
石家庄市（包含辛集市）	740187	3	826353	3	17437	6	17481	6
唐 山 市	1088459	1	1133197	1	530792	1	533363	1
秦皇岛市	70320	11	71388	11	245537	2	272961	2
邯 郸 市	129258	8	177176	7	23214	4	21986	4
邢 台 市	256955	6	331708	6	5417	10	5568	10
保 定 市（包含定州市、雄安新区）	561738	4	575995	4	15772	7	14146	7
张家口市	874890	2	1024991	2	8627	8	8632	8
承 德 市	96766	10	107112	10	4124	11	3773	11
沧 州 市	119442	9	132325	9	112357	3	99631	3
廊 坊 市	132826	7	152130	8	20779	5	20089	5
衡 水 市	267209	5	350447	5	6040	9	5788	9

2-6-1　各市农业产业化龙头经营组织发展情况

名　　称	一、龙头经营组织总数(个)		(一)按组织类型分(个)					
			1.龙头企业带动型		#销售额2千万元以上		#销售额1亿元以上	
	2019年	2020年	2019年	2020年	2019年	2020年	2019年	2020年
全　　省	**2951**	**3070**	**2707**	**2843**	**2021**	**2023**	**667**	**675**
石家庄市（包含辛集市）	416	434	400	419	311	319	112	110
石家庄市（不含辛集市）	388	402	372	387	288	291	100	99
辛集市	28	32	28	32	23	28	12	11
唐 山 市	349	357	319	328	228	224	71	73
秦皇岛市	180	191	138	155	87	82	25	26
邯 郸 市	342	348	326	333	282	277	91	97
邢 台 市	234	265	224	255	198	220	88	86
保 定 市（包含定州市、雄安新区）	431	448	406	424	287	272	88	90
保 定 市（不含定州市、雄安新区）	379	402	363	386	253	244	77	78
定州市	24	28	23	27	23	24	8	11
张家口市	173	177	138	143	95	95	24	28
承 德 市	214	219	200	207	122	129	28	31
沧 州 市	306	331	275	298	206	212	73	77
廊 坊 市	104	103	93	94	64	59	18	16
衡 水 市	202	197	188	187	141	134	49	41

注：龙头企业、专业市场的统计标准为年销售额500万元以上，中介服务组织年服务收入50万元以上(下同)。

2-6-1续1　各市农业产业化龙头经营组织发展情况

名　　称	(一)按组织类型分(个)(续1)					
	2.专业市场带动型		#成交额5千万元以上		#成交额1亿元以上	
	2019年	2020年	2019年	2020年	2019年	2020年
全　　省	**93**	**87**	**89**	**83**	**84**	**76**
石家庄市（包含辛集市）	9	9	7	7	6	6
石家庄市（不含辛集市）	9	9	7	7	6	6
辛集市						
唐 山 市	9	8	7	7	7	6
秦皇岛市	5	5	5	4	5	4
邯 郸 市	11	11	11	11	10	10
邢 台 市	6	6	6	6	6	5
保 定 市（包含定州市、雄安新区）	12	12	12	12	10	10
保 定 市（不含定州市、雄安新区）	10	10	10	10	9	9
定州市	1	1	1	1		
张家口市	5	5	5	5	5	5
承 德 市	4	3	4	3	4	3
沧 州 市	18	19	18	19	18	18
廊 坊 市	4	2	4	2	3	2
衡 水 市	10	7	10	7	10	7

2-6-1续2　各市农业产业化龙头经营组织发展情况

名　　称	(一)按组织类型分(个)(续2)					
	2.中介服务组织带动型		#专业合作经济组织		#服务收入1000万元以上的专业合作组织	
	2019年	2020年	2019年	2020年	2019年	2020年
全　　省	**151**	**140**	**136**	**126**	**52**	**50**
石家庄市（包含辛集市）	7	6	5	4		
石家庄市（不含辛集市）	7	6	5	4		
辛集市						
唐 山 市	21	21	21	20	11	12
秦皇岛市	37	31	37	31	14	11
邯 郸 市	5	4	5	4	3	2
邢 台 市	4	4	3	3	3	3
保 定 市（包含定州市、雄安新区）	13	12	11	11	7	6
保 定 市（不含定州市、雄安新区）	6	6	4	5	4	4
定州市						
张家口市	30	29	30	29	3	5
承 德 市	10	9	2	2	2	2
沧 州 市	13	14	11	12	5	5
廊 坊 市	7	7	7	7	4	4
衡 水 市	4	3	4	3		

2-6-1续3 各市农业产业化龙头经营组织发展情况

名 称	(二)按利益联结方式分(个)							
	1.合同关系		#订单关系		年订单额(万元)		年履约订单额(万元)	
	2019年	2020年	2019年	2020年	2019年	2020年	2019年	2020年
全 省	**1923**	**1969**	**1468**	**1527**	**19112495**	**20646592**	**21065186**	**19557039**
石家庄市（包含辛集市）	262	261	194	201	1844955	2591710	1593302	2424646
石家庄市（不含辛集市）	243	242	180	185	1601908	1901931	1368286	1817829
辛集市	19	19	14	16	243047	689779	225016	606817
唐 山 市	269	265	231	223	2513144	2672940	2391735	2569316
秦皇岛市	128	129	102	107	1046656	1627890	1004700	1555396
邯 郸 市	292	289	258	262	2857482	2717200	2632012	2576815
邢 台 市	129	177	65	106	2570511	1631731	2497977	1610898
保 定 市（包含定州市、雄安新区）	187	193	134	141	1737655	2529956	4669341	2099818
保 定 市（不含定州市、雄安新区）	164	165	117	123	1400367	2141627	4340340	1738606
定州市	16	23	15	18	320150	379833	318872	359512
张家口市	126	117	99	104	954371	1050773	934899	1035396
承 德 市	166	162	133	127	1026471	855767	971946	818694
沧 州 市	173	179	119	122	2772334	2711747	2629486	2627820
廊 坊 市	71	78	48	55	976645	1327923	957821	1311405
衡 水 市	120	119	85	79	812271	928956	781968	926835

2-6-1续4 各市农业产业化龙头经营组织发展情况

名 称	(二)按利益联结方式分(个)（续）					
	2.实行利润返还		3.股份分红		4.其他	
	2019年	2020年	2019年	2020年	2019年	2020年
全 省	**41**	**57**	**124**	**143**	**862**	**901**
石家庄市（包含辛集市）	9	11	12	16	133	146
石家庄市（不含辛集市）	9	10	12	14	124	136
辛集市		1		2	9	10
唐 山 市	6	5	4	2	70	85
秦皇岛市	4	5	4	8	44	49
邯 郸 市	6	6	7	5	37	48
邢 台 市		2	4	9	101	77
保 定 市（包含定州市、雄安新区）	2	8	45	46	197	201
保 定 市（不含定州市、雄安新区）	1	7	45	45	169	185
定州市					8	5
张家口市	4	6	11	17	32	37
承 德 市	3	3	8	13	37	41
沧 州 市	3	5	15	13	114	134
廊 坊 市	1	1	1	2	31	22
衡 水 市	3	5	13	12	66	61

2–6–1续5　各市农业产业化龙头经营组织发展情况

名　　称	二、龙头经营组织按产业类型分(个)							
	合　计		(一) 种植业		1.粮食		2.饲料	
	2019年	2020年	2019年	2020年	2019年	2020年	2019年	2020年
全　省	**2951**	**3070**	**1418**	**1498**	**348**	**385**	**141**	**168**
石家庄市（包含辛集市）	416	434	220	232	66	68	30	40
石家庄市（不含辛集市）	388	402	207	217	62	65	29	39
辛集市	28	32	13	15	4	3	1	1
唐 山 市	349	357	171	181	46	42	27	37
秦皇岛市	180	191	83	87	27	30	4	5
邯 郸 市	342	348	183	183	42	41	14	14
邢 台 市	234	265	112	133	33	35	14	19
保 定 市（包含定州市、雄安新区）	431	448	171	189	29	38	10	9
保 定 市（不含定州市、雄安新区）	379	402	146	165	22	31	5	5
定州市	24	28	12	12	3	4	3	2
张家口市	173	177	92	96	29	34	4	5
承 德 市	214	219	100	100	15	17	3	2
沧 州 市	306	331	148	162	31	47	23	25
廊 坊 市	104	103	47	42	15	8	3	3
衡 水 市	202	197	91	93	15	25	9	9

2–6–1续6　各市农业产业化龙头经营组织发展情况

名　　称	二、龙头经营组织按产业类型分(个)（续1）							
	3.油料		4.糖料		5.水果		6.蔬菜及食用菌	
	2019年	2020年	2019年	2020年	2019年	2020年	2019年	2020年
全　省	**52**	**55**	**3**	**4**	**258**	**322**	**406**	**401**
石家庄市（包含辛集市）	8	9			45	72	40	39
石家庄市（不含辛集市）	4	5			42	64	39	38
辛集市	4	4			3	8	1	1
唐 山 市	2	4			39	52	45	45
秦皇岛市	3	4		1	13	12	29	24
邯 郸 市	15	13			24	33	55	56
邢 台 市	2	5			13	20	33	33
保 定 市（包含定州市、雄安新区）	5	5	1	1	36	39	46	53
保 定 市（不含定州市、雄安新区）	5	5	1	1	33	37	38	46
定州市					1	1	3	3
张家口市	5	5	1	1	5	5	38	37
承 德 市	2	1			24	23	38	41
沧 州 市	3	2			38	39	31	29
廊 坊 市	2	3			4	3	22	24
衡 水 市	5	4	1	1	17	24	29	20

2-6-1续7 各市农业产业化龙头经营组织发展情况

名 称	二、龙头经营组织按产业类型分(个)(续2)							
	7.棉麻丝		8.中药材		9.花卉		10.其他种植业	
	2019年	2020年	2019年	2020年	2019年	2020年	2019年	2020年
全 省	**34**	**37**	**78**	**76**	**17**	**19**	**81**	**89**
石家庄市（包含辛集市）	3	4	10	7	3	4	15	8
石家庄市（不含辛集市）	3	4	10	6	3	4	15	8
辛集市				1				
唐 山 市			6	7	3	2	3	4
秦皇岛市		1	5	6	1	1	1	3
邯 郸 市	3	4	9	7	3	4	18	19
邢 台 市	5	6	8	9	1	2	3	6
保 定 市（包含定州市、雄安新区）	2	3	25	26	2	3	15	18
保 定 市（不含定州市、雄安新区）	2	3	25	26	1	2	13	15
定州市					1	1	1	1
张家口市			1		1	1	8	9
承 德 市			9	9			9	8
沧 州 市	17	16	1	1	1	2	3	5
廊 坊 市							1	2
衡 水 市	4	3	4	4	2		5	7

2-6-1续8 各市农业产业化龙头经营组织发展情况

名 称	二、龙头经营组织按产业类型分(个)(续3)							
	（二）畜牧业		1.猪		2.牛		3.羊	
	2019年	2020年	2019年	2020年	2019年	2020年	2019年	2020年
全 省	**924**	**954**	**286**	**288**	**136**	**143**	**59**	**51**
石家庄市（包含辛集市）	121	128	44	44	19	18	3	4
石家庄市（不含辛集市）	108	113	38	37	18	16	3	4
辛集市	13	15	6	7	1	2		
唐 山 市	89	88	21	19	13	16	2	
秦皇岛市	44	48	10	13	4	4	7	5
邯 郸 市	114	115	43	43	15	15	10	8
邢 台 市	72	81	23	24	5	6	3	3
保 定 市（包含定州市、雄安新区）	159	167	46	42	19	23	14	14
保 定 市（不含定州市、雄安新区）	142	150	44	39	17	22	11	12
定州市	10	14	1	3	2	1	1	
张家口市	55	59	19	20	12	10	5	5
承 德 市	55	53	16	16	13	14	4	4
沧 州 市	104	108	32	33	15	14	1	1
廊 坊 市	37	38	11	13	12	10	1	
衡 水 市	74	69	21	21	9	13	9	7

2-6-1续9　各市农业产业化龙头经营组织发展情况

名　　称	二、龙头经营组织按产业类型分(个)（续4）							
	4.禽肉		5.蛋类		6.奶类		7.皮毛类	
	2019年	2020年	2019年	2020年	2019年	2020年	2019年	2020年
全　省	**113**	**121**	**94**	**99**	**151**	**161**	**29**	**20**
石家庄市（包含辛集市）	10	14	8	8	24	27	3	2
石家庄市（不含辛集市）	10	13	7	7	21	24	3	2
辛集市		1	1	1	3	3		
唐 山 市	16	14	6	6	28	29		
秦皇岛市	10	10	5	8	1	2	4	3
邯 郸 市	10	11	16	19	10	10	1	
邢 台 市	9	11	7	8	10	11	10	8
保 定 市（包含定州市、雄安新区）	19	18	24	24	24	32	2	1
保 定 市（不含定州市、雄安新区）	18	18	20	21	22	26	1	1
定州市			3	3	2	6		
张家口市	3	3	3	5	10	12	1	
承 德 市	2	2	6	5	11	7		
沧 州 市	27	31	9	9	6	6	5	4
廊 坊 市	2	2	2	2	9	11		
衡 水 市	5	5	8	5	18	14	3	2

2-6-1续10　各市农业产业化龙头经营组织发展情况

名　　称	二、龙头经营组织按产业类型分(个)（续5）							
	8.其他畜牧业		（三）水产业		（四）林业		（五）其他	
	2019年	2020年	2019年	2020年	2019年	2020年	2019年	2020年
全　省	**56**	**71**	**82**	**79**	**155**	**156**	**372**	**383**
石家庄市（包含辛集市）	10	11	2	1	16	15	57	58
石家庄市（不含辛集市）	8	10	2	1	16	15	55	56
辛集市	2	1					2	2
唐 山 市	3	4	35	32	24	27	30	29
秦皇岛市	3	3	27	26	14	15	12	15
邯 郸 市	9	9	1	2	19	19	25	29
邢 台 市	5	10	1		18	15	31	36
保 定 市（包含定州市、雄安新区）	11	13	4	4	12	11	85	77
保 定 市（不含定州市、雄安新区）	9	11	3	4	10	10	79	73
定州市	1	1			1		1	2
张家口市	2	4			6	5	20	17
承 德 市	3	5	1	1	17	17	41	48
沧 州 市	9	10	2	13		12	1	36
廊 坊 市					11	12	9	11
衡 水 市	1	2			9	8	28	27

2-6-1续11　各市农业产业化龙头经营组织发展情况

名　称	三、龙头经营组织规模									
	(一)从业人员合计(人)		1.龙头企业		2.专业市场		3.中介服务组织		#专业合作经济组织	
	2019年	2020年	2019年	2020年	2019年	2020年	2019年	2020年	2019年	2020年
全　省	**493766**	**483331**	**387264**	**384488**	**99495**	**92319**	**7007**	**6524**	**6178**	**5624**
石家庄市(包含辛集市)	73610	74174	54454	54825	18960	19170	196	179	169	152
石家庄市(不含辛集市)	69970	70861	50814	51512	18960	19170	196	179	169	152
辛集市	3640	3313	3640	3313						
唐 山 市	50636	48045	45831	43559	3452	3134	1353	1352	1353	1159
秦皇岛市	25699	25473	20116	20387	4543	4083	1040	1003	1040	1003
邯 郸 市	67609	64243	52828	50920	14604	13166	177	157	177	157
邢 台 市	48018	52102	45222	49458	2575	2450	221	194	146	119
保 定 市(包含定州市、雄安新区)	78176	74199	51965	47394	25576	26275	635	530	513	526
保 定 市(不含定州市、雄安新区)	72723	69797	46829	43217	25545	26241	349	339	227	335
定州市	3332	3342	3324	3334	8	8				
张家口市	24752	21512	19307	16002	4232	4241	1213	1269	1213	1269
承 德 市	25542	26680	24715	25906	119	115	708	659	295	271
沧 州 市	35149	39830	31794	35406	2588	3643	767	781	575	568
廊 坊 市	15426	14365	14714	14005	97	35	615	325	615	325
衡 水 市	49149	42708	26318	26626	22749	16007	82	75	82	75

2-6-1续12　各市农业产业化龙头经营组织发展情况

名　称	三、龙头经营组织规模(续1)							
	(二)固定资产净值合计(万元)		1.龙头企业		2.专业市场		3.中介服务组织	
	2019年	2020年	2019年	2020年	2019年	2020年	2019年	2020年
全　省	**13692936**	**14133852**	**12978462**	**13421022**	**573823**	**590254**	**140651**	**122576**
石家庄市(包含辛集市)	1921531	2030343	1902041	2010220	18536	18238	954	1885
石家庄市(不含辛集市)	1810159	1919412	1790669	1899289	18536	18238	954	1885
辛集市	111372	110931	111372	110931				
唐 山 市	1462214	1507036	1384087	1426652	63546	62930	14581	17454
秦皇岛市	800965	836160	732619	789979	35562	25034	32784	21147
邯 郸 市	1493310	1543193	1406685	1458480	85086	83975	1539	738
邢 台 市	1583085	2126605	1548713	2113236	33375	12392	997	977
保 定 市(包含定州市、雄安新区)	1861508	1813137	1674599	1585911	171774	213284	15135	13942
保 定 市(不含定州市、雄安新区)	1624365	1599932	1445815	1378966	170646	212152	7904	8814
定州市	172161	186551	171138	185524	1023	1027		
张家口市	924961	913872	888705	880208	23236	20203	13020	13461
承 德 市	810023	839975	772651	806480	4187	3564	33185	29931
沧 州 市	1051920	1199988	924785	1044885	115556	141046	11579	14057
廊 坊 市	512355	439058	491505	429558	4556	978	16294	8522
衡 水 市	1271064	884485	1252072	875413	18409	8610	583	462

2－6－1续13　各市农业产业化龙头经营组织发展情况

名　称	三、龙头经营组织规模(续2)							
	（三）带动农户合计（户）		#订单带动农户		1.龙头企业带动农户		#订单带动农户	
	2019年	2020年	2019年	2020年	2019年	2020年	2019年	2020年
全　省	**19508926**	**3257455**	**8921532**	**8845164**	**17814465**	**18778567**	**8543198**	**8434709**
石家庄市（包含辛集市）	4161215	120555	866593	2440839	4090400	6481759	854682	2421281
石家庄市（不含辛集市）	3936805	120555	754583	1922334	3865990	5855378	742672	1902776
辛集市	224410		112010	518505	224410	626381	112010	518505
唐 山 市	1513593	430195	667361	641591	1266030	1187974	647527	621422
秦皇岛市	2472655	675367	1820749	535326	2156722	1027635	1751046	502987
邯 郸 市	3115768	503538	1905055	1679895	2849729	2504998	1868426	1635355
邢 台 市	2587237	236495	534271	683939	2462554	2663802	522355	681341
保 定 市（包含定州市、雄安新区）	1378615	526780	496021	565646	1242309	1243797	488315	498116
保 定 市（不含定州市、雄安新区）	1172674	310914	397601	475254	1046202	928741	390304	408054
定州市	132226	10876	83380	88232	126809	126253	83380	88232
张家口市	669723	108728	428306	396504	611820	603615	420848	385227
承 德 市	760103	171772	496896	481702	632101	639482	435001	417532
沧 州 市	957962	324193	473424	543117	798068	963265	368206	434173
廊 坊 市	579742	24521	461604	465249	547253	548351	458969	463372
衡 水 市	1312313	135311	771252	411356	1157479	913889	727823	373903

2－6－1续14　各市农业产业化龙头经营组织发展情况

名　称	三、龙头经营组织规模(续3)							
	2.专业市场带动农户		#订单带动农户		3.中介服务组织带动农户		#订单带动农户	
	2019年	2020年	2019年	2020年	2019年	2020年	2019年	2020年
全　省	**1458241**	**1513925**	**280084**	**303302**	**236220**	**229605**	**98250**	**107153**
石家庄市（包含辛集市）	50316	50280	10080	9185	20499	19995	1831	10373
石家庄市（不含辛集市）	50316	50280	10080	9185	20499	19995	1831	10373
辛集市								
唐 山 市	218225	199012	11304	11442	29338	32171	8530	8727
秦皇岛市	265424	315141	53158	18442	50509	45085	16545	13897
邯 郸 市	253848	246438	33354	41398	12191	10662	3275	3142
邢 台 市	113287	112475	10720	1400	11396	11545	1196	1198
保 定 市（包含定州市、雄安新区）	128518	260767	4625	66894	7788	5246	3081	636
保 定 市（不含定州市、雄安新区）	122391	254599	4625	66894	4081	1716	2575	306
定州市	5417	5438						
张家口市	48716	48449	2066	2112	9187	11830	5392	9165
承 德 市	50000	47290	12700	12790	78002	77192	49195	51380
沧 州 市	151857	157966	103945	107483	8037	8261	1273	1461
廊 坊 市	28713	11100			3776	2321	2635	1877
衡 水 市	149337	65007	38132	32156	5497	5297	5297	5297

2-6-1续15 各市农业产业化龙头经营组织发展情况

名称	四、龙头经营组织效益							
	(一)销售总额(万元)		1.龙头企业		2.专业市场		3.中介服务组织	
	2019年	2020年	2019年	2020年	2019年	2020年	2019年	2020年
全省	**43702134**	**46462364**	**38214704**	**41060262**	**5211558**	**5136405**	**275872**	**265697**
石家庄市(包含辛集市)	6099846	6521460	5718228	6434517	380551	84194	1067	2749
石家庄市(不含辛集市)	5612315	5741748	5230697	5654805	380551	84194	1067	2749
辛集市	487531	779712	487531	779712				
唐山市	4313943	4328097	4149545	4189540	125277	97936	39121	40621
秦皇岛市	3022040	3219260	2966241	3165680	8233	6744	47566	46836
邯郸市	4383492	4528042	4138261	4288941	233350	229057	11881	10044
邢台市	5688817	6490672	5395415	6255706	258972	199651	34430	35315
保定市(包含定州市、雄安新区)	5575242	6343668	4172935	4488040	1367373	1827627	34934	28001
保定市(不含定州市、雄安新区)	4753123	5524042	3383129	3694505	1356061	1816006	13933	13531
定州市	545374	605233	542868	602718	2506	2515		
张家口市	1743216	1859626	1654886	1764110	75010	81578	13320	13938
承德市	1677184	1890065	1591509	1807170	40364	42274	45311	40621
沧州市	5736084	6262614	3527688	3966453	2175440	2266393	32956	29768
廊坊市	1647160	1898259	1611088	1847315	23024	35145	13048	15799
衡水市	3815110	3120601	3288908	2852790	523964	265806	2238	2005

2-6-1续16 各市农业产业化龙头经营组织发展情况

名称	四、龙头经营组织效益(续1)							
	(二)净利润(万元)		1.龙头企业		2.专业市场		3.中介服务组织	
	2019年	2020年	2019年	2020年	2019年	2020年	2019年	2020年
全省	**5736477**	**6167897**	**2486576**	**2865773**	**3220616**	**3286691**	**29285**	**15433**
石家庄市(包含辛集市)	423128	361293	338505	321088	84466	39812	157	393
石家庄市(不含辛集市)	410831	354622	326208	314417	84466	39812	157	393
辛集市	12297	6671	12297	6671				
唐山市	260911	283874	208959	239716	47551	40178	4401	3980
秦皇岛市	86732	142518	80301	137655	3503	2633	2928	2230
邯郸市	430389	484584	285266	338039	144290	146012	833	533
邢台市	457170	673018	329553	558917	125752	112435	1865	1666
保定市(包含定州市、雄安新区)	1353386	1609178	338525	290597	1009759	1313976	5102	4605
保定市(不含定州市、雄安新区)	1292453	1551100	288381	243160	1000201	1304153	3871	3787
定州市	32380	33389	30397	31399	1983	1990		
张家口市	122490	213752	82089	171519	38543	40341	1858	1892
承德市	177183	196402	140413	168586	29031	31383	7739	-3567
沧州市	1488381	1443615	148171	112148	1338329	1329466	1881	2001
廊坊市	79799	134235	73275	128528	4927	4852	1597	855
衡水市	856908	625428	461519	398980	394465	225603	924	845

2–6–1续17　各市农业产业化龙头经营组织发展情况

名　　称	四、龙头经营组织效益（续2）							
	（三）上交税金（万元）		1.龙头企业		2.专业市场		3.中介服务组织	
	2019年	2020年	2019年	2020年	2019年	2020年	2019年	2020年
全　　省	**1000439**	**1053769**	**801404**	**825038**	**198109**	**226290**	**926**	**2441**
石家庄市（包含辛集市）	151018	170344	142452	162929	8552	7400	14	15
石家庄市（不含辛集市）	142615	167516	134049	160101	8552	7400	14	15
辛集市	8403	2828	8403	2828				
唐 山 市	53526	53146	49674	49480	3833	3640	19	26
秦皇岛市	43462	46932	42408	46282	986	591	68	59
邯 郸 市	46742	50342	38840	42712	7706	7435	196	195
邢 台 市	70891	62854	55233	56248	15509	6456	149	150
保 定 市（包含定州市、雄安新区）	195132	239284	82107	82720	113004	156511	21	53
保 定 市（不含定州市、雄安新区）	187398	[illegible]	75046	76142	112547	156038	5	50
定州市	5958	5927	5958	5927				
张家口市	26959	31547	26643	31237	311	301	5	9
承 德 市	70115	66739	68667	63701	996	1104	452	1934
沧 州 市	35640	46195	23463	22867	12175	23328	2	
廊 坊 市	141000	153077	140910	152985	90	92		
衡 水 市	165954	133309	131007	113877	34947	19432		

2–6–1续18　各市农业产业化龙头经营组织发展情况

名　　称	四、龙头经营组织效益（续3）					
	（四）龙头企业出口创汇（万美元）		（五）龙头企业主要农产品原料采购值（万元）		（六）专业市场成交额（万元）	
	2019年	2020年	2019年	2020年	2019年	2020年
全　　省	**148234**	**132275**	**20038384**	**21429943**	**30103623**	**31930556**
石家庄市（包含辛集市）	33550	24326	2013077	2252892	1417886	943508
石家庄市（不含辛集市）	30457	23266	1727402	1877024	1417886	943508
辛集市	3093	1060	285675	375868		
唐 山 市	23569	16959	2538772	2430864	744023	587705
秦皇岛市	26673	33235	1843516	1642169	2172614	2085809
邯 郸 市	28092	21762	2297002	2737535	2780142	2649878
邢 台 市	4134	8915	3487693	3670762	515468	596694
保 定 市（包含定州市、雄安新区）	7812	6490	2016570	2545066	9172356	12564308
保 定 市（不含定州市、雄安新区）	7812	6490	1606374	1969664	9124005	12514605
定州市			309362	399405	9830	9868
张家口市	5041	3594	750943	876689	691915	720525
承 德 市	7948	5783	719345	892981	448579	454657
沧 州 市	9429	9978	1937925	1818064	10072345	10036894
廊 坊 市	1487	266	989217	1183710	185900	180562
衡 水 市	499	967	1444324	1379211	1902395	1110016

2-6-1续19　各市农业产业化龙头经营组织发展发展情况

名　　称	五、龙头经营组织按重点级别分(个)							
	1.国家重点龙头		2.省级重点龙头		3.市级重点龙头		4.县级重点龙头	
	2019年	2020年	2019年	2020年	2019年	2020年	2019年	2020年
全　　省	**58**	**58**	**633**	**656**	**1543**	**1652**	**716**	**703**
石家庄市（包含辛集市）	6	8	81	82	187	197	142	147
石家庄市（不含辛集市）	6	8	67	69	187	197	128	128
辛集市			14	13			14	19
唐山市	6	6	72	71	147	150	124	130
秦皇岛市	7	6	44	41	115	131	14	13
邯郸市	7	7	84	81	203	211	47	49
邢台市	6	7	48	52	130	161	50	44
保定市（包含定州市、雄安新区）	2	1	65	76	150	184	214	187
保定市（不含定州市、雄安新区）	2	1	50	61	136	169	191	171
定州市			11	11		7	13	10
张家口市	4	4	36	40	85	98	48	35
承德市	6	6	56	61	145	147	7	5
沧州市	6	7	51	53	220	216	29	55
廊坊市	5	3	33	36	56	56	10	8
衡水市	3	3	63	63	105	101	31	30

2-6-1续20　各市农业产业化龙头经营组织发展发展情况

名　　称	六、龙头经营组织按上市情况分（个）					
	1.境内卜市		2.境外上市		3.未上市	
	2019年	2020年	2019年	2020年	2019年	2020年
全　　省	**61**	**70**	**14**	**19**	**2876**	**2981**
石家庄市（包含辛集市）	7	7		4	409	423
石家庄市（不含辛集市）	6	6		4	382	392
辛集市	1	1			27	31
唐山市	5	10	2	3	342	344
秦皇岛市	2	5	1	5	177	181
邯郸市	9	10	1	1	332	337
邢台市	4	4	1	2	229	259
保定市（包含定州市、雄安新区）	9	5	1	2	421	441
保定市（不含定州市、雄安新区）	8	4	1	2	370	396
定州市	1	1			23	27
张家口市	6	5	2		165	172
承德市	4	4			210	215
沧州市	7	9	2		297	322
廊坊市	3	3	3	1	98	99
衡水市	5	8	1	1	196	188

2–6–1续21　各市农业产业化龙头经营组织发展发展情况

名　　称	七、龙头经营组织按产品辐射范围分（个）					
	1.本省内		2.跨省区		3.国　外	
	2019年	2020年	2019年	2020年	2019年	2020年
全　　省	**893**	**968**	**1878**	**1933**	**180**	**169**
石家庄市（包含辛集市）	174	183	218	230	24	21
石家庄市（不含辛集市）	165	170	201	214	22	18
辛集市	9	13	17	16	2	3
唐 山 市	103	121	221	207	25	29
秦皇岛市	53	60	101	102	26	29
邯 郸 市	75	73	253	264	14	11
邢 台 市	85	97	143	163	6	5
保 定 市（包含定州市、雄安新区）	129	140	275	287	27	21
保 定 市（不含定州市、雄安新区）	108	115	244	266	27	21
定州市	8	17	16	11		
张家口市	47	52	114	109	12	16
承 德 市	51	56	146	149	17	14
沧 州 市	97	100	189	212	20	19
廊 坊 市	23	23	78	79	3	1
衡 水 市	56	63	140	131	6	3

2–6–2　各市农产品生产(加工)基地发展情况

名　　称	一、农产品生产(加工)基地个数(个)		（一）按基地类型分（个）					
			1.种植业生产基地(包括林果)		2.养殖业生产基地(包括水产)		3.农产品加工基地	
	2019年	2020年	2019年	2020年	2019年	2020年	2019年	2020年
全　　省	**564**	**545**	**349**	**340**	**208**	**198**	**7**	**7**
石家庄市（包含辛集市）	56	56	28	28	28	28		
石家庄市（不含辛集市）	53	53	26	26	27	27		
辛集市	3	3	2	2	1	1		
唐 山 市	61	60	27	26	32	32	2	2
秦皇岛市	41	40	24	23	16	16	1	1
邯 郸 市	77	68	44	41	33	27		
邢 台 市	58	56	39	38	17	16	2	2
保 定 市（包含定州市、雄安新区）	91	88	70	69	20	18	1	1
保 定 市（不含定州市、雄安新区）	86	85	68	67	17	17	1	1
定州市	5	3	2	2	3	1		
张家口市	31	31	19	19	12	12		
承 德 市	50	48	34	33	16	15		
沧 州 市	41	41	20	20	21	21		
廊 坊 市	20	20	20	20				
衡 水 市	38	37	24	23	13	13	1	1

注：农产品生产基地的统计标准为销售产值500万元以上或种植面积5000亩以上，加工基地的统计标准为销售产值2000万元以上且基地内不够企业标准的个体加工户达1000户以上，商品率90%以上(下同)。

2-6-2续1　各市农产品生产(加工)基地发展情况

名　　称	（二）农产品生产（加工）基地按基地带动的龙头经营组织类型分（个）							
	1.龙头企业带动型		2.专业市场带动型		3.中介服务组织带动型		4.无龙头带动	
	2019年	2020年	2019年	2020年	2019年	2020年	2019年	2020年
全　　省	**276**	**256**	**58**	**53**	**22**	**26**	**208**	**210**
石家庄市（包含辛集市）	12	12	3	3	2	2	39	39
石家庄市（不含辛集市）	12	12	2	2	2	2	37	37
辛集市			1	1			2	2
唐 山 市	39	36	7	8	1	3	14	13
秦皇岛市	28	28	4	3		1	9	8
邯 郸 市	54	47	12	12	1	1	10	8
邢 台 市	27	25	5	4	6	6	20	21
保 定 市（包含定州市、雄安新区）	23	23	7	6	7	8	54	51
保 定 市（不含定州市、雄安新区）	20	21	6	5	7	8	53	51
定州市	3	2	1	1			1	
张家口市	16	14	1		1	2	13	15
承 德 市	34	33	3	3	3	2	10	10
沧 州 市	21	18	7	7			13	16
廊 坊 市	3	3	3	2		1	14	14
衡 水 市	19	17	6	5	1		12	15

2-6-2续2　各市农产品生产(加工)基地发展情况

名　　称	（三）农产品生产（加工）基地按产业类型分（个）							
	1.粮　食		2.饲　料		3.油　料		4.糖　料	
	2019年	2020年	2019年	2020年	2019年	2020年	2019年	2020年
全　　省	**31**	**31**			**12**	**12**		**1**
石家庄市（包含辛集市）	3	4			1	1		1
石家庄市（不含辛集市）	3	4			1	1		1
辛集市								
唐 山 市	4	4			2	2		
秦皇岛市	6	6			1	1		
邯 郸 市	5	4			1	1		
邢 台 市	2	2			2	2		
保 定 市（包含定州市、雄安新区）	4	4			3	3		
保 定 市（不含定州市、雄安新区）	4	4			3	3		
定州市								
张家口市	3	3						
承 德 市	3	3						
沧 州 市					1	1		
廊 坊 市	1	1						
衡 水 市					1	1		

2-6-2续3 各市农产品生产(加工)基地发展情况

名　称	(三)农产品生产(加工)基地按产业类型分(个)(续1)							
	5.水　果		6.蔬菜及食用菌		7.棉麻丝		8.中药材	
	2019年	2020年	2019年	2020年	2019年	2020年	2019年	2020年
全　省	**102**	**102**	**117**	**112**	**16**	**14**	**15**	**13**
石家庄市(包含辛集市)	12	10	8	8			1	1
石家庄市(不含辛集市)	11	9	7	7			1	1
辛集市	1	1	1	1				
唐 山 市	6	6	10	10	1			
秦皇岛市	7	7	6	5			1	1
邯 郸 市	7	7	18	17	3	3	2	1
邢 台 市	13	13	8	8	5	5	4	3
保 定 市(包含定州市、雄安新区)	24	25	20	18			4	4
保 定 市(不含定州市、雄安新区)	24	25	19	17			4	4
定州市			1	1				
张家口市	2	2	10	10				
承 德 市	7	7	12	12			3	3
沧 州 市	7	8	7	7	4	3		
廊 坊 市	9	9	8	8				
衡 水 市	8	8	10	9	3	3		

2-6-2续4 各市农产品生产(加工)基地发展情况

名　称	(三)农产品生产(加工)基地按产业类型分(个)(续2)							
	9.花　卉		10.其他种植业		11.猪		12.牛	
	2019年	2020年	2019年	2020年	2019年	2020年	2019年	2020年
全　省	**7**	**6**	**6**	**5**	**62**	**60**	**11**	**10**
石家庄市(包含辛集市)			1	1	10	10		
石家庄市(不含辛集市)			1	1	10	10		
辛集市								
唐 山 市					8	8	1	1
秦皇岛市					4	4		
邯 郸 市	2	2	1	1	12	11	2	1
邢 台 市			1		5	5		
保 定 市(包含定州市、雄安新区)	4	3	1	1	7	7	1	1
保 定 市(不含定州市、雄安新区)	3	2	1	1	6	6	1	1
定州市	1	1			1	1		
张家口市			1	1	4	3		
承 德 市					4	4	4	4
沧 州 市			1	1	2	2	1	1
廊 坊 市	1	1						
衡 水 市					6	6	2	2

2–6–2续5 各市农产品生产(加工)基地发展情况

名 称	(三) 农产品生产 (加工) 基地按产业类型分 (个) (续3)							
	13.羊		14.禽 肉		15.蛋 类		16.奶 类	
	2019年	2020年	2019年	2020年	2019年	2020年	2019年	2020年
全 省	**17**	**15**	**23**	**23**	**50**	**48**	**22**	**20**
石家庄市（包含辛集市）					12	12	6	6
石家庄市（不含辛集市）					11	11	6	6
辛集市					1	1		
唐 山 市	1	1	2	2	3	3	6	6
秦皇岛市	3	3	4	4	1	1	1	1
邯 郸 市	4	2	2	2	10	10		
邢 台 市	1	1	3	3	7	6	1	1
保 定 市（包含定州市、雄安新区）	3	3	1	1	5	4	3	1
保 定 市（不含定州市、雄安新区）	3	3	1	1	4	4	2	1
定州市					1		1	
张家口市	2	2			4	4	2	2
承 德 市	3	3	2	2	1	1	1	1
沧 州 市			6	6	5	5	2	2
廊 坊 市								
衡 水 市			3	3	2	2		

2–6–2续6 各市农产品生产(加工)基地发展情况

名 称	(三) 农产品生产 (加工) 基地按产业类型分 (个) (续4)							
	17.皮毛类		18.其他畜牧业		19.水产业		20.林 业	
	2019年	2020年	2019年	2020年	2019年	2020年	2019年	2020年
全 省	**5**	**5**	**1**		**18**	**16**	**40**	**40**
石家庄市（包含辛集市）							2	2
石家庄市（不含辛集市）							2	2
辛集市								
唐 山 市	1	1			9	9	5	5
秦皇岛市	1	1			2	2	4	4
邯 郸 市			1		2	1	5	5
邢 台 市	1	1					4	4
保 定 市（包含定州市、雄安新区）							8	9
保 定 市（不含定州市、雄安新区）							8	9
定州市								
张家口市							2	2
承 德 市					1		7	7
沧 州 市	1	1			4	4		
廊 坊 市							1	1
衡 水 市	1	1					2	1

2-6-2续7　各市农产品生产(加工)基地发展情况

名　　称	二、农产品生产(加工)基地规模效益							
	农产品生产(加工)基地产值(万元)		农产品生产(加工)基地销售产值(万元)		基地销售产值按产业类型分（万元）			
					1.粮　食		2.饲　料	
	2019年	2020年	2019年	2020年	2019年	2020年	2019年	2020年
全　　省	**23715619**	**25696292**	**22996770**	**24873409**	**856621**	**814678**		
石家庄市（包含辛集市）	1499233	1641475	1467502	1606844	74099	84848		
石家庄市（不含辛集市）	1111430	1286447	1079699	1251816	74099	84848		
辛集市	387803	355028	387803	355028				
唐 山 市	4673846	5138188	4593058	5048520	123899	126891		
秦皇岛市	1656064	1988579	1627950	1955152	124551	111684		
邯 郸 市	2754911	2789511	2649699	2656393	110278	89174		
邢 台 市	2072967	2008325	1987166	1942221	42482	41915		
保 定 市（包含定州市、雄安新区）	2793871	3088449	2722081	2981373	52096	36028		
保 定 市（不含定州市、雄安新区）	2425091	2766259	2356236	2663377	52096	36028		
定州市	368780	322190	365845	317996				
张家口市	852728	1049434	820386	1003039	97656	83112		
承 德 市	2789119	3049551	2690179	2942327	229942	239847		
沧 州 市	1461288	1701912	1402977	1630368				
廊 坊 市	946436	975144	887432	922924	1618	1179		
衡 水 市	2215156	2265724	2148340	2184248				

2-6-2续8　各市农产品生产(加工)基地发展情况

名　　称	二、农产品生产(加工)基地规模效益（续1）							
	基地销售产值按产业类型分（万元）（续1）							
	3.油　料		4.糖　料		5.水　果		6.蔬菜及食用菌	
	2019年	2020年	2019年	2020年	2019年	2020年	2019年	2020年
全　　省	**131896**	**154139**		**39099**	**2515706**	**2680348**	**7687948**	**8379371**
石家庄市（包含辛集市）	4820	4992		39099	344357	312243	373519	437583
石家庄市（不含辛集市）	4820	4992		39099	254234	226643	229595	295655
辛集市					90123	85600	143924	141928
唐 山 市	44561	57031			317654	320777	1862111	2051922
秦皇岛市	9314	8217			179212	186417	290819	306778
邯 郸 市	36612	43568			95089	107865	1075023	1072487
邢 台 市	13596	12523			242205	235728	246666	294104
保 定 市（包含定州市、雄安新区）	13569	16757			420395	467422	708916	766327
保 定 市（不含定州市、雄安新区）	13569	16757			420395	467422	600594	651605
定州市							108322	114722
张家口市					14800	76232	403213	392973
承 德 市					246946	270984	915544	1048289
沧 州 市	591	530			275650	309682	458130	544583
廊 坊 市					72750	70880	783135	814004
衡 水 市	8833	10521			306648	322118	570872	650321

2–6–2续9 各市农产品生产(加工)基地发展情况

名　　称	二、农产品生产(加工)基地规模效益（续2）							
	基地销售产值按产业类型分（万元）（续2）							
	7.棉麻丝		8.中药材		9.花　卉		10.其他种植业	
	2019年	2020年	2019年	2020年	2019年	2020年	2019年	2020年
全　　省	**289489**	**295499**	**885740**	**1067892**	**243192**	**270094**	**28651**	**46566**
石家庄市（包含辛集市）			4400	4356			7406	3521
石家庄市（不含辛集市）			4400	4356			7406	3521
辛集市								
唐 山 市	627							
秦皇岛市			175000	220000				
邯 郸 市	76202	76812	16700	24696	52063	78824	1915	1710
邢 台 市	147167	151343	275182	320646			1461	
保 定 市（包含定州市、雄安新区）			155620	217247	163480	156499	9408	9878
保 定 市（不含定州市、雄安新区）			155620	217247	29225	17150	9408	9878
定州市					134255	139349		
张家口市							6540	6677
承 德 市			258838	280947				
沧 州 市	14018	21309					1921	24780
廊 坊 市					27649	34771		
衡 水 市	51475	46035						

2–6–2续10 各市农产品生产(加工)基地发展情况

名　　称	二、农产品生产(加工)基地规模效益（续3）							
	基地销售产值按产业类型分（万元）（续3）							
	11.猪		12.牛		13.羊		14.肉　禽	
	2019年	2020年	2019年	2020年	2019年	2020年	2019年	2020年
全　　省	**3158852**	**4009498**	**619655**	**652579**	**565652**	**609983**	**253703**	**240243**
石家庄市（包含辛集市）	234432	296416						
石家庄市（不含辛集市）	234432	296416						
辛集市								
唐 山 市	851675	1064344	55312	54854	25526	20526	23733	20869
秦皇岛市	259114	382134			120116	127142	34486	39399
邯 郸 市	602976	717872	14430	6105	67491	36438	15507	15184
邢 台 市	148752	200034			18261	20807	42246	38583
保 定 市（包含定州市、雄安新区）		413987	53680	53725	240835	282503	2780	2514
保 定 市（不含定州市、雄安新区）		350062	53680	53725	240835	282503	2780	2514
定州市		63925						
张家口市	381605	193021			63142	89717		
承 德 市	277735	242831	450555	496386	30281	32850	67005	46502
沧 州 市	122386	146639	6161	7511			40414	54819
廊 坊 市								
衡 水 市	280177	352220	39517	33998			27532	22373

2-6-2续11　各市农产品生产(加工)基地发展情况

名　　称	二、农产品生产(加工)基地规模效益（续4）							
	基地销售产值按产业类型分（万元）（续4）							
	15.蛋　类		16.奶　类		17.皮毛类		18.其他畜牧业	
	2019年	2020年	2019年	2020年	2019年	2020年	2019年	2020年
全　　省	**1291334**	**1085836**	**469787**	**486367**	**1674295**	**1390921**	**1615**	
石家庄市（包含辛集市）	275425	246710	107314	145717				
石家庄市（不含辛集市）	121669	119210	107314	145717				
辛集市	153756	127500						
唐 山 市	94796	83825	226279	246555	75558	91060		
秦皇岛市	14588	14646	867	760	241721	240289		
邯 郸 市	418337	335955					1615	
邢 台 市	151897	114355	17516	18665	538000	348460		
保 定 市（包含定州市、雄安新区）	78193	58429	74512	34806				
保 定 市（不含定州市、雄安新区）	54581	58429	33486	34806				
定州市	23612		41026					
张家口市	64562	54214	16141	11464				
承 德 市	16500	11700	21011	22000				
沧 州 市	122224	114186	6147	6400	30241	34581		
廊 坊 市								
衡 水 市	54812	51816			788775	676531		

2-6-2续12　各市农产品生产(加工)基地发展情况

名　　称	二、农产品生产(加工)基地规模效益（续5）							
	基地销售产值按产业类型分（万元）（续5）				农产品生产(加工)基地上交税金（万元）		1.种植业生产基地种植面积（公顷）	
	19.水产业		20.林　业					
	2019年	2020年	2019年	2020年	2019年	2020年	2019年	2020年
全　　省	**1119111**	**1373475**	**632892**	**626620**	**251170**	**40391**	**1685250**	**1691037**
石家庄市（包含辛集市）			41730	31359	3586	3508	105567	105253
石家庄市（不含辛集市）			41730	31359	3586	3508	91184	91093
辛集市							14383	14160
唐 山 市	658886	744973	130890	127749	108	55	267967	271701
秦皇岛市	124544	260994	53618	56692	186	871	147632	146684
邯 郸 市	9711	2160	55750	47543	1007	640	241747	220273
邢 台 市			43904	44762	643	642	186727	179242
保 定 市（包含定州市、雄安新区）			46300	62458	191988	3689	157680	158481
保 定 市（不含定州市、雄安新区）			46300	62458	191988	3689	137388	137037
定州市							20292	21444
张家口市			6931	2821	431		93090	110664
承 德 市	876		231790	248756	22394	1091	243563	250739
沧 州 市	325094	365348			3360	6602	88906	96887
廊 坊 市			2280	2090	149	129	57469	57086
衡 水 市			19699	2390	27318	23164	94902	94027

2-6-2续13　各市农产品生产(加工)基地发展情况

单位：万元

名　　称	二、农产品生产(加工)基地规模效益(续6)					
	种植业产值		种植业销售产值		种植业上交税金	
	2019年	2020年	2019年	2020年	2019年	2020年
全　　省	**13767296**	**14949447**	**13321585**	**14449848**	**34074**	**14577**
石家庄市（包含辛集市）	863669	931202	850331	918001	2852	2746
石家庄市（不含辛集市）	629622	703674	616284	690473	2852	2746
辛集市	234047	227528	234047	227528		
唐山市	2530043	2737690	2476432	2679240	55	
秦皇岛市	835010	904641	820808	887008		255
邯郸市	1589663	1632396	1519632	1542679	390	220
邢台市	1044087	1134926	1012663	1102594	184	185
保定市（包含定州市、雄安新区）	1652363	1830324	1603977	1765835	2229	1347
保定市（不含定州市、雄安新区）	1407575	1572705	1361400	1511764	2229	1347
定州市	244788	257619	242577	254071		
张家口市	583067	610704	557627	593315	431	
承德市	1954574	2163911	1884846	2090058	22320	1015
沧州市	778843	945512	750310	900884	3264	6467
廊坊市	946436	975144	887432	922924	149	129
衡水市	989541	1082997	957527	1047310	2200	2213

2-6-2续14　各市农产品生产(加工)基地发展情况

名　　称	二、农产品生产(加工)基地规模效益(续7)					
	2.养殖业生产基地牲畜饲养量（百头）		禽类饲养量（百只）		水产养殖面积（公顷）	
	2019年	2020年	2019年	2020年	2019年	2020年
全　　省	**326384**	**318757**	**4032335**	**3822877**	**93330**	**98463**
石家庄市（包含辛集市）	18837	24616	571374	408333		
石家庄市（不含辛集市）	18837	24616	339374	188333		
辛集市			232000	220000		
唐山市	60083	58994	320102	330217	50182	50615
秦皇岛市	37947	36223	227410	297682	25759	30619
邯郸市	53492	46173	795611	707345	182	52
邢台市	12187	16623	580690	561342		
保定市（包含定州市、雄安新区）	69379	60791	103089	89579		
保定市（不含定州市、雄安新区）	65153	56380	74168	89579		
定州市	4226	4411	28921			
张家口市	19726	18803	126285	96893		
承德市	30387	32345	414958	414406	30	
沧州市	8060	7017	592673	620403	17177	17177
廊坊市						
衡水市	16286	17172	300143	296677		

2-6-2续15　各市农产品生产(加工)基地发展情况

单位：万元

名　称	二、农产品生产(加工)基地规模效益(续8)					
	2.养殖业生产基地养殖业产值		养殖业销售产值		养殖业上交税金	
	2019年	2020年	2019年	2020年	2019年	2020年
全　省	**8033584**	**9154506**	**7833209**	**8898036**	**191260**	**4097**
石家庄市（包含辛集市）	635564	710273	617171	688843	734	762
石家庄市（不含辛集市）	481808	582773	463415	561343	734	762
辛集市	153756	127500	153756	127500		
唐 山 市	2042772	2361268	2017745	2330903	53	55
秦皇岛市	809054	1081088	795436	1065364	186	604
邯 郸 市	1165248	1157115	1130067	1113714	617	420
邢 台 市	392483	405484	378672	392444	388	386
保 定 市（包含定州市、雄安新区）	787648	890111	771321	854884	188352	879
保 定 市（不含定州市、雄安新区）	663656	825540	648053	790959	188352	879
定州市	123992	64571	123268	63925		
张家口市	269661	438730	262759	409724		
承 德 市	834545	885640	805333	852269	74	76
沧 州 市	682445	756400	652667	729484	96	135
廊 坊 市						
衡 水 市	414164	468397	402038	460407	760	780

2-6-2续16　各市农产品生产(加工)基地发展情况

单位：万元

名　称	二、农产品生产(加工)基地规模效益(续9)					
	3.农产品加工基地加工业产值		加工业销售产值		加工业上交税金	
	2019年	2020年	2019年	2020年	2019年	2020年
全　省	**1914739**	**1592339**	**1841976**	**1525525**	**25836**	**21717**
石家庄市（包含辛集市）						
石家庄市（不含辛集市）						
辛集市						
唐 山 市	101031	39230	98881	38377		
秦皇岛市	12000	2850	11706	2780		12
邯 郸 市						
邢 台 市	636397	467915	595831	447183	71	71
保 定 市（包含定州市、雄安新区）	353860	368014	346783	360654	1407	1463
保 定 市（不含定州市、雄安新区）	353860	368014	346783	360654	1407	1463
定州市						
张家口市						
承 德 市						
沧 州 市						
廊 坊 市						
衡 水 市	811451	714330	788775	676531	24358	20171

2–6–2续17　各市农产品生产(加工)基地发展情况

名　　称	三、农产品生产(加工)基地带动农户数(户)		#订单带动农户数		1.种植业生产基地带动农户数		#订单带动农户数	
	2019年	2020年	2019年	2020年	2019年	2020年	2019年	2020年
全　　省	**6400419**	**6328550**	**1016323**	**980871**	**5097287**	**4956269**	**831914**	**789621**
石家庄市（包含辛集市）	390547	505348	21746	23585	342178	293680	19533	21607
石家庄市（不含辛集市）	238034	183738	21746	23585	209665	161070	19533	21607
辛集市	152513	321610			132513	132610		
唐 山 市	962850	897615	118420	95046	809075	743300	87799	65994
秦皇岛市	531905	493378	41266	40659	441109	419565	38407	37808
邯 郸 市	952767	946995	438499	379065	714770	742136	367143	316146
邢 台 市	719117	706653	15413	24457	594251	589695	14812	23653
保 定 市（包含定州市、雄安新区）	858464	814075	77137	84029	721891	689219	71722	76606
保 定 市（不含定州市、雄安新区）	738405	732380	77137	84029	603300	607944	71722	76606
定州市	120059	81695			118591	81275		
张家口市	419822	415743	56078	78871	249963	262576	46347	57742
承 德 市	716978	722815	87272	87955	538079	539837	60213	60525
沧 州 市	400374	402460	81311	86653	323388	325337	67131	72446
廊 坊 市	107567	104860	260	156	107567	104860	260	156
衡 水 市	340028	318608	78921	80395	255016	246064	58547	56938

2–6–2续18　各市农产品生产(加工)基地发展情况

名　　称	三、农产品生产(加工)基地带动农户数(户)(续1)					
	2.养殖业生产基地带动农户数		#订单带动农户数		3.农产品加工基地带动农户数	
	2019年	2020年	2019年	2020年	2019年	2020年
全　　省	**1242112**	**1319209**	**174165**	**174777**	**61020**	**53072**
石家庄市（包含辛集市）	48369	211668	2213	1978		
石家庄市（不含辛集市）	28369	22668	2213	1978		
辛集市	20000	189000				
唐 山 市	146941	147429	30621	29052	6834	6886
秦皇岛市	78796	69613	2859	2851	12000	4200
邯 郸 市	237997	204859	71356	62919		
邢 台 市	111990	104043	601	804	12876	12915
保 定 市（包含定州市、雄安新区）	130931	118989	5415	7423	5642	5867
保 定 市（不含定州市、雄安新区）	129463	118569	5415	7423	5642	5867
定州市	1468	420				
张家口市	169859	153167	9731	21129		
承 德 市	178899	182978	27059	27430		
沧 州 市	76986	77123	14180	14207		
廊 坊 市						
衡 水 市	61344	49340	10130	6984	23668	23204

2-6-2续19 各市农产品生产(加工)基地发展情况

名称	三、农产品生产(加工)基地带动农户数(户)(续2) #农产品加工基地订单带动农户数		四、基地带动农户的户均纯收入(元)		#从产业化中经营中得到的户均纯收入	
	2019年	2020年	2019年	2020年	2019年	2020年
全　省	**10244**	**16473**	**27697**	**29167**	**11239**	**12177**
石家庄市（包含辛集市）			53327	58539	25809	29857
石家庄市（不含辛集市）			33760	38745	17113	20476
辛集市			19567	19794	8696	9381
唐 山 市			35706	41607	13224	18182
秦皇岛市			17418	20736	4493	6904
邯 郸 市			29798	33417	8984	8906
邢 台 市			29135	25889	11374	11443
保 定 市（包含定州市、雄安新区）			40130	40485	21417	21359
保 定 市（不含定州市、雄安新区）			27126	26648	11600	11147
定州市			13004	13837	9817	10212
张家口市			12772	16928	6202	5849
承 德 市			23316	24018	10727	11562
沧 州 市			29775	31215	15223	15902
廊 坊 市			29961	30954	13117	14148
衡 水 市	10244	16473	42498	39958	20973	19994

2-6-3 各市农业产业化统计监测情况

名称	农业产业化总量(万元)		产业化经营率(%)		农副产品转化率(%)		农副产品加工增值率(%)	
	2019年	2020年	2019年	2020年	2019年	2020年	2019年	2020年
全　省	**66698904**	**71335773**	**67.1**	**64.7**	**39.2**	**37.5**	**90.7**	**91.6**
石家庄市（包含辛集市）	7567348	1134740	59.1	65.1	21.9	36.9	184.1	107.4
石家庄市（不含辛集市）	6692014	6993564	58.4	57.1	18.5	19.2	202.8	201.3
辛集市	875334	1134740	65.1	65.1	45.2	36.9	70.7	107.4
唐 山 市	8907001	9376617	67.9	66.4	51.6	51.3	63.5	72.4
秦皇岛市	4649990	5174412	72.0	72.6	47.2	49.9	60.9	92.8
邯 郸 市	7033191	7188435	68.5	65.1	45.0	40.8	80.2	56.7
邢 台 市	7675983	8432893	70.0	69.6	29.7	28.9	54.7	70.4
保 定 市（包含定州市、雄安新区）	8020578		64.8		35.2		104.9	
保 定 市（不含定州市、雄安新区）	7109359	8187419	66.5	67.2	35.9	36.5	110.6	87.6
定州市	911219	923229	53.8	47.7	31.8	23.9	75.5	50.9
张家口市	2563602	2862665	42.6	43.6	19.2	21.3	120.4	101.2
承 德 市	4367363	4832392	71.2	69.5	60.4	58.1	121.2	102.4
沧 州 市	7139061	7892982	68.8	69.8	30.2	32.3	82.0	118.2
廊 坊 市	2534592	2821183	52.5	54.1	27.9	27.9	62.9	56.1
衡 水 市	5963450	5304849	71.2	67.1	36.1	36.7	127.7	106.8

2-6-3续　各市农业产业化统计监测情况

名　称	农副产品商品率(%)		农民人均纯收入增长率(%)		农户参与度(%)		参与农户增收比率(%)		农民受益率(%)	
	2019年	2020年	2019年	2020年	2019年	2020年	2019年	2020年	2019年	2020年
全　省	**85.8**	**95.0**	**9.6**	**7.1**	**38.0**	**37.3**	**40.6**	**41.8**	**8.0**	**8.0**
石家庄市（包含辛集市）	86.0	91.9			20.0	27.0	49.0	73.8		
石家庄市（不含辛集市）	87.0	86.3	9.2	6.9	13.4	10.1	50.7	52.9	3.8	3.3
辛集市	79.7	79.2	9.7		87.7	186.6	44.4	47.4	12.6	
唐山市	93.5	93.6	9.4	7.1	60.2	56.2	37.0	43.7	12.0	14.9
秦皇岛市	98.5	99.2	9.6	7.0	72.6	66.0	25.8	33.3	7.7	10.3
邯郸市	92.7	93.6	9.7	7.6	49.3	48.6	30.2	26.7	6.9	6.2
邢台市	91.4	91.4	12.3	8.3	42.8	41.9	39.0	44.2	9.4	8.6
保定市（包含定州市、雄安新区）	87.6				33.7		45.1			
保定市（不含定州市、雄安新区）	86.6	87.6	10.7	8.1	32.9	31.9	42.8	41.8	7.0	6.2
定州市	92.0	91.9	9.7		39.8	27.0	75.5	73.8	5.9	
张家口市	85.0	87.5	12.5	9.2	35.4	36.5	48.6	34.6	6.8	6.2
承德市	89.7	89.8	12.0	9.0	70.7	70.5	46.0	48.1	20.6	20.5
沧州市	121.8	122.4	9.9	7.1	23.7	23.5	51.1	50.9	6.7	6.6
廊坊市	90.4	90.7	9.5	6.8	11.5	11.0	43.8	45.7	2.2	2.2
衡水市	94.8	96.5	11.4	8.5	29.3	27.2	49.4	50.0	13.7	11.3

3−1　县(市、区)国民经济主要指标(2020)(1−1)

县(市、区)	一、基本情况						
	行政区域面积(平方公里)	乡个数(个)	镇个数(个)	村民委员会个数(个)	自来水受益村数(个)	通有线电视村数(个)	通宽带村数(个)
石家庄市							
长安区	138		4	1	2	2	2
桥西区	70			15	16	16	16
新华区	92			13	14	13	14
井陉矿区	70	1	2				
裕华区	61		2	22	5	5	5
藁城区	836	1	13	177	226	226	226
鹿泉区	603	3	9	208	204	208	208
栾城区	326	3	5	181	173	173	173
井陉县	1381	7	10	321	314	265	310
正定县	468	3	5	[illegible]	[illegible]	[illegible]	163
行唐县	1025	11	4	322	294	326	330
灵寿县	1066	9	6	279	275	218	275
高邑县	222		5	107	107	107	107
深泽县	296	2	4	125	125	125	125
赞皇县	1210	7	4	211	166	212	212
无极县	524	5	6	213	213	213	213
平山县	2648	11	12	717	702	571	715
元氏县	675	7	8	208	182	197	208
赵　县	674	3	8	281	281	281	281
晋州市	619	1	9	224	224	143	224
新乐市	525	3	8	160	160	160	160
唐山市							
路南区	117	1	1	55	53	53	53
路北区	161		1	79	71	71	71
古冶区	248	3	2	122	122	122	122
开平区	257		6	143	132	123	132
丰南区	1288	3	14	482	444	401	444
丰润区	1154	3	19	516	481	480	479
曹妃甸区	1408		5	11	108	108	108
滦南县	1483		16	589	589	559	589
乐亭县	1020	2	12	530	473	461	466
迁西县	1461	5	12	417	243	417	417
玉田县	1170	3	17	750	750	750	750
遵化市	1514	11	14	648	645	648	648
迁安市	1227		17	464	423	473	473
滦州市	1027		10	504	501	420	504
秦皇岛市							
海港区	800		8	285	214	253	261
山海关区	194	1	3	120	94	96	96
北戴河区	113		3	73	43	43	43
抚宁区	968	1	6	397	227	301	363
青龙满族自治县	3510	13	11	396	278	396	396
昌黎县	1212	5	11	446	416	415	418

注：村民委员会个数与自来水受益村、通有线电视村、通宽带村统计口径不同（下同）。

3-1 县(市、区)国民经济主要指标(2020)(1-2)

县(市、区)	一、基本情况						
	行政区域面积(平方公里)	乡个数(个)	镇个数(个)	村民委员会个数(个)	自来水受益村数(个)	通有线电视村数(个)	通宽带村数(个)
卢龙县	956	3	9	548	344	485	548
邯郸市							
邯山区	209	5	5	188	108	108	108
丛台区	192	6	3	167	71	71	71
复兴区	137	3	2	94	28	34	41
峰峰矿区	341	1	9	157	148	131	148
肥乡区	503	2	7	255	255	255	255
永年区	761	8	9	342	342	336	342
临漳县	742	7	7	429	425	425	425
成安县	482	3	6	239	243	243	243
大名县	1053	10	10	609	609	609	609
涉　县	1509	8	8	308	305	308	308
磁　县	695	5	6	244	242	242	242
邱　县	449	2	5	217	217	217	217
鸡泽县	336	1	6	168	169	169	169
广平县	314		7	169	169	169	169
馆陶县	456	4	4	277	277	277	277
魏　县	864	6	15	489	542	534	542
曲周县	677	4	6	338	342	342	342
武安市	1806	9	13	502	443	424	502
邢台市							
桥东区	164	1	6	129	74	74	74
桥西区	1942	6	11	530	527	464	509
邢台县							
临城县	797	3	5	220	220	220	220
内丘县	788	4	5	309	309	219	309
柏乡县	268	2	4	121	121	121	121
隆尧县	749	5	7	276	276	276	276
任　县	431	4	4				
南和县	405	3	5				
宁晋县	1111	3	13	322	322	322	322
巨鹿县	631	2	8	246	246	246	246
新河县	366	4	2	169	169	169	169
广宗县	504	4	4	196	196	196	196
平乡县	406	4	2	227	227	227	227
威　县	1012	4	12	519	519	519	519
清河县	501		6	305	305	305	305
临西县	542	2	7	299	299	299	299
南宫市	861	5	6	440	440	440	440
沙河市	859	4	4	242	228	222	238
保定市							
竞秀区	127	5	1	84	63	63	63
莲池区	178	6	1	119	111	111	111
满城区	658	6	6	204	183	168	183

3-1 县(市、区)国民经济主要指标(2020)(1-3)

县(市、区)	一、基本情况						
	行政区域面积(平方公里)	乡个数(个)	镇个数(个)	村民委员会个数(个)	自来水受益村数(个)	通有线电视村数(个)	通宽带村数(个)
清苑区	867	9	9	266	263	266	266
徐水区	723	4	10	304	285	223	299
涞水县	1662	4	11	284	251	261	283
阜平县	2496	5	8	209	209	209	209
定兴县	714	8	8	274	223	150	267
唐　县	1414	11	9	345	324	336	345
高阳县	441	2	6	165	163	163	163
容城县	314	3	5	127			
涞源县	2431	9	8	283	285	285	285
望都县	358	2	6	142	143	143	143
安新县	779	3	9	207			
易　县	2535	18	9	469	399	378	465
曲阳县	1084	9	9	367	350	353	367
蠡　县	653	3	10	232	232	190	232
顺平县	712	5	5	237	237	237	236
博野县	331		7	133	133	100	133
雄　县	678	3	6	223			
涿州市	751	1	10	402	396	369	402
安国市	486	3	6	198	195	195	195
高碑店市	620		10	442	408	236	409
张家口市							
桥东区	374	1	2	57	47	47	47
桥西区	119		1	48	20	20	20
宣化区	2014	6	8	313	295	279	300
下花园区	315	4		46	46	46	46
万全区	1162	7	4	170	172	172	172
崇礼区	2324	8	2	211	196	193	192
张北县	3854	11	7	384	349	362	363
康保县	3365	8	7	326	327	299	319
沽源县	3363	10	4	233	224	218	232
尚义县	2601	7	7	172	170	165	171
蔚　县	3198	11	11	546	469	491	522
阳原县	1839	9	5	301	298	216	289
怀安县	1698	7	4	273	273	233	271
怀来县	1801	6	11	279	272	268	269
涿鹿县	2802	4	13	373	371	369	367
赤城县	5273	9	9	440	411	419	421
承德市							
双桥区	354		7	91	33	43	48
双滦区	452		6	63	45	63	63
鹰手营子矿区	149		4	15	13	15	15
承德县	3648	11	12	378	322	376	377
兴隆县	3117	5	15	289	152	230	286
滦平县	2993	7	12	199	136	200	200

3-1 县(市、区)国民经济主要指标(2020)(1-4)

县(市、区)	一、基本情况						
	行政区域面积(平方公里)	乡个数(个)	镇个数(个)	村民委员会个数(个)	自来水受益村数(个)	通有线电视村数(个)	通宽带村数(个)
隆化县	5473	13	11	357	290	357	357
丰宁满族自治县	8750	15	11	309	296	305	307
宽城满族自治县	1936	8	10	205	178	204	204
围场满族蒙古族自治县	9037	25	12	312	315	315	315
平泉市	3294	4	15	241	209	241	241
沧州市							
新华区	89	1		23	24	24	24
运河区	118	1	1	65	62	62	62
沧　县	1520	14	5	519	510	510	510
青　县	992	3	7	345	349	349	349
东光县	710	1	8	447	447	447	447
海兴县	868	3	4	197	199	199	199
盐山县	795	4	8	450	450	450	449
肃宁县	516	1	8	254	254	254	254
南皮县	790	2	7	312	312	312	312
吴桥县	582	5	5	473	473	473	473
献　县	1173	9	9	500	501	500	501
孟村回族自治县	387	2	4	126	126	126	126
泊头市	1009	3	9	657	657	657	657
任丘市	872	4	11	413	349	349	349
黄骅市	1718	5	6	331	327	327	327
河间市	1322	7	11	615	563	563	563
廊坊市							
安次区	578	2	6	288	284	284	284
广阳区	331		4	169	126	126	126
固安县	703	4	5	419	419	377	419
永清县	776	5	5	386	386	386	386
香河县	448		9	300	300	300	300
大城县	897		10	394	394	312	394
文安县	1037	1	12	383	383	383	383
大厂回族自治县	176		5	106	105	105	105
霸州市	802	3	9	363	363	363	363
三河市	643		10	395	395	395	395
衡水市							
桃城区	383	3	3	358	221	221	221
冀州区	878	4	7	412	382	382	382
枣强县	905	2	9	553	553	553	553
武邑县	800	2	7	545	522	522	522
武强县	443	1	5	230	238	238	238
饶阳县	572		7	197	197	197	197
安平县	496	3	5	230	227	227	227
故城县	941	2	11	538	538	538	538
景　县	1188	5	11	848	848	848	848
阜城县	695	4	6	610	610	610	610
深州市	1245	4	13	465	465	465	465
定州市	1284	5	16	470	470	470	470
辛集市	951	7	8	344	344	344	344

3-1 县(市、区)国民经济主要指标(2020)(2-1)

县(市、区)	二、人口与就业				
	户籍人口(万人)	乡村户数(户)	乡村人口(万人)	年末乡村从业人员(人)	#农林牧渔业从业人员(人)
石家庄市					
长安区	67.6	25961	9.6	34060	13633
桥西区	67.5	11650	3.8	13276	114
新华区	50.7	14714	5.7	23653	2127
井陉矿区	8.7	14632	5.4	22156	3134
裕华区	48.5	6083	2.9	14343	1056
藁城区	86.6	199057	75.9	399987	123856
鹿泉区	44.8	98056	38.8	175073	61373
栾城区	36.4	88906	34.4	175638	42170
井陉县	32.8	90807	29.7	143070	58858
正定县	51.6	102026	44.0	217016	77033
行唐县	46.0	119248	37.6	189468	112020
灵寿县	35.0	75429	28.4	151245	72373
高邑县	20.3	47151	18.4	100462	59670
深泽县	25.5	62346	23.0	120741	41242
赞皇县	28.2	76953	23.5	137132	50165
无极县	53.5	138785	50.4	256627	115265
平山县	49.9	137433	45.8	225465	137705
元氏县	44.6	96176	41.1	195151	109384
赵　县	61.6	142847	57.0	281032	121864
晋州市	57.5	135024	51.6	266389	76299
新乐市	51.7	104131	40.7	219042	54820
唐山市					
路南区	27.1	19938	6.3	31783	9659
路北区	67.2	32694	11.8	64455	25299
古冶区	32.6	38177	12.0	60034	25569
开平区	24.8	58551	18.0	81180	20774
丰南区	53.6	122059	45.7	244647	93704
丰润区	80.2	177301	62.2	330421	169593
曹妃甸区	21.5	44473	14.4	80140	35860
滦南县	56.5	152419	51.6	290443	190745
乐亭县	43.9	121454	37.9	222721	99517
迁西县	39.5	93949	32.9	183269	79901
玉田县	70.2	167571	60.8	335735	95709
遵化市	75.0	194184	68.2	335322	110786
迁安市	77.5	168566	57.3	295867	53478
滦州市	56.8	147735	51.0	287727	111600
秦皇岛市					
海港区	75.3	73523	19.6	99153	41966
山海关区	14.4	19067	5.6	30702	21019
北戴河区	9.9	25387	6.3	35364	12065
抚宁区	34.5	109489	29.3	153889	101616
青龙满族自治县	56.0	157968	49.6	271536	181529
昌黎县	51.9	184109	45.8	266483	161793

3-1 县(市、区)国民经济主要指标(2020)(2-2)

县(市、区)	二、人口与就业				
	户籍人口（万人）	乡村户数（户）	乡村人口（万人）	年末乡村从业人员（人）	#农林牧渔业从业人员（人）
卢龙县	41.0	130043	37.4	209008	137770
邯郸市					
邯山区	50.3	43347	18.3	92507	30272
丛台区	56.9	36197	15.5	59828	21918
复兴区	30.9	13653	6.2	30326	11959
峰峰矿区	47.0	53355	21.0	89055	29299
肥乡区	41.2	80255	35.9	196144	54371
永年区	97.1	181168	73.7	386426	151194
临漳县	75.9	150662	66.0	399396	269291
成安县	46.4	85636	34.8	190693	67503
大名县	92.7	163307	70.6	358308	176973
涉　县	43.3	124920	39.5	195291	74580
磁　县	49.3	94774	37.9	176429	46070
邱　县	25.7	55874	21.7	112787	68255
鸡泽县	34.1	71305	31.3	145666	23287
广平县	31.3	61203	26.2	141613	58476
馆陶县	36.0	74590	29.5	145772	79702
魏　县	104.1	232925	95.0	371662	189359
曲周县	53.5	102493	47.6	255632	121084
武安市	84.7	197446	75.3	388891	153714
邢台市					
桥东区	35.0	31423	10.7	54507	12229
桥西区	75.9	127376	37.5	184702	68565
邢台县					
临城县	22.0	57579	19.4	83631	47040
内丘县	29.8	66887	25.3	133412	54669
柏乡县	20.5	48008	18.8	92083	37017
隆尧县	57.1	129745	53.1	266508	113551
任　县	12.4				
南和县	13.1				
宁晋县	86.5	198818	72.6	339523	183815
巨鹿县	43.4	106763	35.5	186989	123421
新河县	17.5	45142	14.6	65996	39541
广宗县	33.4	75886	28.7	149779	53947
平乡县	37.0	64310	27.4	136737	32857
威　县	64.4	164532	60.2	302211	153852
清河县	44.8	89694	36.8	166584	30991
临西县	39.2	92242	35.0	172241	70468
南宫市	50.3	117193	43.7	205748	87490
沙河市	46.4	97511	38.6	169349	71191
保定市					
竞秀区	43.3	30885	12.1	62852	17548
莲池区	63.5	51139	18.3	92372	30989
满城区	40.7	94713	34.7	186110	111616

3-1　县(市、区)国民经济主要指标(2020)(2-3)

县(市、区)	二、人口与就业				
	户籍人口（万人）	乡村户数（户）	乡村人口（万人）	年末乡村从业人员（人）	#农林牧渔业从业人员（人）
清苑区	68.9	174544	64.4	352968	179605
徐水区	63.6	190518	58.3	309653	146724
涞水县	35.9	102173	32.3	178573	109701
阜平县	22.8	69735	19.9	77094	42207
定兴县	60.4	173022	57.0	322587	135951
唐　县	58.9	146670	53.9	268213	124147
高阳县	32.2	87380	28.3	159780	57990
容城县	28.2				
涞源县	28.3	89329	24.1	116141	73361
望都县	27.0	63444	23.1	126659	74293
安新县	51.3				
易　县	57.5	160429	51.1	234129	124343
曲阳县	65.4	182487	59.6	261583	138416
蠡　县	53.9	133348	51.5	284387	144292
顺平县	30.9	93900	29.7	158081	103325
博野县	26.8	92061	25.2	126261	69253
雄　县	49.6				
涿州市	69.9	126974	47.8	261458	141105
安国市	40.4	94342	34.3	198941	112252
高碑店市	56.7	118981	46.8	249146	111731
张家口市					
桥东区	25.7	22030	5.3	26909	19519
桥西区	29.0	7634	2.1	8558	1131
宣化区	51.6	75885	18.5	95041	64490
下花园区	6.4	13375	2.7	13786	7126
万全区	22.3	55690	13.8	69304	43799
崇礼区	13.0	28574	6.3	36142	21394
张北县	35.7	104420	25.5	112823	74122
康保县	26.4	97960	22.9	115367	61658
沽源县	22.2	76239	17.4	94477	69000
尚义县	18.4	41571	9.8	49005	35744
蔚　县	49.4	131380	35.2	135002	96931
阳原县	26.7	80061	21.0	107251	63814
怀安县	23.4	62312	15.4	87890	65185
怀来县	36.7	86183	22.1	128284	79768
涿鹿县	34.8	94086	22.8	127577	89592
赤城县	28.9	106630	23.5	108242	80255
承德市					
双桥区	31.5	25837	7.4	33905	9341
双滦区	14.9	28694	8.5	42030	15540
鹰手营子矿区	6.1	5358	1.7	7600	2766
承德县	42.5	129806	39.1	209896	120002
兴隆县	32.4	99059	28.9	155902	99896
滦平县	32.9	101063	29.5	151702	71311

3−1 县(市、区)国民经济主要指标(2020)(2−4)

县(市、区)	二、人口与就业				
	户籍人口（万人）	乡村户数（户）	乡村人口（万人）	年末乡村从业人员（人）	#农林牧渔业从业人员（人）
隆化县	44.4	124543	39.8	215670	126155
丰宁满族自治县	40.4	127957	35.2	170856	120805
宽城满族自治县	26.0	68453	22.9	121422	49110
围场满族蒙古族自治县	53.2	165077	48.2	242293	178675
平泉市	47.4	132014	41.7	216785	125203
沧州市					
新华区	18.9	11325	3.9	14705	4668
运河区	37.5	23362	8.9	38926	19986
沧　县	73.4	183850	70.3	382005	76644
青　县	43.8	103164	37.3	213054	52566
东光县	38.2	94186	34.2	169823	59690
海兴县	23.5	63044	20.0	112091	68123
盐山县	49.3	121155	44.2	214420	130129
肃宁县	37.0	95978	32.8	200728	53043
南皮县	39.6	92690	34.7	190519	96041
吴桥县	27.5	78354	24.2	140458	49901
献　县	65.8	152241	56.7	283360	130680
孟村回族自治县	23.0	52260	19.1	95980	35381
泊头市	62.5	151787	48.7	263535	62350
任丘市	81.6	158059	57.1	278472	62521
黄骅市	48.3	106294	40.4	203410	30259
河间市	89.9	206069	74.2	431519	78621
廊坊市					
安次区	38.1	75479	27.6	149721	79708
广阳区	50.2	33436	14.3	67455	33031
固安县	53.5	105700	39.9	175524	126208
永清县	41.5	87535	33.6	180076	95448
香河县	38.4	84542	29.4	148496	43729
大城县	54.0	127180	46.2	248252	78756
文安县	56.0	139216	48.6	243729	80152
大厂回族自治县	14.3	40684	10.4	44460	9188
霸州市	66.0	134635	53.5	264423	45348
三河市	75.5	111443	38.4	192358	60537
衡水市					
桃城区	72.7	52530	16.6	80060	18710
冀州区	33.8	97348	28.5	142272	68866
枣强县	39.9	111499	34.6	173506	86607
武邑县	31.2	71305	27.0	140410	75975
武强县	20.9	60287	19.1	101436	48912
饶阳县	28.6	77933	26.3	150237	54100
安平县	33.3	89951	30.5	150586	45560
故城县	51.8	131855	44.2	216260	107735
景　县	53.6	134797	49.1	251201	124481
阜城县	34.7	111015	32.8	168145	68165
深州市	55.2	190799	52.1	271657	119672
定州市	123.2	302221	111.5	640082	198140
辛集市	62.9	172367	54.7	292073	93318

3–1 县(市、区)国民经济主要指标(2020)(3–1)

县(市、区)	三、综合经济					
	农林牧渔业增加值(万元)	农业增加值(万元)	林业增加值(万元)	牧业增加值(万元)	渔业增加值(万元)	农林牧渔服务业增加值(万元)
石家庄市						
长安区	7980					2014
桥西区	948					153
新华区	4533					589
井陉矿区	4391					43
裕华区	771					11
藁城区	515284					27609
鹿泉区	206733					12091
栾城区	190555					36156
井陉县	123450					9493
正定县	442672					21993
行唐县	426064					31198
灵寿县	316043					6619
高邑县	157448					6333
深泽县	176416					18639
赞皇县	223286					4736
无极县	342044					20510
平山县	208981					24502
元氏县	226933					6402
赵 县	292962					18741
晋州市	430110					16388
新乐市	399664					30205
唐山市						
路南区	20182					19
路北区	38986					241
古冶区	107882					2067
开平区	52719					1717
丰南区	524833					24541
丰润区	418061					17108
曹妃甸区	388615					28932
滦南县	974307					31754
乐亭县	907418					6013
迁西县	252708					7291
玉田县	705996					12298
遵化市	571327					11976
迁安市	353961					13478
滦州市	525624					7958
秦皇岛市						
海港区	87909					7517
山海关区	99922					2733
北戴河区	20522					1269
抚宁区	441402					57673
青龙满族自治县	522912					28252
昌黎县	774413					81418

注：增加值为快报数。

3-1 县(市、区)国民经济主要指标(2020)(3-2)

县(市、区)	三、综合经济					
	农林牧渔业增加值(万元)	农业增加值(万元)	林业增加值(万元)	牧业增加值(万元)	渔业增加值(万元)	农林牧渔服务业增加值(万元)
卢龙县	426520					21761
邯郸市						
邯山区	26249					160
丛台区	11804					933
复兴区	6799					106
峰峰矿区	56834					2195
肥乡区	326395					29980
永年区	412771					6070
临漳县	267399					12082
成安县	318160					50582
大名县	326228					24296
涉　县	123589					1760
磁　县	132252					2502
邱　县	184072					24192
鸡泽县	164517					7789
广平县	113422					771
馆陶县	233100					7121
魏　县	432872					30516
曲周县	268599					22064
武安市	351185					4478
邢台市						
桥东区	18184					198
桥西区	142435					1030
邢台县						
临城县	95878					733
内丘县	153703					1251
柏乡县	104471					717
隆尧县	272004					7431
任　县						
南和县						
宁晋县	333838					16872
巨鹿县	320882					665
新河县	160306					8903
广宗县	150511					5949
平乡县	177988					5072
威　县	320687					7813
清河县	108264					35732
临西县	182822					21608
南宫市	224811					3468
沙河市	81780					6919
保定市						
竞秀区	14225					946
莲池区	15826					1065
满城区	262269					19664

3-1 县(市、区)国民经济主要指标(2020)(3-3)

县(市、区)	三、综合经济					
	农林牧渔业增加值(万元)	农业增加值(万元)	林业增加值(万元)	牧业增加值(万元)	渔业增加值(万元)	农林牧渔服务业增加值(万元)
清苑区	359509					7167
徐水区	261127					19127
涞水县	193162					5836
阜平县	154399					2042
定兴县	350289					34835
唐　县	337357					4012
高阳县	78272					9172
容城县						
涞源县	88019					1134
望都县	177468					4374
安新县						
易　县	343475					2254
曲阳县	184668					6725
蠡　县	184602					8910
顺平县	248338					2038
博野县	160348					3661
雄　县						
涿州市	259461					17662
安国市	234870					7364
高碑店市	183528					17730
张家口市						
桥东区	16273					325
桥西区	2438					185
宣化区	158994					4501
下花园区	31186					1910
万全区	130516					10741
崇礼区	59965					180
张北县	335887					1371
康保县	231621					464
沽源县	285560					700
尚义县	242551					5895
蔚　县	155167					3996
阳原县	127218					5129
怀安县	90666					1416
怀来县	174553					4296
涿鹿县	140212					2703
赤城县	307098					16286
承德市						
双桥区	6277					82
双滦区	35341					4825
鹰手营子矿区	9271					92
承德县	470317					7576
兴隆县	277430					6677
滦平县	367620					4733

3−1　县(市、区)国民经济主要指标(2020)(3−4)

县(市、区)	三、综合经济					
	农林牧渔业增加值（万元）	农业增加值（万元）	林业增加值（万元）	牧业增加值（万元）	渔业增加值（万元）	农林牧渔服务业增加值（万元）
隆化县	569393					5806
丰宁满族自治县	347046					10810
宽城满族自治县	225570					7614
围场满族蒙古族自治县	628360					3943
平泉市	474992					1980
沧州市						
新华区	1706					3
运河区	4495					72
沧　县	286489					28535
青　县	470487					21262
东光县	320804					187367
海兴县	132309					8175
盐山县	120317					4129
肃宁县	261661					11795
南皮县	270571					76469
吴桥县	328290					156090
献　县	394947					55836
孟村回族自治县	78114					669
泊头市	209384					11720
任丘市	159409					23735
黄骅市	380775					28471
河间市	251672					57185
廊坊市						
安次区	123798					7781
广阳区	74267					4832
固安县	459666					11066
永清县	693835					13546
香河县	209759					3550
大城县	188545					4294
文安县	132781					3441
大厂回族自治县	47057					794
霸州市	119616					4267
三河市	198125					5613
衡水市						
桃城区	97841					6850
冀州区	124984					5221
枣强县	153947					8367
武邑县	287570					15910
武强县	117094					9850
饶阳县	366770					18054
安平县	196373					12737
故城县	283575					19338
景　县	206501					17407
阜城县	220147					16343
深州市	416524					18320
定州市						
辛集市	592307					17190

3-1 县(市、区)国民经济主要指标(2020)(4-1)

县(市、区)	三、综合经济(续1)			四、农业	
	一般公共预算收入(万元)	一般公共预算支出(万元)	住户储蓄存款余额(万元)	(一)农用机械总动力(千瓦)	大中型拖拉机(台)
石家庄市					
长安区	507460	398767		19321	20
桥西区	748017	480553		441	5
新华区	312997	322502		3946	26
井陉矿区	44416	119715	632089	6488	13
裕华区	350605	279979		1441	
藁城区	496533	679787	4043742	1623216	3847
鹿泉区	334148	508816	3372246	467842	1271
栾城区	176093	311264	2175723	612917	2196
井陉县	95197	266396	1695752	364157	97
正定县	435959	788312	5030646	806871	2272
行唐县	67808	374847	1997469	963736	2127
灵寿县	69659	292924	1692660	505341	1964
高邑县	60343	173931	988342	492914	980
深泽县	55884	179240	1477995	248886	1061
赞皇县	47938	218743	1181642	556922	8678
无极县	83299	330709	2494879	673636	1768
平山县	207492	461037	2449322	699784	1601
元氏县	115219	299999	1834813	763332	2569
赵　县	81268	353228	1981801	701991	1183
晋州市	113185	389508	3331828	442129	1591
新乐市	110931	355738	2199308	1799105	2902
唐山市					
路南区	251207	203311		77372	164
路北区	492565	419232		40951	194
古冶区	152131	217633	3231059	77567	559
开平区	135308	214939	2096950	86609	430
丰南区	472827	649158	5235655	585139	2965
丰润区	331067	612272	7020939	821688	3400
曹妃甸区	767149	1170133	2686838	578300	1042
滦南县	150616	441365	3382056	979025	4262
乐亭县	184273	436325	3648601	767455	2030
迁西县	164256	377849	3039856	209385	400
玉田县	132473	483525	5158951	711770	2503
遵化市	171941	466193	5418860	1018871	2289
迁安市	611698	886310	7921994	1123600	1491
滦州市	235803	434743	3502429	604826	2569
秦皇岛市					
海港区	511304	513867	17930331	39967	77
山海关区	64893	125566		40842	83
北戴河区	66188	171433	1271190	20993	62
抚宁区	70205	281176	2429619	218053	609
青龙满族自治县	51125	345412	1841500	126085	128
昌黎县	176118	409928	5046157	718760	3471

3-1　县(市、区)国民经济主要指标(2020)(4-2)

县(市、区)	三、综合经济(续1)			四、农业	
	一般公共预算收入（万元）	一般公共预算支出（万元）	住户储蓄存款余额（万元）	(一) 农用机械总动力（千瓦）	大中型拖拉机（台）
卢龙县	65550	307048	2177486	590638	1013
邯郸市					
邯山区	145173	320369		103825	735
丛台区	306417	293286		111038	218
复兴区	128766	222607		114333	41
峰峰矿区	185668	413530	2838808	110236	393
肥乡区	88347	334613	1239876	656400	3550
永年区	168600	392359	3898948	728685	2503
临漳县	65857	381739	1897230	729720	4071
成安县	118650	311623	1309606	695268	2411
大名县	59269	481081	2417870	789226	3728
涉　县	147529	326663	2450075	384970	257
磁　县	84676	306122	2283101	710071	4907
邱　县	61007	216118	948903	298195	1444
鸡泽县	61071	230618	1134191	303429	793
广平县	76009	253225	1001910	334818	2162
馆陶县	66140	275718	1241129	597369	3249
魏　县	104878	587733	2459476	792566	3840
曲周县	67618	310510	1673026	834882	3235
武安市	506674	775873	6486390	1812715	1599
邢台市					
桥东区	147137	191429		59266	458
桥西区	308477	562081		396080	2026
邢台县					
临城县	36585	194121	1182622	280007	2107
内丘县	80031	252570	1430100	295491	964
柏乡县	24805	146872	729500	411327	1769
隆尧县	62830	269214	1886609	1100002	5002
任　县	43198	251039	1253275		
南和县	58343	268650	1410462		
宁晋县	140018	519796	3428400	1215467	3193
巨鹿县	55957	281782	1695564	490522	5092
新河县	25805	152774	880112	328500	2100
广宗县	39040	231749	929414	244367	1003
平乡县	50375	289170	1351344	317300	800
威　县	68881	368607	2058174	708120	2992
清河县	104130	322924	2610500	440541	1942
临西县	54040	235545	1320440	597692	2595
南宫市	54384	296492	2307554	795437	2964
沙河市	136962	345742	3063845	341594	934
保定市					
竞秀区	167401	194956		49359	404
莲池区	292890	271197		30504	186
满城区	93175	246580	2134000	327383	1278

3-1 县(市、区)国民经济主要指标(2020)(4-3)

县(市、区)	三、综合经济(续1)			四、农业	
	一般公共预算收入(万元)	一般公共预算支出(万元)	住户储蓄存款余额(万元)	(一)农用机械总动力(千瓦)	大中型拖拉机(台)
清苑区	85616	396188	2632006	578997	3723
徐水区	245775	437485	2934962	519130	1973
涞水县	70424	258459	1634549	190559	753
阜平县	53380	344713	1219131	88032	68
定兴县	88864	439527	2041703	519889	2459
唐　县	55206	357371	2413128	295549	1489
高阳县	84411	267012	1857786	221726	1704
容城县	31782	270567	2641675		
涞源县	92092	374375	1135501	88548	569
望都县	44367	203585	1323365	330066	1504
安新县	29146	440691	2239095		
易　县	68980	390399	2396601	227875	668
曲阳县	65378	366682	2471148	509806	1055
蠡　县	61180	304303	2037950	511157	2519
顺平县	55158	276123	1282537	287521	1066
博野县	31276	200779	1074328	298195	1205
雄　县	35801	404668	2719108		
涿州市	342041	642183	4706663	297234	1250
安国市	91038	269625	2328311	578212	1741
高碑店市	164439	383713	4512033	317633	1560
张家口市					
桥东区	41458	141155		11494	81
桥西区	45128	115988		7293	1
宣化区	171769	516738	3425851	112713	1016
下花园区	35088	132401	317200	10889	38
万全区	52195	222777	587407	127885	835
崇礼区	65001	298694	1135852	80863	605
张北县	87500	464000	1641965	389064	3216
康保县	42008	385814	641590	286441	1258
沽源县	40004	354539	814300	477697	3923
尚义县	30799	353519	671076	156941	1279
蔚　县	60125	408250	2316975	295539	2235
阳原县	44610	351232	1222903	134297	1123
怀安县	54861	262156	1179996	90053	435
怀来县	177700	414449	2448200	183970	980
涿鹿县	67090	315222	1657566	191706	1052
赤城县	75066	308356	1376960	120793	1173
承德市					
双桥区	143368	165674	7723106	21917	115
双滦区	101969	101144	1358065	62924	140
鹰手营子矿区	32162	67950	445500	34459	33
承德县	78954	329871	1933420	167951	1269
兴隆县	73239	308150	1847753	76345	145
滦平县	115212	354991	1666552	315330	679

3-1 县(市、区)国民经济主要指标(2020)(4-4)

县(市、区)	三、综合经济(续1)			四、农业	
	一般公共预算收入（万元）	一般公共预算支出（万元）	住户储蓄存款余额（万元）	（一）农用机械总动力（千瓦）	大中型拖拉机（台）
隆化县	60412	457385	1753685	320558	1894
丰宁满族自治县	77886	552746	1781988	516180	3668
宽城满族自治县	116194	227760	2285257	98850	290
围场满族蒙古族自治县	62961	607125	2054585	755647	9376
平泉市	68535	373181	2634947	347765	1227
沧州市					
新华区	103438	135809		18111	130
运河区	144352	159272		73213	328
沧　县	139015	680637	2543200	1138000	2676
青　县	104806	335922	2494400	586248	1968
东光县	71359	329016	2299766	556236	1531
海兴县	52448	200427	903400	392865	1309
盐山县	68980	319323	1702086	507644	1882
肃宁县	115132	360964	1985230	732510	1627
南皮县	57650	336558	1757082	988000	3408
吴桥县	43276	251061	1481966	523770	2874
献　县	78706	408098	2978500	933908	2933
孟村回族自治县	44616	184377	1086700	291810	1438
泊头市	112616	367030	3628145	1195037	2660
任丘市	368154	554469	6204356	558354	1425
黄骅市	195021	537067	3383485	895702	2187
河间市	138990	556632	4525100	1013800	5361
廊坊市					
安次区	191115	368987		149892	1030
广阳区	218392	233465		119767	876
固安县	502450	819255	3642548	506038	2291
永清县	169908	376868	2361509	459263	2077
香河县	307770	571916	3749665	201316	1020
大城县	126551	369903	3419725	515975	2461
文安县	151180	432015	3494678	674901	1617
大厂回族自治县	326019	423900	1549298	147264	676
霸州市	273035	702749	5940551	761408	2253
三河市	582058	981630	7302232	397783	1342
衡水市					
桃城区	140993	281943	8649165	357287	2316
冀州区	71991	280044	2408501	788940	3960
枣强县	92900	353222	2766179	516420	2410
武邑县	55946	297995	1666988	640604	4665
武强县	44001	216977	1160561	609399	834
饶阳县	41187	261286	1451164	550809	1265
安平县	93519	330616	2602274	401273	1579
故城县	87372	386045	2425444	1227294	3432
景　县	100897	388264	3299409	1143219	7040
阜城县	56530	278601	1949376	688715	3810
深州市	101141	378989	2463407	1682520	2300
定州市	257749	728931	5843615	1041866	3282
辛集市	271451	679717	4532729	1285510	1618

3-1 县(市、区)国民经济主要指标(2020)(5-1)

县(市、区)	四、农业（续1）						
	机耕面积（公顷）	机播面积（公顷）	机收面积（公顷）	化肥施用量(按折纯法计算)	农药使用量（吨）	地膜使用量（吨）	农村用电量（万千瓦时）
石家庄市							
长安区	1754	3284	3483	1521	11		6821
桥西区	27	46	46	46			1874
新华区	874	735	735	137	5	3	2443
井陉矿区	320	200	200	162	10		4062
裕华区	78	106	106				788
藁城区	34021	70464	69847	24943	309	63	30705
鹿泉区	14400	25019	22509	12625	484	43	42354
栾城区	17904	31816	31816	14253	224	39	16223
井陉县	16964	14120	12551	9055	111	34	11080
正定县	33559	50712	49077	35378	322	212	24169
行唐县	37616	59007	57815	17547	244	48	13405
灵寿县	18410	30375	30263	18547	80	33	11239
高邑县	11505	23062	23062	8860	182	163	9487
深泽县	16898	31940	30745	16263	202	35	28772
赞皇县	14299	20000	18300	11246	309	137	76370
无极县	35953	57496	53815	29732	567	129	51970
平山县	20037	22149	20569	16287	138	92	15579
元氏县	32177	61570	58470	10595	268	19	10150
赵　县	74042	73636	73953	42595	1079	15	34020
晋州市	29400	52814	52000	35639	958	40	199547
新乐市	42777	58036	55023	23084	454	459	36025
唐山市							
路南区	2960	3770	2501	2907	56	43	8191
路北区	2738	3079	3029	1624	11	28	2357
古冶区	7505	7559	5126	3291	79	92	7928
开平区	6465	7114	6971	2268	11	85	18255
丰南区	49414	53525	41227	27560	453	666	29696
丰润区	53334	66566	51174	37213	464	398	49076
曹妃甸区	23972	23114	23212	10759	426	24	31692
滦南县	88970	82855	74250	38393	481	1066	21209
乐亭县	59400	41898	33637	62626	896	596	16570
迁西县	15576	5504	543	12940	69	76	14601
玉田县	93604	102180	88579	46004	357	819	146363
遵化市	46247	51641	28047	26808	232	412	60338
迁安市	39412	37909	20837	11405	88	394	43835
滦州市	46805	53815	45046	37101	397	680	22622
秦皇岛市							
海港区	6681	2166	1420	4573	72	20	8761
山海关区	4759	2325	561	1407	24	117	691
北戴河区	1618	947	851	1563	47	29	10894
抚宁区	27110	6640	3293	19721	799	313	9297
青龙满族自治县	24990	8610	13	8168	504	16	18283
昌黎县	68395	54918	53056	50277	1496	958	18583

3-1 县(市、区)国民经济主要指标(2020)(5-2)

县(市、区)	四、农业（续1）						
	机耕面积（公顷）	机播面积（公顷）	机收面积（公顷）	化肥施用量(按折纯法计算)	农药使用量（吨）	地膜使用量（吨）	农村用电量（万千瓦时）
卢龙县	42200	18500	22650	26578	486	222	12406
邯郸市							
邯山区	7037	13867	14034	7744	76	13	12022
丛台区	5874	9739	9680	817	9		4831
复兴区	1483	2907	2679	555	14		2849
峰峰矿区	5058	7489	7733	4741	63	2	11561
肥乡区	47073	53161	48100	39647	358	792	17921
永年区	33012	69018	68434	38278	599	314	31946
临漳县	40980	80577	79117	43687	525	119	15837
成安县	43633	50000	40933	39627	150	1174	38706
大名县	81500	117187	115810	40891	658	766	24384
涉　县	20020	10910	7450	6925	217	10	11528
磁　县	22203	31820	30558	12908	75	78	30079
邱　县	36140	47266	25889	19641	297	1075	5062
鸡泽县	27200	31810	31251	18746	159	39	31539
广平县	18351	32973	31364	13479	480	308	14368
馆陶县	27000	51000	44290	21382	227	208	13079
魏　县	53600	82000	78670	34950	445	65	16146
曲周县	40707	69580	56274	45537	388	488	35020
武安市	27200	43300	32333	13337	109	54	75184
邢台市							
桥东区	2617	5020	5020	1694	19		5927
桥西区	8063	22015	16956	429	8		2963
邢台县				11247	485	59	21381
临城县	18843	27202	23930	7473	121	3	6022
内丘县	34276	45239	39547	7696	188	4	12102
柏乡县	17435	30358	30327	11685	99	43	7796
隆尧县	45056	84099	82784	39400	665	110	50039
任　县				15387	394	213	22022
南和县				15712	506	513	23834
宁晋县	63681	127949	126323	40259	1308	191	38584
巨鹿县	36500	41560	40230	14177	389	527	13107
新河县	21700	38100	32780	5820	423	309	8997
广宗县	31105	32659	26742	10828	602	1162	11447
平乡县	31160	47650	38450	17177	112	379	30816
威　县	65339	72497	28418	31079	695	1885	13822
清河县	18400	41903	40881	13982	300	11	22426
临西县	31500	57322	52633	25982	278	474	12018
南宫市	68043	84917	38583	19045	996	1432	24077
沙河市	11001	24468	22668	8994	110	2	19942
保定市							
竞秀区	2060	4569	4569	2761	153	26	13453
莲池区	2127	4700	4700	1691	130	29	10081
满城区	16850	27950	27950	11951	524	238	25528

3-1 县(市、区)国民经济主要指标(2020)(5-3)

县(市、区)	四、农业（续1）						
	机耕面积（公顷）	机播面积（公顷）	机收面积（公顷）	化肥施用量（按折纯法计算）	农药使用量（吨）	地膜使用量（吨）	农村用电量（万千瓦时）
清苑区	50900	70160	69600	43219	863	721	40474
徐水区	34258	55793	55443	27221	360	68	52249
涞水县	16358	17418	15468	7353	150	129	21506
阜平县	2000	300	280	1591	83	25	8205
定兴县	44720	66510	65899	28647	447	186	45584
唐　县	19194	28687	26080	16621	180	25	35419
高阳县	14716	31343	29968	9739	295	231	56917
容城县				4740	40	20	15961
涞源县	12665	15364	15964	3979	27	10	8532
望都县	29719	36507	36290	17574	273	82	10823
安新县				9756	279	65	54963
易　县	25294	28998	24514	12100	593	59	23446
曲阳县	22140	27987	23250	11685	531	21	15319
蠡　县	34795	52786	51800	15024	213	215	56836
顺平县	17178	20441	20441	13087	516	213	35095
博野县	14110	27352	26582	8975	438	13	20331
雄　县				7386	171	95	73633
涿州市	31548	50349	50349	21837	376	293	56538
安国市	39367	51667	48480	23279	253	25	8041
高碑店市	27071	50202	51421	11540	146	237	31751
张家口市							
桥东区	5693	1600	1540	1622	25	39	4071
桥西区	201	53		25			960
宣化区	25054	22392	4140	9186	161	1028	11230
下花园区	2033			467	35	7	2061
万全区	17006	14231	2847	4290	78	520	26999
崇礼区	7500	800	850	1721	25	144	1689
张北县	76267	63005	50600	8987	146	848	3447
康保县	92181	89158	83952	5889	71	536	3660
沽源县	79200	77150	72600	12690	72	1307	4291
尚义县	36186	21767	21630	7212	186	428	3729
蔚　县	54005	51886	21095	12929	164	1167	14030
阳原县	32667	12000	12000	9502	208	169	6619
怀安县	29000	17000	7000	12845	159	397	16995
怀来县	17867	13333	8660	15952	578	91	15020
涿鹿县	20100	9990	4662	20726	746	73	11947
赤城县	26500	10750	2450	3600	73	195	6842
承德市							
双桥区	1100	1035		426	3	3	3282
双滦区	2283	1979		717	4	17	3211
鹰手营子矿区	198	251		90	4	2	927
承德县	27977	21760	1000	9672	121	10	46125
兴隆县	6700	4900		6448	147	16	14522
滦平县	18360	15500	2068	8126	149	72	39220

3–1 县(市、区)国民经济主要指标(2020)(5–4)

县(市、区)	四、农业（续1）						
	机耕面积（公顷）	机播面积（公顷）	机收面积（公顷）	化肥施用量(按折纯法计算)	农药使用量（吨）	地膜使用量（吨）	农村用电量（万千瓦时）
隆化县	36800	24700	5238	16837	68	78	12440
丰宁满族自治县	67965	62680	28620	9697	78	107	11143
宽城满族自治县	8789	6881		5410	55	5	83072
围场满族蒙古族自治县	78980	71990	68000	21413	392	2601	13982
平泉市	21326	33900	6162	18771	77	304	16543
沧州市							
新华区	272	501	494	133	13		1955
运河区	962	2199	2153	1183	26	12	2101
沧　县	47967	89087	88737	27771	929	7	98917
青　县	58293	63554	59922	18720	205	574	34104
东光县	38620	64675	59744	18305	801	672	31879
海兴县	22467	31748	31041	7325	163	19	13774
盐山县	32789	67456	66375	12414	183	18	14792
肃宁县	21266	44120	43860	16314	529	175	44246
南皮县	39800	79000	75300	16708	218	529	19522
吴桥县	29945	56976	54410	22178	227	318	16658
献　县	52746	81646	78090	21715	192	305	43275
孟村回族自治县	16671	31935	30854	6651	331	7	131841
泊头市	32081	68302	65231	32526	642	39	127276
任丘市	38040	56380	56287	15656	148	91	82688
黄骅市	79674	82196	81156	12642	288	99	58478
河间市	48160	84933	80960	32048	413	527	144934
廊坊市							
安次区	15832	24186	22886	5524	90	435	13178
广阳区	6120	6080	6050	5479	93	77	14364
固安县	45950	37300	37000	24436	932	859	27543
永清县	47330	27650	26390	24931	237	794	18152
香河县	6172	11052	10935	17071	157	132	23187
大城县	77168	52007	50939	16167	197	111	84751
文安县	46607	54242	54259	13647	134	335	103854
大厂回族自治县	1556	1856	1856	433	36	3	13129
霸州市	45250	29000	25525	8866	165	506	283595
三河市	14110	20344	19544	9639	160	23	100896
衡水市							
桃城区	27292	27292	26373	8687	238	195	38521
冀州区	79108	79108	67376	24064	837	969	34893
枣强县	55611	92780	77574	22467	624	979	26453
武邑县	34703	65430	55740	15358	393	505	14687
武强县	40967	40967	40752	7308	61	103	18757
饶阳县	55782	63816	44513	17398	90	955	20735
安平县	39109	39109	37023	17056	224	60	28381
故城县	45786	79540	70270	34852	766	1742	22017
景　县	61783	122377	119413	46006	587	237	22015
阜城县	38785	70260	58430	21341	679	759	24941
深州市	68919	112792	112147	77054	1877	239	67251
定州市	92365	131261	124517	80784	1005	275	72910
辛集市	46587	95392	88982	59922	1850	315	30965

3-1 县(市、区)国民经济主要指标(2020)(6-1)

县(市、区)	四、农业(续2)					
	(二)农作物总播种面积(公顷)	粮食播种面积(公顷)	#稻谷播种面积(公顷)	小麦播种面积(公顷)	玉米播种面积(公顷)	大豆播种面积(公顷)
石家庄市						
长安区	3616	3489		1555	1729	173
桥西区	142	46		27	19	
新华区	1275	736		334	364	38
井陉矿区	324	201			200	
裕华区	147	106		55	51	
藁城区	79595	70274		31544	25834	10962
鹿泉区	29378	22758		9841	9205	2429
栾城区	35482	31897		12969	13302	4213
井陉县	19611	15274	2	762	11198	949
正定县	54530	41218		19142	17120	[illegible]
行唐县	69962	53349	3	21832	29096	219
灵寿县	35678	30879	4	10415	17200	248
高邑县	29360	23547		11405	11380	53
深泽县	34694	29963		13076	15834	394
赞皇县	24529	17850		4521	10914	27
无极县	66059	54442		26653	20527	6021
平山县	29001	23036	6	2767	17067	377
元氏县	63677	60394		25630	30860	640
赵　县	76308	74582		38595	35041	192
晋州市	59895	53458		24667	24147	2667
新乐市	67327	52125		24210	24600	867
唐山市						
路南区	3770	2640	30	753	1431	10
路北区	5215	2807		467	2340	
古冶区	8232	4133	197	630	3294	2
开平区	8637	5520	13	1016	4237	1
丰南区	70123	37227	8653	8744	19570	140
丰润区	76446	60459	2	20847	38944	132
曹妃甸区	24332	23333	21444	96	1390	
滦南县	116655	67587	15269	19309	31152	87
乐亭县	68111	42214	5467	8124	26541	362
迁西县	18798	12467			9173	910
玉田县	116937	86213	382	32150	47844	271
遵化市	56541	41860	859	6447	33849	170
迁安市	52043	34527	238	916	30413	642
滦州市	66662	40427	659	7195	29870	1028
秦皇岛市						
海港区	8083	5234	19		4266	209
山海关区	3888	578	12		45	120
北戴河区	1763	802	250		245	230
抚宁区	27878	13874	976	80	9902	292
青龙满族自治县	32293	22087	104		15884	1219
昌黎县	76003	50354	2933	4807	33689	871

3−1 县(市、区)国民经济主要指标(2020)(6−2)

县(市、区)	四、农业（续2）					
	（二）农作物总播种面积（公顷）	粮食播种面积（公顷）	#稻谷播种面积（公顷）	小麦播种面积（公顷）	玉米播种面积（公顷）	大豆播种面积（公顷）
卢龙县	43361	33235	957	400	18546	1273
邯郸市						
邯山区	14945	14293		6499	7038	147
丛台区	9039	8881		3212	4695	95
复兴区	3424	3024		658	1877	35
峰峰矿区	9209	8931		2665	5049	241
肥乡区	67758	48040		24072	23003	297
永年区	86698	70507		32054	37062	119
临漳县	86802	79488		37082	41172	123
成安县	60267	42335		21897	18962	237
大名县	130797	97832		55243	42496	72
涉　县	30629	12651	472	423	8038	765
磁　县	36815	35000		12231	19600	313
邱　县	43183	26687		13465	12276	38
鸡泽县	40331	31619		17242	14160	14
广平县	38287	31732		14594	16332	185
馆陶县	52354	43368		20493	21497	202
魏　县	91905	80744		39218	40049	459
曲周县	74512	57458		27374	28834	236
武安市	58510	50030		6323	25211	890
邢台市						
桥东区	7067	4396		949	3114	25
桥西区	28317	22579		3536	16833	266
邢台县						
临城县	30803	26790		8701	16317	207
内丘县	49977	38540		16825	19470	329
柏乡县	33979	29870		14051	15358	262
隆尧县	93009	83086		40616	40487	641
任　县	56629	50419		24333	25140	259
南和县	58026	48257		23191	24627	75
宁晋县	134935	127220		61989	64757	408
巨鹿县	55690	39607		18736	18566	106
新河县	39649	33871		15900	17200	
广宗县	36085	19248		6761	8044	297
平乡县	51682	39086	468	15897	19933	383
威　县	68261	27418		15433	8889	1001
清河县	43337	40152		15545	23504	624
临西县	59773	54333		25667	26940	377
南宫市	85223	48232		17235	21297	1003
沙河市	26372	24076		6343	16380	165
保定市						
竞秀区	4992	4570		2060	2509	
莲池区	5513	4700		2127	2573	
满城区	29720	24036		9665	13860	65

3-1 县(市、区)国民经济主要指标(2020)(6-3)

县(市、区)	四、农业（续2）					
	(二) 农作物总播种面积(公顷)	粮食播种面积(公顷)	#稻谷播种面积(公顷)	小麦播种面积(公顷)	玉米播种面积(公顷)	大豆播种面积(公顷)
清苑区	89380	69605		30872	37451	277
徐水区	60847	55646		27347	27525	342
涞水县	29905	23381	6	5868	14813	440
阜平县	16992	9510			5304	483
定兴县	81348	68050		32267	32959	399
唐　县	29257	26201	38	8669	15352	82
高阳县	33520	31110		13485	16908	68
容城县	20211	18437		10196	8060	22
涞源县	18522	17082			15731	141
望都县	42787	37662		19382	18140	43
安新县	44015	41845	16	23223	18104	25
易　县	39376	33707		7399	22878	168
曲阳县	36285	31553		8366	19195	193
蠡　县	59389	48520		18650	26915	1051
顺平县	30263	21613	105	9835	10606	26
博野县	27652	23935		10452	13289	11
雄　县	23514	21937		6853	12810	265
涿州市	57239	47356	605	19499	25890	519
安国市	57712	38849		19423	18764	160
高碑店市	54177	50399		21211	27258	234
张家口市						
桥东区	6111	5943			5461	17
桥西区	272	255			228	
宣化区	31497	27505	15		20944	323
下花园区	2257	1681			1059	62
万全区	19364	17070	95		9999	71
崇礼区	6071	5334			505	23
张北县	85616	43567				1409
康保县	106870	59370				71
沽源县	99816	62395				
尚义县	37615	14307			1019	192
蔚　县	63658	57546	193		39773	258
阳原县	41341	38932			24768	1052
怀安县	30612	25067	174		18530	288
怀来县	21365	18877	95		17398	185
涿鹿县	27209	25588	53		22305	46
赤城县	43810	31920			21466	327
承德市						
双桥区	1448	1144			1027	19
双滦区	3635	3035			2699	24
鹰手营子矿区	911	445			280	17
承德县	40213	31086	418		27683	648
兴隆县	6839	5468			4958	113
滦平县	33526	16787	418		13966	443

3-1 县(市、区)国民经济主要指标(2020)(6-4)

县(市、区)	四、农业（续2）					
	（二）农作物总播种面积（公顷）	粮食播种面积（公顷）	#稻谷播种面积（公顷）	小麦播种面积（公顷）	玉米播种面积（公顷）	大豆播种面积（公顷）
隆化县	62169	34225	4389		24752	1089
丰宁满族自治县	79090	59798			25864	429
宽城满族自治县	15187	11823	54		8590	380
围场满族蒙古族自治县	105167	77774			22048	802
平泉市	46786	39849	43		34219	671
沧州市						
新华区	502	502		264	238	
运河区	2270	2217		777	1410	12
沧　县	93462	91201	120	29281	58725	864
青　县	69839	51333		10612	38795	884
东光县	67906	60800		30400	28388	583
海兴县	32597	31467		7372	23498	327
盐山县	67214	66667		29684	36963	20
肃宁县	50281	43333		19182	24038	40
南皮县	82697	75333		35913	39042	92
吴桥县	60869	54533		26733	27101	152
献　县	88747	76000		27863	46304	679
孟村回族自治县	33210	32469		14414	17308	86
泊头市	69164	67800		26297	41362	13
任丘市	61261	56667		21359	30223	1840
黄骅市	90244	84667		30100	51992	599
河间市	88349	81133		25453	54234	228
廊坊市						
安次区	31103	25182		475	22934	567
广阳区	10051	6198		1322	4412	210
固安县	64785	37552		15306	20464	620
永清县	58377	27650		2990	23701	587
香河县	21269	11614		4358	6813	399
大城县	62370	52007		2579	44599	2137
文安县	61356	57140	8	13575	39147	1832
大厂回族自治县	2496	1869		736	1133	
霸州市	35904	29087	170	5052	20107	1271
三河市	27544	20536		6726	12830	816
衡水市						
桃城区	31623	26956		12237	14135	83
冀州区	83515	66806		34166	31219	93
枣强县	91109	78017		37469	38199	436
武邑县	78989	58109		25339	30726	835
武强县	44214	40516		16398	23864	22
饶阳县	61786	37076		15072	20577	75
安平县	45897	38579		14015	23491	169
故城县	96072	69643		32580	33756	1544
景　县	127363	121510		58822	60592	102
阜城县	70556	58014		25895	25719	1215
深州市	118268	107194		51276	55872	
定州市	160827	117210		57487	57464	501
辛集市	110132	93300		46751	42277	1747

3-1 县(市、区)国民经济主要指标(2020)(7-1)

县(市、区)	四、农　业(续3)					
	油料播种面积(公顷)	棉花播种面积(公顷)	糖料播种面积(公顷)	蔬菜播种面积(公顷)	粮食总产量(吨)	#稻谷产量(吨)
石家庄市						
长安区	32			49	19803	
桥西区				95	268	
新华区	46			404	4463	
井陉矿区	2			97	1118	
裕华区				42	673	
藁城区	568			8046	483919	
鹿泉区	840	17		5497	129007	
栾城区	29			896	212915	
井陉县	1295	85		1736	52894	6
正定县	2270	1		6926	284286	
行唐县	4077	13		4249	353058	10
灵寿县	1668	30		2434	158538	27
高邑县	220			5386	164158	
深泽县	686			2831	212934	
赞皇县	4509	10		1666	72464	
无极县	3088			7678	354907	
平山县	3016	54		2259	118473	39
元氏县	1575	83		1604	371171	
赵　县	164			1289	572035	
晋州市	1670			4761	351343	
新乐市	4513			5807	358684	
唐山市						
路南区	399			642	16405	158
路北区	273			2031	17978	
古冶区	1678			2297	23265	1420
开平区	1846			1021	29965	83
丰南区	8632	8216		15746	222794	50297
丰润区	6765	33		8645	368829	12
曹妃甸区	101			824	171000	158240
滦南县	15266	16		20907	394787	89552
乐亭县	2108	1		17929	251562	32240
迁西县	2296	18		1370	69216	
玉田县	723	73		26883	505535	1937
遵化市	10029	14		4576	235586	4592
迁安市	9925			7264	188941	1466
滦州市	14913	105		9685	261853	3112
秦皇岛市						
海港区	1532			1266	24530	106
山海关区	671			2543	3004	66
北戴河区	145			720	4736	1560
抚宁区	3904			7541	76301	6127
青龙满族自治县	1123			5412	109607	457
昌黎县	10649	6		13575	308559	18792

3−1 县(市、区)国民经济主要指标(2020)(7−2)

县(市、区)	四、农 业 (续3)					
	油料播种面积（公顷）	棉花播种面积（公顷）	糖料播种面积（公顷）	蔬菜播种面积（公顷）	粮食总产量（吨）	#稻谷产量（吨）
卢龙县	6284	2		3326	209169	5983
邯郸市						
邯山区	273	44		335	88887	
丛台区	56	38		65	42400	
复兴区	352	48			14675	
峰峰矿区	95	7		126	42110	
肥乡区	1166	4210		11797	350490	
永年区	723	422		14989	526635	
临漳县	1265	53		5879	607720	
成安县	1199	8742		6807	309381	
大名县	19142	1		13187	700400	
涉　县	416			1206	52912	2458
磁　县	333	19		1175	208026	
邱　县	350	13812		1968	178894	
鸡泽县	83	889		7687	220257	
广平县	1017	1290		3594	230552	
馆陶县	1120	1488		5961	311717	
魏　县	2046	853		7462	578211	
曲周县	327	11565		4195	402015	
武安市	2369	1860		2468	240917	
邢台市						
桥东区	2391			280	23958	
桥西区	3908	123		1707	111298	
邢台县						
临城县	2180	8		1375	145953	
内丘县	5498	5		1437	214733	
柏乡县	608	47		3395	217916	
隆尧县	1643	829		6129	590495	
任　县	873	3		4881	360657	
南和县	634			8205	336091	
宁晋县	1131	173		6227	920856	
巨鹿县	4114	454		3700	216009	
新河县	1380	3741		553	182823	
广宗县	3783	7159		2593	105307	
平乡县	6006	420		4427	262268	2745
威　县	774	34341		2378	152222	
清河县	495	1794		753	266202	
临西县	1559	2770		912	355039	
南宫市	3356	26925		6200	250766	
沙河市	1657	43		569	107072	
保定市						
竞秀区	18	1		367	30142	
莲池区	123			662	30863	
满城区	435	12		3136	148027	

3-1 县(市、区)国民经济主要指标(2020)(7-3)

县(市、区)	四、农　业(续3)					
	油料播种面积(公顷)	棉花播种面积(公顷)	糖料播种面积(公顷)	蔬菜播种面积(公顷)	粮食总产量(吨)	#稻谷产量(吨)
清苑区	1478	5		8098	470453	
徐水区	565	1		3991	360141	
涞水县	2748	16		2932	121605	20
阜平县	713			1188	44648	
定兴县	3700	33		8977	445407	
唐　县	1003	10		1566	158140	210
高阳县	865	132		1103	189502	
容城县	144	1		1196	124199	
涞源县	91			427	55854	
望都县	761			2108	272673	
安新县	14	18		1319	249782	117
易　县	2151	4		2928	187972	
曲阳县	2932	49		1544	152263	
蠡　县	2243	216		7420	281522	
顺平县	660	4		6091	122413	441
博野县	519	21		1718	151751	
雄　县	755			589	134414	
涿州市	2349			6524	278662	3963
安国市	2957			3131	262923	
高碑店市	1373			1768	335363	
张家口市						
桥东区				163	36617	
桥西区				17	1030	
宣化区	620		20	2551	168572	107
下花园区	91			356	8434	
万全区	133			1423	100801	874
崇礼区	345			207	16191	
张北县	10575		3801	11572	140932	
康保县	18151		2422	5522	131514	
沽源县	4188		1046	20604	238758	
尚义县	6523		4365	9055	43487	
蔚　县	740			3599	227975	1001
阳原县	1167			816	133119	
怀安县	3188		15	2039	115300	1511
怀来县	499			1797	106292	452
涿鹿县	345			1239	170822	370
赤城县	1054		104	9319	136116	
承德市						
双桥区	1			248	5443	
双滦区	5			457	16131	
鹰手营子矿区	28			356	2400	
承德县	144			4928	189883	2510
兴隆县	39			1214	22426	
滦平县	361			8066	82665	2307

3-1 县(市、区)国民经济主要指标(2020)(7-4)

县(市、区)	四、农 业 (续3)					
	油料播种面积（公顷）	棉花播种面积（公顷）	糖料播种面积（公顷）	蔬菜播种面积（公顷）	粮食总产量（吨）	#稻谷产量（吨）
隆化县	1572			17110	212086	29098
丰宁满族自治县	3134		133	10152	181611	
宽城满族自治县	142			2106	58085	290
围场满族蒙古族自治县	4339		176	14103	455239	
平泉市	157			5808	230105	289
沧州市						
新华区					2213	
运河区				45	8125	
沧　县	196	16		1585	418510	880
青　县	977	54		12819	218094	
东光县	571	4911		1381	374200	
海兴县	283	134		470	117900	
盐山县	90			333	250410	
肃宁县	247	12		6548	259500	
南皮县	467	2580		3611	431600	
吴桥县	406	2566		3159	392600	
献　县	2842	425		6311	406570	
孟村回族自治县	303	10		359	146056	
泊头市	119	86		1063	388811	
任丘市	579	278		2690	338850	
黄骅市	783	608		1713	304554	
河间市	2942	385		2775	490447	
廊坊市						
安次区	1369	52		3603	126117	
广阳区	503	92		2669	32942	
固安县	1062	2		22829	217419	
永清县	3250	714		24567	151384	
香河县	70			9454	70836	
大城县	1935	1370		5092	265152	
文安县	251	53		1707	300824	55
大厂回族自治县				590	12349	
霸州市	2412	477		2696	173342	1273
三河市	35	2		6521	130072	
衡水市						
桃城区	1187	247		2487	185314	
冀州区	2744	11732		1934	384868	
枣强县	1487	8136		2326	477691	
武邑县	3266	5834		9903	347069	
武强县	675	29		1368	250078	
饶阳县	2794	17		20244	216190	
安平县	1589			5039	221714	
故城县	2553	9269		9893	407464	
景　县	949	2120		2286	775889	
阜城县	314	2331		4401	317668	
深州市	6100	33		3980	678535	
定州市	5072			18355	797372	
辛集市	5459	218		9472	653402	

3-1 县(市、区)国民经济主要指标(2020)(8-1)

县(市、区)	四、农 业(续4)					
	小麦产量(吨)	玉米产量(吨)	大豆产量(吨)	油料产量(吨)	棉花产量(吨)	糖料产量(吨)
石家庄市						
长安区	9400	9862	479	107		
桥西区	165	103				
新华区	2012	2404	47	100		
井陉矿区		1110		6		
裕华区	337	336				
藁城区	235137	207686	30461	2283		
鹿泉区	62304	57736	4615	2484	16	
栾城区	94714	97650	14704	96		
井陉县	3861	43738	864	2204	52	
正定县	139382	125395	7007	9043	1	
行唐县	141038	200672	548	15693	10	
灵寿县	52720	92416	411	3554	24	
高邑县	82632	77359	94	452		
深泽县	93612	114599	1001	2530		
赞皇县	21858	40636	29	10305	8	
无极县	187467	144284	16526	13691		
平山县	17964	90063	548	8625	45	
元氏县	169915	185345	876	4569	76	
赵　县	288307	279467	591	462		
晋州市	171888	166793	3909	5631		
新乐市	167097	177969	1087	13143		
唐山市						
路南区	4875	8881	22	1525		
路北区	2500	15478		1276		
古冶区	3704	18076	6	5869		
开平区	5659	23304	2	7610		
丰南区	47890	123854	262	37166	10037	
丰润区	129169	236509	322	32093	39	
曹妃甸区	630	9297		523		
滦南县	113198	183150	244	66583	17	
乐亭县	49416	160672	932	10083	1	
迁西县		54909	2411	8625	18	
玉田县	180716	289619	612	2939	80	
遵化市	34750	192909	433	43147	13	
迁安市	4503	172566	1861	35027		
滦州市	41606	203143	2666	64086	124	
秦皇岛市						
海港区		21396	410	3919		
山海关区		272	224	2305		
北戴河区		1882	714	699		
抚宁区	481	56708	772	9528		
青龙满族自治县		84840	3146	4283		
昌黎县	32736	212025	1932	47324	6	

3-1 县(市、区)国民经济主要指标(2020)(8-2)

县(市、区)	四、农　业 (续4)					
	小麦产量(吨)	玉米产量(吨)	大豆产量(吨)	油料产量(吨)	棉花产量(吨)	糖料产量(吨)
卢龙县	2509	131461	3875	22472	2	
邯郸市						
邯山区	42426	44374	258	634	37	
丛台区	18639	21136	198	201	44	
复兴区	4130	9296	65	667	57	
峰峰矿区	12505	25873	612	167	8	
肥乡区	171130	176632	652	4501	4599	
永年区	232854	290130	344	2432	436	
临漳县	273513	327987	459	3613	63	
成安县	157810	145653	660	5505	10060	
大名县	384635	315591	114	82679	2	
涉　县	2044	35531	1733	916		
磁　县	71931	123686	842	809	20	
邱　县	85632	87940	145	1318	16490	
鸡泽县	116361	103360	46	300	984	
广平县	102832	124447	393	4386	1375	
馆陶县	147228	160624	506	4294	1608	
魏　县	276354	297833	709	5027	832	
曲周县	190726	206865	813	1107	12976	
武安市	36813	144240	2151	5218	2185	
邢台市						
桥东区	4673	17060	70	1031		
桥西区	18719	85377	517	9287	135	
邢台县						
临城县	52743	86807	323	6000	6	
内丘县	102039	103786	868	17036	5	
柏乡县	103821	112250	932	2240	41	
隆尧县	297774	283366	2388	7085	991	
任　县	178626	177651	876	2960	4	
南和县	161513	172643	225	2292		
宁晋县	460382	459125	1106	3767	107	
巨鹿县	113501	95404	271	13760	510	
新河县	92049	88115		4360	3710	
广宗县	43899	41365	1002	13844	8229	
平乡县	106396	141511	906	23065	483	
威　县	92171	47907	3001	3532	38535	
清河县	110694	152337	1278	1702	1941	
临西县	164453	182762	933	3709	3103	
南宫市	103007	111088	3115	14688	28546	
沙河市	35644	68377	208	3271	27	
保定市						
竞秀区	13193	16942	1	64	1	
莲池区	13948	16915		360		
满城区	62756	82457	196	1470	12	

3-1 县(市、区)国民经济主要指标(2020)(8-3)

县(市、区)	四、农　业(续4)					
	小麦产量(吨)	玉米产量(吨)	大豆产量(吨)	油料产量(吨)	棉花产量(吨)	糖料产量(吨)
清苑区	208209	254235	956	6049	5	
徐水区	183969	172852	653	2367	1	
涞水县	35537	74649	1210	10631	19	
阜平县		24091	916	2471		
定兴县	210373	216958	1796	15946	40	
唐　县	52956	96039	223	3421	10	
高阳县	79300	105497	172	3388	140	
容城县	67416	55771	76	591	1	
涞源县		50954	450	72		
望都县	136739	135065	142	1710		
安新县	147353	99225	77	48	20	
易　县	46640	121081	342	8751	4	
曲阳县	53890	82214	566	8575	47	
蠡　县	118354	151566	2352	7712	211	
顺平县	58740	58071	71	2417	3	
博野县	65948	84504	41	2316	24	
雄　县	44217	76747	746	2985		
涿州市	120056	149385	1280	8776		
安国市	130217	129536	480	14229		
高碑店市	140651	183719	590	5214		
张家口市						
桥东区		35132	56			
桥西区		919				
宣化区		144719	559	927		900
下花园区		6124	119	165		
万全区		73502	189	263		
崇礼区		3447	52	414		
张北县			3089	12757		176240
康保县			101	30273		134344
沽源县				3926		53522
尚义县		5344	683	10456		234837
蔚　县		180316	434	1777		
阳原县		106191	984	1939		
怀安县		95034	487	5546		1110
怀来县		102622	247	1031		
涿鹿县		162259	97	657		
赤城县		87751	838	1649		4030
承德市						
双桥区		4954	67	2		
双滦区		15015	42	11		
鹰手营子矿区		1567	45	86		
承德县		173481	1935	432		
兴隆县		20166	300	152		
滦平县		69644	1364	704		

3−1 县(市、区)国民经济主要指标(2020)(8−4)

县(市、区)	四、农　业（续4）					
				油料产量（吨）	棉花产量（吨）	糖料产量（吨）
	小麦产量（吨）	玉米产量（吨）	大豆产量（吨）			
隆化县		157927	3251	6163		
丰宁满族自治县		111543	998	6069		2070
宽城满族自治县		46320	886	1200		
围场满族蒙古族自治县		87252	1743	9041		5261
平泉市		210001	1583	370		
沧州市						
新华区	1051	1162				
运河区	3302	4725	20	1		
沧　县	148782	260197	1756	702	14	
青　县	55054	156940	1733	3723	53	
东光县	198561	168874	1640	1598	5112	
海兴县	21960	94067	695	702	149	
盐山县	132690	117682	38	276		
肃宁县	123125	135922	120	915	14	
南皮县	221130	209357	272	1807	3085	
吴桥县	195998	193599	432	1676	2983	
献　县	165310	234158	2005	12545	483	
孟村回族自治县	57460	86087	218	907	10	
泊头市	161006	227359	33	325	99	
任丘市	137343	181157	4300	1674	291	
黄骅市	96000	198975	1603	2263	514	
河间市	163753	319973	618	12582	453	
廊坊市						
安次区	2311	116718	740	2839	49	
广阳区	7201	24086	769	1384	96	
固安县	96476	112558	2118	3178	2	
永清县	17657	130049	1480	8512	589	
香河县	27801	41570	1262	190		
大城县	14850	235513	4783	6214	1601	
文安县	75714	204928	5629	843	59	
大厂回族自治县	4688	7661				
霸州市	29718	125314	2535	6422	456	
三河市	40306	86933	1650	148	1	
衡水市						
桃城区	85291	98018	196	4406	251	
冀州区	212038	167805	254	9861	11944	
枣强县	233760	235609	1218	6136	9262	
武邑县	159533	179426	1828	11474	6324	
武强县	105583	143400	50	2398	32	
饶阳县	94625	113645	206	9217	15	
安平县	89066	127660	463	4703		
故城县	212233	186588	4187	10276	9730	
景　县	395637	371643	290	3433	2172	
阜城县	154772	138730	3274	937	2310	
深州市	349213	329032		30116	39	
定州市	390790	395313	1406	21807		
辛集市	336467	304265	2621	23358	236	

3-1 县(市、区)国民经济主要指标(2020)(9-1)

县(市、区)	四、农　业 (续5)					
	蔬菜产量(吨)	园林水果产量(吨)	食用坚果产量(吨)	肉类总产量(吨)	#猪牛羊肉产量(吨)	禽蛋产量(吨)
石家庄市						
长安区	2352	2647	597	153	129	411
桥西区	4410					1
新华区	16220	764	120	3	3	5
井陉矿区	2721	2503	44	1078	1061	247
裕华区	1362		240	22	19	3
藁城区	576360	86565	692	74319	55271	106471
鹿泉区	430275	18536	1636	8247	5500	21693
栾城区	70258	4330	2031	10275	5501	37040
井陉县	79382	17846	2141	14138	10999	23310
正定县	596088	8477	400	61938	16030	92222
行唐县	277436	123590	4021	36049	26659	60078
灵寿县	377633	6006	6784	33460	30812	16917
高邑县	407233	3337	136	6563	4773	12692
深泽县	209013	89998	561	16208	13989	18797
赞皇县	117774	123258	20600	23262	19998	24830
无极县	584974	8574		37339	27161	79104
平山县	121322	17059	6664	18622	16180	15994
元氏县	111306	7363	4537	34587	24916	37008
赵　县	82687	552253	18	13105	9480	22830
晋州市	344634	647578	787	43407	38521	57809
新乐市	407887	5494	31	46751	37286	67842
唐山市						
路南区	33682	54	3	2660	2467	846
路北区	120040	1776		2521	813	547
古冶区	225106	8774	31	12665	10824	11494
开平区	56408	1298	183	8575	7602	2802
丰南区	1127087	12678	82	39558	31176	15012
丰润区	648009	35407	2962	56918	43743	46073
曹妃甸区	52547	23634	13	23294	21600	4980
滦南县	1551340	45546	98	93032	76580	37180
乐亭县	1405173	348482	118	31209	15686	7763
迁西县	117213	38829	70974	18726	15434	8497
玉田县	2143040	42885	494	77779	69124	67706
遵化市	504513	133786	41550	81807	74822	26902
迁安市	520976	63465	7011	56051	46894	32144
滦州市	832844	36045	513	39246	30429	21507
秦皇岛市						
海港区	53064	17168	5536	9990	4962	5403
山海关区	171309	23938	76	6720	4130	4034
北戴河区	45352	4321	7	1644	742	330
抚宁区	488896	143846	14409	70253	44216	13948
青龙满族自治县	319591	233926	37829	49280	26747	11644
昌黎县	1095375	112458	110	55339	44402	23864

3-1 县(市、区)国民经济主要指标(2020)(9-2)

县(市、区)	四、农 业(续5)					
	蔬菜产量（吨）	园林水果产量（吨）	食用坚果产量（吨）	肉类总产量（吨）	#猪牛羊肉产量（吨）	禽蛋产量（吨）
卢龙县	256506	147435	5381	67767	53757	18177
邯郸市						
邯山区	18149	7829	90	3528	2264	4051
丛台区	1308	956	372	1370	673	2252
复兴区	11	276	169	577	516	229
峰峰矿区	5045	2026	51	17575	13044	8046
肥乡区	750545	58608	1	27175	21993	39409
永年区	1041585	23908	226	36443	24160	125433
临漳县	293931	24771	267	31225	24200	36310
成安县	444467	71916	602	24974	20733	41970
大名县	504105	20158	76	59506	50734	70693
涉 县	71260	16986	7497	13222	8950	29100
磁 县	57830	2690	1410	24295	18030	47382
邱 县	75323	37961	58	15040	9282	35610
鸡泽县	421296	37601	9	18905	13053	42621
广平县	196344	15772	4	8931	6042	19333
馆陶县	345840	17086		35880	21592	166303
魏 县	521896	259072	234	28025	24887	58211
曲周县	191518	24406	97	28543	18650	110196
武安市	123675	20554	13848	83108	79463	24909
邢台市						
桥东区	11108	1720	160	584	353	1778
桥西区	96442	143476	20	25166	8855	12205
邢台县			24486			
临城县	70842	15947	7853	13849	9984	35195
内丘县	85666	55291	8269	17203	15291	17538
柏乡县	235478	72616	261	10264	6643	31223
隆尧县	440477	23132	1090	25509	14676	56830
任 县	323436		132	10509	6756	29451
南和县	531347		160	15107	10606	38002
宁晋县	292785	159302		26184	23311	30255
巨鹿县	191950	92923	1	17642	10347	13957
新河县	40362	141095		23608	22322	11108
广宗县	115231	15996	32	16447	13681	7817
平乡县	204514	23179	3220	11986	7677	19856
威 县	99602	221246	32	35882	15433	49746
清河县	28513	26810		10530	5418	3618
临西县	113166	13267	17	16405	12428	24864
南宫市	282179	28764	30	20539	17505	18833
沙河市	24763	12680	6364	12319	7679	38342
保定市						
竞秀区	20909	8808	15	830	828	
莲池区	37113	985	50			
满城区	181848	185843	40	18899	16083	31189

3-1 县(市、区)国民经济主要指标(2020)(9-3)

县(市、区)	四、农　业(续5)					
	蔬菜产量(吨)	园林水果产量(吨)	食用坚果产量(吨)	肉类总产量(吨)	#猪牛羊肉产量(吨)	禽蛋产量(吨)
清苑区	562553	52669	24	23830	12678	42923
徐水区	310096	21924	282	46498	37549	21523
涞水县	198201	32531	2385	16240	13048	3911
阜平县	105340	63790	7717	5758	5221	1951
定兴县	623240	26011	35	46344	34143	28791
唐　县	75929	38496	3521	54143	51099	18758
高阳县	54420	5224	34	6339	5771	5626
容城县	75546	1038	204	869	677	477
涞源县	23888	3277	4254	20717	8814	7007
望都县	128621	15282	133	10783	5842	11202
安新县	38976	13865	25	4200	38	953
易　县	183168	106376	1906	70634	65939	25155
曲阳县	83824	132212	737	26877	21651	12901
蠡　县	411279	25471	15	6342	4765	8992
顺平县	314451	338498	288	7630	6770	4386
博野县	98363	31566	36	16196	12832	11042
雄　县	25503	27148	264	1440	931	465
涿州市	381666	20839	42	27827	19147	14329
安国市	178650	8486		12638	11215	10866
高碑店市	89382	5967	76	22725	18771	15201
张家口市						
桥东区	5985	1010	112	2921	2419	4253
桥西区	750			598	590	168
宣化区	157908	2026	539	26826	24569	17807
下花园区	16931	668	2346	5107	3476	6668
万全区	56532	1193	59	20314	18817	7620
崇礼区	17900	716	53	2023	1798	1319
张北县	837116			12541	12182	1761
康保县	361560			44980	22677	3533
沽源县	1518630			14365	14201	794
尚义县	613753	7		9605	7720	815
蔚　县	135112	144	62	20345	17855	26119
阳原县	46910	3290	287	20924	16709	38462
怀安县	85416	18	694	11418	10754	2038
怀来县	68447	148923	6477	26334	12595	15451
涿鹿县	44680	68804	10669	13070	9421	19238
赤城县	498221	2	138	29374	27749	4918
承德市						
双桥区	12590	588	4	750	715	448
双滦区	53458	1602	75	1837	1755	1177
鹰手营子矿区	17893	1206	481	995	867	733
承德县	494916	317946	2817	81697	27780	21275
兴隆县	49492	297334	139939	13067	12068	776
滦平县	593343	35805	1216	79294	36073	10294

3-1 县(市、区)国民经济主要指标(2020)(9-4)

县(市、区)	四、农 业 (续5)					
	蔬菜产量（吨）	园林水果产量（吨）	食用坚果产量（吨）	肉类总产量（吨）	#猪牛羊肉产量（吨）	禽蛋产量（吨）
隆化县	779175	46929	218	69854	66961	9605
丰宁满族自治县	555405	5296	366	49170	43730	19330
宽城满族自治县	166437	47628	45255	17964	15122	8302
围场满族蒙古族自治县	899039	218345	14509	52849	45113	23466
平泉市	687903	119151	1788	16270	14124	13287
沧州市						
新华区		9		317	250	337
运河区	3467	1106		806	566	1753
沧 县	91992	200101		33160	22794	43996
青 县	1078232	16163		19201	13470	13153
东光县	68282	7358	3	14720	12022	16379
海兴县	22283	21702		38624	18566	12631
盐山县	13060	2241		35335	29711	1572
肃宁县	468235	60718	13	24603	8465	47698
南皮县	299627	65044		25949	14825	9724
吴桥县	121725	18194	9	17875	12359	16536
献 县	351642	72490	69	49641	36712	63321
孟村回族自治县	21633	12244		42364	6852	4944
泊头市	50160	380527		19092	14381	40488
任丘市	157921	17781	44	15244	6330	7069
黄骅市	73573	80114		41981	27500	16670
河间市	158254	65667	25	26046	13060	26517
廊坊市						
安次区	198777	47447	32	9771	6182	11079
广阳区	136113	5987		7274	3475	1995
固安县	1352112	71754	3	11408	9917	8350
永清县	1943964	215581	25	40193	36404	11336
香河县	525089	4669	285	8292	4847	40232
大城县	278090	31663	11	20695	13255	22448
文安县	97106	8605	43	13223	7680	9105
大厂回族自治县	27985	754	6	10789	10335	3305
霸州市	139703	8600	10	13131	9727	9077
三河市	385426	39807	394	21534	19311	10968
衡水市						
桃城区	180241	16848		10481	8892	6533
冀州区	51682	51592	120	9185	7312	17055
枣强县	103856	37342	39	14032	12704	4392
武邑县	627381	39560	8	22404	16634	16057
武强县	61407	4153	2	12883	7452	14019
饶阳县	815204	218391	211	15086	11604	27470
安平县	92345	19975	36	53836	52329	12343
故城县	387843	9128		36416	23614	32407
景 县	81204	18285	41	25078	20493	19110
阜城县	276057	41298		14014	11430	27001
深州市	158758	606538	38	42039	30351	66082
定州市	1236522	23657	1308	76640	63469	68629
辛集市	746607	320977	18	93755	75454	159643

3-1 县(市、区)国民经济主要指标(2020)(10-1)

县(市、区)	四、农 业 (续6)					
	奶类总产量(吨)	年内猪出栏(百头)	年内牛出栏(百头)	年内羊出栏(百只)	年末猪存栏(百头)	年末牛存栏(百头)
石家庄市						
长安区			5	52	1	9
桥西区						
新华区				2		
井陉矿区	237	135		18	98	
裕华区	45915		1	6		2
藁城区	53870	5463	457	1313	3052	390
鹿泉区	17755	528	56	138	207	107
栾城区	1613	406	106	297	238	145
井陉县	77492	908	181	611	624	165
正定县	242883	4178	561	444	3290	425
行唐县	38900	1533	918	785	679	784
灵寿县	4748	3088	209	581	2089	368
高邑县	14885	609	22	167	192	19
深泽县	32	1484	81	938	503	46
赞皇县	64012	998	730	651	476	230
无极县	7650	2211	524	1358	786	603
平山县	25140	1916	89	1026	752	101
元氏县	11808	1741	490	1508	428	230
赵 县	15512	1047	36	342	448	54
晋州市	140000	4436	84	877	2850	70
新乐市	2	4293	185	343	2850	440
唐山市						
路南区	2476	380	14	29	71	30
路北区	46222	100	7	92	38	11
古冶区	19101	1168	78	311	398	119
开平区	70293	566	162	190	142	79
丰南区	51158	3446	128	351	3230	290
丰润区	3287	4044	358	1500	3060	330
曹妃甸区	437239	3183	6	14	728	10
滦南县	27680	8487	524	650	5460	1198
乐亭县	6354	2254	98	907	575	141
迁西县	157130	1624	146	2109	334	117
玉田县	141735	5697	955	1056	4612	1031
遵化市	72119	7500	609	1680	5180	582
迁安市	155669	3773	713	1162	2602	513
滦州市	2112	2723	717	909	647	586
秦皇岛市						
海港区	2605	578	24	523	301	54
山海关区		559	27	171	287	43
北戴河区	6531	73	3	111	57	4
抚宁区	569	4678	246	3313	2407	230
青龙满族自治县	34126	2599	104	4696	1105	74
昌黎县	20376	4233	465	4731	2309	487

3-1 县(市、区)国民经济主要指标(2020)(10-2)

县(市、区)	四、农　业 (续6)					
	奶类总产量（吨）	年内猪出栏（百头）	年内牛出栏（百头）	年内羊出栏（百只）	年末猪存栏（百头）	年末牛存栏（百头）
卢龙县	1840	4341	386	6173	2560	395
邯郸市						
邯山区	181	222	14	234	119	46
丛台区	407	69	2	84	82	1
复兴区	6053	53	1	79	33	2
峰峰矿区	27330	1623	20	189	856	21
肥乡区	25899	2097	152	2549	879	181
永年区	9229	2392	213	2709	1107	184
临漳县	17244	1811	246	4135	868	120
成安县	3654	1648	191	3817	827	97
大名县		5566	271	2745	3100	373
涉　县	8003	986	23	669	520	18
磁　县	571	1929	84	1097	1104	106
邱　县	9439	527	92	2763	327	100
鸡泽县	811	1140	83	1990	495	84
广平县	6705	628	19	797	384	20
馆陶县	1409	2260	110	1297	1603	117
魏　县	6984	2547	91	2821	1408	101
曲周县	2786	1716	189	1799	986	107
武安市		9012	153	485	5102	281
邢台市						
桥东区	469	37	3	26	28	8
桥西区	1641	73	4	23	35	7
邢台县		877	31	822	445	24
临城县		783	208	410	502	157
内丘县	803	1858	73	227	906	29
柏乡县	2421	731	21	89	315	22
隆尧县	5036	1569	40	1392	560	53
任　县	98	726	8	606	366	7
南和县	9487	1317	39	135	1154	45
宁晋县	111799	2423	296	634	1483	463
巨鹿县	5083	813	188	982	613	107
新河县	1014	2633	136	322	1663	146
广宗县		1341	125	909	2106	112
平乡县	2457	606	121	697	290	65
威　县	181108	1376	188	1858	614	587
清河县	3351	627	20	213	384	34
临西县	1238	1005	207	1244	1553	134
南宫市		1589	103	2052	867	68
沙河市	4670	747	65	582	416	43
保定市						
竞秀区		108			144	
莲池区	24942					
满城区	75288	1877	95	421	1002	121

3-1 县(市、区)国民经济主要指标(2020)(10-3)

县(市、区)	四、农　业（续6）					
	奶类总产量（吨）	年内猪出栏（百头）	年内牛出栏（百头）	年内羊出栏（百只）	年末猪存栏（百头）	年末牛存栏（百头）
清苑区	124418	1346	113	578	921	291
徐水区	5838	3226	517	607	2630	424
涞水县	10517	1421	89	1340	548	90
阜平县	11690	486	50	448	731	99
定兴县	4817	3880	110	1731	3460	134
唐　县	5577	1861	113	25916	1348	187
高阳县	5249	682	31	243	511	47
容城县		4	29	96	4	54
涞源县	31236	963	38	410	1050	101
望都县		563	45	494	309	89
安新县	11787		1	15		4
易　县	23544	6146	775	2557	2620	341
曲阳县	5287	1090	248	5792	1003	273
蠡　县	2424	454	31	265	463	24
顺平县	10744	781	77	444	600	61
博野县	25	1518	26	571	784	32
雄　县	16808		4	543		4
涿州市	1970	2043	73	1856	1184	111
安国市	2885	1342	27	515	637	10
高碑店市		2114	109	958	1354	74
张家口市						
桥东区	1950	315	10	105	308	24
桥西区	40715	63		45	32	5
宣化区	3850	2362	188	2015	1236	151
下花园区	89128	398	2	202	199	11
万全区	5221	1661	217	1453	729	258
崇礼区	154179	124	43	111	100	44
张北县	54430	477	350	1995	1820	813
康保县	28005	941	335	6551	276	423
沽源县	143	386	607	1717	210	378
尚义县	21252	418	141	1909	188	214
蔚　县	8619	1317	346	2341	441	235
阳原县	24448	1494	116	2664	832	155
怀安县	34868	1064	34	1382	527	135
怀来县	15141	1403	102	913	851	218
涿鹿县	3187	1131	29	426	924	77
赤城县	1	2621	388	1615	1107	507
承德市						
双桥区	194	83	1	40	68	4
双滦区		201	4	97	356	25
鹰手营子矿区	1683	92	3	80	46	1
承德县		2148	524	1462	947	334
兴隆县	6668	1290	44	938	550	20
滦平县	2313	3939	194	1341	1695	190

3-1 县(市、区)国民经济主要指标(2020)(10-4)

县(市、区)	四、农　业（续6）					
	奶类总产量（吨）	年内猪出栏（百头）	年内牛出栏（百头）	年内羊出栏（百只）	年末猪存栏（百头）	年末牛存栏（百头）
隆化县	67787	2969	2337	3583	1464	2760
丰宁满族自治县	4	1778	1534	2700	1364	927
宽城满族自治县	27803	1539	59	1442	628	48
围场满族蒙古族自治县	660	1442	1707	2500	1280	2442
平泉市	1	766	392	1455	479	444
沧州市						
新华区	59	25	2	13	35	2
运河区	7170	61	2	40	39	5
沧　县	25743	2315	142	1887	1496	122
青　县		938	160	2589	998	164
东光县	2252	897	221	1143	554	44
海兴县		2229	53	346	2308	45
盐山县	3086	3438	93	1187	745	72
肃宁县		905	41	580	784	48
南皮县		1164	289	907	975	287
吴桥县	6136	1072	144	1283	398	59
献　县		3803	279	2082	1880	255
孟村回族自治县	5859	219	224	1172	234	202
泊头市	3776	1488	69	1268	1034	70
任丘市	2992	630	45	532	663	71
黄骅市	1683	2856	145	2207	2189	45
河间市		1334	67	1196	771	68
廊坊市						
安次区	19486	696	16	549	373	48
广阳区	8241	307	49	212	156	109
固安县	23213	1109	14	797	447	29
永清县	11081	3622	197	4793	1670	247
香河县	190	311	124	571	246	66
大城县	40939	1202	130	1154	678	62
文安县		610	84	1365	536	150
大厂回族自治县	2740	296	398	459	98	105
霸州市	40014	998	21	1050	573	31
三河市		1142	457	1492	891	459
衡水市						
桃城区	9322	665	145	1002	298	69
冀州区	10125	657	73	779	1190	50
枣强县	11380	1040	184	1390	331	99
武邑县	203816	1095	401	1583	868	346
武强县	16998	717	106	457	531	335
饶阳县	10681	1419	51	770	978	90
安平县	61061	6707	21	256	4360	40
故城县	4754	1559	374	3406	503	716
景　县	7948	1739	261	1245	751	43
阜城县	7536	1114	137	1774	760	92
深州市	200950	3291	298	2117	2103	291
定州市	58352	6101	546	3508	4852	721
辛集市		7610	267	2103	4410	276

3-1 县(市、区)国民经济主要指标(2020)(11-1)

县(市、区)	四、农　业(续7)					
	年末羊存栏(百只)	水产品产量(吨)	农业产业化经营率(%)	(三)农林牧渔业总产值(现价)(万元)	农业产值(万元)	林业产值(万元)
石家庄市						
长安区	89		25.9	12254	6663	
桥西区			99.7	1325	1027	
新华区	9		81.3	6287	5122	
井陉矿区	25	12	11.2	7277	2129	102
裕华区	17		98.4	1103	873	
藁城区	511		58.6	791057	342286	1539
鹿泉区	135	5300	78.1	301538	179173	15000
栾城区	228		59.1	308413	124981	2311
井陉县	519	345	27.9	184941	60041	29671
正定县	196		71.1	671733	296956	7816
行唐县	911	700	42.1	665877	267638	17173
灵寿县	318	5340	36.1	463190	230729	28509
高邑县	67		37.1	221017	164123	1106
深泽县	409	105	50.0	274436	136588	1770
赞皇县	361		51.5	332872	138001	30698
无极县	609	1	41.6	540063	254266	2207
平山县	691	5500	57.1	337824	91299	66310
元氏县	555	160	51.5	355288	116115	14966
赵　县	213		62.2	417058	305647	1651
晋州市	429		55.1	574481	316911	3765
新乐市	293		52.5	616665	262587	2460
唐山市						
路南区	17		42.0	33063	13759	1449
路北区	69		8.7	55790	46466	672
古冶区	147	3970	46.9	170925	78925	2331
开平区	85	2680	39.5	88240	29719	1994
丰南区	354	55229	68.5	809359	399401	9066
丰润区	1102	4456	55.7	700098	328971	12226
曹妃甸区	12	159200	72.1	695258	110138	5195
滦南县	504	70702	71.1	1591871	676913	6463
乐亭县	687	170700	70.5	1319305	775812	6336
迁西县	986	11500	70.7	367454	196955	19550
玉田县	691	3986	73.1	1159624	684125	7967
遵化市	967	1195	73.0	842162	433970	16341
迁安市	626	172	69.7	580781	215514	14262
滦州市	634	766	68.9	853153	415554	10324
秦皇岛市						
海港区	370	6120	47.6	141177	50468	17552
山海关区	134	2970	78.0	152590	78418	2092
北戴河区	77	475	27.0	32872	19826	945
抚宁区	1422	1319	70.0	738332	242055	22999
青龙满族自治县	1949	1670	60.9	876641	482127	61828
昌黎县	2424	85009	71.8	1299182	443237	24064

3-1 县(市、区)国民经济主要指标(2020)(11-2)

县(市、区)	四、农　业 (续7)					
	年末羊存栏(百只)	水产品产量(吨)	农业产业化经营率(%)	(三) 农林牧渔业总产值(现价)(万元)	农业产值(万元)	林业产值(万元)
卢龙县	2402	1660	55.8	713286	315375	29458
邯郸市						
邯山区	171		72.1	48834	23474	1544
丛台区	93		27.8	21125	10797	3000
复兴区	29		75.5	12016	3955	4748
峰峰矿区	69	1890	50.6	109145	12757	11304
肥乡区	1311	30	75.2	570425	339840	3753
永年区	1780	5827	46.6	703734	424555	5374
临漳县	1058		54.1	463088	256267	3775
成安县	1756	6	71.4	541356	273985	2808
大名县	1478	85	75.6	666874	303651	4831
涉　县	492	3200	75.0	202799	86577	38833
磁　县	822	4560	68.5	251165	65871	40461
邱　县	1817	86	76.3	309093	141812	23486
鸡泽县	1166	50	61.6	278779	142379	4311
广平县	409	22	75.0	185623	130342	3294
馆陶县	749	23	68.6	460921	182156	11901
魏　县	2158	60	75.4	699675	454000	3019
曲周县	499	3100	74.1	497636	252103	4980
武安市	268	897	64.0	597052	181963	59149
邢台市						
桥东区	36		22.6	28239	9230	6573
桥西区	33	639	4.1	227538	141845	30934
邢台县	486		58.6			
临城县	411	2400	68.8	172173	74462	10623
内丘县	92	46	69.4	262520	148811	22777
柏乡县	91		67.0	177336	113509	4867
隆尧县	412		64.6	462443	298935	9998
任　县	281		70.8			
南和县	76	28	74.2			
宁晋县	512	7	64.8	578122	347293	8875
巨鹿县	403	74	71.2	512417	426942	3656
新河县	268	637	68.3	274491	133666	4655
广宗县	662	20	47.9	259006	160830	2476
平乡县	333		71.5	282066	203736	4899
威　县	855	248	70.9	512377	270558	10815
清河县	228	240	87.6	193397	82871	6405
临西县	572	156	72.0	313819	172771	6231
南宫市	988	300	68.9	373898	246879	9968
沙河市	371	734	78.6	146945	42082	17847
保定市						
竞秀区			74.9	21888	16148	109
莲池区			78.7	27330	25107	384
满城区	496		69.0	439321	229834	9418

3−1 县(市、区)国民经济主要指标(2020)(11−3)

县(市、区)	四、农 业(续7)					
	年末羊存栏(百只)	水产品产量(吨)	农业产业化经营率(%)	(三)农林牧渔业总产值(现价)(万元)	农业产值(万元)	林业产值(万元)
清苑区	423		59.5	585623	408664	23857
徐水区	436	53	56.6	445324	168391	6665
涞水县	980	102	72.6	310852	145974	59885
阜平县	836	5670	59.6	225591	142417	35427
定兴县	1176	60	76.8	588173	312324	2992
唐　县	15323	1700	70.8	519255	99845	17778
高阳县	218	28	62.2	127164	61416	10385
容城县	108		13.5			
涞源县	470	408	51.0	143708	37853	40079
望都县	310	30	64.8	277703	183073	2299
安新县	22		21.3			
易　县	912	3849	54.3	567901	189389	27749
曲阳县	2567	2100	67.0	306415	116066	21157
蠡　县	299		66.3	343747	176821	21564
顺平县	692		70.3	348718	286939	11998
博野县	206		36.0	239910	142446	19560
雄　县	281		63.6			
涿州市	753	106	53.7	429889	237748	4859
安国市	356		71.9	402043	307714	5243
高碑店市	717	40	79.8	310803	144642	5114
张家口市						
桥东区	136			28237	9345	692
桥西区	40		73.5	4295	420	52
宣化区	999	600	45.8	275087	102522	10196
下花园区	118		30.8	54185	18810	5871
万全区	982	4	46.5	232374	64351	7922
崇礼区	95	13	44.4	104614	75265	15330
张北县	2519	202	36.2	563452	412111	16456
康保县	2236	45	62.0	442798	230260	8041
沽源县	1290	856	51.6	541526	431675	5905
尚义县	1320	153	32.0	453987	294532	74608
蔚　县	1497	420	28.4	272010	114654	15325
阳原县	2184	190	27.2	218577	57277	5282
怀安县	1110	332	34.5	143892	51812	12073
怀来县	853	4829	42.3	303338	165633	8090
涿鹿县	439	135	54.9	230181	133732	20025
赤城县	967	853	10.7	508340	240510	46976
承德市						
双桥区	52	60	80.7	10060	3995	1834
双滦区	219	460	65.9	52759	30131	2503
鹰手营子矿区	40	31	63.0	13957	7071	1610
承德县	693	479	75.0	730083	466192	32958
兴隆县	371	325	59.9	389576	296143	17036
滦平县	576	405	65.2	585713	273486	62466

3–1 县(市、区)国民经济主要指标(2020)(11–4)

县(市、区)	四、农业（续7）					
	年末羊存栏（百只）	水产品产量（吨）	农业产业化经营率（%）	（三）农林牧渔业总产值（现价）（万元）	农业产值（万元）	林业产值（万元）
隆化县	1050	450	73.9	901413	455699	53514
丰宁满族自治县	1813	410	62.4	579258	171619	90747
宽城满族自治县	1259	620	71.7	323543	179897	29295
围场满族蒙古族自治县	2125	309	66.5	940006	518936	120454
平泉市	1229	183	73.9	640996	526167	17359
沧州市						
新华区	8	15	94.7	2959	920	502
运河区	16		77.4	7844	3403	
沧　县	1324	26	78.1	474607	216505	19185
青　县	761	321	70.0	689189	505204	10390
东光县	410	680	60.0	621168	127601	4517
海兴县	221	7837	49.1	249912	44588	4172
盐山县	520	335	61.1	215865	55370	4121
肃宁县	452		75.3	422424	254455	7714
南皮县	649	530	50.5	477914	206067	5480
吴桥县	551	292	23.8	619984	155855	5509
献　县	1427	2104	59.7	686459	281267	5815
孟村回族自治县	1190	130	44.3	141526	42772	3409
泊头市	935	467	73.3	337488	196080	4341
任丘市	434	2300	60.3	264417	154551	4444
黄骅市	598	53080	70.4	617896	124951	3560
河间市	603	126	81.9	436195	200039	3161
廊坊市						
安次区	398	906	61.7	194897	121283	6633
广阳区	237	344	62.7	116290	76776	880
固安县	450	238	52.3	663005	567878	8811
永清县	2358	527	44.1	1018560	776915	7969
香河县	560	2091	52.5	322805	241115	3298
大城县	543	624	32.0	303662	180471	12024
文安县	571	3608	27.9	213421	112404	13323
大厂回族自治县	93	876	46.2	76189	12695	864
霸州市	640	4359	49.8	190598	102139	8257
三河市	673	6516	71.5	321177	172668	2766
衡水市						
桃城区	398	610	50.8	170819	95489	3510
冀州区	371	1257	46.1	221563	142524	9511
枣强县	633	360	80.3	274348	172639	7025
武邑县	781	160	61.5	516914	358417	4888
武强县	325		66.2	225584	71684	5421
饶阳县	488		67.8	604187	469810	4884
安平县	191	104	73.3	384702	105700	4263
故城县	1344	1438	65.3	505338	259714	7860
景　县	530	96	66.9	380683	209323	13213
阜城县	369	67	48.4	385250	248486	6813
深州市	1017	221	72.5	708297	421943	17928
定州市	1406		53.8	1360555	759905	123871
辛集市	1142	18	65.1	992309	492429	3252

3−1　县(市、区)国民经济主要指标(2020)(12−1)

县(市、区)	四、农业（续7）			五、交通与通讯		
	牧业产值(万元)	渔业产值(万元)	农林牧渔服务业产值(万元)	公路里程(公里)	固定电话用户(户)	移动电话用户(户)
石家庄市						
长安区	1691		3900			
桥西区	1		297			
新华区	27		1138			
井陉矿区	4946	17	83	126	6758	111526
裕华区	210		20			
藁城区	393795		53437	1733	37800	687700
鹿泉区	73688	9377	24300	1012	35775	482300
栾城区	111139		69982	863	20961	464815
井陉县	76253	601	18375	1572	25414	307720
正定县	324398		42563	965	41200	601606
行唐县	319632	1050	60384	1607	12596	357295
灵寿县	181615	9528	12809	1297	11000	308000
高邑县	43538		12250	584	6883	201418
深泽县	99502	501	36075	526	7900	240300
赞皇县	135051		29122	1070	9109	209023
无极县	243895	1	39694	1091	15442	496924
平山县	122312	10483	47420	2928	18299	422254
元氏县	212861	295	11051	1050	18650	410530
赵　县	73603		36157	808	13786	513549
晋州市	221700		32105	1058	17412	412356
新乐市	293160		58458	967	17622	506723
唐山市						
路南区	17810		45			
路北区	8089		563			
古冶区	79200	5989	4480	344	19380	444753
开平区	48746	4064	3717	405	33223	149097
丰南区	182372	165374	53146	1418	50853	657893
丰润区	314071	7780	37050	2126	65978	1052356
曹妃甸区	136902	380334	62689	971	51156	470392
滦南县	603690	236037	68768	2148	26708	545968
乐亭县	245587	278540	13030	2136	40132	577395
迁西县	116537	18612	15800	1592	30795	423464
玉田县	432856	8032	26644	1706	59226	664549
遵化市	364018	1894	25939	1998	52868	723590
迁安市	321502	310	29193	2164	55687	803046
滦州市	408824	1161	17290	1706	48977	641254
秦皇岛市						
海港区	52787	7035	13335	677	193770	2061387
山海关区	48321	18894	4865	296		
北戴河区	6991	2858	2252	162	23816	117342
抚宁区	368762	2149	102367	1037	16800	462000
青龙满族自治县	279510	3076	50100	2607	21680	399600
昌黎县	539037	148392	144452	1912	42285	577108

3–1 县(市、区)国民经济主要指标(2020)(12–2)

县(市、区)	四、农业（续7）			五、交通与通讯		
	牧业产值（万元）	渔业产值（万元）	农林牧渔服务业产值（万元）	公路里程（公里）	固定电话用户（户）	移动电话用户（户）
卢龙县	327117	2726	38610	1655	16501	350665
邯郸市						
邯山区	23472		344			
丛台区	5855		1473			
复兴区	3090		223	136		
峰峰矿区	77556	2781	4747	718	22870	483678
肥乡区	161920	29	64883	1130	3675	345000
永年区	251939	8728	13138	1070		
临漳县	176885		26161	1316	16679	
成安县	155066	9	109488	1025	8198	387095
大名县	305708	124	52560	1789	29050	677700
涉　县	68204	5375	3810	1598	23961	416062
磁　县	132060	7354	5419	998	24924	729786
邱　县	91336	102	52357	923	900	50000
鸡泽县	115154	76	16859	552	6500	300000
广平县	50284	35	1668	723	5760	155500
馆陶县	251056	34	15774	1064	8275	279344
魏　县	176541	94	66021	1567	11784	560188
曲周县	187837	4977	47739	1445	27129	390651
武安市	344881	1372	9687	1643	39000	956000
邢台市						
桥东区	12023		413			
桥西区	51280	1190	2289			
邢台县						
临城县	81712	3816	1560	1038	12014	178386
内丘县	88052	74	2806	1265	23422	262560
柏乡县	57405		1555	362	6520	151889
隆尧县	137620		15890	1264	61230	467000
任　县				924	10300	332522
南和县				902	16879	315150
宁晋县	184340	28	37586	1797	30843	582408
巨鹿县	80265	114	1440	1418	7324	304800
新河县	116611	1032	18527	537	10670	130620
广宗县	82816	36	12848	1065	9346	202522
平乡县	63655		9776	1228	12090	309674
威　县	214917	387	15700	1506	6048	401311
清河县	35921	370	67830	1094	21665	344139
临西县	91713	249	42855	909	20660	284092
南宫市	109212	461	7378	1278	51350	361400
沙河市	74819	1204	10993	1645	38175	502802
保定市						
竞秀区	3581		2050	52		
莲池区			1839			
满城区	171204		28865	995	27517	468723

3-1 县(市、区)国民经济主要指标(2020)(12-3)

县(市、区)	四、农业(续7)			五、交通与通讯		
	牧业产值(万元)	渔业产值(万元)	农林牧渔服务业产值(万元)	公路里程(公里)	固定电话用户(户)	移动电话用户(户)
清苑区	137612		15490	1273	28173	586314
徐水区	227503	260	42505	1548	44130	595236
涞水县	92934	158	11901	1422	18778	304784
阜平县	34925	10369	2453	1828	12652	189664
定兴县	205124	598	67135	893	24063	489310
唐　县	388172	4769	8691	1116	27736	497826
高阳县	35440	43	19880	647	28232	392562
容城县				295	21923	278448
涞源县	62636	680	2460	1245	15396	277435
望都县	79154	54	13123	615	15927	265416
安新县				646	20073	[illegible]
易　县	340055	5818	4890	1817	30941	467258
曲阳县	150769	3289	15134	1577	31090	557904
蠡　县	126047		19315	913	28154	493215
顺平县	44985		4796	948	19437	275271
博野县	71347		6557	503	14390	233445
雄　县				931	21900	398400
涿州市	148829	166	38287	1166	58420	714853
安国市	73126		15960	757	27119	394917
高碑店市	117352	66	43629	1059	32737	529774
张家口市						
桥东区	17690		510			
桥西区	3480		343			
宣化区	152269	977	9123	1305	38496	731590
下花园区	25938		3566	214	3710	74540
万全区	140894	7	19200	1104	4977	240300
崇礼区	13674	23	322	927	7984	106278
张北县	132291	294	2300	3060	13458	308375
康保县	203559	71	867	3108	2070	135700
沽源县	101260	1450	1236	2422	2798	152366
尚义县	71139	323	13385	1207	2500	107000
蔚　县	134257	613	7161	2079	13311	455874
阳原县	145042	288	10688	1509	6899	211500
怀安县	77454	514	2039	1602	6500	182400
怀来县	112291	9974	7350	3038	47063	310000
涿鹿县	71049	212	5163	1594	17189	280189
赤城县	192744	1316	26794	1800	3800	227000
承德市						
双桥区	3958	92	181	641	58387	901174
双滦区	10594	681	8850	584	10492	220695
鹰手营子矿区	5026	47	203	165	6765	85043
承德县	213820	723	16390	2968	20270	209400
兴隆县	61451	496	14450	2766	12416	292352
滦平县	239655	621	9485	2206	10208	284698

3-1 县(市、区)国民经济主要指标(2020)(12-4)

县(市、区)	四、农业（续7）			五、交通与通讯		
	牧业产值（万元）	渔业产值（万元）	农林牧渔服务业产值（万元）	公路里程（公里）	固定电话用户（户）	移动电话用户（户）
隆化县	378945	697	12558	2949	12876	370773
丰宁满族自治县	294563	629	21700	3862	13414	357302
宽城满族自治县	96929	949	16473	1514	10691	279885
围场满族蒙古族自治县	291599	491	8526	5882	20637	111780
平泉市	92901	285	4284	2602	17018	431600
沧州市						
新华区	1511	22	4			
运河区	4299		142			
沧　县	177413	39	61465	1908	184640	605018
青　县	126184	511	46900	1191	37000	489000
东光县	80750	1063	407237	1428	20538	371500
海兴县	127068	55702	18382	878	21610	236975
盐山县	146197	513	9664	976	30739	393039
肃宁县	134834		25421	705	22217	361259
南皮县	97968	818	167581	937	16894	374321
吴桥县	117118	435	341067	927	18000	228089
献　县	275966	3043	120368	2253	32366	520086
孟村回族自治县	93708	197	1440	686	18000	113803
泊头市	112674	693	23700	1050	65686	620209
任丘市	50863	3659	50900	1432	97381	948651
黄骅市	167298	261137	60950	1831	13891	617259
河间市	111780	188	121027	1513	51306	805833
廊坊市						
安次区	47994	1485	17502	907		
广阳区	31726	537	6371	704		
固安县	60974	362	24980	1500	24061	497578
永清县	215925	778	16973	1194	18277	350238
香河县	67224	3180	7988	1026	22238	453490
大城县	100540	966	9661	1320	60625	520249
文安县	71914	8039	7741	1663	28479	597621
大厂回族自治县	59588	1339	1703	559	11781	193225
霸州市	58185	12417	9600	1277	51457	848126
三河市	123609	9502	12632	1358	38537	840943
衡水市						
桃城区	55947	1033	14840	843	125733	1183092
冀州区	55989	2230	11309	1408	47996	322656
枣强县	75952	607	18125	1804	36985	376001
武邑县	118867	282	34460	1404	20697	235865
武强县	127143		21336	786	15908	210850
饶阳县	90384		39109	674	7672	224946
安平县	246993	152	27594	787	41123	428233
故城县	193510	2362	41892	1374	43009	435699
景　县	120297	144	37706	1718	43815	443812
阜城县	94448	101	35402	1492	15681	302397
深州市	228414	327	39685	1675	37000	514000
定州市	448074		28705	1843	53500	1200650
辛集市	467803	26	28799	1313	20915	728447

3-1 县(市、区)国民经济主要指标(2020)(13-1)

县(市、区)	五、交通与通讯	六、教育、卫生			
	互联网宽带接入用户(户)	普通中学专任教师数(人)	普通中学在校学生数(人)	小学专任教师数(人)	小学在校学生数(人)
石家庄市					
长安区		2285	29900	2890	73924
桥西区		3081	43391	3260	76661
新华区		2366	32888	2608	58886
井陉矿区	34796	280	2964	415	4485
裕华区		1992	22285	3016	54697
藁城区	185071	3280	35964	4159	74374
鹿泉区	118260	2103	21063	2200	41758
栾城区	182780	1290	16358	1753	32483
井陉县	72493	1153	13550	1524	16777
正定县	198400	2200	28391	2153	50162
行唐县	93855	1957	22582	2971	40399
灵寿县	52000	1585	17942	1842	28670
高邑县	53175	609	11687	1045	20278
深泽县	72900	587	8767	1006	17171
赞皇县	71978	1107	15994	1674	30564
无极县	119358	1505	24489	2150	42679
平山县	102557	2272	25920	2788	41853
元氏县	41368	462	22451	2317	37109
赵　县	130125	2066	28526	2603	48569
晋州市	67895	1774	23014	2343	46033
新乐市	134273	2294	31533	2540	52103
唐山市					
路南区		836	11213	1080	19848
路北区		2083	25066	2809	53298
古冶区	125575	1101	7405	1341	14938
开平区	42955	1080	10421	1238	16350
丰南区	179480	2388	25974	2152	36947
丰润区	290353	3237	37933	3489	61887
曹妃甸区	146085	1146	10591	1043	17911
滦南县	151903	2563	29839	2352	32262
乐亭县	161782	2161	18800	1654	16118
迁西县	103387	1824	23523	2187	33279
玉田县	196424	2768	34658	3100	54380
遵化市	192011	3680	46438	3668	64941
迁安市	188019	3352	43364	4160	74071
滦州市	154864	2638	28006	2589	42061
秦皇岛市					
海港区	696206	2432	28994	3799	66775
山海关区		347	3243	677	8409
北戴河区	50333	393	2456	753	5520
抚宁区	125000	1694	14027	1783	19097
青龙满族自治县	91200	1725	18603	2854	39541
昌黎县	160422	2226	27602	2398	30429

3-1 县(市、区)国民经济主要指标(2020)(13-2)

县(市、区)	五、交通与通讯	六、教育、卫生			
	互联网宽带接入用户（户）	普通中学专任教师数（人）	普通中学在校学生数（人）	小学专任教师数（人）	小学在校学生数（人）
卢龙县	93153	1792	14173	2126	22111
邯郸市					
邯山区		684	15569	2512	64355
丛台区		553	11020	1873	66529
复兴区		317	3547	1055	24990
峰峰矿区	117671	1779	20296	2184	37696
肥乡区	42518	1851	25841	2880	46399
永年区		4390	60918	6309	91680
临漳县		2887	42537	4523	84566
成安县	90679	1667	25710	2866	53195
大名县	150600	3670	56456	5163	88034
涉　县	114057	1671	25070	1823	37989
磁　县	194584	2840	49156	2995	56529
邱　县	14500	1375	22187	1899	32122
鸡泽县	72000	1629	24138	2172	41254
广平县		1681	19542	1787	36984
馆陶县	67305	1966	27671	2209	40954
魏　县	115293	3898	56690	5717	104569
曲周县	63099	2154	29409	3379	67710
武安市	230000	3737	48531	5264	93862
邢台市					
桥东区		1614	22068	1351	35430
桥西区		3445	43740	4434	73717
邢台县					
临城县	56804	1474	18364	1284	21370
内丘县	77649	963	16274	1382	28787
柏乡县	45554	641	6499	1001	16868
隆尧县	123000	1339	18388	3083	49147
任　县	83500	1102	12305	2122	37075
南和县	107000	2043	21784	1633	35694
宁晋县	169791	2938	41942	4782	86761
巨鹿县	100999	1303	23615	2556	38791
新河县	43336	543	6203	640	10191
广宗县	67263	702	12519	1249	30938
平乡县	95418	1119	15637	1935	35787
威　县	118230	2670	32537	3446	67506
清河县	80223	2323	32725	3762	56604
临西县	76438	1513	20298	1953	37700
南宫市	111410	2306	33551	2309	45217
沙河市	146490	2900	29725	2581	50416
保定市					
竞秀区	12990	1160	15940	1999	33179
莲池区	15798	3209	36344	2851	60371
满城区	112534	1881	25596	2014	36750

3-1 县(市、区)国民经济主要指标(2020)(13-3)

县(市、区)	五、交通与通讯	六、教育、卫生			
	互联网宽带接入用户(户)	普通中学专任教师数(人)	普通中学在校学生数(人)	小学专任教师数(人)	小学在校学生数(人)
清苑区	158714	2710	35323	2876	56680
徐水区	171407	2565	41179	2762	52310
涞水县	107015	1598	18749	1747	23323
阜平县	61832	1211	10384	1328	16199
定兴县	150861	2197	38240	2358	43594
唐　县	118226	2689	38233	2890	50299
高阳县	115171	1618	21748	2021	31720
容城县	77221	1080	13679	1365	23609
涞源县	87375	1159	19434	1489	23364
望都县	78687	1021	12901	1242	19589
安新县	105316	1718	24194	3010	44001
易　县	135277	2534	33932	3336	39420
曲阳县	144275	3208	51219	3664	72233
蠡　县	128023	1926	29782	2478	49406
顺平县	75571	1208	14109	1639	21343
博野县	66327	900	13530	946	20346
雄　县	106005	2293	22787	2364	49477
涿州市	273758	2476	29912	2732	47674
安国市	112452	1879	26006	1751	26896
高碑店市	171542	2458	31936	2030	42704
张家口市					
桥东区		734	7155	1183	19358
桥西区		635	8129	901	17376
宣化区	228334	2642	32318	2336	35965
下花园区	19369	259	2445	283	2363
万全区	79557	657	9838	884	13340
崇礼区	29980	365	2490	540	4713
张北县	83905	1581	26283	1312	21779
康保县	31600	562	5215	642	5338
沽源县	50840	622	6890	763	10895
尚义县	36200	393	3798	792	5741
蔚　县	95682	1834	22609	2414	38520
阳原县	69600	912	9409	1399	15363
怀安县	60100	592	9056	1030	12428
怀来县	64138	1380	20721	1902	36403
涿鹿县	86000	1678	18294	1995	23902
赤城县	52400	622	7521	1103	14951
承德市					
双桥区	239263	662	8160	1191	25696
双滦区	74219	533	6809	950	14707
鹰手营子矿区	26065	198	2590	234	2955
承德县	28485	1680	25870	1688	26786
兴隆县	87718	1233	14725	1707	18781
滦平县	79802	1381	17871	1669	21112

3-1 县(市、区)国民经济主要指标(2020)(13-4)

县(市、区)	五、交通与通讯	六、教育、卫生			
	互联网宽带接入用户（户）	普通中学专任教师数（人）	普通中学在校学生数（人）	小学专任教师数（人）	小学在校学生数（人）
隆化县	98092	1573	20801	2471	30184
丰宁满族自治县	103903	1746	23346	2092	26111
宽城满族自治县	72255	1120	13891	1919	23684
围场满族蒙古族自治县	47380	1906	32897	2455	41456
平泉市	114545	1597	28817	2083	28465
沧州市					
新华区		100	1552	824	18784
运河区		572	8108	2287	53931
沧　县	150064	2243	37784	3408	72147
青　县	139600	1324	18205	2413	41922
东光县	91420	908	9667	2002	32119
海兴县	64820	897	11260	1464	19678
盐山县	104092	1767	27079	2767	52827
肃宁县	94763	1878	25423	2078	41597
南皮县	95752	1601	21482	2170	37124
吴桥县	55493	969	12186	1382	17221
献　县	139579	3068	49893	3727	73712
孟村回族自治县	24890	732	10913	1453	24304
泊头市	159358	2478	40723	2874	62836
任丘市	250561	3638	50454	5249	95872
黄骅市	177609	2002	30315	2096	46580
河间市	213173	3083	51121	4031	90181
廊坊市					
安次区		1387	16931	2280	39253
广阳区		885	11109	2124	39728
固安县	230038	1823	27666	3079	53921
永清县	103032	1669	18383	2062	37005
香河县	150000	1912	21834	2976	39535
大城县	155529	2353	22852	3799	59872
文安县	182418	2494	26858	3458	61883
大厂回族自治县	76973	869	11213	719	14826
霸州市	230379	2911	38380	3657	79459
三河市	363652	3360	49102	3883	78317
衡水市					
桃城区	319351	4314	58680	2941	54060
冀州区	63266	3574	36839	1196	24177
枣强县	75033	1783	27880	1663	34137
武邑县	62710	3282	39765	1223	22886
武强县	59917	830	7705	1185	15322
饶阳县	54857	939	9772	1616	21893
安平县	116223	2993	29953	1714	29704
故城县	80698	2153	33491	2557	44137
景　县	75774	2394	33497	2208	42832
阜城县	80528	1700	21458	1596	27360
深州市	149000	1927	24214	2432	36340
定州市	294860	5665	78657	4881	91918
辛集市	178256	2444	30717	2885	48149

3-1 县(市、区)国民经济主要指标(2020)(14-1)

县(市、区)	六、教育、卫生		七、居民收入		八、城镇化率(%)
	医疗卫生机构床位数(床)	医疗卫生机构技术人员数(人)	城镇居民人均可支配收入(元)	农村居民人均可支配收入(元)	
石家庄市					
长安区	8412	19106	45166		100.0
桥西区	6351	13877	46067		100.0
新华区	7247	11778	45346		100.0
井陉矿区	695	748	36641	21974	87.7
裕华区	10498	12791	46459		100.0
藁城区	1929	2470	40140	22261	57.7
鹿泉区	1984	2530	38859	22317	74.7
栾城区	585	1978	36022	20356	68.3
井陉县	1405	2050	33440	15550	52.9
正定县	2802	4275	36675	21772	64.8
行唐县	1859	2649	33430	10508	35.9
灵寿县	1648	1530	32724	10096	46.0
高邑县	721	1147	31360	16371	56.3
深泽县	1184	1045	32322	15759	43.7
赞皇县	1299	1682	30502	9771	34.3
无极县	1749	1479	33187	17662	41.3
平山县	1535	1903	34181	11229	52.0
元氏县	2104	2376	32105	17349	48.0
赵　县	2402	2593	34212	17912	39.7
晋州市	1731	1860	37860	22230	46.9
新乐市	2250	2420	32429	19736	58.8
唐山市					
路南区	5865	7264	48254	21159	93.9
路北区	10131	11680	48017	23872	96.2
古冶区	2491	2256	41987	19950	86.9
开平区	1273	1407	40963	19725	74.0
丰南区	1825	3031	45858	20270	62.9
丰润区	4334	4912	45000	19768	58.3
曹妃甸区	1436	1875	44560	22866	85.6
滦南县	2724	2694	41981	17854	46.7
乐亭县	2278	2222	42116	20795	44.8
迁西县	2224	1910	44068	20256	54.7
玉田县	3286	3565	40284	20034	44.6
遵化市	3544	4487	43362	19878	55.6
迁安市	4679	6452	45421	27197	60.0
滦州市	2605	3164	45391	20476	53.6
秦皇岛市					
海港区	8910	12534	42920	22847	90.5
山海关区	900	1587	37585	22647	93.8
北戴河区	492	969	46242	22767	88.9
抚宁区	1510	1970	39572	17756	42.4
青龙满族自治县	2866	1552	37896	12792	31.5
昌黎县	2801	2782	35848	18951	46.6

3-1 县(市、区)国民经济主要指标(2020)(14-2)

县(市、区)	六、教育、卫生		七、居民收入		八、城镇化率(%)
	医疗卫生机构床位数（床）	医疗卫生机构技术人员数（人）	城镇居民人均可支配收入（元）	农村居民人均可支配收入（元）	
卢龙县	1697	1926	36824	16184	36.9
邯郸市					
邯山区	10300	11306	43143	19251	85.4
丛台区	6429	8237	44474	18738	87.3
复兴区	1236	1629	44309	17312	93.3
峰峰矿区	3453	3471	31312	16549	76.3
肥乡区	1670	1736	31302	18465	50.6
永年区	4928	3833	35924	19351	52.0
临漳县	2613	2362	34107	18536	49.4
成安县	2125	2147	39722	18296	45.4
大名县	4090	4002	34513	16490	43.8
涉　县	2980	2315	26630	15676	63.2
磁　县	2762	2722	34225	17540	53.5
邱　县	1000	942	24686	16889	53.4
鸡泽县	1322	1314	32637	18178	47.5
广平县	1438	1244	28816	15949	53.5
馆陶县	1424	1478	30285	15970	51.0
魏　县	3621	2694	34086	16972	44.9
曲周县	3003	1686	32843	18510	52.8
武安市	3667	4287	41971	18467	55.9
邢台市					
桥东区	5819	7102	35687		95.1
桥西区	6075	8594	39458	18620	76.9
邢台县					
临城县	1143	1276	29143	11513	45.5
内丘县	1397	1429	31649	15147	44.9
柏乡县	1063	725	29407	16280	46.0
隆尧县	2220	2481	31073	15464	44.3
任　县	1550	1589	30695	15536	47.1
南和县	1355	1253	33990	18082	58.8
宁晋县	4526	4772	31485	17757	45.9
巨鹿县	2204	2294	30099	10349	41.3
新河县	653	735	28683	9924	48.4
广宗县	1380	1114	30104	11200	36.5
平乡县	1342	1508	30387	12512	54.7
威　县	2152	2049	28778	11099	39.2
清河县	2069	2189	33919	18213	60.3
临西县	1898	1629	31931	17230	43.1
南宫市	1656	1861	30208	15694	46.2
沙河市	1909	2302	36095	18894	61.6
保定市					
竞秀区	2158	3759	40575	25860	99.4
莲池区	14078	16799	41036	24925	96.2
满城区	1887	2608	35979	20591	54.7

3−1　县(市、区)国民经济主要指标(2020)(14−3)

县(市、区)	六、教育、卫生		七、居民收入		八、城镇化率(%)
	医疗卫生机构床位数(床)	医疗卫生机构技术人员数(人)	城镇居民人均可支配收入(元)	农村居民人均可支配收入(元)	
清苑区	2805	3054	35327	20798	42.7
徐水区	5147	2868	36653	20356	
涞水县	1350	1200	30046	12992	51.8
阜平县	999	1526	23258	10829	51.7
定兴县	2125	2624	36460	18455	44.9
唐　县	2634	2279	24444	10166	37.8
高阳县	1628	2065	31224	21771	46.5
容城县	970	1355	29202	19589	53.2
涞源县	1909	1792	29311	10112	65.5
望都县	1304	1561	30524	16543	52.4
安新县	1357	2516	31030	13977	41.2
易　县	3435	2984	28662	11380	41.1
曲阳县	2885	3835	25877	10094	41.0
蠡　县	1560	2328	30199	18748	47.4
顺平县	1527	1685	30475	9624	40.7
博野县	1417	1194	26984	15712	50.5
雄　县	1269	2238	34764	18912	49.2
涿州市	4047	5797	40388	21557	59.3
安国市	1502	1427	31388	21308	52.3
高碑店市	1961	3510	35753	20033	58.1
张家口市					
桥东区	1679	2500	41651		85.8
桥西区	4912	5147	39043		99.0
宣化区	2930	2607	37285	16280	75.4
下花园区	389	365	38855	15863	80.5
万全区	1238	946	34867	12775	69.8
崇礼区	485	438	37525	13296	54.5
张北县	1707	1735	32737	13460	69.3
康保县	682	791	30314	12365	49.3
沽源县	710	560	31705	12951	56.8
尚义县	748	798	28918	11519	53.6
蔚　县	2263	1757	35259	12803	52.4
阳原县	977	956	27985	12056	56.3
怀安县	837	915	31424	13471	52.4
怀来县	2191	1272	35941	20607	60.7
涿鹿县	1656	1406	36780	15792	47.2
赤城县	1120	480	33648	13069	50.6
承德市					
双桥区	5151	7491	38788	15515	95.5
双滦区	1679	1461	39507	15699	82.5
鹰手营子矿区	489	500	30394	12677	93.8
承德县	2714	2003	31794	13512	43.0
兴隆县	1500	1836	30389	15095	50.0
滦平县	2193	2089	34769	12484	48.4

3-1 县(市、区)国民经济主要指标(2020)(14-4)

县(市、区)	六、教育、卫生		七、居民收入		八、城镇化率(%)
	医疗卫生机构床位数(床)	医疗卫生机构技术人员数(人)	城镇居民人均可支配收入(元)	农村居民人均可支配收入(元)	
隆化县	2425	2497	29926	11191	39.9
丰宁满族自治县	2312	2051	26899	10497	45.5
宽城满族自治县	1464	1731	36506	15452	58.6
围场满族蒙古族自治县	2897	2141	28216	11059	41.1
平泉市	2370	2217	32987	15394	57.2
沧州市					
新华区	3745	5035	39685	16427	96.1
运河区	8992	6513	42508	18429	94.8
沧　县	2970	2650	38736	17656	20.0
青　县	1881	1712	38512	19273	53.8
东光县	1704	1447	38093	14923	50.2
海兴县	987	946	33169	10529	38.2
盐山县	1523	1918	33971	12734	46.2
肃宁县	1537	1829	38437	16290	49.8
南皮县	1469	2146	37458	12582	39.5
吴桥县	1084	1398	35287	15817	40.4
献　县	2358	3089	34979	13743	35.8
孟村回族自治县	736	951	36906	14354	51.2
泊头市	1998	1544	37979	17203	46.0
任丘市	4390	5437	39993	19320	56.2
黄骅市	2609	3833	38837	19152	64.7
河间市	2747	3238	38687	17300	37.3
廊坊市					
安次区	1353	2086	42522	19239	70.4
广阳区	5702	8814	45931	18878	79.9
固安县	1591	2509	42086	18987	59.4
永清县	1201	1588	40411	18576	46.0
香河县	2230	2828	48365	21021	73.6
大城县	2062	2255	42662	18137	44.6
文安县	2620	2804	43355	19435	49.0
大厂回族自治县	588	792	46846	19597	63.6
霸州市	3413	4905	48209	20031	61.3
三河市	6588	8274	49636	22321	78.8
衡水市					
桃城区	6613	10601	39625	18691	89.3
冀州区	1126	1270	37247	17818	53.9
枣强县	1170	1535	33811	14542	54.8
武邑县	1216	1262	26560	11326	45.9
武强县	771	746	27860	10957	33.4
饶阳县	1332	1656	30736	10880	38.0
安平县	1258	1529	32578	18483	58.5
故城县	2303	2635	30990	14433	46.7
景　县	2042	1883	33132	18300	46.9
阜城县	1286	1130	31585	11062	43.7
深州市	1585	2287	29946	18120	40.9
定州市	6956	6579	37980	19112	52.7
辛集市	2757	3539	39142	20407	61.9

3–2 县(市、区)棉花总产量排序(2020)

单位：吨

县(市、区)	棉花总产量	位次	县(市、区)	棉花总产量	位次	县(市、区)	棉花总产量	位次
威　县	38535	1	河间市	453	34	磁　县	20	67
南宫市	28546	2	永年区	436	35	安新县	20	68
邱　县	16490	3	任丘市	291	36	涞水县	19	69
曲周县	12976	4	桃城区	251	37	迁西县	18	70
冀州区	11944	5	辛集市	236	38	滦南县	17	71
成安县	10060	6	蠡　县	211	39	鹿泉区	16	72
丰南区	10037	7	海兴县	149	40	饶阳县	15	73
故城县	9730	8	高阳县	140	41	沧　县	14	74
枣强县	9262	9	信都区	135	42	肃宁县	14	75
广宗县	8229	10	滦州市	124	43	遵化市	13	76
武邑县	6324	11	宁晋县	107	44	满城区	12	77
东光县	5112	12	泊头市	99	45	行唐县	10	78
肥乡区	4599	13	广阳区	96	46	唐　县	10	79
新河县	3710	14	玉田县	80	47	孟村回族自治县	10	80
临西县	3103	15	元氏县	76	48	赞皇县	8	81
南皮县	3085	16	临漳县	63	49	峰峰矿区	8	82
吴桥县	2983	17	文安县	59	50	昌黎县	6	83
阜城县	2310	18	复兴区	57	51	临城县	6	84
武安市	2185	19	青　县	53	52	内丘县	5	85
景　县	2172	20	井陉县	52	53	清苑区	5	86
清河县	1941	21	安次区	49	54	易　县	4	87
馆陶县	1608	22	曲阳县	47	55	顺平县	3	88
大城县	1601	23	平山县	45	56	卢龙县	2	89
广平县	1375	24	丛台区	44	57	大名县	2	90
隆尧县	991	25	柏乡县	41	58	固安县	2	91
鸡泽县	984	26	定兴县	40	59	正定县	1	92
魏　县	832	27	丰润区	39	60	乐亭县	1	93
永清县	589	28	深州市	39	61	竞秀区	1	94
黄骅市	514	29	邯山区	37	62	徐水区	1	95
巨鹿县	510	30	武强县	32	63	容城县	1	96
平乡县	483	31	沙河市	27	64	三河市	1	97
献　县	483	32	灵寿县	24	65			
霸州市	456	33	博野县	24	66			

注：按照实际产量保留小数排序，存在部分县区四舍五入后产量相等，但位次不同的情况。

3-3　县(市、区)油料总产量排序(2020)

单位：吨

县(市、区)	油料总产量	位次	县(市、区)	油料总产量	位次	县(市、区)	油料总产量	位次
大名县	82679	1	临城县	6000	54	东光县	1598	107
滦南县	66583	2	古冶区	5869	55	路南区	1525	108
滦州市	64086	3	晋州市	5631	56	满城区	1470	109
昌黎县	47324	4	怀安县	5546	57	广阳区	1384	110
遵化市	43147	5	成安县	5505	58	邱　县	1318	111
丰南区	37166	6	武安市	5218	59	路北区	1276	112
迁安市	35027	7	高碑店市	5214	60	宽城满族自治县	1200	113
丰润区	32093	8	魏　县	5027	61	曲周县	1107	114
康保县	30273	9	安平县	4703	62	襄都区	1031	115
深州市	30116	10	元氏县	4569	63	怀来县	1031	116
辛集市	23358	11	肥乡区	4501	64	阜城县	937	117
平乡县	23065	12	桃城区	4406	65	宣化区	927	118
卢龙县	22472	13	广平县	4386	66	涉　县	916	119
定州市	21807	14	新河县	4360	67	肃宁县	915	120
内丘县	17036	15	馆陶县	4294	68	孟村回族自治县	907	121
定兴县	15946	16	青龙满族自治县	4283	69	文安县	843	122
行唐县	15693	17	沽源县	3926	70	磁　县	809	123
南宫市	14688	18	海港区	3919	71	滦平县	704	124
安国市	14229	19	宁晋县	3767	72	海兴县	702	125
广宗县	13844	20	青　县	3723	73	沧　县	702	126
巨鹿县	13760	21	临西县	3709	74	北戴河区	699	127
无极县	13691	22	临漳县	3613	75	复兴区	667	128
新乐市	13143	23	灵寿县	3554	76	涿鹿县	657	129
张北县	12757	24	威　县	3532	77	邯山区	634	130
河间市	12582	25	景　县	3433	78	容城县	591	131
献　县	12545	26	唐　县	3421	79	曹妃甸区	523	132
武邑县	11474	27	高阳县	3388	80	赵　县	462	133
涞水县	10631	28	沙河市	3271	81	高邑县	452	134
尚义县	10456	29	固安县	3178	82	承德县	432	135
赞皇县	10305	30	雄　县	2985	83	崇礼区	414	136
故城县	10276	31	玉田县	2939	84	平泉市	370	137
乐亭县	10083	32	安次区	2839	85	莲池区	360	138
冀州区	9861	33	深泽县	2530	86	泊头市	325	139
正定县	9645	34	鹿泉区	2484	87	鸡泽县	300	140
抚宁区	9528	35	阜平县	2471	88	盐山县	276	141
信都区	9287	36	永年区	2432	89	万全区	263	142
饶阳县	9217	37	顺平县	2417	90	丛台区	201	143
围场满族蒙古族自治县	9041	38	武强县	2398	91	香河县	190	144
深州市	8776	39	徐水区	2367	92	峰峰矿区	167	145
易　县	8751	40	博野县	2316	93	下花园区	165	146
迁西县	8625	41	山海关区	2305	94	兴隆县	152	147
平山县	8625	42	藁城区	2283	95	三河市	148	148
曲阳县	8575	43	黄骅市	2263	96	长安区	107	149
永清县	8512	44	柏乡县	2240	97	新华区	100	150
蠡　县	7712	45	井陉县	2204	98	栾城区	96	151
开平区	7610	46	阳原县	1939	99	鹰手营子矿区	86	152
隆尧县	7085	47	南皮县	1807	100	涞源县	72	153
霸州市	6422	48	蔚　县	1777	101	竞秀区	64	154
大城县	6214	49	望都县	1710	102	安新县	48	155
隆化县	6163	50	清河县	1702	103	双滦区	11	156
枣强县	6136	51	吴桥县	1676	104	井陉矿区	6	157
丰宁满族自治县	6069	52	任丘市	1674	105	双桥区	2	158
清苑区	6049	53	赤城县	1649	106	运河区	1	159

3–4 县(市、区)蔬菜总产量排序(2020)

单位：吨

县(市、区)	蔬菜总产量	位次	县(市、区)	蔬菜总产量	位次	县(市、区)	蔬菜总产量	位次
玉田县	2143040	1	徐水区	310096	56	井陉县	79382	111
永清县	1943964	2	南皮县	299627	57	唐　县	75929	112
滦南县	1551340	3	临漳县	293931	58	容城县	75546	113
沽源县	1518630	4	宁晋县	292785	59	邱　县	75323	114
乐亭县	1405173	5	南宫市	282179	60	黄骅市	73573	115
固安县	1352112	6	大城县	278090	61	涉　县	71260	116
定州市	1236522	7	行唐县	277436	62	临城县	70842	117
丰南区	1127087	8	阜城县	276057	63	栾城区	70258	118
昌黎县	1095375	9	卢龙县	256506	64	怀来县	68447	119
青　县	1078232	10	柏乡县	235478	65	东光县	68282	120
永年区	1041585	11	古冶区	225106	66	武强县	61407	121
围场满族蒙古族自治县	899039	12	深泽县	209013	67	磁　县	57830	122
张北县	837116	13	平乡县	204514	68	万全区	56532	123
滦州市	832844	14	安次区	198777	69	开平区	56408	124
饶阳县	815204	15	涞水县	198201	70	高阳县	54420	125
隆化县	779175	16	广平县	196344	71	双滦区	53458	126
肥乡区	750545	17	巨鹿县	191950	72	海港区	53064	127
辛集市	746607	18	曲周县	191518	73	曹妃甸区	52547	128
平泉市	687903	19	易　县	183168	74	冀州区	51682	129
丰润区	648009	20	满城区	181848	75	泊头市	50160	130
武邑县	627381	21	桃城区	180241	76	兴隆县	49492	131
定兴县	623240	22	安国市	178650	77	阳原县	46910	132
尚义县	613753	23	山海关区	171309	78	北戴河区	45352	133
正定县	596088	24	宽城满族自治县	166437	79	涿鹿县	44680	134
滦平县	593343	25	深州市	158758	80	新河县	40362	135
无极县	584974	26	河间市	158254	81	安新县	38976	136
藁城区	576360	27	任丘市	157921	82	莲池区	37113	137
清苑区	562553	28	宣化区	157908	83	路南区	33682	138
丰宁满族自治县	555405	29	霸州市	139703	84	清河县	28513	139
香河县	525089	30	广阳区	136113	85	大厂回族自治县	27985	140
魏　县	521896	31	蔚　县	135112	86	雄　县	25503	141
迁安市	520976	32	望都县	128621	87	沙河市	24763	142
遵化市	504513	33	武安市	123675	88	涞源县	23888	143
大名县	504105	34	吴桥县	121725	89	海兴县	22283	144
赤城县	498221	35	平山县	121322	90	孟村回族自治县	21633	145
承德县	494916	36	路北区	120040	91	竞秀区	20909	146
抚宁区	488896	37	赞皇县	117774	92	邯山区	18149	147
肃宁县	468235	38	迁西县	117213	93	崇礼区	17900	148
成安县	444467	39	广宗县	115231	94	鹰手营子矿区	17893	149
隆尧县	440477	40	临西县	113166	95	下花园区	16931	150
鹿泉区	430275	41	元氏县	111306	96	新华区	16220	151
鸡泽县	421296	42	阜平县	105340	97	盐山县	13060	152
蠡　县	411279	43	枣强县	103856	98	双桥区	12590	153
新乐市	407887	44	威　县	99602	99	襄都区	11108	154
高邑县	407233	45	博野县	98363	100	桥东区	5985	155
故城县	387843	46	文安县	97106	101	峰峰矿区	5045	156
三河市	385426	47	信都区	96442	102	桥西区	4410	157
涿州市	381666	48	安平县	92345	103	运河区	3467	158
灵寿县	377633	49	沧　县	91992	104	井陉矿区	2721	159
康保县	361560	50	高碑店市	89382	105	长安区	2352	160
献　县	351642	51	内丘县	85666	106	裕华区	1362	161
馆陶县	345840	52	怀安县	85416	107	丛台区	1308	162
晋州市	344634	53	曲阳县	83824	108	桥西区	750	163
青龙满族自治县	319591	54	赵　县	82687	109	复兴区	11	164
顺平县	314451	55	景　县	81204	110			

3-5 县(市、区)园林水果产量排序(2020)

单位：吨

县(市、区)	园林水果产量	位次	县(市、区)	园林水果产量	位次	县(市、区)	园林水果产量	位次
晋州市	647578	1	阜城县	41298	54	故城县	9128	107
深州市	606538	2	三河市	39807	55	竞秀区	8808	108
赵　县	552253	3	武邑县	39560	56	古冶区	8774	109
泊头市	380527	4	迁西县	38829	57	文安县	8605	110
乐亭县	348182	5	唐　县	38496	58	霸州市	8600	111
顺平县	338498	6	邱　县	37961	59	无极县	8574	112
辛集市	320977	7	鸡泽县	37601	60	安国市	8486	113
承德县	317946	8	枣强县	37342	61	正定县	8477	114
兴隆县	297334	9	滦州市	36045	62	邯山区	7829	115
魏　县	259072	10	滦平县	35805	63	元氏县	7363	116
青龙满族自治县	233926	11	丰润区	35407	64	东光县	7358	117
威　县	221246	12	涞水县	32531	65	灵寿县	6006	118
饶阳县	218391	13	大城县	31663	66	广阳区	5987	119
围场满族蒙古族自治县	218345	14	博野县	31566	67	高碑店市	5967	120
永清县	215581	15	南宫市	28764	68	新乐市	5494	121
沧　县	200101	16	雄　县	27148	69	丰宁满族自治县	5296	122
满城区	185843	17	清河县	26810	70	高阳县	5224	123
宁晋县	159302	18	定兴县	26011	71	香河县	4669	124
怀来县	148923	19	蠡　县	25471	72	栾城区	4330	125
卢龙县	147435	20	临漳县	24771	73	北戴河区	4321	126
抚宁区	143846	21	曲周县	24406	74	武强县	4153	127
信都区	143476	22	山海关区	23938	75	高邑县	3337	128
新河县	141095	23	永年区	23908	76	阳原县	3290	129
遵化市	133786	24	定州市	23657	77	涞源县	3277	130
曲阳县	132212	25	曹妃甸区	23634	78	磁　县	2690	131
行唐县	123590	26	平乡县	23179	79	长安区	2647	132
赞皇县	123258	27	隆尧县	23132	80	井陉矿区	2503	133
平泉市	119151	28	徐水区	21924	81	盐山县	2241	134
昌黎县	112458	29	海兴县	21702	82	峰峰矿区	2026	135
易　县	106376	30	涿州市	20839	83	宣化区	2026	136
巨鹿县	92923	31	武安市	20554	84	路北区	1776	137
深泽县	89998	32	大名县	20158	85	襄都区	1720	138
藁城区	86565	33	安平县	19975	86	双滦区	1602	139
黄骅市	80114	34	鹿泉区	18536	87	开平区	1298	140
柏乡县	72616	35	景　县	18285	88	鹰手营子矿区	1206	141
献　县	72490	36	吴桥县	18194	89	万全区	1193	142
成安县	71916	37	井陉县	17846	90	运河区	1106	143
固安县	71754	38	任丘市	17781	91	容城县	1038	144
涿鹿县	68804	39	海港区	17168	92	桥东区	1010	145
河间市	65667	40	馆陶县	17086	93	莲池区	985	146
南皮县	65044	41	平山县	17059	94	丛台区	956	147
阜平县	63790	42	涉　县	16986	95	石家庄市新华区	764	148
迁安市	63465	43	桃城区	16848	96	大厂回族自治县	754	149
肃宁县	60718	44	青　县	16163	97	崇礼区	716	150
肥乡区	58608	45	广宗县	15996	98	下花园区	668	151
内丘县	55291	46	临城县	15947	99	双桥区	588	152
清苑区	52669	47	广平县	15772	100	复兴区	276	153
冀州区	51592	48	望都县	15282	101	蔚　县	144	154
宽城满族自治县	47628	49	安新县	13865	102	路南区	54	155
安次区	47447	50	临西县	13267	103	怀安县	18	156
隆化县	46929	51	沙河市	12680	104	沧州市新华区	9	157
滦南县	45546	52	丰南区	12678	105	尚义县	7	158
玉田县	42885	53	孟村回族自治县	12244	106	赤城县	2	159

3-6　县(市、区)水产品总产量排序(2020)

单位：吨

县(市、区)	水产品总产量	位次	县(市、区)	水产品总产量	位次	县(市、区)	水产品总产量	位次
乐亭县	170700	1	大厂回族自治县	876	43	元氏县	160	85
曹妃甸区	159200	2	沽源县	856	44	武邑县	160	86
昌黎县	85009	3	赤城县	853	45	临西县	156	87
滦南县	70702	4	滦州市	766	46	尚义县	153	88
丰南区	55229	5	沙河市	734	47	涿鹿县	135	89
黄骅市	53080	6	行唐县	700	48	孟村回族自治县	130	90
迁西县	11500	7	东光县	680	49	河间市	126	91
海兴县	7837	8	信都区	639	50	涿州市	106	92
三河市	6516	9	新河县	637	51	深泽县	105	93
海港区	6120	10	大城县	624	52	安平县	104	94
永年区	5827	11	宽城满族自治县	620	53	涞水县	102	95
阜平县	5670	12	桃城区	610	54	景　县	96	96
平山县	5500	13	宣化区	600	55	邱　县	86	97
灵寿县	5340	14	南皮县	530	56	大名县	85	98
鹿泉区	5300	15	永清县	527	57	巨鹿县	74	99
怀来县	4829	16	承德县	479	58	阜城县	67	100
磁　县	4560	17	北戴河区	475	59	魏　县	60	101
丰润区	4456	18	泊头市	467	60	定兴县	60	102
霸州市	4359	19	双滦区	460	61	双桥区	60	103
玉田县	3986	20	隆化县	450	62	徐水区	53	104
古冶区	3970	21	蔚　县	420	63	鸡泽县	50	105
易　县	3849	22	丰宁满族自治县	410	64	内丘县	46	106
文安县	3608	23	涞源县	408	65	康保县	45	107
涉　县	3200	24	滦平县	405	66	高碑店市	40	108
曲周县	3100	25	枣强县	360	67	鹰手营子矿区	31	109
山海关区	2970	26	井陉县	345	68	肥乡区	30	110
开平区	2680	27	广阳区	344	69	望都县	30	111
临城县	2400	28	盐山县	335	70	高阳县	28	112
任丘市	2300	29	怀安县	332	71	沧　县	26	113
献　县	2104	30	兴隆县	325	72	馆陶县	23	114
曲阳县	2100	31	青　县	321	73	广平县	22	115
香河县	2091	32	围场满族蒙古族自治县	309	74	广宗县	20	116
峰峰矿区	1890	33	南宫市	300	75	辛集市	18	117
唐　县	1700	34	吴桥县	292	76	新华区	15	118
青龙满族自治县	1670	35	威　县	248	77	崇礼区	13	119
卢龙县	1660	36	清河县	240	78	井陉矿区	12	120
故城县	1438	37	固安县	238	79	宁晋县	7	121
抚宁区	1319	38	深州市	221	80	成安县	6	122
冀州区	1257	39	张北县	202	81	万全区	4	123
遵化市	1195	40	阳原县	190	82	无极县	1	124
安次区	906	41	平泉市	183	83			
武安市	897	42	迁安市	172	84			

注：按照取整数据进行排序，存在并列情况。

3—7 县(市、区)农林牧渔业总产值排序(2020)

单位：万元

县(市、区)	农林牧渔业总产值	位次	县(市、区)	农林牧渔业总产值	位次	县(市、区)	农林牧渔业总产值	位次
滦南县	1591871	1	沧　县	474607	57	信都区	227538	113
定州市	1360555	2	灵寿县	463190	58	阜平县	225591	114
乐亭县	1319305	3	临漳县	463088	59	武强县	225584	115
昌黎县	1299182	4	隆尧县	462443	60	冀州区	221563	116
玉田县	1159624	5	馆陶县	460921	61	高邑县	221017	117
永清县	1018560	6	尚义县	453987	62	阳原县	218577	118
辛集市	992309	7	徐水区	445324	63	盐山县	215865	119
围场满族蒙古族自治县	940006	8	康保县	442798	64	文安县	213421	120
隆化县	901413	9	满城区	439321	65	涉　县	202799	121
青龙满族自治县	876641	10	河间市	436195	66	安次区	194897	122
滦州市	853153	11	涿州市	429889	67	清河县	193397	123
遵化市	842162	12	肃宁县	422424	68	霸州市	190598	124
丰南区	809359	13	赵　县	417058	69	广平县	185623	125
藁城区	791057	14	南和区	404959	70	井陉县	184941	126
抚宁区	738332	15	安国市	402043	71	柏乡县	177336	127
承德县	730083	16	兴隆县	389576	72	临城县	172173	128
卢龙县	713286	17	阜城县	385250	73	古冶区	170925	129
深州市	708297	18	安平县	384702	74	桃城区	170819	130
永年区	703734	19	景　县	380683	75	山海关区	152590	131
丰润区	700098	20	南宫市	373898	76	沙河市	146945	132
魏　县	699675	21	迁西县	367454	77	怀安县	143892	133
曹妃甸区	695258	22	元氏县	355288	78	涞源县	143708	134
青　县	689189	23	顺平县	348718	79	孟村回族自治县	141526	135
献　县	686459	24	蠡　县	343747	80	海港区	141177	136
正定县	671733	25	平山县	337824	81	安新县	137550	137
大名县	666874	26	泊头市	337488	82	高阳县	127164	138
行唐县	665877	27	赞皇县	332872	83	广阳区	116290	139
固安县	663005	28	宽城满族自治县	323543	84	峰峰矿区	109145	140
平泉市	640996	29	香河县	322805	85	崇礼区	104614	141
东光县	621168	30	三河市	321177	86	雄　县	91038	142
吴桥县	619984	31	临西县	313819	87	开平区	88240	143
黄骅市	617896	32	涞水县	310852	88	大厂回族自治县	76189	144
新乐市	616665	33	高碑店市	310803	89	容城县	73737	145
饶阳县	604187	34	邱　县	309093	90	路北区	55790	146
武安市	597052	35	栾城区	308413	91	下花园区	54185	147
定兴县	588173	36	曲阳县	306415	92	双滦区	52759	148
滦平县	585713	37	大城县	303662	93	邯山区	48834	149
清苑区	585623	38	怀来县	303338	94	路南区	33063	150
迁安市	580781	39	鹿泉区	301538	95	北戴河区	32872	151
丰宁满族自治县	579258	40	平乡县	282066	96	襄都区	28239	152
宁晋县	578122	41	鸡泽县	278779	97	桥东区	28237	153
晋州市	574481	42	望都县	277703	98	莲池区	27330	154
肥乡区	570425	43	宣化区	275087	99	竞秀区	21888	155
易　县	567901	44	新河县	274491	100	丛台区	21125	156
张北县	563452	45	深泽县	274436	101	鹰手营子矿区	13957	157
沽源县	541526	46	枣强县	274348	102	长安区	12254	158
成安县	541356	47	蔚　县	272010	103	复兴区	12016	159
无极县	540063	48	任丘市	264417	104	双桥区	10060	160
唐　县	519255	49	内丘县	262520	105	运河区	7844	161
武邑县	516914	50	广宗县	259006	106	井陉矿区	7277	162
巨鹿县	512417	51	磁　县	251165	107	新华区	6287	163
威　县	512377	52	海兴县	249912	108	桥西区	4295	164
赤城县	508340	53	任泽区	248196	109	新华区	2959	165
故城县	505338	54	博野县	239910	110	桥西区	1325	166
曲周县	497636	55	万全区	232374	111	裕华区	1103	167
南皮县	477914	56	涿鹿县	230181	112			

3−8 县(市、区)农林牧渔业增加值排序(2020)

单位：万元

县(市、区)	农林牧渔业增加值	位次	县(市、区)	农林牧渔业增加值	位次	县(市、区)	农林牧渔业增加值	位次
滦南县	974307	1	故城县	283575	57	文安县	132781	113
乐亭县	907418	2	兴隆县	277430	58	海兴县	132309	114
定州市	805180	3	隆尧县	272004	59	磁　县	132252	115
昌黎县	774413	4	南皮县	270571	60	万全区	130516	116
玉田县	705996	5	曲周县	268599	61	阳原县	127218	117
永清县	693835	6	临漳县	267399	62	冀州区	124984	118
围场满族蒙古族自治县	628360	7	满城区	262269	63	安次区	123798	119
辛集市	592307	8	肃宁县	261661	64	涉　县	123589	120
遵化市	571327	9	徐水区	261127	65	井陉县	123450	121
隆化县	569393	10	涿州市	259461	66	盐山县	120317	122
滦州市	525624	11	迁西县	252708	67	霸州市	119616	123
丰南区	524833	12	河间市	251672	68	武强县	117094	124
青龙满族自治县	522912	13	顺平县	248338	69	广平县	113422	125
藁城区	515284	14	尚义县	242551	70	清河县	108264	126
平泉市	474992	15	南和区	239808	71	古冶区	107882	127
青　县	470487	16	安国市	234870	72	柏乡县	104471	128
承德县	470317	17	馆陶县	233100	73	山海关区	99922	129
固安县	459666	18	康保县	231621	74	桃城区	97841	130
正定县	442672	19	元氏县	226933	75	临城县	95878	131
抚宁区	441402	20	宽城满族自治县	225570	76	怀安县	90666	132
魏　县	432872	21	南宫市	224811	77	涞源县	88019	133
晋州市	430110	22	赞皇县	223286	78	海港区	87909	134
卢龙县	426520	23	阜城县	220147	79	安新县	83920	135
行唐县	426064	24	香河县	209759	80	沙河市	81780	136
丰润区	418061	25	泊头市	209384	81	高阳县	78272	137
深州市	416524	26	平山县	208981	82	孟村回族自治县	78114	138
永年区	412771	27	鹿泉区	206733	83	广阳区	74267	139
新乐市	399664	28	景　县	206501	84	雄　县	61639	140
献　县	394947	29	三河市	198125	85	崇礼区	59965	141
曹妃甸区	388615	30	安平县	196373	86	峰峰矿区	56834	142
黄骅市	380775	31	涞水县	193162	87	开平区	52719	143
滦平县	367620	32	栾城区	190555	88	大厂回族自治县	47057	144
饶阳县	366770	33	大城县	188545	89	容城县	44701	145
清苑区	359509	34	曲阳县	184668	90	路北区	38986	146
迁安市	353961	35	蠡　县	184602	91	双滦区	35341	147
武安市	351185	36	邱　县	184072	92	下花园区	31186	148
定兴县	350289	37	高碑店市	183528	93	邯山区	26249	149
丰宁满族自治县	347046	38	临西县	182822	94	北戴河区	20522	150
易　县	343475	39	平乡县	177988	95	路南区	20182	151
无极县	342044	40	深泽县	176416	96	襄都区	18184	152
唐　县	337357	41	怀来县	174553	97	桥东区	16273	153
张北县	335887	42	望都县	172468	98	莲池区	15826	154
宁晋县	333838	43	鸡泽县	164517	99	竞秀区	14225	155
吴桥县	328290	44	博野县	160348	100	丛台区	11804	156
肥乡区	326395	45	新河县	160306	101	鹰手营子矿区	9271	157
大名县	326228	46	任丘市	159409	102	长安区	7980	158
巨鹿县	320882	47	宣化区	158994	103	复兴区	6799	159
东光县	320804	48	高邑县	157448	104	双桥区	6277	160
威　县	320687	49	蔚　县	155167	105	新华区	4533	161
成安县	318160	50	阜平县	154399	106	运河区	4495	162
灵寿县	316043	51	枣强县	153947	107	井陉矿区	4391	163
赤城县	307098	52	内丘县	153703	108	桥西区	2438	164
赵　县	292962	53	广宗县	150511	109	新华区	1706	165
武邑县	287570	54	信都区	142435	110	桥西区	948	166
沧　县	286489	55	任泽区	141542	111	裕华区	771	167
沽源县	285560	56	涿鹿县	140212	112			

3–9 县(市、区)农村居民人均可支配收入排序(2020)

单位：元

县(市、区)	农村居民人均可支配收入	位次	县(市、区)	农村居民人均可支配收入	位次	县(市、区)	农村居民人均可支配收入	位次
迁安市	27197	1	丛台区	18738	54	双桥区	15515	107
竞秀区	25860	2	桃城区	18691	55	隆尧县	15464	108
莲池区	24925	3	信都区	18620	56	宽城满族自治县	15452	109
路北区	23872	4	永清县	18576	57	平泉市	15394	110
曹妃甸区	22866	5	临漳县	18536	58	内丘县	15147	111
海港区	22847	6	曲周县	18510	59	兴隆县	15095	112
北戴河区	22767	7	安平县	18483	60	东光县	14923	113
山海关区	22647	8	武安市	18467	61	枣强县	14542	114
三河市	22321	9	肥乡区	18465	62	故城县	14433	115
鹿泉区	22317	10	定兴县	18455	63	孟村回族自治县	14354	116
藁城区	22261	11	运河区	18429	64	献　县	13743	117
晋州市	22230	12	景　县	18300	65	承德县	13512	118
井陉矿区	21974	13	成安县	18296	66	怀安县	13471	119
正定县	21772	14	清河县	18213	67	张北县	13460	120
高阳县	21771	15	鸡泽县	18178	68	崇礼区	13296	121
涿州市	21557	16	大城县	18137	69	赤城县	13069	122
安国市	21308	17	深州市	18120	70	涞水县	12992	123
路南区	21159	18	赵　县	17912	71	沽源县	12951	124
香河县	21021	19	滦南县	17854	72	蔚　县	12803	125
清苑区	20798	20	冀州区	17818	73	青龙满族自治县	12792	126
乐亭县	20795	21	宁晋县	17757	74	万全区	12775	127
怀来县	20607	22	抚宁区	17756	75	盐山县	12734	128
满城区	20591	23	无极县	17662	76	鹰手营子矿区	12677	129
滦州市	20476	24	沧　县	17656	77	南皮县	12582	130
辛集市	20407	25	磁　县	17540	78	平乡县	12512	131
栾城区	20356	26	元氏县	17349	79	滦平县	12484	132
徐水区	20356	27	复兴区	17312	80	康保县	12365	133
丰南区	20270	28	河间市	17300	81	阳原县	12056	134
迁西县	20256	29	临西县	17230	82	尚义县	11519	135
玉田县	20034	30	泊头市	17203	83	临城县	11513	136
高碑店市	20033	31	魏　县	16972	84	易　县	11380	137
霸州市	20031	32	邱　县	16889	85	武邑县	11326	138
古冶区	19950	33	峰峰矿区	16549	86	平山县	11229	139
遵化市	19878	34	望都县	16543	87	广宗县	11200	140
丰润区	19768	35	大名县	16490	88	隆化县	11191	141
新乐市	19736	36	新华区	16427	89	威　县	11099	142
开平区	19725	37	高邑县	16371	90	阜城县	11062	143
大厂回族自治县	19597	38	肃宁县	16290	91	围场满族蒙古族自治县	11059	144
容城县	19589	39	柏乡县	16280	92	武强县	10957	145
文安县	19435	40	宣化区	16280	93	饶阳县	10880	146
永年区	19351	41	卢龙县	16184	94	阜平县	10829	147
任丘市	19320	42	安新县	15977	95	海兴县	10529	148
青　县	19273	43	馆陶县	15970	96	行唐县	10508	149
邯山区	19251	44	广平县	15949	97	丰宁满族自治县	10497	150
安次区	19239	45	下花园区	15863	98	巨鹿县	10349	151
黄骅市	19152	46	吴桥县	15817	99	唐　县	10166	152
定州市	19112	47	涿鹿县	15792	100	涞源县	10112	153
固安县	18987	48	深泽县	15759	101	灵寿县	10096	154
昌黎县	18951	49	博野县	15712	102	曲阳县	10094	155
雄　县	18912	50	双滦区	15699	103	新河县	9924	156
沙河市	18894	51	南宫市	15694	104	赞皇县	9771	157
广阳区	18878	52	涉　县	15676	105	顺平县	9624	158
蠡　县	18748	53	井陉县	15550	106			

注：按照取整数据进行排序，存在并列情况。

4−1 乡镇经济主要指标(2020年)

乡镇名称	行政区域面积(公顷)	乡镇户籍人口(人)	一般公共预算收入(万元)	一般公共预算支出(万元)	粮食产量(吨)	现价农林牧渔业总产值(万元)
长安区西兆通镇	3000	50136	1146	1146	9553	4596
长安区南村镇	3600	45699	1972	1972	9249	6297
长安区高营镇	1600	39333	1144	1129	490	133
长安区桃园镇	1836	38127	1521	1506	511	1228
井陉矿区贾庄镇	3455	24394	3525	3525	406	5101
井陉矿区凤山镇	1930	14954	2528	2748	406	1292
井陉矿区横涧乡	1512	14531	3931	3931	305	884
裕华区方村镇	1600	54301	2071	2071	47	286
藁城区廉州镇	8628	83554	30903	30903	43286	60324
藁城区兴安镇	6479	57042	8810	8808	40017	59190
藁城区贾市庄镇	5700	54039	4933	4933	20440	10
藁城区南营镇	5256	49062	5509	5509	49502	42304
藁城区梅花镇	7445	68360	5097	5097	80558	57851
藁城区岗上镇	4547	38608	7243	7243	16305	55018
藁城区南董镇	4875	48391	556	557	14574	21064
藁城区张家庄镇	4740	61495	6064	6064	43109	55395
藁城区南孟镇	3974	50973	5403	5403	32369	86780
藁城区增村镇	5724	68235	1012	1012	95051	74244
藁城区常安镇	6630	60110	6020	6090	46290	88938
藁城区西关镇	4982	47114	47810	47810	24468	33720
藁城区九门回族乡	4660	48797	4157	1852	54983	48056
鹿泉区获鹿镇	4832	71472	29419	29419	2782	7949
鹿泉区铜冶镇	7270	67571	17773	17773	24296	86795
鹿泉区寺家庄镇	3984	45109	2391	2369	16098	30853
鹿泉区上庄镇	4872	51173	6470	6470	9056	22808
鹿泉区李村镇	6500	39183	3325	3567	27287	30549
鹿泉区宜安镇	6997	29893	4678	4457	8683	24138
鹿泉区黄壁庄镇	3250	19237	1766	1741	8189	15647
鹿泉区大河镇	6382	48205	3778	5054	16391	38066
鹿泉区山尹村镇	2355	14204	1850	1717	8169	8829
鹿泉区石井乡	4552	13968	1482	1481	1068	8222
鹿泉区白鹿泉乡	4325	10774	1038	937	909	6436
鹿泉区上寨乡	3170	11077	881	881	1585	8808
栾城区栾城镇	5173	55684	31388	15685	20951	37252
栾城区冶河镇	4327	54743	4795	8085	28483	39630
栾城区窦妪镇	5782	57401	20773	8227	38687	48561
栾城区楼底镇	3042	48631	9593	7504	13467	30710
栾城区南高乡	3674	29601	1058	4207	29118	43237
栾城区柳林屯乡	4810	46566	1608	5944	33569	50460
栾城区西营乡	5746	49575	299	7380	48641	57867
井陉县微水镇	9931	64532	649	1799	5725	16383
井陉县上安镇	5774	23120	1592	802	3466	8961
井陉县天长镇	9893	38614	20551	1956	5668	14456
井陉县秀林镇	5728	27309	1279	1268	3106	11059
井陉县南峪镇	8122	14197	695	692	2630	8505
井陉县威州镇	7779	27941	1122	787	7313	19901
井陉县小作镇	7693	18482	749	711	3231	13577
井陉县南障城镇	10302	11249	950	658	2151	11784
井陉县苍岩山镇	11967	9936	682	643	1421	8870

4-1续1　乡镇经济主要指标(2020年)

乡镇名称	行政区域面积(公顷)	乡镇户籍人口(人)	一般公共预算收入(万元)	一般公共预算支出(万元)	粮食产量(吨)	现价农林牧渔业总产值(万元)
井陉县测鱼镇	16734	14413	630	630	2221	9604
井陉县吴家窑乡	4760	15172	700	699	2618	11414
井陉县北正乡	1889	10584	715	700	1676	6324
井陉县丁家乡	3432	6803	626	579	1174	5393
井陉县孙庄乡	5304	16977	651	608	3319	10794
井陉县南陉乡	4615	7861	491	538	2107	9458
井陉县辛庄乡	16110	9999	951	637	2271	5549
井陉县南王庄乡	7879	10779	652	678	2796	13109
正定县正定镇	7684	129508	13088	6702	24514	108301
正定县新城铺镇	3719	40827	3848	2204	23950	42217
正定县新安镇	4365	41104	1806	1806	34401	81596
正定县南牛乡	4025	51293	3331	2476	34498	77893
正定县南楼乡	8444	58298	2331	2331	60999	138183
正定县西平乐乡	2512	24130	978	1319	20926	48565
正定县北早现乡	4180	44257	1547	963	30621	75936
正定县曲阳桥乡	6782	55538	2073	2073	36716	86545
行唐县龙州镇	4243	45205	193	193	23645	41784
行唐县南桥镇	6126	35891	1117	1148	34362	47120
行唐县上碑镇	2542	18712	1009	1009	13496	33702
行唐县口头镇	14631	27430	1839	794	4597	60423
行唐县独羊岗乡	6111	44023	1011	1036	40558	74945
行唐县安香乡	4286	32662	1054	1082	33633	36251
行唐县只里乡	6251	44366	1170	1170	50853	44831
行唐县市同乡	2814	24858	863	863	13006	28376
行唐县翟营乡	7154	38034	1210	1237	54344	57257
行唐县城寨乡	6023	22067	1207	1207	20709	47355
行唐县上方乡	4909	27825	1468	1530	22103	44783
行唐县玉亭乡	6161	23358	775	773	14041	39747
行唐县北河乡	4217	7714	696	696	7367	28349
行唐县上闫庄乡	5847	6566	964	968	2703	16328
行唐县九口子乡	13122	16658	1198	1211	4458	37726
灵寿县灵寿镇	4475	66193	1100	1000	15468	67536
灵寿县青同镇	5639	28310	633	633	19910	42820
灵寿县塔上镇	4555	11819	443	443	11778	20142
灵寿县陈庄镇	16081	22020	399	365	3562	28336
灵寿县慈峪镇	9520	36300	788	777	16853	32508
灵寿县岔头镇	8315	18466	776	776	4150	32664
灵寿县三圣院乡	3039	27649	645	479	14509	30186
灵寿县北洼乡	3312	23120	522	522	15500	44791
灵寿县牛城乡	3887	24747	355	355	12867	27276
灵寿县狗台乡	4484	24904	1180	1180	15512	48088
灵寿县南寨乡	2471	17141	662	662	11110	13833
灵寿县南燕川乡	7133	13117	441	441	5361	24562
灵寿县北谭庄乡	3838	11625	418	528	6257	15374
灵寿县寨头乡	10796	13906	625	625	3026	17957
灵寿县南营乡	13953	10053	6	6	2675	17117
高邑县高邑镇	3789	54844	8876	8814	22142	31512
高邑县大营镇	4634	34873	1235	1235	47405	69888
高邑县富村镇	5440	41048	12031	11971	31680	31695

4-1续2　乡镇经济主要指标(2020年)

乡镇名称	行政区域面积(公顷)	乡镇户籍人口(人)	一般公共预算收入(万元)	一般公共预算支出(万元)	粮食产量(吨)	现价农林牧渔业总产值(万元)
高邑县万城镇	4995	45899	6200	6200	37810	37399
高邑县中韩乡	3381	26532	1000	800	25120	50523
深泽县深泽镇	2814	46954	7701	2641	9810	20993
深泽县铁杆镇	7324	41623	3665	2582	51978	57919
深泽县赵八镇	3598	36496	4049	3223	32916	32407
深泽县白庄乡	5770	45068	2136	2672	43902	76938
深泽县留村乡	3831	34851	1793	2064	31235	29734
深泽县桥头乡	6263	49948	5330	2176	43093	56445
赞皇县赞皇镇	6281	67120	9035	9035	13768	35186
赞皇县院头镇	10710	25092	1384	1384	4927	31518
赞皇县南邢郭镇	5166	26551	1682	1682	12392	16000
赞皇县嶂石岩镇	9642	7406	682	682	542	2280
赞皇县西龙门乡	4354	29657	1812	1812	6087	31821
赞皇县南清河乡	4808	24199	1239	1239	8550	34013
赞皇县西阳泽乡	7513	29338	518	518	9276	37179
赞皇县土门乡	4740	15604	1076	1076	2174	30908
赞皇县黄北坪乡	9808	14536	861	861	3043	22280
赞皇县许亭乡	14999	24322	1183	1183	4638	38363
赞皇县张楞乡	5684	18020	1286	1286	6522	32760
无极县无极镇	5700	55390	8598	10596	31075	57197
无极县七汲镇	5400	45078	527	3261	35332	85187
无极县张段固镇	5100	46256	18369	2724	30511	40365
无极县北苏镇	5672	61490	1218	2802	40619	53350
无极县郭庄镇	4300	44993	1078	1099	32660	42188
无极县大陈镇	4200	34489	246	1284	31261	46840
无极县高头回族乡	3200	38384	8	9	27387	39644
无极县郝庄乡	5671	57181	2827	2827	35240	37530
无极县东侯坊乡	5600	53099	4386	1842	37617	49017
无极县里城道乡	4557	45625	1782	2056	31775	50030
无极县南流乡	3000	27444	69	659	21430	38715
平山县平山镇	18575	121467	21990	5731	22201	62538
平山县东回舍镇	7711	38063	1891	1347	13132	18391
平山县温塘镇	9658	24305	1470	2210	5950	24828
平山县南甸镇	6413	26642	21795	2159	9172	18855
平山县岗南镇	9629	33295	5452	1218	5846	17850
平山县古月镇	13267	19185	52	858	1562	10650
平山县下槐镇	13801	17332	25	761	1671	17284
平山县孟家庄镇	10401	8357	28	501	1169	11361
平山县小觉镇	17813	18356	82	833	3018	10069
平山县蛟潭庄镇	14907	7731	6	786	1778	8608
平山县西柏坡镇	2940	7338	1448	1503	330	8145
平山县下口镇	12075	8839	13	915	927	7340
平山县西大吾乡	4178	23967	4231	2946	7507	21181
平山县上三汲乡	4257	24673	28	852	9668	16931
平山县两河乡	4643	22665	125	975	9476	12821
平山县东王坡乡	12980	24278	90	2022	11259	16768
平山县苏家庄乡	5888	9420	137	640	1238	8947
平山县宅北乡	10673	13362	31	1373	2601	8768
平山县北冶乡	20645	18261	48	686	2764	10416

4-1续3　乡镇经济主要指标(2020年)

乡镇名称	行政区域面　积(公顷)	乡镇户籍人　口(人)	一般公共预算收入(万元)	一般公共预算支出(万元)	粮食产量(吨)	现价农林牧渔业总产值(万元)
平山县上观音堂乡	11022	5134	4	559	1020	5708
平山县杨家桥乡	13778	9430	18	573	1365	6365
平山县营里乡	23527	11055	23	539	3083	7093
平山县合河口乡	16019	5909	150	1037	1736	6907
元氏县槐阳镇	5200	66158	5322	5322	37117	31966
元氏县殷村镇	3947	33100	1046	1046	29693	27411
元氏县南佐镇	4052	16837	6	6	29694	26665
元氏县宋曹镇	3674	35539	690	690	25980	26574
元氏县南因镇	3857	37214	6	6	29693	27422
元氏县姬村镇	4354	29328	5	5	18558	18375
元氏县北褚镇	4822	23734	50	50	33405	30106
元氏县马村镇	4250	36781	5	5	22270	19764
元氏县东张乡	4536	40860	600	600	37117	32641
元氏县赵同乡	3820	29520	6	6	22270	21103
元氏县苏村乡	3656	15725	521	521	14846	14468
元氏县苏阳乡	4805	25289	5	5	18558	18141
元氏县北正乡	5764	13712	511	511	14846	14194
元氏县前仙乡	4379	9906	456	456	18558	17157
元氏县黑水河乡	5837	14606	570	566	18558	20082
赵县赵州镇	7827	122606	5595	3477	66534	25549
赵县范庄镇	8968	79387	573	1506	1	106238
赵县北王里镇	6210	49437	1520	2322	70971	25551
赵县新寨店镇	4721	32848	5031	3876	51136	21815
赵县韩村镇	6442	52294	231	1132	83059	31887
赵县南柏舍镇	5825	43466	2696	1709	66003	22653
赵县沙河店镇	4677	36957	92	875	46756	21909
赵县前大章乡	5946	46694	264	707	72729	28080
赵县谢庄乡	7671	78154	261	1710	7865	81997
赵县高村乡	5718	44321	259	782	67562	28139
赵县王西章乡	3395	30009	424	818	38412	23014
石家庄高新技术产业开发区宋营镇	2638	71523	9003	9003	3296	1591
石家庄高新技术产业开发区郄马镇	2503	34966	3616	3651	2046	1736
石家庄循环化工园区丘头镇	5421	53966	13414	13414	25454	20719
晋州市晋州镇	8897	133267	3528	7804	57287	58695
晋州市总十庄镇	6441	56544	1829	1829	29968	74521
晋州市营里镇	4626	37529	956	956	18056	40768
晋州市桃园镇	7686	59643	207	207	25746	69853
晋州市东卓宿镇	5408	46962	1021	1021	37717	43960
晋州市马于镇	5966	46567	1708	1596	28219	99913
晋州市小樵镇	6388	64767	1226	1226	57277	52906
晋州市槐树镇	6947	61866	2139	2139	56239	34256
晋州市东里庄镇	6225	53114	1697	1548	31527	91157
晋州市周家庄乡	1625	14350	763	727	9307	8452
新乐市化皮镇	3095	23425	1281	1281	22161	39250
新乐市承安镇	7932	79769	1795	1795	54070	68529
新乐市正莫镇	4101	24031	1422	1422	14924	33485
新乐市南大岳镇	2069	22977	936	936	17981	41364
新乐市杜固镇	3152	33854	1255	1255	22284	39303
新乐市邯邰镇	8356	78089	1740	1740	67907	103015

4-1续4　乡镇经济主要指标(2020年)

乡镇名称	行政区域面　积(公顷)	乡镇户籍人　口(人)	一般公共预算收入(万元)	一般公共预算支出(万元)	粮食产量(吨)	现价农林牧渔业总产值(万元)
新乐市东王镇	3829	32623	844	844	24441	45337
新乐市马头铺镇	4542	46717	1865	1865	36620	56795
新乐市协神乡	4719	41400	1645	1645	42267	61150
新乐市木村乡	2748	22351	1319	1319	14560	39914
新乐市彭家庄回族乡	2969	22692	1041	1041	20932	42896
路南区稻地镇	5020	30090	3441	7433	14070	29308
路南区女织寨乡	2921	30522	2114	2019	2167	3726
路北区韩城镇	5603	55071	13551	12143	14485	27792
路北区果园乡	4000	64459	7115	7057	3493	27998
古冶区范各庄镇	6380	55143	2298	1496	9341	46342
古冶区卑家店镇	5767	32709	8919	8919	4970	28230
古冶区王辇庄乡	7055	28065	1035	1035	4147	34496
古冶区习家套乡	1818	14002	[illegible]	[illegible]	3315	19209
古冶区大庄坨乡	1745	14852	5683	788	1459	42648
开平区开平镇	6568	57242	1167	1167	3467	13812
开平区栗园镇	3398	30538	685	696	4372	15775
开平区郑庄子镇	2254	19348	832	825	3326	6324
开平区双桥镇	3170	15391	930	930	1877	3428
开平区洼里镇	3200	20652	618	618	6212	23454
开平区越河镇	5643	35641	786	7962	10710	25447
丰南区小集镇	7733	36153	61710	5362	21782	44173
丰南区黄各庄镇	6856	49332	19018	5092	16710	55265
丰南区西葛镇	4810	25128	11711	12146	31264	27196
丰南区大新庄镇	13373	56269	1984	4000	41432	108235
丰南区钱营镇	11467	41093	3538	3538	23930	64266
丰南区唐坊镇	4871	18151	927	2178	4580	22037
丰南区王兰庄镇	8650	39975	2123	2271	11139	74184
丰南区柳树瞿镇	10906	30888	3096	2375	24592	46126
丰南区黑沿子镇	10729	24936	2283	2440	2173	152339
丰南区胥各庄镇	7417	79448	56565	12225	5021	13927
丰南区大齐各庄镇	3986	14007	1553	1612	10798	49091
丰南区岔河镇	4339	28042	1691	2730	13739	24990
丰南区南孙庄乡	9418	25912	232	2471	4212	65789
丰南区东田庄乡	7288	17588	1374	1617	2424	46382
丰南区尖字沽乡	4565	17833	1743	1743	8424	15148
丰润区丰润镇	9520	80126	30250	3282	30787	100431
丰润区任各庄镇	4994	29640	1888	2061	14018	14185
丰润区左家坞镇	8370	40506	915	915	18685	36413
丰润区泉河头镇	5380	26897	1281	1281	13215	15925
丰润区王官营镇	9710	39776	1278	1238	18025	13660
丰润区火石营镇	13180	29405	333	333	11493	14756
丰润区新军屯镇	4970	38237	1485	1485	21457	63727
丰润区小张各庄镇	2782	15967	882	882	15314	19073
丰润区丰登坞镇	6820	41263	1591	1606	42575	35665
丰润区李钊庄镇	6370	23719	1322	4073	27752	36938
丰润区白官屯镇	6605	46094	2212	2206	38431	47516
丰润区石各庄镇	4510	24780	1613	1623	22951	33293
丰润区沙流河镇	5630	35986	1602	1602	30976	29748
丰润区七树庄镇	2670	19040	1366	1366	16046	13523

4-1续5 乡镇经济主要指标(2020年)

乡镇名称	行政区域面积(公顷)	乡镇户籍人口(人)	一般公共预算收入(万元)	一般公共预算支出(万元)	粮食产量(吨)	现价农林牧渔业总产值(万元)
丰润区杨官林镇	5143	27637	1204	1204	14833	41139
丰润区银城铺镇	5100	34756	1770	1770	4568	9592
丰润区常庄镇	2900	21246	9218	9168	5918	8470
丰润区姜家营乡	3130	15399	3875	1321	5043	3073
丰润区欢喜庄乡	3730	15896	1071	1125	11811	20130
丰润区刘家营乡	2700	14711	4763	1220	4398	6082
曹妃甸区唐海镇	5928	47955	10196	6975	15204	36805
曹妃甸区滨海镇	12400	24181	2692	2692	9872	84894
曹妃甸区柳赞镇	5490	14148	1092	1093	2732	126011
曹妃甸区一农场	5054	11951	1966		14836	41758
曹妃甸区三农场	4658	6699	1550	3301	12417	39212
曹妃甸区四农场	5359	7729	3318	3025	9021	54287
曹妃甸区五农场	3075	7095			9841	43655
曹妃甸区六农场	2080	6494			8079	36820
曹妃甸区七农场	56	2796	886			
曹妃甸区八农场	8213	27821	2909	2909	32553	56827
曹妃甸区九农场	6400	15612	3018	2894	18582	68068
曹妃甸区十农场	4826	11913	1694		18669	36505
曹妃甸区十一农场	8253	7982	897	897	19194	57134
曹妃甸区八里滩养殖场	121		734	216		1114
曹妃甸区十里海养殖场	3233	1111				12168
滦南县倴城镇	9631	61641	17098	3201	25888	77854
滦南县宋道口镇	8744	49403	2101	2633	46836	146796
滦南县长凝镇	5368	33336	1556	1608	29386	46879
滦南县胡各庄镇	6752	34576	1943	1332	26714	83321
滦南县坨里镇	3756	18003	1281	1306	11839	40121
滦南县姚王庄镇	2681	16275	966	881	3622	99044
滦南县司各庄镇	11947	41699	6470	4630	42076	124885
滦南县安各庄镇	6985	24995	672	672	22730	75442
滦南县扒齿港镇	11601	38289	1762	1760	43199	135421
滦南县程庄镇	9193	51950	1609	881	34796	147206
滦南县青坨营镇	8694	28181	1312	1201	23266	107006
滦南县柏各庄镇	9670	47771	2231	2011	33814	125876
滦南县南堡镇	2614	15720	668	972	5222	198394
滦南县方各庄镇	5342	29489	1510	1520	18924	45713
滦南县东黄坨镇	5120	16961	958	836	15307	58374
滦南县马城镇	3066	17149	665	414	11168	39777
乐亭县乐亭镇	7654	37439	1358	3932	23134	139519
乐亭县汤家河镇	7450	24762	1991	2647	18302	129640
乐亭县胡家坨镇	5097	20294	362	2333	19013	65409
乐亭县阎各庄镇	6780	33539	490	3043	21208	82922
乐亭县马头营镇	6002	23109	990	2259	27230	68712
乐亭县新寨镇	3980	23993	201	1849	8889	73314
乐亭县汀流河镇	4936	25340	426	2395	18942	86585
乐亭县姜各庄镇	22636	48288	627	7160	32871	264015
乐亭县毛庄镇	7545	31227	838	3423	20380	93393
乐亭县中堡镇	8166	30326	301	1817	16439	105063
乐亭县庞各庄乡	3868	20279	415	1525	10876	64969
乐亭县大相各庄乡	3888	20285	322	1578	12530	74329

4-1续6 乡镇经济主要指标(2020年)

乡镇名称	行政区域面积(公顷)	乡镇户籍人口(人)	一般公共预算收入(万元)	一般公共预算支出(万元)	粮食产量(吨)	现价农林牧渔业总产值(万元)
乐亭县古河乡	6243	20969	336	1909	19672	62845
迁西县兴城镇	13889	57217	33583	2132	11804	46495
迁西县金厂峪镇	8600	17998	2023	666	2251	15607
迁西县洒河桥镇	6713	20138	3003	1904	1283	27089
迁西县太平寨镇	12310	36292	876	1201	5320	21205
迁西县罗家屯镇	6900	24593	1441	1268	7291	16305
迁西县东荒峪镇	6444	14945	624	624	3583	17927
迁西县新集镇	9700	27178	2950	1056	7774	25587
迁西县三屯营镇	10100	30146	27643	1969	4749	24959
迁西县滦阳镇	10498	20101	2013	2013	2234	29367
迁西县白庙子乡	6436	18551	1747	1500	4602	18914
迁西县上营乡	8600	12360	446	945	1522	16449
迁西县汉儿庄乡	11400	22265	2115	601	2100	21704
迁西县渔户寨乡	6798	11632	604	500	1512	15080
迁西县旧城乡	3675	10056	6831	1006	1263	13251
迁西县尹庄乡	5982	20163	726	726	3511	22308
迁西县东莲花院乡	6111	11840	193	1592	4221	13469
迁西县新庄子乡	5182	12541	675	962	4114	11738
玉田县玉田镇	8033	70945	15380	3093	26171	92613
玉田县亮甲店镇	7470	39546	1582	1591	31327	96157
玉田县鸦鸿桥镇	6260	57384	2021	4049	23479	98783
玉田县窝洛沽镇	7770	52217	1114	1727	44901	70207
玉田县石臼窝镇	10340	37055	692	1086	58032	100935
玉田县虹桥镇	5490	31717	2644	1392	21941	59010
玉田县散水头镇	5100	27253	1409	1007	24866	54017
玉田县林南仓镇	2900	22880	2373	1359	10928	26276
玉田县林西镇	6460	30250	2445	1080	34024	56529
玉田县杨家板桥镇	6560	27297	325	976	38790	59389
玉田县彩亭桥镇	2750	20108	2368	1023	10648	36535
玉田县孤树镇	4470	26661	2700	1005	18630	33394
玉田县大安镇镇	5700	30358	801	1016	19869	55563
玉田县唐自头镇	5620	19862	311	1086	11222	27216
玉田县郭家屯镇	8390	35343	2515	1829	24519	52789
玉田县杨家套镇	4850	28907	1976	1138	18081	58749
玉田县林头屯乡	3800	22283	336	816	14601	39831
玉田县潮洛窝乡	6020	23139	232	1182	29453	67337
玉田县陈家铺乡	3730	17035	1173	891	19646	41370
玉田县郭家桥乡	4200	17908	256	777	24407	32924
河北唐山芦台经济开发区海北镇	8613	27350	2495	2403	24507	87730
汉沽管理区汉丰镇	8826	24791	8610	8610	27546	53141
唐山高新技术产业开发区老庄子镇	3817	28416	2425	2421	11089	17564
河北唐山海港经济开发区王滩镇	18415	51807	4942	4942	39367	113422
遵化市遵化镇	3132	45665	1821	1821	117	25319
遵化市堡子店镇	6750	42040	3318	825	18044	46074
遵化市马兰峪镇	5205	25368	1318	819	7186	18257
遵化市平安城镇	9570	54768	534	838	27484	112749
遵化市东新庄镇	6310	40565	859	859	20564	74393
遵化市新店子镇	9497	49115	2860	1824	17935	49495
遵化市党峪镇	8154	26804	1132	1132	9432	35168

4-1续7　乡镇经济主要指标(2020年)

乡镇名称	行政区域面积(公顷)	乡镇户籍人口(人)	一般公共预算收入(万元)	一般公共预算支出(万元)	粮食产量(吨)	现价农林牧渔业总产值(万元)
遵化市地北头镇	6358	22493	797	809	11671	23978
遵化市东旧寨镇	7552	22990	655	655	9352	32510
遵化市铁厂镇	7613	18630	158	158	5772	30186
遵化市苏家洼镇	6126	33532	4353	1173	9413	23240
遵化市建明镇	7230	34565	8261	111	6978	33950
遵化市石门镇	7267	33183	930	930	20151	40755
遵化市西留村乡	2922	26972	5440	954	6414	18256
遵化市崔家庄乡	2950	21951	710	710	7223	24516
遵化市兴旺寨乡	6450	22874	4398	1451	6969	22874
遵化市西下营满族乡	3396	11841	461	461	2261	10509
遵化市汤泉满族乡	2432	9743	1938	486	2828	9902
遵化市东陵满族乡	7021	23980	753	753	5518	35057
遵化市刘备寨乡	6053	22394	183	183	15507	67262
遵化市团瓢庄乡	4439	29649	1043	1043	15693	50762
遵化市娘娘庄乡	7409	21299	340	250	4399	20569
遵化市西三里乡	2304	18749	691	745	1899	9824
遵化市侯家寨乡	5853	14533	211	619	1495	9268
遵化市小厂乡	9286	16633	795	795	1281	14488
迁安市夏官营镇	7181	33955	1155	3053	13477	23335
迁安市杨各庄镇	7601	39816	1163	3383	21706	45487
迁安市建昌营镇	8993	46790	1260	5707	13673	64194
迁安市赵店子镇	3943	24320	27425	3356	7339	25501
迁安市野鸡坨镇	7527	39826	15096	4530	15382	39415
迁安市大崔庄镇	6612	27131	350	3471	5882	27084
迁安市蔡园镇	5571	27241	11259	5623	4615	17186
迁安市马兰庄镇	4916	23730	16348	5502	1953	4836
迁安市沙河驿镇	4077	31064	20354	3728	7536	32432
迁安市木厂口镇	5879	25402	76322	3434	5546	33380
迁安市扣庄乡	7126	44657	3252	3482	14437	40314
迁安市彭店子乡	4055	23583	1141	3502	8925	17107
迁安市上射雁庄乡	4435	26074	33370	2620	10368	38030
迁安市闫家店乡	4239	25666	343	2535	8232	22017
迁安市五重安乡	6771	27813	11827	3700	5730	19258
迁安市大五里乡	5050	18637	3106	5034	4627	27525
迁安市太平庄乡	6508	16856	3380	3643	6878	30350
滦州市东安各庄镇	11673	65326	2401	2392	25555	76119
滦州市雷庄镇	7743	36152	1485	905	14709	52457
滦州市茨榆坨镇	6125	26570	4334	4328	20408	100848
滦州市榛子镇	9588	56163	2513	2745	28826	80016
滦州市杨柳庄镇	8299	22883	1728	1791	16019	48258
滦州市油榨镇	8243	46373	401	1329	20627	48395
滦州市古马镇	6966	34844	1340	1324	21205	89921
滦州市小马庄镇	8562	37788	347	1062	33037	128999
滦州市九百户镇	8036	34100	1701	1593	19754	43449
滦州市王店子镇	5912	26715	1897	1213	17165	47080
海港区东港镇	1834	15336	2698	2437	746	8573
海港区海港镇	1287	17915	1863	1806	107	380
海港区西港镇	2900	23438	25468	24265	503	5702
海港区海阳镇	2490	20728	6196	6018	1906	12839

4-1续8　乡镇经济主要指标(2020年)

乡镇名称	行政区域面积(公顷)	乡镇户籍人口(人)	一般公共预算收入(万元)	一般公共预算支出(万元)	粮食产量(吨)	现价农林牧渔业总产值(万元)
海港区北港镇	5443	18835	4533	4395	1639	7898
海港区杜庄镇	9257	23841	1907	1907	3292	18714
海港区石门寨镇	17734	46392	19271	19461	10235	45523
海港区驻操营镇	23398	24777	4055	4472	5534	37160
山海关区第一关镇	2200	12370	1242	1213	116	12814
山海关区石河镇	6250	20932	1593	1824	962	78336
山海关区孟姜镇	4153	18680	1835	1626	1925	36130
北戴河区海滨镇	917	14017	2446	2460		
北戴河区戴河镇	3714	28420	6456	4635	660	13209
北戴河区牛头崖镇	3955	28105	5643	5245	4076	15406
抚宁区抚宁镇	19329	83245	22239	22225	14443	200288
抚宁区留守营镇	8971	48379	3767	3106	23107	99969
抚宁区榆关镇	13516	36746	3305	2233	12806	80403
抚宁区台营镇	15864	43780	2508	3798	8374	89550
抚宁区大新寨镇	21357	37225	2904	1889	6220	57596
抚宁区茶棚乡	11384	39224	1350	806	7963	90119
抚宁区深河乡	3586	7825	1299	1289	3388	11648
青龙满族自治县青龙镇	36100	80215	1983	2018	6256	49379
青龙满族自治县祖山镇	31517	23038	1516	1516	6731	25960
青龙满族自治县木头凳镇	18600	32662	20	980	9312	99771
青龙满族自治县双山子镇	10400	23314	991	977	4996	70362
青龙满族自治县马圈子镇	18900	25535	1249	1382	5090	32870
青龙满族自治县肖营子镇	19500	45141	3046	3087	8977	78844
青龙满族自治县大巫岚镇	16500	35612	1490	1379	7802	31276
青龙满族自治县土门子镇	12000	26659	980	1058	6745	60640
青龙满族自治县八道河镇	17200	31136	1246	850	4175	26208
青龙满族自治县隔河头镇	16712	27303	1104	1331	3868	33492
青龙满族自治县娄杖子镇	11100	24403	880	880	5653	43861
青龙满族自治县凤凰山乡	7800	11175	623	623	2135	16280
青龙满族自治县龙王庙乡	12100	17324	788	987	4444	24358
青龙满族自治县三星口乡	10400	14742	580	640	2822	23639
青龙满族自治县干沟乡	8800	9786	543	565	2027	13797
青龙满族自治县大石岭乡	11500	12495	817	817	2658	29683
青龙满族自治县官场乡	18400	12723	624	600	1374	23032
青龙满族自治县茨榆山乡	11000	19381	1530	1237	4398	47167
青龙满族自治县平方子乡	7915	11749	567	272	3023	15286
青龙满族自治县安子岭乡	14000	15545	753	753	3776	16551
青龙满族自治县朱杖子乡	6400	15643	743	903	2618	16467
青龙满族自治县草碾乡	8520	11184	703	645	3353	51294
青龙满族自治县三拨子乡	8400	12327	851	833	2029	12321
青龙满族自治县凉水河乡	11500	20529	926	837	3372	16112
昌黎县昌黎镇	8713	117512	4126	3829	14943	51684
昌黎县靖安镇	9027	42548	2725	2725	20789	138465
昌黎县安山镇	8290	46896	2329	2375	31107	56637
昌黎县龙家店镇	8260	43577	2615	3059	29647	28709
昌黎县泥井镇	7301	26251	2241	2362	27401	49482
昌黎县大蒲河镇	3500	11750	1840	2114	7357	47105
昌黎县新集镇	9112	30997	2613	2268	26124	48526
昌黎县刘台庄镇	5897	23115	1816	1890	25984	52968

4-1续9　乡镇经济主要指标(2020年)

乡镇名称	行政区域面积(公顷)	乡镇户籍人口(人)	一般公共预算收入(万元)	一般公共预算支出(万元)	粮食产量(吨)	现价农林牧渔业总产值(万元)
昌黎县茹荷镇	4602	15929	1235	1408	16675	58147
昌黎县朱各庄镇	5830	32148	1960	2058	14608	16960
昌黎县荒佃庄镇	7122	29060	2357	2357	23095	53287
昌黎县团林乡	1312	7243	1497	1541	3835	31932
昌黎县葛条港乡	4170	21681	1955	1955	16214	33973
昌黎县马坨店乡	10159	37586	2045	2045	43142	76006
昌黎县两山乡	5046	19661	2128	2163	2922	54121
昌黎县十里铺乡	3367	13351	1682	1756	421	24319
卢龙县卢龙镇	11272	72768	1322	4546	23638	55593
卢龙县潘庄镇	8294	25057	266	1216	15495	36287
卢龙县燕河营镇	10756	33974	363	1526	18565	53577
卢龙县双望镇	7921	29459	232	1634	22046	63951
卢龙县刘田各庄镇	11095	43257	216	2214	22292	91047
卢龙县石门镇	8850	42838	2185	7376	14137	46786
卢龙县木井镇	6875	42547	402	2583	22993	108994
卢龙县陈官屯镇	7409	26990	251	1305	14712	50316
卢龙县蛤泊镇	5183	28043	530	1598	14571	79878
卢龙县下寨乡	4631	21091	548	2246	15218	38928
卢龙县刘家营乡	6194	16841	1557	1207	6297	28099
卢龙县印庄乡	7102	27390	318	1467	19204	59830
经济技术开发区渤海乡	2100	9655	3252	2640	75	263
邯山区北张庄镇	3600	35197	1245	1330	8288	9550
邯山区河沙镇镇	4814	47122	1895	1946	37720	19277
邯山区马庄乡	811	23495	1962	1450	689	227
邯山区南堡乡	5805	60118	2019	1987	19580	10363
邯山区代召乡	4300	38639	10	10	22610	9417
从台区黄粱梦镇	5819	62046	12005	6256	13426	5375
从台区苏曹乡	800	37832	5620	2521		
从台区三陵乡	5579	30323	5040	6311	8647	7677
从台区南吕固乡	2617	39780	1520	1500	19488	7873
从台区兼庄乡	2390	35930	1431	1431	839	200
复兴区户村镇	4015	33893	4340	4296	6637	6726
复兴区彭家寨乡	1500	44659	1840	1701	700	980
复兴区康庄乡	6014	30463	815	790	7337	4310
峰峰矿区滏阳东路街道	1182	97153	425	425		248
峰峰矿区临水镇	1061	42614	3363	3363		578
峰峰矿区峰峰镇	4308	63960	802	802	3601	6743
峰峰矿区新坡镇	2415	27813	960	960	5284	15569
峰峰矿区大社镇	4113	37942	581	581	9057	13093
峰峰矿区和村镇	5249	50418	1480	1480	3658	23444
峰峰矿区义井镇	5686	46520	2517	2217	4391	7075
峰峰矿区彭城镇	3335	50855	897	897	3836	3653
峰峰矿区界城镇	2716	23598	964	964	2289	17187
峰峰矿区大峪镇	2013	14603	933	1302	1625	4960
峰峰矿区西固义乡	2043	14155	412	412	8369	11658
肥乡区肥乡镇	8062	90995	9154	9837	51493	82445
肥乡区天台山镇	5928	45356	7314	7314	46560	71070
肥乡区辛安镇镇	4505	37386	2936	2936	35204	59877
肥乡区大寺上镇	4539	37558	1200	1200	36547	53655

4-1续10　乡镇经济主要指标(2020年)

乡镇名称	行政区域面积(公顷)	乡镇户籍人口(人)	一般公共预算收入(万元)	一般公共预算支出(万元)	粮食产量(吨)	现价农林牧渔业总产值(万元)
肥乡区东漳堡镇	5352	38806	1949	1738	33372	52747
肥乡区毛演堡乡	5462	45718	2383	2061	42761	80825
肥乡区元固乡	5569	47569	440	440	45337	61479
肥乡区屯庄营乡	5338	32380	420	385	26313	50242
肥乡区旧店乡	5499	36587	6	6	32903	58085
永年区临洺关镇	8208	162936	462	451	39476	20400
永年区大北汪镇	4044	44336	352	816	37053	21770
永年区张西堡镇	5057	53133	508	992	24850	71018
永年区广府镇	4157	55428	336	336	16122	96059
永年区永合会镇	7771	41618	1008	1008	12004	43149
永年区刘营镇	3245	62736	1099	1161	31938	18293
永年区西苏镇	4616	74494	287	287	45777	26016
永年区讲武镇	3782	55604	337	337	36117	22067
永年区东杨庄镇	3258	52474	648	648	33498	67039
永年区界河店乡	3222	36821	852	872	11071	15030
永年区刘汉乡	4647	53583	614	614	39924	20086
永年区正西乡	4371	45376	500	511	36428	48902
永年区曲陌乡	3692	45806	861	861	36094	23297
永年区辛庄堡乡	4430	51231	625	558	49006	46837
永年区小龙马乡	4142	62932	414	414	42127	44587
永年区西河庄乡	4583	38915	220	220	16672	79401
永年区西阳城乡	2847	30789	325	325	18446	14649
临漳县临漳镇	5201	103827	705	650	35318	38463
临漳县南东坊镇	2773	32692	500	500	26353	22407
临漳县孙陶集镇	7353	70163	859	84	55231	32121
临漳县柳园镇	7203	69442	1777	1777	65369	40945
临漳县称勾集镇	5813	53257	857	947	51152	38116
临漳县邺城镇	4876	40031	3360	3170	31671	37003
临漳县章里集镇	4196	52694	58	50	41032	25839
临漳县狄邱乡	3663	37043	168	109	34247	31161
临漳县张村集乡	7586	64830	8	7	65653	46768
临漳县西羊羔乡	3059	26055	404	67	23911	23919
临漳县杜村集乡	5449	59833	965	965	39287	31130
临漳县习文乡	5861	43386	290	71	36350	31332
临漳县砖寨营乡	5639	52417	241	79	50887	31972
临漳县柏鹤集乡	4939	49672	194	189	51259	31912
成安县成安镇	4856	82273	61220	1897	28298	82740
成安县商城镇	7215	70361	24029	717	46935	93266
成安县漳河店镇	5065	42757	4908	29	31796	56673
成安县李家疃镇	4908	49608	5051	453	44669	54779
成安县北乡义镇	6425	49721	3015	585	31409	49135
成安县辛义乡	5638	54944	3285	1077	39144	58832
成安县柏寺营乡	3365	28125	3607	415	23328	37551
成安县道东堡乡	6475	55479	4895	532	38887	76317
成安县长巷乡	4194	30943	8639	892	24915	32063
大名县大名镇	4607	70766	429	429	23545	20047
大名县杨桥镇	6297	52097	1650	1701	56540	34585
大名县万堤镇	4906	38534	952	768	40389	33128
大名县龙王庙镇	5043	60484	645	645	31423	40894

4-1续11 乡镇经济主要指标(2020年)

乡镇名称	行政区域面积(公顷)	乡镇户籍人口(人)	一般公共预算收入(万元)	一般公共预算支出(万元)	粮食产量(吨)	现价农林牧渔业总产值(万元)
大名县束馆镇	5364	43862	744	744	30633	42948
大名县金滩镇	6065	57041	763	763	37911	30708
大名县沙圪塔镇	5859	44783	559	559	48778	22222
大名县大街镇	6386	47313	1019	1019	48900	30220
大名县铺上镇	4597	36248	564	564	35141	22235
大名县孙甘店镇	5736	44540	508	301	23181	57156
大名县王村乡	4832	47590	885	638	42790	26629
大名县黄金堤乡	5406	42128	440	440	41492	39489
大名县旧治乡	5850	52668	385	385	50903	27287
大名县西未庄乡	4344	35148	600	600	32535	30945
大名县西付集乡	5440	51852	330	330	38774	27689
大名县埝头乡	6348	54544	650	650	34929	34524
大名县北峰乡	5002	38603	279	294	19711	35911
大名县张铁集乡	6264	48172	350	350	23459	34162
大名县红庙乡	4999	41221	480	480	29199	29686
大名县营镇回族乡	1971	19580	399	399	10167	16608
涉县河南店镇	7503	32608	300	300	4778	17278
涉县索堡镇	9578	26259	1097	1047	3593	18186
涉县西戌镇	4162	16656	3414	3441	1875	8217
涉县井店镇	10836	43382	1454	1495	3176	15761
涉县更乐镇	6613	24183	1212	1310	2123	13554
涉县固新镇	15435	26120	472	678	3037	14841
涉县西达镇	9440	17543	319	348	3732	11153
涉县偏城镇	13611	14984	581	538	3573	16355
涉县神头乡	6172	14971	751	647	1492	7505
涉县辽城乡	11192	21338	822	980	3280	11480
涉县偏店乡	4352	20135	1082	582	2900	10109
涉县龙虎乡	7633	24214	288	386	4303	8173
涉县木井乡	6031	19553	422	461	3903	8596
涉县关防乡	10504	17391	590	1055	3358	8955
涉县合漳乡	11118	22032	299	299	2668	7966
涉县鹿头乡	10917	18420	698	648	2462	14335
涉县涉城镇	5710	38619	1110	1651	2503	10335
磁县磁州镇	12349	182590	977	977	60434	82365
磁县讲武城镇	7452	59727	381	332	48539	30166
磁县岳城镇	9531	41339	335	367	21037	22253
磁县观台镇	4105	34563	260	260	9471	11400
磁县白土镇	6675	25030	278	278	5302	16925
磁县黄沙镇	2082	16709	344	344	2872	9268
磁县路村营乡	3852	28772	450	450	10792	14706
磁县时村营乡	4592	30981	1367	1352	27485	13661
磁县陶泉乡	9688	20412	340	340	4108	22879
磁县都党乡	3804	18979	656	656	4552	8316
磁县北贾壁乡	7295	33772	257	257	8420	17505
邱县新马头镇	11952	52844	1895	1895	33649	60053
邱县邱城镇	5843	38789	684	684	32092	42210
邱县梁二庄镇	6253	32227	2832	2543	36269	50020
邱县香城固镇	6099	35667	283	283	23341	48572
邱县古城营镇	7027	37985	52	52	17859	40805

4-1续12　乡镇经济主要指标(2020年)

乡镇名称	行政区域面积(公顷)	乡镇户籍人口(人)	一般公共预算收入(万元)	一般公共预算支出(万元)	粮食产量(吨)	现价农林牧渔业总产值(万元)
邱县南辛店乡	5284	28087	2528	2621	25434	32161
邱县陈村回族乡	1124	7518	206	206	10250	35272
鸡泽县鸡泽镇	6284	62044	2209	2209	36665	45521
鸡泽县小寨镇	6277	48250	1871	1871	41192	47527
鸡泽县双塔镇	3568	41714	139	139	28816	40851
鸡泽县曹庄镇	4745	46287	1506	1506	29258	38993
鸡泽县浮图店乡	5709	62141	2734	2734	41703	40965
鸡泽县吴官营乡	4280	34185	2338	2338	23424	32039
鸡泽县风正乡	2762	28554	3626	3626	19199	32883
广平县广平镇	4962	76217	2490	2490	34821	30826
广平县平固店镇	5306	40596	1415	1415	35208	22650
广平县胜营镇	4692	50525	16	6	34414	26713
广平县南阳堡镇	3152	33665	4691	4691	28294	28949
广平县十里铺镇	4510	45794	3429	3429	34331	28786
广平县南韩镇	4897	35720	4642	4642	36907	24130
广平县东张孟镇	3843	30048	1816	1816	26577	23569
馆陶县馆陶镇	4825	72685	8836	8920	25857	44596
馆陶县房寨镇	4401	32541	340	340	32798	43138
馆陶县柴堡镇	7447	52529	198	76	46207	65136
馆陶县魏僧寨镇	5598	39755	2575	2575	42739	62371
馆陶县寿山寺乡	6064	49428	1340	1340	40121	64959
馆陶县王桥乡	5470	41260	299	296	43908	51090
馆陶县南徐村乡	4269	32124	1021	1021	27891	67624
馆陶县路桥乡	7226	39924	5730	5951	52195	62007
魏县魏城镇	6365	133684	1406	1403	23840	51219
魏县德政镇	2365	26972	468	468	11254	17493
魏县北皋镇	6937	82554	1000	1000	48936	47002
魏县双井镇	4877	51060	5	5	38190	36904
魏县牙里镇	4835	68537	915	915	39060	39594
魏县车往镇	4470	49856	820	558	31917	47151
魏县回隆镇	4413	62111	3200	390	36865	36580
魏县张二庄镇	6114	70919	354	354	44459	42211
魏县东代固镇	2875	38529	580	580	2734	43152
魏县院堡镇	2138	26719	734	697	15172	28285
魏县棘针寨镇	2795	29587	610	498	13312	20213
魏县南双庙镇	4423	51430	773	773	31699	20132
魏县沙口集乡	6183	55158	899	390	38002	61803
魏县野胡拐乡	2612	25553	430	430	15138	28636
魏县仕望集乡	2381	25841	470	470	16719	36754
魏县前大磨乡	3712	38426	751	751	25087	20529
魏县大辛庄乡	4577	36412	9	9	35300	24158
魏县大马村乡	2239	22002	175	72	19333	14510
魏县边马乡	5093	59599	745	745	41179	41329
魏县北台头乡	2691	31263	38	35	22120	20960
魏县泊口乡	4271	54986	730	727	27895	21060
曲周县曲周镇	7367	92371	5958	5958	32634	94088
曲周县安寨镇	8738	69133	1579	1579	61137	59444
曲周县侯村镇	9891	71623	1059	4059	69290	57598
曲周县河南疃镇	7440	51541	207	207	43074	43110

4-1续13 乡镇经济主要指标(2020年)

乡镇名称	行政区域面积(公顷)	乡镇户籍人口(人)	一般公共预算收入(万元)	一般公共预算支出(万元)	粮食产量(吨)	现价农林牧渔业总产值(万元)
曲周县第四疃镇	8457	46985	4228	4228	39981	33853
曲周县白寨镇	6553	63648	2089	2089	46146	73578
曲周县槐桥乡	5713	34580	1520	1520	31461	38679
曲周县南里岳乡	5291	41213	1428	1428	36996	34737
曲周县大河道乡	3620	28520	910	910	19773	36709
曲周县依庄乡	4599	34920	691	691	21523	25840
邯郸经济技术开发区开发区街道	3817	62589	120	120	800	565
邯郸经济技术开发区尚璧镇	2919	39638	1262	1262	3480	570
邯郸经济技术开发区南沿村镇	3992	53372	809	809	12094	110772
邯郸经济技术开发区小西堡乡	4518	42468	690	690	10762	120015
邯郸经济技术开发区姚寨乡	5358	50378	1032	989	29108	47010
邯郸冀南新区高臾镇	4366	38360	1075	1075	29073	17717
邯郸冀南新区西光禄镇	1819	19821	686	686	15156	14155
邯郸冀南新区林坛镇	5736	36023	621	621	31365	13503
邯郸冀南新区马头镇	1393	34701	837	837	3532	2432
邯郸冀南新区辛庄营乡	2384	29138	648	648	13114	13038
邯郸冀南新区花官营乡	3349	40833	54	54	21358	17954
邯郸冀南新区台城乡	3556	31119	188	188	14395	15139
邯郸冀南新区南城乡	5517	27857	369	327	26072	16629
武安市武安镇	3210	104193	15000	3362	4324	1011
武安市康二城镇	3368	14881	565	565	2689	5126
武安市午汲镇	7208	45041	32253	32253	16212	34425
武安市磁山镇	5354	33319	35859	35859	7960	36417
武安市伯延镇	4300	22088	1039	1039	13730	10976
武安市淑村镇	6405	27299	685	685	9805	23805
武安市大同镇	7400	49188	1678	1805	21589	32811
武安市邑城镇	6620	45783	1270	1303	20422	45139
武安市矿山镇	9966	47811	751	356	10281	17600
武安市贺进镇	10900	29166	1024	1024	6250	25630
武安市阳邑镇	10700	50860	1057	1057	12618	38419
武安市徘徊镇	10361	28943	1191	1191	10411	29430
武安市冶陶镇	7500	24711	30	15	7256	22358
武安市上团城乡	5130	37453	83153	83153	12784	8902
武安市北安庄乡	3200	18854	589	448	8375	21740
武安市北安乐乡	5000	34824	172	155	10725	27854
武安市西土山乡	7396	57938	641	641	9150	16220
武安市西寺庄乡	6750	46340	1275	1275	13736	25147
武安市活水乡	20990	28630	750	750	5854	16002
武安市石洞乡	7100	25693	450	450	13664	27451
武安市管陶乡	18800	21277	655	655	6177	18722
武安市马家庄乡	8370	21183	761	760	8606	19966
襄都区东郭村镇	1307	23456	853	652	168	421
襄都区祝村镇	4828	45434	1237	1196	7146	5044
襄都区晏家屯镇	4681	30873	4791	5017	15955	19346
襄都区大梁庄乡	898	17245	920	900	138	759
信都区南大郭镇	2500	34358	1332	1274	1765	2475
信都区李村镇	6500	39466	3409	3338	5728	9970
信都区南石门镇	10272	51204	4128	3250	11026	17904
信都区羊范镇	7856	31207	3587	2870	10563	8258

4–1续14　乡镇经济主要指标(2020年)

乡镇名称	行政区域面积(公顷)	乡镇户籍人口(人)	一般公共预算收入(万元)	一般公共预算支出(万元)	粮食产量(吨)	现价农林牧渔业总产值(万元)
信都区皇寺镇	15500	36926	3165	3165	17476	23262
信都区会宁镇	10400	40956	5676	4831	18569	16043
信都区西黄村镇	14000	22513	3188	965	5604	16637
信都区路罗镇	14727	17575	5915	5463	3322	9148
信都区将军墓镇	12515	14750	1985	1985	2290	8492
信都区浆水镇	16300	26324	2651	2211	3402	35850
信都区宋家庄镇	16200	18995	1465	1472	1945	2118
信都区太子井乡	6500	13551	1171	1255	3264	6428
信都区龙泉寺乡	15157	13775	3059	2491	3355	9433
信都区北小庄乡	11436	10172	118	118	1702	15946
信都区城计头乡	8900	10342	1528	1528	1691	6339
信都区白岸乡	12100	10772	1852	2022	1565	4278
信都区冀家村乡	8231	10458	1120	1120	1734	9718
任泽区任城镇	5600	65350	2121	2097	45458	33781
任泽区邢家湾镇	5300	48269	3003	3202	49060	28781
任泽区辛店镇	3500	44623	1200	960	31021	26478
任泽区天口镇	6296	52776	1903	1858	54176	30091
任泽区西固城乡	6300	46588	1369	1331	44020	37290
任泽区永福庄乡	4900	39145	2058	2058	53122	30278
任泽区大屯乡	6800	51669	3612	845	56078	36961
任泽区骆庄乡	4000	39572	1024	1008	27722	24536
南和区和阳镇	4514	52882	18647	3250	36313	54215
南和区贾宋镇	6786	58119	2583	3493	65083	70229
南和区郝桥镇	6110	70569	223	2281	56326	59316
南和区东三召乡	5800	56305	183	2145	53370	55878
南和区阎里乡	4515	43564	578	1329	34031	54054
南和区河郭乡	4434	37668	3480	2233	38028	45505
南和区史召乡	3800	43356	297	1111	29540	38685
南和区三思乡	4532	37824	2076	1902	23400	27077
临城县临城镇	12900	61122	17451	19130	35647	32990
临城县东镇镇	5296	26220	1177	1177	26398	17959
临城县西竖镇	8867	19861	1375	1726	7081	34684
临城县郝庄镇	9482	15771	1147	1221	4608	12785
临城县黑城乡	10271	29785	1440	1507	24370	22492
临城县鸭鸽营乡	9071	33376	1078	1078	35327	25576
临城县石城乡	7333	11915	1048	1048	7003	12835
临城县赵庄乡	16369	19768	1545	1545	5519	12852
内丘县内丘镇	6520	64294	1660	1437	33845	23245
内丘县大孟村镇	7650	35802	1514	1483	35797	27316
内丘县金店镇	9920	70458	1365	1237	61488	41800
内丘县官庄镇	4857	33258	880	849	37641	25670
内丘县柳林镇	9160	24338	1073	1122	9766	28356
内丘县五郭店乡	7998	31793	1148	1106	26853	32329
内丘县南赛乡	9645	13633	1137	1018	4192	35404
内丘县獐獏乡	5660	7570	713	639	1257	14053
内丘县侯家庄乡	17390	16358	906	487	3894	34347
柏乡县柏乡镇	5030	51819	1525	1867	43577	28374
柏乡县固城店镇	5238	41557	614	614	44142	39014
柏乡县西汪镇	3660	33655	1111	1111	26412	37240

4−1续15　乡镇经济主要指标(2020年)

乡镇名称	行政区域面积(公顷)	乡镇户籍人口(人)	一般公共预算收入(万元)	一般公共预算支出(万元)	粮食产量(吨)	现价农林牧渔业总产值(万元)
柏乡县龙华镇	5460	39532	2698	2698	53776	35467
柏乡县王家庄乡	3320	19644	1171	1171	24623	17734
柏乡县内步乡	3290	19059	608	608	25385	19507
隆尧县隆尧镇	8136	101322	13538	2450	49247	60928
隆尧县魏家庄镇	4113	36896	850	945	27528	32973
隆尧县尹村镇	6772	54579	1254	1334	38047	40120
隆尧县山口镇	5466	40064	1553	1090	42526	40328
隆尧县莲了镇镇	7512	47560	4038	1032	59883	25613
隆尧县固城镇	6446	49993	884	1264	69620	33671
隆尧县东良镇	6899	61604	434	1135	51098	49481
隆尧县北楼乡	3796	35460	190	827	34489	37423
隆尧县双碑乡	3668	32126	425	764	24877	34144
隆尧县牛家桥乡	4989	28621	259	849	37784	36416
隆尧县千户营乡	7798	40280	38	922	68288	39543
隆尧县大张庄乡	6789	40755	92	1128	65430	26376
宁晋县凤凰镇	9263	94156	36699	8155	61188	56149
宁晋县河渠镇	7960	72527	2605	2608	79065	36827
宁晋县北河庄镇	5996	56609	2035	2035	62012	37809
宁晋县耿庄桥镇	13312	68524	1825	1629	110804	35100
宁晋县东汪镇	5860	38842	2626	2577	45278	33215
宁晋县贾家口镇	8616	59907	10100	4413	73411	39547
宁晋县四芝兰镇	8586	63301	1800	1800	61435	51710
宁晋县大陆村镇	6637	54068	1347	1347	64679	36340
宁晋县苏家庄镇	8667	70710	1981	2133	52984	58960
宁晋县换马店镇	5572	47818	596	1735	45863	36850
宁晋县唐邱镇	6015	52734	1890	2211	48050	39450
宁晋县侯口乡	5826	29677	3952	3952	54125	21890
宁晋县纪昌庄乡	5931	29393	179	1355	45549	29450
宁晋县北鱼乡	2061	10162	626	623	19200	11562
宁晋县徐家河乡	3914	25098	1386	1104	40935	29860
宁晋县大曹庄乡	2088	19147	1643	1659	21125	16310
巨鹿县巨鹿镇	8336	91823	5106	5120	21760	87283
巨鹿县王虎寨镇	4721	30759	749	853	15814	33793
巨鹿县西郭城镇	3718	15854	794	794	19421	26487
巨鹿县官亭镇	6390	41088	2016	2044	36304	34915
巨鹿县阎疃镇	6352	36195	1597	1622	18017	59562
巨鹿县小吕寨镇	3759	26844	807	841	9490	29823
巨鹿县苏家营镇	7989	46670	1239	1563	26621	44876
巨鹿县堤村乡	7310	54062	1167	1315	23651	56347
巨鹿县张王疃乡	7456	49342	1954	2039	17387	49503
巨鹿县观寨乡	6640	40809	1109	1255	27544	89828
新河县新河镇	5706	36256	1471	1455	30510	17487
新河县寻寨镇	5456	27987	1019	1019	31800	28860
新河县白神首乡	4135	20008	1171	1171	26307	30260
新河县荆家庄乡	6664	27076	1021	1028	33650	39827
新河县西流乡	6689	28196	1420	1429	27773	48780
新河县仁让里乡	7665	26376	110	106	25658	89850
广宗县广宗镇	6480	58718	2914	2914	8856	22049
广宗县冯家寨镇	6813	46826	2061	2061	10001	27711

4–1续16　乡镇经济主要指标(2020年)

乡镇名称	行政区域面积(公顷)	乡镇户籍人口(人)	一般公共预算收入(万元)	一般公共预算支出(万元)	粮食产量(吨)	现价农林牧渔业总产值(万元)
广宗县北塘疃镇	9219	56005	1457	1457	7642	46768
广宗县核桃园镇	6793	39188	860	627	29402	57676
广宗县葫芦乡	4199	27544	743	529	5391	21867
广宗县大平台乡	7309	47672	4785	4785	15413	31872
广宗县件只乡	4890	32518	260	260	10919	27116
广宗县东召乡	3669	25460	1877	1877	17683	23947
平乡县平乡镇	5270	47400	2568	2564	41602	40521
平乡县河古庙镇	6370	50411	7836	7836	33962	39848
平乡县节固乡	5730	51726	2453	2484	44772	39953
平乡县油召乡	6550	59099	4290	4053	53295	51921
平乡县田付村乡	4940	37021	3259	3209	32824	35856
平乡县寻召乡	5290	42639	1245	1245	32122	41455
威县洺州镇	6836	73332	3104	1710	5013	31941
威县梨园屯镇	5540	37273	529	528	8638	30697
威县章台镇	6257	42644	1390	1390	10920	35925
威县侯贯镇	7082	39678	1587	1555	8775	25096
威县七级镇	6146	34678	2072	1856	12473	31613
威县贺营镇	6562	38202	1817	1817	7544	26372
威县方家营镇	5308	31653	1601	1601	8496	24226
威县常庄镇	5613	33178	1228	2630	18336	37128
威县第什营镇	8244	46430	1128	1128	11160	37290
威县贺钊镇	6937	40997	2163	2251	6124	27378
威县赵村镇	5853	35309	1511	1511	10507	40555
威县枣园乡	5546	44684	1467	1467	9257	26092
威县固献乡	6654	38887	1200	1200	4182	23631
威县张家营乡	5290	29629	1125	1154	9715	30419
威县常屯乡	7586	38791	10	10	13116	33939
威县高公庄乡	5769	33764	1523	1789	7131	47075
清河县葛仙庄镇	12698	98902	4259	4259	27502	49296
清河县连庄镇	8220	67642	1999	1999	52732	37754
清河县油坊镇	7150	59691	2545	2545	51983	29609
清河县谢炉镇	7021	63990	2402	2402	38942	31314
清河县王官庄镇	7200	67881	6142	5994	31232	22987
清河县坝营镇	7771	52627	1920	1920	63810	22437
临西县临西镇	3350	44268	1910	1923	20508	19810
临西县河西镇	5300	46309	1901	1901	28093	25620
临西县下堡寺镇	6000	39749	2335	1224	27821	50239
临西县尖冢镇	6000	43654	1869	1864	44031	31630
临西县老官寨镇	7400	43589	2602	2596	62032	36420
临西县吕寨镇	5610	39302	2017	2011	37526	31200
临西县东枣园乡	4400	29310	1084	1084	24638	23660
临西县摇鞍镇乡	7700	46363	1975	1975	51971	39200
临西县大刘庄乡	6500	43721	1819	1798	48452	27630
河北邢台经济开发区东汪镇	2080	30931	1253	1253	1260	1175
河北邢台经济开发区王快镇	2860	40507	1098	898		
河北邢台经济开发区沙河城镇	2985	19945	830	830	13280	4280
河北邢台经济开发区留村镇	6930	59000	1144	1144	49820	18178
南宫市苏村镇	5060	23737	1327	1326	19523	15900
南宫市大高村镇	4620	23099	1485	1240	11164	25680

4-1续17　乡镇经济主要指标(2020年)

乡镇名称	行政区域面积(公顷)	乡镇户籍人口(人)	一般公共预算收入(万元)	一般公共预算支出(万元)	粮食产量(吨)	现价农林牧渔业总产值(万元)
南宫市垂杨镇	7760	46758	1751	1385	24820	31216
南宫市明化镇	6950	37046	1187	1189	22385	41007
南宫市段芦头镇	9290	60967	2930	2930	33998	27665
南宫市紫冢镇	8550	47924	1705	1687	18023	40338
南宫市大村乡	5870	27381	968	968	19443	25017
南宫市南便村乡	6080	33662	1125	1125	20870	24287
南宫市大屯乡	5640	23985	1300	1400	13608	22701
南宫市王道寨乡	5800	25993	899	856	13024	22389
南宫市薛吴村乡	6680	37319	1578	1549	11508	40121
沙河市新城镇	5244	49383	1200	1312	19519	14961
沙河市白塔镇	8400	50123	3131	3131	7598	15747
沙河市十里亭镇	6330	33617	8876	8876	8689	16156
沙河市綦村镇	10842	35696	1120	1120	4786	16626
沙河市册井乡	6066	31094	1128	1128	4668	10636
沙河市刘石岗乡	7550	27179	1108	1108	7534	11580
沙河市柴关乡	8310	18912	792	792	3049	11444
沙河市蝉房乡	15230	19552	940	940	3049	16840
竞秀区颉庄乡	1140	21372	2151	2813	437	170
竞秀区富昌乡	1416	25204	2241	2303	3451	1010
竞秀区韩村乡	550	20101	1571	1571	491	140
竞秀区南奇乡	2272	23373	2297	5094	5927	7100
竞秀区江城乡	4289	39930	2122	2122	19836	13468
莲池区百楼镇	2707	25766	1603	1603	7611	3736
莲池区韩庄乡	2317	71204	55726	55726	7105	4762
莲池区东金庄乡	1530	21533	1123	1108	868	4839
莲池区杨庄乡	1272	15131	6	6	1054	2197
莲池区南大园乡	1722	28472	101	101		405
莲池区焦庄乡	2980	35120	1979	2004	8478	5065
莲池区五尧乡	2779	41049	4768	4768	5747	6326
满城区满城镇	8799	85382	2496	2496	23031	107614
满城区大册营镇	4740	40641	435	19	13453	37903
满城区神星镇	7370	43791	1363	1363	10083	56387
满城区南韩村镇	5933	47037	2278	2278	29328	72610
满城区方顺桥镇	5198	45904	5739	5739	27905	40622
满城区于家庄乡	2947	24512	1252	1252	20457	24840
满城区要庄乡	2816	25493	2672	2672	12887	28495
满城区白龙乡	4750	18980	875	875	4120	19340
满城区石井乡	5924	25340	1086	1086	4033	28652
满城区坨南乡	6667	18491	818	818	2116	14890
满城区刘家台乡	7862	6999	579	579	614	7968
清苑区清苑镇	4690	43596	1799	1799	14590	18426
清苑区冉庄镇	6440	38780	1032	1032	40184	32123
清苑区阳城镇	6563	39310	987	1115	53881	31825
清苑区魏村镇	4529	44552	1200	1200	33991	14599
清苑区温仁镇	6709	53040	1291	1291	22446	65184
清苑区张登镇	5538	40504	1070	1070	8818	79891
清苑区大庄镇	2900	26817	721	721	18764	13761
清苑区臧村镇	4069	36114	500	578	27876	29138
清苑区望亭镇	4687	43093	1020	1020	27548	33006

4-1续18　乡镇经济主要指标(2020年)

乡镇名称	行政区域面积(公顷)	乡镇户籍人口(人)	一般公共预算收入(万元)	一般公共预算支出(万元)	粮食产量(吨)	现价农林牧渔业总产值(万元)
清苑区白团乡	5060	37509	2115	2115	37404	11938
清苑区北店乡	4502	28487	1321	1321	18449	30993
清苑区石桥乡	6635	46395	1537	1537	36022	47166
清苑区李庄乡	4860	28256	643	643	39506	29742
清苑区北王力乡	4499	27841	939	939	7981	31156
清苑区东闾乡	5909	48379	1149	1149	20237	72344
清苑区何桥乡	3938	30440	1077	1077	32723	16200
清苑区孙村乡	2200	20004	650	670	11989	13625
清苑区阎庄乡	2233	22211	653	653	18044	14506
徐水区安肃镇	8154	135279	5015	5561	47930	57780
徐水区崔庄镇	7036	78361	1228	3025	40358	42579
徐水区大因镇	5744	63378	608	2140	35513	41827
徐水区遂城镇	6790	[illegible]	[illegible]	2610	[illegible]	[illegible]
徐水区高林村镇	6577	47055	1443	1927	47604	64641
徐水区大王店镇	7876	54908	23445	1736	21784	52486
徐水区漕河镇	5287	40286	579	1942	15043	46245
徐水区东史端镇	4236	38758	1736	1855	26284	20252
徐水区留村镇	3733	31219	80	1843	21318	21986
徐水区正村镇	3589	29824	270	2035	20298	26160
徐水区户木乡	3589	26412	110	1424	24072	17952
徐水区瀑河乡	2752	12711	1320	1328	5961	10417
徐水区东釜山乡	3813	14433	123	1105	6488	2409
徐水区义联庄乡	3122	9571	936	526	4230	4045
涞水县涞水镇	4431	38165	1063	1063	14345	33274
涞水县永阳镇	6486	30967	985	985	13015	27113
涞水县义安镇	5336	31713	936	936	20822	28306
涞水县石亭镇	7357	37466	25	22	11814	18206
涞水县赵各庄镇	25312	22491	666	666	2200	23185
涞水县九龙镇	22419	16439	615	615	2039	17709
涞水县三坡镇	21837	13525	180	180	1045	12561
涞水县一渡镇	4798	10213	10	9	1683	7200
涞水县明义镇	3331	22140	685	685	14262	22938
涞水县王村镇	3444	21740	917	917	10791	16888
涞水县娄村镇	16206	28888	751	751	9221	38274
涞水县东文山乡	3200	18014	728	736	7538	10885
涞水县其中口乡	17678	6650	698	700	1189	5307
涞水县龙门乡	21307	10815	684	689	1799	10505
涞水县胡家庄乡	2521	15353	589	589	9842	38501
阜平县阜平镇	29440	35333	865	865	5840	18050
阜平县龙泉关镇	14872	7971	60	60	1789	6485
阜平县平阳镇	18726	26872	200	200	5301	19000
阜平县城南庄镇	27580	21774	1142	1142	5023	22936
阜平县天生桥镇	16483	11192	1414	1414	2302	15360
阜平县王林口镇	10550	20751	65	33	7760	18000
阜平县台峪乡	11367	8568	405	405	2838	15000
阜平县大台乡	17714	12999	657	657	2264	25621
阜平县史家寨乡	26380	9256	10	6	2032	32312
阜平县砂窝乡	23169	11710	645	645	3102	16857
阜平县吴王口乡	20423	6649	370	370	1928	8846

4-1续19　乡镇经济主要指标(2020年)

乡镇名称	行政区域面积(公顷)	乡镇户籍人口(人)	一般公共预算收入(万元)	一般公共预算支出(万元)	粮食产量(吨)	现价农林牧渔业总产值(万元)
阜平县夏庄乡	16942	5338	387	317	480	11600
阜平县北果元乡	15947	23788	442	442	3989	15524
定兴县定兴镇	6587	100432	46450	2595	15439	10972
定兴县固城镇	6724	55581	3198	1269	47320	59789
定兴县贤寓镇	6722	47668	227	956	45125	62869
定兴县北河镇	3329	23959	451	822	18759	25049
定兴县天宫寺镇	4259	40092	551	714	29168	39087
定兴县小朱庄镇	4486	35821	847	794	30210	26955
定兴县姚村镇	3091	22188	346	645	26209	32008
定兴县东落堡乡	3921	28534	197	827	22137	47918
定兴县高里乡	8245	55320	143	1059	44845	67150
定兴县张家庄乡	2793	20730	281	281	22090	23488
定兴县肖村乡	3751	27180	57	625	23549	47191
定兴县柳卓乡	3156	27108	65	724	21682	26095
定兴县杨村乡	3856	34576	161	736	22854	35255
定兴县北田乡	4879	41635	203	1758	31675	49326
定兴县北南蔡乡	2815	22141	56	593	20441	13884
定兴县李郁庄乡	2777	20604	497	568	23904	21137
唐县仁厚镇	5000	91186	3423	3423	17470	31351
唐县王京镇	4600	54521	1153	1083	30465	20258
唐县高昌镇	5500	35816	1207	1207	16334	38128
唐县北罗镇	4100	54428	7	6	16220	44399
唐县白合镇	11000	30933	1069	1069	5907	16198
唐县军城镇	9700	22879	1297	1297	3165	8659
唐县川里镇	10100	8814	548	548	1299	2043
唐县长古城镇	4310	43903	1592	1592	21004	64742
唐县罗庄镇	5400	39992	773	773	7224	37675
唐县都亭乡	3400	25672	792	792	8913	69284
唐县南店头乡	1780	24190	6	6	7511	72242
唐县北店头乡	7910	33549	868	868	3641	47978
唐县雹水乡	2900	18590	611	611	2836	11768
唐县大洋乡	5100	25122	845	805	2144	11897
唐县迷城乡	5200	11657	624	624	1415	4131
唐县齐家佐乡	11600	25995	906	906	6461	17063
唐县羊角乡	9200	11970	686	650	1757	10415
唐县石门乡	9215	9164	588	588	1140	5090
唐县黄石口乡	11800	16827	219	219	2412	4796
唐县倒马关乡	10300	4287	263	263	822	1138
高阳县庞口镇	8611	50192	1828	1770	31443	25817
高阳县西演镇	7197	50134	1352	1352	35828	27568
高阳县邢家南镇	5050	36642	2162	2162	25815	10914
高阳县晋庄镇	5406	35989	1409	1409	31256	14740
高阳县小王果庄镇	4396	30234	1150	1154	25468	15202
高阳县蒲口乡	5249	26064	1114	1114	18803	11208
高阳县庞家佐乡	4274	26485	985	985	13207	15429
涞源县涞源镇	13119	80075	2600	2986	9463	11247
涞源县银坊镇	24315	14132	350	1426	2087	8927
涞源县走马驿镇	21239	18207	1068	1116	1616	12969
涞源县水堡镇	15428	7785	835	236	1614	6917

4—1续20 乡镇经济主要指标(2020年)

乡镇名称	行政区域面积(公顷)	乡镇户籍人口(人)	一般公共预算收入(万元)	一般公共预算支出(万元)	粮食产量(吨)	现价农林牧渔业总产值(万元)
涞源县王安镇	11804	15846	1650	1807	2504	8843
涞源县杨家庄镇	9734	16792	2112	2354	823	3702
涞源县白石山镇	15837	20016	2196	2172	4914	7473
涞源县南屯镇	7186	10573	1331	1550	3945	8464
涞源县南马庄乡	14248	10166	1150	1073	1251	7633
涞源县北石佛乡	13958	19271	1588	1730	7498	15798
涞源县金家井乡	17738	14444	24	24	5114	11516
涞源县留家庄乡	14098	7172	1446	2314	2635	4973
涞源县上庄乡	20327	14738	1811	1755	5097	13323
涞源县东团堡乡	21041	15149	314	323	4317	10656
涞源县塔崖驿乡	8322	6688	329	775	1191	5926
涞源县乌龙沟乡	7338	6167	742	781	937	3394
涞源县烟煤洞乡	7385	6175	563	598	848	1947
望都县望都镇	3980	56171	1476	1476	26137	26358
望都县固店镇	4994	31161	899	899	40426	40503
望都县贾村镇	4016	30710	72	72	12437	38225
望都县中韩庄镇	6610	30471	1159	1159	56313	39177
望都县寺庄镇	4883	35308	480	480	40846	30476
望都县赵庄镇	3413	27761	2000	2000	31269	31968
望都县黑堡乡	3831	29505	51	51	34414	32716
望都县高岭乡	4030	28971	1500	1500	30831	38280
易县易州镇	5750	59345	1611	1625	9888	21988
易县梁格庄镇	13929	33503	1287	1287	3356	24296
易县西陵镇	8318	18082	1233	1233	3569	28358
易县裴山镇	8506	36492	1344	1328	14923	31253
易县塘湖镇	11308	44990	917	1421	17467	57358
易县狼牙山镇	16976	17655	155	155	5049	14843
易县良岗镇	16778	12444	263	642	2306	8933
易县紫荆关镇	25992	21865	985	1046	2996	45973
易县高村镇	9153	39144	1415	1447	12344	47598
易县桥头乡	5249	27775	763	763	18310	26676
易县白马乡	7002	16659	1053	1032	5816	17388
易县流井乡	11951	18134	559	559	6529	28324
易县高陌乡	6732	47365	140	140	34318	54994
易县大龙华乡	7497	13714	488	322	1998	7418
易县安格庄乡	10326	11887	578	578	1035	8337
易县凌云册乡	6210	32432	1141	1191	25448	53398
易县西山北乡	9213	23379	360	360	5081	28093
易县尉都乡	4081	16812	100	100	7177	10075
易县独乐乡	3318	10263	469	469	1718	22633
易县七峪乡	4730	2697	370	264	1000	3388
易县富岗乡	7369	6029	463	501	482	2915
易县坡仓乡	6936	6075	356	391	850	5518
易县牛岗乡	8204	5728	498	510	1220	3722
易县桥家河乡	7954	4324	491	498	723	2333
易县甘河净乡	6077	1492	191	191	644	2668
易县蔡家峪乡	6997	2527	355	356	272	1933
易县南城司乡	16941	13930	753	764	3453	7488
曲阳县恒州镇	5361	48953	1547	1547	8853	28383

4－1续21　乡镇经济主要指标(2020年)

乡镇名称	行政区域面积(公顷)	乡镇户籍人口(人)	一般公共预算收入(万元)	一般公共预算支出(万元)	粮食产量(吨)	现价农林牧渔业总产值(万元)
曲阳县灵山镇	12120	73360	800	800	15975	24081
曲阳县燕赵镇	4709	50476	1303	1303	29415	32088
曲阳县羊平镇	4846	46573	1131	1131	9396	13362
曲阳县文德镇	4362	51200	900	900	20582	18186
曲阳县晓林镇	6284	43126	1204	1204	9065	18582
曲阳县邸村镇	3040	26853	537	537	16137	4385
曲阳县齐村镇	7754	18144	937	937	1232	4255
曲阳县孝墓镇	6802	33230	300	300	4163	9277
曲阳县路庄子乡	3108	18705	801	801	3706	12484
曲阳县下河乡	5930	33810	994	994	6559	75459
曲阳县庄窠乡	2865	13263	474	474	2170	3756
曲阳县东旺乡	6210	46540	1598	1598	9687	6061
曲阳县产德乡	8372	37526	216	34	9302	17074
曲阳县党城乡	5723	26745	6930	269	2277	6670
曲阳县郎家庄乡	9598	26755	1369	1369	1736	16619
曲阳县范家庄乡	5039	9931	739	739	486	12129
曲阳县北台乡	6224	13187	650	650	1522	3564
蠡县蠡吾镇	9958	106352	3968	3983	37723	51002
蠡县留史镇	5964	57747	3283	5500	20377	24380
蠡县大百尺镇	7427	61808	2327	2407	29529	25985
蠡县辛兴镇	6255	51170	1651	4139	29085	25288
蠡县北郭丹镇	2562	21853	1242	1270	12256	18385
蠡县万安镇	2952	30359	10	10	11443	24683
蠡县桑园镇	3689	29151	934	983	17597	19700
蠡县南庄镇	7071	41042	1934	1934	34353	46515
蠡县大曲堤镇	2865	25836	3657	3672	11827	21380
蠡县鲍墟镇	5828	42541	1030	1030	26336	25279
蠡县小陈乡	2958	23991	510	624	15119	20185
蠡县林堡乡	2725	21831	537	537	13447	19780
蠡县北埝头乡	5031	25200	766	766	22430	21185
顺平县蒲阳镇	6474	55645	2942	2942	31648	54480
顺平县高于铺镇	6729	53101	3030	3030	36700	62514
顺平县腰山镇	5224	37126	1828	1828	19830	44863
顺平县蒲上镇	5901	32169	2114	2110	12301	33674
顺平县神南镇	8980	12360	1794	1794	2584	10896
顺平县白云乡	6361	29400	100	100	9860	43985
顺平县河口乡	5837	17459	1405	1405	559	31142
顺平县安阳乡	8884	18663	1692	1692	3604	23803
顺平县台鱼乡	5923	18164	190	190	2184	26692
顺平县大悲乡	10821	20435	270	270	3142	16669
博野县博野镇	7828	68403	50	50	32138	48196
博野县小店镇	3092	32081	881	881	17511	25125
博野县程委镇	7093	45106	1282	1282	38754	47628
博野县东墟镇	2874	25727	840	840	19994	28118
博野县北杨镇	2814	27605	699	709	13220	25379
博野县城东镇	4096	32146	780	780	5009	25978
博野县南小王镇	5295	37232	1411	1244	25125	39486
保定高新技术产业开发区贤台乡	2867	23907	10000	10000	9025	3400
保定高新技术产业开发区大马坊乡	1930	20495	1391	1391	36	2220

4-1续22　乡镇经济主要指标(2020年)

乡镇名称	行政区域面积(公顷)	乡镇户籍人口(人)	一般公共预算收入(万元)	一般公共预算支出(万元)	粮食产量(吨)	现价农林牧渔业总产值(万元)
保定白沟新城白沟镇	5434	57832	67398	67398	6651	3188
涿州市松林店镇	7154	63399	2448	2448	36253	41015
涿州市码头镇	5932	39001	15376	15376	20894	32684
涿州市东城坊镇	10063	43345	1995	1995	34017	32278
涿州市高官庄镇	4259	28135	2320	2302	18771	35335
涿州市东仙坡镇	4485	35710	1845	1845	13481	13761
涿州市百尺竿镇	5658	46434	1298	45	16582	21169
涿州市义和庄镇	8120	40881	3023	3023	23394	107618
涿州市刁窝镇	6811	38246	1951	1951	25869	42023
涿州市林家屯镇	5042	37464	2189	2189	26177	37031
涿州市豆庄镇	6381	38413	2081	2125	39192	35936
涿州市孙庄乡	2987	18495	1154	1154	10881	15947
安国市伍仁桥镇	3480	34953	452	432	22781	37533
安国市石佛镇	5495	37256	491	491	26382	53226
安国市郑章镇	5500	40945	450	450	26959	35863
安国市大五女镇	3900	25411	836	836	23090	30472
安国市西佛落镇	3150	25570	10	10	24301	32254
安国市西城镇	3500	31095	4896	4927	25797	35579
安国市明官店乡	4700	35993	1038	1038	17832	41851
安国市南娄底乡	3952	38683	777	777	31797	40612
安国市北段村乡	4700	25854	598	495	26065	32395
高碑店市方官镇	6400	51914	85	85	42044	32071
高碑店市新城镇	7000	54290	1063	1063	32929	47736
高碑店市泗庄镇	5600	39287	4290	4290	26850	19985
高碑店市辛立庄镇	6030	45303	1919	1919	48955	28295
高碑店市东马营镇	4000	33505	2871	2871	15726	21496
高碑店市辛桥镇	7200	42238	1372	1372	49599	27679
高碑店市肖官营镇	4500	30159	5410	5410	25434	14338
高碑店市张六庄镇	6200	41229	1352	1352	37817	35325
高碑店市梁家营镇	2900	29161	1900	1900	23164	36460
桥东区姚家庄镇	4874	14224	70	70	3954	4619
桥东区大仓盖镇	11791	24363	1698	2501	20689	16533
桥东区东望山乡	18680	17019	1441	1414	11974	7085
桥西区东窑子镇	10408	21050	1057	1132	1030	4295
宣化区庞家堡镇	12803	20579	2001	1478	5116	4547
宣化区深井镇	33259	32502	1651	1491	38093	39925
宣化区崞村镇	27194	21546	2070	1882	13487	32568
宣化区洋河南镇	12121	32879	1948	1759	14856	29700
宣化区贾家营镇	16426	20586	1792	1527	19793	26664
宣化区顾家营镇	4750	13128	2452	2147	11179	15011
宣化区赵川镇	17561	31560	1648	1445	19896	36881
宣化区河子西乡	4900	18565	1428	1033	7203	14056
宣化区春光乡	3871	14349	2398	2107	1801	5930
宣化区侯家庙乡	5398	19192	1558	1228	6330	9311
宣化区李家堡乡	9634	10298	910	621	6157	11237
宣化区王家湾乡	23374	7028	1040	850	3468	12760
宣化区塔儿村乡	16094	8462	1306	405	6727	15886
宣化区江家屯乡	11110	27400	23709	23211	14466	20399
下花园区花园乡	5199	10718	1903	1643		

4-1续23 乡镇经济主要指标(2020年)

乡镇名称	行政区域面积(公顷)	乡镇户籍人口(人)	一般公共预算收入(万元)	一般公共预算支出(万元)	粮食产量(吨)	现价农林牧渔业总产值(万元)
下花园区辛庄子乡	7626	5001	1469	1240	2854	4703
下花园区定方水乡	11227	8664	2724	2724	3794	21991
下花园区段家堡乡	6420	2061	975	790	831	5167
万全区孔家庄镇	6645	32877	2642	2784	15100	18833
万全区万全镇	7126	14663	6035	5697	7429	19054
万全区洗马林镇	13734	9518	1470	1192	1937	4142
万全区郭磊庄镇	6048	23294	1790	1790	14035	25879
万全区膳房堡乡	17622	11730	1834	2114	7267	21010
万全区北新屯乡	20062	9042	2607	2264	5504	16914
万全区宣平堡乡	7270	23906	3709	3406	6613	23892
万全区高庙堡乡	13328	13121	1705	1679	10185	16268
万全区旧堡乡	6466	11024	1260	1169	11722	18815
万全区安家堡乡	9972	24605	2228	2118	10556	24260
万全区北沙城乡	6118	18729	1439	1728	10451	28830
崇礼区西湾子镇	22440	31424	22940	20497	1570	4823
崇礼区高家营镇	34693	26581	3033	3078	3402	7916
崇礼区四台嘴乡	37488	13895	85326	94794	701	5384
崇礼区红旗营乡	17676	9348	1581	2134	548	8398
崇礼区石窑子乡	14399	7997	1220	1066	1285	5000
崇礼区驿马图乡	35060	10326	1555	1557	3117	11752
崇礼区石嘴子乡	29905	9101	1237	1275	1379	17684
崇礼区狮子沟乡	12151	7635	16454	12444	2275	14469
崇礼区清三营乡	14066	5794	1419	1283	2744	8546
崇礼区白旗乡	15628	8209	1269	1282		
张北县张北镇	13777	20652	2987	2945	68232	2363
张北县公会镇	25959	15811	1149	1152	2900	21511
张北县二台镇	31682	25881	1865	1847	32426	62864
张北县大囫囵镇	28008	18232	1210	1209	15134	38163
张北县小二台镇	18729	16277	1028	1028	7333	27978
张北县油篓沟镇	22754	23920	1251	1251	8147	48614
张北县大河镇	22133	18835	833	1317	6508	10430
张北县台路沟乡	17232	11913	1226	1215	2847	11666
张北县馒头营乡	19540	15894	868	868	1985	78571
张北县二泉井乡	23251	19632	1535	1502	12628	22238
张北县单晶河乡	16075	14132	967	967	1898	5976
张北县海流图乡	28302	20480	715	715	4283	
张北县两面井乡	19919	16998	412	412	4283	33471
张北县大西湾乡	21627	12397	776	776	2335	8593
张北县郝家营乡	16330	14604	1845	499	12930	35870
张北县白庙滩乡	22165	13284	1334	1334	8339	16034
张北县战海乡	17683	11524	1073	1073		
张北县三号乡	19146	14957	956	923	9713	29650
康保县康保镇	32903	51764	3531	3531	10024	44168
康保县张纪镇	25918	20029	1477	1524	13555	29489
康保县土城子镇	19200	15566	989	989	8650	15649
康保县邓油坊镇	14467	15184	1106	1044	10024	47336
康保县李家地镇	15000	13228	975	9746	5639	24410
康保县照阳河镇	23404	12170	1108	1187	7052	38152
康保县屯垦镇	41157	23404	1509	1610	9625	33181

4-1续24　乡镇经济主要指标(2020年)

乡镇名称	行政区域面　积(公顷)	乡镇户籍人　口(人)	一般公共预算收入(万元)	一般公共预算支出(万元)	粮食产量(吨)	现价农林牧渔业总产值(万元)
康保县闫油坊乡	23300	17641	1145	1403	8487	27401
康保县丹清河乡	20301	15373	563	124	7943	14433
康保县哈咇嘎乡	16770	11908	977	977	3253	39859
康保县二号卜乡	18790	16781	1219	1070	10171	27376
康保县芦家营乡	15949	11401	762	458	5893	
康保县忠义乡	10543	10791	88	99	6491	
康保县处长地乡	14346	12471	1295	1316	8979	26055
康保县满德堂乡	29666	14929	986	901	10281	9522
沽源县平定堡镇	39600	29100	4652	4652	31430	47892
沽源县小厂镇	21811	14787	2800	2873	12609	33282
沽源县黄盖淖镇	17982	16324	2555	2035		
沽源县九连城镇	32200	21750	1538	989		
沽源县高山堡乡	17700	10625	1248	1331		
沽源县小河子乡	34760	18908	3072	843	338583	38395
沽源县二道渠乡	21800	10643	1145	1170	30603	79046
沽源县大二号回族乡	6300	3172	612	612		
沽源县闪电河乡	22700	13342	2275	1967		
沽源县长梁乡	23000	13875	2008	468	21420	24193
沽源县丰源店乡	28288	10311	1662	1609	7695	18536
沽源县西辛营乡	21300	15672	3254	3254	10882	19805
沽源县莲花滩乡	21900	7467	5107	4529	5698	5560
沽源县白土窑乡	25779	16305	2114	2114		
尚义县南壕堑镇	24828	41497	6861	6243	4087	16212
尚义县大青沟镇	18187	19872	5181	5181	2900	15010
尚义县八道沟镇	20015	15453	600	600	10500	9500
尚义县红土梁镇	29324	11430	3088	3282	2753	7221
尚义县小蒜沟镇	37284	10720	2983	2785	2703	1330
尚义县三工地镇	10792	8851	3568	3568	2672	866
尚义县满井镇	16490	13187	2515	2478	29476	14378
尚义县大营盘乡	25748	12821	478	478		
尚义县大苏计乡	13854	10839	1889	2396	4302	14785
尚义县石井乡	13100	12810	927	927	4150	11200
尚义县七甲乡	7259	7088	218	218	1318	15007
尚义县套里庄乡	11461	8421	2861	1265	2608	920
尚义县甲石河乡	14324	7486	315	315		
尚义县下马圈乡	14587	4239	776	776	1830	1120
蔚县蔚州镇	3764	82312	2274	2283	4740	4932
蔚县代王城镇	6851	31987	1686	2413	12126	12120
蔚县西合营镇	14045	52336	2403	2916	22697	18097
蔚县吉家庄镇	13500	24539	1802	500	17881	13888
蔚县白乐镇	6461	20167	1294	1294	12165	9408
蔚县暖泉镇	6326	17757	1216	1355	10264	10516
蔚县南留庄镇	7182	28095	435	603	13893	13340
蔚县北水泉镇	10709	12694	902	1189	7081	9423
蔚县桃花镇	16215	20882	1797	1858	13634	27742
蔚县阳眷镇	13494	18516	1640	1471	5554	7506
蔚县宋家庄镇	39632	28753	10	10	22396	16963
蔚县下宫村乡	25345	24930	1986	2474	15146	12031
蔚县南杨庄乡	12319	15590	1036	992	20850	13042

4-1续25　乡镇经济主要指标(2020年)

乡镇名称	行政区域面积(公顷)	乡镇户籍人口(人)	一般公共预算收入(万元)	一般公共预算支出(万元)	粮食产量(吨)	现价农林牧渔业总产值(万元)
蔚县柏树乡	21300	12531	1277	1195	6528	13963
蔚县常宁乡	5881	10058	840	993	1815	6282
蔚县涌泉庄乡	10002	24580	1220	1220	12126	8607
蔚县杨庄窠乡	11809	17198	1610	1610	8071	9891
蔚县南岭庄乡	8323	13503	942	1262	6167	8145
蔚县陈家洼乡	9691	8712	958	1014	6486	14198
蔚县黄梅乡	7683	10155	1032	1571	4800	13061
蔚县白草村乡	12204	8622	1331	805	2953	7168
蔚县草沟堡乡	47105	13309	1144	1425	603	19662
阳原县西城镇	10460	61607	3399	3122	6543	22213
阳原县东城镇	16742	17495	3294	3266	7265	10000
阳原县化稍营镇	9412	25153	3763	3715	5969	17613
阳原县揣骨疃镇	28100	25292	5830	5830	17111	14354
阳原县东井集镇	12800	31923	3406	3392	17416	15787
阳原县要家庄乡	10660	20731	2831	2831	10502	11738
阳原县东坊城堡乡	11500	9895	4399	3719	6352	9676
阳原县井儿沟乡	12620	11332	5447	3822	10837	9074
阳原县三马坊乡	7770	10061	1791	1808	6577	19997
阳原县高墙乡	17962	15780	1418	1418	9624	23941
阳原县大田洼乡	8050	5300	977	813	3048	2730
阳原县辛堡乡	11640	12839	1534	1802	9224	21005
阳原县马圈堡乡	10880	8403	2118	1649		
阳原县浮图讲乡	15330	11326	2320	2236	15630	21613
怀安县柴沟堡镇	16383	73642	4596	4358	34600	
怀安县左卫镇	27179	38166	4445	4221		
怀安县头百户镇	8381	15671	2063	1960	21663	17055
怀安县怀安城镇	20487	29636	3313	3300	26996	16473
怀安县渡口堡乡	20237	16336	2088	2011	14575	10199
怀安县第六屯乡	8361	10027	1589	882	3793	2759
怀安县西湾堡乡	11622	8160	1545	1545		
怀安县西沙城乡	8500	10048	1459	1297	7022	5273
怀安县太平庄乡	16877	9179	1521	1524	14034	6258
怀安县王虎屯乡	17383	11886	1684	1482		
怀安县第三堡乡	13751	12949	2266	901		10779
怀来县沙城镇	5902	104236	26161	26520	6317	10919
怀来县北辛堡镇	7056	18179	1385	1072		
怀来县新保安镇	6686	22056	1439	1418	5093	13067
怀来县东花园镇	13616	19175	1405	1093		
怀来县官厅镇	17991	12111	1254	1160		
怀来县桑园镇	12134	26870	2121	1659	14813	15908
怀来县存瑞镇	15125	28116	1933	1725	6208	26485
怀来县土木镇	9354	24698	2332	1749		
怀来县大黄庄镇	4617	18607	863	859	8808	25054
怀来县西八里镇	3658	22595	1473	1308	16228	22578
怀来县小南辛堡镇	17236	18863	1048	1048	4244	15021
怀来县狼山乡	5790	12775	1048	602	3511	12483
怀来县鸡鸣驿乡	4200	8883	1077	1218	6846	21999
怀来县东八里乡	2530	10693	632	648		
怀来县瑞云观乡	11830	5955	628	540		

4-1续26　乡镇经济主要指标(2020年)

乡镇名称	行政区域面　积(公顷)	乡镇户籍人　口(人)	一般公共预算收入(万元)	一般公共预算支出(万元)	粮食产量(吨)	现价农林牧渔业总产值(万元)
怀来县孙庄子乡	11136	4850	719	857		
怀来县王家楼回族乡	13200	7971	1474	1078		
涿鹿县涿鹿镇	7544	72909	3412	9153	7921	22345
涿鹿县张家堡镇	6737	23685	2763	2000	12860	14226
涿鹿县武家沟镇	23939	14525	2422	432	9350	11359
涿鹿县五堡镇	6596	26601	2505	2438	11772	16208
涿鹿县保岱镇	10386	30359	2063	2032	26553	27236
涿鹿县矾山镇	15204	21964	4383	4466	12226	18569
涿鹿县大堡镇	25492	18128	3822	3585	34398	26274
涿鹿县河东镇	35141	10260	1613	1683	1227	8974
涿鹿县东小庄镇	6074	32422	384	384	28420	20217
涿鹿县辉耀镇	22932	12068	2877	2656	6397	13473
涿鹿县大河南镇	23081	10171	1365	1283	940	1200
涿鹿县温泉屯镇	7314	14291	1655	1794	1310	11723
涿鹿县蟒石口镇	29561	9229	988	299	512	4381
涿鹿县栾庄乡	13944	19721	2445	2429	7011	10097
涿鹿县黑山寺乡	6929	11205	2067	2076	5171	9955
涿鹿县卧佛寺乡	24289	10366	2645	3016	4550	9478
涿鹿县谢家堡乡	17586	5700	1227	1375	203	4516
赤城县赤城镇	24861	49230	20409	20409		
赤城县田家窑镇	19694	19700	1997	1961		
赤城县龙关镇	28395	27379	1047	1047		
赤城县雕鹗镇	35372	15192	1983	1983	15045	
赤城县独石口镇	21725	6149	157	157		
赤城县白草镇	24395	11677	557	557	9093	17543
赤城县龙门所镇	23543	13583	1714	1752		
赤城县后城镇	36980	20261	10	10	7660	16912
赤城县东卯镇	44254	22953	1529	1594		
赤城县炮梁乡	15563	7372	1793	2296		
赤城县大海陀乡	25900	9873	2485	403	8935	18649
赤城县镇宁堡乡	32983	13711	2690	2593		
赤城县马营乡	31522	10851	1379	1449	13555	13300
赤城县云州乡	52055	18442	1950	1986		
赤城县三道川乡	21335	8872	9	6	7712	6300
赤城县东万口乡	28359	15696	1333	1498	12439	16138
赤城县茨营子乡	24203	10269	1075	1075	7414	14920
赤城县样田乡	19159	8985	15	15		
张家口经济开发区老鸦庄镇	3222	36655	1143	818	8200	28486
张家口经济开发区沈家屯镇	4245	59679	1823	1724	13570	69362
张家口经济开发区姚家房镇	3677	29375	1375	1307	15603	23068
张家口经济开发区沙岭子镇	3387	21694	1551	1887	9116	
察北管理区沙沟镇	9571	7246	1700	1712		
察北管理区宇宙营乡	9735	6290	902	900		
双桥区水泉沟镇	4128	19183	829	789	313	1145
双桥区狮子沟镇	3038	25394	877	834	45	283
双桥区牛圈子沟镇	6200	41930	1174	1165	584	904
双桥区大石庙镇	8230	23195	1353	1237	1797	3666
双桥区双峰寺镇	12849	31268	1597	1585	2704	4062
双滦区双塔山镇	8856	19942	1496	1496	1672	4159

4-1续27　乡镇经济主要指标(2020年)

乡镇名称	行政区域面积（公顷）	乡镇户籍人口（人）	一般公共预算收入（万元）	一般公共预算支出（万元）	粮食产量（吨）	现价农林牧渔业总产值（万元）
双滦区滦河镇	1525	8334	920	920	190	392
双滦区大庙镇	9436	12730	751	751	1581	4192
双滦区偏桥子镇	5253	10292	1506	1506	2917	20011
双滦区西地镇	11309	21915	1766	1766	6484	4775
双滦区陈栅子乡	8795	14822	1037	1037	3279	19230
鹰手营子矿区鹰手营子镇	3283	7122	996	996	815	4721
鹰手营子矿区北马圈子镇	2510	10011	699	699	480	3174
鹰手营子矿区寿王坟镇	6037	11068	1177	1177	600	3095
鹰手营子矿区汪家庄镇	2260	8521	643	643	505	2967
承德县下板城镇	25364	72912	1782	1984	7569	28091
承德县甲山镇	17116	21880	13458	1085	7762	17070
承德县六沟镇	18040	33553	1248	1447	13967	35006
承德县三沟镇	18033	22538	956	1072	13229	27751
承德县头沟镇	18514	27006	3042	3042	17168	38186
承德县高寺台镇	13364	15168	548	548	5615	20042
承德县鞍匠镇	18780	16888	754	754	7011	24399
承德县三家镇	30329	23208	1289	1075	15111	89949
承德县磴上镇	24997	17569	526	526	12675	54138
承德县上谷镇	12488	20610	632	632	12967	27350
承德县新杖子镇	10029	13373	689	776	6229	20909
承德县石灰窑镇	12868	22905	892	969	13281	20563
承德县东小白旗乡	11693	9646	438	438	5119	14282
承德县刘杖子乡	17587	11568	430	780	4385	95386
承德县孟家院乡	10147	11492	73	11	4482	26085
承德县大营子乡	17338	9843	365	365	4718	33435
承德县八家乡	13741	9831	6	6	3024	25840
承德县满杖子乡	11027	9109	646	683	3955	24089
承德县五道河乡	15857	9110	626	626	4626	33367
承德县岔沟乡	18367	15848	12110	895	13744	23686
承德县岗子满族乡	8120	8775	663	767	4246	10170
承德县两家满族乡	10088	10649	6	6	4277	12339
承德县仓子乡	10991	10527	952	848	4676	18412
兴隆县兴隆镇	16423	71823	1374	1374	1698	26185
兴隆县半壁山镇	13258	22012	748	748	1078	29624
兴隆县挂兰峪镇	16975	13520	745	745	878	27970
兴隆县青松岭镇	17476	14480	965	965	1069	21067
兴隆县六道河镇	18217	18424	936	936	1181	25944
兴隆县平安堡镇	8942	15216	1092	1092	1637	13002
兴隆县北营房镇	9873	13681	1020	1020	1055	12968
兴隆县孤山子镇	7719	11442	619	619	563	24281
兴隆县蓝旗营镇	10065	14729	585	585	697	19489
兴隆县雾灵山镇	15291	13589	898	898	1540	16663
兴隆县李家营镇	15387	11270	716	716	1181	8599
兴隆县大杖子镇	21777	17676	711	711	2061	37327
兴隆县三道河镇	11969	16482	639	639	1166	21293
兴隆县蘑菇峪镇	30041	17290	870	870	2009	17936
兴隆县大水泉镇	21464	14263	645	645	1657	20810
兴隆县南天门满族乡	10024	7287	537	537	1105	8462
兴隆县八卦岭满族乡	9967	14842	673	673	673	27724

4-1续28　乡镇经济主要指标(2020年)

乡镇名称	行政区域面积(公顷)	乡镇户籍人口(人)	一般公共预算收入(万元)	一般公共预算支出(万元)	粮食产量(吨)	现价农林牧渔业总产值(万元)
兴隆县陡子峪乡	7554	6470	540	540	394	7100
兴隆县上石洞乡	13020	3692	501	501	304	9780
兴隆县安子岭乡	8056	5546	483	483	480	13352
滦平县滦平镇	14165	19484	1046	1286	4624	33991
滦平县长山峪镇	20084	22784	871	1036	3976	24582
滦平县红旗镇	13531	16533	744	878	5699	40746
滦平县金沟屯镇	21025	20606	1265	1269	5651	43294
滦平县虎什哈镇	24224	22867	1237	1238	8831	64393
滦平县巴克什营镇	18445	21156	832	1021	2897	16296
滦平县张百湾镇	21751	26552	1193	1828	7977	66538
滦平县付营子镇	21102	18911	751	883	4402	36993
滦平县大屯镇	15843	21755	1097	1097	4218	37861
滦平县火斗山镇	15916	15724	713	780	4233	26022
滦平县平坊满族乡	6753	7578	4540	3191	4307	25670
滦平县安纯沟门满族乡	15703	13527	864	1057	4415	31545
滦平县小营满族乡	12869	15134	711	811	5175	26813
滦平县西沟满族乡	15255	7794	587	637	4821	28152
滦平县邓厂满族乡	7386	2638	135	138	1485	7534
滦平县五道营子满族乡	12370	4842	763	518	1797	12441
滦平县马营子满族乡	13872	9456	557	626	2176	19525
滦平县付家店满族乡	7928	5577	494	536	1595	13134
滦平县两间房乡	18905	17219	1095	1218	4144	28341
隆化县隆化镇	28958	45000	2230	2230	5582	33124
隆化县韩麻营镇	21674	23639	22916	1478	8329	28028
隆化县中关镇	8297	11641	2057	2057	4074	20709
隆化县七家镇	14610	14717	718	718	4936	29084
隆化县汤头沟镇	26347	30141	2147	2147	15043	55280
隆化县张三营镇	14281	24631	1752	1752	11284	57760
隆化县唐三营镇	27822	28287	1679	1679	19767	45285
隆化县蓝旗镇	26526	20635	2015	2015	11284	27742
隆化县步古沟镇	36663	24900	1627	1566	14910	72644
隆化县郭家屯镇	68911	23080	1956	1956	19331	84112
隆化县荒地乡	28563	18326	1939	1939	10097	26811
隆化县章吉营乡	15628	21864	2180	2079	11167	25443
隆化县茅荆坝乡	30568	10646	1772	8390	3014	21560
隆化县尹家营满族乡	8994	8644	998	998	5842	26980
隆化县庙子沟蒙古族满族乡	9825	6874	786	786	4200	19507
隆化县偏坡营满族乡	17903	13053	1645	677	9813	38679
隆化县山湾乡	19098	10654	1200	1200	5690	40029
隆化县八达营蒙古族乡	18879	13947	1510	1510	9320	42314
隆化县太平庄满族乡	17131	11388	1400	1400	6623	16473
隆化县旧屯满族乡	17405	8014	1143	1143	4858	16065
隆化县西阿超满族蒙古族乡	18969	10637	925	925	2814	37437
隆化县碱房乡	20397	7267	802	802	4009	24461
隆化县韩家店乡	28286	14814	1277	1277	12384	84971
隆化县湾沟门乡	20203	10556	1592	1592	7715	26915
丰宁满族自治县大阁镇	45909	42910	2575	2575	3846	15890
丰宁满族自治县大滩镇	62419	23167	2415	2415	16168	43995
丰宁满族自治县鱼儿山镇	36114	15583	711	711	15369	39595

4-1续29　乡镇经济主要指标(2020年)

乡镇名称	行政区域面　积(公顷)	乡镇户籍人　　口(人)	一般公共预算收入(万元)	一般公共预算支出(万元)	粮食产量(吨)	现价农林牧渔业总产值(万元)
丰宁满族自治县土城镇	34300	17938	1033	1522	11236	39980
丰宁满族自治县黄旗镇	32191	15632	1551	1551	9164	23900
丰宁满族自治县凤山镇	37001	40715	4625	4625	15356	42400
丰宁满族自治县波罗诺镇	16102	12132	833	833	3833	14890
丰宁满族自治县黑山咀镇	29692	20900	500	500	9767	20800
丰宁满族自治县天桥镇	15949	9847	715	715	3768	16800
丰宁满族自治县胡麻营镇	26764	17364	957	957	5340	19300
丰宁满族自治县万胜永乡	25702	4756	5012	20	4735	18980
丰宁满族自治县四岔口乡	65649	7268	367	367	12433	23950
丰宁满族自治县苏家店乡	48258	5947	6	6	3197	21550
丰宁满族自治县外沟门乡	57818	6345	6	6	4240	18505
丰宁满族自治县草原乡	20209	7088	624	624	9694	24580
丰宁满族自治县窟窿山乡	27458	4169	730	730	2656	9550
丰宁满族自治县小坝子乡	30975	5093	45	60	4240	26450
丰宁满族自治县五道营乡	36369	9041	731	731	2577	32900
丰宁满族自治县南关蒙古族乡	35363	19268	686	686	6680	23580
丰宁满族自治县选将营乡	33140	14210	1043	1043	7037	18960
丰宁满族自治县西官营乡	26050	13188	1130	488	5484	12800
丰宁满族自治县王营乡	13233	6434	790	790	2350	15350
丰宁满族自治县北头营乡	19855	7256	501	501	3500	17330
丰宁满族自治县石人沟乡	34741	16698	877	877	9580	15100
丰宁满族自治县汤河乡	44432	11224	1104	1104	3915	9823
丰宁满族自治县杨木栅子乡	18905	8311	1024	1024	3426	12300
宽城满族自治县宽城镇	17253	62844	18470	1001	5373	28163
宽城满族自治县龙须门镇	18620	24322	2898	980	9298	28506
宽城满族自治县峪耳崖镇	14149	27308	9923	1060	5558	26035
宽城满族自治县板城镇	16061	23578	7076	929	6654	27276
宽城满族自治县汤道河镇	23126	21396	204	779	6947	60585
宽城满族自治县桲罗台镇	8091	8976	2350	590	770	13191
宽城满族自治县碾子峪镇	7849	17398	10999	740	2375	19183
宽城满族自治县亮甲台镇	6710	7749	3856	568	3266	11166
宽城满族自治县化皮溜子镇	5855	10073	276	456	1945	13833
宽城满族自治县松岭镇	4844	6267	8929	605	1165	7643
宽城满族自治县塌山乡	8307	6082	436	585	1438	12133
宽城满族自治县孟子岭乡	9682	7492	335	476	1453	11937
宽城满族自治县独石沟乡	4968	1592	8	334	119	2815
宽城满族自治县铧尖乡	6274	7543	328	404	1337	12705
宽城满族自治县东黄花川乡	4422	6175	1635	512	1715	7045
宽城满族自治县苇子沟乡	9592	7693	83	572	3497	12372
宽城满族自治县大字沟乡	7250	5844	30	394	2337	8649
宽城满族自治县大石柱子乡	9732	7827	108	437	2838	20306
围场满族蒙古族自治县围场镇	18779	73790	2382	2382	10687	22066
围场满族蒙古族自治县四合永镇	15269	26445	1751	1751	5245	10829
围场满族蒙古族自治县克勒沟镇	16804	20502	1552	1552	19295	39841
围场满族蒙古族自治县棋盘山镇	27519	23359	1478	1478	35209	72704
围场满族蒙古族自治县半截塔镇	20782	12584	908	908	12351	25502
围场满族蒙古族自治县朝阳地镇	16277	19110	680	680	25298	52238
围场满族蒙古族自治县朝阳湾镇	18271	21575	819	819	23894	49337
围场满族蒙古族自治县腰站镇	20940	24477	965	965	18647	38504

4−1续30　乡镇经济主要指标(2020年)

乡镇名称	行政区域面积（公顷）	乡镇户籍人口（人）	一般公共预算收入（万元）	一般公共预算支出（万元）	粮食产量（吨）	现价农林牧渔业总产值（万元）
围场满族蒙古族自治县龙头山镇	14856	12668	753	753	7387	15253
围场满族蒙古族自治县新拨镇	27274	17006	724	724	15898	32827
围场满族蒙古族自治县御道口镇	24240	5678	924	924	23326	48164
围场满族蒙古族自治县城子镇	29561	12951	749	749	7838	16184
围场满族蒙古族自治县道坝子乡	19333	11104	713	713	7709	15918
围场满族蒙古族自治县黄土坎乡	24507	14463	601	601	11098	22916
围场满族蒙古族自治县四道沟乡	10901	8760	503	503	3494	7216
围场满族蒙古族自治县兰旗卡伦乡	20216	12328	760	760	8616	17791
围场满族蒙古族自治县银窝沟乡	20732	18194	900	900	19494	40252
围场满族蒙古族自治县新地乡	18052	21759	621	621	21691	44767
围场满族蒙古族自治县广发永乡	13261	11268	559	559	8909	18396
围场满族蒙古族自治县育太和乡	9412	8443	419	419	14159	29237
围场满族蒙古族自治县郭家湾乡	18381	10338	504	504	14373	30093
围场满族蒙古族自治县杨家湾乡	16764	14037	626	626	9611	19846
围场满族蒙古族自治县大唤起乡	12405	9873	564	564	5686	11741
围场满族蒙古族自治县哈里哈乡	23345	11070	1017	1017	9155	18903
围场满族蒙古族自治县张家湾乡	12878	5144	454	454	3055	6309
围场满族蒙古族自治县宝元栈乡	16984	10310	526	526	11367	23472
围场满族蒙古族自治县山湾子乡	22960	10375	621	621	17238	35595
围场满族蒙古族自治县三义永乡	24527	10201	509	509	21464	44321
围场满族蒙古族自治县姜家店乡	24420	8523	598	598	7984	16486
围场满族蒙古族自治县下伙房乡	17644	9174	515	515	5502	11361
围场满族蒙古族自治县燕格柏乡	29631	6482	494	494	5988	12364
围场满族蒙古族自治县牌楼乡	15169	11042	645	645	8692	17948
围场满族蒙古族自治县老窝铺乡	27611	3801	484	484	7522	15531
围场满族蒙古族自治县石桌子乡	16041	6704	540	540	4011	8302
围场满族蒙古族自治县大头山乡	17791	11941	605	605	8236	17006
围场满族蒙古族自治县南山嘴乡	17476	5141	563	563	4694	9693
围场满族蒙古族自治县西龙头乡	23736	5127	474	474	5824	12026
承德高新技术产业开发区冯营子镇	8328	28447	100	100	1558	3193
承德高新技术产业开发区上板城镇	19627	37696	2092	2035	7687	7102
平泉市平泉镇	22386	101361	3279	1808	15064	23106
平泉市黄土梁子镇	15340	20972	1220	1220	14594	36290
平泉市榆树林子镇	29872	30956	1501	1501	20257	129775
平泉市杨树岭镇	20476	32482	1635	1635	14261	26230
平泉市七沟镇	28119	27835	1395	1395	16374	38862
平泉市小寺沟镇	15067	24863	1471	1471	15655	12132
平泉市党坝镇	22243	26410	1498	1498	13553	14397
平泉市卧龙镇	23023	32812	1819	1819	11689	92108
平泉市南五十家子镇	9140	20193	1177	350	8012	13422
平泉市北五十家子镇	11556	13197	887	887	8133	41162
平泉市桲椤树镇	13833	20852	975	975	9356	39476
平泉市柳溪镇	22811	12779	919	919	7269	24987
平泉市平北镇	12536	17252	949	949	14430	19231
平泉市青河镇	15460	17948	1011	1011	13033	23746
平泉市台头山镇	19015	21281	210	1056	13973	24201
平泉市王土房乡	12803	6707	801	801	1867	5887
平泉市七家岱满族乡	11424	9512	720	720	5354	21392
平泉市茅兰沟满族蒙古族乡	16997	19216	782	773	14366	40714

4-1续31　乡镇经济主要指标(2020年)

乡镇名称	行政区域面积(公顷)	乡镇户籍人口(人)	一般公共预算收入(万元)	一般公共预算支出(万元)	粮食产量(吨)	现价农林牧渔业总产值(万元)
平泉市道虎沟乡	7310	17078	1004	1004	12896	13900
新华区小赵庄乡	4904	45604	24858	24922	2213	2959
运河区小王庄镇	4243	35334	822	917	4388	4079
运河区南陈屯乡	4290	52001	4156	4209	3738	3765
沧县旧州镇	8200	24897	6532	4359	24816	21395
沧县兴济镇	11400	49549	13249	13249	47835	25101
沧县杜生镇	5800	44098	5091	8247	8205	33720
沧县崔尔庄镇	11800	60913	2005	10436	18849	28671
沧县薛官屯乡	9300	24443	5337	5337	29932	17053
沧县捷地回族乡	4300	31291	1920	2932	8252	22801
沧县张官屯乡	7900	50025	3379	8184	28955	27105
沧县李天木回族乡	9000	42180	6354	6354	33348	28208
沧县风化店乡	13000	45499	7188	9678	31090	29237
沧县姚官屯乡	7000	36923	973	973	18387	21611
沧县杜林回族乡	7800	46422	5899	5899	6791	21210
沧县汪家铺乡	8700	37751	2106	7311	23414	27774
沧县刘家庙乡	6500	28567	4743	4606	28489	22108
沧县仵龙堂乡	6900	32855	6137	6164	32804	24997
沧县大官厅乡	8500	44407	1464	1464	12703	18493
沧县高川乡	6500	34817	1201	1201	13370	25051
沧县黄递铺乡	4600	26749	4858	4858	8911	19005
沧县大褚村回族乡	5500	27556	985	985	16979	21117
沧县纸房头乡	8800	45048	19730	7950	25380	39950
青县清州镇	11611	110456	4081	4409	22095	100161
青县金牛镇	14412	46119	2275	2414	22791	13307
青县新兴镇	8757	39080	2692	2960	31329	39219
青县流河镇	10635	38017	3589	3446	17933	57359
青县木门店镇	7887	31244	2303	2387	21507	56939
青县马厂镇	14154	44371	2985	2822	30450	9882
青县盘古镇	6582	31420	2792	2576	12289	113890
青县上伍乡	6044	21862	2159	2175	23386	16321
青县曹寺乡	12742	45732	3535	3480	22013	269159
青县陈嘴乡	4714	18869	683	683	10577	11508
东光县东光镇	7149	74927	32884	32894	30087	101398
东光县连镇镇	8789	44758	4011	3971	46876	82813
东光县找王镇	5705	29859	2977	3125	31027	62117
东光县秦村镇	7192	31432	95	63	40192	64256
东光县灯明寺镇	8051	32826	1964	2804	53197	58977
东光县南霞口镇	9067	41441	1881	1881	45663	62118
东光县大单镇	8607	50820	6	6	40986	70395
东光县龙王李镇	7851	39260	1620	1605	36271	58977
东光县于桥乡	8524	36184	1862	1862	49901	60117
海兴县苏基镇	10900	51811	43792	1510	18124	34783
海兴县辛集镇	4800	23495	1323	1799	8974	19993
海兴县高湾镇	7920	29449	701	1449	16594	30130
海兴县赵毛陶乡	13920	36900	1641	2013	28703	32668
海兴县香坊乡	6520	20573	1578	1578	6003	43890
海兴县小山乡	23403	28028	1219	1683	18230	43309
海兴县张会亭乡	6340	33308	1591	1591	16941	30215

4-1续32 乡镇经济主要指标(2020年)

乡镇名称	行政区域面积(公顷)	乡镇户籍人口(人)	一般公共预算收入(万元)	一般公共预算支出(万元)	粮食产量(吨)	现价农林牧渔业总产值(万元)
盐山县盐山镇	9640	65702	4952	4952	17397	20467
盐山县望树镇	5380	31608	350	350	22557	15883
盐山县庆云镇	5600	47845	900	900	21507	17958
盐山县韩集镇	5270	43350	2309	2365	16370	16271
盐山县千童镇	3810	29574	1652	1658	13409	14111
盐山县圣佛镇	7770	48420	2105	2105	33652	16249
盐山县边务乡	9070	32773	2215	2102	13403	14047
盐山县小营乡	5900	30569	1746	1746	22348	15524
盐山县杨集乡	6810	32370	1290	910	17519	15833
盐山县孟店乡	8520	46816	6	6	28176	27809
盐山县常庄乡	3280	21991	14814	17626	13349	12645
盐山县小庄乡	6470	37010	1756	1761	30723	29068
肃宁县肃宁镇	4972	72262	105495	336613	16643	14850
肃宁县梁家村镇	8146	52415	286	3564	32345	47609
肃宁县窝北镇	6083	37213	185	2375	35483	55625
肃宁县尚村镇	5453	37025	5686	6663	23988	25143
肃宁县万里镇	5595	37791	1012	2089	29525	95701
肃宁县师素镇	6777	41309	955	2688	50917	42846
肃宁县河北留善寺镇	5127	36733	585	2281	22270	43033
肃宁县付家佐乡	5067	30347	407	3168	25696	56608
肃宁县邵庄乡	4402	25114	521	1523	22633	41008
南皮县南皮镇	6524	64216	15363	3085	31443	38233
南皮县冯家口镇	10095	46715	1115	1115	53560	54959
南皮县寨子镇	8571	59391	3171	3171	52080	67865
南皮县鲍官屯镇	9104	35407	277	277	48898	41579
南皮县王寺镇	9069	41846	1337	2005	52727	47791
南皮县乌马营镇	9657	28486	1766	1851	56984	32497
南皮县大浪淀乡	9981	33349	1070	1023	50109	42531
南皮县刘八里乡	5716	29165	110	110	35741	32497
南皮县潞灌乡	9854	57870	2159	2159	50058	119962
吴桥县桑园镇	4562	47526	4969	2226	29955	40299
吴桥县铁城镇	7376	37133	362	2726	50724	92998
吴桥县于集镇	5714	24906	385	1830	42519	68074
吴桥县梁集镇	5334	20273	354	1699	30112	55798
吴桥县安陵镇	6771	23345	510	2070	30544	71918
吴桥县曹家洼乡	5140	21660	1692	1845	33371	34533
吴桥县宋门乡	6440	26482	1398	2555	48172	70554
吴桥县杨家寺乡	5126	22202	108	108	34038	58588
吴桥县沟店铺乡	6082	24382	402	1978	51902	64478
吴桥县何庄乡	5671	24684	286	1982	41262	62742
献县乐寿镇	9900	87102	11834	11834	25923	55815
献县淮镇镇	7200	46219	1892	1782	19379	62602
献县郭庄镇	5800	36748	1772	1772	22230	45438
献县河城街镇	8300	50528	9960	2706	24869	28242
献县韩村镇	11100	57766	1614	1473	30823	29977
献县陌南镇	8400	42565	1257	1257	24098	45053
献县陈庄镇	8600	36492	3215	3042	31838	30234
献县段村镇	6900	29934	1104	1104	41919	51836
献县高官镇	4900	31749	1152	1152	13849	26710

4-1续33 乡镇经济主要指标(2020年)

乡镇名称	行政区域面积(公顷)	乡镇户籍人口(人)	一般公共预算收入(万元)	一般公共预算支出(万元)	粮食产量(吨)	现价农林牧渔业总产值(万元)
献县商林乡	5100	29633	1360	1360	19888	41033
献县张村乡	6700	28375	2034	1936	22996	51831
献县临河乡	5400	32415	2044	1612	22236	50607
献县小平王乡	4900	20526	967	967	20623	33516
献县十五级乡	6500	30393	2135	2022	14974	36118
献县垒头乡	4800	24478	1830	1670	20516	25561
献县南河头乡	3700	26976	965	14360	13555	35121
献县西城乡	5800	27764	765	765	23260	15203
献县本斋回族乡	3000	17110	1587	1227	11664	21418
孟村回族自治县孟村镇	7600	40189	4905	4905	32805	28913
孟村回族自治县新县镇	6400	34854	1449	1449	32475	29834
孟村回族自治县辛店镇	4100	30110	16601	16601	12221	17324
孟村回族自治县高寨镇	6100	25876	1385	1385	15521	17428
孟村回族自治县宋庄子乡	5500	33873	1459	1459	34115	30704
孟村回族自治县牛进庄乡	8300	36855	1407	1407	18919	17323
沧州渤海新区新村回族乡	8300	15901	6720	6710		106056
泊头市泊镇	5780	49400	30743	3075	20403	21404
泊头市交河镇	7904	44510	9014	4520	34658	24467
泊头市齐桥镇	10392	61203	2374	2980	28866	45901
泊头市寺门村镇	8158	35680	3917	1867	41286	21026
泊头市郝村镇	9278	39512	3004	1691	37043	26898
泊头市富镇镇	7818	37390	3694	2048	35273	27640
泊头市文庙镇	8466	41867	2243	2042	21424	24536
泊头市洼里王镇	7044	45010	2311	2311	21172	34987
泊头市王武庄乡	6942	34190	2316	1860	25454	29800
泊头市营子乡	9412	48348	2077	2098	35013	23760
泊头市四营乡	7548	34646	8039	1798	39156	28342
泊头市西辛店乡	9629	43779	877	1666	45677	27679
任丘市出岸镇	5400	42657	5835	5835	19089	22475
任丘市石门桥镇	5990	49907	3303	3303	25387	17716
任丘市吕公堡镇	5170	46025	2922	2154	33021	18774
任丘市长丰镇	7862	52967	3154	3154	20127	21153
任丘市梁召镇	7390	49648	4883	3414	41517	23269
任丘市辛中驿镇	5880	45778	2648	3376	30550	19038
任丘市麻家坞镇	7230	46792	5524	3023	29559	21418
任丘市北辛庄镇	5023	36150	6202	3652	20833	18245
任丘市议论堡镇	7178	44015	3426	3426	27099	15865
任丘市青塔乡	5319	33610	2932	2932	18145	17452
任丘市北汉乡	5120	33583	5587	3024	17741	20889
任丘市于村乡	8292	44101	2826	2761	48498	18509
黄骅市黄骅镇	13410	48405	109018	93641	15418	10343
黄骅市南排河镇	26375	56079	6144	5966		292379
黄骅市吕桥镇	15000	43708	12593	12593	36959	33776
黄骅市旧城镇	14472	41346	7807	7807	47780	50311
黄骅市齐家务镇	16524	44583	7356	7942	53198	63666
黄骅市滕庄子镇	19794	45491	6006	5892	34736	45155
黄骅市羊二庄回族乡	31083	53090	4808	4650	38302	71837
黄骅市常郭乡	16371	45934	7914	6889	40181	30243
黄骅市官庄乡	9517	32469	2830	3001	28315	14980

4-1续34　乡镇经济主要指标(2020年)

乡镇名称	行政区域面积(公顷)	乡镇户籍人口(人)	一般公共预算收入(万元)	一般公共预算支出(万元)	粮食产量(吨)	现价农林牧渔业总产值(万元)
黄骅市羊三木回族乡	6259	9664	4913	4135	9665	5206
河间市米各庄镇	9366	67991	4055	4055	38637	24452
河间市景和镇	6605	30483	3352	3352	22733	19752
河间市卧佛堂镇	8093	55391	1992	2027	42927	25655
河间市束城镇	9037	58770	2984	2984	27157	26992
河间市留古寺镇	6058	35911	30000	20000	34005	17821
河间市沙河桥镇	7759	47708	2745	2745	26376	22585
河间市诗经村镇	10202	63296	7932	7932	53677	37815
河间市尊祖庄镇	7730	42379	263	263	24537	21194
河间市兴村镇	8774	60476	3117	3117	33561	29222
河间市故仙乡	8556	41430	2603	2603	33001	25658
河间市黎民居乡	9576	50429	265	265	27070	27029
河间市沙洼乡	5625	38922	986	1326	11182	17805
河间市西九吉乡	5050	35275	2017	2017	12117	29477
河间市北石槽乡	4235	25944	1387	1387	24036	15363
河间市时村乡	5550	33285	1789	1789	20225	19270
河间市行别营乡	6320	47102	2284	2284	17884	21517
河间市龙华店乡	4791	31347	1406	1406	17587	14838
河间市果子洼回族乡	2711	24231	1635	1635	8001	18488
安次区落垡镇	5966	26186	2039	2039	16670	12256
安次区码头镇	10508	51529	1995	2676	19506	27356
安次区葛渔城镇	8061	45269	3259	3259	17491	41452
安次区东沽港镇	6441	39541	3121	3121	18165	24968
安次区调河头镇	6223	28276	457	1678	16096	14836
安次区杨税务乡	9200	41338	2845	11645	21666	35624
安次区仇庄乡	7250	32550	1316	3122	14651	21536
安次区北史家务乡	3131	33410	2489	2489	1117	16869
广阳区南尖塔镇	2630	38963	1600	5890	1647	23258
广阳区万庄镇	8842	76961	7303	7303	13506	34887
广阳区九州镇	7968	66741	5581	5581	13836	40702
广阳区北旺乡	4331	37430	7299	7299	3953	17443
固安县固安镇	16614	186484	77607	77049	23959	74935
固安县宫村镇	7360	40245	48192	48192	13938	63191
固安县柳泉镇	8686	52006	11452	11452	29653	57280
固安县牛驼镇	6988	42207	6	6	25960	99675
固安县马庄镇	5330	35298	248	194	25354	31183
固安县东湾乡	7475	46460	5272	5672	26258	99417
固安县彭村乡	4616	29106	3885	1449	18795	53521
固安县渠沟乡	4980	34643	4058	1572	21115	61595
固安县礼让店乡	3570	22791	3028	3008	16533	48270
永清县永清镇	17620	96610	32088	32063	29868	281325
永清县韩村镇	9060	32467	5745	4948	14513	39789
永清县后奕镇	5210	27375	3805	886	12979	63752
永清县别古庄镇	9950	30862	4268	3708	15860	57006
永清县里澜城镇	6793	29367	4752	4181	12793	42901
永清县管家务回族乡	2947	12862	1788	1508	6120	29951
永清县曹家务乡	9057	31506	4511	5082	11851	84119
永清县龙虎庄乡	5251	30657	1269	1246	13241	172525
永清县刘街乡	5500	32643	3922	3377	17816	153770

4–1续35　乡镇经济主要指标(2020年)

乡镇名称	行政区域面积(公顷)	乡镇户籍人口(人)	一般公共预算收入(万元)	一般公共预算支出(万元)	粮食产量(吨)	现价农林牧渔业总产值(万元)
永清县三圣口乡	5952	32098	3211	3211	9932	47286
香河县淑阳镇	5233	104782	76804	22990	3604	6698
香河县蒋辛屯镇	3288	24077	24774	5386	2500	13085
香河县渠口镇	6473	30283	7076	5966	10959	23032
香河县安头屯镇	4583	27827	4216	3834	12254	35798
香河县安平镇	3352	36868	18271	50793	505	14286
香河县刘宋镇	6289	36288	7617	6231	15936	64268
香河县五百户镇	6199	38821	3967	5852	11416	127457
香河县钱旺镇	3651	27683	4649	4652	7633	5074
香河县钳屯镇	3421	23694	4443	4225	2970	13255
香河县香河新兴产业示范区	2309	13297	12983	41237	3059	19852
大城县平舒镇	6796	79118	7	6	17638	17589
大城县旺村镇	14636	45806	6598	6596	45302	33991
大城县大尚屯镇	13146	85074	2944	2944	64996	44636
大城县南赵扶镇	10705	50345	4085	4085	4114	32267
大城县留各庄镇	7907	52053	2278	2278	31334	34793
大城县权村镇	6308	44172	2208	2208	23750	16883
大城县里坦镇	5994	27500	1975	1975	15727	31456
大城县广安镇	6860	45812	2802	2797	17134	27855
大城县北魏镇	7310	52055	1641	1641	25069	30477
大城县臧屯镇	10070	53642	4737	4737	20088	33715
文安县文安镇	13315	93322	14390	3747	41961	25440
文安县新镇镇	4815	34945	1899	1899	14977	14223
文安县苏桥镇	8292	36817	1569	1569	25760	15918
文安县大柳河镇	10499	40294	3481	4267	27624	19288
文安县左各庄镇	4280	26935	12137	12137	8152	11067
文安县滩里镇	6522	34126	21687	21687	14684	10064
文安县史各庄镇	3875	27366	1476	1476	8612	10381
文安县赵各庄镇	7168	52843	3105	3310	22975	22399
文安县兴隆宫镇	5462	34238	54	54	18616	10885
文安县大留镇镇	7083	45574	1653	1653	26520	15311
文安县孙氏镇	14392	65987	2831	2831	31646	29729
文安县德归镇	10487	21862	2163	2460	36828	14372
文安县大围河回族满族乡	6198	35100	10	6	22467	14344
大厂回族自治县大厂镇	4133	29087	33711	34719	3324	18895
大厂回族自治县夏垫镇	4118	36477	9825	6175	4669	29181
大厂回族自治县祁各庄镇	4748	26095	6	6	603	7141
大厂回族自治县邵府镇	2218	11292	2509	2573	601	7944
大厂回族自治县陈府镇	2376	12753	3545	3554	2830	13028
霸州市霸州镇	7670	74864	4222	4224	16340	21030
霸州市南孟镇	5196	37346	9856	2878	7670	19858
霸州市信安镇	4158	31033	2166	2166	7666	12559
霸州市堂二里镇	4638	35257	1868	1868	9884	13832
霸州市煎茶铺镇	7420	45543	3145	3145	14859	19042
霸州市胜芳镇	9701	99134	28069	31374	17554	10850
霸州市杨芬港镇	8528	40178	2771	3625	26801	30811
霸州市康仙庄镇	7856	51076	2686	2686	20938	23100
霸州市王庄子镇	5146	38554	2714	2119	18649	7320
霸州市岔河集乡	8490	57137	43224	14579	10065	15920

4-1续36　乡镇经济主要指标(2020年)

乡镇名称	行政区域面积(公顷)	乡镇户籍人口(人)	一般公共预算收入(万元)	一般公共预算支出(万元)	粮食产量(吨)	现价农林牧渔业总产值(万元)
霸州市东杨庄乡	3021	24575	1636	1636	14704	4989
霸州市东段乡	6367	46772	3501	3349	6349	5767
三河市泃阳镇	6212	60230	18839	16690	13572	45614
三河市李旗庄镇	4396	25654	5193	9767	11046	31637
三河市杨庄镇	4829	28811	2092	14779	7701	25868
三河市皇庄镇	6703	46434	2143	17340	25331	36582
三河市新集镇	5973	48690	1185	13149	18252	20640
三河市段甲岭镇	5541	23072	2069	9408	5447	24455
三河市黄土庄镇	6516	36721	8249	9941	8161	43139
三河市高楼镇	7382	46877	7069	7097	18780	22057
三河市齐心庄镇	4391	25339	2377	8323	13039	38204
三河市燕郊镇	11857	371914	369850	97741	8743	32982
桃城区郑家河沿镇	10843	52085	12050	12317	52420	36717
桃城区赵家圈镇	11400	37633	7380	8674	82689	53950
桃城区邓庄镇	9995	31664	9145	10149	48028	74383
桃城区何家庄乡	1091	31602	4350	4469	102	945
冀州区冀州镇	13416	93121	5189	5410	34847	18738
冀州区官道李镇	6408	19341	1265	1394	37363	24080
冀州区南午村镇	11646	37771	1448	1398	42043	36835
冀州区周村镇	7709	25002	3488	3782	36562	19271
冀州区码头李镇	9310	30228	2201	2201	38306	24101
冀州区西王镇	7377	31191	2097	2586	50503	19744
冀州区门家庄乡	6186	20958	1442	1351	40353	15671
冀州区徐家庄乡	8125	27021	2009	2086	23593	18774
冀州区北漳淮乡	5878	21461	1210	1222	24804	16003
冀州区小寨乡	11703	31866	2444	2186	56492	28346
枣强县枣强镇	19200	106043	5867	5867	96971	50729
枣强县恩察镇	3700	15542	1648	1828	23076	14255
枣强县大营镇	13600	76823	21240	20588	72458	36014
枣强县嘉会镇	3200	12629	883	883	14700	18240
枣强县马屯镇	11400	37973	368	401	68406	26095
枣强县肖张镇	3400	14338	357	342	10237	10942
枣强县张秀屯镇	9300	31699	4110	4049	35663	26457
枣强县新屯镇	7254	37533	4414	4321	50912	23646
枣强县唐林镇	6900	22697	2044	541	32289	26755
枣强县王均乡	6410	22902	1802	1790	38595	19106
枣强县王常乡	6000	20440	1890	1561	34384	22109
武邑县武邑镇	12991	71689	12616	3432	50262	83618
武邑县清凉店镇	8982	30376	1456	2146	39041	60835
武邑县审坡镇	10531	35876	450	1990	40971	78992
武邑县赵桥镇	9757	37108	2269	2258	38777	52878
武邑县韩庄镇	10522	39008	163	1787	47966	61298
武邑县肖桥头镇	7397	28339	857	1780	26057	45491
武邑县龙店镇	7493	27391	162	2153	27698	46642
武邑县圈头乡	5922	21835	227	1343	34336	45165
武邑县大紫塔乡	6410	19989	580	1544	41961	41995
武强县武强镇	9603	58785	3162	3257	41795	38865
武强县街关镇	7533	31392	1740	1740	43546	39195
武强县周窝镇	5310	24988	6380	6602	36883	32735

4-1续37　乡镇经济主要指标(2020年)

乡镇名称	行政区域面积(公顷)	乡镇户籍人口(人)	一般公共预算收入(万元)	一般公共预算支出(万元)	粮食产量(吨)	现价农林牧渔业总产值(万元)
武强县东孙庄镇	7511	32705	3210	3556	44113	44982
武强县豆村乡	6237	30779	2186	2209	35704	34639
武强县北代乡	8087	30629	2189	2406	48037	35168
饶阳县饶阳镇	8901	43136	4610	3178	33870	74811
饶阳县大尹村镇	4707	24042	2632	3184	14366	109935
饶阳县五公镇	6611	35837	2258	2153	32840	79152
饶阳县大官亭镇	8687	42691	1934	2111	33741	84930
饶阳县王同岳镇	6411	29511	2865	2865	28655	62570
饶阳县留楚乡	14274	56466	3780	3984	40598	139393
饶阳县东里满乡	7637	37694	1766	1735	30120	53396
安平县安平镇	8177	84930	10764	10764	33308	39179
安平县马店镇	8172	55145	2832	2834	35427	43605
安平县南王庄镇	6144	35168	837	836	22255	60459
安平县大子文镇	5613	31846	1534	1534	27439	37670
安平县东黄城镇	4810	30635	1727	1727	23345	33571
安平县大何庄乡	5893	35880	592	760	28133	43957
安平县程油子乡	6301	36745	886	886	25838	37422
安平县西两洼乡	4436	22429	1411	1411	25969	88839
故城县郑口镇	12070	114228	9055	9055	64395	57573
故城县夏庄镇	8041	41127	1306	1306	43190	42344
故城县青罕镇	4960	29000	945	945	17565	32339
故城县故城镇	5280	28023	1831	1831	21971	37304
故城县武官寨镇	7657	40421	1942	1942	25879	37029
故城县饶阳店镇	8424	36025	1277	1277	30288	33077
故城县军屯镇	3049	19502	689	689	21795	24906
故城县建国镇	6722	53056	1476	1476	46345	53550
故城县西半屯镇	8111	44791	166	166	30820	42403
故城县房庄镇	9989	34990	1517	1517	40607	46779
故城县三朗镇	7417	27748	1494	1494	21153	35213
故城县辛庄乡	7150	28910	1192	1182	18593	33181
故城县里老乡	5264	20268	667	562	24864	29640
景县景州镇	8956	64895	15522	15522	56066	29855
景县龙华镇	7833	37362	5837	5837	54184	29071
景县广川镇	8055	32874	2500	2500	52544	24226
景县王瞳镇	6274	28013	1552	1512	35932	20976
景县洚河流镇	6281	28264	1963	1920	36298	20848
景县安陵镇	5698	23375	2568	1849	41079	21517
景县杜桥镇	8994	40453	2079	2079	58862	19538
景县王谦寺镇	7568	30589	2283	2346	53534	21054
景县北留智镇	7697	32152	2651	2651	51715	24017
景县留智庙镇	8365	38659	9080	9080	49415	29267
景县梁集镇	8248	37056	1721	1721	56158	24128
景县刘集乡	7323	26578	1648	1648	52585	25915
景县连镇乡	5985	23919	2017	2090	39511	26272
景县温城乡	6334	24418	985	985	43336	20194
景县后留名府乡	7498	29021	2033	1553	50423	22479
景县青兰乡	7782	32056	1315	1315	44244	21325
阜城县阜城镇	8687	62473	13196	11961	37530	45215
阜城县古城镇	9032	44520	2758	2758	43946	47923

4-1续38　乡镇经济主要指标(2020年)

乡镇名称	行政区域面积(公顷)	乡镇户籍人口(人)	一般公共预算收入(万元)	一般公共预算支出(万元)	粮食产量(吨)	现价农林牧渔业总产值(万元)
阜城县码头镇	10060	42014	1169	1169	44213	44533
阜城县霞口镇	6804	32861	1505	1836	22332	45497
阜城县崔家庙镇	9211	44286	3087	2026	45562	46640
阜城县漫河镇	6780	29540	1399	1688	25836	44734
阜城县建桥乡	4143	18699	1057	1207	24202	29349
阜城县蒋坊乡	5287	27693	1485	2042	22670	27503
阜城县大白乡	4432	20808	1338	1241	25396	24506
阜城县王集乡	5056	23932	2394	2394	25981	29350
河北衡水高新技术产业开发区大麻森乡	8135	32748	3179	3179	25061	15980
衡水滨湖新区魏家屯镇	4544	22636	11073	12081	27257	14752
衡水滨湖新区彭杜村乡	9500	40562	2392	2376	32625	17637
深州市唐奉镇	8373	40569	1555	1550	17307	93524
深州市深州镇	8301	78127	4500	4741	19854	65341
深州市辰时镇	9776	42164	4715	4715	35589	71574
深州市榆科镇	7334	26948	1234	1234	47133	45147
深州市魏家桥镇	7782	29175	1965	1965	51893	33031
深州市大堤镇	6743	23360	1368	1368	50956	21155
深州市前磨头镇	6223	22276	2479	2488	38423	20801
深州市王家井镇	8740	32767	2071	2425	70797	25138
深州市护驾迟镇	7413	22701	1490	1490	58440	21821
深州市大屯镇	8193	24251	1817	1807	62943	33085
深州市高古庄镇	6973	20558	1125	1210	51688	24066
深州市兵曹乡	6215	34068	1721	1757	3584	38019
深州市穆村乡	4216	31070	2624	2624	613	45352
深州市东安庄乡	7200	41840	1855	1991	35568	52887
深州市北溪村乡	7004	31855	1527	1527	38505	62061
深州市大冯营乡	8090	31672	1282	2119	60760	40221
深州市乔屯乡	5943	19124	1435	1436	34482	15074
定州市留早镇	8687	49541	1421	1421	75692	76408
定州市清风店镇	5356	49996	1462	1460	35880	34618
定州市庞村镇	4662	50045	1293	1293	31011	29172
定州市砖路镇	5596	58757	1035	1035	43279	66287
定州市明月店镇	4137	53513	1238	1238	33000	29387
定州市叮咛店镇	8316	62246	1174	1174	60287	159090
定州市东亭镇	4917	35902	971	971	18324	52067
定州市大辛庄镇	4244	33255	1296	1296	357	45738
定州市东旺镇	4425	33927	1010	1010	22257	100705
定州市高蓬镇	5615	48556	1036	1125	31362	64675
定州市邢邑镇	4839	38024	907	907	32988	38376
定州市李亲顾镇	4972	45095	1181	1181	40152	56588
定州市子位镇	6096	47131	752	752	54015	82617
定州市开元镇	4397	53787	1164	1164	36681	32600
定州市周村镇	5036	53081	1070	1070	34781	39478
定州市息冢镇	5544	43953	871	871	29903	49044
定州市东留春乡	4962	32736	1320	1320	29744	47845
定州市号头庄回族乡	5406	38991	791	791	45437	72100
定州市杨家庄乡	3600	34739	1011	1011	23363	27679
定州市大鹿庄乡	6023	48663	1251	1251	20873	53738
定州市西城乡	3488	27188	884	884	25662	33543

4-1续39　乡镇经济主要指标(2020年)

乡镇名称	行政区域面积(公顷)	乡镇户籍人口(人)	一般公共预算收入(万元)	一般公共预算支出(万元)	粮食产量(吨)	现价农林牧渔业总产值(万元)
辛集市辛集镇	7554	148559	16272	16272	17677	42368
辛集市旧城镇	5521	41464	532	2793	32634	121340
辛集市张古庄镇	4593	31709	1310	1052	35624	81168
辛集市位伯镇	5156	40918	2675	2675	16395	50228
辛集市新垒头镇	4001	29585	4980	4980	45054	56281
辛集市新城镇	5555	21917	2012	2260	37113	47429
辛集市南智邱镇	7634	37451	3634	3952	44172	50333
辛集市王口镇	10367	37474	458	1655	89748	17831
辛集市天宫营乡	5352	30310	161	161	41844	46590
辛集市前营乡	5927	34794	1565	1872	34128	84975
辛集市马庄乡	7482	25483	1678	1863	66720	67322
辛集市和睦井乡	6711	33317	2197	2237	53524	74955
辛集市田家庄乡	8530	52001	2552	3012	50409	73257
辛集市中里厢乡	4232	19834	1180	1410	31691	63330
辛集市小辛庄乡	4025	25003	1227	1303	38233	29268
容城县容城镇	7590	70121	2600	3200	32937	17515
容城县小里镇	3500	29510	1315	1365	24364	9808
容城县南张镇	5380	50831	2095	2375	25944	12150
容城县大河镇	3200	25694	1322	1362	3275	1388
容城县晾马台镇	3380	28005	1358	1529	13786	8482
容城县八于乡	2920	23005	3189	3199	2925	6262
容城县贾光乡	2380	27395	1073	817	6828	9810
容城县平王乡	3050	27245	1743	1784	14137	8320
安新县安新镇	7138	52120	1709	1708	9912	8235
安新县大王镇	7300	30926	2372	2358	17474	7187
安新县三台镇	5600	35694	4123	3452	11502	6860
安新县端村镇	7200	49818	2453	2316	22988	17282
安新县赵北口镇	2260	27529	1494	1510	2435	2098
安新县同口镇	8800	35937	1556	1520	36553	16913
安新县刘李庄镇	6200	52823	2023	1729	19734	11634
安新县安州镇	7481	41445	4776	4371	37936	16309
安新县老河头镇	6090	45767	1752	1752	29350	15996
安新县圈头乡	4500	30200	3263	3263	95	1422
安新县寨里乡	5796	38706	939	939	18620	7639
安新县芦庄乡	4100	22063	1155	1127	20132	8474
安新县龙化乡	5344	34451	1161	1109	23046	17499
雄县雄州镇	9018	79608	6253	6261	14801	16057
雄县昝岗镇	4503	38015	1450	1450	6129	6076
雄县大营镇	6251	39349	1160	1160	17349	6643
雄县龙湾镇	8074	54889	3818	3818	17386	12889
雄县朱各庄镇	5116	38732	1240	332	6568	5971
雄县米家务镇	5951	40438	689	687	15244	7859
雄县鄚州镇	6217	29723	4302	4302	7363	8121
雄县苟各庄镇	6208	33158	3926	3926	8968	7765
雄县北沙口乡	3833	24999	2706	2706	3824	4183
雄县双堂乡	4109	24643	5781	5699	9976	7685
雄县张岗乡	4879	34278	2761	2761	17493	5178
雄县七间房乡	5220	29995	2708	2708	9315	2599

5-1 各省(市、自治区)农林牧渔业总产值和第一产业增加值及其位次

(按当年现行价格计算)

地 区	农林牧渔业总产值（亿元）				第一产业增加值（亿元）			
	2019年		2020年		2019年		2020年	
	数量	位次	数量	位次	数量	位次	数量	位次
全 国	**123967.9**		**137782.2**		**70473.6**		**77754.1**	
北 京	281.7	30	263.4	30	114.4	30	107.6	30
天 津	414.4	28	476.4	28	185.4	28	210.2	28
河 北	**6061.5**	**8**	**6742.5**	**8**	**3518.4**	**8**	**3880.1**	**8**
山 西	1626.5	25	1935.8	24	825.3	25	946.7	25
内蒙古	3176.3	20	3472.4	20	1863.3	19	2025.1	19
辽 宁	4368.3	14	4582.6	14	2178.0	15	2284.6	15
吉 林	2442.7	21	2976.0	21	1287.3	22	1553.0	22
黑龙江	5930.0	9	6438.1	9	3183.2	10	3438.3	11
上 海	284.8	29	279.8	29	107.1	31	103.6	31
江 苏	7503.2	4	7952.6	4	4297.2	5	4536.7	5
浙 江	3355.3	19	3496.9	19	2086.7	16	2169.2	18
安 徽	5162.1	11	5680.9	12	2916.0	12	3184.7	12
福 建	4636.6	13	4901.1	13	2595.5	13	2732.3	13
江 西	3481.3	18	3820.7	18	2057.7	17	2241.6	17
山 东	9671.7	1	10190.6	1	5117.0	1	5363.8	2
河 南	8541.8	2	9956.4	2	4635.7	3	5353.7	3
湖 北	6681.9	6	7303.6	7	3809.4	6	4131.9	7
湖 南	6405.1	7	7512.0	6	3647.2	7	4240.4	6
广 东	7175.9	5	7901.9	5	4350.6	4	4770.0	4
广 西	5498.8	10	5913.3	11	3389.7	9	3555.8	10
海 南	1689.4	24	1821.0	25	1079.0	23	1136.0	24
重 庆	2337.8	22	2749.1	22	1551.6	21	1803.3	21
四 川	7889.4	3	9216.4	3	4807.5	2	5556.6	1
贵 州	3889.0	15	4358.6	15	2280.6	14	2539.9	14
云 南	4935.7	12	5920.5	10	3037.7	11	3598.9	9
西 藏	212.8	31	233.5	31	138.2	29	150.6	29
陕 西	3536.8	17	4056.6	17	1991.1	18	2267.5	16
甘 肃	1887.6	23	2103.6	23	1059.3	24	1198.1	23
青 海	454.4	27	507.1	27	301.9	27	334.3	27
宁 夏	584.9	26	703.1	26	280.0	26	338.0	26
新 疆	3850.7	16	4315.6	16	1781.8	20	1981.3	20

注：2018年增加值根据四经普结果进行了修订。

5-2 各省（市、自治区）粮食、蔬菜产量及其位次

单位：万吨

地区	粮食产量				蔬菜产量			
	2019年		2020年		2019年		2020年	
	数量	位次	数量	位次	数量	位次	数量	位次
全　国	**66384.3**		**66949.2**		**72102.6**		**74912.9**	
北　京	28.8	31	30.5	31	111.5	30	137.9	30
天　津	223.3	26	228.2	26	242.8	28	266.5	27
河　北	**3739.2**	**6**	**3795.9**	**6**	**5093.1**	**4**	**5198.2**	**4**
山　西	1361.8	16	1424.3	16	827.8	22	861.2	22
内蒙古	3652.5	8	3664.1	8	1090.8	21	1075.1	21
辽　宁	2430.0	12	2338.8	12	1885.4	16	1960.0	14
吉　林	3877.9	5	3803.2	5	445.4	26	464.9	26
黑龙江	7503.0	1	7540.8	1	655.4	23	674.3	23
上　海	95.9	30	91.4	30	268.1	27	252.9	28
江　苏	3706.2	7	3729.1	7	5643.7	3	5728.1	3
浙　江	592.2	23	605.7	23	1903.1	14	1945.5	16
安　徽	4054.0	4	4019.2	4	2213.6	12	2330.9	12
福　建	493.9	24	502.3	24	1570.7	18	1630.2	19
江　西	2157.5	13	2163.9	13	1581.8	17	1642.7	18
山　东	5357.0	3	5446.8	3	8181.1	1	8434.7	1
河　南	6695.4	2	6825.8	2	7368.7	2	7612.4	2
湖　北	2725.0	11	2727.4	11	4086.7	6	4119.4	6
湖　南	2974.8	10	3015.1	10	3969.4	7	4110.1	7
广　东	1240.8	18	1267.6	19	3528.0	9	3706.8	9
广　西	1332.0	17	1370.0	17	3636.4	8	3830.8	8
海　南	145.0	27	145.5	27	572.0	24	572.8	24
重　庆	1075.2	21	1081.4	21	2008.8	13	2092.6	13
四　川	3498.5	9	3527.4	9	4639.1	5	4813.4	5
贵　州	1051.2	22	1057.6	22	2734.8	10	2990.9	10
云　南	1870.0	14	1895.9	14	2304.1	11	2507.9	11
西　藏	103.9	29	102.9	29	77.5	31	84.3	31
陕　西	1231.1	19	1274.8	18	1897.4	15	1957.7	15
甘　肃	1162.6	20	1202.2	20	1388.8	20	1478.5	20
青　海	105.5	28	107.4	28	151.9	29	151.4	29
宁　夏	373.2	25	380.5	25	565.9	25	566.4	25
新　疆	1527.1	15	1583.4	15	1458.8	19	1714.9	17

5-3 各省（市、自治区）水果产量及其位次

单位：万吨

地区	水果产量				#园林水果产量			
	2019年		2020年		2019年		2020年	
	数量	位次	数量	位次	数量	位次	数量	位次
全　国	**27400.8**		**28692.4**		**19037.7**		**20379.2**	
北　京	59.9	27	53.8	28	45.6	25	39.9	25
天　津	57.4	28	56.4	27	35.8	26	31.7	27
河　北	**1391.5**	**7**	**1424.4**	**7**	**1004.4**	**6**	**1031.4**	**7**
山　西	862.7	12	909.8	13	808.2	9	858.0	10
内蒙古	280.4	23	238.7	23	50.2	24	46.8	23
辽　宁	820.7	14	851.3	14	605.1	14	632.7	14
吉　林	154.0	26	146.6	26	26.3	29	26.5	28
黑龙江	165.0	25	170.1	25	33.2	27	37.4	26
上　海	48.1	29	43.9	29	28.1	28	25.9	29
江　苏	983.6	11	974.2	11	322.2	22	322.8	22
浙　江	744.1	15	755.3	17	460.4	16	474.3	18
安　徽	706.3	18	741.5	18	350.4	20	367.8	20
福　建	727.2	16	764.6	16	681.6	11	717.0	12
江　西	693.3	19	712.8	19	474.3	15	493.2	15
山　东	2840.2	1	2938.9	1	1739.7	2	1829.8	2
河　南	2589.7	2	2563.4	3	950.7	8	1001.8	8
湖　北	1010.2	10	1066.8	10	661.0	13	716.4	13
湖　南	1062.0	9	1150.8	9	669.0	12	743.4	11
广　东	1768.6	5	1882.6	5	1644.4	4	1756.2	4
广　西	2472.1	3	2785.7	2	2140.2	1	2461.1	1
海　南	456.2	21	495.6	22	332.9	21	349.8	21
重　庆	476.4	20	514.8	21	415.9	18	452.3	19
四　川	1136.7	8	1221.3	8	1000.8	7	1083.6	6
贵　州	442.0	22	548.1	20	366.9	19	478.6	17
云　南	860.3	13	961.6	12	802.7	10	880.4	9
西　藏	2.4	31	2.2	31	2.0	30	1.7	30
陕　西	2012.8	4	2070.6	4	1733.4	3	1808.0	3
甘　肃	710.1	17	779.0	15	438.5	17	481.1	16
青　海	3.7	30	2.9	30	1.7	31	1.5	31
宁　夏	258.6	24	204.5	24	93.6	23	46.8	24
新　疆	1604.8	6	1660.4	6	1118.7	5	1181.3	5

5-4　各省（市、自治区）肉类产量及其位次

单位：万吨

地区	肉类总产量				#猪牛羊肉产量			
	2019年		2020年		2019年		2020年	
	数量	位次	数量	位次	数量	位次	数量	位次
全　国	**7758.8**		**7748.4**		**5410.1**		**5278.1**	
北　京	5.1	31	3.5	31	3.4	31	2.1	31
天　津	30.4	28	29.6	28	19.0	29	18.9	29
河　北	**433.4**	**5**	**419.2**	5	**330.1**	**6**	**313.8**	**6**
山　西	91.0	24	102.7	23	71.4	23	78.7	23
内蒙古	264.6	14	268.0	14	236.1	8	240.6	7
辽　宁	367.9	10	378.2	10	225.8	11	221.4	9
吉　林	243.2	16	237.4	17	154.9	17	148.9	17
黑龙江	237.1	17	253.2	16	193.4	14	205.6	11
上　海	10.8	30	9.3	30	9.1	30	7.6	30
江　苏	274.5	13	268.2	13	155.6	16	149.5	16
浙　江	94.3	23	90.1	24	63.7	24	57.8	24
安　徽	402.8	8	396.0	8	226.1	10	213.9	10
福　建	255.2	15	259.4	15	107.4	20	108.5	20
江　西	299.8	12	285.2	12	222.2	12	198.5	13
山　东	704.0	1	728.0	1	364.9	4	364.7	4
河　南	560.4	2	544.1	3	408.8	2	390.2	2
湖　北	349.2	11	307.4	11	268.8	7	228.1	8
湖　南	459.4	4	455.0	4	383.4	3	374.3	3
广　东	412.1	6	401.0	7	228.0	9	198.6	12
广　西	380.0	9	380.4	9	208.0	13	191.3	14
海　南	67.1	25	58.4	25	32.9	26	24.4	28
重　庆	163.8	20	161.2	20	126.1	19	123.0	19
四　川	559.5	3	597.8	2	417.0	1	459.1	1
贵　州	205.9	18	207.9	18	176.8	15	174.3	15
云　南	405.9	7	417.4	6	346.6	5	353.3	5
西　藏	28.4	29	28.3	29	27.8	28	27.8	27
陕　西	109.5	21	107.1	22	98.7	21	96.1	22
甘　肃	101.7	22	110.2	21	95.7	22	101.7	21
青　海	37.4	26	37.0	26	36.3	25	36.3	25
宁　夏	33.5	27	33.8	27	29.7	27	30.5	26
新　疆	170.8	19	173.7	19	142.5	18	138.5	18

5-5 各省（市、自治区）牛奶和禽蛋产量及其位次

单位：万吨

地 区	牛奶产量				禽蛋产量			
	2019年		2020年		2019年		2020年	
	数量	位次	数量	位次	数量	位次	数量	位次
全 国	**3201.0**		**3440.1**		**3309.0**		**3467.8**	
北 京	26.0	21	24.2	21	10.0	27	9.7	27
天 津	47.0	14	50.1	15	19.0	24	20.8	24
河 北	**429.0**	**3**	**483.4**	**3**	**386.0**	**3**	**389.7**	**3**
山 西	92.0	10	117.0	9	111.0	12	108.8	12
内蒙古	577.0	1	611.5	1	58.0	14	60.4	15
辽 宁	134.0	8	136.7	8	308.0	4	331.9	4
吉 林	40.0	17	39.3	17	122.0	9	122.0	9
黑龙江	465.0	2	500.2	2	114.0	11	117.4	11
上 海	30.0	20	29.1	20	3.0	29	2.9	29
江 苏	62.0	12	63.0	13	212.0	5	231.9	5
浙 江	15.0	22	18.3	22	34.0	21	33.2	21
安 徽	34.0	19	37.6	18	169.0	7	184.2	7
福 建	14.0	23	16.9	23	49.0	16	53.7	16
江 西	7.0	27	9.1	27	57.0	15	61.2	14
山 东	228.0	4	241.4	4	450.0	1	480.9	1
河 南	204.0	5	210.0	6	442.0	2	449.4	2
湖 北	13.0	25	13.4	25	179.0	6	193.1	6
湖 南	6.0	28	5.6	28	115.0	10	118.8	10
广 东	14.0	24	15.1	24	41.0	18	44.6	18
广 西	9.0	26	11.2	26	25.0	22	26.7	22
海 南			0.3	31	5.0	28	4.8	28
重 庆	4.0	30	3.2	30	44.0	17	45.7	17
四 川	67.0	11	68.0	11	162.0	8	167.9	8
贵 州	5.0	29	5.3	29	23.0	23	26.2	23
云 南	60.0	13	67.3	12	36.0	20	41.7	19
西 藏	42.0	16	44.9	16	1.0	31	0.7	31
陕 西	108.0	9	108.7	10	64.0	13	64.2	13
甘 肃	44.0	15	57.5	14	15.0	25	19.8	25
青 海	35.0	18	36.6	19	2.0	30	1.4	30
宁 夏	183.0	7	215.3	5	14.0	26	13.9	26
新 疆	204.0	6	200.0	7	40.0	19	40.2	20

5-6 各省(市、自治区)农村居民人均可支配收入及位次

单位：元

地区	1990年		1995年		2000年		2005年		2010年		2015年		2020年	
	数量	位次	数量	位次	数量	位次	数量	位次	数量	位次	数量	位次	数量	位次
全　国	**686**		**1578**		**2253**		**3255**		**5919**		**11422**		**17131**	
北　京	1297	2	3224	2	4605	2	7346	2	13262	2	20569	3	30126	3
天　津	1069	4	2406	6	3622	5	5580	4	10075	4	18482	4	23691	4
河　北	**622**	**19**	**1669**	**11**	**2479**	**9**	**3482**	**10**	**5958**	**12**	**11051**	**14**	**16467**	**14**
山　西	603	21	1208	21	1906	20	2891	18	4736	22	9454	23	13878	26
内蒙古	607	20	1300	19	2038	16	2989	17	5530	16	10776	19	16567	13
辽　宁	836	7	1757	9	2356	10	3690	9	6908	9	12057	9	17450	9
吉　林	804	8	1610	12	2023	17	3264	11	6237	10	11326	11	16067	20
黑龙江	759	10	1766	8	2148	14	3221	12	6211	11	11095	13	16168	18
上　海	1907	1	4246	1	5590	1	8248	1	13978	1	23205	1	34911	1
江　苏	959	6	2457	5	3595	6	5276	5	9118	5	16257	5	24198	5
浙　江	1099	3	2966	3	4254	3	6660	3	11303	3	21125	2	31930	2
安　徽	539	26	1303	18	1935	19	2641	22	5285	18	10821	18	16620	11
福　建	764	9	2049	7	3231	7	4450	7	7427	7	13793	6	20880	6
江　西	670	15	1537	13	2135	15	3129	13	5789	14	11139	12	16981	10
山　东	680	13	1715	10	2654	8	3931	8	6990	8	12930	8	18753	8
河　南	527	28	1232	20	1986	18	2871	19	5524	17	10853	17	16108	19
湖　北	671	14	1511	15	2269	11	3099	15	5832	13	11844	10	16306	16
湖　南	664	16	1425	17	2197	12	3118	14	5622	15	10993	15	16585	12
广　东	1043	5	2699	4	3655	4	4690	6	7890	6	13360	7	20143	7
广　西	639	18	1446	16	1865	23	2495	24	4543	25	9467	22	14815	22
海　南	696	11	1520	14	2182	13	3004	16	5275	20	10858	16	16279	17
重　庆					1892	22	2809	20	5277	19	10505	20	16361	15
四　川	558	24	1158	23	1904	21	2803	21	5087	21	10247	21	15929	21
贵　州	435	29	1087	25	1374	30	1877	31	3472	30	7387	30	11642	30
云　南	540	25	1011	27	1479	27	2042	29	3952	28	8242	28	12842	28
西　藏	650	17	1200	22	1331	31	2078	27	4139	26	8244	27	14598	23
陕　西	530	27	963	29	1442	28	2052	28	4105	27	8689	26	13316	27
甘　肃	431	30	880	30	1429	29	1980	30	3425	31	6936	31	10344	31
青　海	560	23	1030	26	1491	26	2151	26	3863	29	7933	29	12342	29
宁　夏	578	22	999	28	1724	24	2509	23	4675	23	9119	25	13889	25
新　疆	683	12	1136	24	1618	25	2482	25	4643	24	9425	24	14056	24

注：2013年以前农村居民为人均纯收入，2013年为新口径人均可支配收入。

Ⅶ　2020 年河北农村工作大事记

一　月

1月2日　全省农村工作会议暨扶贫脱贫工作会议在石家庄举行。省委书记、省人大常委会主任王东峰出席会议并讲话。省委副书记、省长许勤主持会议。省委副书记赵一德传达习近平总书记在中央政治局常委会会议上的重要讲话精神和中央农村工作会议精神，副省长时清霜传达全国扶贫开发工作会议精神。各市(含定州、辛集市)、雄安新区、各县(市、区)设分会场。省领导袁桐利、邢国辉、高志立、范照兵在主会场出席会议；省委农村工作领导小组、省扶贫开发和脱贫工作领导小组成员单位和有关省直单位主要负责人、分管负责人；各市(含定州、辛集市)委农办、农业农村局主要负责人，雄安新区公共服务局主要负责人等参加会议。

同日　国务院发展研究中心党组书记马建堂一行在我省大名县调研，并召开脱贫攻坚座谈会。副省长徐建培陪同调研。

1月9日　省委书记、省人大常委会主任王东峰主持召开省扶贫开发和脱贫工作领导小组2020年第一次全体会议。省委副书记、省长许勤，省委副书记赵一德出席会议。省领导袁桐利、王晓东、徐建培、时清霜、曹素华参加会议。

1月17日　河北省耕地保护督察通报反馈会在石家庄市举行。会前，省长许勤与国家自然资源督察北京局局长孙家海一行座谈。省委常委、常务副省长袁桐利出席反馈会并作表态讲话。省政府秘书长朱浩文参加座谈。

1月20日　省委、省政府印发关于抓好“三农”领域重点工作确保如期实现全面小康的实施意见(冀政发〔2020〕1号)。

二　月

2月14日　副省长时清霜赴省农业农村厅调研新冠肺炎疫情防控、农产品稳产保供和农业生产相关工作。

2月17日　副省长时清霜到保定望都、定州就推动农业企业复工复产进行调研。

2月20日　我省召开春季森林草原防灭火暨造林绿化电视电话会议。省委常委、常务副省长袁桐利出席会议并讲话。

2月26日　省长许勤就农村疫情防控、春季农业生产等工作赴石家庄正定调研检查。副省长时清霜、省政府秘书长朱浩文参加调研检查。

三　月

3月4日　副省长时清霜赴邯郸调研春季农业生产工作。

3月5日　省委书记、省人大常委会主任王东峰赴邢台宁晋调研检查疫情防控、复工复产和春耕备耕等工作。省委副书记赵一德参加调研检查。省领导高志立、时清霜参加活动。

同日　省长、省白洋淀生态修复保护领导小组组长许勤主持召开省白洋淀生态修复保护领导小组会议，深入学习贯彻习近平生态文明思想和习近平总书记关于雄安新区规划建设的重要指示，全面落实省委雄安新区规划建设工作领导小组部署和王东峰书记要求，研究白洋淀生态环境综合治理等事项。会议审议了《白洋淀生态环境综合治理方案(2020-2022年)》《白洋淀内源污染治理扩大试点实施方案》等文件，省生态环境厅、雄安新区管委会作情况汇报，与会省领导和领导小组成员单位负责同志讲话。省领导袁桐利、陈刚、聂瑞平、葛海蛟，省政府秘书长朱浩文参加会议。

3月6日　省政府召开全省耕地保护督察整改部署视频会议。省委常委、常务副省长袁桐利出席会议并讲话。

3月9日　全省决战决胜脱贫攻坚暨春季农业生产工作会议在石家庄召开。省委书记、省人大常委会主任王东峰出席会议并讲话。省委副书记、省长许勤主持会议，省委副书记赵一德就决战决胜脱贫攻坚和春季农业生产工作进行安排部署。会议以广电网络视频会议形式召开。省领导梁田庚、焦彦龙、高志立、范照兵、时清霜、曹素华，省直有关单位主要负责人在主会场参加会议。各市(含定州、辛集市）、雄安新区、各县（市、区）设分会场。

3月12日　省委书记、省人大常委会主任王东峰在雄安新区植树并调研检查。省委副书记、省长许勤参加植树。在雄安新区调研检查期间，王东峰主持召开省委雄安新区规划建设工作领导小组专题会议。省领导袁桐利、陈刚、高志立、徐建培、夏延军，省政府秘书长朱浩文参加有关活动。

同日　省人大常委会党组书记、常务副主任范照兵、副主任王晓东，在机关北楼二楼主任会议室召开河北省地下水管理与地下水超采综合治理情况汇报座谈会。

3月13日　全省地下水超采综合治理工作电视电话会议在石家庄召开。省长许勤出席会议并讲话。省委副书记赵一德主持会议。副省长时清霜、葛海蛟，省政府秘书长朱浩文参加会议。

3月16日　省长许勤赴邢台调研检查复工复产复课、农村人居环境整治、地下水超采综合治理和“三创四建”活动开展等情况。省政府秘书长朱浩文参加调研检查。

3月17日　省人大常委会党组副书记、副主任王晓东主持召开疫情防控期间涉及野生动物保护典型案件分析座谈会。省人大常委会农工委主任梁久丰，省法院、检察院、公安厅、林草局、市场监管局等相关负责同志参加会议。

3月19日　省长许勤赴省森林草原防火指挥中心进行检查调度。省政府秘书长朱浩文参加检查调度。

同日　省人大常委会党组书记、常务副主任范照兵、副主任王晓东，在机关北楼二楼主任会议室召开河北省农业结构调整情况汇报座谈会。

3月20日　全省安全生产、森林草原防火和防汛抗旱工作电视电话会议在石家庄召开，省长许勤出席会议并讲话。会议坚持以习近平新时代中国特色社会主义思想为指导，全面落实党中央、国务院决策部署，按照省委、省政府工作安排和王东峰书记要求，部署全省安全生产、森林草原防火和防汛抗旱工作。会议还就统筹推进疫情防控和经济社会发展等工作提出要求。副省长刘凯、省政府秘书长朱浩文参加会议。

四　月

4月3日　全省脱贫攻坚成效考核和专项巡视“回头看”发现问题整改暨统筹疫情防控和经济社会发展推进会议在石家庄召开。省委书记、省人大常委会主任王东峰出席会议并讲话。省委副书记、省长许勤主持会议，省领导叶冬松、高志立、范照兵、徐建培、时清霜出席。省委副书记赵一德，省委常委、常务副省长袁桐利分别就脱贫攻坚成效考核和专项巡视“回头看”发现问题整改工作、统筹推进疫情防控和经济社会发展工作进行安排部署。会议以广电网络视频会议形式召开。省直有关单位主要负责人在主会场参加会议。各市（含定州、辛集市）、雄安新区、各县（市、区）设分会场。

4月4日　省长许勤赴石家庄井陉、赞皇等山区县，暗访检查森林草原防灭火工作。省委常委、常务副省长袁桐利，省政府秘书长朱浩文参加暗访检查。

4月6日　省长许勤赴省林业和草原局森林草原防火预警监测中心，检查调度森林草原防灭火工作。许勤赴省政府值班室检查假期值班工作，视频连线雄安新区等地值班室，听取值班情况汇报。省政府秘书长朱浩文参加检查调度。

4月7日　省委常委会召开扩大会议，认真传达学习贯彻习近平总书记在浙江考察时的重要讲话和中央应对新冠肺炎疫情工作领导小组会议精神，研究我省贯彻落实意见。会议还传达学习贯彻了中央组织部召开的抓党建促决战决胜脱贫攻坚电视电话会议、国家信访局召开的省级信访部门电视电话会议精神，听取雄安新区有关工作汇报，审议通过《河北省数字经济发展规划（2020—2025年）》《塞罕坝机械林场及周边区域森林草原生态保护规划（2020—2035年）》。省委书记王东峰主持并讲话。

4月13日　全省易地扶贫搬迁工作电视电话会议召开，省委常委、常务副省长袁桐利出席会议并讲话。

同日　全省推进深度贫困地区农村基础设施和基本公共服务提升工程电视电话调度会议在石家庄召开。副省长时清霜出席会议并讲话。

4月14日　省长许勤、水利部副部长叶建春赴邢台检查海河流域防汛工作。副省长时清霜、省政府秘书长朱浩文参加检查。

同日　全省农村供水保障体系建设动员部署电视电话会议在石家庄召开。副省长时清霜出席会议并讲话。

4月15日　2020年海河防总工作会议以视频方式召开。海河防总总指挥、省长许勤，水利部副部长叶建春在石家庄主会场出席会议并讲话。担任海河防总副总指挥的北京市副市长卢彦、天津市副市长李树起、河北省副省长时清霜、山西省副省长王成、河南省副省长武国定、山东省副省长于国安在分会场作交流发言。气象、水利部门汇报今年天气形势和海河防总办公室工作情况。海河防总常务副总指挥、水利部海河水利委员会主任王文生主持会议。

4月18日　省委书记、省人大常委会主任王东峰在衡水调研检查地下水超采综合治理、生态环境保护等工作。省领导高志立、时清霜参加调研检查。

4月21日　全省扶贫脱贫“千企帮千村”工作经验交流会在石家庄召开。省委书记、省人大常委会主任王东峰出席会议并讲话。省委副书记赵一德主持会议，省领导袁桐利、邢国辉、高志立、时清霜在主会场出席会议，冉万祥通报“千企帮千村”精准扶贫行动开展情况。

同日 省委副书记赵一德主持召开脱贫攻坚普查工作专题调度会。副省长时清霜出席并讲话。

同日 省政府召开全省安全生产和消防安全森林草原防灭火电视电话会议。省委常委、常务副省长袁桐利出席会议并讲话。

4月23日 省长许勤主持召开省白洋淀生态修复保护领导小组办公会议，深入学习贯彻习近平总书记关于雄安新区规划建设的重要指示精神，认真落实《白洋淀生态环境治理和保护规划》，按照省委、省政府部署，研究白洋淀内源污染治理、唐河生态修复等工作。省领导袁桐利、陈刚、时清霜、葛海蛟，省政府秘书长朱浩文参加会议。

4月26日 副省长时清霜就农业企业复工复产、春季农业生产、河湖治理等工作赴邢台调研。

4月27日 省政府召开全省粮食生产工作调度视频会议。副省长时清霜出席会议并讲话。

五　月

5月2日 省长许勤赴邢台临城调研检查防灾减灾、脱贫攻坚、农业生产、项目建设等工作。省政府秘书长朱浩文参加调研检查。

5月5日 中央农村工作领导小组办公室主任、农业农村部部长韩长赋率队赴我省石家庄市调研。省委书记、省人大常委会主任王东峰与韩长赋一行举行工作座谈。省委副书记、省长许勤，省委副书记赵一德参加座谈。省领导高志立、时清霜，省政府秘书长朱浩文分别参加有关活动。

5月6日 全省脱贫防贫工作经验交流会召开。省委副书记赵一德出席会议并讲话。副省长时清霜主持并讲话。

5月9日 国家防总副总指挥、水利部部长鄂竟平，海河防总总指挥、省长许勤在雄安新区调研检查汛前准备工作。省领导陈刚、时清霜，省政府秘书长朱浩文参加有关活动。

同日 全省“空心村”治理工作电视电话会议召开。省委常委、常务副省长、省“空心村”治理工作领导小组组长袁桐利出席会议并讲话。

5月11日 2020年全省第一期县(市、区)委书记脱贫攻坚“擂台赛”举行。省委副书记赵一德出席会议并讲话。会议由副省长时清霜主持。

5月15日 全省安全生产和森林草原防灭火防汛抗旱工作电视电话会议召开。省委常委、常务副省长袁桐利出席并讲话。

5月18日 中共中央政治局委员、国务院副总理胡春华在河北省和北京市调研雄安新区供水保障和华北地下水超采治理工作。省委书记、省人大常委会主任王东峰，省委副书记、省长许勤，省领导陈刚、高志立、时清霜分别参加有关活动。

5月24日 省委副书记赵一德召开视频会议专题调度安全生产和森林草原防火工作。调度会由副省长徐建培主持。

六　月

6月2日 省长、省推进华北地下水超采综合治理行动领导小组组长许勤主持召开省推进华北地下水超采综合治理行动领导小组会议，深入学习贯彻习近平生态文明思想和习近平总书记关于地下水超采综合治理重要论述，认真落实全国“两会”精神，按照省委、省政府工作安排和王东峰书记要求，听取地下水超采综合治理工作推进情况汇报，审议《河北省地下水超采综合治理成效考核和问责办法》，研究部署下阶段工作任务。省委副书记赵一德参加会议。省领导袁桐利、时清霜、葛海蛟，省政府秘书长朱浩文参加会议。

同日 省气象灾害防御指挥部召开会议。副省长时清霜出席会议并讲话。

6月3日 副省长时清霜赴衡水就农业特色产业复工复产情况进行调研。

6月7日 省长、省水污染防治工作领导小组组长许勤主持召开省水污染防治工作领导小组会议，深入学习贯彻习近平生态文明思想，传达全国水生态环境保护工作会议精神，总结2019年以来全省水生态环境保护工作，研究部署下步工作举措。省领导袁桐利、时清霜、葛海蛟，省政府秘书长朱浩文参加会议。

同日 省委副书记赵一德赴省扶贫办调研检查，实地考察省脱贫攻坚综合信息系统运行情况，详细了解脱贫防贫攻坚6项重点任务清单完成情况，主持召开扶贫脱贫工作专题调度会。副省长时清霜一同调研检查并出席调度会。

6月8日 全省防汛抗旱工作电视电话会议召开。省委常委、常务副省长袁桐利出席会议并讲话，副省长时清霜主持会议，省军区副司令员朱世海出席会议。

6月9日 省委书记、省人大常委会主任王东峰赴石家庄赞皇调研检查夏收夏种夏管、脱贫攻坚、特色产业发展等工作。省领导邢国辉、高志立、时清霜参加调研检查。

同日 省长、省土壤污染防治工作领导小组组长许勤主持召开省土壤污染防治工作领导小组暨受污染耕地科学分类治理工作视频会议，深入学习贯彻习近平生态文明思想，传达全国推进打赢净土保卫战和农业农村污染治理攻坚战视频会议精神，按照省委、省政府工作安排，研究部署下一步土壤污染防治工作。副省长时清霜、葛海蛟对有关工作作了具体布置安排。省政府秘书长朱浩文参加会议。

6月9日至12日 省人大常委会党组书记、常务副主任范照兵到衡水市高新区、冀州区、武邑县，沧州市肃宁县、青县调研“6+1”联动监督工作开展情况。

6月12日至13日 省委书记、省人大常委会主任王东峰赴秦皇岛北戴河调研检查常态化疫情防控、生态环境治理等工作。省委副书记、省长许勤参加有关活动。省领导董佥生、高志立、刘凯，省政府秘书长朱浩文参加活动。

6月13日 省长许勤在秦皇岛调研检查产业扶贫、常态化疫情防控等工作。省政府秘书长朱浩文参加调研检查。

同日 省委常委、常务副省长袁桐利赴承德丰宁满族自治县检查滦河流域防汛工作、调研脱贫攻坚工作。

6月15日 农业农村部党组书记、部长韩长赋一行在保定调研夏收、夏种情况。副省长时清霜陪同调研。

6月16日 省委常委会召开扩大会议，深入传达学习贯彻习近平总书记在宁夏考察时的重要讲话精神，研究我省贯彻落实意见，听取关于国考反馈问题整改、2019年贫困县退出抽查、全省脱贫攻坚检查验收方案有关情况的汇报。会议还传达学习贯彻了第24届冬奥会工作领导小组全体会议精神，研究部署统筹推进常态化疫情防控和经济社会发展、整治形式主义为基层减负、信访维稳和化解信访积案、采煤沉陷区综合治理、“抓党建、防疫情、促脱贫、保小康”活动、防汛备汛、“空心村”治理、张家口市坝上地区休耕还草等工作。省委书记王东峰主持会议并讲话。

6月16日至19日 根据全国人大常委会办公厅要求，省人大常委会副主任聂瑞平带领省人大常委会执法检查组，对全省实施全省《全国人民代表大会常务委员会关于全面禁止非法野生动物交易、革除滥食野生动物陋习、切实保障人民群众生命健康安全的决定》和《中华人民共和国野生动物保护法》实施情况开展执法检查。先后听取省林业和草原局、公安厅、交通运输厅、农业农村厅、石家庄海关、市场监管局等部门汇报，并分内陆、沿海两个组分别赴石家庄、保定、张家口，秦皇岛、唐山、沧州市及所辖部分县(市、区)实地检查。

6月17日 全省经济运行暨防汛工作推进会议在石家庄举行。省委书记、省人大常委会主任王东峰出席会议并讲话。省委副书记、省长许勤主持会议，省委副书记赵一德出席，省委常委、常务副省长袁桐利安排部署当前经济工作和防汛工作。会议以广电网络视频会议形式召开。省军级领导陈刚、邢国辉、高志立、张古江、周仲明、时清霜、朱世海；各市(含定州、辛集市)市委书记、市长，雄安新区管委会常务副主任；省直有关单位主要负责人在主会场参加会议。

同日 省委副书记赵一德出席全省东西部扶贫协作工作电视电话推进会并讲话。会议由副省长时清霜主持。

6月23日 省长许勤赴邯郸调研检查企业生产经营、脱贫攻坚、特色产业发展等工作。省政府秘书长朱浩文参加调研检查。

6月24日 海河防总总指挥、省长许勤主持召开海河防总防汛工作推进视频会议，深入学习贯彻习近平总书记关于防灾减灾救灾的重要论述，认真落实党中央、国务院决策部署，按照国家防总、水利部、应急管理部要求，分析研判海河流域最新度汛形势，对防汛抗旱各项工作进行再调度、再部署。会上，海河防总常务副总指挥、海委主任王文生传达了京津冀地区防汛工作会议精神及海河防总贯彻落实意见，海河流域气象业务服务协调委员会主任杨引明通报了海河流域气象形势，北京市副市长张家明、天津市副市长李树起、河北省副省长时清霜、山西省副省长王成、山东省副省长汲斌昌和河南省政府有关负责同志分别介绍了本省市防汛工作开展情况。

6月28日至29日 副省长时清霜赴廊坊、秦皇岛、唐山开展巡河和防汛调研。

6月29日 省委常委会召开扩大会议，认真传达学习贯彻习近平总书记对防汛救灾工作和禁毒工作作出的重要指示批示精神及全国禁毒工作先进集体和先进个人表彰会议精神，研究我省贯彻落实意见。会议还听取了省级领导包市、包项目、包重点企业情况汇报，就进一步做好“六稳”“六保”工作、统筹推进常态化疫情防控和经济社会发展进行安排部署。省委书记王东峰主持并讲话。

6月30日 我省召开庆祝中国共产党成立99周年座谈会。省委书记、省人大常委会主任王东峰出席并讲话。省委副书记、省长许勤主持。省政协主席叶冬松等出席。省委副书记赵一德宣读《关于表扬全省扶贫脱贫先进驻村工作队、优秀驻村第一书记和优秀驻村工作队员的通报》《关于表扬乡村振兴“领头羊”的通报》。省委常委，省人大常委会党组书记；省直有关单位主要负责人；先进驻村工作队、优秀驻村第一书记、优秀驻村工作队员、乡村振兴“领头羊”和基层党组织书记代表等参加座谈会。

七　月

7月2日 副省长夏延军赴保定、定州检查指导防汛工作。

同日 省人大常委会党组书记、常务副主任范照兵到邢台市内丘县、南宫市，邯郸市邱县、复兴区、丛台区、武安市调研“6+1”联动监督工作。

7月3日 国家防总秘书长、应急管理部副部长兼水利部副部长周学文视频连线河北省和雄安新区防汛抗旱指挥部，进一步分析研判形势，对防汛抗洪和抢险救灾工作作出安排。省委常委、副省长，雄安新区党工委书记、管委会主任陈刚出席。

同日 省委常委、副省长，雄安新区党工委书记、管委会主任陈刚就防汛备汛工作赴容城县调研检查，并主持召开雄安新区防汛抗旱指挥部全体会议。

7月4日 省委常委会召开会议，认真传达学习贯彻习近平总书记在中央政治局第二十一次集体学习时的重要讲话精神，研究我省贯彻落实意见。会议还传达学习贯彻国家脱贫攻坚普查电视电话会议精神，听取了省政府党组关于“散乱污”企业清理整治“回头看”情况汇报，安排部署下一阶段工作。省委书记王东峰主持并讲话。

同日 河北省扶贫开发和脱贫工作领导小组(扩大)会议在石家庄举行。省委书记、省人大常委会主任王东峰出席会议并讲话。省委副书记、省长许勤主持会议，省委副书记赵一德传达国家脱贫攻坚普查电视电话会议精神，并就做好全省脱贫攻坚普查工作进行安排部署。会议以广电网络视频会议形式召开。省领导邢国辉、高志立、聂瑞平、徐建培、时清霜、曹素华；省扶贫开发和脱贫工作领导小组成员单位主要负责人等在主会场参加会议。各市(含定州、辛集市)、雄安新区、有脱贫攻坚任务的县(市、区)及其所辖乡(镇、街道)设分会场。

7月8日 副省长时清霜就农业产业化等工作赴沧州调研。

7月14日 省委书记、省人大常委会主任、省级总河湖长王东峰主持召开2020年度省级总河湖长会议。省委副书记、省长、省级总河湖长许勤出席会议并讲话，省委副书记、滹沱河省级河长赵一德出席会议。

同日 海河防总总指挥、省长许勤在河北分会场参加全国防汛抗洪救灾工作专题视频会议并发言。随后主持召开专题会议，传达全国防汛抗洪救灾工作专题视频会议精神，部署进一步加强我省防汛工作。省委常委、常务副省长袁桐利，副省长时清霜，省军区副司令员朱世海参加会议。

7月15日 省政府召开全省防汛抗洪救灾工作电视电话会议。省委常委、常务副省长袁桐利出席会议并讲话，副省长时清霜主持会议。

同日 省长、省推进华北地下水超采综合治理行动领导小组组长许勤主持召开省推进华北地下水超采综合治理行动领导小组会议，深入贯彻落实习近平生态文明思想，审议我省地下水超采综合治理有关文件，研究部署下一步重点工作。省领导袁桐利、时清霜、葛海蛟，省政府秘书长朱浩文参加会议。

7月16日至17日 省委书记、省人大常委会主任王东峰赴保定调研检查脱贫攻坚和防汛备汛工作。省领导高志立、时清霜参加调研检查。

7月17日 省长许勤赴邢台调研检查防汛备汛工作。省政府秘书长朱浩文参加调研检查。

同日 副省长徐建培赴沧州督导检查，研究调度子牙新河河长制及“四乱”清理整治、防汛备汛相关工作。

7月20日 省长许勤主持召开全省防汛备汛工作视频调度会议，深入学习贯彻习近平总书记重要讲话精神，认真落实中共中央政治局常务委员会会议部署，按照国家防总要求和省委常委会安排，逐市逐部门调度防汛备汛工作。省领导袁桐利、时清霜，省军区副司令员朱世海，省政府秘书长朱浩文参加会议。

同日 海关总署总工程师韩森率国家生猪稳产保供工作和相关政策落实情况督查组来我省进行督导检查。省委书记、省人大常委会主任王东峰在石家庄与督查组一行举行工作座谈。省领导袁桐利、高志立、时清霜分别参加有关活动。

同日 副省长葛海蛟赴邢台调研检查防汛工作。

7月21日 省委书记、省人大常委会主任、省乡村振兴工作领导小组组长王东峰主持召开领导小组会议。省委副书记、省长许勤，省委副书记赵一德出席会议。省领导梁田庚、袁桐利、焦彦龙、聂瑞平、夏延军、曹素华参加会议。

7月22日 副省长时清霜主持召开全省防汛工作视频调度会。

7月23日 副省长时清霜主持召开省畜禽粪污资源化利用工作领导小组会议。

7月24日 国务委员、国家防总总指挥王勇在河北检查指导防汛工作。省委书记、省人大常委会主任王东峰，省委副书记、省长许勤，省领导陈刚、高志立分别参加有关活动。

7月25日 国务院扶贫开发领导小组督查组在石家庄召开督查反馈会。督查组组长、中国人民银行副行长、国家外汇管理局局长潘功胜反馈督查情况，省委书记、省人大常委会主任王东峰主持反馈会并作表态讲话，省委副书记、省长许勤汇报我省脱贫攻坚有关情况。督查组副组长刘烈宏、宣昌能，省委副书记赵一德出席会议。国务院扶贫开发领导小组督查组成员，省领导高志立、周仲明、时清霜分别参加有关活动。

7月27日 国家脱贫攻坚普查领导小组办公室主任、国务院第七次全国人口普查领导小组办公室主任、国家统计局副局长李晓超率督导组到我省实地督导国家脱贫攻坚普查和第七次全国人口普查准备工作，并在石家庄召开座谈会。副省长时清霜出席座谈会并讲话。

7月29日 省农业供给侧结构性改革工作领导小组会

议在石家庄召开。副省长时清霜主持会议并讲话。

同日 副省长时清霜主持召开"冀农通"振兴乡村科技综合服务平台建设领导小组会议。

八　月

8月1日 省长许勤在省防汛抗旱指挥部调度防汛备汛工作。省领导袁桐利、时清霜，省政府秘书长朱浩文参加检查调度。

同日 省委常委、副省长，雄安新区党工委书记、管委会主任陈刚赴容城县调研检查河湖长责任制落实和大清河"四乱"清理整治工作，赴雄安新区气象局调研气象监测体系建设和预报预警工作情况。

8月4日 全省经济工作推进会暨防汛工作会议在石家庄召开。省委书记、省人大常委会主任王东峰出席会议并讲话。省委副书记、省长许勤主持会议，省政协主席叶冬松出席。省委常委、常务副省长袁桐利总结上半年经济工作，安排部署下半年经济工作和当前防汛工作。会议以视频会议形式召开。省领导邢国辉、高志立、李宁、范照兵、时清霜；省直有关单位主要负责人在主会场参加会议。各市(含定州、辛集市)、雄安新区、各县(市、区)设分会场。

8月5日 省委书记、省人大常委会主任王东峰赴省水利厅防汛指挥调度中心召开全省防汛工作现场调度会。省领导袁桐利、高志立、时清霜参加会议。

同日 省长许勤赴省防汛抗旱指挥部调度防汛备汛工作。省委常委、常务副省长袁桐利，省政府秘书长朱浩文参加调度。

同日 省人大常委会党组书记、常务副主任范照兵、副主任聂瑞平，在机关北楼2楼主任会议室召开地下水超采综合治理联动监督汇报交流会。

8月9日 全省粮食安全责任制考核工作动员部署电视电话会议召开。省长许勤出席会议并讲话。省委常委、常务副省长袁桐利主持会议。副省长时清霜，省政府秘书长朱浩文参加会议。

8月11日 省长许勤就脱贫攻坚等工作在张家口调研检查。省政府秘书长朱浩文参加调研检查。

同日 省委常委、常务副省长袁桐利赴省应急管理指挥调度中心对各地防汛工作进行检查调度，就落实防控措施、确保安全度汛提出明确要求。

同日 省人大常委会党组书记、常务副主任范照兵率省人大常委会调研组赴承德、张家口就草原生态保护和修复治理工作开展调研。省人大常委会秘书长曹汝涛、农工委主任刘书为、研究室副主任贾云霄及省自然资源厅、省水利厅、省林草局有关负责同志参加调研。

8月11日至12日 省委书记、省人大常委会主任王东峰就产业扶贫防贫、防汛救援等工作在邯郸调研检查。省领导高志立、葛海蛟参加调研检查。

8月12日 省长许勤在保定检查调度防汛备汛、脱贫攻坚等工作。省政府秘书长朱浩文参加检查调度。

8月12日至13日 省委书记、省人大常委会主任王东峰到邢台调研检查农业产业化、脱贫防贫和乡村振兴等工作。省领导高志立、葛海蛟参加调研检查。

8月14日 副省长时清霜赴省水利厅指导调度强降雨天气防范应对工作。

8月15日 省长许勤在沧州调研检查脱贫攻坚、特色产业发展、地下水超采治理、文化保护、防汛备汛等工作。省政府秘书长朱浩文参加调研检查。

8月17日至19日 省委书记、省人大常委会主任王东峰赴张家口调研检查脱贫防贫、首都"两区"建设、冬奥会筹办工作。省委副书记、省长许勤参加有关活动。省领导高志立、徐建培、时清霜，省政府秘书长朱浩文参加有关活动。

8月20日 全国人大常委会副委员长丁仲礼率全国人大常委会执法检查组来我省开展土壤污染防治法执法检查。省委书记、省人大常委会主任王东峰在石家庄向丁仲礼一行汇报有关工作。省委副书记、省长许勤汇报我省贯彻实施土壤污染防治法情况。省领导高志立、王晓东、葛海蛟，省人大常委会秘书长曹汝涛分别参加有关活动。

8月21日 北京市党政代表团就进一步做好京冀扶贫协作和京津冀协同发展工作赴我省考察。中共中央政治局委员、北京市委书记蔡奇，北京市委副书记、市长陈吉宁和省委书记、省人大常委会主任王东峰，省委副书记、省长许勤等参加活动。北京市领导陈雍、魏小东、崔述强、殷勇、隋振江、杨晋柏，市政府秘书长靳伟；河北省领导袁桐利、陈刚、高志立、刘爽、夏延军、时清霜，省政府秘书长朱浩文参加活动。

8月22日 省委书记、省扶贫开发和脱贫工作领导小组组长王东峰主持召开小组会议。省长、省扶贫开发和脱贫工作领导小组组长许勤出席会议。省领导袁桐利、聂瑞平、时清霜、曹素华参加会议。

同日 副省长时清霜在全省推进实施乡村振兴战略专题培训班上授课。

8月24日 省长许勤赴邯郸调研检查开学防疫准备、进出口贸易情况、县域特色产业、产业扶贫等工作。省政府秘书长朱浩文参加调研检查。

8月24日至25日 省委书记、省人大常委会主任王东峰在衡水调研检查产业扶贫、就业扶贫、科技扶贫、易地扶贫搬迁等工作。省领导高志立、时清霜参加调研检查。

8月25日 省长许勤在承德就县域特色产业发展、产业扶贫、生态文明建设等工作调研检查。省政府秘书长朱浩文参加调研检查。

8月25日至26日 省委书记、省人大常委会主任王东峰在沧州调研检查脱贫防贫、大运河文化带建设现场等工作情况。省领导高志立、时清霜参加调研检查。

8月26日 省长许勤赴石家庄调研检查滹沱河生态修复二期工程深泽段检查生态修复和河湖长制落实情况。省政府秘书长朱浩文参加调研检查。

8月27日 省长许勤在衡水就脱贫攻坚、科技创新、稳就业等工作调研检查。省政府秘书长朱浩文参加调研检查。

同日 全省克服疫情灾情影响确保如期全面脱贫电视电话会议在石家庄召开。副省长时清霜出席会议并讲话。

8月28日 省长许勤在秦皇岛、唐山调研检查县域特色产业、开发区改革创新等工作。省政府秘书长朱浩文参加调研检查。

九 月

9月1日 省长许勤主持召开省长办公会，研究巩固“两不愁三保障”成果、做好保粮食能源安全等工作。副省长时清霜、省政府秘书长朱浩文参加会议。

同日 省政府召开河北省消费扶贫月启动暨消费扶贫行动推进会。副省长时清霜参加会议并讲话。

同日 省人大常委会副主任聂瑞平在机关出席全省地下水超采综合治理联动监督工作视频交流会并讲话。

9月2日至3日 国务院扶贫办党组书记、主任刘永富在张家口调研脱贫攻坚工作。副省长时清霜一同调研。

9月3日 省人大常委会副主任聂瑞平赴张家口市调研指导易地扶贫搬迁工作。张家口市人大常委会主任李青春，市人大常委会副主任、张北县委书记郝富国，市人大常委会副主任、沽源县委书记郭有和分别陪同调研。

9月7日 省人大常委会党组书记、常务副主任范照兵、副主任聂瑞平，在机关北楼二楼主任会议室召开地下水超采综合治理监督工作情况及专题询问问题调度会。

9月10日至11日 生态环境部党组书记孙金龙赴承德开展定点扶贫调研。生态环境部党组成员、副部长庄国泰，省人大常委会副主任、承德市委书记周仲明，副省长时清霜出席相关活动。

9月12日至14日 全国人大常委会副委员长武维华率全国人大常委会专题调研组来河北省就节约粮食、反对浪费开展专题调研。

9月13日 省委书记、省人大常委会主任王东峰在石家庄向武维华一行汇报有关工作。省委副书记、省长许勤参加有关活动。全国人大常委会专题调研组深入到石家庄市部分县(市、区)，详细了解粮食和主要农产品在生产、储存、运输、加工、销售等环节的节约情况，并检查餐饮机构和机关单位、学校食堂，实地察看厉行节约、反对浪费工作。调研组还召开座谈会，听取工作汇报，与有关部门负责同志进行交流。全国人大常委会委员、全国人大农业与农村委员会副主任委员杜德印、蔡昉，全国人大常委会委员、全国人大教育科学文化卫生委员会副主任委员吴恒，全国人大代表赵昭等参加专题调研。省领导高志立、范照兵、聂瑞平、时清霜分别参加有关活动。

9月17日 省委常委、常务副省长袁桐利就支持民营经济发展赴保定调研。

同日 省人大常委会党组书记、常务副主任范照兵带“6+1”联动监督第一执法检查组到沧州市沧县，对“6+1”领域工作开展情况进行执法检查。

9月18日 省政府召开全省秋冬季森林草原防灭火工作电视电话会议，学习贯彻全国森林草原防灭火工作电视电话会议精神，安排部署下步工作。省委常委、常务副省长袁桐利出席会议并讲话。

9月23日 我省与中国建设银行金融助力乡村振兴战略合9月作协议签约暨“冀时办”2.0、“裕农通(河北)”上线发布仪式在石家庄举行。省委书记、省人大常委会主任王东峰，省委副书记、省长许勤，中国建设银行党委副书记、行长刘桂平出席签约暨上线发布仪式。中国建设银行领导王浩；省领导高志立、时清霜、葛海蛟，省政府秘书长朱浩文参加活动。

9月24日 省十三届人大常委会第十九次会议召开联组会议，对省政府地下水超采综合治理工作开展专题询问。省人大常委会常务副主任范照兵出席并讲话，副主任王晓东、周仲明、王会勇，秘书长曹汝涛出席，副主任聂瑞平主持。省政府副省长时清霜到会应询。

9月25日至26日 教育部党组书记、部长陈宝生赴我省威县调研定点扶贫工作，并召开教育部定点扶贫与产学研合作工作座谈会。副省长徐建培出席会议并讲话。

9月25日至27日 省人大常委会党组书记、常务副主任范照兵带“6+1”联动监督第一执法检查组到辛集市、衡水市桃城区，对“6+1”领域工作开展情况进行执法检查。

9月26日 全省农业特色产业暨乡村振兴工作推进会在廊坊召开。省委副书记、省长许勤作出批示。副省长时清霜出席会议并讲话。

十 月

10月2日至3日 省委书记、省人大常委会主任王东峰在廊坊调研检查特色产业发展、重点工程建设等情况。省领导袁桐利、高志立参加调研检查。

10月3日 省长许勤在保定调研检查企业生产、乡村振兴、疫情防控、食品安全等工作。省政府秘书长朱浩文参加调研检查。

10月8日 省委书记、省人大常委会主任王东峰在沧州调研检查县域经济发展工作。省领导高志立、葛海蛟参加调研检查。

10月10日 省委书记、省人大常委会主任王东峰主持召开省扶贫开发和脱贫工作领导小组全体会议。省委副书记、省长许勤出席会议。省领导袁桐利、聂瑞平、时清霜参加会议。

10月11日 全省产业扶贫工作视频现场会在保定阜平举行。省委书记、省人大常委会主任王东峰出席会议并讲话。省委副书记、省长许勤主持会议。省领导冉万祥、高志立、时清霜参加会议。

10月12日 省人大常委会党组书记、常务副主任范照兵带“6+1”联动监督第一执法检查组到省水利厅对地下水超采综合治理情况进行检查。

10月17日 “燕赵答卷——河北省脱贫攻坚成果展”在河北博物院举办。省人大常委会副主任聂瑞平、副省长时清霜、省政协副主席曹素华参观展览。

同日 河北省推进京津冀扶贫协作工作视频会议在石家庄召开。副省长时清霜出席会议并讲话。

10月19日 省委书记、省人大常委会主任王东峰在石家庄与国务院扶贫办副主任欧青平率领的全国脱贫攻坚先进事迹巡回报告团举行工作座谈。省政协主席叶冬松参加座谈。省领导袁桐利、焦彦龙、高志立、范照兵、时清霜，省政府秘书长朱浩文参加座谈。

10月20日至21日 省人大常委会副主任聂瑞平率省人大农委执法调研组赴邯郸、邢台就《河北省河湖保护和治理条例》《关于加强张家口承德地区草原生态建设和保护的决定》《关于加强太行山燕山绿化建设的决定》等“一条例两决定”贯彻实施情况开展执法调研。省人大常委会委员王海波、省人大农委委员李基石、省人大常委会农工委副主任谢增平及省水利厅、林草局有关同志参加调研活动。

10月22日 省委常委会召开扩大会议，认真传达学习贯彻习近平总书记在中央政治局第二十四次集体学习时的重要讲话精神、习近平总书记对脱贫攻坚工作作出的重要指示和李克强总理批示精神，听取关于全国脱贫攻坚奖表彰大会暨先进事迹报告会精神的汇报，研究我省贯彻落实意见。省委书记王东峰主持并讲话。

10月27日 水利部2020年地下水管理工作座谈会在邯郸召开。水利部副部长魏山忠出席会议并讲话，副省长时清霜出席并致辞。

10月30日 省长许勤主持召开省长办公会，强调要深入学习贯彻习近平总书记关于“三农”工作的重要论述，认真落实党的十九届五中全会精神，全面推进农业现代化，大力发展科技、绿色、品牌、质量农业，加快提高农业质量效益和竞争力。副省长时清霜、省政府秘书长朱浩文参加会议。

同日 省人大常委会党组书记、常务副主任范照兵赴邢台市临城县、隆尧县、信都区，对地下水超采综合治理情况进行调研。

十一月

11月2日 全省2020年脱贫攻坚成效考核动员培训会议在石家庄举行。省委书记、省人大常委会主任王东峰出席会议并讲话。省委副书记、省长许勤主持会议。省领导高志立、廉毅敏、刘爽；省直有关单位主要负责人，省重点工作大督查办公室负责人；22个考核组组长、副组长和其他成员等参加会议。

11月3日 省长许勤在保定就脱贫攻坚、企业生产经营等方面进行调研。省政府秘书长朱浩文参加调研。

同日 省委常委、常务副省长袁桐利赴石家庄平山调研森林草原防灭火工作。

11月3日至4日 中共中央政治局常委、全国政协主席汪洋在阜平县，走访易地扶贫搬迁安置点、扶贫产业园区、扶贫车间、村综合服务站等，看望慰问脱贫群众和基层扶贫干部，并主持召开座谈会，听取有关方面脱贫攻坚情况汇报。省委书记、省人大常委会主任王东峰参加调研并汇报有关工作。省领导许勤、冉万祥、高志立、刘凯、时清霜分别参加有关活动。

11月4日 省委常委、常务副省长袁桐利赴邢台调研行政审批制度改革和县域特色产业发展情况。

11月6日 省委常委会召开扩大会议，深入传达学习贯彻习近平总书记对推进农村土地制度改革和做好农村承包地管理工作作出的重要指示精神、习近平总书记在参加第七次全国人口普查登记时的重要讲话精神，传达贯彻全国农村承包地确权登记颁证工作总结暨表彰电视电话会议精神、汪洋同志在我省调研时的讲话精神，研究我省贯彻落实意见。省委书记王东峰主持会议并讲话。

11月17日 省长许勤主持召开省政府常务会议，深入学习贯彻习近平总书记近期重要讲话精神，集体学习《农村土地承包法》，研究以新业态新模式引领新型消费发展、加强东西部扶贫协作等工作。

同日 省长许勤赴省发展和改革委员会调研，研究大运河文化保护传承利用等工作。省委常委、常务副省长袁桐利，省政府秘书长朱浩文参加调研。

11月20日至21日 中联部部长宋涛带领中联部相关人员赴行唐调研定点扶贫工作。副省长夏延军陪同调研。

11月24日 河北省脱贫攻坚民主监督工作座谈会在石家庄召开。省委副书记、省长许勤出席会议并讲话。省委常委、统战部部长冉万祥主持会议。副省长时清霜、省政府秘书长朱浩文参加会议。

11月25日 省政府与中国农业银行在石家庄签署共同推进河北乡村振兴战略实施合作协议。省长许勤、中国农业银行行长张青松出席签约仪式。副省长葛海蛟和中国农业银行副行长崔勇分别代表双方签署协议。省政府秘书长朱浩文主持签约仪式。

11月26日 省委书记、省人大常委会主任王东峰主持召开省扶贫开发和脱贫工作领导小组会议。省委副书记、省长许勤出席会议。省领导高志立、廉毅敏、刘爽、徐建培、时清霜参加会议。

11月27日至28日 生态环境部部长黄润秋赴承德市围场、隆化开展扶贫调研。副省长葛海蛟陪同调研。

十 二 月

12月4日 省委书记、省人大常委会主任王东峰就统筹推进乡村振兴和基层治理工作赴邢台调研检查。省领导袁桐利、高志立参加调研检查。

12月5日 省委常委、常务副省长袁桐利赴承德丰宁调研脱贫攻坚工作。

12月6日 省委常委、常务副省长袁桐利赴廊坊调研民营经济、县域特色产业发展等工作。

12月7日 省委常委会召开会议，深入学习贯彻习近平总书记在中共中央政治局常务委员会会议上的重要讲话、在中共中央政治局第二十五次集体学习时的重要讲话精神，研究我省贯彻落实意见。会议还听取了关于冬奥会筹办工作进展情况的汇报、关于六个重点领域清理规范和人大系统“6+1”联动监督工作情况的汇报、关于全省食品药品安全工作情况的汇报，审议《关于加强生态文明建设深入开展地下水超采综合治理的实施意见》。省委书记王东峰主持并讲话。

12月8日 中央全面依法治国委员会办公室副主任、司法部部长唐一军赴衡水阜城，就学习贯彻习近平法治思想和中央全面依法治国工作会议精神情况、定点帮扶脱贫攻坚工作进行调研。副省长刘凯陪同调研。

12月14日 省委书记王东峰主持召开省委常委会扩大会议并讲话，深入传达学习贯彻习近平总书记在中央政治局会议和党外人士座谈会上的重要讲话精神、在中央政治局第二十六次集体学习时的重要讲话精神、给首届全国职业技能大赛的贺信精神，研究我省贯彻落实意见。会议还听取了全省安全生产工作情况、长城国家文化公园（河北段）和大运河文化保护传承利用规划建设工作进展情况、农村人居环境整治三年行动完成情况的汇报，研究当前经济工作。

12月16日 省人大常委会党组书记、常务副主任范照兵赴平山县，就做好“6+1”联动监督巩固提升工作进行调研。

12月17日 第五届京津冀蔬菜食用菌产销对接暨北方秋冬季设施蔬菜大会在衡水饶阳举办。副省长时清霜出席大会并宣布开幕。

12月19日 省长许勤主持召开省政府常务会议，认真学习贯彻习近平总书记近期系列重要讲话精神，研究我省2021年国民经济和社会发展计划安排和预算安排，审议《河北省蓄滞洪区管理办法（修订草案）》《关于加快医学教育创新发展的实施方案》等。

12月21日 全国政协经济委员会副主任、中国国际经济交流中心常务理事长毕井泉率调研组就脱贫攻坚对口帮扶工作赴石家庄灵寿调研。副省长时清霜陪同调研。

12月26日 省长许勤签署第6号省政府令，公布《河北省蓄滞洪区管理办法》，自2021年2月1日起施行。

Ⅷ 附 录

一、农村统计主要指标解释

农林牧渔业总产值 指以货币表现的农、林、牧、渔业全部产品总量和对农林牧渔业生产活动进行的各种支持性服务活动的价值，它反映一定时期内农林牧渔业生产总规模和总成果。1957年以前的农林牧渔业总产值中包括了厩肥和农民自给性手工业(如农民自制衣服、鞋、袜，自己从事粮食初步加工等)。1958年及以后，林业中增加了村及村以下竹木采伐产值；牧业中取消了厩肥产值；副业中取消了农民自给性手工业产值，增加了村及村以下办的工业产值；渔业中增加了海洋捕捞水产品产值。1980年及以后，在副业中增加了农民家庭兼营工业商品部分的产值。从1984年起村及村以下工业产值划归工业。从1993年起取消副业，将野生动物的捕猎划入牧业，野生植物采集和农民家庭兼营商品性工业划归农业。从2003年起，执行新的国民经济行业分类标准，农林牧渔业总产值中包括了农林牧渔服务业产值，2018年以后农林牧渔服务业产值改称农林牧渔专业及辅助性活动产值。林业中增加了森林采运业产值。农业中取消了家庭兼营商品性工业产值，将野生林产品的采集划归林业。第一、二、三次农业普查以后，根据农业普查结果，对农业、畜牧业、渔业年报数据和农业、畜牧业、渔业产值进行了修订。2010年执行《统计用产品分类目录》，对2009年的农业、林业产值做了相应调整。

农林牧渔业总产值的计算方法通常是按农、林、牧、渔业产品及其副产品的产量分别乘以各自单位产品价格求得；少数生产周期较长，当年没有产品或产品产量不易统计的，则采用间接方法匡算其产值；然后将四业产品产值及农林牧渔专业及辅助性活动产值相加即为农林牧渔业总产值。

粮食产量 指农业生产经营者日历年度内生产的全部粮食数量。按收获季节包括夏收粮食、早稻和秋收粮食，按作物品种包括谷物、薯类和豆类。其产量计算方法：谷物按脱粒后的原粮计算，豆类按去豆荚后的干豆计算；薯类(包括甘薯和马铃薯，不包括芋头和木薯)1963年以前按每4公斤鲜薯折1公斤粮食计算，从1964年开始改为按5公斤鲜薯折1公斤粮食计算；城市郊区作为蔬菜的薯类(如马铃薯等)按鲜品计算，并且不作粮食统计。1989年以前全国粮食产量数据主要靠全面报表取得，1989年开始使用抽样调查数据。

棉花产量 指全社会的产量。包括春播棉和夏播棉。产量按去籽后的皮棉计算。不包括木棉。

油料产量 指全部油料作物的生产量。包括花生、油菜籽、芝麻、向日葵籽、胡麻籽(亚麻籽)和其他油料。不包括大豆、木本油料和野生油料。花生以带壳干花生计算。

水产品产量 指渔业(捕捞和养殖)生产活动的最终有效成果，包括全部海水和淡水鱼类、甲壳类(虾、蟹)、贝类、头足类、藻类和其他类渔业产品的最终产量。水产品产量是通过各级水产部门逐级上报取得数据。1995年及以前，贝类中牡蛎按鲜肉计算；蚶、蛤、蛙按5斤鲜品折1斤计算。1996年以后则统一按鲜品计算。

猪、牛、羊肉产量 指当年出栏并已屠宰、除去头蹄下水后带骨肉(即胴体重)的重量。包括全社会范围内的产量。1996年以前为全面统计并逐级上报数据。1996年第一次农业普查以后，根据普查结果，对畜牧业主要年报数据进行了修正。1999年以后，国家统计局在部分地区开展了猪、牛、羊、禽等主要畜禽品种的抽样调查，并用抽样数据作为国家定案数据使用。未开展抽样调查的地区和品种，仍使用各级统计部门逐级上报数据。2008年，建立了主要畜禽监测调查制度，猪、牛、羊、禽等主要畜禽数据均以抽样调查数为法定数据。

期初(末)畜禽存栏头(只)数 指报告期初(末)农村与城市实际存在的全部畜、禽头(只)数，包括农村各种合作经济组织和国营农场、农民个人、机关、团体、学校、工矿企业、部队等单位以及城镇居民饲养的大牲畜、猪、羊、家禽等畜禽的数量。数据上报方式及数据调整情况同猪、牛、羊肉产量。

农作物播种面积 指农业生产经营者应在日历年度内收获农作物的播种面积之和，即全部土地(耕地或非耕地)

上的播种或移植面积之和。凡是本年内收获的农作物，无论是本年还是上年播种，都算为播种面积，但不包括本年播种，下年收获的农作物面积。

耕地灌溉面积 指具有一定的水源，地块比较平整，灌溉工程或设备已经配套，在一般年景下能够进行正常灌溉的耕地面积。在一般情况下，耕地灌溉面积应等于灌溉工程或设备已经配套，能够进行正常灌溉的水田和水浇地面积之和。它是反映我国农田水利建设的重要指标。

农用化肥施用量 指本年内实际用于农业生产的化肥数量，包括氮肥、磷肥、钾肥和复合肥。化肥施用量要求按折纯量计算数量。折纯量是指把氮肥、磷肥、钾肥分别按含氮、含五氧化二磷、含氧化钾的百分之百成分进行折算后的数量。复合肥按其所含主要成分折算。公式为：

折纯量=实物量×某种化肥有效成分含量的百分比

农业机械总动力 指全部农业机械动力的额定功率之和。农业机械是指用于种植业、畜牧业、渔业、农产品初加工、农用运输和农田基本建设等活动的机械及设备。农机总动力按使用能源不同分为以下四部分：

柴油发动机动力：指全部柴油发动机额定功率之和；

汽油发动机动力：指全部汽油发动机额定功率之和；

电动机动力：指全部电动机(含潜水电泵的电动机)额定功率之和；

其他机械动力：指采用柴油、汽油、电力之外的其他能源，如水力、风力、煤炭、太阳能等动力机械功率之和。

这个指标的统计数据来源于农机部门。

二、农村统计常用计算公式

(一)人口统计常用指标计算公式

1.人口出生率、死亡率和自然增长率

$$出生率=\frac{年内出生人数}{年内平均人数}\times 1000‰$$

$$死亡率=\frac{年内死亡人数}{年内平均人数}\times 1000‰$$

$$自然增长率=\frac{年内出生人数-年内死亡人数}{年内平均人数}\times 1000‰=出生率-死亡率$$

$$注：年内平均人数=\frac{年初人口+年末人口}{2}$$

2.人口密度

$$人口密度=\frac{某地区总人口数}{某地区土地总面积}$$

(二)土地面积统计常用指标计算公式

1.按农业人口或农业劳动力平均的耕地面积

$$按农业人口平均的耕地面积=\frac{耕地面积}{农业人口}$$

$$按农林牧渔业劳动力平均的耕地面积=\frac{耕地面积}{农林牧渔业劳动力}$$

2. 单位耕地产出指标

$$\begin{matrix}单位耕地面积的产量\\(或产值、增加值)\end{matrix}=\frac{各种农产品产量(或产值、增加值)}{耕地面积}$$

(三)农作物产量统计常用指标计算公式

1. 农作物单位面积产量

$$单产=\frac{总产量}{播种面积}$$

2. 粮食耕地单位面积产量

$$粮食耕地单位面积产量=\frac{粮食总产量}{粮食实际占用耕地面积}$$

3. 平均每人拥有粮食(油料)

$$平均每人拥有粮食(或油料)=\frac{某地区粮食(或油料)总产量}{该地区年内平均总人口}$$

4. 平均每一农林牧渔业从业人员生产粮食

$$平均每一农林牧渔业从业人员生产粮食=\frac{粮食总产量}{农林牧渔业从业人员}$$

(四)林业生产统计常用指标计算公式

1. 森林覆盖率

$$森林覆盖率=\frac{年末实有林地面积}{土地总面积}\times 100\%$$

2. 补植面积的计算

(1)用实际补植的株数折算补植面积

例：一块地上补植2000株，这块地每公顷造林密度为200株。

补植面积=2000÷200=10(公顷)

(2)根据造林成活率推算补植面积

例：新造幼林100公顷，成活率60%，在该地补植。

补植面积=100×(1-60%)=40公顷

(3)平均每人拥有林地面积

$$平均每人拥有林地面积=\frac{年末实有林地面积}{年末总人口数}$$

(五)牧业生产统计常用指标计算公式

1. 牲畜全年饲养头数

牲畜全年饲养头数=年末存栏头数+年内出售头数+年内自宰自食头数

2. 牲畜全年出栏头数和出栏率

牲畜全年出栏头数=年内出售头数+年内自宰自食头数

$$牲畜全年出栏率=\frac{年内出栏头数}{年初存栏头数}\times 100\%$$

3. 牲畜全年净增头数和净增率

牲畜全年净增头数=年内增加头数－年内减少头数=年末存栏头数－年初存栏头数

$$牲畜全年净增率=\frac{全年净增头数}{年初存栏头数}\times 100\%=\frac{年末存栏头数-年初存栏头数}{年初存栏头数}\times 100\%$$

4. 能繁母畜在牲畜中的比重

$$能繁母畜在牲畜中的比重=\frac{年末能繁母畜头数}{年末实有牲畜头数}\times 100\%$$

5. 每头出栏肥猪平均胴体重

$$每头出栏肥猪平均胴体重=\frac{出栏肥猪肉产量}{出栏肥猪头数}$$

(六) 农林牧渔业总量统计常用计算公式

1. 农林牧渔业总产值

农林牧渔业总产值=∑(某种农产品当年总产量×该种农产品生产价格)

2. 农业总产值发展速度

报告期可比价产值=报告期现价产值÷报告期农产品生产价格指数(农产品生产价格缩减指数)

或报告期可比价农业总产值=报告期农产品产量×上年同期的农产品生产者价格

农业发展速度=报告期可比价农林牧渔业总产值÷基期现价农林牧渔业总产值×100%

可比价指上年同期的价格，基期为上年同期。

3. 农林牧渔业增加值

农林牧渔业增加值=农林牧渔业总产值-农林牧渔业中间消耗

4. 农业增加值发展速度

报告期可比价增加值=报告期现价产值×增加值率÷报告期农产品生产价格缩减指数

农业发展速度=报告期可比价农林牧渔业增加值÷基期现价农林牧渔业增加值×100%

(七)农业现代化统计常用指标计算公式

1. 机械化

(1) 平均每公顷耕地拥有农业机械总动力数

$$平均每公顷耕地拥有农业机械动力=\frac{农业机械总动力（千瓦）}{耕地面积（公顷）}$$

(2) 平均每一村拥有拖拉机台数

$$平均每一村拥有拖拉机台数=\frac{拖拉机台数}{村委会个数}$$

(3) 耕地机械化程度

$$耕地机械化程度=\frac{实际机耕面积}{总播种面积}\times 100\%$$

(4) 播种机械化程度

$$播种机械化程度=\frac{实际机械播中面积}{总播种面积}\times 100\%$$

(5) 收获机械化程度

$$收获机械化程度=\frac{实际机械收获面积}{总播种面积}\times 100\%$$

(6) 粮食脱粒机械化程度

$$粮食脱粒机械化程度=\frac{机械脱粒粮食数量}{粮食总产量}\times 100\%$$

2. 电气化

(1) 说明农村用电的普遍程度

$$有电乡(或村)所占比重=\frac{已通电的乡(或村)数}{全部乡(或村)数}\times 100\%$$

(2) 说明每公顷耕地耗用的电量

$$每公顷耕地电力装备程度=\frac{农村用电量}{耕地面积}$$

3. 化学化

(1) 反映化肥施用水平

$$平均每公顷耕地化肥施用量=\frac{化肥施用量(公斤)}{耕地面积(公顷)}$$

(2) 化学肥料有效成分含量

氮　　肥

名　称	含氮(N)(%)	名　称	含氮(N)(%)
硫酸铵	20	碳酸氢铵	15～17
氨　水	15～17	硝 酸 铵	33～34
氯化铵	24～25	尿　素	46

磷　　肥

名　称	含五氧化二磷(P_2O_5)(%)	名　称	含五氧化二磷(P_2O_5)(%)
过磷酸钙	12～13	钙镁磷肥	12
磷矿粉肥	10～30		

钾　　肥

名　称	含氧化钾(K_2O)(%)	名　称	含氧化钾(K_2O)(%)
硫酸钾	48～50	氯化钾	50～60

复　合　肥

名　称	含氮(N)(%)	含磷(P_2O_5)(%)	含钾(K_2O)(%)
磷 酸 铵	11～13	60	～
硝 酸 钾	13～15	—	45～46
磷 酸 钾	—	24	27
硝酸钾肥	5	50	22

4. 水利化

反映农田水利化程度

$$农田机械化灌溉程度=\frac{机电灌溉面积}{耕地面积}\times 100\%$$

$$农田水利化程度=\frac{有效灌溉面积}{耕地面积}\times 100\%$$

$$旱涝保收程度=\frac{旱涝保收面积}{耕地面积}\times 100\%$$

$$每一农业人口拥有有效灌溉面积=\frac{有效灌溉面积}{农业人口}$$

$$每一农业人口拥有旱涝保收田面积=\frac{旱涝保收面积}{农业人口}$$

(八)度量衡公制、市制常用单位比较表

名　　称	公　　制	市　　制
长　　度	1公里=1000米 =2市里 =0. 621英里 =0. 540海里 1米=100厘米 =3市尺 -3. 281英尺 1厘米=10毫米 =0. 3市寸 1海里=1. 852公里 1英里=1. 609公里	1里=150丈 =0. 5公里 =0. 311英里 =0. 270海里 1丈=10尺 1尺=10寸 ≈0. 33米 =1. 094英尺 1寸=10分 ≈3. 33厘米
面　　积	1平方公里-100公顷 =4平方市里 =1500市亩 1公顷=1000平方米 =15市亩 =2. 471英亩 1平方米=10000平方厘米 =9平方市尺 1英亩=0. 405公顷 =6. 07亩	1平方里-375亩 =0. 25平方公里 1亩=60平方丈 =6000平方尺 =0. 164英亩 1平方丈=100平方尺
体积容积	1立方米=1000000立方厘米 =27立方市尺 1立方厘米=1000立方毫米 1公升=1000立方厘米 =1000毫升 =1市升 =0. 220英加仑	1立方丈=1000立方尺 1立方尺=1000立方寸 1石=10斗 1斗=10升
重　　量	1吨=1000公斤 =2000市斤 1公斤=1000克 =2市斤 =2. 205英磅 1英磅(常衡)=0. 454公斤 =0. 907市斤 1普特(俄制)=16. 38公斤 =32. 78市斤 1盎司(英制，金药制)=31. 1035克 =0. 62221市两 1克拉=0. 2克	1担=100斤 1斤=10两 =0. 5公斤 =1. 102(英磅) 1两=10钱
其　　他	1千瓦=1. 36马力	1马力=0. 735千瓦

三、符号使用说明

1. “空格”，表示该项统计指标数据为0、缺或无该项统计资料；
2. “#”表示其中项；
3. “*”或“①”，表示本表下有注解。

四、2020年度河北省科学技术进步奖获奖项目

序号	奖证号	项目名称	完成单位	主要完成人	奖项
1	2020JB1015	河北省渤海粮仓科技示范工程技术体系构建与应用	河北省农林科学院，中国科学院遗传与发育生物学研究所农业资源研究中心，河北省农业技术推广总站，沧州市农林科学院，邢台市农业科学研究院	王慧军，刘小京，李科江，徐玉鹏，王树林，贾良良，王业楠，李义治，徐俊杰，米换房	一等奖
2	2020JB1016	婴幼儿配方奶粉安全控制关键技术及产业化	石家庄君乐宝乳业有限公司，河北科技大学，旗帜婴儿乳品股份有限公司，河北乐源牧业有限公司	魏立华，王世杰，柴艳兵，贾晓江，侯新峰，张耀广，张彦辉，刘建光，陈建行	一等奖
3	2020JB1017	玉米抗倒育种技术及新品种选育应用	河北农业大学，青岛农业大学，承德裕丰种业有限公司，河北巡天农业科技有限公司	陈景堂，黄亚群，祝丽英，赵永锋，郭晋杰，杜郁，李素贞，贾晓艳，温君，李文阁	一等奖
4	2020JB2001	优质专用冬小麦新品种石优20的选育及应用	石家庄市农林科学研究院，河北省小麦工程技术研究中心，河北大地种业有限公司	刘彦军，史占良，郭家宝，李彩华，孟小莽，班进福，武金燚	二等奖
5	2020JB2004	母婴乳品开发关键技术创新及产业化	河北三元食品有限公司，北京大学，东北农业大学，北京三元食品股份有限公司	陈历俊，姜毓君，张玉梅，刘继超，穆同娜，李朝旭，赵军英	二等奖
6	2020JB2011	废弃动植物油脂制高品质生物柴油关键技术及产业化	唐山金利海生物柴油股份有限公司	李艾军，王洪，李鸿鹏，张志刚，陈伟青，闻广明，任晓光	二等奖
7	2020JB2032	玉米镰孢菌病害侵染规律与系统控制关键技术	河北农业大学，上海交通大学，河北省农林科学院植物保护研究所，中国农业科学院植物保护研究所	董金皋，陈捷，石洁，王振营，刘颖超，苏前富，李晓	二等奖
8	2020JB2033	新型中兽药的创制及其在鸡健康养殖中的技术集成与应用	河北农业大学，保定冀中药业有限公司，湖南圣雅凯生物科技有限公司，河北锦坤动物药业有限公司	史万玉，王晓丹，张铁，钟秀会，向地英，宫新城，杨倩	二等奖
9	2020JB2034	番茄工厂化高效育苗及高质化绿色栽培关键技术创新与应用	河北农业大学，饶阳县万禾冠蔬菜种植专业合作社，淮安柴米河农业科技股份有限公司，曲周县众鑫育苗专业合作社	高洪波，吴晓蕾，吕桂云，宫彬彬，高军，李敬蕊，王秀娟	二等奖
10	2020JB2042	农田土壤墒情遥感监测关键技术创新与应用	河北地质大学，中国农业科学院农业资源与农业区划研究所，河北省耕地质量监测保护中心	尚国琲，冷佩，高懋芳，吕英华，张霞，郑小坡，张里占	二等奖
11	2020JB2045	河北省地方鸡遗传资源挖掘保护及产业化开发利用	河北科技师范学院，河北农业大学，张家口市畜牧技术推广站，承德市农林科学院	李祥龙，李兰会，张传生，苏咏梅，刘小辉，彭永东，李可强	二等奖
12	2020JB2050	坡改梯与高效农业种植关键技术研究与示范	河北省水利科学研究院，河北省水土保持工作总站，河北省水资源研究与水利技术试验推广中心	贾立海，魏飒，贾志军，侯克，郭泽忠，周辉，李军	二等奖

序号	奖证号	项目名称	完成单位	主要完成人	奖项
13	2020JB2051	荷斯坦牛种质创新与选育技术研究与应用	河北省畜牧良种工作总站，中国农业大学，河北省农林科学院粮油作物研究所，石家庄天泉良种奶牛有限公司	倪俊卿，孙东晓，马亚宾，褚素乔，王昆，顾文源，蒋桂娥	二等奖
14	2020JB2067	河北省中药材质量标准规范化研究	河北省药品医疗器械检验研究院	刘永利，王立云，冯丽，段吉平，李建晨，赵振霞，雷蓉	二等奖
15	2020JB2071	基于农业有机废弃物资源化利用的微生物肥料创制及其产业化	河北省科学院生物研究所，河北科技大学，中国农业科学院农业环境与可持续发展研究所，沧州旺发生物技术研究所有限公司	黄亚丽，宋水山，贾振华，朱昌雄，黄媛媛，张旺林，宋聪	二等奖
16	2020JB2073	黑粒小麦种质创新与食药两用新品种培育及利用	河北省农林科学院粮油作物研究所，中国农业科学院作物科学研究所	李杏普，兰素缺，张业伦，孟雅宁，李立会，刘玉平，李子千	二等奖
17	2020JB3003	畜禽新兽药与制剂研发创制及在动物健康养殖中的应用	石家庄学院，石家庄市兽药监察所，河北维尔利动物药业集团有限公司	韩爱云，左晓磊，郭永红，张文龙，邱伟	三等奖
18	2020JB3007	农田镉污染防控关键技术研究	国家半干旱农业工程技术研究中心，中国农业科学院农业资源与农业区划研究所	赵会薇，李菊梅，马义兵，耿艳楼，刘伊明	三等奖
19	2020JB3012	山楂产业关键技术创新与应用	河北科技师范学院，承德神栗食品股份有限公司，承德本多宝生物科技有限公司	常学东，刘素稳，张吉军，刘秀凤，陶清泉	三等奖
20	2020JB3026	畜禽支原体疫病防控关键技术创新与应用	瑞普(保定)生物药业有限公司	赵玉龙，郁宏伟，高晓磊，郑朝朝，张新新	三等奖
21	2020JB3027	畜禽疾病快速检测及中药防治体系的建立与应用	河北农业大学，河北省畜牧兽医研究所，石家庄市汇丰动物保健品有限公司	赵兴华，何欣，李杰峰，鲁改儒，王满龙	三等奖
22	2020JB3028	葡萄加工产业化关键技术创新与应用	河北农业大学，中国长城葡萄酒有限公司，农业农村部规划设计研究院	刘亚琼，孙剑锋，王海，王焕香，马艳莉	三等奖
23	2020JB3030	抗裂优质鲜食、制干、加工系列枣新品种选育及产业化开发应用	沧州市农林科学院，沧州市林业技术推广站，河北欧亚匡生物食品有限公司	刘进余，张立树，李志欣，肖家良，孙秀坤	三等奖
24	2020JB3045	L11系列玉米骨干亲本创制及抗逆高产杂交种选育应用	邯郸市农业科学院，河北众人信农业科技股份有限公司，河北东昌种业有限公司	焦宏业，史明山，王磊，史丽丽，范子洋	三等奖
25	2020JB3060	河北省近滨海盐碱地生态修复与生态化整治关键技术	河北农业大学	门明新，陈影，崔江慧，张利，何玲	三等奖
26	2020JB3069	萱草、鸢尾等宿根花卉种质创制与新品种选育及繁育技术创新	河北省林业和草原科学研究院	储博彦，赵玉芬，张全锋，李金霞，尹新彦	三等奖
27	2020JB3097	节水、耐热、高产冬小麦衡4399选育及应用	河北省农林科学院旱作农业研究所，中国科学院遗传与发育生物学研究所	乔文臣，孙书娈，张坤普，孟祥海，魏建伟	三等奖
28	2020JB3098	鲜食甘薯系列品种选育及应用	河北省农林科学院粮油作物研究所，江苏徐州甘薯研究中心	刘兰服，唐忠厚，张松树，胡亚亚，韩美坤	三等奖

五、2020年度河北省自然科学奖获奖项目

序号	奖证号	项目名称	主要完成人	奖项
1	2020ZR1002	油菜素内酯信号传导及其调控植物生长发育的分子机制	汤文强(河北师范大学),孙颖(河北师范大学),孙玉(河北师范大学),王瑞菊(河北师范大学),张宝文(河北师范大学)	一等奖
2	2020ZR2001	气候变化下农业高效用水调控机理及节水途径	沈彦俊(中国科学院遗传与发育生物学研究所农业资源研究中心),王会肖(北京师范大学),孙宏勇(中国科学院遗传与发育生物学研究所农业资源研究中心),刘昌明(中国科学院遗传与发育生物学研究所农业资源研究中心),陈素英(中国科学院遗传与发育生物学研究所农业资源研究中心)	二等奖
3	2020ZR3004	光及两种植物内源信号分子调节气孔运动的机制	陈玉玲(河北师范大学),尚忠林(河北师范大学),张春广(河北师范大学),李建华(河北师范大学),王巍(福建农林大学)	三等奖
4	2020ZR3007	作物生产对气候变化的响应过程与适应机制研究	肖登攀(河北省科学院地理科学研究所)	三等奖

六、2020年度河北省科学技术突出贡献奖获奖项目

序号	奖证号	获奖人	工作单位	奖项
1	2020TG01	马峙英	河北农业大学	贡献奖

中国统计出版社有限公司最新图书简目

(仅供参考,以实际出版为准)

统计资料

中国统计年鉴 中国统计摘要 中国第三产业统计年鉴
中国第三次全国农业普查综合资料 国际统计年鉴 金砖国家联合统计手册
中国-东盟国家统计手册 中国农村统计年鉴 中国县域统计年鉴
中国农产品价格调查年鉴 中国城市统计年鉴 中国价格统计年鉴
中国贸易外经统计年鉴 中国零售和餐饮连锁企业统计年鉴 中国商品交易市场统计年鉴
大中型批发零售和住宿餐饮企业统计年鉴 中国住户调查年鉴 中国工业统计年鉴
中国环境统计年鉴 中国能源统计年鉴 中国建筑业统计年鉴
中国房地产统计年鉴 中国投资领域统计年鉴 长江经济带发展统计年鉴
中国人口和就业统计年鉴 中国劳动统计年鉴 中国社会统计年鉴
中国科技统计年鉴 中国高技术产业统计年鉴 全国企业创新调查年鉴
中国文化及相关产业统计年鉴 中国妇女儿童状况统计资料 中国青年发展状况统计年鉴
中国基本单位统计年鉴 中国教育统计年鉴 中国教育经费统计年鉴
中国民族统计年鉴 中国残疾人事业统计年鉴 中国电力统计年鉴

省级综合统计年鉴系列

北京 天津 河北 山西 内蒙古 辽宁 吉林 黑龙江 上海 江苏 浙江 安徽 福建 江西 山东 河南 湖北 湖南
广东 广西 海南 重庆 四川 贵州 云南 西藏 陕西 甘肃 青海 宁夏 新疆 新疆生产建设兵团

市(县)级综合统计年鉴系列

滨海新区 石家庄 唐山 邯郸 邢台 保定 承德 沧州 衡水 太原 大同 晋城 晋中 长治 忻州 朔州 临汾 运城
阳泉 吕梁 呼和浩特 包头 鄂尔多斯 赤峰 大连 长春 四平 延吉 延边 哈尔滨 齐齐哈尔 黑龙江垦区 浦东新区
南京 无锡 徐州 常州 苏州 南通 淮安 盐城 扬州 镇江 宿迁 江阴 丹阳 海门 张家港 通州 如东 杭州 宁波
绍兴 台州 温州 金华 嘉兴 湖州 丽水 舟山 合肥 安庆 福州 厦门 漳州 宁德 龙岩 莆田 泉州 三明 南平 思明
南昌 上饶 抚州 赣州 九江 景德镇 宁都 济南 青岛 枣庄 潍坊 聊城 郑州 洛阳 三门峡 南阳 商丘 平顶山
信阳 济源 武汉 宜昌 十堰 荆州 荆门 咸宁 黄冈 长沙 广州 东莞 惠州 深圳 汕尾 珠海 南宁 桂林 柳州
防城港 贵港 梧州 玉林 钦州 海口 三亚 儋州 成都 贵阳 毕节 黔南 昆明 文山 德宏 西安 安康 延安 汉中
渭南 商洛 榆林 银川 兰州 庆阳 乌鲁木齐

调查年鉴系列

天津 内蒙古 上海 河南 湖北 湖南 广西 重庆 四川 云南 甘肃 宁夏 南宁 桂林 贵港 昆明

统计方法应用/实用手册

Python数据分析基础(第二版) 非参数统计(第五版) 现代金融投资统计分析(第四版)
国民经济核算初级教程(第二版) 国民经济核算教程(第五版) 概率统计基础
全国统计专业技术资格考试系列考试用书:统计业务知识(第四版修订版) 统计业务知识学习指导与习题
全国统计专业技术资格考试系列考试用书:统计相关知识(第四版) 统计相关知识学习指导与习题

统计通俗读物/统计科普图书

领导干部统计知识问答(第二版) 统计公文写作及会议办理实用手册 大数据在统计工作中的应用案例汇编
中国国民经济核算知识问答(修订版) 地区生产总值核算国际比较研究 新中国统计制度方法的发展与改革

重点图书

第七次全国人口普查年鉴 第四次全国经济普查地图集 中国经济普查年鉴2018
新编英汉汉英统计大词典 中国国民经济核算体系2016 国民经济行业分类注释
挑大学选专业2020—考研择校指南 挑大学选专业2020—高考志愿填报指南 中华医学统计百科全书

发行部电话:(010)63376907 63376908 63376909 同榻行书店电话:(010)68783171 68783172
地址:北京市丰台区西三环南路甲6号 邮政编码:100073 网址:http://www.zgtjcbs.com